KB027118

CLINICAL PSYCHOLOGIST

2023 최신판

쉽게 풀어 쓴

임상심리사

1급 필기

김도연 편저

심리학 전문출판사 학지사의
저자직강 동영상 강의
https://www.counpia.com

학지사

머리말

심리사회적인 다양한 문제에 접근하기 위한 임상심리사의 역할과 서비스 개입에 대한 관심이 날로 증가하고 있습니다. 특히 최근에는 개인의 삶의 질과 사회적 만족에 대한 욕구와 관심이 커지고 있어 더욱 심리적 안녕감에 대한 각별한 심리지원 서비스가 필요한 때이기도 합니다. 더욱이 코로나 19 위기를 극복해 가는 과정에서 새로운 도약과 적응을 위한 준비로 많은 분이 기대와 설렘을 안고 있으나 한편으론 걱정과 두려움도 여전한 실정입니다. 이러한 시기에 임상심리사 1급 자격을 위한 준비 과정은 정신건강 서비스를 제공하기 위한 역량을 마련하는 매우 중요한 과정이라고 여겨집니다.

이 책은 임상심리사 1급 자격을 위한 필기 수험서로서 필기시험 교과목에 해당하는 지난 기출문제에 대한 명확한 해설과 더불어 쉬운 이해를 돕기 위한 다양한 내용이 포함되어 있습니다. 기출문제에 대한 풀이에만 그치는 것이 아니라 예상문제가 될 수 있는 핵심 내용을 학습 Plus를 통해 제시하였으며, 오답을 확인하는 과정에서도 꼭 알아야 할 부분을 간결하게 설명하여 문제에 대한 이해가 충분할 수 있도록 구성하였습니다.

임상심리사 1급 필기 수험서 집필을 준비하면서 가장 객관적이고 실제적인 해답을 드리고자 여러 번 검토하고 확인하며 고민한 결과 이 책이 나오게 되었습니다. 모쪼록 이 책을 통해 시험을 준비하는 수험생 여러분에게 합격의 기쁨이 있기를 기대하며, 여러분의 노력과 수고에 격려와 응원을 보냅니다.

마지막으로, 임상심리사 1급 필기 수험서를 준비하기까지 한결같은 지지를 보내 주신 학지사 김진환 대표님과 관계자 모두에게 깊은 감사를 드립니다. 또한 열정과 소신으로 편집에 최선을 다하신 편집부 김진영 차장님과 편집진에게 각별한 고마움을 전합니다.

2023년 5월

저자 김 도 연

임상심리사 1급 시험안내

I. 자격정보

1. 자격명: 임상심리사 1급(Clinical Psychologist)

2. 관련부처: 보건복지부

3. 시행기관: 한국산업인력공단(http://www.q-net.or.kr)

4. 관련학과: 임상심리, 심리학 분야 등의 관련학과

5. 수행직무

국민의 심리적 건강과 적응을 위해 임상심리학적 지식을 활용하여 심리평가, 심리검사, 심리치료상담, 심리재활, 심리교육 및 심리자문 등의 업무를 수행

6. 응시자격

다음 각 호의 어느 하나에 해당하는 사람

가. 임상심리와 관련하여 2년 이상 실습수련을 받은 사람 또는 4년 이상 실무에 종사한 사람으로서 심리학 분야에서 석사학위 이상의 학위를 취득한 사람 및 취득 예정자

나. 임상심리사 2급 자격 취득 후 임상심리와 관련하여 5년 이상 실무에 종사한 사람

다. 외국에서 동일한 종목에 해당하는 자격을 취득한 사람

7. 진로 및 전망: 임상심리사, 심리치료사

8. 검정현황

종목명	연도	필기			실기		
		응시	합격	합격률(%)	응시	합격	합격률(%)
임상심리사 1급	2022	980	852	86.9%	999	489	48.9%
임상심리사 1급	2021	841	707	84.1%	695	309	44.5%
임상심리사 1급	2020	457	360	78.8%	478	319	66.7%
임상심리사 1급	2019	388	252	64.9%	336	32	9.5%
임상심리사 1급	2018	378	232	61.4%	298	75	25.2%
임상심리사 1급	2017	314	149	47.5%	253	36	14.2%
임상심리사 1급	2016	254	189	74.4%	234	20	8.5%
임상심리사 1급	2015	247	110	44.5%	164	30	18.3%
임상심리사 1급	2014	194	126	64.9%	149	21	14.1%
임상심리사 1급	2013	166	47	28.3%	88	13	14.8%
임상심리사 1급	2012	131	58	44.3%	89	17	19.1%
임상심리사 1급	2011	118	54	45.8%	89	8	9%
임상심리사 1급	2010	92	46	50%	55	5	9.1%
임상심리사 1급	2009	186	24	12.9%	22	1	4.5%

II. 시험정보

1. 시험과목

구분	시험과목	문항 수	시험시간	시험방법
필기	1. 임상심리연구방법론 2. 고급이상심리학 3. 고급심리검사 4. 고급임상심리학 5. 고급심리치료	100문항	2시간 30분	객관식
실기	고급임상실무	18~20문항	3시간	필답형

2. 합격기준

- 필기: 100점을 만점으로 하여 과목당 40점 이상, 전 과목 평균 60점 이상
- 실기: 100점을 만점으로 하여 60점 이상

3. 시험수수료

- 필기: 19,400원 / • 실기: 20,800원

4. 시험일정

구분	필기원서접수 (인터넷) (휴일 제외)	필기시험	필기합격 (예정자) 발표	실기원서접수 (휴일 제외)	실기시험	최종합격자 발표일
2023년 정기기사 4회	2023. 8. 7 ~ 2023. 8. 10.	2023. 9. 2. ~ 2023. 9. 17.	2023. 9. 22.	2023. 10. 10. ~ 2023. 10. 13.	2023. 11. 4. ~ 2023. 11. 17.	2023. 12. 13.

※ 원서접수 시간은 원서접수 첫날 10:00부터 마지막 날 18:00까지임.

※ 2022년도 기사/산업기사 제1회 및 2회는 분리시행, 제3회 및 4회는 통합시행되며, 산업기사는 제3회 시험부터 기사로 통합표기됩니다.

※ 필기시험 합격예정자 및 최종합격자 발표시간은 해당 발표일 09:00임.

※ 주말 및 공휴일, 공단창립기념일(3. 18.)에는 실기시험 원서접수 불가.

5. 출제기준

출제기준(필기)

직무 분야	보건 · 의료	중직무 분야	보건 · 의료	자격 종목	임상심리사 1급	적용 기간	2020. 1. 1. ~ 2024. 12. 31.

○ 직무내용: 국민의 심리적 건강과 적응을 위해 임상심리학적 지식을 활용하여 심리평가, 심리검사, 심리치료 및 심리상담, 심리재활, 심리교육 및 심리자문 등의 업무를 주로 수행하는 직무이다.

필기검정방법	객관식	문제 수	100	시험시간	2시간 30분

필기 과목명	문제 수	주요항목	세부항목	세세항목
임상심리 연구 방법론	20	1. 과학적 연구의 개념	1. 과학적 연구의 의미	1. 과학적 연구의 의미 2. 과학적 연구의 논리체계
			2. 연구문제 및 가설	1. 연구문제의 의미와 유형 등 2. 이론 및 가설의 개념
		2. 연구방법	1. 조사연구	1. 양적 연구 2. 질적 연구
			2. 실험연구	1. 실험설계의 기초 개념 2. 반복측정 변량 및 공변량 분석에 기초한 실험설계
		3. 측정	1. 측정도구 및 척도	1. 측정도구 및 척도의 구성방법
		4. 기초통계량	1. 중심경향 측정치	1. 평균, 중앙값, 최빈값
			2. 변산도	1. 범위, 평균편차, 변산, 표준편차

		5. 표집, 표집분포 및 확률	1. 표집과 표집오차	1. 표집의 개념 2. 표집오차의 개념
			2. 표집추출 방법	1. 확률표본추출방법 2. 비확률표본추출방법
			3. 확률	1. 확률의 개념 2. 확률분포의 기댓값과 변산
		6. 가설 검증 및 추정	1. 가설 검증	1. 가설 검증의 개념 2. 단측검증과 양측검증의 개념 3. 가설 검증의 오류
			2. 추정	1. 구간추정 2. 점 추정
		7. 변량분석	1. 변량분석의 개념	1. 변량분석의 개념 2. 변량분석의 전개 과정 3. 사전 및 사후 검증
		8. 상관분석	1. 상관분석의 개념	1. 상관분석의 개념 2. 상관분석의 검증
		9. 회귀분석	1. 회귀분석의 개념	1. 회귀모형 2. 회귀식의 이해 3. 회귀식의 적합도 검증
		10. 다변량분석	1. 중다회귀분석	1. 중다회귀모형 2. 로지스틱 회귀 모형 3. 구조방정식 모형
			2. 요인분석	1. 요인분석의 개념 2. 탐색적 요인분석 3. 확인적 요인분석
		11. 비모수검증	1. 비모수검증	1. 비모수검증의 개념 2. 비모수검증의 방안
고급 이상 심리학	20	1. 이상심리학의 기본개념	1. 이상심리학의 정의 및 역사	1. 이상심리학의 정의 2. 이상심리학의 역사
			2. 이상심리학의 이론	1. 정신역동이론 2. 행동주의이론 3. 인지적 이론 4. 통합이론
		2. 이상행동의 유형	1. 신경발달장애	1. 원인론 2. 주요특성 3. 진단 4. 개입법
			2. 조현병 스펙트럼 및 기타 정신병적 장애	1. 원인론 2. 주요특성 3. 진단 4. 개입법
			3. 양극성 및 관련 장애	1. 원인론 2. 주요특성 3. 진단 4. 개입법

		4. 우울장애	1. 원인론 2. 주요특성 3. 진단 4. 개입법
		5. 불안장애	1. 원인론 2. 주요특성 3. 진단 4. 개입법
		6. 강박 및 관련 장애	1. 원인론 2. 주요특성 3. 진단 4. 개입법
		7. 외상 및 스트레스 관련 장애	1. 원인론 2. 주요특성 3. 진단 4. 개입법
		8. 해리장애	1. 원인론 2. 주요특성 3. 진단 4. 개입법
		9. 신체증상 및 관련 장애	1. 원인론 2. 주요특성 3. 진단 4. 개입법
		10. 급식 및 섭식장애	1. 원인론 2. 주요특성 3. 진단 4. 개입법
		11. 배설장애	1. 원인론 2. 주요특성 3. 진단 4. 개입법
		12. 수면-각성 장애	1. 원인론 2. 주요특성 3. 진단 4. 개입법
		13. 성기능부전	1. 원인론 2. 주요특성 3. 진단 4. 개입법
		14. 성별 불쾌감	1. 원인론 2. 주요특성 3. 진단 4. 개입법
		15. 파괴적, 충동조절 및 품행장애	1. 원인론 2. 주요특성 3. 진단 4. 개입법

			16. 물질 관련 및 중독 장애	1. 원인론 2. 주요특성 3. 진단 4. 개입법
			17. 신경인지장애	1. 원인론 2. 주요특성 3. 진단 4. 개입법
			18. 성격장애	1. 원인론 2. 주요특성 3. 진단 4. 개입법
			19. 변태성욕장애	1. 원인론 2. 주요특성 3. 진단 4. 개입법
고급 심리검사	20	1. 평가면담 및 행동평가	1. 평가면담	1. 고려사항 2. 종류와 기법 3. 정신상태 평가
			2. 행동평가	1. 고려사항 2. 종류와 기법
		2. 심리검사의 기본개념	1. 고려사항	1. 일반적 고려사항 2. 실무장면별 고려사항
			2. 심리검사의 제작과 요건	1. 심리검사의 제작과정 및 방법 2. 신뢰도 및 타당도
			3. 심리검사의 윤리문제	1. 심리검사에 관한 윤리적 쟁점 2. 심리검사자의 책임감 3. 심리검사에 관한 윤리강령
		3. 지능검사	1. 웩슬러형 검사	1. 지능의 기본 개념 2. 실시 및 채점 지침 3. 해석 및 사례
			2. 기타 지능검사	1. 지능의 기본 개념 2. 실시 및 채점 지침 3. 해석 및 사례
		4. 표준화된 성격검사	1. 다면적 인성검사 (MMPI−2)	1. 실시와 채점 2. 개별 척도 해석 3. 전체 프로파일 해석 및 사례
			2. 기타 성격검사	1. 실시와 채점 2. 개별 척도 해석 3. 전체 프로파일 해석 및 사례
		5. 투사검사	1. 로르샤흐 검사	1. 로르샤흐 검사의 특징 2. 실시 및 채점 3. 해석 및 사례
			2. 기타 투사검사	1. 주요 투사검사의 특징 2. 실시 및 채점 3. 해석 및 사례

		6. 신경심리검사	1. 주요 신경 심리검사	1. 주요 검사의 특징 2. 실시 및 채점 3. 해석 및 사례
		7. 기타 심리검사	1. 아동 및 청소년용 심리검사	1. 심리검사의 종류 2. 검사 실시 및 주의사항 3. 해석 및 사례
			2. 노인용 심리검사	1. 심리검사의 종류 2. 검사 실시 및 주의사항 3. 해석 및 사례
			3. 기타 심리검사	1. 검사의 종류와 내용 2. 해석 및 사례
		8. 심리평가 보고서	1. 심리평가 해석 및 보고	1. 심리평가 보고서의 작성 2. 진단적 해석과 임상적 자문 3. 심리평가 지도감독
고급 임상 심리학	20	1. 심리학의 역사와 개관	1. 심리학의 역사	1. 심리학의 성장과 발전 2. 임상심리학의 성장과 발전
			2. 심리학의 이론	1. 정신역동 관점 이론 2. 행동주의 이론 3. 인지적 이론 4. 현상학적 이론 5. 생물학적 이론 6. 통합적 이론
		2. 심리평가의 기초	1. 심리평가의 이론	1. 면접 2. 행동관찰 3. 심리검사 4. 정보수집 5. 종합적 판단 및 유의사항
			2. 심리평가의 실제	1. 계획 2. 실시 3. 해석 4. 유의사항
		3. 심리치료의 기초	1. 심리치료의 이론	1. 정신역동적 관점 2. 행동적 관점 3. 인지적 관점 4. 현상학적 관점 5. 생물학적 관점 6. 통합적 관점
			2. 심리치료의 실제	1. 심리치료 구조화 2. 심리치료 사례개념화 3. 심리치료 관계요인 4. 치료계획 수립 5. 치료 실시 6. 치료 종결 및 추적 관리
		4. 임상심리학의 자문, 교육, 윤리	1. 자문	1. 자문의 정의 2. 자문의 유형 3. 자문의 역할

			2. 교육	1. 교육의 정의 2. 교육의 유형 3. 교육의 역할
			3. 윤리	1. 심리학자의 윤리 2. 심리학자의 행동규약
		5. 임상 특수 분야	1. 행동의학 및 건강심리학	1. 영역 2. 주요활동 3. 연구
			2. 신경심리학	1. 영역 2. 주요활동 3. 연구
			3. 법정 및 범죄심리학	1. 영역 2. 주요활동 3. 연구
			4. 소아과심리학	1. 영역 2. 주요활동 3. 연구
			5. 지역사회심리학	1. 영역 2. 주요활동 3. 연구
고급 심리치료	20	1. 심리치료 및 상담의 주요 이론	1. 정신분석치료	1. 기본개념 2. 치료기법과 절차
			2. 인간중심치료	1. 기본개념 2. 치료기법과 절차
			3. 행동치료	1. 기본개념 2. 치료기법과 절차
			4. 인지행동치료	1. 기본개념 2. 치료기법과 절차
			5. 기타 치료	1. 기본개념 2. 치료기법과 절차
		2. 심리치료 및 상담의 실제	1. 관찰기술	1. 내담자의 언어적 행동 관찰 2. 내담자의 비언어적 행동 관찰
			2. 내담자에 대한 평가	1. 호소 문제 등 2. 정신적 상태 평가 3. 약물 남용과 중독의 평가 4. 자신 및 타인을 해칠 위험 5. 평가를 위한 일반적 지침
			3. 진단과 상담계획	1. 내담자 진단 2. 상담계획의 수립
			4. 치료 면접	1. 사례 개념화 2. 치료 작업
			5. 응급상황과 위기관리	1. 위기상황 대응 2. 위기상황에서 역할 유지 3. 위기상황에서의 면접

			6. 슈퍼비전의 효과적 활용	1. 슈퍼비전 활용 2. 슈퍼비전 제공 3. 동료 슈퍼비전 4. 원격 슈퍼비전 등
			7. 윤리규정	1. 다중관계 2. 비밀유지 및 노출 3. 기타 윤리적 고려사항
		3. 심리재활	1. 심리재활의 이론	1. 심리재활의 기본이론/모형 2. 심리재활의 역사 3. 심리재활의 대상
			2. 재활의 개입방법	1. 심리학적 평가 및 기능평가 2. 인지 기능 등의 재활 3. 사회기술훈련 4. 환자 및 가족 교육 5. 직업재활 6. 활동요법 7. 지역사회정신건강
		4. 중독상담과 심리치료	1. 중독상담과 심리치료의 기초	1. 폐해감소이론 2. 중독과 가족 3. 전생애 발달과 중독
			2. 개입방법	1. 이중진단 장애의 진단과 치료 2. 인지행동치료 3. 중독의 집단치료
		5. 특수문제별 심리치료	1. 학습문제 치료	1. 개념 및 기본 특징 2. 개입 및 치료 3. 연구 4. 기타 고려사항
			2. 성문제 치료	1. 개념 및 기본 특징 2. 개입 및 치료 3. 연구 4. 기타 고려사항
			3. 아동 · 청소년 치료	1. 개념 및 기본 특징 2. 개입 및 치료 3. 연구 4. 기타 고려사항
			4. 장 · 노년 치료	1. 개념 및 기본 특징 2. 개입 및 치료 3. 연구 4. 기타 고려사항
			5. 기타 치료	1. 개념 및 기본 특징 2. 개입 및 치료 3. 연구 4. 기타 고려사항

출제기준(실기)

직무 분야	보건 · 의료	중직무 분야	보건 · 의료	자격 종목	임상심리사 1급	적용 기간	2020. 1. 1. ~ 2024. 12. 31.

ㅇ 직무내용: 국민의 심리적 건강과 적응을 위해 임상심리학적 지식을 활용하여 심리평가, 심리검사, 심리치료 및 심리상담, 심리재활, 심리교육 및 심리자문 등의 업무를 주로 수행하는 직무이다.

ㅇ 수행준거: 1. 각종 심리평가도구를 활용하여 심리평가를 시행하고 그 결과를 해석할 수 있다.
2. 내담자를 상담하고 심리치료를 할 수 있다.

실기검정방법	필답형	시험시간	3시간

실기 과목명	주요항목	세부항목	세세항목
고급 임상실무	1. 심리평가	1. 심리평가 실시하기	1. 심리평가 방법을 선택할 수 있다. 2. 심리평가를 실시할 수 있다.
		2. 심리평가 채점하기	1. 채점을 시행할 수 있다. 2. 채점의 오류를 파악할 수 있다.
		3. 심리평가 결과 해석하기	1. 개별검사를 해석할 수 있다. 2. 다양한 평가 결과를 통합하여 해석할 수 있다. 3. 평가 결과를 토대로 심리진단을 할 수 있다. 4. 평가와 관련된 과학적 근거를 검증할 수 있다.
		4. 심리평가 보고서 작성하기	1. 심리평가 결과 보고서를 작성할 수 있다. 2. 심리평가 결과를 의뢰인이나 수검자에게 설명할 수 있다. 3. 심리평가 결과를 상담 및 심리치료 계획수립에 활용할 수 있다.
	2. 심리치료	1. 심리치료의 단계	1. 치료목표를 설정할 수 있다. 2. 치료를 실시할 수 있다. 3. 치료 결과를 평가할 수 있다.
		2. 심리치료의 실제	1. 내담자를 평가할 수 있다. 2. 심리치료계획을 수립할 수 있다. 3. 적합한 심리치료 전략을 수립할 수 있다. 4. 위기상황에 적절하게 대응할 수 있다. 5. 슈퍼비전을 할 수 있다. 6. 개입과 관련된 과학적 근거를 검증할 수 있다.
	3. 자문, 교육, 심리재활	1. 자문하기	1. 개인이나 단체, 기업 등을 대상으로 전문적인 자문을 할 수 있다.
		2. 교육하기	1. 심리교육프로그램을 개발할 수 있다. 2. 심리교육을 시행, 감독, 연구할 수 있다. 3. 심리건강을 홍보할 수 있다.
		3. 심리재활하기	1. 심리사회적 기능을 평가할 수 있다. 2. 심리재활 계획을 수립할 수 있다. 3. 심리재활 프로그램을 실시할 수 있다. 4. 사례관리를 할 수 있다.

둘러보기(이 책의 구성)

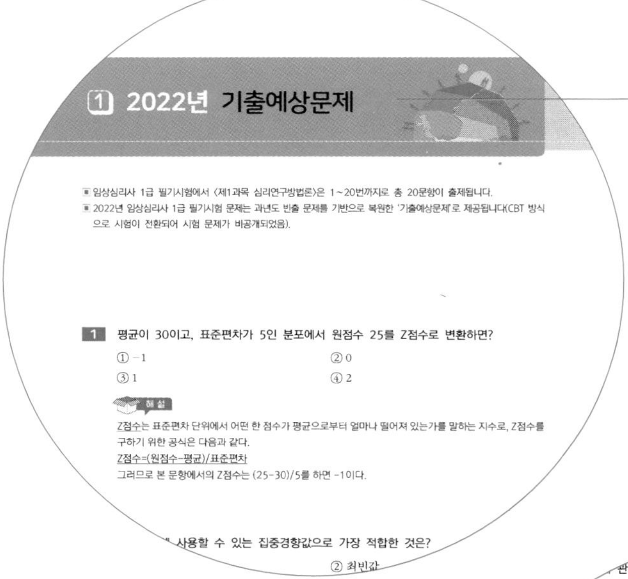

① 2022년 기출예상문제

▣ 임상심리사 1급 필기시험에서 〈제1과목 심리연구방법론〉은 1~20번까지로 총 20문항이 출제됩니다.
▣ 2022년 임상심리사 1급 필기시험 문제는 과년도 빈출 문제를 기반으로 복원한 '기출예상문제'로 제공됩니다(CBT 방식으로 시험이 전환되어 시험 문제가 비공개되었음).

1 평균이 30이고, 표준편차가 5인 분포에서 원점수 25를 Z점수로 변환하면?

① −1　② 0
③ 1　④ 2

해설

Z점수는 표준편차 단위에서 어떤 한 점수가 평균으로부터 얼마나 떨어져 있는가를 말하는 지수로, Z점수를 구하기 위한 공식은 다음과 같다.
Z점수=(원점수−평균)/표준편차
그러므로 본 문항에서의 Z점수는 (25−30)/5를 하면 −1이다.

사용할 수 있는 집중경향값으로 가장 적합한 것은?
② 최빈값

기출문제 수록

2016년도부터 가장 최근 2022년 시험까지의 필기시험 기출문제를 수록하였습니다. 7회분의 기출문제를 통해 자신의 실력을 확인해 봅시다!

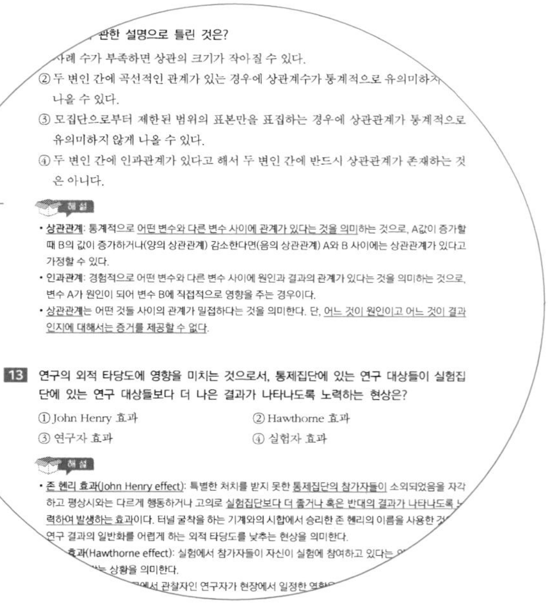

관한 설명으로 틀린 것은?
사례 수가 부족하면 상관의 크기가 작아질 수 있다.
② 두 변인 간에 곡선적인 관계가 있는 경우에 상관계수가 통계적으로 유의미하지 나올 수 있다.
③ 모집단으로부터 제한된 범위의 표본만을 표집하는 경우에 상관관계가 통계적으로 유의미하지 않게 나올 수 있다.
④ 두 변인 간에 인과관계가 있다고 해서 두 변인 간에 반드시 상관관계가 존재하는 것은 아니다.

해설

- 상관관계: 통계적으로 어떤 변수와 다른 변수 사이에 관계가 있다는 것을 의미하는 것으로, A값이 증가할 때 B의 값이 증가하거나(양의 상관관계) 감소한다면(음의 상관관계) A와 B 사이에는 상관관계가 있다고 가정할 수 있다.
- 인과관계: 경험적으로 어떤 변수와 다른 변수 사이에 원인과 결과의 관계가 있다는 것을 의미하는 것으로, 변수 A가 원인이 되어 변수 B에 직접적으로 영향을 주는 경우이다.
- 상관관계는 어떤 것들 사이의 관계가 밀접하다는 것을 의미한다. 단, 어느 것이 원인이고 어느 것이 결과인지에 대해서는 증거를 제공할 수 없다.

13 연구의 외적 타당도에 영향을 미치는 것으로서, 통제집단에 있는 연구 대상들이 실험집단에 있는 연구 대상들보다 더 나은 결과가 나타나도록 노력하는 현상은?

① John Henry 효과　② Hawthorne 효과
③ 연구자 효과　④ 실험자 효과

해설

- 존 헨리 효과(John Henry effect): 특별한 처치를 받지 못한 통제집단의 참가자들이 소외되었음을 자각하고 평상시와는 다르게 행동하거나 고의로 실험집단보다 더 좋거나 혹은 반대의 결과가 나타나도록 력하여 발생하는 효과이다. 터널 굴착을 하는 기계와의 시합에서 승리한 존 헨리의 이름을 사용한 것 연구 결과의 일반화를 어렵게 하는 외적 타당도를 낮추는 현상을 의미한다.
효과(Hawthorne effect): 실험에서 참가자들이 자신이 실험에 참여하고 있다는
상황을 의미한다.
에서 관찰자인 연구자가 현장에서 일정한

기출문제 풀이

문제를 정확하게 풀기 위해서는 문제의 핵심을 잘 파악해야 합니다. 명쾌하고 상세한 해설을 통해 과목별로 확실한 개념정리를 하도록 합시다!

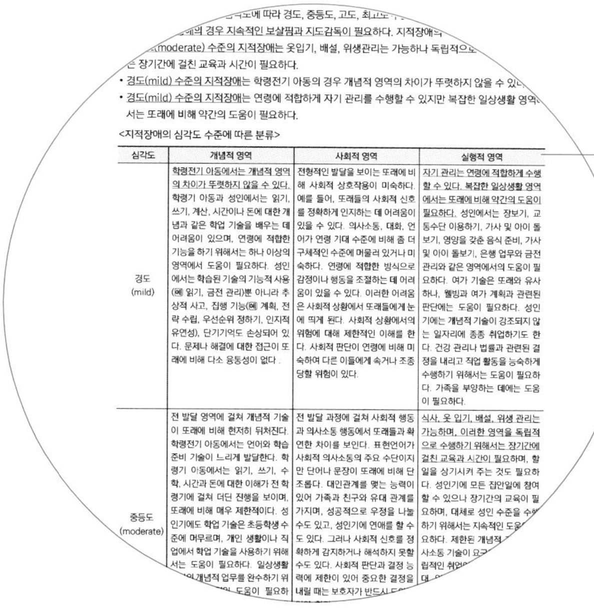

에 따라 경도, 중등도, 고도, 최고도

의 경우 지속적인 보살핌과 지도감독이 필요하다. 지적장애의

(moderate) 수준의 지적장애는 옷입기, 배설, 위생관리는 가능하나 독립적으로

는 장기간에 걸친 교육과 시간이 필요하다.

- 경도(mild) 수준의 지적장애는 학령전기 아동의 경우 개념적 영역의 차이가 뚜렷하지 않을 수 있다.
- 경도(mild) 수준의 지적장애는 연령에 적합하게 자기 관리를 수행할 수 있지만 복잡한 일상생활 영역에서는 또래에 비해 약간의 도움이 필요하다.

<지적장애의 심각도 수준에 따른 분류>

심각도	개념적 영역	사회적 영역	실행적 영역
경도 (mild)	학령전기 아동에서는 개념적 영역의 차이가 뚜렷하지 않을 수 있다. 학령기 아동과 성인에서는 읽기, 쓰기, 계산, 시간이나 돈에 대한 개념과 같은 학업 기술을 배우는 데 어려움이 있으며, 연령에 적합한 기능을 하기 위해서는 하나 이상의 영역에서 도움이 필요하다. 성인에서는 학습된 기술의 기능적 사용(예 읽기, 금전 관리)뿐 아니라 추상적 사고, 집행 기능(예 계획, 전략 수립, 우선순위 정하기, 인지적 유연성), 단기기억도 손상되어 있다. 문제나 해결에 대한 접근이 또래에 비해 다소 융통성이 없다.	전형적인 발달을 보이는 또래에 비해 사회적 상호작용이 미숙하다. 예를 들어, 또래들의 사회적 신호를 정확하게 인지하는 데 어려움이 있을 수 있다. 의사소통, 대화, 언어가 연령 기대 수준에 비해 좀 더 구체적인 수준에 머물러 있거나 미숙하다. 연령에 적합한 방식으로 감정이나 행동을 조절하는 데 어려움이 있을 수 있다. 이러한 어려움은 사회적 상황에서 또래들에게 눈에 띄게 된다. 사회적 상황에서의 위험에 대해 제한적인 이해를 한다. 사회적 판단이 연령에 비해 미숙하여 다른 이들에게 속거나 조종당할 위험이 있다.	자기 관리는 연령에 적합하게 수행할 수 있다. 복잡한 일상생활 영역에서는 또래에 비해 약간의 도움이 필요하다. 성인에서는 장보기, 교통수단 이용하기, 가사 및 아이 돌보기, 영양을 갖춘 음식 준비, 가사 및 아이 돌보기, 은행 업무와 금전 관리와 같은 영역에서의 도움이 필요하다. 여가 기술은 또래와 유사하나, 웰빙과 여가 계획과 관련된 판단에는 도움이 필요하다. 성인기에는 개념적 기술이 강조되지 않는 일자리에 종종 취업하기도 한다. 건강 관리나 법률과 관련된 결정을 내리고 직업 활동을 능숙하게 수행하기 위해서는 도움이 필요하다. 가족을 부양하는 데에는 도움이 필요하다.
중등도 (moderate)	전 발달 영역에 걸쳐 개념적 기술이 또래에 비해 현저히 뒤처진다. 학령전기 아동에서는 언어와 학습 준비 기술이 느리게 발달한다. 학령기 아동에서는 읽기, 쓰기, 수학, 시간과 돈에 대한 이해가 전 학령기에 걸쳐 더딘 진행을 보이며, 또래에 비해 매우 제한적이다. 성인기에도 학업 기술은 초등학생 수준에 머무르며, 개인 생활이나 직업에서 학업 기술을 사용하기 위해서는 도움이 필요하다. 일상생활 개념적 업무를 완수하기 위 도움이 필요하	전 발달 과정에 걸쳐 사회적 행동과 의사소통 행동에서 또래들과 확연한 차이를 보인다. 표현언어가 사회적 의사소통의 주요 수단이지만 단어나 문장이 또래에 비해 단조롭다. 대인관계를 맺는 능력이 있어 가족과 친구와 유대 관계를 가지며, 성공적으로 우정을 나눌 수도 있고, 성인기에 연애를 할 수도 있다. 그러나 사회적 신호를 정확하게 감지하거나 해석하지 못할 수도 있다. 사회적 판단과 결정 능력에 제한이 있어 중요한 결정을 내릴 때는 보호자가 반드시	식사, 옷 입기, 배설, 위생 관리는 가능하며, 이러한 영역을 독립적으로 수행하기 위해서는 장기간에 걸친 교육과 시간이 필요하며, 할 일을 상기시켜 주는 것도 필요하다. 성인기에 모든 집안일에 참여할 수 있으나 장기간의 교육이 필요하며, 대체로 성인 수준을 수행하기 위해서는 지속적인 도움이 필요하다. 제한된 개념적 사소통 기술이 요구 립적인 취업 대

표를 통한 정리

비교해서 살펴보아야 할 내용을 중심으로 표를 통해 간결하게 정리하였습니다. 정리된 표를 숙지하여 내용별로 확실한 개념정리를 하도록 합시다!

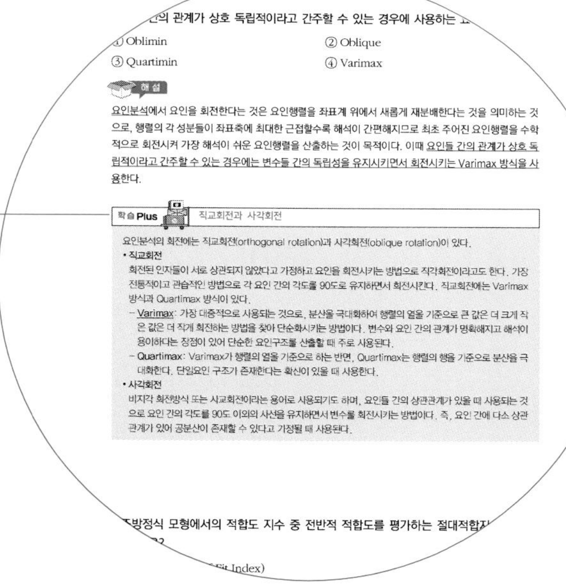

간의 관계가 상호 독립적이라고 간주할 수 있는 경우에 사용하는

① Oblimin ② Oblique
③ Quartimin ④ Varimax

해설

요인분석에서 요인을 회전한다는 것은 요인행렬을 좌표계 위에서 새롭게 재분배한다는 것을 의미하는 것으로, 행렬의 각 성분들이 좌표축에 최대한 근접할수록 해석이 간편해지므로 최초 주어진 요인행렬을 수학적으로 회전시켜 가장 해석이 쉬운 요인행렬을 산출하는 것이 목적이다. 이때 요인들 간의 관계가 상호 독립적이라고 간주할 수 있는 경우에는 변수들 간의 독립성을 유지시키면서 회전시키는 Varimax 방식을 사용한다.

학습 Plus 직교회전과 사각회전

요인분석의 회전에는 직교회전(orthogonal rotation)과 사각회전(oblique rotation)이 있다.

- 직교회전
  회전된 인자들이 서로 상관되지 않았다고 가정하고 요인을 회전시키는 방법으로 직각회전이라고도 한다. 가장 전통적이고 관습적인 방법으로 각 요인 간의 각도를 90도로 유지하면서 회전시킨다. 직교회전에는 Varimax 방식과 Quartimax 방식이 있다.
  - Varimax: 가장 대중적으로 사용되는 것으로, 분산을 극대화하여 행렬의 열을 기준으로 큰 값은 더 크게 작은 값은 더 작게 회전하는 방법을 찾아 단순화시키는 방법이다. 변수와 요인 간의 관계가 명확해지고 해석이 용이하다는 장점이 있어 단순한 요인구조를 산출할 때 주로 사용된다.
  - Quartimax: Varimax가 행렬의 열을 기준으로 하는 반면, Quartimax는 행렬의 행을 기준으로 분산을 극대화한다. 단일요인 구조가 존재한다는 확신이 있을 때 사용한다.
- 사각회전
  비지각 회전방식 또는 사교회전이라는 용어로 사용되기도 하며, 요인들 간의 상관관계가 있을 때 사용되는 것으로 요인 간의 각도를 90도 이외의 사선을 유지하면서 변수를 회전시키는 방법이다. 즉, 요인 간에 다소 상관관계가 있어 공분산이 존재할 수 있다고 가정될 때 사용된다.

방정식 모형에서의 적합도 지수 중 전반적 적합도를 평가하는 절대적합지

Fit Index)

학습 Plus

추가로 도움이 될 만한 내용을 학습 Plus로 구성하였습니다. 해설과 함께 학습 Plus까지 학습을 마쳤다면 합격을 위한 시험 준비는 완성! 합격을 위해 놓치는 부분이 없도록 꼼꼼하게 정리합시다!

차 례

PART 01

심리연구방법론

1 2022년 기출예상문제

▣ 임상심리사 1급 필기시험에서 〈제1과목 심리연구방법론〉은 1~20번까지로 총 20문항이 출제됩니다.
▣ 2022년 임상심리사 1급 필기시험 문제는 과년도 빈출 문제를 기반으로 복원한 '기출예상문제'로 제공됩니다(CBT 방식으로 시험이 전환되어 시험 문제가 비공개되었음).

1 평균이 30이고, 표준편차가 5인 분포에서 원점수 25를 Z점수로 변환하면?

① −1 ② 0
③ 1 ④ 2

해 설

Z점수는 표준편차 단위에서 어떤 한 점수가 평균으로부터 얼마나 떨어져 있는가를 말하는 지수로, Z점수를 구하기 위한 공식은 다음과 같다.
Z점수=(원점수-평균)/표준편차
그러므로 본 문항에서의 Z점수는 (25-30)/5를 하면 -1이다.

2 명목척도에 사용할 수 있는 집중경향값으로 가장 적합한 것은?

① 중앙값 ② 최빈값
③ 평균값 ④ 기댓값

해 설

집중경향값을 의미하는 중심 위치의 측정 방법에는 평균(mean), 중앙치(median), 최빈치(mode)가 있다.
- **평균**: 중심 위치의 측정과 양적 자료에 쓰인다.
- **중앙치**: 자료를 크기순으로 나열했을 때 가운데 놓이는 값, 즉 전체 사례 수에서 가운데에 해당하는 값이다.
- **최빈치**: 자료 중 가장 많이 나오는 값으로, 명목척도에서 주로 사용된다.

*기댓값: 어떤 사건이 일어날 때 얻을 수 있는 변수와 그 사건이 일어날 확률을 곱한 값이다.

정답 1. ① 2. ②

3 다음 내용에 가장 적합한 분석 방법은?

- 종속변인이 이분변인이다.
- 종속변인이 정규분포 가정을 충족하지 못한다.
- 독립변인은 양적변인이다.

① 로지스틱 회귀분석
② 중다회귀분석
③ 구조방정식 모형
④ 확인적 요인분석

해 설

로지스틱 회귀분석은 양적변수인 독립변인과 이분변인인 종속변수 간의 관계를 확인함으로써 독립변수에 의한 종속변수의 값을 예측하도록 하는 통계 기법이다. 이때 종속변수가 이분변인이기 때문에 정규분포를 가정하지 못한다.

4 과학적인 인과관계를 추정하기 위한 기본조건과 가장 거리가 먼 것은?

① 일관성이 있는 특정 공변성(covariation)
② 원인에서의 변화가 결과에 선행하는 시간적 순서
③ 원인에서의 변화와 결과에서의 변화를 제외한 다른 현상의 통제
④ 유사(spurious)관계의 존재

해 설

철학자 존 스튜어트 밀(John S. Mill)의 과학적 인과관계를 추정하기 위한 기본조건 세 가지는 다음과 같다.

- 원인이 결과보다 시간적으로 앞서야 한다.
- 원인과 결과는 서로 관련이 있어야 한다(공변성).
- 결과는 원인이 되는 변수만으로 설명이 되어야 하며, 동시에 다른 변수에 의한 설명은 제거되어야 한다.

정답 3. ① 4. ④

5 Likert 척도, 의미분화 척도, Stapel 척도와 같은 척도를 구성할 때 고려해야 하는 사항과 가장 거리가 먼 것은?

① 연구 대상의 수준
② 자료수집 방법
③ 표본의 크기
④ 자료분석 방법

해설

척도를 구성할 때는 연구 대상의 수준(예 연령, 지능 수준)과 자료수집 방법(예 구분의 목적, 상대적 서열) 및 자료분석 방법(예 양적분석, 질적분석)에 대한 고려가 필요하다.

6 상위 25%와 하위 25%에 해당하는 점수 간의 차이를 2로 나눈 값을 지칭하는 것은?

① 평균편차
② 사분편차
③ 표준편차
④ 표본편차

해설

- 사분편차는 자료를 크기순으로 정렬한 후에 자료 분포의 중앙에서 전체 자료의 50%를 포함한 범위의 절반을 의미하는 것으로, 상위 25%와 하위 25%에 해당하는 점수 간의 차이를 2로 나눈 값을 의미한다.
- 평균편차란 수집된 데이터의 분산도를 측정하는 방법 중 하나로, 관찰값과 산술평균과의 차의 평균을 의미한다. 평균편차는 각 값을 합산하게 될 경우에 0이 되기 때문에 절댓값을 적용해야 하며, 값은 항상 1이 되지 않는다.
- 표준편차란 분산의 제곱근으로, 어떤 변수에 관하여 그 평균값을 중심으로 보았을 때 각 관측값이 평균적으로 어느 정도 벗어나 있는지를 의미하는 것이다.

7 유사실험설계와 구분되는 순수실험설계의 가장 큰 특징은?

① 독립변수의 조작 가능성
② 외생변수의 통제 정도
③ 대상의 무작위화
④ 측정 시기 및 대상 통제

해설

유사실험설계와 순수실험설계의 가장 큰 차이는 연구 참가자들을 집단에 무선할당하는가에 있다. 유사실험에서는 참가자들이 처치 조건에 무선으로 배정되지 않으며, 실험자가 변인을 통제하지 않고 있어 내부타당도에 대한 위협이 발생할 수 있다.

정답 5. ③ 6. ② 7. ③

8 솔로몬 4집단설계에 관한 설명으로 옳지 않은 것은?

① 두 집단에는 사전검사를 실시하지 않는다.
② 통제집단 사전사후측정설계와 통제집단 사후측정설계를 통합한 형태이다.
③ 다소 복잡한 것이 문제이지만 내적 타당도를 확보한다는 측면에서 이상적이다.
④ 실험처치 기간이 단기일 때보다 장기일 때 더 적합하다.

해설

- 솔로몬 4집단설계는 가능한 모든 매개변수를 통제하기 위한 연구 설계로서, 4개의 집단을 모두 무선으로 선정하여 이 중 두 집단은 사전측정을 하고(통제집단 전후 비교설계) 나머지 두 집단은 사전측정을 하지 않는(통제집단 후 비교실계) 방식을 혼합한 방법이다.
- 본 연구 설계는 4개의 집단을 무선할당하는 것이 어렵고, 각 집단의 관리가 용이하지 않기 때문에 실험처치 기간이 장기일 때보다 단기일 때 더 적합하다.

9 다음 중 사례연구의 부정적 측면으로 옳지 않은 것은?

① 전반적인 법칙이나 행동 원리를 이끌어 내기 어려운 연구법이다.
② 사례에 작용한 주요 변인들을 통제하기 어렵다.
③ 하나의 사례 연구로는 인과적인 결론을 이끌어 내기 어렵다.
④ 치료를 받은 환자의 변화에 영향을 주는 요인은 사례연구를 통해 밝히기 어렵다.

해설

사례연구(case study)

- 관찰이나 면접 등의 다양한 방법을 이용하여 특정한 사람이나 집단 또는 사건을 이해하는 심층적인 조사기법이다.
- 질적으로 상세한 정보와 추후 연구에 대한 통찰을 얻을 수 있으나, 연구 결과의 일반화 문제, 동일한 연구방법의 반복적 설계 문제 및 많은 시간이 소모될 수 있다.

정답 8. ④ 9. ④

10 학습장애가 있는 고등학교 3학년 학생들의 대학 평점을 예측하기 위해 연구자가 대학생 500명의 대학 평점과 수능 점수, 고등학교 성적, 고등학교 모의고사 점수, 부모의 학력, 부모의 수입을 변수로 사용하였다. 이 자료에 적합한 분석 기법은?

① 메타분석
② 단순회귀분석
③ 변량분석
④ 다중회귀분석

해 설

본 문항에서는 대학 평점이 종속변수이며, 수능 점수, 고등학교 성적, 고등학교 모의고사 점수, 부모의 학력 및 수입의 다중 독립변수가 존재해 다중회귀분석을 사용할 수 있다. 다중회귀분석(multiple regression analysis)은 다음의 경우에 활용된다.

- 원인이 되는 독립변수와 결과가 되는 종속변수가 존재함
- 종속변수가 1개, 독립변수가 2개 이상인 경우

11 통계적 추론에서 추정에 대한 설명으로 틀린 것은?

① 통계적 추정이란 표본에서 얻은 통계량을 이용하여 모집단의 모수를 추정하는 것이다.
② 기술통계학도 엄격히 말하면 추리통계적 요소를 가지고 있다고 할 수 있다.
③ 모수를 추정하기 위한 통계량을 추정치(estimate)라고 하고, 표본조사의 결과로 얻은 추정치의 측정값을 추정량(estimator)이라고 한다.
④ 기술통계학은 그 자신이 모수가 되는 것이고, 추리통계학은 그 자신이 모수가 되기 어려운 표본에서 모수를 추정하는 것이다.

해 설

표본으로부터 모수를 추정하기 위한 통계량을 추정량(estimator)이라고 하고, 추정량을 이용해 추정된 실제 값을 추정치(estimate)라고 한다. 즉, 모집단을 대표하는 표본을 추출하여 표본의 특성을 나타내는 것을 표집분포(sampling distribution)라고 한다. 표집분포의 특성은 평균과 표준편차로 표기하며, 이를 추정치(estimate) 혹은 통계치(statistic)라고도 한다.

정답 10. ④ 11. ③

12 상관관계에 관한 설명으로 틀린 것은?

① 사례 수가 부족하면 상관의 크기가 작아질 수 있다.
② 두 변인 간에 곡선적인 관계가 있는 경우에 상관계수가 통계적으로 유의미하지 않게 나올 수 있다.
③ 모집단으로부터 제한된 범위의 표본만을 표집하는 경우에 상관관계가 통계적으로 유의미하지 않게 나올 수 있다.
④ 두 변인 간에 인과관계가 있다고 해서 두 변인 간에 반드시 상관관계가 존재하는 것은 아니다.

해설

- **상관관계**: 통계적으로 어떤 변수와 다른 변수 사이에 관계가 있다는 것을 의미하는 것으로, A값이 증가할 때 B의 값이 증가하거나(양의 상관관계) 감소한다면(음의 상관관계) A와 B 사이에는 상관관계가 있다고 가정할 수 있다.
- **인과관계**: 경험적으로 어떤 변수와 다른 변수 사이에 원인과 결과의 관계가 있다는 것을 의미하는 것으로, 변수 A가 원인이 되어 변수 B에 직접적으로 영향을 주는 경우이다.
- 상관관계는 어떤 것들 사이의 관계가 밀접하다는 것을 의미한다. 단, 어느 것이 원인이고 어느 것이 결과인지에 대해서는 증거를 제공할 수 없다.

13 연구의 외적 타당도에 영향을 미치는 것으로서, 통제집단에 있는 연구 대상들이 실험집단에 있는 연구 대상들보다 더 나은 결과가 나타나도록 노력하는 현상은?

① John Henry 효과
② Hawthorne 효과
③ 연구자 효과
④ 실험자 효과

해설

- **존 헨리 효과(John Henry effect)**: 특별한 처치를 받지 못한 통제집단의 참가자들이 소외되었음을 자각하고 평상시와는 다르게 행동하거나 고의로 실험집단보다 더 좋거나 혹은 반대의 결과가 나타나도록 노력하여 발생하는 효과이다. 터널 굴착을 하는 기계와의 시합에서 승리한 존 헨리의 이름을 사용한 것으로, 연구 결과의 일반화를 어렵게 하는 외적 타당도를 낮추는 현상을 의미한다.
- **호손 효과(Hawthorne effect)**: 실험에서 참가자들이 자신이 실험에 참여하고 있다는 의식에 의해 수행이 영향을 받는 상황을 의미한다.
- **연구자 효과**: 질적 연구에서 관찰자인 연구자가 현장에서 일정한 역할을 수행함에 따라 발생하는 효과를 의미한다.
- **실험자 효과(experimenter effect)**: 실험에 참여하는 실험자의 성격이나 행동이 실험 효과에 영향을 주는 것을 의미하는 것으로, 실험 연구에서 독립변인 외에 종속변인에 영향을 미치는 가외변인에 해당되어 연구의 내적 타당도를 저해할 수 있다.

정답 12. ④ 13. ①

14 조사연구를 양적연구와 질적연구로 구분할 때 질적연구의 특징에 해당하는 것은?

① 통계적 접근 ② 높은 신뢰도
③ 해석학적 접근 ④ 부분적 접근(local approach)

해 설

질적연구는 자료의 양보다는 질적인 측면에 더 초점을 두는 것으로, 개별 사물이나 대상의 고유한 속성이나 특성에 대한 해석학적 접근을 시도한다. 반면, 양적연구는 어떤 특정한 처치를 했을 때 어떤 것이 일어나는지를 수량화하여 분석하는 방법이다.

15 분산분석을 위한 모형에서 오차항에 대한 가정에 해당되지 않는 것은?

① 정규성 ② 일치성
③ 독립성 ④ 등분산성

해 설

분산분석(analysis of variance: ANOVA)은 두 개 이상의 집단 간에 평균의 차이를 비교할 때 실시하는 통계기법으로 기본적으로 정규성, 등분산성, 독립성이 가정되어야 하며, 오차항에 대해서도 정규성, 등분산성, 독립성이 가정되어야 한다.

- **정규성 가정**: 각 실험조건의 모집단에서 종속변인 Y가 정규분포해야 한다.
- **등분산성 가정**: Y의 모집단 변량이 모든 실험조건에서 동일해야 한다.
- **독립성 가정**: 실험집단들은 각 모집단에서 서로 독립적으로 표집된 사례들로 구성되어야 한다.

16 다중회귀분석에서 나타나는 축소현상(shrinkage)에 관한 설명으로 틀린 것은?

① 표본이 커지면 증가한다.
② 예언변인의 수가 많을수록 증가한다.
③ 동일 연구를 반복할 때 예측타당도가 낮아지면서 나타나는 현상이다.
④ 한 표본에서 얻은 β값을 다른 표본에 적용했을 때 다중상관계수 R이 처음보다 작아지는 것을 말한다.

정답 14. ③ 15. ② 16. ①

해설

축소현상(shrinkage)이란 한 표본에서 얻은 β값을 다른 표본에 적용했을 때 R값이 처음보다 작아지는 것을 의미하며, 표본이 커지면 축소현상은 감소한다.

17 다음 중 측정 과정에서 발생하는 체계적 오류의 주요 발생 원인에 해당하는 것은?

① 응답자의 기분
② 설문지 문항 수
③ 복잡한 응답 절차
④ 사회적 바람직성

해설

- **체계적 오류**: 자료 분포가 한 방향으로 기울어지는 경우로 타당도와 관련이 있다. 예를 들어, 측정 도구에 사회적 바람직성에 영향을 미칠 만한 문항이 있는 경우에 참가자 모두 바람직한 태도를 보이려고 해 신뢰도는 높을 수 있으나 타당도에 문제가 발생할 수 있다.
- **비체계적 오류**: 우연히 발생하는 오류로 측정 시간이나 장소, 분위기 등이 측정에 영향을 미치는 경우이다. 참가자들마다 다르게 응답할 수 있어 신뢰도가 낮아지는 문제가 발생할 수 있다.

18 한 설문조사에서 "답변자의 57%가 A 후보를 지지한다고 답하였고, 95%의 신뢰구간에 오차범위는 ± 3%이다"의 결과를 얻었다. 여기서 신뢰구간은 어떠한 개념을 내포하는가?

① 구간 추정
② 점 추정
③ 평균 추정
④ 예언오차 추정

해설

- 점 추정이란 모수를 특정한 수치로 표현한 것을 의미한다.
- 구간 추정은 모수를 최솟값과 최댓값의 범위로 추정한 것을 말한다.
- 예언오차(error of prediction)란 예언된 점수와 실제 점수와의 차이 분포의 정도를 의미한다.

정답 17. ④ 18. ①

19 500점이 만점인 시험에서 평균이 300점이며, 표준편차가 50점일 때, A씨가 400점을 얻었다면 A씨의 T점수는?

① 65점

② 70점

③ 75점

④ 80점

해설

- **Z점수를 구하는 공식**: (원점수−평균)/표준편차
- **T점수를 구하는 공식**: 10×Z점수+50
- 본 문항에서의 Z점수는 (400−300)/50=2이고, T점수는 10×2+50=70이다.

20 집합 단위의 자료를 바탕으로 개인의 특성을 추리할 때 저지를 수 있는 오류는?

① 의도적 오류(intentional fallcy)

② 생태학적 오류(ecological fallcy)

③ 일반화 오류(generalization fallcy)

④ 개인주의적 오류(individualistic fallcy)

해설

집합 단위의 자료를 바탕으로 얻은 결과를 개인에게 적용함으로써 발생하는 오류는 생태학적 오류에 해당된다. 반대로 개인의 자료를 기초로 하여 얻은 결과를 전체 집단에 적용할 때 발생하는 오류를 일반화 오류라고 한다.

정답 19. ② 20. ②

② 2021년 기출문제

1 연구가설이 갖추어야 할 기준과 가장 거리가 먼 것은?

① 검증 가능해야 한다.
② 단순성을 배제해야 한다.
③ 흔히 미래형으로 진술된다.
④ 두 개 이상의 변인 사이에 기대되는 관계로 진술된다.

해설

연구가설은 경험적으로 검증 가능해야 하며, 두 개 이상의 변인 사이에 기대되는 관계로 진술된다. 흔히 'A는 B보다 ~일 것이다' 'A와 B는 관계(차이)가 있을 것이다'의 미래형의 형태로 구성된다.

2 도덕적 추론의 발달을 연구하기 위해 한 시점에 50명의 4세 아동, 50명의 6세 아동, 50명의 8세 아동을 대상으로 연구를 진행하였다. 각각의 아이들에게 도덕적 문제의 해결책을 제시하도록 하고 그 과정을 조사하여 결과를 비교하였다. 이는 어떠한 연구에 해당하는가?

① 종단연구
② 질적연구
③ 동년배 집단 시계열 연구
④ 횡단연구

정답 1. ② 2. ④

해설

한 시기에 다양한 연령의 모집단에서 표본을 취해서 검사하는 방법을 사용한 것으로 횡단연구에 해당된다.

- **횡단연구**(cross-sectional study)
  특정 시점에서의 집단 차이를 연구하는 방법으로, 어느 한 시점에서 다수의 분석단위에 대한 자료를 수집하여 분석하는 연구방법이다. 횡단연구는 탐색, 기술, 설명의 목적을 가지며, 간단하고 비용 절감의 장점이 있으나 현상의 진행과정이나 변화 추이에 대한 직접적 측정은 불가능하다는 한계가 있다.
- **종단연구**(longitudinal method)
  동일한 현상을 동일한 대상에 대해 반복적으로 측정하거나 여러 기간 동안에 일어난 변화에 대한 측정을 목적으로 하는 방법이다. 일정한 시간 간격에 따른 둘 이상의 시점에서 동일한 분석단위의 연구를 수행하는 것으로 여러 시간에 걸쳐 조사를 반복하는 것을 의미한다. 종단연구는 어떤 현상의 진행과정이나 변화를 측정하여 분석하는 데 유용한 반면, 설계가 복잡하고 비용이 많이 든다는 한계가 있다.
- **동년배 집단 연구**(cohort research)
  종단적 연구방법의 하나로서 동일연배 집단을 시간적 간격에 따라 동일하게 자료를 수집해 분석함으로써 연구주제의 시대적 변화를 연구하는 방법이다. 시간에 따른 변화를 연구한다는 점에서 종단연구에 속하지만 각 분석집단이 상이할 수도 있다는 점에서 다르기도 하다.
- **시계열 분석**(time series analysis)
  시간의 흐름에 따라 기록된 자료를 분석하고 여러 변수 간의 인과관계를 분석하는 방법이다.

3 우울증을 측정하기 위해 새로 개발한 검사가 기존의 우울증 검사와 상관이 높은 것으로 나타났다면 이 검사는 어떤 종류의 타당도가 높은 것인가?

① 안면타당도 ② 수렴타당도
③ 내용타당도 ④ 변별타당도

해설

서로 상이한 방법인 두 검사로 우울증을 측정했을 때 두 종류의 검사 간에 상관이 높은 것은 수렴타당도가 높다고 할 수 있다.

학습 Plus 타당도의 종류

- **내용타당도**(content validity): 검사항목들이 실제로 재고자 하는 변인의 다양한 측면을 얼마나 제대로 포함하고 있는가에 대한 것이다.
- **수렴타당도**(convergent validity): 서로 상이한 방법으로 동일한 개념을 측정했을 경우, 각 측정결과 간에 상관관계의 높고 낮음을 분석해 타당도를 판단하는 방법이다.

정답 3. ②

- **변별타당도**(discriminant validity): 서로 다른 특성을 동일한 방법으로 측정하여 얻은 검사점수들을 비교하는 방법이다.
- **안면타당도**(face validity): 검사의 문항들이 참가자들에게 얼마만큼 친숙하고 타당해 보이는지 평가하는 방법이다. 흔히 내용타당도와 혼동되는 타당도로, 검사문항의 타당도를 전문가가 판단하는 경우 내용타당도에 해당되는 반면, 참가자가 판단하는 경우 안면타당도에 해당된다.

4 **통계적 추론에서 추정에 대한 설명으로 틀린 것은?**

① 통계적 추정이란 표본에서 얻은 통계량을 이용하여 모집단의 모수를 추정하는 것이다.

② 기술통계학도 엄격히 말하면 추리통계적 요소를 가지고 있다고 할 수 있다.

③ 모수를 추정하기 위한 통계량을 추정치(estimate)라고 하고, 표본조사의 결과로 얻은 추정치의 측정값을 추정량(estimator)이라고 한다.

④ 기술통계학은 그 자신이 모수가 되는 것이고, 추리통계학은 그 자신이 모수가 되기 어려운 표본에서 모수를 추정하는 것이다.

해 설

표본의 통계량이 모수를 추정하기 위해 사용될 경우 추정량(estimator)이라 하고, 표본의 통계치가 모수를 추정하기 위해 사용될 경우 추정치(estimate)라 한다.

5 **심리학 과목의 기말고사 성적은 평균(mean)이 40점, 중위값(median)이 38점이었다. 점수가 너무 낮아서 담당 교수는 12점의 기본점수를 더해 주었다. 새로 산정한 점수의 중위값은?**

① 40점 ② 42점

③ 50점 ④ 52점

해 설

중위값(median)은 자료를 크기 순서로 배열했을 때 중앙에 위치하는 값으로, 중위값을 기준으로 자료의 반은 중위값보다 큰 값을 가지고, 나머지 반은 중위값보다 적은 값을 갖는다. 기본점수에 12점을 더해 주면 중위값도 12점이 커진다.

정답 4. ③ 5. ③

6 다음 중 비율척도에 해당하지 않는 것은?

① 길이 ② 무게
③ 시간 ④ 학번

해 설

비율척도는 의미 있는 절대 영점을 가지고 있으며, 측정의 크기를 비교할 수 있다. 학번은 구분이 목적이므로 명명척도에 해당된다.

학습 Plus

연구에서 사용되는 측정단위를 척도(scale)라고 하며, 일반적으로 명명척도(nominal scale), 서열척도(ordinal scale), 등간척도(interval scale), 비율척도(ratio scale)로 구분된다.

- **명명척도**: 사물을 구분하기 위하여 각 범주에 이름을 부여함으로써 만들어지는 척도를 의미하며, 사건이나 반응의 크기를 측정하는 것과 같은 양적 특성이 아닌 질적 측정방법이다(예 성별, 직업, 거주지역).
- **서열척도**: 사람이나 사물의 속성에 대하여 상대적 서열을 표기하는 척도로서 관찰 결과를 서열 순서로 나열한다. 단 크기의 차이는 알 수 있으나 비율을 측정하지는 못한다(예 키, 성적 등수).
- **등간척도**: 측정단위 간에 등간성이 유지되어 등간 크기를 알 수 있다. 단, 절대 영점이 아닌 가상적 영점과 가상적 측정단위를 기준으로 한다(예 온도, 지능지수).
- **비율척도**: 이 척도는 의미 있는 절대 영점을 가지고 있으며, 측정의 크기를 비교할 수 있다(예 길이와 무게).

7 다음에서 설명하는 질적연구방법은?

- 사람들의 경험에 대한 설명이나 묘사된 이야기(story)가 중심이 된다.
- 등장인물, 문제, 해결 등 문헌적 요소를 포함한 이야기로 재진술한다.

① 문화기술지 연구 ② 현상학적 연구
③ 근거이론 연구 ④ 내러티브 연구

해 설

- 질적연구는 관찰을 통해 숫자가 아닌 데이터를 수집하는 데 사용되는 탐사적 연구방법으로, 양적연구처럼 수치를 사용하는 것이 아닌 대상을 묘사하거나 대상의 성질이나 의미를 탐색하고, 대상의 관찰을 주로 사용한다.
- 내러티브 연구는 한 개인의 삶이나 소수 개인들의 생활 경험을 포착하여 탐구하는 질적연구방법으로 이야기 형식으로 진술된다.

정답 6. ④ 7. ④

8 상관연구에 관한 설명 중 틀린 것은?

① 변인들 간의 관련성의 정도를 측정하는 통계방법이다.
② 두 개 이상의 양적이며 동시에 연속적인 변인이 필요하다.
③ 독립변인을 조작한 실험연구의 자료를 이용한다.
④ 변인들 간의 상관의 강도가 클수록 산포도 상에서 점수들은 서로 모여 있는 경향이 있다.

해설

실험연구는 독립변인을 조작하여 종속변인에 영향을 미치는 효과를 검증하는 것이며, 상관연구는 변인들 간의 관련성의 정도를 측정하는 통계방법이다.

학습 Plus 상관분석(correlational method)

- 관심이 있는 변인들 사이의 관련성을 살펴볼 수 있는 연구방법이다.
- 변인 사이의 관련성이 어느 정도인가를 상관계수라는 통계치로 나타낸다.
- 상관계수는 변인들 간의 관련성의 정도와 방향을 평가하는 통계치로 −1에서 1 사이의 범위를 갖는다.
- 두 변인의 관련성은 정적상관(positive correlation)과 부적상관(negative correlation)으로 나타낸다.
- 정적상관은 두 변인이 동시에 증가하거나 감소하는 관계에 있는 것을 말하며, 부적상관은 한 변인이 증가할 때 다른 변인이 감소하는 관계에 있는 것을 의미한다.

9 피험자 내 설계(wthin-subject design)의 장점으로 가장 적합한 것은?

① 이중 은폐절차의 사용이 가능하다.
② 연습효과가 있어 정확한 데이터 수집이 가능하다.
③ 개인차로 인한 실험의 효과를 통제할 수 있다.
④ 이월효과(carry-over effect)를 통제할 수 있다.

해설

- 피험자 내 설계는 피험자들의 수행이 상이한 실험 조건에 걸쳐 비교되므로 피험자 간 설계보다 피험자 내 설계가 더 효과적일 수 있다. 또한 피험자들의 개인차로 인한 가외변인을 통제할 수 있어 독립변인의 효과를 확인할 수 있는 가능성이 높다는 장점이 있다.
- **피험자 간 설계**: 개별 피험자 집단들은 독립변인의 상이한 수준을 받게 된다. 개인차를 통제하기 위해 피험자들은 집단에 무선 배정되거나 각 집단에서 피험자 특성을 짝짓기 할 수 있다.
- **피험자 내 설계**: 모든 피험자는 독립변인의 모든 수준을 받는다. 이월효과를 최소화하기 위해 처치의 순서를 무선화하거나 처치의 순서를 상대균형화시킬 수 있다.

정답 8. ③ 9. ③

10 요인들 간의 관계가 상호 독립적이라고 간주할 수 있는 경우에 사용하는 요인회전방식은?

① Oblimin
② Oblique
③ Quartimin
④ Varimax

해 설

요인분석에서 요인을 회전한다는 것은 요인행렬을 좌표계 위에서 새롭게 재분배한다는 것을 의미하는 것으로, 행렬의 각 성분들이 좌표축에 최대한 근접할수록 해석이 간편해지므로 최초 주어진 요인행렬을 수학적으로 회전시켜 가장 해석이 쉬운 요인행렬을 산출하는 것이 목적이다. 이때 요인들 간의 관계가 상호 독립적이라고 간주할 수 있는 경우에는 변수들 간의 독립성을 유지시키면서 회전시키는 Varimax 방식을 사용한다.

학습 Plus 직교회전과 사각회전

요인분석의 회전에는 직교회전(orthogonal rotation)과 사각회전(oblique rotation)이 있다.

- **직교회전**
  회전된 인자들이 서로 상관되지 않았다고 가정하고 요인을 회전시키는 방법으로 직각회전이라고도 한다. 가장 전통적이고 관습적인 방법으로 각 요인 간의 각도를 90도로 유지하면서 회전시킨다. 직교회전에는 Varimax 방식과 Quartimax 방식이 있다.
  - Varimax: 가장 대중적으로 사용되는 것으로, 분산을 극대화하여 행렬의 열을 기준으로 큰 값은 더 크게 작은 값은 더 작게 회전하는 방법을 찾아 단순화시키는 방법이다. 변수와 요인 간의 관계가 명확해지고 해석이 용이하다는 장점이 있어 단순한 요인구조를 산출할 때 주로 사용된다.
  - Quartimax: Varimax가 행렬의 열을 기준으로 하는 반면, Quartimax는 행렬의 행을 기준으로 분산을 극대화한다. 단일요인 구조가 존재한다는 확신이 있을 때 사용한다.
- **사각회전**
  비지각 회전방식 또는 사교회전이라는 용어로 사용되기도 하며, 요인들 간의 상관관계가 있을 때 사용되는 것으로 요인 간의 각도를 90도 이외의 사선을 유지하면서 변수를 회전시키는 방법이다. 즉, 요인 간에 다소 상관관계가 있어 공분산이 존재할 수 있다고 가정될 때 사용된다.

11 구조방정식 모형에서의 적합도 지수 중 전반적 적합도를 평가하는 절대적합지수에 해당하는 것은?

① GFI(Goodness of Fit Index)
② NFI(Normed Fit Index)
③ NNFI(Non Normed Fit Index)
④ CFI(Comparative Fit Index)

정답 10. ④ 11. ①

해 설

구조방정식에서는 모형의 적합도를 판단할 때 절대적합지수, 증분적합지수, 간명적합지수를 활용하며, 전반적 적합도를 평가하는 절대적합지수는 CMIN, GFI, AGFI, RMSR, RMSEA가 있다.

학습 Plus 적합도 지수의 종류

구조방정식에서 사용되는 적합도 지수의 종류는 다음과 같다.

- **절대적합지수(absolute fit index)**: 모형의 전반적인 적합도와 모형 설명력을 확인하기 위해 사용하는 지수로, CMIN, RMSEA, RMR, GFI, AGFI가 있다.
- **증분적합지수(indremental fit index)**: 독립모형 대 연구모형을 비교할 때 사용하는 지수로 독립모형에서 연구모형이 얼마나 개선되었는지를 알 수 있는 지수이다. NFI, RFI, IFI, TLI, CFI를 사용한다.
- **간명적합지수(parsimony fit index)**: 연구모형을 다른 여러 경쟁모형과 비교하여 어떤 모형이 더 간명한 모형인지 판단할 때 사용하는 지수로, PFGI, PCFI, PNFI, AIC를 사용한다.

12 다음 사례에 해당하는 표집방법은?

한 연구에서 ○○시 초등학교 6학년 학생들의 평균 지능을 알아보고자 일차 표집단위로 ○○시에 위치한 초등학교 20개를 무선 추출 후, 추출된 학교마다 한 학급씩을 무작위로 선택하여 학급 학생 전원을 대상으로 지능검사를 실시하였다.

① 단순무작위표집방법
② 층화표집방법
③ 군집표집방법
④ 할당표집방법

해 설

추출된 학교마다 한 학급씩 무작위로 선정하여 학급 학생 전원을 대상으로 조사를 수행한 것으로 이는 확률적 표집방법 중 군집표집방법에 해당된다.

학습 Plus 확률적 표집방법과 비확률적 표집방법

- 표집방법은 매우 다양하며 연구 목적과 연구 상황에 따라 적합한 표집법을 결정해야 한다. 표집방법은 일반적으로 확률적 표집방법(probability sampling)과 비확률적 표집방법(nonprobability sampling)으로 구분된다.
- **확률적 표집방법**: 확률적 표집방법에는 단순무선표집, 체계적 표집, 층화표집, 군집표집으로 구분된다.

정답 12. ③

표집유형	설명 및 표집절차
단순무선표집 (simple random sampling)	모집단 내의 모든 사람이 동등하고 독립적인 선발기회를 갖는다. 표본은 우연적으로, 즉 난수표나 컴퓨터를 통해 생성된 난수를 활용하여 추출된다. 예 1000명의 모집단 중 50명으로 된 표본을 구성하고자 할 때 난수표를 이용해 무작위로 대상자를 추출하여 표집한다.
체계적 표집 (systematic sampling)	모집단의 표본 목록에서 한 번호를 선정한 후, 일정한 간격을 두고 연구대상을 추출한다. 예 100명 수강생 중 10명에게 질문지 배부 시 출석부에서 2번 학생을 추출 후, 10번 간격으로 추출을 하여 2, 12, 32, 42 … 92번으로 총 10명의 구성된 표본을 만든다.
층화표집 (stratified sampling)	모집단 안에 여러 동질성을 갖는 하부집단이 있다고 가정할 때 모집단을 계층으로 구분하고, 각 계층에서 무선적으로 대상자를 추출한다. 예 교사의 근무환경을 알고자 할 때 근무형태에 따라 의견이 다를 수 있기에 국립 · 공립 · 사립 학교 교사로 계층을 나눠 표집한다.
군집표집 (cluster sampling)	표집의 단위가 개인이 아니라 군집이며, 모집단 내에 있는 기존의 집단이 표집 단위로 선정된다. 예 S시 고등학교 3학년의 체형변화를 알고자 할 때, S시의 고등학교를 단순무선표집으로 추출한 후 3학년 학생들의 체형변화를 조사한다.

• **비확률적 표집방법**: 일반적으로 목적표집, 편의표집, 할당표집, 연쇄표집이 있다.

표집유형	설명 및 표집절차
목적표집 (purpose sampling)	연구의 목적을 위해 연구자가 의도적으로 대상자를 표집하는 것을 말한다. 연구자의 판단에 의해 표본을 추출하기에 의도적 표집이라고 한다. 예 특정 항암제의 효과연구를 하고자 할 때, 암환자를 연구대상자로 추출한다.
편의표집 (convenience sampling)	연구목적에 대한 적합성보다는 자료수집의 가용성과 편의성에 기초하여 표본을 선택하는 방법이다. 예 연구목적에 동의한 지원자만을 대상으로 하거나 연구자가 임의대로 쉽게 구할 수 있는 대상자들 중에서 표집한다.
할당표집 (quota sampling)	모집단을 몇 개의 하위 집단으로 나누고, 각 하위 집단에 대한 표본의 수를 연구자가 판단하여 결정한다. 결정된 만큼 표본수를 채우되, 표집방법은 자유로운 방식으로 선택한다. 예 S시의 초등학교 교사 200명을 표본으로 추출하고자 할 때, 남자 100명, 여자 100명으로 해당 비율을 미리 결정한 후, 모집단에서 임의적으로 대상을 추출한다.
연쇄표집 (chain sampling)	최초의 작은 표본을 선택한 후, 그 표본 내에서 대상자를 소개받아 원하는 표본 수를 얻을 때까지 계속적으로 표본을 확대해 나가는 방법이다. 누적 표집(snowball sampling)이라고도 한다. 예 약물중독자, 가출청소년, 희귀병 환자 등 목표 모집단에 속하는 연구대상을 찾기 어려울 때 실시한다.

13 표본크기와 표집오차에 관한 설명으로 옳은 것은?

① 표본크기와 표집오차는 관련이 없다.

② 전수조사를 하면 표집오차가 커진다.

③ 표본크기가 1000 이상이면 표집오차는 0으로 간주한다.

④ 표집오차는 표본크기를 결정하는 요인 중 하나이다.

정답 13. ④

해설

- **표본크기**
  표본의 크기는 모집단으로부터 추측한 표집단위의 총 개수이다. 모집단의 크기가 작을 경우 전수조사를 하는 것이 좋고, 집단 구성원이 동질적일 경우에는 표본을 표집하는 것이 유용할 수 있다.
- **표집오차**
  모집단의 일부만을 뽑아 표본조사를 하면서 발생하는 오차로서 모집단에서 추출한 표본이 모집단의 성질과 일치하지 않을 때 나타나는 차이를 의미한다. 만약 표본 평균이 모집단의 평균과 같다면 이는 표집이 완벽하게 이루어졌다는 것을 의미하며, 표본평균이 모집단의 평균과 차이가 크면 이는 표집이 잘못되었음을 의미한다. 표본의 크기가 클수록, 모집단이 동질적일수록 표집오차는 줄어드는 성질이 있으나, 표본이 크다 하여도 표집오차는 존재한다.

14 다음 중 확률변수에 관한 설명으로 틀린 것은?

① 확률변수 X에 대한 특성을 수치로 나타낸 것을 확률변수의 특정치라 하고, 그 특정치로는 기대치, 분산, 적률 등이 있다.
② 확률변수 X, Y가 독립일 때 $E(XY)=E(X)\cdot E(Y)$이다.
③ X와 Y가 독립확률변수일 때, $V(X+Y)=V(X)+V(Y)$이고 $V(X-Y)=V(X)-V(Y)$이다.
④ 각 자료와 평균의 차이를 평균한 것은 1이다.

해설

평균편차는 수집된 데이터의 분산도를 측정하는 방법 중 하나로, 관찰값과 산술평균과의 차이 평균을 의미한다. 평균편차는 각 값을 합산하게 될 경우 0이 되기 때문에 절대값을 적용해야 하며, 값은 항상 1이 되지 않는다.

15 과학적인 인과관계를 추정하기 위한 기본조건과 가장 거리가 먼 것은?

① 일관성이 있는 특정 공변성(covariation)
② 원인에서의 변화가 결과에 선행하는 시간적 순서
③ 원인에서의 변화와 결과에서의 변화를 제외한 다른 현상의 통제
④ 유사(spurious) 관계의 존재

정답 14. ④ 15. ④

해설

철학자 존 스튜어트 밀(John S. Mill)의 과학적 인과관계를 추정하기 위한 기본조건 3가지는 다음과 같다.
- 원인이 결과보다 시간적으로 앞서야 한다.
- 원인과 결과는 서로 관련이 있어야 한다(공변성).
- 결과는 원인이 되는 변수만으로 설명이 되어야 하며 동시에 다른 변수에 의한 설명은 제거되어야 한다.

16 분산분석을 위한 모형에서 오차항에 대한 가정에 해당되지 않는 것은?

① 정규성 ② 일치성
③ 독립성 ④ 등분산성

해설

분산분석(analysis of variance; ANOVA)은 두 개 이상의 집단 간에 평균 차이를 비교할 때 실시하는 통계기법으로 기본적으로 정규성, 등분산성, 독립성이 가정되어야 하며, 오차항에 대해서도 정규성, 등분산성, 독립성이 가정되어야 한다.
- **정규성 가정**: 각 실험조건의 모집단에서 종속변인 Y가 정규분포해야 한다.
- **등분산성 가정**: Y의 모집단 변량이 모든 실험조건에서 동일해야 한다.
- **독립성 가정**: 실험집단들은 각 모집단에서 서로 독립적으로 표집된 사례들로 구성되어야 한다.

17 솔로몬 4집단설계에 관한 설명으로 옳지 않은 것은?

① 두 집단에는 사전검사를 실시하지 않는다.
② 통제집단 사전사후측정설계와 통제집단 사후측정설계를 통합한 형태이다.
③ 다소 복잡한 것이 문제이지만 내적 타당도를 확보한다는 측면에서 이상적이다.
④ 실험처치 기간이 단기일 때보다 장기일 때 더 적합하다.

해설

- 솔로몬 4집단설계는 가능한 모든 매개변수를 통제하기 위한 연구 설계로서, 4개의 집단을 모두 무선으로 선정하여 이 중 두 집단은 사전측정을 하고(통제집단 전후 비교설계) 나머지 두 집단은 사전측정을 하지 않는(통제집단 후 비교설계) 방식을 혼합한 방법이다.
- 본 연구설계는 4개의 집단을 무선할당하는 것이 어렵고 각 집단의 관리가 용이하지 않기 때문에 실험처치 기간이 장기일 때보다 단기일 때 더 적합하다.

정답 16. ② 17. ④

18 중심경향측정치 중 명목척도에서 구할 수 있는 유일한 중심경향측정치로 표본오차에 크게 영향을 받는 것은?

① 최빈치 ② 중앙치
③ 산술평균 ④ 가중평균

해 설

명목척도에서 구할 수 있는 중심경향측정치는 최빈치(mode)이다. 중심경향측정 방법으로는 평균(mean), 중앙치(median), 최빈치(mode)가 있다.

- 평균은 중심위치의 측정과 양적 자료에 쓰인다.
- 중앙치는 자료를 크기순으로 나열할 때 가운데 놓이는 값으로, 전체 사례 수에서 가운데에 해당하는 값이다.
- 최빈치는 자료 중 가장 많이 나오는 값으로 자료 중 가장 빈번하게 나오는 값을 뜻한다.

19 다중회귀분석에서 나타나는 축소현상(shrinkage)에 관한 설명으로 틀린 것은?

① 표본이 커지면 증가한다.
② 예언변인의 수가 많을수록 증가한다.
③ 동일연구를 반복할 때 예측타당도가 낮아지면서 나타나는 현상이다.
④ 한 표본에서 얻어진 β값을 다른 표본에 적용했을 때 다중상관계수 R이 처음보다 작아지는 것을 말한다.

해 설

축소현상(shrinkage)이란 한 표본에서 얻은 베타값을 다른 표본에 적용했을 때 R값이 처음보다 작아지는 것을 의미하며, 표본이 커지면 축소현상은 감소한다.

20 다음 분산분석 결과표에서 ㄱ, ㄴ, ㄷ에 들어갈 숫자는?

source	SS	df	MS	F
집단 간	24	(ㄱ)	(ㄴ)	(ㄷ)
집단 내	24	6	4	
전체	48	8		

① ㄱ: 3, ㄴ: 8, ㄷ: 2 ② ㄱ: 2, ㄴ: 12, ㄷ: 3
③ ㄱ: 2, ㄴ: 8, ㄷ: 2 ④ ㄱ: 3, ㄴ: 8, ㄷ: 3

정답 18. ① 19. ① 20. ②

해 설

- 자유도 합계인 N-1이 8이므로, N은 9이며, 집단 내 자유도인 N-k가 6이므로 k=3이다.
- 집단 간 자유도는 k-1로 (ㄱ)에 들어갈 숫자는 3-1=2이다.
- 집단 간 평균제곱(ㄴ)은 SSB/(k-1)이므로 24/(3-1)인 12이다.
- F값(ㄷ)은 집단 간 평균제곱/집단 내 평균제곱이므로 12/4=3이다.

학습 Plus F값 계산 공식

- 집단 간 평균제곱(MSB)=SSB/(k-1)
- 집단 내 평균제곱(MSW)=SSW/(N-k)
- F=MSB/MSW
  - k=집단의 수/N=전체 참가자 수

〈분산분석표〉

요인	제곱합	자유도	평균제곱	F값
집단 간	SSB	k-1	MSB=SSB/(k-1)	MSB/MSW
집단 내	SSW	N-k	MSW=SSW/(N-k)	
합계	SST	N-1		

③ 2020년 기출문제

1 상관에 관한 설명으로 옳지 않은 것은?

① 두 변인 간의 관계가 완벽해서 일치하는 경우 상관이 −1이 될 수 있다.

② 하나의 변인이 한 단위 증가할 때 다른 변인도 한 단위 증가하면 두 변인 간의 상관은 1이다.

③ Pearson 상관계수는 두 변인 사이의 곡선적인 관계의 방향과 강도를 측정한다.

④ 하나의 변인의 변화와는 무관하게 다른 변인이 변한다면 두 변인 간의 상관관계는 0에 가까워진다.

해 설

상관분석(correlational methods)

- 상관분석은 관심이 있는 변인들 사이의 관련성을 살펴볼 수 있는 연구방법이다.
- 상관분석에서는 변인 사이의 관련성이 어느 정도인가를 상관계수를 통해 확인한다.
- 상관계수는 두 변인 사이의 직선적인 관계의 방향(음/양)과 강도(기울기)를 측정한다.
- 상관계수는 두 가지 변인들 간 관련성의 정도와 방향을 평가하는 통계치로 −1.0에서 +1.0의 범위를 갖는다.
- 두 변인의 관련성은 정적상관(positive correlation)과 부적상관(negative correlation)으로 나타낸다.
- 정적상관은 두 변인이 동시에 증가하거나 감소하는 관계에 있는 것을 말하며, 부적상관은 한 변인이 증가할 때 다른 변인이 감소하는 관계에 있는 것을 의미한다.

정답 1. ③

2 공변량 분석의 기본 가정이 아닌 것은?

① 각 집단의 모집단 변량이 동일해야 한다.
② 매개변수와 종속변수 간의 선형적 상관관계가 있어야 한다.
③ 상호작용 효과가 유효해야 한다.
④ 각 집단의 회귀계수가 동일해야 한다.

해설

- 공변량 분석(Analysis of Covariance: ANCOVA)은 실험결과인 종속변수에 영향을 줄 수 있는 변수를 통계적인 방법으로 통제해 독립변수의 순수한 영향력을 측정하는 통계적 기법이다. 공변량 분석의 매우 주요한 가정으로는 공변인과 종속변인의 회귀선이 모든 실험집단 내에서 동일한 기울기를 가진다는 점으로 '회귀선 기울기의 동질성' 가정이라고 한다.
- 공변량 분석에서 집단 변인과 공변인의 상호작용 효과가 있으면 각 실험집단에서 회귀선의 기울기가 동일하지 않다는 것을 의미한다. 공변인들과 집단변인이 종속변인에 대하여 상호작용 효과를 가지면 공변량 분석은 그 의미를 상실하게 된다. 따라서 공변인이 여러 개인 경우 비상호작용 가정에 대한 섬세한 검토를 거친 후에 결론을 도출해야 한다.

<공변량 분석의 기본 가정>

① **무선추출(독립성)**: 각 표본들은 무선적으로 추출되어 독립성을 가져야 한다.
② **분산성**: 표본들을 추출한 모집단의 변량이 같아야 한다.
③ **정규성**: 표본들이 추출된 모집단은 정규분포를 이루고 있어야 한다.

3 학습장애가 있는 고등학교 3학년 학생들의 대학 평점을 예측하기 위해 연구자가 대학생 500명의 대학 평점과 수능 점수, 고등학교 성적, 고등학교 모의고사 점수, 부모의 학력, 부모의 수입을 변수로 사용하였다. 이 자료에 적합한 분석 기법은?

① 메타분석 ② 단순회귀분석
③ 변량분석 ④ 다중회귀분석

해설

본 문항에서는 대학 평점이 종속변수이며, 수능 점수, 고등학교 성적, 고등학교 모의고사 점수, 부모의 학력 및 수입의 다중독립변수가 존재해 다중회귀분석을 사용할 수 있다. 다중회귀분석(multiple regression analysis)은 다음의 경우에 활용된다.

- 원인이 되는 독립변수와 결과가 되는 종속변수가 존재함.
- 종속변수가 하나이고 독립변수가 2개 이상인 경우

정답 2. ③ 3. ④

학習 Plus

- 회귀분석(regression analysis)
  - 회귀분석은 하나의 종속변수에 영향을 주는 변수가 무엇이고, 그 변수 중 가장 큰 영향을 주는 변수가 무엇인지를 분석하는 통계적 방법이다.
  - 종속변수를 설명해 주는 가장 적합한 모형이 무엇인지를 밝히는 방법이며 상관계수에 기초한다.
  - 독립변수가 종속변수에 영향을 주는 정도는 결정계수인 R^2값에 의해 설명되고, 결정계수가 높을수록 독립변인들의 설명력이 높다.
  - 종속변수를 예측하는 독립변수가 하나일 때는 단순회귀분석(simple regression analysis)을 사용하며, 독립변수가 두 개 이상일 경우에는 다중회귀분석(또는 중다회귀분석이라 함)을 사용한다.
- 변량분석(Analysis Of Variance: ANOVA)
  - 변량분석은 두 개 이상의 집단 간에 차이가 있는지를 검증하는 통계적 방법이다.
  - 독립변수가 하나이고 종속변수가 하나인 경우에는 일원변량분석(one-way ANOVA)을 활용하며, 독립변수가 두 개이고 종속변수가 하나인 경우에는 이원변량분석(two-way ANOVA)을 사용한다.
- 메타분석(meta analysis)
  - 한 주제와 관련된 여러 선행연구의 결과들을 종합하여 요약할 때 개별 연구의 결과들을 서술하여 비교하는 이야기체 방식이 아닌 각 연구에서 얻은 정보를 수량화하여 기술통계와 추리통계 기법을 이용하여 분석하는 통계적 방식이다.
  - 즉, 양적 접근의 종합적 분석 방법으로 1976년 Glass에 의해 연구결과들의 분석(analysis of analyses)이라는 의미를 가진 '메타분석'이라는 용어가 처음으로 소개되었다.
  - 메타분석에서는 각 선행연구에서의 전체적 효과의 크기, 효과 사이의 변동, 연구 특징들의 차이, 서로 다른 연구결과의 효과크기 비교 등을 다룬다.

4 다음은 어떤 오류에 관한 설명인가?

> 어떤 연구에서 "미국의 도시 중 동양인의 비율이 높은 도시가 동양인의 비율이 낮은 도시보다 정신질환 발병률이 높다"는 결과를 얻었을 때, 이러한 연구결과로부터 "백인 정신질환자보다 동양인 정신질환자가 더 많다"고 결론을 내리는 오류

① 조건화 오류
② 생태학적 오류
③ 개인주의적 오류
④ 편향된 표본선정 오류

해설

생태학적 상관관계를 개인적 상관관계로 평가함으로써 발생하게 되는 통계적 오류를 생태학적 오류라 한다. 본 문항의 예시에서는 미국 도시 중 동양인의 비율이 높은 도시라는 하나의 집단을 분석단위로 설정했을 때 도출된 결과를 바탕으로 동양인 정신질환자가 많다는 결론을 모든 개인에게 적용하는 오류를 범한 것으로 생태학적 오류에 해당된다.

정답 4. ②

5 모평균과 모분산이 알려지지 않은 정규모집단의 모분산에 대한 가설검정에 사용되는 검정통계량으로 가장 적합한 것은?

① t－통계량
② Z－통계량
③ χ^2－통계량
④ F－통계량

해 설

Z, t, F 통계량은 모두 모집단의 평균과 분산을 알고 있을 때 사용하는 검정통계량이다.

- **Z검증**: 어떤 집단의 특성이 특정 수치와 같은지 혹은 집단 간의 차이가 있는지를 밝히는 통계적 방법으로 모집단의 분산을 알고 있어야 한다.
- **t검증**: 모집단의 분포가 정규분포이며 종속변수가 양적변수일 경우, 평균 혹은 집단 간 비교를 위해 사용하는 통계적 방법이다.
- **F검증**: 두 개 이상의 집단 간에 차이가 있는지를 검증하는 통계적 방법이다.

6 거트만 척도에서 응답자의 응답이 이상적인 패턴에 얼마나 가까운가를 측정하는 것은?

① 단일차원계수
② 스캘로그램
③ 재생가능계수
④ 최소오차계수

해 설

거트만 척도의 재생가능계수는 오차를 측정하여 측정 수준이 얼마나 적합한 지를 평가하는 계수이다. 재생가능계수가 0.9 이상이면 허용 가능한 오차수준으로 평가된다(cf. 거트만의 척도도식법을 스캘로그램이라 한다).

7 추정에 관한 설명으로 가장 거리가 먼 것은?

① 구간추정은 영가설 하에서 모수치의 범위를 알려 준다.
② 점추정은 영가설 하에서 모집단 평균의 범위를 알려 준다.
③ 점추정과 구간추정 모두 가설검정에 쓰인다.
④ Z－통계량에 의해 가설을 검정하는 방법은 점추정에 의한 방법이다.

정답 5. ③ 6. ③ 7. ②

해 설

통계적 추론은 모집단으로부터 표본을 취하여 정보를 수집하고 분석하여 표본의 성격을 기반으로 한 모집단의 모수를 추론하는 방법이다. 이때 사용하는 기본적 방법은 통계적 추정과 가설검정이 있다.

- 통계적 추정
  표본으로부터 통계량의 값을 구하여 해당 값을 근거로 모수의 값이 얼마일 지를 추측하는 것으로, 이때 사용하는 추정에는 점추정과 구간추정이 있다.
  - 점추정(point estimate): 표본에서 산출된 모수에 대한 추측 값을 추정하는 것으로 모집단이 정규분포일 때는 모평균을 추정하는 데 표본평균이 효율적으로 사용될 수 있는 반면, 표본으로부터 추정된 값이 모집단의 값을 정확하게 추정한다고 주장하기는 어렵다.
  - 구간추정(interval estimate): 임의의 범위를 제시하고 그 범위 내에 평균값이 있을 가능성을 추정하는 것으로 신뢰구간(confidence interval)을 사용할 수 있다. 신뢰도가 커지면 구간추정의 폭이 넓어지며 신뢰도가 작을수록 구간추정의 폭이 좁아진다.
- 가설검정
  모수에 대해 어떤 값을 가정하고 표본정보를 이용하여 그 가정의 합당성 여부를 결정하는 것이다.

학습 Plus 좋은 추정량이 되기 위한 조건

- **불편성**: 추정량의 기댓값이 모수의 값과 같아야 한다(즉, 편향되지 않아야 함).
- **효율성**: 추정량의 분산이 작아야 한다.
- **충족성**: 추정량은 표본에 속한 모든 정보를 활용할 수 있도록 정의되어야 한다.
- **일관성**: 표본의 크기가 커짐에 따라 표본오차가 작아져야 한다.

8 $\bar{x}$=100이고 s=9인 35명의 점수가 있다고 하자. 이 자료에 5명의 점수가 추가로 더해졌는데 5명의 점수가 모두 100이다. 발생할 수 있는 변화는?

① 평균의 변화는 없고 표준편차는 감소한다.
② 평균은 증가하고 표준편차는 감소한다.
③ 평균은 증가하고 표준편차는 변화 없다.
④ 평균과 표준편차 모두 변화 없다.

정답 8. ①

해설

모집단의 평균이 100이고 추가된 5명의 점수도 100이므로 전체 평균값의 변화는 없다. 단, 35명에서 40명으로 수가 증가했으므로 40명의 점수 간 차이의 정도는 감소하여 표준편차는 줄어든다.

- 표준편차(Standard Deviation: SD)는 점수 집합의 변산성을 기술하기 위해 가장 널리 사용하는 방법이다. 표준편차는 분산과 직접적으로 관련되어 있으며 분산에 제곱근을 취해 계산한다.
- 분산(variance)은 점수들이 평균을 중심으로 얼마나 퍼져 있는지를 알려 주는 값으로, 각 점수와 평균값의 차이값인 편차를 제곱한 것들의 평균이다. 변량은 각 점수에서 평균을 뺀 편차점수를 각각 제곱하여 합한 뒤 점수의 수로 나누는 방식으로 계산한다.

9 과학의 속성에 대한 설명으로 틀린 것은?

① 증거를 중요시한다.
② 증거를 찾고 제시하는 방법과 절차가 체계적이다.
③ 사용하는 관찰방법과 자료제시 방법에 객관성이 있다.
④ 신뢰성과 타당성을 추구하므로 오차를 인정하지 않는다.

해설

과학적 방법에서는 오차 발생 가능성을 인정하여, 통계적 검증 시에도 신뢰구간을 설정하여 결과를 검증하는 방식을 활용하고 있다.

10 P(A or B)=P(A)+P(B)라면 A와 B는?

① 연속적이다.
② 상호배타적이다.
③ 종속적이다.
④ 중첩된다.

해설

P(A or B)=P(A)+P(B)라면 A와 B는 상호배타적인 상태를 지닌다. A 또는 B인 값이 각 A와 B를 더한 값과 일치하므로 A와 B 간에 공집합이 없어 두 값은 상호배타적임을 의미한다.

정답 9. ④ 10. ②

11 분산(variance)에 대한 설명으로 옳은 것은?

① 분산은 음수일 수도 있다.
② 극단값의 영향을 크게 받는다.
③ 변수값에 2를 일정하게 곱하면 분산은 2배가 된다.
④ 변수값에 10을 일정하게 더하면 분산은 10만큼 커진다.

해 설

분산은 점수들이 평균을 중심으로 얼마나 퍼져 있는 정도의 측정치로 편차제곱의 평균이자 표준편차의 제곱을 의미한다. 분산은 제곱값이므로 항상 양수이며, 표준편차의 제곱이므로 변수값에 2를 일정하게 곱하면 분산은 4배가 된다. 변수값에 일정한 수를 더해도 각 값에서 떨어져 있는 거리는 계속 같으므로 표준편차 및 분산은 변하지 않는다.

학습 Plus 분산을 계산하는 4단계

- 각 점수에서 평균을 빼서 각 점수의 편차점수(deviation score)를 얻는다. 이는 점수가 평균에서 떨어져 있는 정도를 의미한다.
- 각 편차점수들을 제곱한다. 각 점수의 제곱한 편차점수(squared deviation score)인 편차제곱을 얻는다.
- 제곱한 편차점수들을 모두 합한다. 이 총합을 편차제곱합(sum of squared deviation)이라 부른다.
- 편차제곱합을 점수의 수로 나눈다. 이를 통해 편차제곱의 평균을 얻을 수 있으며 이것이 곧 분산이다.

12 다음 내용에 가장 적합한 분석 방법은?

- 종속변인이 이분변인이다.
- 종속변인이 정규분포 가정을 충족하지 못한다.
- 독립변인은 양적변인이다.

① 로지스틱 회귀분석　② 중다회귀분석
③ 구조방정식 모형　④ 확인적 요인분석

해 설

로지스틱 회귀분석은 양적변인인 독립변인과 이분변인인 종속변인 간의 관계를 확인함으로써 독립변인에 의한 종속변인의 값을 예측하도록 하는 통계기법이다. 이때 종속변인이 이분변인이기 때문에 정규분포를 가정하지 못한다.

정답 11. ② 12. ①

13 가설에 대한 설명으로 가장 거리가 먼 것은?

① 가설이란 연구문제에 대한 잠정적인 해답으로 볼 수 있다.
② 가설은 독립변수와 종속변수와의 관계로 서술된다.
③ 가설은 현상의 관찰이 아닌 기존 이론으로부터 도출해야 한다.
④ 경험적 검증을 위한 가설은 명료해야 하고, 가치중립적이어야 한다.

해 설

- 가설(hypothesis)은 두 개 이상의 변인들 간의 추정된 관계 또는 이론적 관계에 관한 구체적 진술로, 검증 가능한 가설은 어떻게 변인들이 측정될 것인지, 어떻게 변인들이 관계될 것인지에 대해 상세한 설명을 할 수 있다. 연구는 어떤 것이 관찰될 수 있고 측정될 수 있어야 하기 때문에 가설은 독립변수와 종속변수와의 관계로 서술된다.
- 가설은 현상에 대한 관찰에서 비롯되며, 현상에 대한 의문을 가지고 연구문제를 생각해 낸다. 연구문제는 가설의 형태로 수립되며 가설 검증을 위한 연구방법을 통해 데이터를 수집하고 분석한다(현상의 관찰–가설 설정–가설 검증–가설 채택).

14 다음과 같은 특징을 지닌 연구방법은?

- 질적인 정보를 양적인 정보로 바꾼다.
- 예를 들어, 최근에 유행하는 드라마에서 주로 다루었던 주제가 무엇인지를 알아낸다.
- 메시지를 연구대상으로 할 수도 있다.

① 투사법
② 내용분석법
③ 질적연구법
④ 사회성측정법

해 설

내용분석법은 개인이나 사회의 기록물인 신문, 잡지, TV, 영화, 편지, 일기, 상담기록물 등을 활용해 연구자료를 간접적으로 수집하는 자료수집 방법 중 하나이다. 직접 수집법보다 시간이나 비용에의 경제성이 있고 자료의 반복 확인을 할 수 있다는 것이 장점인 반면, 기록된 자료에만 치중하게 되는 편향이 발생할 수 있다는 한계가 있다.

정답 13. ③ 14. ②

15 연구의 외적타당도에 영향을 미치는 것으로서 통제집단에 있는 연구대상들이 실험집단에 있는 연구대상들보다 더 나은 결과가 나타나도록 노력하는 현상은?

① John Henry 효과
② Hawthorne 효과
③ 연구자 효과
④ 실험자 효과

해설

- 존 헨리 효과(John Henry effect)
  특별한 처치를 받지 못한 통제집단의 참가자들이 소외되었음을 자각하고 평상시와는 다르게 행동하거나 고의로 실험집단보다 더 좋거나 혹은 반대의 결과가 나타나도록 노력하여 발생하는 효과이다. 터널 굴착을 하는 기계와의 시합에서 승리한 존 헨리의 이름을 사용한 것으로, 연구결과의 일반화를 어렵게 하는 외적타당도를 낮추는 현상을 의미한다.
- 호손 효과(Hawthorne effect)
  실험에서 참가자들이 자신이 실험에 참여하고 있다는 의식에 의해 수행이 영향받는 상황을 의미한다.
- 연구자 효과
  질적연구에서 관찰자인 연구자가 현장에서 일정한 역할을 수행함에 따라 발생하는 효과를 의미한다.
- 실험자 효과(experimenter effect)
  실험에 참여하는 실험자의 성격이나 행동이 실험효과에 영향을 주는 것을 의미하는 것으로, 실험 연구에서 독립변인 외 종속변인에 영향을 미치는 가외변인에 해당되어 연구의 내적타당도를 저해할 수 있다.

16 다음 ( ) 안에 알맞은 것은?

> 군집표집(cluster sampling)을 할 때 군집 간은 (ㄱ)이어야 하고, 군집 내의 연구대상들 간에는 (ㄴ)이어야 한다.

① ㄱ: 동질적, ㄴ: 이질적
② ㄱ: 동질적, ㄴ: 동질적
③ ㄱ: 이질적, ㄴ: 동질적
④ ㄱ: 이질적, ㄴ: 이질적

해설

군집표집은 확률적 표집방법 중 하나로, 표집의 단위가 개인이 아니라 군집이며, 모집단 내에 있는 기존의 집단이 표집 단위로 선정된다. 이때 군집 간 성질은 동질적이어야 하며, 군집 내의 참가자들 간에는 이질적인 특성이 있어야 한다. 예를 들어, S시 고등학교 3학년의 체형변화를 알고자 할 때, S시의 고등학교를 단순무선표집으로 추출한 후 3학년 학생들의 각기 다른 체형변화를 조사하는 경우에 해당된다.

정답 15. ① 16. ①

17 다음 중 사례연구의 부정적 측면으로 옳지 않은 것은?

① 전반적인 법칙이나 행동 원리를 이끌어 내기 어려운 연구법이다.
② 사례에 작용한 주요 변인들을 통제하기 어렵다.
③ 하나의 사례 연구로는 인과적인 결론을 이끌어 내기 어렵다.
④ 치료를 받은 환자의 변화에 영향을 주는 요인은 사례연구를 통해 밝히기 어렵다.

해설

사례연구(case study)

- 관찰이나 면접 등의 다양한 방법을 이용하여 특정한 사람이나 집단 또는 사건을 이해하는 심층적인 조사기법이다.
- 질적으로 상세한 정보와 추후 연구에 대한 통찰을 얻을 수 있으나, 연구결과의 일반화 문제, 동일한 연구방법의 반복적 설계 문제 및 많은 시간이 소모될 수 있다.

18 다음 중 표본의 크기를 결정하는 데 필요한 사항이 아닌 것은?

① 검정력
② 유의수준
③ 관심 대상이 되는 최소 효과
④ 모집단의 수

해설

표본크기는 모집단으로부터 추측한 표집단위의 총 개수로 표본의 수는 모집단의 크기와 동질성 여부에 의해 영향을 받으나, 모집단의 수는 표본의 크기를 결정하는 데 필요한 사항이 아니다. 표본의 크기는 표본추출방법이나 모집단의 성격, 연구목적의 실현 가능성과 연구 가설의 내용, 시간과 비용, 통계적 검증력 등의 영향을 받을 수 있다.

19 실험연구에서 내적타당도 제고의 가장 큰 목적은?

① 인과관계에 대한 확신
② 측정의 타당도 향상
③ 측정의 신뢰도 향상
④ 일반화 가능성의 증대

정답 17. ④ 18. ④ 19. ①

해 설

타당도(validity)란 검사가 측정하려는 개념을 정확하게 측정하는가의 정도를 나타내는 것으로, 실험연구에서 내적타당도를 제고하는 가장 큰 목적은 인과관계를 확인하기 위함이다.

- **내적타당도(internal validity)**: 실험적 연구에서 독립변수의 처치가 종속변수에 영향을 미쳤는지를 확인하는 정도로, 내적타당도가 높다는 것은 종속변수에서 나타나는 변화가 독립변수의 변화에 의한 것임을 확신할 수 있는 정도를 의미한다.
- **외적타당도**(external validity): 실험결과를 다른 대상이나 다른 시기, 다른 상황에도 어느 정도 일반화할 수 있는지에 대한 것으로, 상황에 따른 일반화가 특히 관심의 초점이 되는 경우는 보다 특수한 용어로 '생태학적 타당도(ecological validity)'를 의미하기도 한다.

20 순위 상관분석으로 특히, 같은 순위에 여러 개의 점수가 있고 표본수가 작을 때 쓰는 통계방법은?

① 켄달의 tau(r) 계수　　② 피어슨의 적률상관계수
③ Spearman 상관계수　　④ 점-이연 상관계수

해 설

- 켄달의 tau(r) 계수는 서열척도로 측정된 두 변수 사이의 상관을 구할 때 사용되는 것으로, 표본수가 작거나 비모수적 방법이 요구될 때 활용된다.
- **피어슨의 적률상관계수**(Pearson product moment correlation): 두 개의 표준화된 수량적인 변수 간에 선형적으로 공변하는 관계를 나타내는 통계량으로, 피어슨 상관 또는 그냥 상관계수라 불린다. 값은 -1에서 +1 사이에 있다.
- **스피어만 상관계수**(Spearman rank-order correlation): 스피어만 등위 상관계수라고도 하며, 측정치 사이에 등간성이 없거나, 사례 수가 적을 때 사용하는 상관계수로 ρ(로오)로 표시한다.
- **점-이연 상관계수**(point-biserial correlation): 두 변수 중 한 변수는 연속이고 다른 변수는 질적인 두 유목으로 나누어진 변수들 간의 상관을 나타내는 통계량으로, 양분점상관계수라고도 한다.

정답 20. ①

④ 2019년 기출문제

1 다음 (　　)에 알맞은 것은?

> 과학적인 연구를 함에 있어서 이론으로부터 시작할 수도 있고 관찰로부터 시작할 수도 있다. 연역적 연구방법은 이론으로부터 (　　ㄱ　　)를(을) 설정하고 이를 검증하기 위해 관찰을 하는 접근이고, 관찰로부터 (　　ㄴ　　)를(을) 거쳐 이론을 수립하는 것은 귀납적 연구방법이다.

① ㄱ: 연구문제, ㄴ: 가설

② ㄱ: 가설, ㄴ: 자료분석

③ ㄱ: 연구문제, ㄴ: 자료분석

④ ㄱ: 가설, ㄴ: 경험적 일반화

해 설

연구는 과학적 방법에 기초해야 하며, 체계적 · 구체적 · 논리적인 방법으로 증거를 수집하고 확인하여 이론을 정립해 가는 과정을 의미한다. 과학적 방법에는 크게 연역법과 귀납법이 있다. 연역적 연구방법은 이론으로부터 가설을 설정하고 이를 검증하기 위해 관찰을 하는 접근이고, 귀납적 연구방법은 관찰로부터 경험적 일반화를 거쳐 이론을 수립해 나간다.

- 연역적 연구방법은 보편적인 명제를 기초로 하여 구체적인 명제를 도출해 내는 방법을 말한다.
  예 이 항아리에서 나온 초콜릿은 모두 파랗다 → 이 초콜릿은 파랗다 → 그러므로 이 초콜릿은 이 항아리에서 나왔다
- 귀납적 연구방법은 구체적 자료로부터 보편적 원리를 추론해 내는 방법을 말한다.
  예 이 초콜릿은 파랗다 → 이 초콜릿은 이 항아리에서 나왔다 → 그러므로 이 항아리에 있는 초콜릿은 모두 파랗다

정답 1. ④

학습 Plus 과학적 연구 설계

연구의 종류에 따라 연구절차는 다양할 수 있으나 일반적으로 다음과 같다.
1) 연구주제를 선택한다.
2) 연구문제를 만들고 이와 관련된 문헌을 참고한다.
3) 참고문헌에 기초하여 연구가설을 설정한다.
4) 연구를 설계한다.
- 연구대상과 연구대상자 수를 결정한다.
- 연구하고자 하는 변인을 설정한다.
- 변수의 측정방법을 결정한다(예 설문지, 실험).
- 가설 검증을 위한 분석방법을 결정한다.

5) 소수의 대상으로 사전연구(pilot test)를 시행한다.
6) 본 연구를 수행한다.
7) 연구를 통해 얻은 자료를 분석하여 결과를 기술하고 해석한다.

2 확률에 대한 설명으로 틀린 것은?

① 상호배타적인 한 집합이 있을 때 한 사상이나 다른 사상이 일어날 확률은 두 확률 간의 차와 같다.
② 둘 이상의 독립적인 사상들이 같이 일어날 확률은 각 사상들의 확률을 곱한 것과 같다.
③ 결합확률이란 둘 혹은 그 이상의 사상이 같이 일어날 확률을 말한다.
④ 조건확률이란 다른 사상이 일어난 조건 하에서 어떤 사상이 일어날 확률을 말한다.

해설

상호배타적인 한 집합이 있을 때 한 사상이나 다른 사상이 일어날 확률은 두 확률 간의 합과 같다. 예를 들어, P(A or B)=P(A)+P(B)인 경우에 A 또는 B인 값이 각 A와 B를 더한 값과 일치하므로 A와 B 간에 공집합이 없어 두 값은 상호배타적임을 의미한다.

정답 2. ①

3 유사실험설계와 구분되는 순수실험설계의 가장 큰 특징은?

① 독립변수의 조작 가능성
② 외생변수의 통제 정도
③ 대상의 무작위화
④ 측정 시기 및 대상 통제

해설

유사실험설계와 순수실험설계의 가장 큰 차이는 실험 참가자들을 집단에 무선할당하는가에 있다. 유사실험에서는 참가자들이 처치 조건에 무선으로 배정되지 않으며, 실험자가 변인을 통제하지 않고 있어 내부타당도에 대한 위협이 발생할 수 있다.

학습 Plus 유사실험과 순수실험

- 유사실험(quasi-experiment)이란 전형적인 실험실 실험에서처럼 실험자가 직접적으로 변인들을 조작하지 못하는 실험적 상황을 의미한다. 유사실험에서는 일부 또는 모든 변인이 선택되는 것으로 실험자의 직접적인 통제 하에 있지 않다는 것을 의미한다. 더불어 참가자들은 처치 조건에 무선으로 배정되지 않으며, 실험자가 변인을 통제하지 않고 있어 내부타당도에 대한 위협이 발생할 수 있다.
- 순수실험(true experiment)은 진실험이라고도 하며, 엄격한 실험설계로 참가자를 실험집단과 통제집단에 무선적으로 배치하여 처치의 효과를 밝히는 실험이다. 처치의 효과는 실험변수를 변화시키거나 조작하여 이에 따른 종속변수의 변화를 관찰하거나 측정하여 확인할 수 있다. 진실험은 실험 참가자의 무선할당, 실험변수의 조작, 외생변수의 통제의 3가지 조건이 충족되어야 한다. 유사실험에 비해 내적타당도가 높다는 장점이 있다.

4 삼원분산분석에 관한 설명으로 옳은 것을 모두 고른 것은?

ㄱ. 독립변수는 3개, 종속변수는 1개이다.
ㄴ. 주효과는 3개까지 나타날 수 있다.
ㄷ. 상호작용효과는 4개까지 나타날 수 있다.

① ㄱ, ㄴ
② ㄱ, ㄷ
③ ㄴ, ㄷ
④ ㄱ, ㄴ, ㄷ

해설

분산분석(Analysis Of Variance: ANOVA)

- 변량분석이라고도 하며, 두 개 이상의 집단 간에 차이가 있는지를 검증하는 통계적 방법이다.
- 종속변수는 1개일 때, 독립변수의 수에 따라 1개인 경우 일원변량분석, 2개인 경우 이원변량분석, 3개인 경우 삼원변량분석이라 한다.

정답 3. ③ 4. ④

- 독립변수만의 효과를 주효과(main effect)라 하며, 주효과의 개수는 독립변수의 수와 같다.
- 상호작용효과(interaction effect)는 독립변수들의 동시적인 작용에 의한 효과를 의미하는 것으로 삼원변량분석의 경우 변수 A, B, C가 동시에 작용하는 삼원상호작용 효과(A×B×C) 1개와 각각 2개의 독립변수들의 상호작용인 이원상호작용 효과(A×B/A×C/B×C) 3개, 총 4개의 상호작용이 나타날 수 있다.

5 **통계적 검증력을 제고할 수 있는 방안과 가장 거리가 먼 것은?**

① 사례 수를 늘린다. ② 측정도구의 신뢰도를 제고한다.
③ 측정도구의 타당도를 제고한다. ④ 단측검정보다는 양측검정을 활용한다.

해설

통계적 검증력(statistical power of a test)이란 상대적 가설인 대립가설이 사실일 때 영가설(귀무가설)을 기각함으로써 올바른 결정을 내릴 수 있는 가능성의 정도를 의미한다. 통계적 검증력을 높일 수 있는 방법은 다음과 같다.

- 표집의 크기가 크고 모집단의 분산이 작은 경우
- 측정의 오차변량이 작은 경우
- 유의수준(1종 오류)이 커지는 경우
- 양방검정(양측검정)보다 일방검정(단측검정)을 사용하는 경우
- 실험절차나 측정의 신뢰도가 높은 경우
- 귀무가설과 대립가설의 차이가 클수록

6 **정규분포를 이루는 한 집단의 평균점수가 80이고, 표준편차가 20일 때 원점수 65의 Z점수는?**

① −15 ② −0.75
③ +0.05 ④ +4

해설

Z점수를 구하는 공식은 (원점수−평균)/표준편차로, 본 문항에서 제시된 수치를 대입하면 다음과 같다.
(65−80)/20=−0.75 그러므로 Z점수는 −0.75이다.

정답 5.④ 6.②

7 다음 사례의 결과는 어떤 효과가 나타났다는 것을 의미하는가?

> 기분과 지능이 창의성에 미치는 효과를 알아보기 위해 이원변량분석을 실시하였다. 결과에 따르면 지능이 높았던 사람들은 부정적인 기분 조건에서 창의성이 높아지는 것으로 나타났지만, 지능이 낮았던 사람들은 긍정적인 기분 조건에서 창의성이 높아지는 것으로 나타났다.

① 기분의 주효과
② 지능의 주효과
③ 창의성의 주효과
④ 기분과 지능의 상호작용효과

해설

이원변량분석을 사용한 본 사례에서 독립변수는 기분과 지능이고, 종속변수는 창의성이다. 기분의 경우 긍정적인 기분과 부정적인 기분의 두 수준으로 구분되었으며, 지능도 높고 낮음의 수준으로 구분되어 2(독립변인: 기분, 2수준)×2(독립변인: 지능, 2수준)으로 구성되었다. 이원변량분석에서는 각 독립변수의 수준에 따른 상호작용 효과를 확인할 수 있다.

8 내용분석에 관한 설명으로 가장 적합한 것은?

① 조사 대상에게 영향을 미칠 수 있다.
② 시간, 비용에 대한 부담이 크다는 단점이 있다.
③ 타당성 확보가 용이하다.
④ 현지조사로 불가능한 자료를 수집할 수 있으며 장기간의 시간적 변화 흐름을 파악할 수 있다.

해설

내용분석(content analysis)

- 비구조화된 커뮤니케이션 자료를 활용해 분류하고 해석을 통해 결론을 추론해 나가는 연구방법이다.
- 텍스트에 담긴 메시지의 특성, 의도, 구조 등을 체계적인 유목과 단위에 기초해 분석하는 방법으로, 코딩규칙을 형성해 많은 양의 자료를 적은 수의 유목으로 분류한 뒤 패턴이나 특성을 발견하는 구체적인 추론을 사용한다.
- 장점으로는 시간과 비용의 절약과 장기간에 걸쳐 발생한 과정에 대한 연구가 가능하다는 점이며, 연구조사자가 연구대상에 영향을 미치지 않는다는 특징이 있다.
- 단점으로는 기록된 것을 분석하는 것으로 수집된 자료에 제한이 있을 수 있으며, 분석하는 연구조사자의 편향과 주관성으로 타당성이 낮아질 수 있다는 문제가 있다.

정답 7.④ 8.④

9 척도 제작 시 요인분석이 활용되는 경우로 틀린 것은?

① 척도의 구성요인 확인
② 문항들 간의 관련성 분석
③ 척도의 신뢰도 계수 산출
④ 척도의 단일 차원성에 대한 검증

해 설

- 요인분석(factor analysis)은 문항이나 변수들 간의 상호관계를 분석하여 상관이 높은 문항이나 변수들을 모아 요인으로 규명하여 특성을 밝히는 통계적 분석법이다.
- 척도의 신뢰도는 문항의 일관성을 나타내는 계수인 크론바흐 알파 계수(Cronbach Alpha coefficient)를 사용한다. 계수의 값은 0부터 1의 값을 가지며, 값이 높을수록 신뢰도가 높은 것을 의미한다. 주로 0.7 이상이면 척도의 신뢰도가 바람직한 것으로 여긴다.

10 Likert 척도, 의미분화 척도, Stapel 척도와 같은 척도를 구성할 때 고려해야 하는 사항과 가장 거리가 먼 것은?

① 연구대상의 수준
② 자료수집 방법
③ 표본의 크기
④ 자료분석 방법

해 설

척도를 구성할 때는 연구대상의 수준(예 연령, 지능 수준)과 자료수집 방법(예 구분의 목적, 상대적 서열) 및 자료분석 방법(예 양적분석, 질적분석)에 대한 고려가 필요하다.

학습 Plus 척도의 종류

- Likert 척도란 개인의 태도나 성향의 강도를 측정하기 위해 하나의 극단적 입장에서 중립을 거쳐 또 다른 극단으로 가는 연속체로 제시하는 척도를 말한다.
  예 문: 나는 외향적이다. / 답: 매우 그렇지 않다(0)–중간이다(3)–매우 그렇다(6)
- 의미분화 척도는 서로 상반되는 의미의 말을 양쪽 끝에 나타낸 척도이다.
  예 문: 나의 성향은? / 답: 내향적이다 1–2–3–4–5 외향적이다
- Stapel 척도는 양극단의 상반된 수식어 대신 한 극단의 수식어만 제시하는 척도를 말한다.
  예 문: 나의 성향에 대해 평가하세요. / 답: −5−4−3−2−1 외향적이다 +1+2+3+4+5

정답 9. ③ 10. ③

11 두 연구 X와 Y의 상관계수 r_{xy}에 대한 설명으로 틀린 것은?

① r_{xy}는 두 변수 X와 Y의 산포의 정도를 나타낸다.

② $-1 \leq r_{xy} \leq +1$

③ $r_{xy}=0$이면 두 변수는 선형이 아니거나 무상관이다.

④ $r_{xy}=-1$이면 두 변수는 완전한 음의 상관관계에 있다.

해설

상관계수(correlation coefficient)

- 두 가지 변인들 간 관련성의 정도와 방향을 평가하는 통계치로 -1.0에서 +1.0의 범위를 갖는다.
- 계수의 값이 음수일 경우 부적상관(negative correlation)이 있다 하며, 한 변인이 증가할 때 다른 변인이 감소하는 관계를 의미한다.
- 계수의 값이 양수일 경우 정적상관(positive correlation)이 있다 하며, 한 변인이 증가할 때 다른 변인이 동시에 증가하는 것을 의미한다.
- 두 변수가 완벽하게 일치할 경우 상관계수의 값은 -1이나 +1을 나타낸다.

12 집합단위의 자료를 바탕으로 개인의 특성을 추리할 때 저지를 수 있는 오류는?

① 의도적 오류(intentional fallcy)

② 생태학적 오류(ecological fallcy)

③ 일반화 오류(generalization fallcy)

④ 개인주의적 오류(individualistic fallcy)

해설

집합단위의 자료를 바탕으로 얻은 결과를 개인에게 적용함으로써 발생하는 오류는 생태학적 오류에 해당된다. 반대로 개인의 자료를 기초로 하여 얻은 결과를 전체 집단에 적용할 때 발생하는 오류를 일반화 오류라 한다.

정답 11. ① 12. ②

13 연구자가 단기심리치료 초기 작업동맹과 최종 성과 간의 관계를 치료자 내(within therapist)와 치료자 간(between therapist)으로 나누어 살펴보려고 한다. 이때 활용할 수 있는 통계적 분석 방법은?

① 요인분석(factor analysis)
② 단순상관분석(simple correlation)
③ 단순회귀분석(simple regression)
④ 위계적 선형 모형 분석(hierarchical linear modelling)

해 설

시간의 흐름에 따른 개인의 변화 추이를 살펴보기 위해서는 위계적 선형 모형 분석을 사용할 수 있다. 즉, 초기 작업동맹 수준과 최종 성과 간의 차이를 분석할 때는 시간의 흐름에 따른 변화 추이를 동시에 분석해야 하므로 위계적 선형 모형 분석을 사용한다.

학습 Plus

- 상관분석(correlational method)
  - 상관분석은 관심이 있는 변인들 사이의 관련성을 살펴볼 수 있는 연구방법으로, 변인 사이의 관련성을 상관계수를 통해 나타낸다.
  - 두 변인 간의 관련성은 알 수 있으나, 인과관계는 알 수 없다는 제한점이 있다.
- 요인분석(factor analysis)
  - 문항이나 변수들 간의 상호관계를 분석하여 상관이 높은 문항이나 변수들을 모아 요인으로 규명하여 특성을 밝히는 방법이다.
  - 연구자가 어떤 요인들과 요인의 수에 대해 확실한 정보가 없을 경우에 실시하는 탐색적 요인분석과 연구자가 요인 수에 대한 정보를 가지고 있을 때 실시하는 확인적 요인분석이 있다.
- 회귀분석(regression analysis)
  - 하나의 종속변수에 영향을 주는 변수가 무엇이고, 그 변수 중 가장 큰 영향을 주는 변수가 무엇인지를 분석하는 통계법이다.
  - 종속변수를 설명해 주는 가장 적합한 모형이 무엇인지를 밝히는 방법이며 상관계수에 기초한다.

정답 13. ④

14 단순회귀모형 $Y_i = \alpha + \beta x_i + \epsilon_i (i = 1, 2, ..., n)$에서 잔차 $e_i = y_i - \hat{y_i}$의 성질을 모두 고른 것은?

ㄱ. $\sum_{i=1}^{n} ei = 0$　　ㄴ. $\sum_{i=1}^{n} x_i e_i = 0$　　ㄷ. $\sum_{i=1}^{n} y_i e_i = 0$

① ㄱ, ㄴ
② ㄱ, ㄷ
③ ㄴ, ㄷ
④ ㄱ, ㄴ, ㄷ

해 설

- ㄱ. $\sum_{i=1}^{n} ei = 0$은 잔차들의 합이 0임을 의미한다.
- ㄴ. $\sum_{i=1}^{n} x_i e_i = 0$은 독립변수에 대한 잔차의 가중합이 0임을 의미한다.
- ㄷ. $\sum_{i=1}^{n} y_i e_i = 0$은 종속변수에 대한 잔차의 가중합이 0임을 의미한다.
- 단순회귀모형에서는 '종속변수의 추정치'에 대한 잔차의 가중합이 0이어야 하므로 ㄷ의 표기는 종속변수의 추정치가 아닌 종속변수에 대한 잔차의 가중합이 0임을 의미하므로 잘못된 표기이다.

15 대도시 학생의 ADHD 가능성을 알아보기 위한 연구가 시작되었다. 표집방법은 군집표집법(cluster sampling)을 사용하였다. 다음 중 무선표집 순서로 가장 적합한 것은?

① 대도시 → 학군 → 학교 → 학급 → 학생
② 학생 → 학급 → 학교 → 학군 → 대도시
③ 대도시 → 학생 → 학급 → 학교 → 학군
④ 학교 → 학급 → 학생 → 대도시 → 학군

해 설

군집표집은 확률적 표집방법 중 하나로, 표집의 단위가 개인이 아닌 군집이며 모집단 내에 있는 기존의 집단이 표집 단위로 선정된다. 군집표집에서는 모집단을 몇 개의 군집으로 나눈 후, 이 중 일부를 추출하며, 추출된 군 안에서 표본을 무선으로 추출하는 방법을 사용한다. 군집표집에서의 군집 내 표본의 특징이 이질적이며, 군집 간의 특징이 동질적이어야 한다.

정답 14. ① 15. ①

16 모분산이 알려져 있는 정규모집단의 모평균에 대한 구간 추정을 하는 경우 표본의 수를 4배로 늘리면 신뢰구간의 길이는 어떻게 되는가?

① 신뢰구간의 길이는 표본의 수와 관계없다.

② 2배로 늘어난다.

③ 1/2로 줄어든다.

④ 모집단과 표본의 성격에 따라 달라진다.

해 설

모집단의 특성을 추정하기 위해 표집된 표본의 크기가 클수록 같은 신뢰수준 내에서 신뢰구간의 길이가 짧아진다. 즉, 신뢰구간이 줄어드는 폭은 표본크기와 반비례한다.

17 명목척도에 사용할 수 있는 집중경향값으로 가장 적합한 것은?

① 중앙값

② 최빈값

③ 평균값

④ 기댓값

해 설

집중경향값을 의미하는 중심위치의 측정 방법에는 평균(mean), 중앙치(median), 최빈치(mode)가 있다.

- **평균**: 중심위치의 측정과 양적자료에 쓰인다.
- **중앙치**: 자료를 크기순으로 나열했을 때 가운데 놓이는 값, 즉 전체 사례 수에서 가운데에 해당하는 값이다.
- **최빈치**: 자료 중 가장 많이 나오는 값으로, 명목척도에서 주로 사용된다.
- **기댓값**: 어떤 사건이 일어날 때 얻게 되는 변수와 그 사건이 일어날 확률을 곱한 값이다.

정답 16. ③ 17. ②

18 측정오차(error of measurement)에 관한 설명으로 옳은 것은?

① 체계적 오차(systematic error)의 값은 상호 상쇄되는 경향이 있다.
② 비체계적 오차(random error)는 인위적이지 않아 오차의 값이 다양하게 분산되어 있다.
③ 신뢰성은 체계적 오차(systematic error)와 관련된 개념이다.
④ 타당성은 비체계적 오차(random error)와 관련된 개념이다.

해 설

- 측정오차는 측정된 값(추정치)을 실제 값(모수치)에서 뺀 값을 의미하는 것으로, (측정오차)=(측정값)-(참값)이다. 측정오차는 양수일 수도 있고 음수일 수도 있으며, 절댓값이 작을수록 측정값은 참값에 가까움을 의미한다. 대부분의 경우 참값을 구할 수 없기 때문에 오차의 범위를 선정하는 방식을 활용한다.
- 체계적 오차는 개념화와 조작화를 제대로 하지 못해 측정도구가 타당성 있게 역할을 하지 못해 발생하는 오차를 의미하는 것으로, 타당성은 체계적 오차와 관련된 개념이다.
- 비체계적 오차는 조사 체계와는 상관없이 발생하는 오차로서 오차의 값이 다양하게 분산되어 있다, 예를 들어, 참가하는 대상의 개인 특성으로 인해 발생하는 오차를 의미한다. 신뢰성은 비체계적 오차와 관련된 개념이다.

19 조사연구를 양적연구와 질적연구로 구분할 때 질적연구의 특징에 해당하는 것은?

① 통계적 접근
② 높은 신뢰도
③ 해석학적 접근
④ 부분적 접근(local approach)

해 설

질적연구는 자료의 양보다는 질적인 측면에 더 초점을 두는 것으로, 개별적 사물이나 대상의 고유한 속성이나 특성에 대한 해석학적 접근을 시도한다. 반면, 양적연구는 어떤 특정한 처치를 했을 때 어떤 것이 일어나는지를 수량화하여 분석하는 방법이다.

정답 18. ② 19. ③

20 표본의 크기 결정을 위한 고려사항과 가장 거리가 먼 것은?

① 타당도 ② 신뢰 수준

③ 오차의 한계 ④ 모집단의 표준편차

해 설

표본크기는 모집단으로부터 추측한 표집단위의 총 개수로 모집단의 평균값과 표본의 평균값 간의 차이를 의미하는 표준오차(sampling error)가 작을수록 좋다. 타당도는 측정하고자 하는 변인을 검사가 제대로 측정하였는지에 대한 정도로 표본의 크기와는 관련이 없다.

<표본의 크기를 결정하는 데 영향을 미치는 요인>

- 모집단의 크기(모집단이 크고 이질적일수록 표본의 수도 커야 하며, 모집단의 크기가 작을 때는 오차를 줄이기 위해 전수조사를 하는 것이 유용할 수 있음)
- 모집단의 동질성 여부(모집단의 동질성이 클수록 표본오차가 작아짐)
- 신뢰 수준(높게 잡을수록 유의수준은 낮아지고 표본오차가 커짐)

정답 20. ①

⑤ 2018년 기출문제

1 과학적 방법에 관한 설명으로 옳은 것은?

① 선별적 관찰에 근거한다.

② 윤리적 실천을 수행할 수 있게 한다.

③ 모든 지식은 잠정적이라는 태도에 기반한다.

④ 연역법적 논리의 상대적 우월성을 지지한다.

해설

과학적 방법에서는 다음과 같은 요소를 포함한다.

- 일반에서 특정 경우로의 추론인 연역
- 특정에서 일반 경우로의 추론인 귀납
- 옳지 않을 수도 있는 창조적인 추론을 하는 귀추
- 개념이나 정의를 구체적으로 내려야 하는 구체성
- 잠정적인 가설을 경험을 통해 밝히는 검증 가능성의 여부
- 과거의 이론들이 잘못된 것으로 확인될 경우, 새로운 이론으로 대체될 수 있는 유연성
- 연구과정이 유사하거나 동일할 경우 동일한 결론으로 도달할 수 있는 상호주관성
- 과학적 이론이 진리인지를 확인하는 것뿐만 아니라 주변 현상을 이해하는 데 유용한 효용성

정답 1. ③

2 다음에서 설명하는 분석은?

> 기존의 이론이나 선행연구의 결과를 바탕으로 측정변수와 잠재변수 간의 관계를 사전에 미리 규정한 후, 실제 자료를 통해 사전에 가정한 요인구조가 적합한지 검정하는 분석방법이다.

① 확인적 요인분석
② 탐색적 요인분석
③ 혼합 요인분석
④ 다층 요인분석

해 설

요인분석에는 탐색적 요인분석과 확인적 요인분석이 있다.
- **탐색적 요인분석**: 요인의 구조를 가정하지 않는 요인분석으로, 요인의 구조를 모르기 때문에 주성분분석을 사용한다.
- **확인적 요인분석**: 설계되거나 가설화된 요인구조를 자료에 적용해 그 구조의 타당성을 확인하는 요인분석으로, 주성분분석보다는 공통성분석을 사용한다.

3 상관계수에 대한 설명으로 틀린 것은?

① 두 변수 사이의 선형관계의 정도를 측정한다.
② 상관계수가 음이면 대부분의 관찰값들이 평균점을 중심으로 2분면 및 4분면에 위치한다.
③ 상관계수 값은 측정단위의 영향을 받지 않는다.
④ 상관계수가 0에 가까우면 두 변수 사이에는 아무런 관계도 없다.

해 설

- **상관계수(coefficient of correlation)**
  두 변량 사이의 상관관계 정도를 나타내는 계수로, 상관계수 r은 항상 −1에서부터 1 사이의 값을 갖는다. 상관계수가 0에 가까울수록 약한 상관을 의미하며, 1에 가까울수록 강한 상관을 의미한다. 또한 한 변량이 증가하면 다른 변량이 증가하는 것을 뜻하는 양의 상관관계의 값은 0보다 크며, 한 변량이 증가하면 다른 변량이 감소하는 역비례의 상태는 음의 상관관계이고 값은 0보다 작다.

정답 2. ① 3. ④

4 예언변인 P가 준거 C에 미치는 영향을 매개변인 M이 부분매개한다고 할 때, 변인 P, C, M의 관계에 대한 설명으로 틀린 것은?

① P와 C의 단순상관은 유의하다.
② P와 M의 단순상관은 유의하다.
③ C를 준거로 P와 M을 동시에 투입한 회귀방정식의 회귀계수는 모두 유의하다.
④ P와 C의 단순상관계수와 P와 M을 동시에 투입한 회귀방정식의 P의 회귀계수 간 차이는 0에 가깝다.

해 설

- 매개변인이 추가된 모형에서의 독립변인이 종속변인에 미치는 효과가 0에 가깝다면 매개효과가 완벽한 것을 의미하여, 이를 완전매개(complete mediation)라고 한다. 매개변인이 추가된 모형에서의 독립변인이 종속변인에 미치는 효과가 통계적으로 유의하지만 매개변인이 없는 모형에서의 독립변인 효과보다 작고, 독립변인과 매개변인의 관계와 매개변인과 종속변인과의 관계가 모두 유의하다면 부분매개(partial mediation)가 있다고 한다.
- 독립변인과 종속변인을 연결하는 매개변인이 통계적으로 유의하기 위해서는 다음과 같은 네 가지 조건이 만족되어야 한다.
  - 독립변인과 종속변인의 관계가 유의해야 한다.
  - 독립변인과 매개변인의 관계가 유의해야 한다.
  - 매개변인과 종속변인의 관계가 유의해야 한다.
  - 매개변인이 추가된 모형에서의 독립변인 효과가 매개변인이 없는 모형에서의 독립변인의 효과보다 작아야 한다.

5 다음 조사결과에 대한 설명으로 틀린 것은?

임상심리 전문가에 대한 선호도를 조사한 결과, Likert 5점 척도에서 여자 대학생 응답자 50명의 평균은 4.5인 반면에 남자 대학생 응답자 50명의 평균은 3.0으로 나타났다. 이때 남녀 평균 간 차이의 표준오차는 1.0이었다.

① 이러한 분석을 독립표본 간 평균의 차이검정이라고 부른다.
② 남녀 두 집단 간에 임상심리 전문가에 대한 선호도 평균 차이는 양방검증으로 $\alpha = 0.05$ 수준에서 유의하지 않다.
③ 이 분석에 있어서 검정의 자유도는 99이다.
④ 이러한 검정에는 t분포가 사용된다.

정답 4. ④ 5. ③

해설

자유도(degree of freedom)는 주어진 조건에서 자유롭게 변화할 수 있는 점수나 변인의 수, 또는 한 변인의 범주의 수를 의미하는 것으로 기호는 df를 사용한다. 자유도는 제한조건의 수와 표본의 수의 영향을 받으며, 제한조건의 수를 k라고 했을 때 자유도의 공식은 df=N-k이다. 즉, 본 문제에서는 여자 대학생 50명과 남자 대학생 50명을 대상으로 각각 선호도를 조사했으므로 (50-1)+(50-1)=98로, 자유도는 98이다.

6 가설에 관한 설명으로 틀린 것은?

① 가설이란 둘 이상의 변수들 간의 관계를 예측하는 진술이다.
② 연구가설은 이론으로부터 도출된다.
③ 가설은 경험적으로 검증할 수 있어야 한다.
④ 동일 분야의 다른 이론과 연관성이 없어야 한다.

해설

- 가설은 둘 이상의 변수들 간의 관계이자 연구문제에 관한 잠재적 진술로, 구체적이어야 하며, 현상과 연관성이 있어야 하고, 과학적 조사에 의해 경험적 검증이 가능한 것이어야 한다. 모든 가설은 동일 분야의 다른 이론과 긴밀한 연관성이 있어야 한다.
- 가설은 현상에 대한 관찰에서 비롯되며, 현상에 대한 의문을 가지고 연구문제를 생각해 낸다. 연구문제는 가설의 형태로 수립되며 가설 검증을 위한 연구방법을 통해 데이터를 수집하고 분석한다(현상의 관찰-가설 설정-가설 검증-가설 채택).

7 평균이 800점, 표준편차가 200점으로 알려진 모집단에서 10,000명의 표집을 무한 번 선정하여 얻은 표본평균들에 대한 기대분포는?

① 평균 800, 표준편차 200인 정규분포
② 평균 800, 표준편차 200이면서 모집단과 동일한 분포
③ 평균 800, 표준편차 2인 정규분포
④ 평균 800, 표준편차 2이면서 모집단과 동일한 분포

해설

평균이 800점, 표준편차가 200점으로 알려진 모집단에서 10,000명의 표집을 무한 번 선정하였으므로 표본의 크기가 커 정규분포를 따를 것이라 가정할 수 있다. 표본의 크기가 커지면 표본의 평균은 모집단의 평균에 수렴할 수 있어 표본평균이 800으로 볼 수 있다. 그러므로 표본평균의 표본분포의 평균은 모집단 평균과 동일하고 표준편차는 $\sigma/\sqrt{n}$ 인 정규분포를 보이므로 기대분포는 $200/\sqrt{10000}$ =2이다.

정답 6. ④ 7. ③

8 실험설계의 내적타당도에 관한 설명으로 틀린 것은?

① 실험요인 이외의 대안적 설명을 배제하고자 한다.
② 인과관계에 대한 확신의 정도와 관련 있다.
③ 통계적 회귀효과를 배제하는 것이 필요하다.
④ 일반화 가능성에 관한 것이다.

해설

- **내적타당도(internal validity)**
  실험적 연구에서 독립변수의 처치가 종속변수에 영향을 미쳤는지를 확인하는 정도로, 내적타당도가 높다는 것은 종속변수에서 나타나는 변화가 독립변수의 변화에 의한 것임을 확신할 수 있는 정도를 의미한다.
- **외적타당도(external validity)**
  실험결과를 다른 대상이나 다른 시기, 다른 상황에도 어느 정도 일반화할 수 있는지에 대한 것으로, 상황에 따른 일반화가 특히 관심의 초점이 되는 경우는 보다 특수한 용어로 '생태학적 타당도(ecological validity)'를 의미하기도 한다.

9 다음과 같은 특징을 가지고 있는 것은?

> 수집된 자료 가운데서 단지 2개의 점수만을 사용하기 때문에 전체 자료의 분포를 잘 기술하지 못한다. 또한 표본이 커지면 극단의 점수가 더 나타날 수 있기 때문에 이것은 표본의 크기에 따라 변하는 경향이 있다. 따라서 이것은 산포에 대한 안정성이 높은 통계량이라고 볼 수 없다.

① 표준편차 ② 사분위편차
③ 범위 ④ 분산

해설

- **범위**: 수집된 자료 중 최곳값과 최솟값에 해당되는 2개의 점수만을 사용하여 관찰된 자료가 흩어져 있는 정도를 측정한다. 간단하지만 전체 자료의 분포를 잘 기술하지 못한다는 한계가 있다.
- **분산**: 점수들이 평균을 중심으로 얼마나 퍼져 있는지를 알게 해 주는 값으로, 편차제곱의 평균이자 표준편차의 제곱이다.
- **표준편차**: 편차를 자승해서 합한 값을 말한다.
- **사분위편차**: 표준편차와 마찬가지로 분포의 퍼짐을 나타내는 통계량이다. 이 값의 차이가 클수록 분포가 넓게 퍼져 있는 산포도가 나타난다.

정답 8. ④ 9. ③

10 통계적 가설검정에 관한 설명으로 틀린 것은?

① 유의수준이란 제1종 오류를 범할 확률의 최대 허용 한계를 말한다.
② 제1종 오류가 증가하면 제2종 오류가 감소한다.
③ t검정은 모집단의 평균과 분산을 아는 경우에 사용하며, 종속변인이 연속변인이어야 한다.
④ 변량분석은 집단 간 변량과 집단 내 변량의 비율인 F값을 통하여 집단 간 차이나 처치의 효과를 검증한다.

해 설

t검증은 모집단의 분포가 정규분포이고 종속변수가 양적변수일 경우에 평균 혹은 집단 간 비교를 위해 사용하는 통계적 기법으로, 모집단의 분산이나 표준편차를 알지 못할 때 모집단을 대표하는 표본으로부터 추정된 분산이나 표준편차를 사용하여 검증하는 방법이다.

- **단일표본 t검증**: 단일한 표본 내에서 가설을 검증하되, 모집단의 분산을 알지 못하는 경우에 사용한다.
- **독립표본 t검증**: 모집단이 서로 독립적일 때 모집단에서 추출된 두 표본 집단의 평균이 같은지를 비교하기 위해 사용되는 통계적 방법이다.

학습 Plus

〈통계적 가설검정의 일반적 절차〉
- 연구문제에 따라 영가설(귀무가설)과 대립가설을 설정한다.
- 가설에 대한 유의 수준을 설정한다. 일반적으로 .01이나 .05로 설정할 수 있다.
- 해당 가설과 자료의 특성에 적합한 통계방법을 결정한다(예 t검증, F검증).
- 선택한 통계적 방법에 기초하여 검정통계치를 계산한다.
- 가설 기각 여부를 결정한다. 주로 영가설이 기각되고 연구자가 확인하고자 했던 효과인 대립가설을 채택할 수 있는지를 확인한다.

〈1종 오류와 2종 오류〉
- **1종 오류(type I error)**: 영가설이 참일 때, 영가설을 기각하고 대립가설을 채택하는 오류
- **2종 오류(type II error)**: 영가설이 거짓일 때, 영가설을 채택하는 오류
- 1종 오류를 감소하고자 하면 2종 오류가 증가하고, 2종 오류를 감소시키는 경우 1종 오류가 증가하는 반비례의 관계를 갖는다.

정답 10. ③

11 일원분산분석(ANOVA)에서 사후검정의 목적은 무엇인가?

① 일원분산분석의 사용을 정당화하기 위해서이다.
② 1종 오류를 범했는지 판단하기 위해서이다.
③ 다음에 필요한 분석방법을 결정하기 위해서이다.
④ 어느 집단에서 차이가 발생하였는지 판단하기 위해서이다.

해 설

분산분석은 서로 다른 집단의 평균에서의 분산값을 비교하여 차이 검증을 하는 통계적 기법이다. 일원분산분석(one-way ANOVA)은 종속변인이 1개이고 독립변인이 1개인 경우에 사용하며, 독립변인 내 수준에 따른 종속변인의 평균 차이를 비교하는 방법이다. 만약 독립변인 내 3개의 수준이 있는 경우, 각 수준에 해당되는 집단 중 최소한 한 집단이 다른 집단과 차이가 있는지를 보기 위해 사후검증을 사용한다.

12 실험설계를 사전실험설계, 순수실험설계, 유사실험설계, 사후실험설계로 구분할 때 유사실험설계에 해당하는 것은?

① 집단비교설계(static-group comparison)
② 단일집단 사후측정설계(one group posttest-only design)
③ 비동질 통제집단설계(nonequivalent control group design)
④ 솔로몬 4집단설계(Solomon four-group design)

해 설

유사실험(quasi-experiment)설계는 준실험설계라고도 하며, 참가자들을 각 집단에 무선할당하여 집단 간에 동질성을 확보하지 못할 때 사용하는 연구 설계 방법이다. 주로 무선할당이 되지 않은 집단을 두 개 이상으로 나누어 한 집단에는 실험 처치를 가하고 다른 한 집단에는 처치를 가하지 않은 뒤 사전 사후를 비교하는 방법을 사용하며, 이는 비동질 통제집단설계라 한다.

학습 Plus 순수실험설계

- 각 집단에 참가자를 무선할당하고 실험집단에는 실험적 처치를 가하고 통제집단에는 처치를 가하지 않음으로써 집단 간 변화 차이를 비교하여 인과관계를 명확하게 규명하는 연구 설계이다.
- 순수실험설계의 종류에는 통제집단 사전사후 검사설계, 통제집단 사후 검사설계, 솔로몬 4집단설계 등이 있다.

정답 11. ④ 12. ③

- 솔로몬 4집단설계는 가능한 모든 매개변수를 통제하기 위한 연구 설계로서 4개의 집단을 모두 무선으로 선정하여 이 중 두 집단은 사전측정을 하고(통제집단 전후 비교설계) 나머지 두 집단은 사전측정을 하지 않는(통제집단 후 비교설계) 방식을 혼합한 방법이다. 본 연구 설계는 4개의 집단을 무선할당하는 것이 어렵고 각 집단의 관리가 용이하지 않기 때문에 실험처치 기간이 장기일 때보다 단기일 때 더 적합하다.

13 한 연구자는 10세에서 20세까지 연령별로 500명의 연구대상을 무작위로 표집하여 30문항의 리커트 5점 척도로 구성된 대인관계 검사를 실시하였다. 이 결과를 통해 분석할 수 있는 것을 모두 고른 것은?

ㄱ. 대인관계의 연령별 평균을 비교할 수 있다.
ㄴ. 대인관계의 개인별 변화를 분석할 수 있다.
ㄷ. 대인관계와 연령 간의 상관을 분석할 수 있다.

① ㄱ, ㄴ　② ㄱ, ㄷ
③ ㄴ, ㄷ　④ ㄱ, ㄴ, ㄷ

해 설

- 본 사례에서는 참가자들의 연령과 대인관계 수준에 대한 점수를 얻을 수 있으므로 10세부터 20세까지의 연령 점수의 평균을 구할 수 있으며, 대인관계 수준과 연령 간의 상관관계를 분석할 수 있다.
- 개인별 변화 추이를 살펴보기 위해서는 각 개인의 시간 흐름에 따른 대인관계 수준에 대한 점수를 종단적으로 수집해야 한다.

14 다음 중 측정과정에서 발생하는 체계적 오류의 주요 발생 원인에 해당하는 것은?

① 응답자의 기분　② 설문지 문항 수
③ 복잡한 응답절차　④ 사회적 바람직성

정답 13. ② 14. ④

해 설

• **체계적 오류**

자료 분포가 한 방향으로 기울어지는 경우로, 타당도와 관련이 있다. 예를 들어, 측정 도구에 사회적 바람직성에 영향을 미칠 만한 문항이 있는 경우에 참가자 모두 바람직한 태도를 보이려 해 신뢰도는 높을 수 있으나 타당도에 문제가 발생할 수 있다.

• **비체계적 오류**

우연히 발생하는 오류로 측정 시간이나 장소, 분위기 등이 측정에 영향을 미치는 경우이다. 참가자들마다 다르게 응답할 수 있어 신뢰도가 낮아지는 문제가 발생할 수 있다.

15 500점이 만점인 시험에서 평균이 300점이며, 표준편차가 50점일 때, A씨가 400점을 얻었다면 A씨의 T점수는?

① 65점
② 70점
③ 75점
④ 80점

해 설

• **Z점수를 구하는 공식**: (원점수-평균)/표준편차
• **T점수를 구하는 공식**: 10×Z점수+50
• 본 문항에서의 Z점수는 (400-300)/50=2이고, T점수는 10×2+50=70이다.

16 다음 중 탐색적 조사(exploratory research)에 관한 설명으로 가장 적합한 것은?

① 시간의 흐름에 따라 일반적인 대상집단의 변화를 관찰하는 조사이다.
② 어떤 현상을 정확하게 기술하는 것을 주목적으로 하는 연구이다.
③ 연구문제의 발견, 변수의 규명, 가설의 도출을 위해서 실시하는 조사로서 예비적 조사로 실시한다.
④ 동일한 표본을 대상으로 일정한 시간 간격을 두고 반복적으로 측정하는 조사이다.

해 설

탐색적 조사는 사회조사의 초기 단계에서 조사에 대한 아이디어를 얻기 위해 실시되는 예비 조사에 해당되며, 이를 통해 연구문제를 발견하거나 변수 규명 및 가설 도출을 할 수 있다. 주로 문헌조사, 전문가 의견조사, 표적 집단 면담, 사례조사 등이 있다.

정답 15. ② 16. ③

17 심리학 과목의 기말고사 성적은 평균(mean)이 40점, 중위값(median)이 38점이었다. 점수가 너무 낮아서 담당 교수는 12점의 기본점수를 더해 주었다. 새로 산정한 점수의 중위값은?

① 40점 ② 42점
③ 50점 ④ 52점

해 설

중위값(median)은 자료를 크기 순서로 배열했을 때 중앙에 위치하게 되는 값을 의미한다. 중위값을 기준으로 자료의 반은 중위값보다 큰 값을 가지며, 나머지 반은 중위값보다 작은 값을 가진다. 일반적으로 기본점수에 일정한 값을 더해 주면 중위값도 동일하게 커지므로 본 문항에서의 중위값 38점은 12점을 더해 50점이 된다.

18 확률표집(probability sampling)에 관한 설명으로 옳은 것은?

① 표본의 추출 확률을 알 수 있다.
② 모집단 전체에 대한 구체적 자료가 없는 경우 상용된다.
③ 표본이 모집단에 대해 갖는 대표성을 추정하기 어렵다.
④ 모집단이 무한하게 클 경우에 적용할 수 있는 표집방법이다.

해 설

- 확률표집은 전집을 구성하고 있는 모든 요소로부터 한 주어진 요소의 선정, 또는 제외가 확률적 방법의 적용이 가능한 방향으로 설계되고 표집됨으로써 한 특정한 요소를 선정한 확률을 알 수 있는 방법이다. 주어진 표집을 얻을 확률을 객관적으로 규정지을 수 있으므로 흔히 객관적 표집방법이라고도 한다. 확률적 표집방법에는 단순무선표집, 체계적 표집, 층화표집, 군집표집이 있다.
- 비확률표집은 연구자의 주관적이거나 편의에 의해 임의로 선정된 표집을 의미한다. 이 경우 표집을 얻을 확률을 객관적으로 평가할 수 없다. 일반적으로 목적표집, 편의표집, 할당표집, 연쇄표집이 있다.

정답 17. ③ 18. ①

19 다중공선성(multicollinearity)을 진단하는 측도가 아닌 것은?

① 분산팽창계수(VIF)
② Durbin-Watson 통계량
③ 조건지수(condition indices)
④ 분산분해비율(variance decomposition proportion)

해 설

다중공선성은 회귀분석에서 사용된 모형의 일부 예측 변수가 다른 예측 변수와 상관 정도가 높아 데이터 분석 시 부정적인 영향을 미치는 현상을 의미하는 것으로, 회귀모형에서는 독립변수들 간의 상관을 최대한 낮추어 다중공선성을 방지해야 한다. 다중공선성을 방지할 수 있는 방법으로 원점수에서 평균을 뺀 평균중심화를 활용할 수 있다.

<다중공선성 진단법>

- 상관계수가 0.9보다 크거나 같을 경우
- 공차(tolerance)가 0.1보다 작을 경우
- 분산팽창계수(Variance Inflation Factor: VIF)가 10보다 크거나 같을 경우
- 상태지수가 15보다 크거나 같을 경우

<Durbin-Watson 검증>

보통 최소제곱으로 계산된 잔차를 이용하는 선형모형에서 오차항의 계열 상관을 검증하는 방법이다. Durbin-Watson 통계량은 d로 표기되며, 이 값이 2에 가까우면 오차항들은 서로 독립적이라 할 수 있고, 0에 가까우면 양의 자기상관, 4에 가까우면 음의 자기상관이 있음을 의미한다.

20 척도에 관한 설명으로 틀린 것은?

① 명명척도는 숫자를 부여함으로써 대상을 구별할 수 있게 한다.
② 등간척도의 예로서 'A군의 IQ 90은 B양의 IQ 30에 비해 세 배가 더 높다'를 들 수 있다.
③ 비율척도에서 절대 0점의 의미는 실제 양적으로 존재하지 않음을 의미한다.
④ 서열척도는 단지 점수들의 순위에만 초점을 둔다.

정답 19. ② 20. ②

해 설

연구에서 사용되는 측정단위를 척도(scale)라 하며, 일반적으로 명명척도, 서열척도, 등간척도, 비율척도로 구분한다.

- **명명척도**(nominal scale): 사물을 구분하기 위해 각 범주에 이름을 부여함으로써 만들어지는 척도로, 사건이나 반응의 크기를 측정하는 것과 같은 양적 특징이 아닌 질적 측정방법이다(예 성별, 직업).
- **서열척도**(ordinal scale): 사람이나 사물의 속성에 대하여 상대적 서열을 표기하는 척도로 관찰 결과를 서열 순서로 나열한다. 단, 크기의 차이는 알 수 있으나 비율을 측정하지는 못한다(예 키, 성적 등수).
- **등간척도**(interval scale): 측정단위 간에 등간성이 유지되어 등간 크기를 알 수 있으나 측정의 크기를 비교할 수는 없으며, 절대 영점이 아닌 가상적 영점과 가상적 측정단위를 기준으로 한다(예 온도, IQ 점수).
- **비율척도**(ratio scale): 이 척도는 의미 있는 절대 영점을 가지고 있으며 측정의 크기를 비교할 수 있다(예 길이와 무게).

⑥ 2017년 기출문제

1 한국판 Wechsler 지능검사를 표준화하는 과정에서 사용된 표집방법은 무엇인가?

① 무선표집(random sampling)

② 층화표집(stratified sampling)

③ 체계적 표집법(systematic sampling)

④ 유의적 표집법(purposive sampling)

해 설

- **단순무선표집**: 모집단 내의 모든 사람이 동등하고 독립적인 선발 기회를 갖는다. 표본은 우연적으로, 즉 난수표나 컴퓨터를 통해 생성된 난수를 활용하여 추출된다.
- **체계적 표집**: 모집단의 표본 목록에서 한 번호를 선정한 후 일정한 간격을 두고 연구대상을 추출한다.
- **층화표집**: 모집단 안에 여러 동질성을 갖는 하위집단이 있다고 가정하고 각 계층에서 무선적으로 대상자를 추출한다.
- **유의적 표집**: 연구자의 판단 하에 가장 유용하거나 대표성이 있다고 생각되는 것들을 관찰된 단위들로 추출한다.

웩슬러 지능검사는 다양한 연령과 집단에 대한 층화표집을 통해 규준을 제작하였다.

정답 1. ②

2 크론바흐 알파계수에 대한 설명으로 틀린 것은?

① Hoyt 신뢰도와 그 값이 다르게 산출된다.
② 부분점수가 있는 문항에도 사용 가능하다.
③ 속도검사 요인이 큰 경우에는 사용하면 안 된다.
④ 동일한 영역에서 표집된 문항들이라 할 수 있는지 평가할 수 있다.

해설

- **크론바흐 알파계수**
  검사 문항의 일관성을 나타내는 계수로, 검사 문항의 신뢰성을 평가하는 척도이다. 계수는 0에서 1 사이의 값을 가지며 값이 높을수록 신뢰도가 높음을 의미하며, 리커트 척도인 경우에 사용 가능하다.
- **호이트(Hoyt) 신뢰도**
  분산분석을 이용하여 문항의 내적 일관성 신뢰도를 추정하는 방법으로, 문항점수가 0과 1인 이분문항이나 부분점수가 부여되는 문항의 신뢰도 추정에도 사용이 가능하다.

3 측정오차(error of measurement)에 관한 설명으로 틀린 것은?

① 비체계적 오차는 상호 상쇄되는 경향도 있다.
② 체계적 오차는 항상 일정한 방향으로 작용하는 편향(bias)이다.
③ 비체계적 오차는 측정대상, 측정과정, 측정수단 등에 따라 일관성 없이 영향을 미침으로써 발생한다.
④ 측정의 오차를 신뢰성 및 타당성과 관련지었을 때 신뢰성과 타당성은 정도의 개념이 아닌 존재개념이다.

해설

- **체계적 오차**: 측정과정에서 연구자의 의도 또는 측정도구의 문제로 발생하는 편향적 오차이며, 타당도와 관련이 있다.
- **비체계적 오차**: 측정과정, 측정자의 숙련도 및 컨디션과 같은 것에서 발생하는 자연적인 오차를 의미하며, 신뢰도와 반비례한다.
- 측정의 오차를 신뢰도와 타당도와 관련지을 때, 신뢰도와 타당도는 정도의 개념으로 볼 수 있으며 측정오차가 커질수록 신뢰도와 타당도는 낮아질 수 있다.

정답 2. ① 3. ④

4 약물치료, 인지행동치료, 정신분석을 3개의 우울증 집단에 각각 실시했다. 사후검증으로 복합대비(complex contrast)를 하려고 할 때 영가설로 적합한 것은?

① 각 집단 간 우울증 평균의 차이가 없다.
② 각 집단에서 사전 사후 간 차이가 없다.
③ 인지행동치료집단의 우울증 평균과 정신분석집단의 우울증 평균 간 차이가 없다.
④ 약물집단의 우울증 평균과 심리치료(인지행동치료와 정신분석)집단의 우울증 평균 간 차이가 없다.

해설

영가설(null hypothesis, 기호 H_0)은 귀무가설이라고도 하며, 설정한 가설이 진실할 확률이 적다고 여겨져 처음부터 버릴 것이 예상되는 가설을 의미한다. 본 사례에서는 우울증 수준에 차이가 없는 3개의 우울증 집단에 각각 약물치료, 인지행동치료, 정신분석치료를 실시했을 때 3가지 치료법의 효과에 차이가 없을 것이라는 것을 영가설로 설정할 수 있다. 연구 결과 영가설이 기각된다는 것은 각 치료법의 효과가 다르다는 것으로 설정한 대립가설이 채택된다는 것을 의미한다.

5 변산도를 나타내는 통계치를 바르게 짝지은 것은?

ㄱ. 중앙값	ㄴ. 범위	ㄷ. 최빈값
ㄹ. 사분편차	ㅁ. 평균편차	ㅂ. 평균

① ㄱ, ㄴ, ㄹ
② ㄱ, ㄷ, ㅂ
③ ㄴ, ㄹ, ㅁ
④ ㄷ, ㄹ, ㅂ

해설

변산도는 한 분포에 위치하는 여러 점수가 집중 경향에서 퍼져 있는 정도를 의미하는 것으로, 범위, 사분편차, 평균편차가 있다.

- **범위**: 수집된 자료 중 최곳값과 최솟값에 해당되는 2개의 점수만을 사용하여 관찰된 자료가 흩어져 있는 정도를 측정한다. 간단하지만 전체 자료의 분포를 잘 기술하지 못한다는 한계가 있다.
- **최빈값**(mode): 분포에서 가장 빈도가 높은 값이다.
- **평균**(mean): 모든 점수의 합을 모든 점수의 개수로 나눈 값이다.
- **중앙값**(median): 모든 점수가 낮은 값에서 큰 값으로 정렬되었을 때 중앙에 있는 값이다.
- **평균편차**: 수집된 데이터의 분산도를 측정하는 방법 중 하나로, 관찰값과 산술평균과의 차이 평균을 의미

정답 4. ④ 5. ③

한다. 평균편차는 각 값을 합산하게 될 경우 0이 되기 때문에 절댓값을 적용해야 하며, 값은 항상 1이 되지 않는다.

- 사분위편차: 표준편차와 마찬가지로 분포의 퍼짐을 나타내는 통계량이다. 이 값의 차이가 클수록 분포가 넓게 퍼져 있는 산포도가 나타난다.

6 요인들 간의 관계가 상호 독립적이라고 간주할 수 있는 경우에 사용하는 요인회전방식은?

① Oblimin ② Oblique
③ Quartimin ④ Varimax

해설

요인분석에서 요인을 회전한다는 것은 요인행렬을 좌표계 위에서 새롭게 재분배한다는 것을 의미하는 것으로, 행렬의 각 성분들이 좌표축에 최대한 근접할수록 해석이 간편해지므로 최초 주어진 요인행렬을 수학적으로 회전시켜 가장 해석이 쉬운 요인행렬을 산출하는 것이 목적이다. 이때 요인들 간의 관계가 상호 독립적이라고 간주할 수 있는 경우에는 변수들 간의 독립성을 유지시키면서 회전시키는 Varimax 방식을 사용한다.
요인회전방식으로는 직교회전 방식과 사각회전 방식이 있다. 직교회전 방식은 베리맥스(Varimax), 쿼티맥스(Quartimax), 이쿼맥스(Equemax) 방식이 있고, 사각회전 방식으로는 오블리민(Oblimin), 프로맥스(Promax) 방식이 있다. 베리맥스 직교회전 방식은 각각의 요인들이 서로 독립적임을 가정할 때 사용한다.

학습 Plus 직교회전과 사각회전

요인분석의 회전에는 직교회전(orthogonal rotation)과 사각회전(oblique rotation)이 있다.

- **직교회전**
  회전된 인자들이 서로 상관되지 않았다고 가정하고 요인을 회전시키는 방법으로 직각회전이라고도 한다. 가장 전통적이고 관습적인 방법으로 각 요인 간의 각도를 90도로 유지하면서 회전시킨다. 직교회전에는 Varimax 방식과 Quartimax 방식이 있다.
  - Varimax: 가장 대중적으로 사용되는 것으로, 분산을 극대화하여 행렬의 열을 기준으로 큰 값은 더 크게 작은 값은 더 작게 회전하는 방법을 찾아 단순화시키는 방법이다. 변수와 요인 간의 관계가 명확해지고 해석이 용이하다는 장점이 있어 단순한 요인구조를 산출할 때 주로 사용된다.
  - Quartimax: Varimax가 행렬의 열을 기준으로 하는 반면, Quartimax는 행렬의 행을 기준으로 분산을 극대화한다. 단일요인 구조가 존재한다는 확신이 있을 때 사용한다.
- **사각회전**
  비지각 회전방식 또는 사교회전이라는 용어로 사용되기도 하며, 요인들 간의 상관관계가 있을 때 사용되는 것으로 요인 간의 각도를 90도 이외의 사선을 유지하면서 변수를 회전시키는 방법이다. 즉, 요인 간에 다소 상관관계가 있어 공분산이 존재할 수 있다고 가정될 때 사용된다.

정답 6. ④

7 가설검정에 있어서 연구자가 범할 수 있는 제2종 오류(type ll error)는 어떤 경우에 발생하는가?

① 영가설이 참일 때 영가설을 수용하는 경우
② 영가설이 거짓일 때 영가설을 수용하는 경우
③ 영가설이 참일 때 영가설을 기각하는 경우
④ 영가설이 거짓일 때 영가설을 기각하는 경우

해설

- **1종 오류(type I error)**: 귀무가설이 실제 참이지만 귀무가설을 기각하는 오류로, 실제 음성인 것을 양성으로 판정하는 것으로 알파 오류라고도 한다.
- **2종 오류(type II error)**: 귀무가설이 실제 거짓이지만 귀무가설을 기각하지 못하고 잘못 채택하는 오류로, 실제 양성인 것을 음성으로 판정하는 것으로 베타 오류라고도 한다.

8 다음에서 설명하고 있는 실험설계의 타당성을 저해하는 요인은?

> 사전측정에서 극단적인 점수를 얻은 경우에 사후측정에서 독립변수의 효과와 관계없이 평균치로 값이 근접하려는 경향을 보이는 것

① 우연적 사건(history)
② 통계적 회귀(statistical regression)
③ 시험효과(testing effect)
④ 인과방향의 모호성(causal time-order)

해설

실험설계의 타당성은 독립변인이 종속변인에 영향을 미친 정도를 확인하는 내적타당도로 검증된다.

- **우연적 사건**: 연구 기간 동안 천재지변과 같이 우연하게 일어나는 특정한 상황으로 인해 연구결과가 달라지는 경우 실험설계의 내적타당도를 낮출 수 있다.
- **통계적 회귀**: 사전검사의 결과가 지나치게 낮은 대상에게 독립변수를 투입할 경우, 사후검사의 결과는 독립변수의 효과와 상관없이 평균에 가까워지는 회귀 현상을 보일 수 있다.
- **시험효과**: 연습효과 또는 학습효과라고도 하며, 동일한 검사를 두 번 이상 실시하였을 경우에 참가자들의 검사에 대한 학습이나 연습 효과로 인해 추후에 실시한 검사 점수가 첫 번째 실시한 검사 점수에 비해 높아지는 경우를 의미한다.

정답 7. ② 8. ②

9 중심경향측정치(measures of central tendency) 중 명목척도(nominal scale)에서 구할 수 있는 유일한 중심경향측정치로 표본오차에 크게 영향을 받는 것은?

① 최빈치 ② 중앙치

③ 산술평균 ④ 가중평균

해설

중심경향이란 빈도에서 중심이 되는 값을 찾는 것을 의미한다. 중심경향측정치에는 평균과 최빈치, 중앙치 세 가지가 있으며, 이 중 명목척도에서 사용할 수 있는 중심경향측정치는 최빈치이다.

- **최빈치**(mode): 분포에서 가장 빈도가 높은 값
- **평균**(mean): 모든 점수의 합을 모든 점수의 개수로 나눈 값
- **중앙치**(median): 모든 점수가 낮은 값에서 높은 값으로 정렬되었을 때 중앙에 있는 값

10 처치의 충실성(fidelity) 또는 처치의 통합성(integrity)을 나타내는 요소에 관한 설명으로 옳은 것은?

① 치료자 역량(competence)－처치 요소들이 매뉴얼에 기술된 대로 전달되었는가?

② 치료의 변별(differentiation)－원리와 기법을 얼마나 기술적으로 잘 적용하였는가?

③ 매뉴얼에 대한 충실도(adherence)－둘 또는 그 이상의 처치가 실행의 핵심적인 차원에 따라 서로 다른가?

④ 처치의 구체화(specifying the treatment)－문제의 원인, 처치 기법 등이 잘 정의된 처치 매뉴얼이 개발되었는가?

해설

- 치료자 역량이란 원리와 기법을 얼마나 기술적으로 잘 적용하였는가에 관한 것이다.
- 치료의 변별이란 둘 또는 그 이상의 처치가 실행의 핵심적인 차원에 따라 서로 다른가에 관한 것이다.
- 매뉴얼에 대한 충실도란 처치 요소들이 매뉴얼에 기술된 대로 전달되었는가에 관한 것이다.

정답 9. ① 10. ④

11 사례연구(case study)의 장점과 가장 거리가 먼 것은?

① 사례연구는 다양한 평가 또는 치료절차와 관련된 가설 생성에 도움을 준다.
② 사례연구는 임상가로 하여금 연구전략이나 치료적 접근에서 빠른 변화를 도모할 기회를 제공한다.
③ 사례연구는 잘 알려져 있지 않거나 아직 병의 원인과 치료법 등이 입증되지 않은 희귀한 장애의 경과와 임상양상을 기록하고 연구하는 데 사용될 수 있다.
④ 사례연구는 내담자의 개인적 성장배경, 가족 내력, 병력, 성격 특성, 양육방식 등 다양한 정보를 통합적으로 활용하기 때문에 타당한 과학적 결론을 내리는 데 유리하다.

해 설

사례연구는 관찰이나 면접 등의 다양한 방법을 이용하여 특정한 사람이나 집단 또는 사건을 이해하는 심층적인 조사기법이다. 질적으로 상세한 정보와 추후 연구에 대한 통찰을 얻을 수 있다는 장점이 있으나, 연구결과의 일반화 문제, 동일한 연구방법을 반복적으로 설계하기 어렵고 많은 시간이 든다는 한계가 있다.

12 공변량 분석에서 타당한 자료 해석을 위한 가정으로 가장 중요한 것은?

① 회귀선 기울기의 동일성 가정
② 대칭행렬 가정
③ 비직선성 가정
④ 상호작용 효과 유효성 가정

해 설

공변량이란 종속변수에 대해 독립변수와 기타 외생변수가 공유하는 변량을 의미한다. 공변량 분석은 실험결과(종속변인)에 영향을 줄 수 있는 외생변수를 통계적인 방법으로 통제해 독립변인의 순수한 영향을 측정하려는 방법으로, 교호작용이 없어야 하고 회귀계수가 동일해야 한다.

13 구조방정식 모형에서의 적합도 지수 중 전반적 적합도를 평가하는 절대적합지수에 해당하는 것은?

① GFI(Goodness of Fit Index)
② NFI(Normed Fit Index)
③ NNFI(Non Normed Fit Index)
④ CFI(Comparative Fit Index)

정답 11. ② 12. ① 13. ①

해 설

구조방정식에서는 모형의 적합도를 판단할 때 절대적합지수, 증분적합지수, 간명적합지수를 활용하며, 전반적 적합도를 평가하는 절대적합지수는 CMIN, GFI, AGFI, RMSR, RMSEA가 있다.

학습 Plus 구조방정식에서 사용되는 적합도 지수의 종류

- **절대적합지수(absolute fit index)**
  모형의 전반적인 적합도와 모형 설명력을 확인하기 위해 사용하는 지수로, CMIN, RMSEA, RMR, GFI, AGFI가 있다.
- **증분적합지수(indremental fit index)**
  독립모형 대 연구모형을 비교할 때 사용하는 지수로 독립모형에서 연구모형이 얼마나 개선되었는지를 알 수 있는 지수이다. NFI, RFI, IFI, TLI, CFI를 사용한다.
- **간명적합지수(parsimony fit index)**
  연구모형을 다른 여러 경쟁모형과 비교하여 어떤 모형이 더 간명한 모형인지 판단할 때 사용하는 지수로, PFGI, PCFI, PNFI, AIC를 사용한다.

14 피험자 내 실험설계에서 하나의 처치가 다음 처치에 영향을 미쳐 연구결과에 심각한 위기를 초래하는 것을 방지하기 위한 방법으로 가장 적합한 것은?

① 이월효과
② 피험자 소모
③ 상대균형화
④ 짝짓기 설계

해 설

피험자 내 설계에서 모든 피험자는 독립변인의 모든 수준을 받는다. 이월효과가 발생할 수 있으며, 이를 최소화하기 위해 처치의 순서를 무선화하거나, 처치의 순서를 상대균형화할 수 있다. 완전한 상대균형화는 피험자 내 설계에서 가장 안전한 방법이다.

정답 14. ③

학습 Plus 피험자 내, 피험자 간 설계에 대한 통제기법 요약

통제해야 되는 것	피험자 간 설계	피험자 내 설계
개인차 (성별, 나이, IQ)	• 무선배정: 참가자를 집단에 편향되지 않게 배정함. • 짝짓기 배정: 집단에 걸쳐 변인을 일정하게 유지하고자 변인들을 동등화시킴.	개인차는 자동적으로 통제됨.
상황 차이(자료가 수집되는 하루의 시간, 방 안 온도 등)	이러한 변인의 효과를 무선화함.	피험자 간 설계와 동일
이월효과 (검사 순서, 검사 재료의 배정)	보통 이월효과는 발생하지 않으나, 만약 발생한다면 피험자 내 설계와 같은 기법을 사용할 수 있음.	• 순서를 무선화 • 완전한 상대균형화 • 불안전한 상대균형화(라틴 방격 설계)

15 상관과 예언에 관한 설명 중 그 내용이 부적절한 것은?

① 예언이 정확할수록 예언점수의 변량은 실제 점수의 변량에 가까워진다.
② r의 값이 크다는 것은 두 변인 간에 강력한 상관이 있다는 것을 의미한다.
③ 하나의 예언변인만 사용하는 예언에서는 표준화회귀계수 β와 상관계수 r은 동일하다.
④ X와 Y 간의 상관이 완벽하지 않는 한 예언한 Y점수의 변량은 원점수의 변량보다 크다.

해 설

상관계수는 회귀계수에 두 변수의 표준편차비를 곱한 것과 같으므로 두 변수의 표준편차가 동일할 경우 표준화회귀계수 값과 상관계수의 값이 동일하다.

정답 15. ④

16 다음 중 확률변수에 관한 설명으로 틀린 것은?

① 확률변수 X에 대한 특성을 수치로 나타낸 것을 확률변수의 특정치라 하고, 그 특정치로는 기대치(expected value), 분산(variance), 그리고 적률(moment) 등이 있다.

② 확률변수 X, Y가 독립일 때 E(XY)=E(X) · E(Y)이다.

③ X와 Y가 독립확률변수일 때, V(X+Y)=V(X)+V(Y)이고 V(X−Y)=V(X)−V(Y)이다.

④ 각 자료와 평균의 차이를 평균한 것은 1이다.

해 설

평균편차는 수집된 데이터의 분산도를 측정하는 방법 중 하나로, 관찰값과 산술평균과의 차이 평균을 의미한다. 평균편차는 각 값을 합산하게 될 경우 0이 되기 때문에 절대값을 적용해야 하며, 값은 항상 1이 되지 않는다.

17 다음 내용이 공통적으로 설명하는 것은?

- 독립된 현상이나 개념의 공통점을 발견한다.
- 현상을 설명, 조작, 예언한다.
- 다음 연구 영역을 확장시킨다.
- 논리적인 체계로 조직된다.

① 가설　② 구인

③ 이론　④ 경험

해 설

- **이론**: 사물이나 현상의 이치를 논리적으로 일반화한 체계이며, 현상을 설명, 조작, 예언함.
- **가설**: 둘 이상의 변수들 간의 관계에 대한 잠재적 진술임.
- **구인**: 개념을 구체적이고 측정 가능한 언어로 정의한 것으로, 개념적 정의와 조작적 정의로 구분됨.
- **경험**: 실제로 듣거나 겪은 것에 관한 것을 말함.

정답 16. ④ 17. ③

18 분산(variance)에 관한 설명으로 옳은 것을 모두 고른 것은?

ㄱ. 동일한 값들에 대한 분산은 1이다.
ㄴ. 분산의 양의 제곱근을 표준편차라고 한다.
ㄷ. 모든 변수값에 10을 더하더라도 분산은 변하지 않는다.
ㄹ. 모든 변수값에 2를 곱하면 분산은 2배 커진다.

① ㄴ, ㄷ
② ㄱ, ㄴ, ㄹ
③ ㄱ, ㄷ, ㄹ
④ ㄴ, ㄷ, ㄹ

해 설

- 분산이란 변수의 흩어진 정도를 계산하는 지표로, 주어진 변량이 평균으로부터 떨어져 있는 정도를 나타내는 값의 한 종류이다. 동일한 값들에 대한 분산은 0이며, 모든 변수값에 10을 더하더라도 분산은 동일하다. 모든 변수값에 2를 곱하면 분산은 4배 커진다.
- 표준편차란 분산의 제곱근으로, 어떤 변수에 관하여 그 평균값을 중심으로 보았을 때 각 관측값이 평균적으로 어느 정도 벗어나 있는지를 의미하는 것이다.

19 한 설문조사에서 "답변자의 57%가 A 후보를 지지한다고 답하였고 95%의 신뢰구간에 오차범위는 ±3%이다"의 결과를 얻었다. 여기서 신뢰구간은 어떠한 개념을 내포하는가?

① 구간 추정
② 점 추정
③ 평균 추정
④ 예언오차 추정

해 설

- 점 추정이란 모수를 특정한 수치로 표현한 것을 의미한다.
- 구간 추정은 모수를 최솟값과 최댓값의 범위로 추정한 것을 말한다.
- 예언오차(error of prediction)란 예언된 점수와 실제 점수와의 차이 분포의 정도를 의미한다.

정답 18. ① 19. ①

20 통계적 결론 타당도에 관한 설명으로 옳은 것은?

① 통계적 가정의 위반 여부와는 관련이 없다.
② 기술통계에서는 논의의 대상이 되지 않는다.
③ 종속변인보다는 독립변인의 신뢰도가 통계적 결론 타당도에 더 큰 영향을 미친다.
④ 통계적 검증 방법의 엄격함의 정도는 통계적 결론 타당도에 영향을 미치지 않는다.

해설

통계적 결론 타당도는 가설에 대한 검증을 근거로 한 연구자의 확신의 정도로, 기술통계에서는 논의의 대상이 되지 않는다.

- 통계적 가정의 위반 여부와 관련되어 있음.
- 독립변인보다는 종속변인의 신뢰도가 더 큰 영향을 미침.
- 통계적 검증 방법의 엄격함은 통계적 결론 타당도에 영향을 미침.

정답 20. ②

7 2016년 기출문제

1 평균이 30이고 표준편차가 5인 분포에서 원점수 25를 Z점수로 변환하면?

① −1　　② 0

③ 1　　④ 2

해설

Z점수는 표준편차 단위에서 어떤 한 점수가 평균으로부터 얼마나 떨어져 있는가를 말하는 지수로, Z점수를 구하기 위한 공식은 다음과 같다.

- Z점수=(원점수−평균)/표준편차

그러므로 본 문항에서의 Z점수는 (25−30)/5를 한 −1이다.

2 다음 사례의 표본추출방법에 해당하는 것은?

> 새로 개발한 심리검사에 대한 사전조사를 위해 연구자를 연구실과 지리적으로 가까운 명동 전철역에 배치하고 그 시간대에 명동 전철역에서 지나가는 사람들을 대상으로 간단히 심리검사를 실시하여 그 결과를 활용한다.

① 판단표본추출방법　　② 할당표본추출방법

③ 층화표본추출방법　　④ 편의표본추출방법

정답 1. ①　2. ④

해설

- **판단표본추출방법**: 모집단에 대한 사전 지식을 기초로 하여 연구자의 주관적 판단에 따라 표본을 추출하는 방법이다. 연구결과의 일반화에는 제한이 있으나, 광범위한 집단에 확대하여 일반화하지 않을 경우 유용하다.
- **할당표본추출방법**: 표본의 수를 연구자가 결정하고, 결정된 만큼 표본 수를 채우는 자유로운 방식으로 선택한다.
- **층화표본추출방법**: 모집단 안에 여러 동질성을 갖는 하위집단이 있다고 가정하고, 각 층에서 무선적으로 대상자를 추출한다.
- **편의표본추출방법**: 가용성과 편의성에 기초하여 표본을 선택하는 방법이다.

3 명목척도로 조사된 변수들에 대해 통계분석을 하고자 할 때 적합한 분석방법은?

① F검정 ② Z검정

③ t검정 ④ x^2검정

해설

x^2검정은 관찰값과 기댓값의 일치 정도를 평가하는 통계적 검증방법으로, 명목척도로 수집된 데이터에 대한 통계분석을 실시할 때 활용된다.

공식은 다음과 같다. $x^2 = \sum\{(\text{관찰수}-\text{이론수})^2/\text{이론수}\}$

- **F검정**: 주로 여러 표본평균의 동질성 검증인 분산분석에 이용된다.
- **Z검정**: 어떤 집단의 특성이 특정 수치와 같은지 혹은 집단 간에 차이가 있는지를 밝히는 통계적 방법으로, 모집단의 분산을 알고 있어야 한다.
- **t검정**: 모집단의 분포가 정규분포이며 종속변수가 양적변수일 경우, 평균 혹은 집단 간 비교를 위해 사용하는 통계적 방법이다.

4 표집오차에 관한 설명으로 옳은 것은?

① 표준편차의 제곱이다.

② 완벽한 표집의 추정치이다.

③ 완벽한 표집의 평균이다.

④ 표본의 추정값과 모집단의 실제값 간의 차이이다.

정답 3. ④ 4. ④

해 설

통계치가 모수와 정확히 일치하지 않고 분산된 정도를 표집오차(sampling error)라고 하며, 표집오차는 모집단의 실제값과 표본의 추정값과의 점수 차이를 의미한다. 주로 표본을 추출할 때 표본의 크기와 표본추출방법에 따라 오차가 발생할 수 있다.

5 아직 연구되지 않은 심리학적 특성 A가 무엇에 의해 발현되는지 알아보고자 한다. 이 경우 특성 A에 영향을 미칠 것이라고 생각되는 25개의 변인들을 대상으로 어떠한 분석을 실시하는 것이 가장 적합한가?

① 탐색적 판별분석
② 탐색적 요인분석
③ 확인적 판별분석
④ 확인적 요인분석

해 설

탐색적 요인분석은 요인의 구조를 가정하지 않는 요인분석방법이다. 분석되는 상관계수 행렬에서 몇 개의 요인이 산출될 수 있는지 탐색적으로 검토하는 방법으로, 측정변수와 요인 간의 관계에 대한 연구자의 가정이 없으며, 표본자료 내에 있는 요인의 구조가 어떠한지를 검토된 개수만큼의 요인구조를 산출해 낼 때 활용된다.

<참조> 요인분석과 판별분석

- 요인분석(factor analysis)에는 탐색적 요인분석과 확인적 요인분석이 있다.
  - **탐색적 요인분석**: 요인의 구조를 가정하지 않는 요인분석으로, 요인의 구조를 모르기 때문에 주성분 분석을 사용한다.
  - **확인적 요인분석**: 설계되거나 가설화된 요인구조를 자료에 적용해 그 구조의 타당성을 확인하는 요인분석으로 주성분 분석보다는 공통성분석을 사용한다.
- **판별분석**(discriminant analysis)
  - 판별분석은 종속변수가 두 개 혹은 그 이상으로 구성되었을 때, 여러 개의 독립변수들을 통해 집단의 특성을 예측하기 위한 통계적 방법이다.
  - 집단판별에 영향을 주는 독립변수가 무엇이며, 이 독립변수 중 영향력이 가장 큰 변수가 무엇인지를 밝히고자 할 때 사용한다.
  - 예 별거부부, 재혼한 부부, 이혼한 부부에 영향을 주는 변수로, 학력, 수입, 직업, 종교 등을 정하고 어떤 변수가 가장 많은 영향을 주는지 분석함.

정답 5. ②

6 상위 25%와 하위 25%에 해당하는 점수 간의 차이를 2로 나눈 값을 지칭하는 것은?

① 평균편차 ② 사분편차
③ 표준편차 ④ 표본편차

해설

- 사분편차는 자료를 크기 순으로 정렬한 후 자료 분포의 중앙에서 전체 자료의 50%를 포함한 범위의 절반을 의미하는 것으로, 상위 25%와 하위 25%에 해당하는 점수 간의 차이를 2로 나눈 값을 의미한다.
- 평균편차는 수집된 데이터의 분산도를 측정하는 방법 중 하나로, 관찰값과 산술평균과의 차이 평균을 의미한다. 평균편차는 각 값을 합산하게 될 경우 0이 되기 때문에 절댓값을 적용해야 하며, 값은 항상 1이 되지 않는다.
- 표준편차란 분산의 제곱근으로, 어떤 변수에 관하여 그 평균값을 중심으로 보았을 때 각 관측값이 평균적으로 어느 정도 벗어나 있는지를 의미하는 것이다.

7 다음 ( )에 알맞은 용어를 순서대로 나열한 것은?

> 분산분석은 2개 이상의 집단 간 평균 차이를 검증할 때 사용된다. 일원분산분석에서 통계적으로 유의한 차이를 나타내기 위해서 ( ) 평균 자승을 ( ) 평균 자승으로 나누게 된다.

① 집단 간, 집단 간 ② 집단 간, 집단 내
③ 집단 내, 집단 내 ④ 집단 내, 집단 간

해설

분산분석은 명목척도로 구성된 독립변수와 등간척도 이상으로 구성된 종속변수가 있을 때 사용하는 분석법으로, 세 집단 이상의 집단 간 평균의 차이를 비교하기 위해 비교 과정에 분산을 사용하는 통계적 기법이다. 일원분산분석(one-way ANOVA)은 종속변인이 1개이고, 독립변인의 집단이 1개이며 수준은 3개 이상인 경우에 사용된다. 일원분산분석에서 통계적으로 유의한 차이는 집단 간 평균 자승을 집단 내 평균 자승으로 나눈 값인 F값을 사용한다.

<참조> 분산분석

- F값 계산 공식
  집단 간 평균제곱(MSB)=SSB/(k−1)
  집단 내 평균제곱(MSW)=SSW/(N−k)
  F=MSB/MSW
  *k=집단의 수/N=전체 참가자 수

정답 6. ② 7. ②

<분산분석표>

요인	제곱합	자유도	평균제곱	F값
집단 간	SSB	k−1	MSB=SSB/(k−1)	MSB/MSW
집단 내	SSW	N−k	MSW=SSW/N−k	
합계	SST	N−1		

8 과학적인 인과관계를 추정하기 위한 기본조건과 가장 거리가 먼 것은?

① 일관성이 있는 특정 공변성(covariation)

② 원인에서의 변화가 결과에 선행하는 시간적 순서

③ 원인에서의 변화와 결과에서의 변화를 제외한 다른 현상의 통제

④ 유사(spurious) 관계의 존재

해 설

존 스튜어트 밀(John S. Mill)의 과학적 인과관계를 추정하기 위한 기본조건 3가지

- 원인이 결과보다 시간적으로 앞설 것
- 원인과 결과는 서로 관련이 있을 것(공변성)
- 결과는 원인이 되는 변수만으로 설명이 되어야 하며 동시에 다른 변수에 의한 설명은 제거되어야 함.

9 통계적 추론에서 추정에 대한 설명으로 틀린 것은?

① 통계적 추정이란 표본에서 얻은 통계량을 이용하여 모집단의 모수를 추정하는 것이다.

② 기술통계학도 엄격히 말하면 추리통계적 요소를 가지고 있다고 할 수 있다.

③ 모수를 추정하기 위한 통계량을 추정치(estimate)라고 하고, 표본조사의 결과로 얻은 추정치의 측정값을 추정량(estimator)이라고 한다.

④ 기술통계학은 그 자신이 모수가 되는 것이고, 추리통계학은 그 자신이 모수가 되기 어려운 표본에서 모수를 추정하는 것이다.

정답 8. ④ 9. ③

해 설

표본으로부터 모수를 추정하기 위한 통계량을 추정량(estimator)이라 하고, 추정량을 이용해 추정된 실제 값을 추정치(estimate)라 한다. 즉, 모집단을 대표하는 표본을 추출하여 표본의 특성을 나타내는 것을 표집분포(sampling distribution)라고 한다. 표집분포의 특성은 평균과 표준편차로 표기하며, 이를 추정치(estimate) 혹은 통계치(statistic)라고도 한다.

10 문제의 규명과 관련된 변수들의 관계를 명확히 하고자 할 때는 효과적이지만, 일반적으로 사후적인 조사방법이기 때문에 그 결과가 결정적인 의미를 지니지 못하며, 주로 시사적인 의미를 가지는 연구방법은?

① 문헌조사 ② 전문가 의견조사

③ 실험조사 ④ 사례조사

해 설

사례연구법(case study method)은 개인이나 집단 등을 하나의 단위로 선정하여 특수성을 정밀하게 연구, 조사하는 연구방법으로, 많은 표본을 수집하여 제한된 변인을 통계적으로 분석해서 일반적 경향성을 밝히려는 표본연구나 통계적 방법과는 달리 특정 대상의 여러 변인을 동시에 심층적으로 연구하는 방법이다.

- **장점**: 사례와 주어진 문제 사이의 유사점과 차이점을 찾아내어 현 상황에 대한 논리적인 유추를 하는 데 유용함.
- **단점**: 사후 조사방법이자 제한된 사례를 바탕으로 도출한 결과이므로 연구결과를 일반화하는 데 한계가 있어 문제에 대한 해석에 결정적 의미를 지니지 못함.

11 상관관계에 관한 설명으로 틀린 것은?

① 사례 수가 부족하면 상관의 크기가 작아질 수 있다.

② 두 변인 간에 곡선적인 관계가 있는 경우에 상관계수가 통계적으로 유의미하지 않게 나올 수 있다.

③ 모집단으로부터 제한된 범위의 표본만을 표집하는 경우에 상관관계가 통계적으로 유의미하지 않게 나올 수 있다.

④ 두 변인 간에 인과관계가 있다고 해서 두 변인 간에 반드시 상관관계가 존재하는 것은 아니다.

정답 10. ④ 11. ④

해설

- **상관관계**: 통계적으로 어떤 변수와 다른 변수 사이에 관계가 있다는 것을 의미하는 것으로, A값이 증가할 때 B의 값이 증가하거나(양의 상관관계) 감소한다면(음의 상관관계) A와 B 사이에는 상관관계가 있다고 가정할 수 있다.
- **인과관계**: 경험적으로 어떤 변수와 다른 변수 사이에 원인과 결과의 관계가 있다는 것을 의미하는 것으로, 변수 A가 원인이 되어 변수 B에 직접적으로 영향을 주는 경우이다.
- 상관관계는 어떤 것들 사이의 관계가 밀접하다는 것을 의미하는 것이며, 어느 것이 원인이고 어느 것이 결과인지에 대해서는 증거를 제공할 수 없다.

학습 Plus 상관법

- 상관분석(correlational methods)은 관심이 있는 변인들 사이의 관련성을 살펴볼 수 있는 연구방법이다.
- 상관분석에서는 변인 사이의 관련성이 어느 정도인가를 상관계수(correlation coefficient)라는 통계치로 나타낸다. 상관계수의 범위는 +1.00에서 −1.00까지이며, 절대치가 클수록 관련성이 높음을 의미한다.
- 두 변인의 관련성은 정적상관(positive correlation)과 부적상관(negative correlation)으로 나타낸다.
- 정적상관은 두 변인이 동시에 증가하거나 감소하는 관계에 있는 것을 말하며(예 알코올 섭취 증가, 충동성 수준 증가), 부적 상관은 한 변인이 증가할 때 다른 변인이 감소하는 관계에 있는 것을 말한다(예 컴퓨터 사용 증가, 학업 성적 저하).
- 상관분석은 두 변인 간의 관련성은 알 수 있으나, 인과관계는 알 수 없다는 제한점을 지닌다.

12 질문문항의 형식에 의해 영향을 받는 효과로서 먼저 제시된 문항이 택해질 가능성이 높은 효과는?

① 망원경효과(telescope effect) ② 후광효과(halo effect)
③ 초두효과(primacy effect) ④ 최신효과(recovery effect)

해설

- **초두효과**: 가장 처음에 제시된 정보가 가장 잘 기억에 남는 현상을 말한다.
- **최신효과**: 가장 나중에 혹은 가장 최근에 제시된 정보를 더 잘 기억하게 되는 현상을 말한다.
- **후광효과**: 어떤 대상이나 사람에 대한 일반적인 견해가 그 대상이나 사람의 구체적인 특성을 평가하는 데 영향을 미치는 현상을 말한다.
- **망원경효과**: 더 오래되거나 더 멀리 있는 사건들을 최근의 사건들로 기억하는 시간적 변위가 일어나는 현상을 말한다.

정답 12. ③

13 다음 중 횡단조사에 관한 설명으로 옳은 것은?

① 동일한 현상을 동일한 대상에 대해 반복적으로 측정하는 조사방법이다.
② 특정 시점에서의 집단 간 차이를 연구하는 방법이다.
③ 각 기간 동안에 일어난 변화에 대한 측정이 목적이다.
④ 종단조사에 비해 표본의 크기가 상대적으로 작다.

해 설

• 횡단조사
특정 시점에서의 집단 차이를 연구하는 방법으로, 어느 한 시점에서 다수의 분석단위에 대한 자료를 수집하여 분석하는 연구방법이다. 횡단연구는 탐색, 기술, 설명의 목적을 가지며, 간단하고 비용 절감의 장점이 있으나 현상의 진행과정이나 변화 추이에 대한 직접적 측정은 불가능하다는 한계가 있다.

• 종단조사
동일한 현상을 동일한 대상에 대해 반복적으로 측정하거나 여러 기간 동안에 일어난 변화에 대한 측정을 목적으로 하는 방법이다. 일정한 시간 간격에 따른 둘 이상의 시점에서 동일한 분석단위의 연구를 수행하는 것으로 여러 시간에 걸쳐 조사를 반복하는 것을 의미한다. 종단조사는 어떤 현상의 진행 과정이나 변화를 측정하여 분석하는 데 유용한 반면, 설계가 복잡하고 비용이 많이 든다는 한계가 있다.

14 다중공선성(multicollinearity)이 의심스러운 상황과 가장 거리가 먼 것은?

① 중다상관제곱 값이 지나치게 크다.
② 표준화 회귀계수가 −1과 1을 벗어나는 경우가 있다.
③ 회귀계수의 부호가 이론과 반대인 경우가 생긴다.
④ 한두 개의 사례 수 첨가 또는 제거에 회귀계수가 크게 달라진다.

해 설

• 다중공선성은 중다회귀분석에서 사용된 모형의 일부 예측 변수가 다른 예측 변수와 상관 정도가 높아 데이터 분석 시 부정적인 영향을 미치는 현상을 의미하는 것으로, 즉 독립변인들 사이에 높은 상관관계가 존재하는 상황을 말한다.
• 이 현상의 문제점은 독립변인들 사이의 높은 상관관계가 때때로 잘못된 판단을 유도할 수 있기 때문이다. 다중공선성이 존재하면 원 자료에 오직 한두 개의 사례가 첨가되거나 누락되어도 추정된 회귀계수의 크기가 큰 폭으로 달라질 수 있고, 심지어는 부호가 바뀔 수도 있다.
• 회귀모형에서는 독립변수들 간 상관을 최대한 낮추어 다중공선성을 방지해야 한다.
  – 다중공선성을 방지할 수 있는 방법으로 원점수에서 평균을 뺀 평균중심화를 활용할 수 있다.

정답 13. ② 14. ①

- 상관관계가 높은 독립변인들을 찾아내어 그들 중 일부를 분석에서 제외한다.
- 주성분 분석을 하여 서로 독립적인 주성분들을 추출한 후, 기존의 독립변인들 대신 주성분들을 이용한 중다회귀분석을 한다.

<참조> 다중공선성 진단법

- 상관계수가 0.9보다 크거나 같을 경우
- 공차(tolerance)가 0.1보다 작을 경우
- 분산팽창계수(Variance Inflation Factor: VIF)가 10보다 크거나 같을 경우
- 상태지수가 15보다 크거나 같을 경우

15 순수실험설계(true experimental design)의 특징이 아닌 것은?

① 외생변수의 통제
② 독립변수의 조작
③ 비동질 통제집단의 설정
④ 실험집단과 통제집단에 대한 무작위 할당

해설

순수실험설계란 통제된 관찰방법을 통해 독립변인과 종속변인 간의 인과적 관계를 검증하기 위한 실험법으로, 진실험설계라고도 불린다. 순수실험설계는 실험집단과 통제집단으로 구분하고 각 참가자들을 집단에 무선할당한 뒤 실험집단에는 독립변수의 조작인 실험적 처치를 실시하는 반면 통제집단에는 실험적 개입을 하지 않는 것이 특징이다. 이러한 실험설계는 두 집단의 동질성이 확보되고 외생변수를 통제할 수 있어 내적타당도를 높일 수 있다는 것이 장점이다.

<참조>

- 순수실험(true experiment)은 진실험이라고도 하며, 엄격한 실험설계로 참가자를 실험집단과 통제집단에 무선적으로 배치하여 처치의 효과를 밝히는 실험이다. 처치의 효과는 실험변수를 변화시키거나 조작하여 이에 따른 종속변수의 변화를 관찰하거나 측정하여 확인할 수 있다. 진실험은 실험 참가자의 무선할당, 실험변수의 조작, 외생변수의 통제의 3가지 조건이 충족되어야 한다. 유사실험에 비해 내적타당도가 높다는 장점이 있다.
- 유사실험(quasi-experiment)이란 전형적인 실험실에서의 실험처럼 실험자가 직접적으로 변인들을 조작하지 못하는 실험적 상황을 의미한다. 유사실험에서는 일부 또는 모든 변인이 선택되는 것으로 실험자의 직접적인 통제 하에 있지 않다는 것을 의미한다. 더불어 참가자들은 처치 조건에 무선으로 배정되지 않으며, 실험자가 변인을 통제하지 않고 있어 내부타당도에 대한 위협이 발생할 수 있다.

정답 15. ③

16 가설검증을 위한 유의수준을 0.01 대신 0.05로 설정하였을 때의 설명으로 옳은 것은?

① 1종 오류의 위험이 증가한다.
② 2종 오류의 위험이 증가한다.
③ 1종 오류, 2종 오류 모두의 위험이 증가한다.
④ 1종 오류, 2종 오류 모두의 위험이 감소한다.

해 설

유의수준을 0.05에서 0.01로 설정할 경우 1종 오류는 감소하나 1종 오류와 역비례 관계인 2종 오류의 증가를 초래할 수 있다.

- 1종 오류(type I error): 귀무가설이 실제 참이지만 귀무가설을 기각하는 오류로, 실제 음성인 것을 양성으로 판정하는 것으로 알파 오류라고도 한다.
- 2종 오류(type II error): 귀무가설이 실제 거짓이나 귀무가설을 기각하지 못하고 잘못 채택하는 오류로, 실제 양성인 것을 음성으로 판정하는 것으로 베타 오류라고도 한다.

17 편차점수의 속성과 관계가 없는 항목은?

① 특정한 사례가 평균으로부터 떨어져 있는 유클리드 직선거리이다.
② 원 변인에서 상수인 평균을 빼서 선형변환한 점수이다.
③ 원 변인의 편차점수 간 상관은 0이다.
④ 원 변인의 편차점수들의 합은 0이다.

해 설

편차점수(deviation)는 관측값과 평균의 차이를 의미하는 것으로, 편차점수의 크기는 관측값이 평균으로부터 얼마나 떨어져 있는지를 의미한다. 편차점수 간 상관은 −1에서 1 사이의 값을 가지며, 편차점수의 합은 0이다.

정답 16. ① 17. ③

18 요인분석에서 고유치(eigenvalue)에 대한 설명으로 가장 적합한 것은?

① 요인에서 각 측정변수로의 표준화 회귀계수
② 한 종속변수에 대한 여러 독립변수들의 설명량
③ 전체 측정변수의 분산에서 각 요인이 설명하는 분산 정도
④ 각 측정변수의 분산에서 추출된 요인들이 설명하는 분산 정도

해설

요인분석에서의 고유치(eigenvalue)는 전체 측정변수의 분산에서 각 요인이 설명하는 분산 정도를 의미하는 것으로, 각 요인이 기존 변수의 정도를 어느 정도 설명하는지를 나타내는 지표이다. 고유치가 큰 것은 해당 요인의 변수들이 분산을 잘 설명한다는 것을 의미한다.

19 가설 설정 시 유의해야 할 사항과 가장 거리가 먼 것은?

① 가설은 가치중립적인 성질을 띠어야 한다.
② 가설의 조작적 정의는 추상적인 성질을 띤다.
③ 가설은 항상 실증적으로 검증이 가능해야 한다.
④ 가설은 구체적인 성질의 것이어야 하며 그 뜻이 명확하여야 한다.

해설

가설이란 구체적이고 경험적이며 현실적으로 검증 가능하고 측정 가능한 형태로 문제에 대해 구체적인 해답을 제공할 수 있어야 한다. 조작적 정의는 추상적인 개념이나 용어를 경험적으로 측정이 가능하도록 조작하여 의미를 나타내는 것을 의미한다.

20 우울증을 측정하기 위해 새로 개발한 검사가 기존의 불안증 검사와 상관이 낮은 것으로 나타났다면 이 검사는 어떤 종류의 타당도가 높은 것인가?

① 안면타당도 ② 수렴타당도
③ 변별타당도 ④ 예언타당도

정답 18. ③ 19. ② 20. ③

해 설

변별타당도는 서로 다른 특성을 동일한 방법으로 측정하여 얻은 검사점수들을 비교하는 방법이다. 서로 다른 개념을 재는 두 가지 측정도구를 개발하고, 이 두 도구에 따른 결과치의 상관관계가 낮을 때에 타당도가 높다고 판단하는 방법을 말한다.

학습 Plus 타당도의 종류

- **내용타당도(content validity)**: 검사항목들이 실제로 재고자 하는 변인의 다양한 측면을 얼마나 제대로 포함하고 있는가에 대한 것이다.
- **구성타당도(construct validity)**: 어떤 검사가 그 기저에 존재하는 이론의 구성개념을 정확히 측정하고 있는가를 검증하는 방법이다.
- **예측타당도(predictive validity)**: 어떤 검사에서 얻은 점수와 준거를 토대로 미래의 어떤 행위를 추정하는 방법이다. 예언타당도라고도 하며, 시간이 지남에 따라 그 예측한 바가 얼마나 현실에 부합하는지 확인하는 방법이다.
- **공인타당도(concurrent validity)**: 기존에 타당성을 입증 받은 검사를 토대로 새로 제작한 검사와의 유사성 혹은 연관성을 검증하는 방법이다.
- **수렴타당도(convergent validity)**: 서로 상이한 방법으로 동일한 개념을 측정했을 경우, 각 측정결과 간에 상관관계의 높고 낮음을 분석해 타당도를 판단하는 방법이다.
- **안면타당도(face validity)**: 검사의 문항들이 참가자들에게 얼마만큼 친숙하고 타당해 보이는지 평가하는 방법이다. 흔히 내용타당도와 혼동되는 타당도로, 검사문항의 타당도를 전문가가 판단하는 경우 내용타당도에 해당되는 반면, 참가자가 판단하는 경우 안면타당도에 해당된다.

PART 02

고급이상심리학

1 2022년 기출예상문제

▣ 임상심리사 1급 필기시험에서 〈제2과목 고급이상심리학〉은 21~40번까지로 총 20문항이 출제됩니다.
▣ 2022년 임상심리사 1급 필기시험 문제는 과년도 빈출 문제를 기반으로 복원한 '기출예상문제'로 제공됩니다(CBT 방식으로 시험이 전환되어 시험 문제가 비공개되었음).

21 아동 청소년기에 흔한 심리장애에 관한 설명과 가장 거리가 먼 것은?

① 분리불안장애는 집이나 애착 대상과의 분리에 대한 과도한 공포와 불안이다.
② 반응성 애착장애는 생후 9개월부터 만 5세 이전의 아동에게서 주로 발생한다.
③ 선택적 무언증은 증상이 1개월 이상 지속되는 경우이다.
④ 만성 틱장애는 증상이 연속적으로 6개월 이상 지속되는 경우이다.

해설

만성 틱장애(운동 또는 음성)는 자주 악화와 완화를 반복하지만, 증상이 처음 나타난 시점부터 1년 이상 지속되는 특징을 보인다.

- **운동 틱**(motor tic): 눈, 머리, 어깨, 입, 손 부위를 갑자기 움직이는 특이한 동작이 반복되는 것을 말한다(예 눈 깜빡거리기, 얼굴 찡그리기, 어깨 움츠리기, 발 구르기).
- **음성 틱**(vocal tic): 갑자기 소리를 내는 행동으로, 헛기침하기, 킁킁거리기, 엉뚱한 단어나 구절을 반복하기, 욕이나 외설스러운 단어를 반복하기 등이 있다.

22 이상행동이나 정신장애의 판별 기준에 대한 설명으로 틀린 것은?

① 적응적 기능 차원: 개인의 적응을 저해하는 심리적 기능의 손상을 반영한다.
② 주관적 불편감 차원: 개인으로 하여금 현저한 고통과 불편함을 느끼게 하는 행동으로 판별한다.
③ 문화적 규범 차원: 개인이 속한 사회의 문화적 규범을 과하게 고수하는 것을 반영한다.
④ 통계적 규준 차원: 한 개인의 행동이 다른 많은 사람의 평균적인 행동에서 일탈되어 있는 정도에 의해 판단한다.

정답 21. ④ 22. ③

해설

이상행동이나 정신장애의 판별 기준으로 문화적 규범의 일탈을 준거로 둔다. 자신의 역할에 취해야 할 문화적 규범에 어긋나거나 일탈된 행동을 나타낼 경우에는 이상행동으로 규정할 수 있다. 문화적 규범에 의한 판단에서는 개인이 속한 문화나 집단에서 기대되고 용인되는 행동인지를 고려하여야 하고, 시대에 따른 변화에 맞게 융통성 있게 적용해야 한다.

23 다음 중 Cloninger의 알코올 의존의 두 가지 유형에 대한 설명으로 옳은 것은?

① 제1형 알코올 의존은 증상이 늦게 발달하는 편이다.
② 제1형 알코올 의존은 남자에게서만 나타난다.
③ 제2형 알코올 의존은 유전적 요인과 환경적 요인이 복합적으로 관련된다.
④ 제2형 알코올 의존은 반사회적 문제를 비롯한 사회적 문제를 야기할 가능성이 낮은 편이다.

해설

Cloninger는 유전적 요인과 관련된 알코올 의존의 두 가지 유형을 제시하였다.

- 제1형 알코올 의존(Type I alcoholism)은 증상이 늦게 발달하고 알코올과 관련된 신체적 문제가 발생할 위험이 높은 반면, 반사회적 행동이나 사회적 · 직업적 문제를 나타내는 비율이 낮다. 유전적 요인과 환경적 요인이 복합적으로 관련된다.
- 제2형 알코올 의존(Type II alcoholism)은 남자에게서만 나타나고 증상이 일찍 발생하며 반사회적 행동을 비롯하여 사회적 문제를 많이 야기하는 반면, 알코올로 인한 신체적 문제는 적은 편이다. 유전적 요인이 강력하게 작용한다.

24 주의력결핍 과잉행동장애(ADHD) 아동에 관한 설명으로 옳은 것은?

① 뇌의 도파민이 작용하는 영역, 즉 미상핵이나 전두엽 영역의 크기가 정상 아동보다 크다.
② 약물 없이도 흥분되기 때문에 물질 중독에 빠질 가능성이 낮다.
③ 성인기가 되면 증상이 거의 없어진다.
④ 신경학적이고 유전적인 요인이 있다.

정답 23. ① 24. ④

해설

- ADHD의 경우에 전두엽의 기능 억제나 신경전달물질인 도파민의 부족은 과잉행동이나 부주의에 영향을 주는 것으로 나타났으며, 유전적 요인으로 아동의 부모가 동일한 장애를 지니고 있을 확률이 높고, 일란성 쌍둥이 연구의 공병률은 51%에 해당된다. 또한 형제자매 중에 과잉행동 양상이 나타나면 다른 형제에게서도 나타날 확률이 일반인에 비해 2배 정도 높다.
- ADHD와 품행장애가 함께 나타나는 경우에는 알코올 사용장애와 반사회적 성격장애를 나타낼 비율이 일반인보다 높게 나타나며, 부주의와 충동성은 성인기까지 지속될 수 있다.

25 단극성 우울증의 발병에 대한 설명으로 틀린 것은?

① 가족력이 있으면 발병률이 높다.
② 유병률은 성별과 관련 없다.
③ 코르티솔 수준이 높아지면 발병 가능성이 높아진다.
④ 세로토닌의 활동이 감소하면 발병 가능성이 높아진다.

해설

단극성 우울증의 유병률은 여성이 10~25%이고, 남성은 5~12%로 성별에 따른 차이를 보이며, 여성에게서 더 흔한 장애이다. 여러 역학 연구에서도 남성보다 여성에게서 2배 정도로 많이 나타나는 것으로 보고되었다.

26 조현병 환자의 대표적인 음성증상에 해당하는 것은?

① 망상 ② 무의욕증
③ 환각 ④ 극도로 와해된 행동

해설

조현병(schizophrenia)에서 나타나는 증상은 양성증상(positive symptom)과 음성증상(negative symptom)으로 구분된다.

- 양성증상(positive symptom)에는 망상, 환각, 와해된 언어, 와해된 행동이나 긴장성 행동이 있다.
- 음성증상(negative symptom)에는 감퇴된 감정, 무의욕증, 무언어증, 무쾌락증, 비사회성이 있다.

정답 25. ② 26. ②

학습 Plus 조현병의 양성증상(positive symptom)과 음성증상(negative symptom)

① 양성증상(positive symptom)
정상인들에게는 나타나지 않지만 조현병 환자에게서는 나타나는 증상을 말한다. 망상, 환각, 와해된 언어, 와해된 행동이나 긴장성 행동이 있다.
- 망상(delusion): 외부 세계에 대한 잘못된 추론에 근거한 그릇된 신념으로서 분명한 반증에도 불구하고 지니고 경고하게 유지된다.
- 환각(hallucination): 현저하게 왜곡된 비현실적 지각을 말한다. 환청, 환시, 환후, 환촉, 환미로 구분된다.
- 와해된 언어(disorganized speech): 비논리적이고 지리멸렬한 혼란스러운 언어를 뜻하며, 말을 할 때 목표나 논리적 연결 없이 횡설수설하거나 상대방이 이해하기 어려운 말을 한다.
- 와해된 행동(disorganized behavior): 나이에 걸맞은 목표지향적 행동을 하지 못하고 상황에 부적절하게 나타내는 엉뚱하거나 부적응적인 행동을 말한다.
- 긴장증적 행동(catatonic behavior): 마치 근육이 굳은 것처럼 어떤 특정한 자세를 유지하는 것을 말한다.

② 음성증상(negative symptom)
정상인들이 나타내는 적응적 기능이 결여된 상태를 말한다. 감퇴된 감정, 무의욕증, 무언어증, 무쾌락증, 비사회성이 있다.
- 감퇴된 감정(flat affect): 외부 자극에 대한 정서적 반응이 둔화되어 무표정하거나 무감각한 상태이다.
- 무의욕증(avolition): 마치 아무런 욕망이 없는 듯 어떠한 목표지향적 행동도 하지 않고 사회적 활동에도 무관심한 상태이다.
- 무언어증(alogia): 말이 없어지거나 짧고 간단하며, 공허한 말만을 하는 등 언어 반응이 빈곤해지는 상태이다.
- 무쾌락증(anhedonia): 긍정적인 자극으로부터 쾌락을 경험하는 능력이 감소된 상태이다.
- 비사회성(asociability): 다른 사람과의 사회적 상호작용에 관심이 없거나 최소한의 수준에 머무는 상태이다.

27 취약성-스트레스 모형에 대한 설명으로 틀린 것은?

① 이상행동이 유발되는 과정에 심리사회적 스트레스와 개인의 특성을 고려해야 한다는 입장이다.
② 취약성은 특정 정신장애에 걸리기 쉬운 개인의 특성으로 유전적 소인만 포함된다.
③ 심리사회적 스트레스는 환경으로부터 주어지는 부정적인 생활사건이다.
④ 취약성과 스트레스가 정신장애의 발생에 영향을 미치는 비중은 경우마다 다르다.

해 설

취약성-스트레스 모델(vulnerability-stress model)에서는 특정한 장애에 걸리기 쉬운 개인적 특성에 의한 취약성과 환경으로부터 주어지는 심리사회적 스트레스가 상호작용하여 정신장애가 유발된다고 본다.
- 취약성(vulnerability)은 특정한 장애에 걸리기 쉬운 개인적 특성을 의미하는데, 유전적 소인을 비롯하여 환경과의 상호작용에서 점진적으로 형성된 신체적 · 심리적 특성을 모두 포함한다.
- 심리사회적 스트레스(psychosocial stress)는 환경으로부터 주어지는 부정적인 생활사건으로서 개인이 대처에 어려움을 느끼는 환경적 변화를 의미한다.

정답 27. ②

28 다음 증상은 어떤 성격장애의 핵심적인 내용인가?

감정이입 곤란　　　　양심 결여

① 편집성 성격장애
② 강박성 성격장애
③ 반사회성 성격장애
④ 경계선 성격장애

해설

반사회성 성격장애(antisocial personality disorder)는 사회의 규범이나 법을 지키지 않으며, 무책임하고, 폭력적인 행동으로 인해 사회적 부적응을 초래하는 경우를 말한다. 타인의 고통에 대한 감정이입 곤란 및 자신의 행동에 대한 자책이나 후회가 없는 양심의 결여로 인해 유사한 문제행동을 반복하는 경향이 있다.

학습 Plus 반사회성 성격장애(antisocial personality disorder) 진단기준(DSM-5)

15세 이후에 시작되고, 다음과 같은 다른 사람의 권리를 무시하는 행동 양상이 있고, 다음 중 3가지(또는 그 이상)를 충족한다.

1. 체포의 이유가 되는 행위를 반복하는 것과 같은 법적 행동에 관련된 사회적 규범에 맞추지 못함
2. 반복적으로 거짓말을 함, 가짜 이름 사용, 자신의 이익이나 쾌락을 위해 타인을 속이는 사기성이 있음
3. 충동적이거나 미리 계획을 세우지 못함
4. 신체적 싸움이나 폭력 등이 반복됨으로써 나타나는 불안정성 및 공격성
5. 자신이나 타인의 안전을 무시하는 무모성
6. 일정한 직업을 갖지 못하거나 혹은 당연히 해야 할 재정적 의무를 책임감 있게 다하지 못하는 등의 지속적인 무책임성
7. 다른 사람을 해하거나 학대하거나 다른 사람 것을 훔치는 것에 대해 아무렇지도 않게 느끼거나 이를 합리화하는 등 양심의 가책이 결여됨
   - 최소 18세 이상이어야 한다.
   - 15세 이전에 품행장애가 시작된 증거가 있다.

29 주요우울장애에 동반되는 세부 유형(양상)에 해당되지 않는 것은?

① 급속 순환성 양상 동반
② 혼재성 양상 동반
③ 주산기 발병 양상 동반
④ 계절성 양상 동반

정답 28. ③ 29. ①

해 설

DSM-5에서는 주요우울장애(major depressive disorder)의 세부 유형을 구체화하고 있다.

- 불안증 동반
- 혼재성 양상 동반
- 멜랑콜리아 양상 동반
- 비전형적 양상 동반
- 기분과 일치하는 정신병적 양상 동반
- 기분과 일치하지 않는 정신병적 양상 동반
- 긴장증 동반
- 주산기 발병 양상 동반
- 계절성 양상 동반

30 범불안장애에 대한 설명으로 틀린 것은?

① 근육의 긴장이나 수면장애가 함께 나타나기도 한다.

② 일종의 다중 공포증으로 여겨진다.

③ 벤조디아제핀 계열의 약물은 불안을 증가시켜서 이 장애의 원인과 관련 있는 것으로 여겨진다.

④ 이 장애에 취약한 사람들은 위협에 대한 인지도식이 발달되어 있다.

해 설

범불안장애의 가장 흔한 약물 처방은 벤조디아제핀(Benzodiazepine) 계열의 약물이다. 이러한 약물은 자극에 대한 과민성을 저하시키고 사고와 행동을 감소시키는 진정 효과를 나타낸다. 대표적으로 리브리움, 바륨, 옥사제팜, 로라제팜, 아티반 등이 있다.

- 행동주의적 입장에서는 고전적 조건형성을 통해 불안 반응이 학습된 것으로 보고, 다양한 사소한 자극에 조건화되어 일종의 경미한 '다중 공포증(multiple phobia)' 형태를 지니는 것으로 본다.
- 인지적 입장에서는 불안한 사람들의 경우에 위협에 대한 인지도식이 발달되어 있어서 일상에서 위험에 관한 자극에 주의를 많이 기울이고 그 의미를 특정한 방향으로 해석한다고 본다.

정답 30. ③

31 강박장애에 대한 설명으로 틀린 것은?

① 주된 증상은 강박사고와 강박행동이다.
② 생물학적 원인으로 세로토닌의 과잉 활동이 있다.
③ 자신의 증상이 지나치거나 비합리적이라는 것을 인식한다.
④ 강박행동은 씻기, 확인하기 같은 외현적 행동과 숫자세기 같은 내현적 행동이 있다.

해 설

강박장애(obsessive-compulsive disorder)의 생물학적 원인론에서는 비정상적으로 낮은 세로토닌의 활동과 뇌의 중요한 영역의 기능 이상으로 본다. 안와전두피질(orbitofrontal cortex), 미상핵(caudate nucleus)이 지나치게 활동적이어서 반복되는 생각이나 행동이 끊임없이 발생하는 것으로 설명한다.

학습 Plus 강박장애(obsessive-compulsive disorder) 진단기준(DSM-5)

A. 강박사고 또는 강박행동
  * 강박사고는 (1), (2)로 정의된다.
  1. 반복적이고 지속적인 사고, 충동 또는 심상으로서 이러한 증상은 장애가 진행되는 어느 시점에서 침투적이고 부적절한 것이라고 경험되며, 심한 불안과 고통을 초래한다.
  2. 개인은 이러한 사고, 충동, 심상을 무시하거나 억압하려 하며 다른 생각이나 행동에 의해 완화시키려고 한다.
  * 강박행동은 (1),(2)로 정의된다.
  1. 반복적인 행동(손씻기, 정돈하기, 확인하기) 또는 정신적 활동(기도, 숫자세기)으로서 개인은 이러한 행동이 강박사고에 대한 반응으로서 또는 엄격하게 적용되어야 하는 원칙에 따라서 어쩔 수 없이 행해지는 것으로 느낀다.
  2. 이러한 행동이나 정신적 활동은 고통을 예방하거나 감소시키고, 두려운 사건이나 상황을 방지하기 위한 것이다. 그러나 이러한 행동, 정신적 활동이 완화하거나 방지하려고 하는 것과 실제적으로 연결되어 있지 않으며 명백하게 지나친 것이다.

B. 강박사고, 강박행동은 현저한 고통을 초래하거나 많은 시간(하루에 1시간 이상)을 소모하게 하거나 일상적인 일, 직업적(또는 학업적) 기능 또는 사회적 활동이나 관계를 심각하게 방해한다.

C. 강박 증상은 물질(예 남용하는 약물, 물질)이나 일반적인 의학적 상태의 생리적 효과로 인한 것이 아니다.

D. 이 장해는 다른 정신장애의 증상(예 섭식장애의 경우에 음식에 대한 집착, 신체변형장애의 경우에 외모 집착, 저장장애에서의 물건을 버리기가 어려움, 질병불안장애에서의 질병에 대한 집착)에 의한 것이 아니다.

정답 31. ②

32 DSM-5에서 분류한 신경인지장애에 관한 설명으로 틀린 것은?

① 신경인지장애는 주요 신경인지장애와 섬망으로 구분된다.
② 주요 신경인지장애는 알츠하이머 질환, 뇌혈관 질환, 충격에 의한 손상, HIV 감염, 파킨슨 질환 등과 같은 다양한 질환에 의해서 유발될 수 있다.
③ 주요 신경인지장애와 경도 신경인지장애는 DSM-IV(4)에서 치매로 지칭되었던 장애이다.
④ 신경인지장애는 노년기에 나타나는 가장 대표적인 정신장애이다.

해 설

신경인지장애(neurocognitive disorders)는 뇌의 손상으로 인해 의식, 기억, 언어, 판단 등의 인지적 기능에 심각한 결손이 나타나는 경우를 말하며, 주요 신경인지장애, 경도 신경인지장애, 섬망으로 구분된다.

33 조증 삽화의 진단 기준이 아닌 것은?

① 주의집중력의 증가
② 목표지향적 활동의 증가
③ 수면에 대한 욕구의 감소
④ 팽창된 자존감 또는 심하게 과장된 자신감

해 설

조증 삽화(manic episode)는 제1형 양극성장애의 특징으로 나타난다. 기분이 비정상적으로 의기양양하고 자신만만하거나 짜증스러운 기분을 나타내고 목표지향적 행동이나 에너지 수준이 비정상적으로 증가된 상태가 1주일 이상 분명하게 지속된다.

<DSM-5에서 제시된 조증 삽화의 주요한 증상들>

- 팽창된 자존심 또는 심하게 과장된 자신감
- 수면에 대한 욕구 감소(예 단 3시간의 수면으로도 충분하다고 느낌)
- 평소보다 말이 많아지거나 계속 말을 하게 됨
- 사고의 비약 또는 사고가 연달아 일어나는 주관적인 경험
- 주의 산만(예 중요하지 않거나 관계없는 외적 자극에 너무 쉽게 주의가 이끌림)
- 목표지향적 활동(직장이나 학교에서의 사회적 또는 성적 활동)이나 흥분된 운동성 활동의 증가
- 고통스러운 결과를 초래할 쾌락적인 활동에 지나치게 몰두함(예 흥청망청 물건 사기, 무분별한 성행위, 어리석은 사업 투자)

정답 32. ① 33. ①

34 어떤 사람이 3년 동안 우울증 증상을 겪어오다가 최근 경조증 상태를 경험하였다면 이 사람에게 가장 적절한 진단은?

① 제1형 양극성장애
② 제2형 양극성장애
③ 지속성 우울장애
④ 순환성장애

해 설

제2형 양극성장애(Bipolar II disorder)는 과거에 한 번 이상의 경조증 삽화와 한 번 이상의 주요 우울 삽화를 경험한 적이 있어야 한다. 조증 삽화 기간이 있다면 제1형 양극성장애로 진단된다.

- 지속성 우울장애(persistent depressive disorder)는 2년 동안(아동, 청소년의 경우에는 1년) 우울한 기분이 없는 날보다 있는 날이 더 많으며, 하루 대부분 지속되는 우울 기분이 있는 것이다.
- 순환성장애(cyclothymic disorder)는 적어도 2년 이상의 기간 동안(아동, 청소년의 경우에는 1년)에 경조증 기간과 우울증 기간이 절반 이상을 차지해야 하고, 증상이 없는 기간이 2개월 이상 지속되어서는 안 된다.

35 다음의 임상적 특징이 나타내는 DSM-5의 심리장애는?

- 2년 이상 지속되는 우울한 기분
- 식욕부진이나 과식
- 불면이나 과다수면
- 활력의 저하나 피로감
- 집중력의 감소나 결정의 곤란
- 절망감 등

① 주요우울장애
② 순환성장애
③ 지속성 우울장애
④ 파괴적 기분조절부전장애

해 설

지속성 우울장애(persistent depressive disorder)는 DSM-IV에서 필수 증상은 2년 동안(아동, 청소년의 경우에는 1년) 우울한 기분이 없는 날보다 있는 날이 더 많으며, 하루 대부분 지속되는 우울 기분이 있는 것이다. 지속성 우울장애는 대부분 생의 초기(아동기, 청소년기, 성인기 초기)에 서서히 발병하여 만성적인 경과를 보이며, 조기 발병(21세 이전)의 경우에는 성격장애 및 물질사용장애가 동반될 가능성이 높다.

정답 34. ② 35. ③

36 DSM-5에서 적응장애에 관한 설명과 가장 거리가 먼 것은?

① 분명히 확인될 수 있는 심리사회적 스트레스 사건에 대한 반응으로 부적응 증상이 나타나야 한다.
② 청소년의 경우 비행 행동이 나타날 수 있다.
③ 우울 및 불안 등 정서적인 어려움을 보인다.
④ 적응장애를 지닌 아동은 흔히 인지발달과 언어발달이 늦어지거나 상동적 행동문제를 나타낸다.

해 설

자폐스펙트럼장애의 경우, 사회적 의사소통, 사회적 상호작용의 결함이 지속적으로 나타나고, 인지 및 언어발달의 지연이나 제한적이고 반복적인 상동행동을 특징으로 보인다.

37 DSM-5에서 범주와 하위 장애가 틀리게 짝지어진 것은?

① 신경발달장애－경도 신경인지장애
② 불안장애－선택적 함구증
③ 강박 및 관련 장애－신체이형장애
④ 파괴적, 충동통제 및 품행장애－병적 방화

해 설

- 신경발달장애(neurodevelopmental disorders)는 유아 및 아동의 발달 시기에 시작되는 장애들로, 하위 장애로는 지적발달장애, 의사소통장애, 자폐스펙트럼장애, 주의력결핍 과잉행동장애, 특정학습장애, 운동장애(예 발달성 협응장애, 상동증적 운동장애, 뚜렛장애)가 포함된다.
- 경도 신경인지장애(minor neurocognitive disorder)는 인지적 영역 중 하나 이상의 영역에서 과거 수행 수준에 비해 인지적 저하가 나타나지만, 이로 인해 일상생활을 독립적으로 영위할 수 있는 능력이 저해되지 않는 경우를 말한다. 경도 신경인지장애는 신경인지장애의 유형에 해당된다. 신경인지장애에는 주요 신경인지장애, 경도 신경인지장애, 섬망이 있다.

정답 36. ④ 37. ①

38 다음 중 이상심리학의 역사에 관한 설명으로 틀린 것은?

① 고대의 원시사회에서는 정신장애를 초자연적인 현상으로 이해하여 초자연적인 치료방법을 사용하였다.
② 그리스 시대의 Hippocrates는 정신장애를 심리적 요인의 불균형에 의해 생긴 것으로 보고 조증, 우울증, 광증으로 분류하였다.
③ 서양 중세 시대의 정신병자는 죄를 지어 하나님으로부터 벌을 받는 것이거나 마귀의 수족 역할을 하는 자로 규정되었다.
④ 내과 의사였던 Pinel은 정신병자에게 인도주의적인 대우를 해 주어야 한다고 주장한 최초의 사람이다.

해 설

그리스 시대의 히포크라테스(Hippocrates)는 정신장애를 세 가지 유형(조증, 우울증, 광증)으로 분류하고, 그 원인을 신체적 요인의 불균형에 있다고 보았다. 네 가지 체액(점액, 혈액, 황담즙, 흑담즙) 중에서 점액이 많으면 감정이 둔하고 느리며, 혈액이 많으면 기분이 쉽게 변하고, 황담즙이 많으면 초조함과 공격성이 높아지며, 흑담즙이 많으면 우울해진다고 보았다. 이는 정신장애에 대한 신체적 원인론의 시초라고 볼 수 있다.

39 DSM-5의 파괴적, 충동조절 및 품행장애에 포함되지 않는 것은?

① 병적 방화
② 털뽑기장애
③ 병적 도벽
④ 간헐적 폭발장애

해 설

- 파괴적, 충동조절 및 품행장애(disruptive, impulsive control, and conduct disorders)는 정서 및 행동에 대한 자기조절 문제와 관련된다. 적대적 반항장애, 간헐적 폭발장애, 품행장애, 반사회성 성격장애, 병적 방화, 병적 도벽, 달리 명시된/명시되지 않는 파괴적, 충동조절 및 품행장애를 포함한다.
- 털뽑기장애(hair-pulling disorder)/발모광(trichotillomania)은 강박 및 관련 장애(obsessive-compulsive and related disorders)의 하위 유형에 해당되며, 반복적으로 자신의 털을 뽑는 행위로 특징된다. 여러 가지 감정 상태가 선행되거나 동반될 수 있으며, 흔히 주요우울장애나 피부뜯기장애 같은 다른 정신질환들이 동반된다.

정답 38. ② 39. ②

40 변태성욕장애에 해당하지 않는 것은?

① 성별 불쾌감
② 노출장애
③ 관음장애
④ 마찰도착장애

해설

- 변태성욕장애(paraphilic disorders)는 강렬한 성충동이나 공상을 반복적으로 갖고 사람이 아닌 물건, 아동, 동의하지 않은 성인에게 수치심이나 고통을 느끼게 하는 행동을 말한다.
- 하위 유형으로는 관음장애, 노출장애, 마찰도착장애, 성적피학장애, 성적가학장애, 소아성애장애, 물품음란장애, 복장도착장애가 포함된다. 변태성욕의 진단은 강도와 그로 인한 심각성에 따라 적용될 수 있다.
- 성별 불쾌감(gender dysphoria)은 자신의 생물학적 성과 성역할에 대해서 지속적으로 불편감을 느끼는 경우를 말한다.

정답 40. ①

② 2021년 기출문제

21 변태성욕장애에 관한 설명으로 틀린 것은?

① 문화권마다 수용되는 성적 행위나 대상이 다르기 때문에 변태성욕장애는 사회문화적 요인을 고려해야 한다.

② 남녀의 발생 비율이 20:1로 추정될 만큼 압도적으로 남자에게서 많이 나타난다.

③ 노출장애는 낯선 사람에게 성기를 노출시키지만, 성행위를 하려고 시도하는 경우는 드물다.

④ 소아성애장애는 특히 여아를 선호하는 개인의 경우 만성적이며, 남아를 선호하는 비율이 여아를 선호하는 비율의 2배로 추정된다.

해 설

- 소아성애장애(Pedophilic Disorder)는 사춘기 이전의 아동들(일반적으로 만 13세 이하)을 상대로 한 성적 활동을 통해 반복적이고 강렬한 성적 흥분이 성적 공상, 성적 충동, 성적 행동으로 발현되는 경우를 말한다. 소아성애장애의 경과는 특히 남아를 선호하는 개인의 경우 만성적이며, 남아를 선호하는 소아기호증이 있는 비율은 여아를 선호하는 경우의 2배이다.

정답 21. ④

학습 Plus 소아성애장애(Pedophilic Disorder) 진단기준(DSM-5)

A. 사춘기 이전의 아동들(일반적으로 만 13세 이하)을 상대로 한 성적 활동을 통해 반복적이고 강렬한 성적 흥분이 성적 공상, 성적 충동 또는 성적 행동으로 발현되며 적어도 6개월 이상 지속된다.
B. 개인은 이러한 성적 충동에 따라 행동하거나, 이러한 성적 충동 혹은 성적 공상이 현저한 고통이나 대인관계의 어려움을 초래한다.
C. 이러한 개인은 연령이 적어도 16세 이상이어야 하며, 진단기준 A에 언급된 아동이나 아동들보다 적어도 5세 연상이어야 한다.
주의점: 12세 또는 13세의 아동과 지속적인 성행위를 맺고 있는 청소년기 후기의 개인은 포함하지 않는다.

다음 중 하나를 명시할 것:
- 배타적 유형(아동에게만 매력을 느끼는 경우)
- 비배타적 유형

다음의 경우 명시할 것:
- 성적으로 남아 선호, 성적으로 여아 선호, 성적으로 양성 모두 선호

다음의 경우 명시할 것:
- 근친상간에 국한된 경우

22 치매와 섬망을 감별할 때 가장 중요한 인지적 양상은?

① 기억 ② 사고
③ 의식 ④ 주의

해 설

• 섬망(Delirium)의 필수 증상은 이미 존재하거나 현재 진행 중인 치매로는 잘 설명되지 않는 인지 변화를 동반하는 의식의 장해이다. 의식의 장해는 환경을 파악하는 명료도가 감소된 형태로 나타난다.
• 감별 진단에 있어서 가장 흔히 당면하는 문제는 섬망이 아닌 치매 상태가 아닌지, 또는 순수한 섬망인지, 또는 기존의 치매에 섬망이 중첩되어 있는지를 구별하는 것이다. 기억력 장해는 섬망과 치매 모두에서 흔한 증상이지만, 치매만이 있는 경우 개인은 의식이 명료하고 섬망의 특징인 의식 장해가 나타나지 않는다.

정답 22. ③

23 도박장애에 관한 설명으로 옳은 것은?

① 돈을 따는 과정에서 느끼는 강한 흥분이 도박 행동을 지속하게 만드는 것은 고전적 조건형성에 해당한다.

② 도박을 중단하면 안절부절못하고 우울해지거나 과민하고 집중력이 저하되는 금단 증상을 보인다.

③ 교감신경계를 활성화시켜 강박사고를 감소시킬 수 있다는 점에서 강박장애의 변형된 형태로 본다.

④ 규칙적이고 즉각적인 강화물이 주어질 경우 병적 도박을 유발, 지킬 가능성이 높다.

해 설

- 도박장애(Gambling Disorder)의 경우 도박을 줄이거나 중단하려고 할 때 안절부절못하거나 신경이 과민해지는 양상을 보이며, 집중력 저하, 무기력, 우울과 불안 등의 증상을 수반한다.
- 학습이론에서는 조작적 조건형성과 모방학습으로 도박장애를 설명한다. 어린 시절 모방학습을 통해 습득되며, 도박에서 돈을 따는 과정에서 느끼는 강한 흥분이 도박 행동을 지속시키는 강한 정적 강화물이 된다고 본다.
- 도박장애는 우울증이 변형된 상태라는 주장도 제기되고 있다. 병적 도박자 중에는 우울증을 지닌 사람들이 많고, 우울하고 불쾌한 내면적 정서 상태를 변화시키려는 시도로서 도박을 하게 된다. 특히 도박을 하면 교감신경계가 활성화되고 주관적 흥분감이 증가하여 기분이 좋아지고 고통스런 부정 정서 상태에서 벗어날 수 있어 도박을 그만두기 어렵게 된다.
- 도박의 경우, 간헐적으로 예측할 수 없도록 보상이 주어지기에 도박을 지속하게 되며, 특히 즉각적인 강화물이 주어지기에 병적 도박을 유발시킬 가능성이 높다.

24 노인 우울증의 특징에 관한 설명으로 옳은 것은?

① 젊은 연령층과는 달리 남녀 유병율이 비슷하다.

② 신체증상, 건강염려증적 호소, 죄책감이 빈번하다.

③ 기억을 효율적으로 인출하는 능력의 저하가 흔하다.

④ 조발성(early onset)보다 만발성(late onset)에서 우울증 가족력이 높다.

정답 23. ② 24. ③

해 설

- 노인 우울증의 경우에는 표면적으로 나타나는 증상이 다소 비전형적이어서 발견이 어렵다. 전형적인 우울감의 호소가 적고, 신체증상, 수면장애, 불안증상, 초조감이 더 흔하게 나타난다. 남녀 유병률은 남성보다 여성에게서 높은 비율을 보인다.
- 노인 우울증은 조발성과 만발성으로 구분되는데, 청 · 장년기부터 있던 우울장애가 노년기에 재발되어 삽화를 보이는 조발성 우울증과 노년기에 이르러 첫 우울 삽화를 보이는 만발성 우울증으로 나누어 볼 수 있다. 조발성의 경우가 만발성에 비해 가족력이 높다.

25 해리장애에 대한 설명으로 틀린 것은?

① 정신분석적 처치가 가장 널리 적용된다.

② 정체감, 기억, 의식 상의 변화가 특징이다.

③ 가장 관계가 깊은 방어기제는 부인(denial)이다.

④ 아동기에 받은 신체적 · 성적 학대가 주요원인으로 간주되고 있다.

해 설

- 해리장애(Dissociative Disorder)는 의식, 기억, 정체성, 감정, 지각, 신체 표상, 운동 통제 및 행동의 정상적 통합의 붕괴 또는 비연속성을 특징으로 한다. 주된 방어기제는 억압(repression)이다.
- 해리성 정체감 장애(Dissociative Identity Disorder)는 아동기의 외상 경험과 관련되어 있는 경우가 많으며, 특히 성적 학대 경험이 높게 나타났다.

<해리장애의 종류와 특징>

종류	특징
해리성 정체감 장애	다중인격(multiple personality)이라고 알려져 있는 장애로, 2가지 이상의 각기 구별되는 정체감이나 성격 상태가 존재함.
해리성 기억상실	통상적인 망각과는 다르며, 보통 외상 혹은 스트레스와 관련된 중요한 자전적 정보를 회상하는 능력이 상실됨.
이인증/비현실감 장애	현실검증력은 유지되지만 비현실적이거나 자기 또는 신체로부터 분리되는 경험, 자신의 주변 환경과 분리되는 경험을 함.

정답 25. ③

26 조현병은 장애 자체가 만성화되는 것이 아니라 장애에 대한 취약성이 지속되는 장애이며, 조현병에 대한 취약성의 정도는 개인마다 다르고 유전적 요인과 출생 전후의 신체적 · 심리적 요인에 의해 결정된다는 모델은?

① 취약성–스트레스 모델
② 취약성–회전 모델
③ 취약성–유전 모델
④ 취약성–분열 모델

해 설

Zubin과 Spring은 조현병에 대한 취약성-스트레스 모델을 제안하였다. 조현병 환자는 이 장애에 대한 유전적 요인과 출생 전후의 신체적 · 심리적 요인을 취약성으로 지니고 있으며, 생의 과정에서 스트레스를 경험할 경우 취약성과 스트레스가 상호작용하여 일정한 수준을 넘게 되면 조현병이 발병하게 된다고 보았다.

27 이상행동에 관한 인지이론의 설명으로 맞는 것은?

① 개인 고유의 정서체계가 적응문제를 유발한다.
② 엘리스(A. Ellis)에 따르면 정서적 장애는 비합리적 신념을 초래한다.
③ 벡(A. Beck)은 우울장애에 널리 쓰이는 치료법을 개발했다.
④ 인지치료에 대한 효과는 실험연구로 검증하기 어렵다.

해 설

- 인지적 입장에서는 정신장애의 유발과 지속에 영향을 미치는 부적응적 인지를 변화시키는 데 초점을 두고 있다.
- 엘리스(A. Ellis)는 신념의 변화를 강조하는 합리적 정서치료(Rational-Emotive Therapy)를 통해 정신병리에 대한 인지적 접근을 강조하였다. 비합리적 신념으로 인해 정서적 장애가 초래된다고 보고 인지적 측면에 개입을 하였다.
- 벡(A. Beck)은 우울증에 대한 정신분석이론을 과학적으로 검증하려고 노력하다가 그 한계를 절감하고 연구결과에 근거하여 인지치료(Cognitive Therapy)를 개발하게 되었다.

정답 26. ① 27. ③

28 DSM-5의 파괴적, 충동조절 및 품행장애에 포함되지 않는 것은?

① 병적 방화
② 털뽑기장애
③ 병적 도벽
④ 간헐적 폭발장애

해설

- 파괴적, 충동조절 및 품행장애(Disruptive, Impulsive Control, and Conduct Disorders)는 정서 및 행동에 대한 자기조절 문제와 관련된다. 하위장애로는 적대적 반항장애, 간헐적 폭발장애, 품행장애, 반사회성 성격장애, 병적 방화, 병적 도벽, 달리 명시된/명시되지 않는 파괴적, 충동조절 및 품행장애를 포함한다.
  - 병적 방화(Pyromania)
    고의적이고, 목적이 있는 수차례의 방화 삽화가 존재하는 것이다. 흔히 방화 전에 긴장감이나 정서적인 흥분을 경험하며, 불이나 불과 연관된 상황에 대한 매혹, 흥미, 호기심을 보인다. 방화는 금전적 이득, 범죄 행위 은폐, 분노나 복수심 표현, 생활환경 개선, 망상이나 환각에 대한 반응, 손상된 판단력의 결과 및 물질 중독에 기인한 것이 아니다.
  - 병적 도벽(Kleptomania)
    병적 도벽은 쓸모가 없고 금전적으로 가치가 없는 물건인데도 반복적으로 훔치려는 충동을 통제하지 못하는 데에서 비롯된다. 남성에 비해 여성의 유병률이 더 높고, 훔치고 싶은 충동을 억제하고자 하며, 이런 행동이 잘못되고 비상식적이라는 점을 인식하고 있다.
  - 간헐적 폭발장애(Intermittent Explosive Disorder)
    공격적인 충동을 통제하지 못해서 반복적으로 행동 폭발을 보이며, 언어적 공격(분노발작, 신랄한 비난, 언어적 논쟁)과 신체적 공격(재산, 동물, 사람에 대한)이 나타난다. 충동적인 공격적 폭발행동은 급성으로 발병하며, 대개 사소한 촉발자극에 대한 반응으로 발생한다.
- 강박 및 관련 장애(Obsessive-Compulsive and Related Disorder)는 강박장애, 신체이형장애, 저장장애, 털뽑기 장애(발모광), 피부뜯기 장애, 물질/약물로 유발된 강박 및 관련 장애, 다른 의학적 상태로 인한 강박 및 관련 장애, 달리 명시된/명시되지 않는 강박 및 관련 장애를 포함한다.
  - 털뽑기 장애(Hair-Pulling Disorder)
    주된 특징은 몸에 난 털을 뽑는 것이며, 다양한 행동 또는 의례와 동반되어 나타난다. 이러한 증상은 여러 가지 감정 상태가 선행되거나 동반될 수 있다. 여성이 남성에 비해 10:1 정도의 비율로 높게 나타난다.

정답 28. ②

29 망상장애의 생물학적 원인에 해당하지 않는 것은?

① 좌반구 측두엽 손상
② 우반구 두정엽 손상
③ 변연계와 기저핵 이상
④ 시교차상핵 손상

해설

• 생물학적 입장에서는 망상이 뇌의 구조적 손상이나 신경전달물질과 관련되어 있다고 가정한다. 좌반구의 측두엽 손상은 환각과 망상과 관련되며, 우반구의 두정엽 손상은 비정상적 신념을 유발하는 것으로 본다. 변연계와 기저핵은 기분과 동기를 매개하는 통합적 체계를 형성하기에 망상의 발달에 중요한 것으로 고려된다. 또한 도파민이 과활성화되면 망상이나 환각 증상을 보이는 것으로 설명되고 있다.
• 시교차상핵이 손상되면 육체적인 활동과 수면, 각성, 음식 섭취, 수분 섭취 등 하루의 생체 리듬이 파괴된다. 이 부위는 망막으로부터 시냅스를 통해 직접적으로 신호를 받으며, 밤낮의 주기와 하루의 리듬을 동시화하는 기능을 수행한다.

<망상장애(Delusional Disorder)의 특징>
• 한 가지 이상의 망상이 최소한 1개월 이상 지속적으로 나타나지만 조현병의 진단기준에는 해당되지 않는 경우이다. 망상과 관련된 생활영역 외에는 기능적 손상이 없으며, 뚜렷하게 이상하거나 기괴한 행동을 보이지 않는다.
• 전반적인 기능은 조현병보다 양호하지만 일부 망상장애는 조현병으로 발전한다. 망상장애는 조현병 활성기 증상이 없다는 점에서 조현병과 구분이 된다.
• 망상의 내용에 따른 하위유형

유형	설명
애정형 (erotomanic type)	유명인(예 연예인, 운동선수)이나 직장상사와 같은 신분이 높은 사람과 사랑에 빠졌다고 믿는 망상. 여성에게서 흔하며, 유명인과 약혼, 비밀결혼, 임신을 했다고 주장하여 법적 문제가 제기되기도 한다.
과대형 (grandiose type)	자신이 위대한 재능이나 통찰력을 지녔거나, 중요한 발견을 했다는 과대망상을 지닌다(예 신으로부터 계시를 받았다는 종교적 내용의 망상).
질투형 (jealous type)	배우자나 연인이 부정을 저질렀다는 망상. 적절한 근거가 없음에도 불구하고 배우자를 의심하고 공격하며, 의처증과 의부증이 대표적이다.
피해형 (persecutory type)	자신 또는 자신과 가까운 사람이 피해를 받고 있다는 망상. 자신이 모함을 당해 감시나 미행을 당하고 있다거나 음식에 독이 들어 있다고 생각한다. 박해자라고 믿는 대상에게 공격적 행동을 보이거나, 법정이나 정부기관에 반복적으로 호소하는 경우가 흔하다.
신체형 (somatic type)	자신에게 어떤 신체적 결함이 있거나 질병에 걸렸다는 망상. 피부, 입, 성기, 항문 등에서 악취가 난다거나, 자신의 신체부위가 기형적이라거나, 해로운 기생충이 존재한다고 믿는다.

정답 29. ④

30 다음 중 알코올 사용 장애에 대한 설명과 가장 거리가 먼 것은?

① 알코올을 종종 의도했던 것보다 많은 양, 혹은 오랜 기간 동안 사용한다.
② 매일 음주를 하며, 적은 양을 마신다면 가끔 중독을 보이는 것만으로 진단이 가능하다.
③ 알코올에 대한 갈망, 혹은 강한 바람, 혹은 욕구를 보인다.
④ 중독이나 원하는 효과를 얻기 위해 알코올 사용량의 뚜렷한 증가를 보인다.

해설

알코올 사용 장애(Alcohol Use Disorder)는 금단, 내성, 갈망이 포함된 행동과 신체 증상을 특징으로 한다. 대개 알코올을 마시고 싶은 갈망이나 강력한 욕구를 지니며, 많은 양을 마시거나 오랜 기간 알코올 사용의 내력을 보인다.

학습 Plus 알코올 사용 장애(Alcohol Use Disorder) 진단기준(DSM-5)

임상적으로 현저한 손상이나 고통을 일으키는 문제적 알코올 사용 양상이 지난 12개월 사이에 다음의 항목 중 최소한 2개 이상으로 나타난다.

A. 알코올을 흔히 예상했던 것보다 더 많은 양 또는 더 오랜 기간 마신다.
B. 알코올 사용을 줄이거나 통제하려는 노력을 지속적으로 기울이지만 매번 실패한다.
C. 알코올을 섭취하고 그 효과로부터 회복하는 데 많은 시간을 허비한다.
D. 알코올을 마시고 싶은 갈망이나 강렬한 욕구를 지닌다.
E. 반복적인 알코올 사용으로 인해서 직장, 학교나 가정에서의 주된 역할 의무를 수행하지 못한다.
F. 알코올의 효과에 의해서 사회적 또는 대인관계적 문제가 초래되거나 악화되는 문제가 반복됨에도 불구하고 지속적으로 알코올을 사용한다.
G. 알코올 사용으로 인해서 중요한 사회적, 직업적 또는 여가 활동을 포기하거나 감소한다.
H. 신체적 위험이 존재하는 상황에서도 반복적으로 알코올을 사용한다.
I. 알코올에 의해서 초래되거나 악화될 수 있는 지속적인 신체적 또는 심리적 문제가 있음을 알면서도 알코올 사용을 계속한다.
J. 내성(tolerance)이 다음 중 하나의 방식으로 나타난다.
  (1) 중독이 되거나 원하는 효과를 얻기 위해서 현저하게 증가된 양의 알코올이 필요하다.
  (2) 같은 양의 알코올을 지속적으로 사용함에도 그 효과는 현저하게 감소한다.
K. 금단(withdrawal)이 다음 중 하나의 방식으로 나타난다.
  (1) 알코올의 특징적인 금단 증후군이 나타난다.
  (2) 금단 증상을 감소하거나 피하기 위해서 알코올(또는 관련 물질)을 마신다.

정답 30. ②

31 **클라크(Clark)와 웰스(Wells)는 사회공포증이 있는 사람에게서 일어나는 세 가지 변화를 언급하였다. 여기에 해당하지 않는 것은?**

① 목소리가 떨리고 주의집중이 안 되는 신체 및 인지의 변화가 일어난다.
② 수행을 하기 전에 자신의 수행이 부정적일 것이라는 반추사고가 나타난다.
③ 불안을 줄이고 부정적 평가를 받지 않기 위해 방어적 행동을 한다.
④ 주의가 자신에게 속하는 자기초점적 주의가 일어난다.

해 설

- 사회공포증(Social Phobia)을 설명하는 대표적인 이론은 Clark와 Wells의 인지이론이다. 이 이론에서는 사회공포증을 지닌 사람들은 과거 경험에 근거한 3가지 주제의 역기능적 신념을 지닌다고 본다. 이는 사회적 수행에 대한 과도한 기준의 신념(예 나는 모든 사람으로부터 인정과 칭찬을 받아야 한다), 사회적 평가에 대한 조건적 신념(예 내가 실수를 하면 다른 사람들은 나를 무시할 것이다), 자기와 관련된 부정적 신념(예 나는 매력이 없다)이다.
- 사회적 상황에서 위험이 지각되면 서로 연결된 3가지 변화가 자동적으로 일어나면서 불안이 강화된다고 본다.
  1) 신체적 또는 인지적 변화가 나타난다(예 얼굴이 붉어지거나 가슴이 두근거리고 목소리가 떨리거나 주의집중이 되지 않고 정신이 멍해짐).
  2) 안전 행동이 나타난다. 이는 불안을 줄이고 남들로부터 부정적 평가를 받지 않기 위한 방어적 행동이다(예 손 떨림을 막기 위해 마이크를 꽉 붙잡거나, 타인의 시선을 피하거나, 말이 중단되는 것을 막기 위해 빨리 말함).
  3) 자기초점적 주의가 나타난다. 불안해 하는 자신을 관찰하게 되는데, 이러한 자기 관찰로 인해 다른 사람들이 자신을 부정적으로 볼 것이라고 생각한다(예 진땀을 흘리고 손을 떨며 말을 더듬음).
- 사회공포증을 지닌 사람들은 사회적 수행을 하고 난 후에 자신의 수행을 부정적으로 곱씹는 사후 반추사고(post-event rumination)의 경향을 보인다. 이러한 사후 반추사고는 수치심을 유발하여 사회적 상황에 대한 공포를 강화한다.

정답 31. ②

32 정신분석적 입장에서 설명하는 고착 현상과 이로 인해 나타나는 성격장애 간의 연결이 옳은 것을 모두 고른 것은?

ㄱ. 구강기–의존성 성격장애
ㄴ. 항문기–강박성 성격장애
ㄷ. 남근기–자기애성 성격장애

① ㄱ ② ㄱ, ㄴ
③ ㄴ, ㄷ ④ ㄱ, ㄴ, ㄷ

해설

정신분석적 입장에서는 부모의 애정과 보살핌을 받으면 자신을 중요한 존재로 여기는 '일차적 자기애'를 지니며, 점차 부모와의 애정적 경험을 통해 자신의 존재 가치를 분명히 하는 '이차적 자기애'가 발달된다고 본다. 그러나 성인이 되어서도 유아기적 자기애에 고착되어 사랑의 대상이 자신에게만 향할 때 병리적 자기애가 된다고 설명하고 있다. 유아기적 자기애가 지속되면 자기애성 성격장애로 발전될 수 있다.

33 신경인지장애에 대한 설명으로 옳은 것을 모두 고른 것은?

ㄱ. 알츠하이머형은 뇌세포의 점진적 파괴로 인해 증상이 서서히 진행된다.
ㄴ. 섬망은 기억력이 현저히 저하되고, 언어 및 운동 기능이 감퇴한다.
ㄷ. 섬망은 비가역적이며, 일반적으로 계속 진행되는 상태이다.
ㄹ. 건망장애(Amnestic Disorder)는 의학적 상태나 물질의 효과로 인한 기억장애이다.

① ㄱ, ㄷ ② ㄱ, ㄹ
③ ㄴ, ㄷ ④ ㄷ, ㄹ

해설

- 알츠하이머형 치매는 서서히 발병하여 지속적인 인지 기능의 저하를 초래한다. 대개의 경우 뇌위축이 나타나며, 정상적인 노화에서보다 심한 피질구 확장과 확대된 뇌실이 나타난다.
- 섬망은 인지 변화를 동반하는 의식의 장해가 나타난다. 장해는 몇 시간에서 며칠간의 단기간에 발생하고, 하루 중에도 증상이 변동되는 경향이 있다.
- 치매의 경우 비가역적이며, 필수증상은 기억장애와 복합적인 인지 결손의 발생을 보이며 언어(실어증) 및 운동 기능(실행증)이 감퇴한다. 실어증의 경우 사람과 사물의 이름을 말하는 데 어려움이 있고, 실행증의

정답 32. ② 33. ②

경우 운동기능이나 감각기능, 운동 행동을 실행하는 능력이 감퇴한다.

- 건망장애(Amnestic Disorder), 즉 기억상실장애는 일반적인 의학적 상태의 직접적인 생리적 효과로 인한 것이나 물질(예 남용 약물, 처방 약물, 독소 노출)의 지속적인 효과로 인한 기억력 장해가 특징이다.

<기억상실장애(Amnestic Disorder)의 특징>

- 새로운 정보를 학습하는 능력이나 병전에 학습한 정보나 과거 사건을 회상하는 능력이 손상되어 있다(진단기준 A).
- 기억력 장해가 사회적 또는 직업적 기능에 있어서 심각한 장해를 초래할 만큼 심하고, 병전의 기능 수준보다 상당히 감퇴되어 있음을 나타내야 한다(진단기준 B).
- 기억력 장해는 섬망이나 치매의 경과 중에만 나타나서는 안 된다(진단기준 C).

34 조증 삽화의 진단기준이 아닌 것은?

① 주의집중력의 증가
② 목표지향적 활동의 증가
③ 수면에 대한 욕구의 감소
④ 팽창된 자존감 또는 심하게 과장된 자신감

해 설

조증 삽화(manic episode)는 제I형 양극성장애의 특징으로 나타난다. 기분이 비정상적으로 의기양양하고 자신만만하거나 짜증스러운 기분을 나타내고 목표지향적 행동이나 에너지 수준이 비정상적으로 증가된 상태가 1주일 이상 분명하게 지속된다.

<DSM-5에서 제시된 조증 삽화의 주요한 증상들>

- 팽창된 자존심 또는 심하게 과장된 자신감
- 수면에 대한 욕구 감소(예 단 3시간의 수면으로도 충분하다고 느낌)
- 평소보다 말이 많아지거나 계속 말을 하게 됨.
- 사고의 비약 또는 사고가 연달아 일어나는 주관적인 경험
- 주의 산만(예 중요하지 않거나 관계없는 외적 자극에 너무 쉽게 주의가 이끌림)
- 목표지향적 활동(직장이나 학교에서의 사회적 또는 성적 활동)이나 흥분된 운동성 활동의 증가
- 고통스러운 결과를 초래할 쾌락적인 활동에 지나치게 몰두함(예 흥청망청 물건 사기, 무분별한 성행위, 어리석은 사업 투자)

정답 34. ①

학습 Plus 경조증 삽화(hypomanic episode)의 임상적 특징

A. 비정상적으로 들뜨거나, 의기양양하거나, 과민한 기분, 목표지향적 활동과 에너지의 증가가 4일 연속으로 거의 매일, 하루 중 대부분 지속되는 기간이 있다.
B. 기분장애 및 증가된 에너지와 활동을 보이는 기간 중 다음 증상 가운데 3가지(또는 그 이상)를 보이며(기분이 단지 과민하기만 한다면 4가지) 평소 모습에 비해 변화가 뚜렷하고 심각한 정도로 나타난다.
   1. 자존감의 증가 또는 과대감
   2. 수면에 대한 욕구 감소(예 단 3시간의 수면만으로도 충분하다고 느낌)
   3. 평소보다 말이 많아지거나 끊기 어려울 정도로 계속 말을 함
   4. 사고의 비약 또는 사고가 질주하듯 빠른 속도로 꼬리를 무는 듯한 주관적인 경험
   5. 주관적으로 보고하거나 객관적으로 관찰되는 주의산만(예 중요하지 않거나 관계없는 외적 자극에 너무 쉽게 주의가 분산됨)
   6. 목표지향적 활동의 증가(직장이나 학교에서의 사회적 활동 또는 성적 활동) 또는 정신운동 초조(예 목적이나 목표 없이 부산하게 움직임)
   7. 고통스러운 결과를 초래할 가능성이 높은 활동에의 지나친 몰두(예 과도한 쇼핑 등의 과소비, 무분별한 성행위, 어리석은 사업 투자).
C. 기분장애가 사회적 · 직업적 기능의 현저한 손상을 초래할 정도로 충분히 심각하거나 자해나 타해를 예방하기 위해 입원이 필요 또는 정신병적 양상이 동반된다.
D. 삽화가 물질(예 남용약물, 치료약물, 기타 치료)의 생리적 효과나 다른 의학적 상태로 인한 것이 아니다.

35 학습장애에 대한 설명으로 틀린 것은?

① 지능 수준은 평균 범위에 속하는 경우가 많다.
② 운동협응능력에 이상이 있을 수 있다.
③ 주된 치료방법은 약물치료이다.
④ 독해장애아동은 학년이 높아질수록 전 과목의 성적이 저하될 수 있다.

해설

- 학습장애는 정상적인 지능을 갖추고 있음에도 불구하고 지능 수준에 비해 현저한 학습 부진을 보이는 경우를 말한다. 흔히 읽기, 쓰기, 산술적 또는 수리적 계산과 관련된 기술을 학습하는 데 어려움을 나타낸다.
- 학습장애를 지닌 아동은 과잉행동을 나타내는 경향이 있는데, 이를 억제하기 위해 리탈린(Ritalin)과 덱세드린(Dexedrine)과 같은 중추신경 자극제가 사용되기도 한다. 이러한 약물은 과제에 주의를 기울이게 하는 데 적용되나 학습장애를 치료하기 위해서는 심리치료가 필요하다.

<학습장애의 심리치료>

- 학습을 위한 기술을 가르친다. 읽기 · 산술 · 쓰기 과제를 해결하는 데 필요한 구체적인 학습기술을 체계

정답 35. ③

적으로 가르치는 것이 필요하다.

- 아동에게 심리적인 지지를 해 주어 자존감과 자신감을 키워 준다. 흔히 수동성과 무기력감을 나타내는데, 이를 극복하고 동기를 유발시키는 일이 중요하다.
- 아동이 가정과 학교에서 효과적으로 공부하고 자신의 생활을 관리할 수 있도록 지도하는 것이 중요하다. 부모나 교사가 구체적인 방법으로 지도하게 되면 생활 습관과 학습활동이 달라지게 되어 학습능률이 높아진다(예 정리하고 계획하기, 목록 만들기, 시간 관리하기).

36 범불안장애에 대한 설명으로 틀린 것은?

① 근육의 긴장이나 수면장애가 함께 나타나기도 한다.
② 일종의 다중 공포증으로 여겨진다.
③ 벤조디아제핀 계열의 약물은 불안을 증가시켜 이 장애의 원인과 관련 있는 것으로 여겨진다.
④ 이 장애에 취약한 사람들은 위협에 대한 인지 도식이 발달되어 있다.

해 설

범불안장애의 가장 흔한 약물 처방은 벤조디아제핀(Benzodiazepine) 계열의 약물이다. 이러한 약물은 자극에 대한 과민성을 저하시키고 사고와 행동을 감소시키는 진정 효과를 나타낸다. 대표적으로 리브리움, 바륨, 옥사제팜, 로라제팜, 아티반 등이 있다.

- 행동주의적 입장에서는 고전적 조건형성을 통해 불안 반응이 학습된 것으로 보고, 다양한 사소한 자극에 조건화되어 일종의 경미한 '다중 공포증(Multiple Phobia)' 형태를 지니는 것으로 보았다.
- 인지적 입장에서는 불안한 사람들의 경우 위협에 대한 인지 도식이 발달되어 있어서 일상에서 위험에 관한 자극에 주의를 많이 기울이고 그 의미를 특정한 방향으로 해석한다고 본다.

37 DSM-5에서 조현병(정신분열병)의 진단기준에 포함된 증상에 해당하지 않는 것은?

① 사고의 장애 ② 지각의 장애
③ 기억의 장애 ④ 행동의 장애

정답 36. ③ 37. ③

해 설

- 조현병(Schizophrenia)은 망상, 환각, 와해된 언어, 와해된 행동이나 긴장증적 행동을 특징적으로 나타내는 심각한 정신장애이다. 현실검증력이 손상되어 비현실적인 지각과 비논리적인 사고를 나타내며, 혼란스러운 심리 상태를 보인다.
- **사고의 장애**: 가장 대표적인 증상인 '망상'은 자신과 세상에 대한 잘못된 강한 믿음에서 비롯된다. 외부 세계에 대한 잘못된 추론에 근거한 그릇된 신념으로서 분명한 반증되는 정보에도 불구하고 견고하게 지속되는 특징이 있다.
- **지각의 장애**: 핵심 증상인 '환각'은 현저하게 왜곡된 비현실적인 지각을 말한다. 외부 자극이 없음에도 불구하고 어떤 소리나 현상을 지각하거나 또는 외부 자극에 대해서 현저하게 왜곡된 지각을 보이는 특징이 있다.
- **행동의 장애**: 심하게 와해된 행동이나 긴장증적 행동을 나타낸다. 와해된 행동은 나이에 걸맞은 목표지향적 행동을 하지 못하고 상황에 부적절한 엉뚱하거나 부적응적인 행동을 말한다. 긴장증적 행동은 마치 근육이 굳은 것처럼 어떤 특정한 자세를 유지하는 경우를 말한다.

학습 Plus 조현병 스펙트럼 및 기타 정신병적 장애의 유형과 특징

장애	특징
조현병	• 활성국면 증상(망상, 환각, 와해된 언어, 와해된 행동, 긴장증적 행동, 음성 증상)이 적어도 1개월 동안 지속됨. • 증상 지속 기간: 6개월 이상 • 한 가지 이상의 주요 생활영역에서의 기능 수준이 발병 이전에 성취된 수준보다 현저하게 미달됨.
조현양상장애	• 활성국면 증상(망상, 환각, 와해된 언어, 와해된 또는 긴장성 행동, 음성 증상)이 적어도 1개월 동안 지속됨. • 증상 지속 기간: 6개월 미만
조현정동장애	• 주요우울 또는 조증 삽화 기간이 조현병의 활성국면 증상과 겹침. • 적어도 2주 동안 주요 우울 또는 조증 삽화 없이 망상 또는 환각이 있음.
망상장애	• 다른 정신병적 증상 없이 지속적인 망상이 적어도 1개월 동안 지속됨.
단기 정신병적 장애	• 망상, 환각 또는 와해된 언어가 1개월 미만 동안 지속됨.
긴장증	• 운동 활동 감소, 면담 또는 신체검진 동안 참여 감소 또는 과도하고 특이한 운동 활동이 포함된 광범위한 증상이 특징인 정신운동 장애
물질/치료약물로 유발된 정신병적 장애	• 중추신경계에 대한 물질 또는 치료약물의 직접적인 효과로 인한 망상 또는 환각
달리 명시된 조현병 스펙트럼 및 기타 정신병적 장애	• 임상적으로 현저한 고통 또는 기능 손상을 초래하지만 조현병 스펙트럼 및 기타 정신병적 장애 진단부류에 속하는 장애들 중 어떤 장애의 진단기준에 완전히 부합되지 않는 조현병 스펙트럼 및 기타 정신병적 장애 특유의 증상

38 주의력 결핍 과잉행동장애(ADHD) 아동에 관한 설명으로 옳은 것은?

① 뇌의 도파민이 작용하는 영역, 즉 미상핵이나 전두엽 영역의 크기가 정상 아동보다 크다.
② 약물 없이도 흥분되기 때문에 물질 중독에 빠질 가능성이 낮다.
③ 성인기가 되면 증상이 거의 없어진다.
④ 신경학적이고 유전적인 요인이 있다.

해설

- ADHD의 경우 전두엽의 기능 억제나 신경전달물질인 도파민 부족은 과잉행동이나 부주의에 영향을 주는 것으로 나타나며, 유전적 요인으로 아동의 부모가 동일한 장애를 지닐 확률이 높고, 일란성 쌍둥이 연구의 공병률은 51%에 해당된다. 또한 형제자매 중에 과잉행동 양상이 나타나면 다른 형제에게 나타날 확률이 일반인에 비해 2배 정도 높게 나타난다.
- ADHD와 품행장애가 함께 나타나는 경우 알코올 사용 장애와 반사회적 성격장애를 나타낼 비율이 일반인보다 높게 나타나며, 부주의와 충동성은 성인기까지 지속될 수 있다.

학습 Plus 주의력 결핍 과잉행동장애(Attention-Deficit Hyperactivity Disorder) 진단기준

A. 부주의 및 과잉행동–충동성의 지속적 패턴이 나타나며, 아래 1항과 2항 중 한 가지 이상에 해당되어야 한다.
  1. 부주의: 다음 중 6개 이상의 증상이 6개월 이상 지속적으로 나타난다.
    (1) 흔히 세부적인 면에 대해 면밀한 주의를 기울이지 못하거나 학업, 직업 또는 다른 활동에서 부주의한 실수
    (2) 흔히 일을 하거나 놀이를 할 때 지속적으로 주의를 집중하기 어려움.
    (3) 흔히 다른 사람이 직접 말을 할 때 경청하지 않는 것으로 보임.
    (4) 흔히 지시를 완수하지 못하고, 학업, 작업장에서의 임무를 수행하지 못함.
    (5) 흔히 과업과 활동을 체계화하지 못함.
    (6) 흔히 지속적인 정신적 노력을 요구하는 과업에 참여하기를 피하고 싫어하며 저항함.
    (7) 흔히 활동하거나 숙제하는 데 필요한 물건들을 잃어버림.
    (8) 흔히 외부의 자극에 의해 쉽게 산만해짐.
    (9) 흔히 일상적인 활동을 잊어버림.
  2. 과잉행동과 충동성: 다음 중 6개 이상의 증상이 6개월 이상 지속적으로 나타남.
    (1) 흔히 손발을 가만히 두지 못하거나 의자에 앉아서도 몸을 옴지락거림.
    (2) 흔히 앉아 있도록 요구되는 교실이나 다른 상황에서 자리를 떠남.
    (3) 흔히 부적절한 상황에서 지나치게 뛰어다니거나 기어오름.
    (4) 흔히 조용히 여가활동에 참여하거나 놀지 못함.
    (5) 흔히 '끊임없이 활동하거나' 마치 '자동차에 쫓기는 것'처럼 행동함.
    (6) 흔히 지나치게 수다스럽게 말을 함.
    (7) 흔히 질문이 채 끝나기도 전에 성급하게 대답함.
    (8) 흔히 차례를 기다리지 못함.
    (9) 흔히 다른 사람의 활동을 방해하고 간섭함.
B. 심각한 부주의나 과잉행동–충동성의 증상이 12세 이전에 나타나야 한다.
C. 이러한 증상이 사회적, 학업적 또는 직업적 기능을 방해한다.
D. 이러한 증상이 정신분열증이나 다른 정신증적 장애 경과 중에 나타나는 것이 아니며 다른 정신장애에 의해 설명되지 않는다.

정답 38. ④

39 주요우울장애의 진단기준에 관한 설명으로 틀린 것은?

① 주요우울 삽화의 필수증상은 우울 기분 또는 흥미나 즐거움의 상실이다.
② 반복적으로 죽음에 대해 생각하거나 자살사고를 나타낸다.
③ 무가치감 또는 과도하거나 부적절한 죄책감을 보인다.
④ 주요우울 삽화의 증상이 적어도 1주 이상 연속으로 지속되어야 한다.

해설

주요우울장애(Major Depressive Disorder)의 주된 증상은 적어도 2주 이상 나타나야 한다. 특히 하루의 대부분, 거의 매일 지속되는 우울한 기분과 흥미나 즐거움의 현저한 저하가 반드시 포함되어야 한다.

학습 Plus 주요우울장애(Major Depressive Disorder) 진단기준(DSM-5)

A. 다음의 증상 가운데 5가지(또는 그 이상)의 증상이 2주 연속으로 지속되며 이전의 기능 상태와 비교할 때 변화를 보이는 경우, 증상 가운데 적어도 하나는 (1) 우울 기분이거나 (2) 흥미나 즐거움의 상실이어야 한다.
1. 하루 중 대부분, 그리고 거의 매일 지속되는 우울 기분이 주관적인 보고(예 슬픔, 공허감 또는 절망감)나 객관적인 관찰(예 울 것 같은 표정)에서 드러남(주의점: 아동 · 청소년의 경우에는 과민한 기분으로 나타나기도 함)
2. 거의 매일, 하루 중 대부분, 거의 또는 모든 일상 활동에 대해 흥미나 즐거움이 뚜렷하게 저하됨.
3. 체중 조절을 하고 있지 않은 상태에서 의미 있는 체중의 감소(예 1개월 동안 5% 이상의 체중 변화)나 체중의 증가, 거의 매일 나타나는 식욕의 감소나 증가가 있음(주의점: 아동에서는 체중 증가가 기대치에 미달되는 경우)
4. 거의 매일 나타나는 불면이나 과다수면
5. 거의 매일 나타나는 정신운동 초조나 지연(객관적으로 관찰 가능함)
6. 거의 매일 나타나는 피로나 활력의 상실
7. 거의 매일 무가치감 또는 과도하거나 부적절한 죄책감을 느낌.
8. 거의 매일 나타나는 사고력이나 집중력의 감소 또는 우유부단함.
9. 반복적인 죽음에 대한 생각(단지 죽음에 대한 두려움이 아닌), 구체적인 계획 없이 반복되는 자살사고 또는 자살시도나 자살수행에 대한 구체적인 계획

B. 증상이 사회적, 직업적 또는 다른 중요한 기능 영역에서 임상적으로 현저한 고통이나 손상을 초래한다.
C. 삽화가 물질의 생리적 효과나 다른 의학적 상태로 인한 것이 아니다.
D. 주요우울 삽화가 조현정동장애, 조현병, 조현양상장애, 망상장애, 달리 명시된 또는 명시되지 않는 조현병 스펙트럼 및 기타 정신병적 장애로 더 잘 설명되지 않는다.
E. 조증 삽화 또는 경조증 삽화가 존재한 적이 없다.

정답 39. ④

40 인간 행동의 습득 과정을 설명하고, 그것을 바탕으로 하여 변용을 시도하였으며, 모델링 형성과정과 1차적 추동, 2차적 추동을 중시한 이론적 모델은?

① 정신분석적 모델
② 생리학적 모델
③ 행동주의 모델
④ 실존주의적 모델

해 설

행동주의 모델에서는 인간 행동의 습득을 환경과의 상호작용 속에서 학습된 것으로 가정한다. 다양한 학습 원리를 적용하여 새로운 행동을 학습하는 과정을 설명하며, 고전적 조건형성, 조작적 조건형성, 모방학습(모델링)을 통한 행동의 원리와 과정을 제시하고 있다.

정답 40. ③

③ 2020년 기출문제

21 강박장애의 하위유형에 관한 설명으로 옳지 않은 것은?

① 순수한 강박행동형은 내면적인 강박사고는 나타나지 않고 외현적인 강박행동만 있는 경우이다.

② 외현적 강박행동에는 청결행동, 확인행동, 반복행동, 정돈행동, 수집행동, 지연행동 등이 있다.

③ 내현적 강박행동형은 강박사고와 더불어 겉으로 관찰되지 않는 내면적인 강박행동만 있는 경우이다.

④ 외현적 강박행동형은 강박사고와 더불어 겉으로 드러나는 강박행동이 있는 경우이다.

해설

강박장애는 순수한 강박사고형, 내현적 강박행동형, 외현적 강박행동형으로 구분된다.

- **순수한 강박사고형**: 외현적인 강박행동이 나타나지 않고 내면적인 강박사고만 지닌다.
- **내현적 강박행동형**: 겉으로 관찰되지 않는 내면적 강박행동만을 지닌다(예 숫자세기, 기도, 특정 단어를 반복적으로 외우기).
- **외현적 강박행동형**: 강박사고와 더불어 겉으로 드러나는 강박행동을 보인다(예 오염되었다는 생각에 이를 제거하기 위해 반복적으로 손씻기, 실수에 대한 의심과 이를 피하기 위한 확인행동, 반복행동, 정리정돈, 수집).

정답 21. ①

학습 Plus 강박장애(Obsessive-Compulsive Disorder) 진단기준(DSM-5)

A. 강박사고 또는 강박행동

*강박사고는 (1), (2)로 정의된다.

(1) 반복적이고 지속적인 사고, 충동 또는 심상으로서 이러한 증상은 장애가 진행되는 어느 시점에서 침투적이고 부적절한 것이라고 경험되며, 심한 불안과 고통을 초래한다.

(2) 개인은 이러한 사고, 충동, 심상을 무시하거나 억압하려 하며 다른 생각이나 행동에 의해 완화시키려고 한다.

*강박행동은 (1), (2)로 정의된다.

(1) 반복적인 행동(손씻기, 정돈하기, 확인하기) 또는 정신적 활동(기도, 숫자세기)으로서 개인은 이러한 행동이 강박사고에 대한 반응으로서 또는 엄격하게 적용되어야 하는 원칙에 따라서 어쩔 수 없이 행해지는 것으로 느낀다.

(2) 이러한 행동이나 정신적 활동은 고통을 예방하거나 감소시키고, 두려운 사건이나 상황을 방지하기 위한 것이다. 그러나 이러한 행동, 정신적 활동이 완화하거나 방지하려고 하는 것과 실제적으로 연결되어 있지 않으며 명백하게 지나친 것이다.

B. 강박사고, 강박행동은 현저한 고통을 초래하거나 많은 시간(하루에 1시간 이상)을 소모하게 하거나 일상적인 일, 직업적(또는 학업적) 기능 또는 사회적 활동이나 관계를 심각하게 방해한다.

C. 강박 증상은 물질(예 남용하는 약물, 물질)이나 일반적인 의학적 상태의 생리적 효과로 인한 것이 아니다.

D. 이 장해는 다른 정신장애의 증상(예 섭식장애의 경우 음식에 대한 집착, 신체이형장애의 경우 외모 집착, 저장장애에서의 물건을 버리기가 어려움, 질병불안장애에서의 질병에 대한 집착)에 의한 것이 아니다.

22 주요우울장애에 동반되는 세부 유형(양상)에 해당되지 않는 것은?

① 급속 순환성 양상 동반
② 혼재성 양상 동반
③ 주산기 발병 양상 동반
④ 계절성 양상 동반

해 설

DSM-5에는 주요우울장애(Major Depressive Disorder)의 세부 유형을 구체화하고 있다.

- 불안증 동반
- 혼재성 양상 동반
- 멜랑콜리아 양상 동반
- 비전형적 양상 동반
- 기분과 일치하는 정신병적 양상 동반
- 기분과 일치하지 않는 정신병적 양상 동반
- 긴장증 동반
- 주산기 발병 동반
- 계절성 동반

정답 22. ①

학습 Plus 주요우울장애의 명시자(DSM-5)

- **불안증 동반(주요우울 삽화의 대부분의 기간 동안 다음의 2가지 이상의 증상을 보임)**
  1. 신경이 날카롭거나 긴장되는 느낌
  2. 매우 안절부절못함
  3. 염려로 인해 집중하기 어려움
  4. 무언가 끔찍한 일이 벌어질 것이라는 두려움
  5. 자신에 대한 통제력을 잃을 것 같은 느낌
- **혼재성 양상 동반**
  A. 다음 조증/경조증 증상 중 3가지 이상이 주요우울 삽화의 대부분의 시간 동안 거의 매일 나타남.
    1. 비정상적으로 들뜨거나 의기양양한 기분
    2. 자존감의 증가 또는 과대감
    3. 평소보다 말이 많아지거나 끊기 어려울 정도로 계속 말을 함
    4. 사고의 비약 또는 사고가 질주하듯 빠른 속도로 꼬리를 무는 주관적인 경험
    5. 활력 또는 목표지향적 활동의 증가(직장에서나 학교에서의 사회적 활동, 또는 성적 활동)
    6. 고통스러운 결과를 초래할 가능성이 높은 활동에의 지나친 몰두(예 과도한 쇼핑 등의 과소비, 무분별한 성행위, 또는 어리석은 사업 투자)
    7. 수면에 대한 욕구 감소(예 평소보다 적게 수면을 취하고도 피로를 회복했다고 느낌. 불면과 구별이 필요)

  B. 혼합 증상은 객관적으로 관찰 가능하고 평소의 행동과는 다른 것이다.

  C. 조증 또는 경조증의 진단기준을 모두 만족하는 환자에게는 제I형 또는 제II형 양극성 장애라고 진단해야 한다.

  D. 혼합 증상은 물질(예 남용약물, 치료약물 또는 기타 치료)의 생리적 효과로 인한 것이 아니다.
- **멜랑콜리아 양상 동반**
  A. 다음 중 한 가지가 최근 삽화의 가장 심한 기간 동안에 나타난다.
    1. 모든 또는 거의 모든 활동에서 즐거움의 상실
    2. 일반적으로 즐거움을 주는 자극에 대한 반응의 결여(좋은 일이 일어났을 때, 일시적으로라도 기분 좋게 느끼지 못함)

  B. 다음 중 3가지(또는 그 이상):
    1. 현저한 낙담, 절망 그리고/ 또는 시무룩함 또는 소위 말하는 공허감을 특징적으로 보이는 질적으로 뚜렷한 우울 기분
    2. 보통 아침에 더 심해지는 양상의 우울증
    3. 아침에 일찍 깸(즉, 평상시 일어나는 시간보다 적어도 2시간 이름)
    4. 현저한 정신운동 초조 또는 지연
    5. 뚜렷한 식욕 부진이나 체중 감소
    6. 과도하거나 부적절한 죄책감
- **비전형적 양상 동반**
  A. 기분의 반응성(즉, 실제 또는 잠재적인 긍정적 사건에 반응하여 기분이 좋아짐)

  B. 다음 양상 중 2가지(또는 그 이상)
    1. 뚜렷한 체중 증가 또는 식욕의 증가
    2. 과다수면
    3. 연마비(즉, 팔 또는 다리가 납같이 무거운 느낌)
    4. 인간관계에 있어서 오랫동안 지속되는 거절민감성(기분장애의 삽화에만 국한되지 않는)이 심각한 사회적 또는 직업적 손상을 초래한다.

  C. 동일한 삽화 동안에 '멜랑콜리아 양상 동반' 또는 '긴장증 동반'의 진단기준을 충족하지 않는다.

- **정신병적 양상 동반**: 망상 또는 환각이 존재한다.
  - **기분과 일치하는 정신병적 양상 동반**: 모든 망상과 환각의 내용이 부족함. 죄책감, 질병, 죽음, 허무주의, 또는 처벌받고 있다는 느낌 등의 전형적인 우울 주제와 일치한다.
  - **기분과 일치하지 않는 정신병적 양상 동반**: 망상과 환각의 내용이 부족함. 죄책감, 질병, 죽음, 허무주의, 또는 처벌받고 있다는 느낌 등의 전형적인 우울 주제를 포함하지 않거나, 내용이 기분과 일치하지 않는 주제와 기분과 일치하는 주제의 혼합물로 나타난다.
- **긴장증 동반**: 삽화 대부분의 기간 동안 긴장성 양상이 존재한다면 우울 삽화에 적용될 수 있다.
- **주산기 발병 동반**: 기분 증상이 있는 임신 기간 중 또는 분만 후 4주 이내에 발병하는 경우에 적용할 수 있다. 제 I형 또는 제 II형 양극성 장애의 현재의 기분 삽화에 적용하거나, 만약 현재 기분 삽화의 진단기준을 만족시키지 않는다면 가장 최근의 조증, 경조증 또는 주요우울 삽화에 적용할 수 있다.
- **계절성 동반(재발성 주요우울장애에 적용된다)**
  A. 주요우울장애에서 주요우울 삽화의 발병과 한 해의 일정한 기간(예 가을 또는 겨울에) 사이에 규칙적인 시간적 관계가 있다.
  주의점: 특정 계절과 관련된 명백한 정신사회적 스트레스가 영향을 미치는 경우는 포함되지 않는다(예 매해 겨울 반복적으로 실업자가 된다).
  B. 완전 관해(또는 우울증에서 조증이나 경조증으로의 변화)가 그해의 특징적인 기간에 일어난다(예 우울증이 봄에 사라진다).
  C. 지난 2년 동안, 진단기준 A와 B에 정의된, 계절적 시간 관계를 나타내는 주요우울 삽화가 발생하였고, 동일한 삽화가 비계절성으로 발생하지 않았다.
  D. 계절성 주요우울 삽화가 일생 동안 발생한 비계절성 주요우울 삽화보다 훨씬 더 많다.

23 지적장애에 관한 설명으로 옳지 않은 것은?

① 지적장애는 신경발달장애의 하위유형이다.
② 지적 기능의 결함뿐만 아니라 적응 기능의 결함도 진단기준이다.
③ 개념, 사회, 실행 영역에 해당되는 기능이 현저히 떨어진다.
④ 심각도에 따라 5등급으로 분류된다.

해설

- 지적장애(Intellectual Disability)는 발달 시기에 시작되며, 개념 · 사회 · 실행 영역에서 지적 기능과 적응 기능 모두에 결함이 있는 상태를 말한다. 적응 기능의 심각도에 따라 경도, 중등도, 고도, 최고도 수준으로 4등급으로 구분하며, 경도 수준에서 지적장애의 가장 많은 비율을 보인다.
- 지적장애의 적응 기능은 개념적 영역, 사회적 영역, 실행적 영역으로 구분하여 평가한다.
  - **개념적 영역**: 학습, 기억, 언어, 읽기, 쓰기, 수학적 추론, 실질적인 지식의 획득, 문제해결, 새로운 상황에서의 판단 등

정답 23. ④

- **사회적 영역**: 타인의 생각이나 감정, 경험을 인지하는 능력, 공감능력, 의사소통 기술, 친선능력, 사회적 판단 등
- **실행적 영역**: 학습과 개인적 관리, 직업적 책임의식, 금전관리, 오락, 자기행동 관리 등

24 DSM-5에서 우울장애에 관한 특성에 해당하지 않는 것은?

① 개인의 능력과 의욕을 저하시켜 현실적 적응을 어렵게 만드는 주요한 요인이다.

② 주요우울장애 진단을 내리려면 지속적인 우울한 기분, 흥미나 즐거움의 현저한 저하 중 하나는 반드시 포함되어야 한다.

③ 주요우울장애가 1년 이상 지속되면 지속성 우울장애로 진단명이 바뀌게 된다.

④ 일반적으로 남성보다 여성에게서 더 흔하다.

해 설

지속성 우울장애(Persistent Depressive Disorder)의 필수 증상은 2년 동안(아동 · 청소년의 경우 1년) 우울한 기분이 없는 날보다 있는 날이 더 많으며, 하루 대부분 지속되는 우울한 기분을 특징으로 한다.

학습 Plus 지속성 우울장애(Persistent Depressive Disorder) 진단기준(DSM-5)

A. 적어도 2년 동안, 하루의 대부분 우울 기분이 있고, 우울 기분이 없는 날보다 있는 날이 더 많으며, 이는 주관적으로 보고하거나 객관적으로 관찰된다.
주의점: 아동 · 청소년에게는 기분이 과민한 상태로 나타나기도 하며, 기간은 적어도 1년이 되어야 한다.

B. 우울 기간 동안 다음 2가지(또는 그 이상)의 증상이 나타난다.
1. 식욕부진 또는 과식
2. 불면 또는 과다수면
3. 기력의 저하 또는 피로감
4. 자존감 저하
5. 집중력 감소 또는 우유부단
6. 절망감

C. 장애가 있는 2년 동안(아동 · 청소년에게는 1년) 연속적으로 2개월 이상, 진단기준 A와 B의 증상이 존재하지 않았던 경우가 없었다.

D. 주요우울장애의 진단기준을 만족하는 증상이 2년간 지속적으로 나타날 수 있다.

E. 조증 삽화, 경조증 삽화가 없어야 하고, 순환성장애의 진단기준을 충족하지 않아야 한다.

F. 장애가 지속적인 조현정동장애, 조현병, 망상장애, 달리 명시된, 또는 명시되지 않는 조현병 스펙트럼 및 기타 정신병적 장애와 겹쳐져서 나타나는 것이 아니다.

G. 증상이 물질(예 남용약물, 치료약물)의 생리적 효과나 다른 의학적 상태(예 갑상선 기능저하증)로 인한 것이 아니다.

H. 증상이 사회적, 직업적 또는 다른 중요한 기능 영역에서 임상적으로 현저한 고통이나 손상을 초래한다.

정답 24. ③

25 이상행동의 생물심리사회적 모델은 체계이론을 토대로 하고 있다. 체계이론에 대한 설명으로 틀린 것은?

① 체계이론은 Bertalanffy에 의해 처음 주장된 것으로, 생물학, 철학, 컴퓨터과학, 기술공학 등의 연구에 기원을 두고 있다.
② 체계이론은 어떤 현상에 대한 가장 미시적 수준의 설명이 원인의 가장 궁극적인 설명이라고 주장한다.
③ 체계이론은 이상행동을 유발하는 요인의 다양성과 그 인과적 경로의 다양성을 인정한다.
④ 동일한 원인적 요인이 다양한 결과를 유발할 수 있다고 보고 이를 다중결과성의 원리라고 제안하였다.

해설

- 생물심리사회적 모델(biopsychosocial model)은 1977년 George Engel에 의해 처음 주장되었으며, 이상행동과 정신장애에 영향을 미치는 생물학적 · 심리적 · 사회적 요인을 종합적으로 고려한다.
- 생물심리사회적 모델은 Ludwig von Bertalanffy에 의해 처음으로 주장된 체계이론(system theory)에 근거한다. 체계이론은 전체론(holism)에 기반하여 인간의 행동을 이해하고자 하며, 이상행동은 신체적 · 심리적 · 사회적 측면의 다양한 요인에 의해 유발될 수 있고, 인과적 경로도 다양하기에 부분과 전체, 그 이상의 현상을 이해하여야 함을 강조한다.
- 환원주의(reductionism) 입장에서는 미시적 수준(생물학적 · 생화학적 · 원자물리학적 수준)의 설명으로 원인을 강조하고 있어 전체론과는 대조적이다.

26 다음에서 K씨에게 가장 적합한 진단은?

> K씨는 자신이 특출하게 우수한 존재라고 생각하며 사회적으로 성공해야 한다는 야심에 불타 있다. 출세를 하여 많은 사람의 경탄을 받는 상상에 혼자 즐거워하곤 한다. 사랑이나 우정은 사치스러운 것이라고 생각해 온 K씨는 결혼도 자신의 사회적 출세에 도움이 되도록 재력가 딸과 했다. 동료 사이에서 건방지고 기만한 사람이라는 평을 받고 있고, K씨는 이러한 평에 몹시 화가 나긴 했지만 무능한 자들의 질투심에 나온 것이라고 생각하곤 한다.

① 연극성 성격장애　　② 자기애성 성격장애
③ 반사회성 성격장애　　④ 편집성 성격장애

정답 25. ② 26. ②

해 설

자기애성 성격장애(Narcissistic Personality Disorder)의 경우 자신에 대한 과장된 평가로 인한 특권 의식을 지니며, 타인에게 착취적인 태도와 요구적인 행동을 특징으로 보인다. 성공과 권력에 몰두하며, 다른 사람이 자신을 시기하고 있다는 믿음을 지닌다.

학습 Plus 자기애성 성격장애(Narcissistic Personality Disorder) 진단기준(DSM-5)

과대성(공상 또는 행동성), 숭배에의 요구, 감정이입의 부족이 광범위한 양상으로 있고, 이는 청년기에 시작되며, 여러 상황에서 나타나고, 다음 중 5가지(또는 그 이상)로 나타난다.

1. 자신의 중요성에 대해 과대한 느낌을 가짐(예 성취와 능력에 대해 과장한다. 적절한 성취 없이 특별 대우 받기를 기대한다).
2. 무한한 성공, 권력, 명석함, 아름다움, 이상적인 사람과 같은 공상에 몰두함
3. 자신의 문제는 특별하고 특이해서 다른 특별한 높은 지위의 사람(또는 기관)만이 그것을 이해할 수 있고 또는 관련해야 한다는 믿음
4. 과도한 숭배를 요구함
5. 특별한 자격이 있는 것 같은 느낌을 가짐(즉, 특별히 호의적인 대우를 받기를, 자신의 기대에 대해 자동적으로 순응하기를 불합리하게 기대한다)
6. 대인관계에서 착취적임(즉, 자신의 목적을 달성하기 위해서 타인을 이용한다)
7. 감정이입의 결여: 타인의 느낌이나 요구를 인식하거나 확인하려 들지 않음
8. 다른 사람을 자주 부러워하거나 다른 사람이 자신을 시기하고 있다는 믿음
9. 오만하고 건방진 행동이나 태도

27 파괴적, 충동조절 및 품행장애에 대한 설명으로 틀린 것은?

① 간헐적 폭발장애는 언어적 공격과 신체적 공격이 동시에 발생해야 한다.
② 정서와 행동에 대한 자기통제의 문제를 나타낸다.
③ 다른 사람의 권리를 침해하거나 사회적 규범을 위반하기도 한다.
④ 적대적 반항장애, 간헐적 폭발장애, 품행장애, 병적 방화, 병적 도벽 등이 포함된다.

해 설

간헐적 폭발장애(Intermittent Explosive Disorder)는 공격적인 충동을 통제하지 못해서 반복적으로 행동 폭발을 보이며, 언어적 공격성, 신체적 공격성, 재산 피해나 파괴, 신체적 폭행을 포함하는 폭발적 행동 중 하나를 특징적으로 보일 때 진단된다.

정답 27. ①

학습 Plus 간헐적 폭발장애(Intermittent Explosive Disorder) 진단기준(DSM-5)

A. 공격적인 충동을 통제하지 못해서 보이는 반복적인 행동폭발로, 다음의 항목 중 하나를 특징적으로 보인다.
  1. 언어적 공격성(예 분노 발작, 장황한 비난, 논쟁이나 언어적 다툼) 또는 재산, 동물, 타인에게 가하는 신체적 공격성이 3개월 동안 평균적으로 일주일에 2회 이상 발생함. 신체적 공격성은 재산 피해나 재산 파괴를 초래하지 않으며, 동물이나 다른 사람에게 상해를 입히지 않음
  2. 재산 피해나 파괴 그리고/또는 동물이나 다른 사람에게 상해를 입힐 수 있는 신체적 폭행을 포함하는 폭발적 행동을 12개월 이내에 3회 보임

B. 반복적인 행동폭발 동안 표현된 공격성의 정도는 정신사회적 스트레스 요인에 의해 촉발되거나 유발되는 정도를 심하게 넘어선 것이다.

C. 반복적인 공격적 행동폭발은 미리 계획된 것이 아니며(예 충동적이거나 분노로 유발된 행동), 유형적인 대상에만 한정된 것이 아니다(예 돈, 권력, 친밀감).

D. 반복적인 공격적 행동폭발은 개인에게 현저한 심리적 고통을 유발하거나, 직업적 또는 대인관계 기능에 손상을 주거나, 경제적 또는 법적 문제와 관련된다.

E. 생활연령은 적어도 6세 이상이다(또는 6세에 상응하는 발달 단계 수준).

28 다음 중 양극성장애의 치료에 대표적으로 사용되는 약물은?

① 프로작

② 리튬

③ 할리페리돌

④ 리탈린

해 설

- 양극성장애(Bipolar Disorder)는 주로 리튬(Lithium)과 같은 항조증 약물이 처방된다. 특히 조증 삽화를 진정시키고 예방하는 데 도움이 된다. 프로작(Prozac)은 체내 신경전달물질의 양을 조절함으로써 항우울 효과를 나타내며, 할리페리돌(Haloperidol)은 환각 및 망상을 감소시키고 정신활동의 흥분 상태를 제거하는 항정신병 약물이다. 리탈린(Ritalin)은 주의력 결핍 과잉행동장애(ADHD)와 기면증(Narcolepsy)의 치료제로 쓰인다.

정답 28. ②

29 변태성욕장애에 해당하지 않는 것은?

① 성별 불쾌감
② 노출장애
③ 관음장애
④ 마찰도착장애

해설

- 변태성욕장애(Paraphilic Disorder)는 강렬한 성충동이나 공상을 반복적으로 갖고 사람이 아닌 물건, 아동, 동의하지 않은 성인에게 수치심이나 고통을 느끼게 하는 행동을 말한다.
- 하위유형으로는 관음장애, 노출장애, 마찰도착장애, 성적피학장애, 성적가학장애, 소아성애장애, 물품음란장애, 복장도착장애가 포함된다. 변태성욕의 진단은 강도와 그로 인한 심각성에 따라 적용될 수 있다.
  - **관음장애**(Voyeuristic Disorder): 다른 사람이 옷을 벗고 있는 모습이나 성 행위를 하는 모습을 관찰하는 행동을 통해 반복적이고 강렬한 성적 흥분이 성적 공상, 성적 충동, 성적 활동으로 발현되는 경우를 말한다.
  - **노출장애**(Exhibitionistic Disorder): 자신의 성기를 노출하는 행위를 통한 반복적이고 강렬한 성적 흥분이 성적 공상, 성적 충동, 성적 행동으로 발현되는 경우를 말한다.
  - **마찰도착장애**(Frotteuristic Disorder): 동의하지 않은 사람에게 자신의 성기나 신체 일부를 접촉하는 행위를 통한 반복적이고 강렬한 성적 흥분이 성적 공상, 성적 충동, 성적 행동으로 발현되는 경우를 말한다.
- 성별 불쾌감(Gender Dysphoria)은 자신의 생물학적 성과 성역할에 대해서 지속적으로 불편함을 느끼는 경우를 말한다.

30 일정 기간 동안 특정한 정신장애를 새롭게 지니게 된 사람의 비율을 나타내는 용어는?

① 발병률
② 기간 유병률
③ 시점 유병률
④ 기간 발병률

해설

- 발병률(incidence)은 일정한 기간 동안에 특정한 정신장애를 새롭게 지니게 된 사람의 비율을 말한다(정신장애가 발생하는 비율을 의미).
- 유병률(prevalence)은 전체 인구 중 특정한 정신장애(예 우울증, 조현병)를 지니고 있는 사람들의 비율을 의미한다. 이러한 유병률은 특정한 정신장애를 경험하고 있는 시점이나 기간에 따라 다양하게 나누어진다.
  - **시점 유병률**(point prevalence): 현재 시점에서 특정한 정신장애를 지니고 있는 사람들의 비율을 의미한다.
  - **기간 유병률**(period prevalence): 일정한 기간 동안(예 과거 6개월 동안, 과거 1년 동안)에 특정한 정

정답 29. ① 30. ①

신장애를 경험한 사람들의 비율을 의미한다.

- **평생 유병률**(lifetime prevalence): 평생 동안 특정한 정신장애를 한 번 이상 경험한 사람들의 비율을 의미한다.

31 다음 사례에서 A씨의 진단명으로 가장 적합한 것은?

A씨는 최근 자신의 건강에 대한 걱정 때문에 집중을 하지 못하고 있다. 직장상사와 다투고 난 이후 집에 돌아와 보니 심장이 너무나 두근거리고 가슴이 뻐근하여 심장마비가 발생하는 것 같은 느낌이 들어서 응급실로 달려 갔다. 그 이후 가슴이 뛰고 호흡이 가빠지는 등의 증상이 계속 발생하여 죽는 것이 아닌가 하는 생각이 계속 들었고, 어느 날 갑자기 쓰러져도 사람들이 자신을 도와주지 않을 것이라는 생각에 아내에게 항상 자신과 함께 다니기를 요구하였다.

① 명시되지 않는 신체증상 및 관련 장애
② 공황장애
③ 질병불안장애
④ 명시되지 않는 파괴적, 충동조절 및 품행장애

해 설

공황장애(Panic Disorder)는 반복적으로 예기치 못한 공황 발작이 일어나는 것을 특징으로 한다. 극심한 공포와 고통이 갑작스럽게 발생하여 몇 분 이내에 최고조에 달한다. 공황 발작의 빈도와 심각도는 매우 다양하며(예 가슴 두근거림, 흉통, 숨이 가쁘거나 답답한 느낌, 죽음에 대한 공포, 질식감), 공황 발작으로 인해 통제감에 대한 두려움을 보인다.

학습 Plus 공황장애(Panic Disorder) 진단기준(DSM-5)

A. 반복적으로 예상하지 못한 공황 발작이 있다. 공황 발작은 극심한 공포와 고통이 갑작스럽게 발생하여 수 분 이내에 최고조에 이르러야 하며, 그 시간 동안 다음 중 4가지 이상의 증상이 나타난다.
주의점: 갑작스러운 증상의 발생은 차분한 상태나 불안한 상태에서 모두 나타날 수 있다.
1. 심계항진, 가슴 두근거림 또는 심장 박동 수의 증가
2. 발한
3. 몸이 떨리거나 후들거림
4. 숨이 가쁘거나 답답한 느낌
5. 질식할 것 같은 느낌

정답 31. ②

6. 흉통 또는 가슴 불편감
7. 메스꺼움 또는 복부 불편감
8. 어지럽거나 불안정하거나 멍한 느낌이 들거나 쓰러질 것 같음
9. 춥거나 화끈거리는 느낌
10. 감각 이상(감각이 둔해지거나 따끔거리는 느낌)
11. 비현실감(현실이 아닌 것 같은 느낌) 혹은 이인증(나에게서 분리된 느낌)
12. 스스로 통제할 수 없거나 미칠 것 같은 두려움
13. 죽을 것 같은 공포

B. 적어도 1회 이상의 발작 이후에 1개월 이상 다음 중 한 가지 이상의 조건을 만족해야 한다.
1. 추가적인 공황 발작이나 그에 대한 결과(예 통제를 잃음, 심장 발작을 일으킴, 미치는 것)에 대한 지속적인 걱정
2. 발작과 관련된 행동으로 현저하게 부적응적인 변화가 일어난다(예 공황 발작을 회피하기 위한 행동으로 운동이나 익숙하지 않은 환경을 피하는 것).

32 섭식장애에 대한 설명으로 옳은 것은?

① 신경성 폭식증 환자는 대인관계에서 위축되는 경향이 있다.
② 신경성 폭식증은 항우울제에 잘 반응하고, 우울증과의 공병률이 높다.
③ 신경성 식욕부진증은 시간이 지나도 신경성 폭식증으로 바뀌지 않는다.
④ 신경성 식욕부진증 환자는 초자아가 약하고 충동 조절에 어려움을 보인다.

해 설

- 신경성 폭식증(Bulimia Nervosa)의 생물학적 입장에서는 폭식증 환자의 개인력이나 가족력에 우울증이 자주 나타날 뿐만 아니라 폭식증이 항우울제에 잘 반응하는 경향을 두고 두 장애가 공통적인 생물학적 기제를 지니고 있다고 본다.
- 신경성 식욕부진증 환자는 대인관계에서 위축되는 경향이 있는 반면에 신경성 폭식증 환자는 타인으로부터 손상이나 처벌을 유발하는 방식의 대인관계를 나타낸다.
- 신경성 식욕부진증 환자의 40~50%가 폭식증 증세를 보이고, 시간 경과에 따라 식욕부진증이 폭식증으로 바뀌기도 한다.
- 신경성 식욕부진증 환자는 자아 강도가 강하고 초자아의 통제력이 강한데 비해, 신경성 폭식증 환자는 자아 강도가 약하고 초자아가 느슨하여 충동 조절에 어려움을 나타내며 자기파괴적인 성관계나 약물 남용을 보이는 경우가 많다.

정답 32. ②

33 다음 중 학습장애 진단을 내릴 수 없는 사람을 모두 고른 것은?

ㄱ. 지능이 50이고, 성적이 그 지능 정도에 해당하는 A군
ㄴ. 학습의 기회가 제공되지 않아서 배운 만큼만 성취한 B양
ㄷ. 시력이 좋지 않아서 시각적 학습이 결여된 C군
ㄹ. 비슷한 증상을 보이는 친구들과 비슷한 성적이나 반에서는 꼴찌인 자폐스펙트럼장애 진단을 받은 D양

① ㄱ, ㄴ
② ㄴ, ㄷ
③ ㄱ, ㄷ, ㄹ
④ ㄱ, ㄴ, ㄷ, ㄹ

해 설

- 학습장애의 경우 보유한 학습 기술에 대한 개인의 수행이 연령 평균보다 낮고, 핵심 학업 기술(단어를 정확하고 유창하게 읽고 쓰고 이해하는 능력과 철자, 산술 계산, 수학적 추론 등의 영역)에서 어려움을 보인다.
- 정상적인 지능을 갖추고 있고 정서적인 문제가 없음에도 불구하고 지능 수준에 비하여 현저한 학습부진을 보인다.
- 단순히 학습의 기회가 부족하거나 부적합한 교육에 따른 결과로 인한 것이 아니며, 학습의 어려움은 지적장애(지적발달장애), 전반적 발달지연, 시각장애나 청각장애로 인한 것이 아니어야 한다.

학습 Plus 특정 학습장애(Specific Learning Disorder) 진단기준(DSM-5)

A. 학습 기술을 배우고 사용하는 데 있어서의 어려움. 이러한 어려움에 대한 적절한 개입을 제공함에도 불구하고 아래에 열거된 증상 중 적어도 한 가지 이상이 최소 6개월 이상 지속된다.
   1. 부정확하거나 느리고 힘겨운 단어 읽기(예 단어를 부정확하거나 느리며 더듬더듬 소리 내어 읽기, 자주 추측하며 읽기, 단어를 소리 내어 읽는 데 어려움이 있음)
   2. 읽는 것의 의미를 이해하기 어려움(예 본문을 정확하게 읽을 수 있으나 읽는 내용의 순서, 관계, 추론 또는 깊은 의미를 이해하지 못함)
   3. 철자법의 어려움(예 자음이나 모음을 추가하거나 생략 또는 대치하기도 함)
   4. 쓰기의 어려움(예 한 문장 안에서 다양한 문법적 · 구두점 오류, 문단 구성이 엉성함. 생각을 글로 표현하는 데 있어 명료성이 부족함)
   5. 수 감각, 단순 연산값 암기 또는 연산 절차의 어려움(예 숫자의 의미, 수의 크기나 관계에 대한 빈약한 이해, 한 자리 수 덧셈을 할 때 또래들처럼 단순 연산값에 대한 기억력을 이용하지 않고 손가락을 사용함. 연산을 하다가 진행이 안 되거나 연산 과정을 바꿔 버리기도 함)
   6. 수학적 추론의 어려움(예 양적 문제를 풀기 위해 수학적 개념, 암기된 연산 값 또는 수식을 적용하는 데 심각한 어려움이 있음)

B. 보유한 학습 기술이 개별적으로 실시한 표준화된 성취도 검사와 종합적인 임상 평가를 통해 생활연령에 기대되는 수준보다 현저하게 양적으로 낮으며, 학업적 · 직업적 수행이나 일상생활의 활동을 현저하게 방해한다는 것이 확인되어야 한다. 17세 이상인 경우 학습의 어려움에 대한 과거 병력이 표준화된 평가를 대신할 수 있다.

정답 33. ④

C. 학습의 어려움은 학령기에 시작되나 해당 학습 기술을 요구하는 정도가 개인의 능력을 넘어서는 시기가 되어야 분명히 드러날 수도 있다(예 주어진 시간 안에 시험 보기, 길고 복잡한 리포트를 촉박한 마감 기한 내에 읽고 쓰기, 과중한 학업 부담).
D. 학습의 어려움은 지적장애, 교정되지 않은 시력이나 청력 문제, 다른 정신적 또는 신경학적 장애, 정신사회적 불행, 학습 지도사가 해당 언어에 능숙하지 못한 경우, 불충분한 교육적 지도로 더 잘 설명되지 않는다.

34 다음 중 Cloninger의 알코올 의존의 두 가지 유형에 대한 설명으로 옳은 것은?

① 제1형 알코올 의존은 증상이 늦게 발달하는 편이다.
② 제1형 알코올 의존은 남자에게만 나타난다.
③ 제2형 알코올 의존은 유전적 요인과 환경적 요인이 복합적으로 관련된다.
④ 제2형 알코올 의존은 반사회적 문제를 비롯한 사회적 문제를 야기할 가능성이 낮은 편이다.

해설

Cloninger는 유전적 요인과 관련된 알코올 의존의 두 가지 유형을 제시하였다.

- 제1형 알코올 의존(Type I alcoholism)은 증상이 늦게 발달하며 알코올과 관련된 신체적 문제가 발생할 위험이 높은 반면, 반사회적 행동이나 사회적 · 직업적 문제를 나타내는 비율이 낮다. 유전적 요인과 환경적 요인이 복합적으로 관련된다.
- 제2형 알코올 의존(Type II alcoholism)은 남자에게만 나타나고, 증상이 일찍 발생하며, 반사회적 행동을 비롯하여 사회적 문제를 많이 야기하는 반면, 알코올로 인한 신체적 문제는 적은 편이다. 유전적 요인이 강력하게 작용한다.

35 물질사용장애에 관한 설명으로 옳은 것은?

① 에틸알코올은 뉴런 수준에서 GABA의 억제작용을 돕는다.
② 알코올 남용이 심각하더라도 진전섬망은 나타나지 않는다.
③ 코카인은 대표적인 진정제이며 아편 유사제이다.
④ 자낙스, 바리움, 아티반 등은 대표적인 바비튜레이트계에 속한다.

정답 34. ① 35. ①

해 설

- 에틸알코올은 중추신경계의 중요한 억제성 신경전달물질 중 하나인 GABA의 활성화와 관련된다. GABA는 항불안, 진정, 항경련, 근육 이완 효과를 나타낸다. 에틸알코올은 GABA에 작용하여 일시적으로 불안이 완화되지만 의존성을 일으킨다.
- 진전섬망(Delirium Tremens: DTs)은 알코올 중독의 금단 증상으로 인하여 발생하며, 코카인은 대표적인 자극제에 해당된다. 반감기가 짧기 때문에 기분의 고조 상태를 유지하기 위해 자주 투여하게 된다. 자낙스, 바리움, 아티반 등은 진정 및 안정 효과를 주는 벤조디아제핀(Benzodiazepine)계열의 약물이다.

36 의식이 혼미해지고 주의집중 및 전환 능력이 현저하게 감소하게 될 뿐만 아니라 기억, 언어, 현실 판단 등의 인지 기능에 일시적인 장애가 나타나는 경우를 무엇이라 하는가?

① 섬망　② 치매
③ 경도 신경인지장애　④ 주요 신경인지장애

해 설

- 섬망(Delirium)은 의식이 혼미해지고 주의집중 및 전환 능력이 크게 감소하며, 기억, 언어, 현실 판단 등의 인지 기능에 일시적인 장애가 나타나는 경우를 말한다.
- 주요 신경인지장애(Major Neurocognitive Disorder)는 한 가지 이상의 인지 영역(복합적 주의력, 실행 기능, 학습 및 기억, 지각-운동 기능 또는 사회 인지)에서 과거 수행 수준에 비해 심각한 인지적 저하가 나타나는 경우를 말한다. 이러한 인지적 손상으로 인해 일상생활을 독립적으로 영위하기 힘든 경우에 주요 신경인지장애로 진단된다.
- 경도 신경인지장애(Minor Neurocognitive Disorder)는 주요 신경인지장애에 비해 증상의 심각도가 경미한 경우를 말하며, 일상생활을 독립적으로 영위할 수 있는 능력이 저해되지는 않는다.
- DSM-IV에서는 치매(Dementia)로 지칭되었다가 DSM-5에서는 그 심각도에 따라 주요 또는 경도 신경인지장애로 지칭되고 있다.

37 조현병(정신분열병)의 양성 증상에 해당되지 않는 것은?

① 와해된 언어　② 무논리증
③ 망상　④ 환각

정답 36. ①　37. ②

해설

조현병의 양성 증상(positive symptom)은 망상, 환각, 와해된 언어, 와해된 행동이나 긴장성 행동이 있다.

<조현병의 양성 증상>

- **망상(delusion)**: 외부 세계에 대한 잘못된 추론에 근거한 그릇된 신념으로서 분명한 반증에도 불구하고 견고하게 유지된다.
- **환각(hallucination)**: 현저하게 왜곡된 비현실적 지각을 말한다. 환청, 환시, 환후, 환촉, 환미로 구분된다.
- **와해된 언어(disorganized speech)**: 비논리적이고 지리멸렬한 혼란스러운 언어를 뜻하며, 말을 할 때 목표나 논리적 연결 없이 횡설수설하거나 상대방이 이해하기 어려운 말을 한다.
- **와해된 행동(disorganized behavior)**: 나이에 걸맞은 목표지향적 행동을 하지 못하고 상황에 부적절하게 나타내는 엉뚱하거나 부적응적인 행동을 말한다.
- **긴장증적 행동(catatonic behavior)**: 마치 근육이 굳은 것처럼 어떤 특정한 자세를 유지하는 것을 말한다.

38 조현병 스펙트럼 장애에 관한 설명으로 틀린 것은?

① 조현병은 잔류기를 거치면서 음성 증상이 남기도 한다.
② 망상장애는 향정신병 약물 개입이 쉽지 않다.
③ 생화학적 접근에 따르면 도파민과 세로토닌의 과잉 분비는 조현병을 유발한다.
④ 단기 정신증적 장애는 장애 삽화의 지속 기간이 최소 1주일 이상 1개월 이내로 나타나야 한다.

해설

단기 정신증적 장애(Brief Psychotic disorder)는 별다른 전조증상 없이 갑작스럽게 비정신병적 상태에서 정신병적 상태로의 변화가 2주 이내에 발생하며, 최소 1일 이상 최대 1개월간 지속되다가 병전의 기능을 회복한다. 정서적 고통이나 혼란을 경험하며 강렬한 정동 상태를 교차한다. 장애 지속 기간이 짧기는 하지만 정신증적 상태에서는 심각한 기능 손상이 동반된다.

정답 38. ④

39 다음 중 나머지 장애와 다르게 분류되는 성격장애는?

① 조현형 성격장애
② 경계성 성격장애
③ 반사회성 성격장애
④ 자기애성 성격장애

해설

조현형 성격장애(Schizotypal Personality Disorder)는 A군 성격장애(Cluster A Personality Disorder)에 해당된다. 주요 특징은 사회적으로 고립되어 있으며, 기이한 생각이나 행동을 보여 대인관계 및 사회적 적응에 손상을 초래한다. 감정 표현이 매우 단조롭고 대인관계에서 상황적인 단서를 파악하는 능력이 떨어지고 부적절하고 제한된 방식으로 관계를 맺는 경향이 있다.

<성격장애의 분류>

- A군 성격장애(Cluster A Personality Disorder)는 사회적으로 고립되어 있고 기이한 성격 특성을 나타낸다. 편집성 성격장애, 조현성 성격장애, 조현형 성격장애가 있다.
- B군 성격장애(Cluster B Personality Disorder)는 정서적이고 극적인 성격 특성을 나타내며, 반사회성 성격장애, 연극성 성격장애, 자기애성 성격장애, 경계성 성격장애가 있다.
- C군 성격장애(Cluster C Personality Disorder)는 불안하고 두려움을 많이 느끼며, 회피성 성격장애, 의존성 성격장애, 강박성 성격장애가 있다.

40 다음에서 설명하고 있는 것은?

> 단일한 우세 유전자에 의해 전달되는 유전적 장애로 뇌조직 세포가 진행성 퇴화를 보이는 것이 특징이며, CAG 염기서열의 반복 확장으로 인해 발생하는 질환이다.

① 피크 질환
② 헌팅턴 질환
③ 파킨슨 질환
④ 알츠하이머 질환

해설

- 헌팅턴 질환은 점진적 인지 손상이 핵심적 특징으로 서서히 발병하고 점진적으로 진행된다. 초기에는 학습과 기억보다는 집행 기능(즉, 정보처리 속도, 구성력 및 계획성)에서 변화가 일어난다. 이 병의 확진은 헌팅턴병의 가족력이 있거나 유전자 검사에서 4번 염색체에 위치한 HTT 유전자에서 CAG(Cytosine Adenine Guanine) 염기서열의 비정상적인 반복 확장으로 인한 유전 신경퇴행성 질환이다.
- 피크 질환은 뇌의 전두엽, 측두엽의 위축으로 인한 조로증이 나타난다. 지능, 판단력, 기억력이 지속적으로 쇠퇴하고, 자극과민성이 증가하며, 부적절한 행동, 우울증, 편집증 등이 나타난다.
- 파킨슨 질환은 뇌간의 중앙에 존재하는 뇌흑질의 도파민계 신경이 파괴됨으로써 움직임에 장애가 나타난

정답 39. ① 40. ②

다. 부수적 특징으로는 무감동, 우울 기분, 불안 기분, 환각, 망상, 성격 변화, REM 수면 행동 장애, 과도한 주간 졸림 등이 있다.

- 알츠하이머 질환은 인지 및 행동 증상들이 서서히 시작하고 점진적으로 진행되며, 전형적인 증상은 기억상실이다(즉, 기억과 학습에서의 손상). 뚜렷한 기억상실은 경과의 초기에 현저한 어려움을 야기하며, 사회 인지 기능과 절차 기억(예 춤추기, 악기 연주)은 비교적 장기간 보존된다.

④ 2019년 기출문제

21 만 3세경의 아동이 언어발달의 지연을 주호소로 의뢰된 경우, 우선적으로 감별진단해야 할 장애가 아닌 것은?

① 지적장애 ② 특정 학습장애
③ 의사소통장애 ④ 자폐스펙트럼장애

해 설

- 신경발달장애(Neurodevelopmental Disorders)에 해당되는 지적장애, 의사소통장애, 자폐스펙트럼장애는 언어발달과 관련해서 언어 습득과 사용에 어려움이 있다.
  - **지적장애**: 지적장애로 인해 IQ 70 미만으로, 학업을 비롯한 대부분의 적응 활동에서 부진을 보임. 언어적 개념화, 이해 및 표현에 어려움을 보임.
  - **의사소통장애**: 말이나 언어 사용에 결함이 있는 경우로, 언어장애, 말소리장애, 아동기발병 유창성장애, 사회적(실용적) 의사소통장애로 구분됨.
  - **자폐스펙트럼장애**: DSM-IV의 자폐증, 아스퍼거장애, 소아기붕괴성장애, 레트장애, 광범위성 발달장애를 아우르는 장애로, 사회적 의사소통이 부족하고, 제한되고 반복적인 행동을 보임.
- 특정 학습장애(Specific Learning Disorder)는 보유한 학습 기술에 대한 개인의 수행이 연령 평균보다 낮고, 핵심 학업 기술(예 읽기, 쓰기, 산술)에서 어려움을 보인다. 특정 학습장애의 학습 문제는 정상 수준의 지적 기능을 가진 경우에 나타나기에 지적 손상과 관련이 있는 경우와 감별되어야 한다.

정답 21. ②

22 경계성 성격장애의 치료에 관한 설명과 가장 거리가 먼 것은?

① 정신역동치료에서는 내담자의 아동기 경험을 강조하고, 전이가 충분히 발달되도록 허용한다.
② 행동치료에서는 내담자의 행동 레퍼토리의 결함에 주목하여 보다 좋은 사회기술을 가르치도록 한다.
③ 인지행동치료 초기에는 내담자의 기본적인 믿음을 변화시키려 하기보다는 치료적 관계 형성에 중점을 둔다.
④ 변증법적 행동치료에는 숙제, 심리교육, 사회기술 교육, 치료자 모델링, 목표설정, 내담자와 치료자가 함께 내담자의 사고방식을 점검하는 것이 포함된다.

해 설

정신역동치료에서는 긍정적 내용과 부정적 내용이 분리되어 있는 내담자의 자기표상과 대상 표상의 통합을 돕고, 긍정적이고 지지적인 내면적 표상을 확립하여 안정된 자기인식과 대인관계를 유도한다. 어린 시절의 부모와의 관계에서 내재된 감정이나 욕구를 치료자에게 표출하는 투사적 동일시와 역전이를 다루어 가며 내담자의 투사된 부분을 수용하고 진솔한 치료동맹을 통해 안정적인 정서발달을 촉진한다.

23 다음에 해당하는 정신장애는?

- 시상하부의 기능장애
- 성적 욕구에 대한 방어적 행동
- 완벽주의
- 신체에 대한 왜곡된 지각

① 폭식장애
② 신체이형장애
③ 신경성 식욕부진증
④ 강박장애

해 설

- 신경성 식욕부진증(Anorexia Nervosa)은 체중 증가와 비만에 대한 극심한 두려움을 지니고 있어서 음식 섭취를 현저하게 제한하거나 거부함으로써 체중이 비정상적으로 저하된다.
- 생물학적 이론에서는 섭식에 영향을 미치는 시상하부의 기능장애 원인으로 체중 결정점(set point)의 활성화가 정상적으로 기능을 하지 못하는 것에 있다고 본다.
- 정신분석적 입장에서는 부모-자녀 간의 상호작용 문제에서 오는 자아 결핍(ego deficiency), 부정적인 대상 표상이 내재화되는 것에 대한 무의식적 방어, 성적 욕망에 대한 방어적 행동, 아동기의 순응적 자기에 대한 처벌적 행동으로 원인을 설명하고 있다.
- 인지적 입장에서는 체중 증가에 대한 신체상 왜곡, 부정적 자기개념, 이상적 신체상에 대한 역기능적인 완벽주의적 태도를 원인으로 본다.

정답 22. ① 23. ③

24 뚜렛장애와 주로 동반되는 장애를 모두 고른 것은?

ㄱ. ADHD　　ㄴ. 섭식장애
ㄷ. 강박장애　　ㄹ. 신체화장애

① ㄱ, ㄴ　　② ㄱ, ㄷ
③ ㄴ, ㄹ　　④ ㄷ, ㄹ

해 설

- 뚜렛장애는 여러 가지 운동성 틱과 한 가지 또는 그 이상의 음성 틱이 질병 경과 중 일부 기간 동안 나타나며, 틱 증상은 처음 틱이 나타난 시점으로부터 1년 이상 지속되는 특징을 보인다. 동반되는 장애로는 ADHD와 강박 및 관련 장애가 흔하다.
- ADHD가 있는 아동은 파괴적 행동을 보이고, 사회적으로 미성숙하며, 학습 문제로 인해 학업적 경과와 대인관계에 방해를 받는데, 틱 장애로 인한 정도보다 더 큰 손상을 초래한다.
- 강박 관련 증상은 지나치게 대칭성과 순서를 따지는 증상이 특징적이며, 치료 약물에 대한 반응이 좋지 않은 경향이 있다.

25 다음 증상은 어떤 성격장애의 핵심적인 내용인가?

감정이입 곤란　　양심 결여

① 편집성 성격장애　　② 강박성 성격장애
③ 반사회성 성격장애　　④ 경계성 성격장애

해 설

반사회성 성격장애(Antisocial Personality Disorder)는 사회의 규범이나 법을 지키지 않으며, 무책임하고 폭력적인 행동으로 인해 사회적 부적응을 초래하는 경우를 말한다. 타인의 고통에 대한 감정이입 곤란 및 자신의 행동에 대한 자책이나 후회가 없는 양심의 결여로 인해 유사한 문제행동을 반복하는 경향이 있다.

정답 24. ② 25. ③

학습 Plus 반사회성 성격장애(Antisocial Personality Disorder) 진단기준(DSM-5)

15세 이후에 시작되고 다음과 같은 다른 사람의 권리를 무시하는 행동 양상이 있고 다음 중 3가지(또는 그 이상)를 충족한다.

1. 체포의 이유가 되는 행위를 반복하는 것과 같은 법적 행동에 관련된 사회적 규범에 맞추지 못함.
2. 반복적으로 거짓말을 함. 가짜 이름 사용. 자신의 이익이나 쾌락을 위해 타인을 속이는 사기성이 있음.
3. 충동적이거나 미리 계획을 세우지 못함.
4. 신체적 싸움이나 폭력 등이 반복됨으로써 나타나는 불안정성 및 공격성
5. 자신이나 타인의 안전을 무시하는 무모성
6. 일정한 직업을 갖지 못하거나 혹은 당연히 해야 할 재정적 의무를 책임감 있게 다하지 못하는 등의 지속적인 무책임성
7. 다른 사람을 해하거나 학대하거나 다른 사람의 것을 훔치는 것에 대해 아무렇지도 않게 느끼거나 이를 합리화하는 등 양심의 가책이 결여됨.
   - 최소 18세 이상이어야 한다.
   - 15세 이전에 품행장애가 시작된 증거가 있다.

26 DSM-5의 진단기준에서 제시하고 있는 경계성 성격장애의 증상을 모두 고른 것은?

ㄱ. 극단적인 이상화와 평가 절차가 반복되는 불안정하고 강렬한 대인관계
ㄴ. 스트레스로 인한 일시적인 망상이나 해리 증상
ㄷ. 상황에 어울리지 않게 성적으로 유혹적이거나 도발적인 행동
ㄹ. 친밀한 관계가 끝난 후 재빨리 새로운 사람을 찾음

① ㄱ, ㄴ　　② ㄴ, ㄹ
③ ㄱ, ㄴ, ㄷ　　④ ㄱ, ㄴ, ㄷ, ㄹ

해설

경계성 성격장애(Borderline Personality Disorder)는 대인관계, 자아상 및 정동의 불안정, 충동성이 성인기 초기에 시작되어 광범위한 형태로 여러 상황에서 나타난다. 극단적인 이상화와 평가 절차가 반복되는 불안정하고 강렬한 대인관계가 특징적이며, 스트레스로 인한 일시적인 망상이나 해리 증상을 보일 수 있다.

- 연극성 성격장애(Histrionic Personality Disorder)의 경우, 상황에 어울리지 않는 성적으로 유혹적이거나 도발적인 행동을 보이고, 타인의 애정과 관심을 끌기 위한 지나친 노력과 과도한 감정 표현이 특징적이다.
- 의존성 성격장애(Dependent Personality Disorder)의 경우, 독립적인 생활을 하지 못하고 다른 사람에게 과도하게 의존하거나 보호 받으려는 행동을 보이며, 친밀한 관계가 끝나면 자신을 돌봐 주고 지지해 줄 다른 관계를 찾는다.

정답 26. ①

27 지적장애를 일으키는 가장 일반적인 대사장애로, 신경세포 축색(Axon)의 수초화 과정에 문제가 생겨 정신지체가 오는 장애는?

① 다운증후군(Down's Syndrome)
② 페닐케톤뇨증(Phenylketonuria)
③ 레트증후군(Rett's Syndrome)
④ 자폐스펙트럼장애(Autism Spectrum Disorder)

해 설

페닐케톤뇨증(Phenylketonuria)은 선천성 아미노산 대사 이상으로 인해 생기는 지능 장애이다. 단백질 속에 함유되어 있는 페닐알라닌을 분해하는 효소가 결핍되어 체내에 페닐알라닌이 축적되면서 경련 및 발달장애를 일으키는 유전성 대사 질환이다. 조기에 치료를 하지 않으면 심한 지적장애를 보이게 되며, 발작, 과다행동, 불안정한 걸음걸이, 비정상적인 자세, 공격적인 행동, 정신과적 장애 등과 같은 여러 가지 신경학적 이상이 나타난다.

28 의식이 혼미해지고 주의집중 및 전환 능력이 현저하게 감소할 뿐만 아니라 기억, 언어, 현실 판단 등의 인지 기능에 일시적인 장애가 나타나는 장애는 무엇인가?

① 혼수
② 의식의 혼탁
③ 섬망
④ 발작

해 설

섬망(Delirium)은 의식이 혼미해지고 주의집중 및 전환 능력이 크게 감소하며, 기억, 언어, 현실 판단 등의 인지 기능에 일시적인 장애가 나타나는 경우를 말한다. 장애는 단기간에 걸쳐 발생하고(대개 몇 시간이나 며칠), 기저 상태의 주의와 의식으로부터 변화를 보이며, 하루 경과 중 심각도가 변동하는 경향이 있다.

정답 27. ② 28. ③

29 단극성 우울증의 발병에 대한 설명으로 틀린 것은?

① 가족력이 있으면 발병률이 높다.
② 유병률은 성별과 관련 없다.
③ 코르티솔 수준이 높아지면 발병 가능성이 높아진다.
④ 세로토닌의 활동이 감소하면 발병 가능성이 높아진다.

해 설

- 단극성 우울증의 유병률은 여성이 10~25%이고 남성은 5~12%로 성별에 따른 차이를 보이며, 여성에게서 더 흔한 장애이다. 여러 역학 연구에서도 남성보다 여성에게서 2배 정도로 많이 나타나는 것으로 보고되고 있다.
- 단극성 우울장애 환자의 직계가족에서 우울장애가 발생할 확률은 일반인의 경우보다 1.5~3배 정도 높게 나타난다.
- 단극성 우울장애와 관련된 내분비 호르몬은 코르티솔(Cortisol)이다. 대개는 혈장의 코르티솔 수준이 높은 것으로 나타나고 있어 과잉 분비가 영향을 주는 것으로 보고되고 있다.
- 모노아민 계열의 신경전달물질인 세로토닌(serotonin)의 결핍은 우울증 발병에 영향을 준다. 단극성 우울장애의 대표적인 약물은 삼환계 항우울제, MAO 억제제(monoamine oxidase inhibitor), 선택적 세로토닌 재흡수 억제제이다.

30 DSM-5에서 분류한 신경인지장애에 관한 설명으로 틀린 것은?

① 신경인지장애는 주요 신경인지장애와 섬망으로 구분된다.
② 주요 신경인지장애는 알츠하이머 질환, 뇌혈관 질환, 충격에 의한 손상, HIV 감염, 파킨슨 질환 등과 같은 다양한 질환에 의해서 유발될 수 있다.
③ 주요 신경인지장애와 경도 신경인지장애는 DSM-IV(4)에서 치매로 지칭되었던 장애이다.
④ 신경인지장애는 노년기에 나타나는 가장 대표적인 정신장애이다.

정답 29. ② 30. ①

해 설

신경인지장애(Neurocognitive Disorder)는 뇌의 손상으로 인해 의식, 기억, 언어, 현실 판단 등의 인지 기능에 심각한 결손이 나타나는 경우를 말하며, 주요 신경인지장애, 경도 신경인지장애, 섬망으로 구분된다.

- 주요 및 경도 신경인지장애는 알츠하이머 질환, 뇌혈관질환, 충격에 의한 손상, HIV 감염, 파킨슨 질환 등과 같은 다양한 질환에 의해서 유발될 수 있으며, 그 원인적 질환에 따라 다양한 하위유형으로 구분되고 있다.
- DSM-IV에서 치매(Dementia)로 지칭되었던 장애가 DSM-5에서는 그 심각도에 따라 경도 또는 주요 신경인지장애로 지칭되고 있다.
- 신경인지장애는 노년기에 나타나는 대표적인 정신장애로서 기억력이 현저하게 저하되고, 언어 기능이나 운동 기능이 감퇴되며, 일상생활에 필요한 여러 가지 적응 능력이 손상된다.

학습 Plus 신경인지장애(Neurocognitive Disorder)의 종류와 특징

신경인지장애	특 징
섬망	인지 변화를 동반하는 주의 및 의식의 장애로서 주의를 기울이고, 집중하고, 유지하고, 전환하는 능력이 심하게 감소하여 정보처리 능력이 손상됨.
주요 및 경도 신경인지장애	알츠하이머병으로 인한 주요 또는 경도 신경인지장애: 인지 및 행동 증상들이 서서히 시작하고 점진적으로 진행되며, 전형적인 증상은 기억상실이 특징적임.
	전두측두엽 주요 또는 경도 신경인지장애: 행동 및 성격 변화가 점진적으로 발생하고, 언어 손상이 특징적으로 나타나는 증후군임.
	루이소체 주요 또는 경도 신경인지장애: 학습 기억보다는 복합적 주의와 실행 기능 등 점진적 인지 손상이 일어나고, 복잡한 환시가 반복적으로 나타남.
	혈관성 주요 또는 경도 신경인지장애: 뇌혈관 질환이 원인이 되어 신경인지 결함이 나타남.
	외상성 뇌손상으로 인한 주요 또는 경도 신경인지장애: 두부 충격 또는 상해를 입은 후 신경인지 결함이 나타남.
	파킨슨병으로 인한 주요 또는 경도 신경인지장애: 파킨슨병 발병 이후 인지 결함이 비정상적으로 진행되며, 부수적으로 무감동, 우울, 불안, 환각, 망상, 성격 변화, REM 수면 행동 장애, 과도한 주간 졸음이 나타남.
	헌팅턴병으로 인한 주요 또는 경도 신경인지장애: 점진적 인지 손상이 특징적이며, 초기에는 학습과 기억보다는 정보처리 속도, 구성 능력 및 계획 능력의 변화가 나타남.

31 일반적으로 여성에게서 더 많이 발견되는 것으로 알려진 성격장애를 모두 고른 것은?

ㄱ. 자기애성 성격장애　　ㄴ. 의존성 성격장애
ㄷ. 조현성 성격장애　　ㄹ. 경계성 성격장애

① ㄱ, ㄴ　　② ㄱ, ㄷ
③ ㄴ, ㄹ　　④ ㄷ, ㄹ

해설

- 의존성 성격장애는 임상장면에서 여성에게서 더 흔하게 진단이 되지만 몇몇 연구는 남성과 여성 사이에 유병률의 차이가 없는 것으로 보고되고 있다. 경계성 성격장애의 경우 75% 정도가 여성인 것으로 나타났다.
- 자기애성 성격장애 환자의 경우 50~70%가 남성이며, 조현성 성격장애의 경우 남성에게서 보다 진단이 되고 더 많은 손상이 야기되는 것으로 나타났다.

학습 Plus 성격장애의 임상적 특징

- 편집성 성격장애는 다른 사람의 동기를 악의가 있는 것으로 해석하는 등 타인에 대한 전반적인 불신과 의심을 주된 특징으로 한다.
- 조형성 성격장애는 사회적 유대로부터 유리되고, 제한된 범위의 감정 표현 양상을 주된 특징으로 한다.
- 조현형 성격장애는 친분 관계를 불편해 하고, 인지 및 지각의 왜곡, 행동의 괴이한 양상을 특징적으로 나타낸다.
- 반사회성 성격장애의 특징은 다른 사람들의 권리를 무시하거나 침해하는 영속적인 행동 양상을 주된 특징으로 한다.
- 경계성 성격장애는 대인관계, 자아상 및 현저한 충동성과 정동의 불안정성을 주된 특징으로 한다.
- 연극성 성격장애는 과도한 감정성과 지나치게 타인의 관심과 주의를 끄는 행동을 특징적으로 나타낸다.
- 자기애성 성격장애는 과대성(공상 또는 행동상), 숭배에의 요구, 공감의 부족을 특징적으로 나타낸다.
- 회피성 성격장애는 사회적 관계의 억제, 자기 부적절감, 부정적 평가에 대한 예민함을 특징적으로 나타낸다.
- 의존성 성격장애는 돌봄을 받고자 하는 지나친 욕구로 인해 타인에게 지나치게 복종적이고 순종적인 행동을 특징적으로 나타낸다.
- 강박성 성격장애는 질서정연함, 완벽주의, 자기통제에 과도하게 집착하는 행동을 특징적으로 나타낸다.

정답 31. ③

32 이상행동이나 정신장애의 판별기준에 대한 설명으로 틀린 것은?

① 적응적 기능 차원: 개인의 적응을 저해하는 심리적 기능의 손상을 반영한다.
② 주관적 불편감 차원: 개인으로 하여금 현저한 고통과 불편함을 느끼게 하는 행동으로 판별한다.
③ 문화적 규범 차원: 개인이 속한 사회의 문화적 규범을 과하게 고수하는 것을 반영한다.
④ 통계적 규준 차원: 한 개인의 행동이 다른 많은 사람의 평균적인 행동에서 일탈되어 있는 정도에 의해 판단한다.

해 설

이상행동이나 정신장애의 판별기준으로 문화적 규범의 일탈을 준거로 둔다. 자신의 역할에 취해야 할 문화적 규범에 어긋나거나 일탈된 행동을 나타낼 경우에는 이상행동으로 규정할 수 있다. 문화적 규범에 의한 판단에서는 개인이 속한 문화나 집단에서 기대되고 용인되는 행동인지를 고려하여야 하고, 시대에 따른 변화에 맞게 융통성 있게 적용해야 한다.

33 신경성 식욕부진증에 대한 설명으로 틀린 것은?

① 정상 체중보다 현저한 저체중을 나타낸다.
② 6회 연속 무월경을 보여야만 진단할 수 있다.
③ 하위유형으로 제한형과 폭식/제거형이 있다.
④ 양극성장애나 우울증 등을 동반할 때가 많다.

해 설

- 신경성 식욕부진증(Anorexia Nervosa)은 체중 증가와 비만에 대한 극심한 두려움을 지니고 있어서 음식 섭취를 현저하게 제한하거나 거부함으로써 체중이 비정상적으로 저하되는 경우를 말한다. 하위유형으로 제한형과 폭식/제거형으로 구분된다.
- 체중 증가에 대한 자가 인식의 장애가 나타나서 날씬한데도 불구하고 자신의 몸이 비만하다고 왜곡하여 생각하는 경향이 있다. 과도한 체중 감량으로 인해 심각한 신체적 문제들이 초래되는데, 무월경, 변비, 복통, 무기력감, 저혈압, 피부건조증 등이 발생한다.
- 동반이환(Comorbidity)으로는 양극성장애, 우울장애, 불안장애가 신경적 식욕부진증과 동시에 나타날 수 있다.

정답 32. ③ 33. ②

학습 Plus 신경성 식욕부진증(Anorexia Nervosa) 진단기준(DSM-5)

A. 필요한 양에 비해 지나친 음식물 섭취 제한으로 연령, 성별, 발달 과정 및 신체적인 건강 수준에 비해 현저하게 저체중을 유발하게 된다. 현저한 저체중은 최소한의 정상 수준보다 체중이 덜 나가는 것으로 정의되며, 아동과 청소년의 경우 해당 발달 단계에서 기대되는 최소한의 체중보다 체중이 적게 나가는 것을 의미한다.
B. 체중이 증가하거나 비만이 되는 것에 대한 극심한 두려움 혹은 체중 증가를 막기 위한 지속적인 행동, 이러한 행동은 지나친 저체중일 때에도 이어진다.
C. 기대되는 개인의 체중이나 체형을 경험하는 방식에 장애, 자기평가에서 체중과 체형에 대한 지나친 압박 혹은 현재의 저체중에 대한 심각성 인식의 지속성 결여가 있다.
(다음 중 하나를 명시함)
- 제한형: 지난 3개월 동안, 폭식 혹은 제거 행동(즉, 스스로 구토를 유도하거나 하제, 이뇨제, 관장제를 오용하는 것)이 반복적으로 나타나지 않는다. 해당 아형은 저체중이 주로 체중 관리, 단식 및 과도한 운동을 통해 유발된 경우를 말한다.
- 폭식/제거형: 지난 3개월 동안, 폭식 혹은 제거 행동(즉, 스스로 구토를 유도하거나 하제, 이뇨제, 관장제를 오용하는 것)이 반복적으로 나타난다.

34 조현병(정신분열증)의 역사에 대한 설명으로 틀린 것은?

① Kraepelin(1899)에 의해 조발성 치매라는 진단명으로 처음 확인되었다.
② Bleuler(1923)에 의해 처음으로 정신분열증이라는 명칭이 사용되었다.
③ Bleuler(1923)는 1차 증상을 망상과 환각으로 나누었고, 2차 증상에는 연상, 정동, 양가성, 자폐증의 4가지 증상이 있다고 하였다.
④ Schneider(1959)는 11가지의 일급증상을 제시하였는데, 일급증상은 정신분열증에만 나타나는 특유의 증상으로, 이러한 증상이 나타나면 정신분열증으로 진단할 수 있다고 주장하였다.

해 설

Bleuler는 정신분열증의 가장 큰 특징으로 뇌의 기능적 분리(splitting)를 강조하며 1차 증상과 2차 증상을 구분하였다. 1차 증상으로는 네 가지 4A 증상인 연상(association), 정동(affectivity), 양가성(ambivalence), 자폐증(autism)을 제시하였다. 2차 증상으로 망상과 환각을 제시하였으며, 이는 1차 증상에 의해 파생되는 것으로 보았다.

<1차 증상의 특징>

- 연상(association)의 결함으로 개념 간을 연결시키는 연상 과정이 논리적이지 못하고 이완되거나 일탈되는 사고장애를 나타내어 혼란된 사고나 언어를 초래한다.

정답 34. ③

- 정동(affectivity)의 결함으로 정서적 무감동과 무관심이나 부적절한 정서적 반응을 나타낸다.
- 양가성(ambivalence)의 증상으로서 감정, 의지, 사고에 있어서 긍정적 요소와 부정적 요소가 동시에 혼재하여 긴장과 혼란스러운 행동 양상을 보인다.
- 자폐증(autism) 양상으로 인해 현실 세계로부터 철수하여 내면적 세계에 몰두하면서 사회적 고립을 초래하고 비현실적 공상에 빠져들게 된다.

35 다음 중 성격이 다른 하나는?

① 성별 불쾌감(Gender Dysphoria)

② 성정체감 장애

③ 성전환증

④ 동성애

해설

- 성별 불쾌감(Gender Dysphoria)은 자신의 생물학적 성과 성역할에 대해서 지속적으로 불편함을 느끼는 경우를 말한다. 이러한 불편함으로 인해 반대의 성에 대한 강한 동일시를 나타내거나 반대의 성이 되기를 소망한다. 성정체감 장애(Gender Identity Disorder) 또는 성전환증(Transsexualism)으로 불리기도 한다.
- 성별 불쾌감은 동성애(Homosexuality)와 구분되어야 한다. 동성애는 자신의 생물학적 성이나 성 역할에 대해서 불편함을 겪지 않으며 성전환을 원하지도 않는다. 1973년 미국정신의학회에서는 다수의 동성애자들이 양호한 사회적 적응을 하고 있음을 반영하여 동성애를 정신장애 분류체계에서 삭제하였다.
- DSM-5에서는 성과 관련되어 나타나는 다양한 양상을 세 가지의 독립된 장애 범주로 제시하였는데, 이는 성기능 부전(Sexual Dysfunctions), 성도착 장애(Paraphilic Disorder), 성별 불쾌감(Gender Dysphoria)이다.

정답 35. ④

36 다음 사례에서 Y군에게 가장 적합한 진단명은?

> 초등학교 2학년인 Y군은 6세경부터 사소한 일에 짜증을 자주 부렸으며, 자신의 요구를 들어주지 않으면 물건을 집어 던지고 욕을 하고 분노를 폭발했다. 부모가 Y군을 달래거나 야단을 쳐도 이러한 행동은 쉽게 사라지지 않고 현재까지 반복되었다. 어머니에게 심한 욕설과 저주를 퍼붓기도 하고, 분노를 참지 못해 땅바닥에 드러누워 발버둥을 치는 등의 행동이 지속되어 상담을 받으러 왔다.

① 간헐적 폭발성 장애
② 적대적 반항장애
③ 파괴적 기분조절 부전장애
④ 품행장애

해 설

- 파괴적 기분조절 부전장애(Disruptive Mood Dysregulation Disorder)는 고도의 재발성 분노 발작이 언어적(예 폭언) 또는 행동적(예 사람이나 사물에 대한 물리적 공격성)으로 나타나며, 상황이나 도발 자극에 비해 그 강도나 지속 시간이 매우 비정상적인 양상을 보인다. 10세 이전에 시작되지만 6세 미만인 경우에는 진단을 내릴 수 없다.
- 간헐적 폭발성 장애, 적대적 반항장애, 품행장애는 파괴적, 충동조절 및 품행장애(Disruptive, Impulsive Control, and Conduct Disorders)에 해당된다. 정서 및 행동에 대한 자기조절 문제가 특징적이다.

학습 Plus 파괴적 기분조절 부전장애 진단기준(DSM-5)

A. 고도의 재발성 분노 발작이 언어적(예 폭언) 또는 행동적(예 사람이나 사물에 대한 물리적 공격성)으로 나타나며, 상황이나 도발 자극에 비해 그 강도나 지속 시간이 극도로 비정상적이다.
B. 분노 발작이 발달 수준에 부합하지 않는다.
C. 분노 발작이 평균적으로 일주일에 3회 이상 발생한다.
D. 분노 발작 사이의 기분이 지속적으로 과민하거나 거의 매일, 하루 중 대부분의 시간 동안 화가 나 있으며, 이것이 객관적으로 관찰될 수 있다(예 부모, 선생님, 또래 집단).
E. 진단기준 A~D가 12개월 이상 지속되며, 진단기준 A~D에 해당하는 모든 증상이 없는 기간이 연속 3개월 이상 되지 않는다.
F. 진단기준 A와 D가 세 환경(예 가정, 학교, 또래 집단) 중 최소 두 군데 이상에서 나타나며 최소 한 군데에서는 고도의 증상을 보인다.
G. 이 진단은 6세 이전 또는 18세 이후에 처음으로 진단될 수 없다.
H. 과거력 또는 객관적인 관찰에 의하면, 진단기준 A~E의 발생이 10세 이전이다.
I. 진단기준 A를 만족하는 기간을 제외하고 양극성장애의 조증 또는 경조증 삽화의 모든 진단기준을 만족하는 뚜렷한 기간이 1일 이상 있지 않아야 한다.

정답 36. ③

37 다음 중 성기능 부전 장애에 해당하지 않는 것은?

① 남성 성욕 감퇴 장애
② 발기장애
③ 성기-골반 통증/삽입 장애
④ 관음장애

해설

- 성기능 부전(Sexual Dysfunctions) 장애에는 사정지연, 발기장애, 여성극치감장애, 여성 성적 관심/흥분 장애, 성기-골반 통증/삽입 장애, 남성 성욕 감퇴 장애, 조기사정, 물질/약물치료로 유발된 성기능 부전, 달리 명시된/명시되지 않는 성기능 부전이 포함된다.
- 관음장애(Voyeuristic Disorder)는 변태성욕장애(Paraphilic Disorder)에 해당된다. 다른 사람이 옷을 벗고 있는 모습이나 성 행위를 하는 모습을 관찰하는 행동을 통해 반복적이고 강렬한 성적 흥분이 성적 공상, 성적 충동, 성적 활동으로 발현되는 경우를 말한다.

38 DSM-5의 강박 및 관련 장애에 속하지 않는 것은?

① 신체이형장애
② 수집광
③ 피부뜯기장애
④ 건강염려증

해설

- 강박 및 관련 장애(Obsessive-Compulsive and Related Disorder)는 강박장애, 신체이형장애, 저장장애(수집광), 털뽑기장애(발모광), 피부뜯기 장애, 물질/약물로 유발된 강박 및 관련 장애, 다른 의학적 상태로 인한 강박 및 관련 장애, 달리 명시된/명시되지 않는 강박 및 관련 장애를 포함한다.
- 질병불안장애(Illness Anxiety Disorder)는 자신이 심각한 질병에 걸렸다는 집착과 공포를 나타내는 경우를 말하며, 건강염려증(Hypochodriasis)이라고 불리기도 한다.

<강박 및 관련 장애의 유형과 특징>

유형	특징
강박장애	강박사고와 강박행동이 특징적임. 강박적인 생각으로는 반복적이고 지속적으로 나타나는 오염에 대한 사고, 폭력적이거나 공포스러운 장면들과 같은 이미지, 누군가를 찌르는 것과 같은 충동들이 포함. 강박행동은 강박적인 생각에 대한 반응으로 일어남.
신체이형장애	하나 이상의 신체 결함에 과도하게 집착하는 것으로, 모든 신체 부위가 걱정의 대상이 됨.
저장장애	물건의 실제 가치와 상관없이 버리지 못하고 버리는 것을 어려워하는 것을 말함.
털뽑기 장애	반복적으로 몸에 난 털을 뽑는 행동이 특징임.
피부뜯기 장애	반복적으로 신체 부위의 피부를 뜯는 행동이 특징임.

정답 37. ④ 38. ④

39 다음 중 나머지 세 가지 성격장애와 같은 군에 속하지 않는 것은?

① 연극성 성격장애 ② 강박성 성격장애
③ 의존성 성격장애 ④ 회피성 성격장애

해 설

DSM-5에서는 성격장애를 10가지 하위유형으로 구분하고 있으며, 크게 3가지 군집으로 분류하고 있다.

- A군 성격장애(Cluster A Personality Disorder)는 사회적으로 고립되어 있고 기이한 성격 특성을 나타낸다. 편집성 성격장애, 조현성 성격장애, 조현형 성격장애가 있다.
- B군 성격장애(Cluster B Personality Disorder)는 정서적이고 극적인 성격 특성을 나타내며, 반사회성 성격장애, 연극성 성격장애, 자기애성 성격장애, 경계성 성격장애가 있다.
- C군 성격장애(Cluster C Personality Disorder)는 불안하고 두려움을 많이 느끼며, 회피성 성격장애, 의존성 성격장애, 강박성 성격장애가 있다.

40 DSM-5의 분류체계에서 신경발달장애에 속하지 않는 것은?

① 지적장애 ② 의사소통장애
③ 운동장애 ④ 치매

해 설

- 신경발달장애(Neurodevelopmental Disorders)는 유아 및 아동의 발달 시기에 시작되는 장애들로, DSM-IV에서는 아동·청소년기에 시작되는 장애로 분류되다가 DSM-5에서 새로운 진단 범주로 묶인 장애들이다. 하위 장애로는 지적장애, 의사소통장애, 자폐스펙트럼 장애, 주의력결핍 과잉행동장애, 특정 학습장애, 운동장애(예 발달성 협응장애, 상동증적 운동장애, 뚜렛장애)가 포함된다.
- 치매(Dementia)는 신경인지장애(Neurocognitive Disorder)에 해당된다.

<신경발달장애의 유형과 특징>

유형	특징
지적장애	지적장애로 인해 IQ 70 미만으로, 학업을 비롯한 대부분의 적응 활동에서 부진을 보임.
의사소통장애	말이나 언어 사용에 결함이 있는 경우로, 언어장애, 말소리장애, 아동기발병 유창성장애, 사회적(실용적) 의사소통장애로 구분됨.
자폐스펙트럼장애	DSM-IV의 자폐증, 아스퍼거장애, 소아기붕괴성장애, 레트장애, 광범위성 발달장애를 아우르는 장애로, 사회적 의사소통이 부족하고, 제한되고 반복적인 행동을 보임.
주의력결핍 과잉행동장애	주의집중의 어려움과 산만함, 충동성, 과잉행동을 보이는 장애임.
특정 학습장애	지능은 정상적이지만 지능 수준에 비해 읽기, 쓰기, 산술과 같은 영역에서 학습부진을 보임.
운동장애	연령이나 지능 수준에 비해 운동 능력이 현저하게 미숙하고 부적응적인 움직임을 반복하는 것으로, 틱장애, 발달적 협응장애, 상동증적 운동장애가 있음. 틱장애에는 뚜렛장애, 지속성(만성 운동 또는 음성) 틱장애, 잠정적 틱장애 등이 있음.

정답 39. ① 40. ④

⑤ 2018년 기출문제

21 범불안장애에 대한 설명으로 틀린 것은?

① 근육의 긴장이나 수면장애가 함께 나타나기도 한다.

② 일종의 다중 공포증으로 여겨진다.

③ 벤조디아제핀 계열의 약물은 불안을 증가시켜 이 장애의 원인과 관련 있는 것으로 여겨진다.

④ 이 장애에 취약한 사람들은 위협에 대한 인지 도식이 발달되어 있다.

해 설

범불안장애의 가장 흔한 약물 처방은 벤조디아제핀(Benzodiazepine) 계열의 약물이다. 이러한 약물은 자극에 대한 과민성을 저하시키고 사고와 행동을 감소시키는 진정 효과를 나타낸다. 대표적으로 리브리움, 바륨, 옥사제팜, 로라제팜, 아티반 등이 있다.

- 행동주의적 입장에서는 고전적 조건형성을 통해 불안 반응이 학습된 것으로 보고, 다양한 사소한 자극에 조건화되어 일종의 경미한 '다중 공포증(Multiple Phobia)' 형태를 지니는 것으로 보았다.
- 인지적 입장에서는 불안한 사람들의 경우 위협에 대한 인지 도식이 발달되어 있어서 일상에서 위험에 관한 자극에 주의를 많이 기울이고 그 의미를 특정한 방향으로 해석한다고 본다.

학습 Plus 일반화된 불안장애(Generalized Anxiety disorder) 진단기준(DSM-5)

A. (직장이나 학업과 같은) 수많은 일상 활동에 있어서 지나치게 불안해 하거나 걱정(우려하는 예측)을 하고, 그 기간이 최소한 6개월 이상으로 그렇지 않은 날보다 그런 날이 더 많아야 한다.

B. 이런 걱정을 조절하기 어렵다고 느낀다.

C. 불안과 걱정은 다음의 6가지 증상 중 적어도 3가지 이상의 증상과 관련이 있다(지난 6개월 동안 적어도 몇 가지 증상이 있는 날이 없는 날보다 많다).

정답 21. ③

주의점: 아동에서는 한 가지 증상만 만족해도 된다.
1. 안절부절못하거나 낭떠러지 끝에 서 있는 느낌
2. 쉽게 피곤해짐
3. 집중하기 힘들거나 머릿속이 하얗게 되는 것
4. 과민성
5. 근육의 긴장
6. 수면 교란(잠들기 어렵거나 유지가 어렵거나 밤새 뒤척이면서 불만스러운 수면 상태)

D. 불안이나 걱정 혹은 신체증상이 사회적, 직업적 또는 다른 중요한 기능 영역에서 임상적으로 현저한 고통이나 손상을 초래한다.
E. 장애가 물질(예 남용 약물, 치료약물)의 생리적 효과나 다른 의학적 상태(예 갑상선 기능 항진증)로 인한 것이 아니다.

22 정신상태검사(mental status examination)에서 평가하는 내용과 가장 거리가 먼 것은?

① 의식의 수준 ② 주의지속의 폭
③ 장기기억 ④ 기분

해 설

정신상태검사는 1902년 Adolf Meyerk가 미국 정신의학계에 도입한 이래 정신건강 장면에서 환자 평가의 목적으로 사용되고 있다. 정신상태 평가의 주요 영역은 전반적 외모와 태도, 행동, 의식, 사고, 기분과 정서, 지남력과 기억, 판단과 병식, 주의력과 집중력, 일반적 정보가 포함된다. 기억평가에서는 단기기억과 관련된 기억등록과 기억회상, 주의집중력을 평가한다.

23 간헐적 폭발장애에 대한 옳은 설명을 모두 고른 것은?

ㄱ. 공격적 충동이 조절되지 않는다.
ㄴ. 언어적 공격 행위나 신체적 공격 행위가 반복해서 폭발적으로 나타난다.
ㄷ. 장애로 인하여 직업을 잃고, 학교에 적응하지 못하고, 심할 경우 투옥되기도 한다.
ㄹ. 자극사건이나 심리사회적 스트레스에 비해 공격성의 정도가 지나치게 높다.

① ㄱ, ㄴ, ㄷ ② ㄱ, ㄷ, ㄹ
③ ㄴ, ㄹ ④ ㄱ, ㄴ, ㄷ, ㄹ

정답 22. ③ 23. ④

해 설

- 간헐적 폭발장애(Intermittent Explosive Disorder)에서는 공격적인 충동을 통제하지 못해 반복적으로 행동 폭발을 보인다. 충동적인 공격적 폭발 행동은 급성으로 발병하며, 대개 사소한 촉발 자극에 대한 반응으로 발생한다.
- 언어적 공격(분노 발작, 신랄한 비난, 언어적 논쟁이나 싸움)과 신체적 공격(재산, 동물, 사람에 대한)이 반복해서 나타난다. 흔히 사회적(예 친구 상실, 불안정한 결혼) · 직업적(예 좌천, 실직) · 재정적(예 기물 파손), 법적 문제(예 타인이나 소유물에 대한 공격적 행동의 결과로 인한 민사소송, 폭행으로 인한 형사고발)가 발생한다.

학습 Plus 간헐적 폭발장애(Intermittent Explosive Disorder) 진단기준(DSM-5)

A. 공격적인 충동을 통제하지 못해서 보이는 반복적인 행동폭발로, 다음의 항목 중 하나를 특징적으로 보인다.
  1. 언어적 공격성(예 분노 발작, 장황한 비난, 논쟁이나 언어적 다툼) 또는 재산, 동물, 타인에게 가하는 신체적 공격성이 3개월 동안 평균적으로 일주일에 2회 이상 발생함. 신체적 공격성은 재산 피해나 재산 파괴를 초래하지 않으며, 동물이나 다른 사람에게 상해를 입히지 않음.
  2. 재산 피해나 파괴 그리고/또는 동물이나 다른 사람에게 상해를 입힐 수 있는 신체적 폭행을 포함하는 폭발적 행동을 12개월 이내에 3회 보임.

B. 반복적인 행동폭발 동안 표현된 공격성의 정도는 정신사회적 스트레스 요인에 의해 촉발되거나 유발되는 정도를 심하게 넘어선 것이다.

C. 반복적인 공격적 행동폭발은 미리 계획된 것이 아니며(예 충동적이거나 분노로 유발된 행동), 유형적인 대상에만 한정된 것이 아니다(예 돈, 권력, 친밀감)

D. 반복적인 공격적 행동폭발은 개인에게 현저한 심리적 고통을 유발하거나, 직업적 또는 대인관계 기능에 손상을 주거나, 경제적 또는 법적 문제와 관련된다.

E. 생활연령은 적어도 6세 이상이다(또는 6세에 상응하는 발달 단계 수준).

F. 반복적인 공격적 행동폭발이 다른 정신질환으로 더 잘 설명되지 않으며, 다른 의학적 상태나 물질의 생리적 효과로 인한 것이 아니다.

24 행동주의 관점에서 구분하는 행동장애의 분류와 해당 장애가 틀리게 연결된 것은?

① 행동의 과잉-강박행동

② 행동의 결손-대인공포증

③ 부적절한 강화체계-물질사용장애

④ 자극과 반응체계의 붕괴-성도착증

정답 24. ④

해설

행동주의 관점에서는 성도착증을 성적 흥분이 부적절한 대상에 잘못 조건형성된 결과로 본다. 이는 혐오적 조건형성을 통해서 잘못 학습된 조건화를 제거할 수 있다고 본다. 성도착증은 강렬한 성 충동이나 공상을 반복적으로 갖고 사람이 아닌 물건, 아동, 동의하지 않은 성인에게 수치심이나 고통을 느끼게 하는 행동을 말한다.

학습 Plus 성 도착 장애(Paraphilic Disorder)의 하위유형

- **관음장애(Voyeuristic Disorder)**
  다른 사람이 옷을 벗고 있는 모습이나 성 행위를 하는 모습을 관찰하는 행동을 통해 반복적이고 강렬한 성적 흥분이 성적 공상, 성적 충동, 성적 활동으로 발현되는 경우를 말한다.
- **노출장애(Exhibitionistic Disorder)**
  자신의 성기를 노출하는 행위를 통한 반복적이고 강렬한 성적 흥분이 성적 공상, 성적 충동, 성적 행동으로 발현되는 경우를 말한다.
- **마찰도착장애(Frotteuristic Disorder)**
  동의하지 않은 사람에게 자신의 성기나 신체 일부를 접촉하거나 문지르는 행위를 통한 반복적이고 강렬한 성적 흥분이 성적 공상, 성적 충동, 성적 행동으로 발현되는 경우를 말한다.
- **성적피학장애(Sexual Masochism Disorder)**
  굴욕을 당하거나, 매질을 당하거나, 묶이거나 기타 다른 방식으로 고통을 당하는 행위를 통한 반복적이고 강렬한 성적 흥분이 성적 공상, 성적 충동, 성적 행동으로 발현되는 경우를 말한다.
- **성적가학장애(Sexual Sadism Disorder)**
  다른 사람의 신체적 또는 심리적 고통(예 몸을 묶고 때리거나, 불로 지지기, 목을 조르기)을 통해 반복적이고 강렬한 성적 흥분이 성적 공상, 성적 충동, 성적 행동으로 발현되는 경우를 말한다.
- **소아성애장애(Pedophilic Disorder)**
  사춘기 이전의 아동들(일반적으로 만 13세 이하)을 상대로 한 성적 활동을 통해 반복적이고 강렬한 성적 흥분이 성적 공상, 성적 충동, 성적 행동으로 발현되는 경우를 말한다.
- **물품음란장애(Fetishistic Disorder)**
  무생물의 물체를 이용하거나, 성기가 아닌 신체 부위에 상당히 특정한 집착을 함으로써 반복적이고 강렬한 성적 흥분이 성적 공상, 성적 충동, 성적 행동으로 발현되는 경우를 말한다.
- **복장도착장애(Transvestic Disorder)**
  이성의 옷으로 바꿔 입음으로써 반복적이고 강렬한 성적 흥분이 성적 공상, 성적 충동, 성적 행동으로 발현되는 경우를 말한다.

25 디설피람(disulfiram)이라는 항남용제(antabuse)는 어떤 물질과 관련된 장애를 치료할 때 사용되는가?

① 헤로인
② 암페타민
③ 코카인
④ 알코올

해설

디설피람(disulfiram)은 알코올에 대한 급성 민감성을 생성하여 만성 알코올 중독을 치료하는 데 사용된다. 알코올 분해효소인 아세트알데하이드 탈수소효소(acetaldehyde dehydrogenase)를 억제하여 체내에 독성물질인 아세트알데하이드를 축적시킨다. 숙취 유발 원인 물질인 아세트알데하이드는 두통, 피로, 구토, 메스꺼움, 안면홍조, 호흡곤란 등의 증상을 나타나게 하는데, 이러한 강한 부작용 때문에 알코올에 대해 거부감을 유발하여 술에 대한 혐오감이 생겨 술을 끊을 수 있게 된다.

26 DSM-5에서 범주와 하위장애가 틀리게 짝지어진 것은?

① 신경발달장애 – 경도 신경인지장애
② 불안장애 – 선택적 함구증
③ 강박 및 관련 장애 – 신체이형장애
④ 파괴적, 충동통제 및 품행장애 – 병적 방화

해설

• 신경발달장애(Neurodevelopmental Disorders)는 유아 및 아동의 발달 시기에 시작되는 장애들로, 하위 장애로는 지적장애, 의사소통장애, 자폐스펙트럼장애, 주의력결핍 과잉행동장애, 특정 학습장애, 운동장애(예 발달적 협응장애, 상동증적 운동장애, 뚜렛장애)가 포함된다.
• 경도 신경인지장애(Minor Neurocognitive Disorder)는 인지적 영역 중 하나 이상의 영역에서 과거 수행 수준에 비해 인지적 저하가 나타나지만, 이로 인해 일상생활을 독립적으로 영위할 수 있는 능력이 저해되지 않는 경우를 말한다. 경도 신경인지장애는 신경인지장애의 유형에 해당된다. 신경인지장애에는 주요 신경인지장애, 경도 신경인지장애, 섬망이 있다.

학습 Plus

주요 신경인지장애(Major Neurocognitive Disorder) 진단기준(DSM-5)

A. 한 가지 이상의 인지 영역(복합적 주의력, 실행 기능, 학습 및 기억, 언어, 지각-운동 또는 사회 인지)에서 이전 수행 수준보다 유의미하게 감퇴한다.
1. 환자, 환자를 잘 아는 정보 제공자 또는 임상의가 현저한 인지 기능 저하를 걱정함

정답 25. ④ 26. ①

2. 인지 수행의 심각한 결함이 표준화된 신경심리검사에 의해, 또는 다른 정량적 임상평가에서 입증됨

B. 인지 결함이 일상 활동에서 독립성을 방해한다(계산서 지불이나 치료 약물 관리와 같은 일상생활의 복잡한 도구적 활동에서 도움을 받아야 함).

경도 신경인지장애(Minor Neurocognitive Disorder) 진단기준(DSM-5)

A. 한 가지 이상의 인지 영역(복합적 주의력, 실행 기능, 학습 및 기억, 언어, 지각-운동 또는 사회 인지)에서 이전 수행 수준보다 경미하게 있다는 증거가 다음과 같다.

1. 환자, 환자를 잘 아는 정보 제공자 또는 임상의가 현저한 인지 기능 저하를 걱정함
2. 인지 수행의 심각한 결함이 표준화된 신경심리검사에 의해, 또는 다른 정량적 임상평가에서 입증됨

B. 인지 결함이 일상 활동에서 독립성을 방해하지 않는다(계산서 지불이나 치료 약물 관리와 같은 일상생활의 복잡한 도구적 활동은 보존되지만 더 많은 노력, 보상 전략 및 조정이 필요할 수 있음).

※ 병인에 따라 다음 중 하나를 명시할 것
알츠하이머병, 전두측두엽 변성, 루이소체병, 혈관 질환, 외상성 뇌손상, 물질/치료약물 사용, HIV 감염, 프라이온병, 파킨슨병, 헌팅턴병, 다른 의학적 상태, 다중 병인, 명시되지 않은 경우

27 다음 중 이상심리학의 역사에 관한 설명으로 틀린 것은?

① 고대의 원시 사회에서는 정신장애를 초자연적인 현상으로 이해하여 초자연적인 치료 방법을 사용하였다.

② 그리스 시대의 Hippocrates는 정신장애를 심리적 요인의 불균형에 의해 생긴 것으로 보고 조증, 우울증, 광증으로 분류하였다.

③ 서양 중세 시대의 정신병자는 죄를 지어 하나님으로부터 벌을 받는 것이거나 마귀의 수족 역할을 하는 자로 규정되었다.

④ 내과 의사였던 Pinel은 정신병자에게 인도주의적인 대우를 해 주어야 한다고 주장한 최초의 사람이다.

해 설

그리스 시대의 Hippocrates는 정신장애를 세 가지 유형(조증, 우울증, 광증)으로 분류하고, 그 원인을 신체적 요인의 불균형에 있다고 보았다. 네 가지 체액(점액, 혈액, 황담즙, 흑담즙) 중에서 점액이 많으면 감정이 둔하고 느리며, 혈액이 많으면 기분이 쉽게 변하고, 황담즙이 많으면 초조함과 공격성이 높아지며, 흑담즙이 많으면 우울해진다고 보았다. 이는 정신장애에 대한 신체적 원인론의 시초라고 볼 수 있다.

정답 27. ②

28 취약성-스트레스 모델에 대한 설명으로 틀린 것은?

① 이상행동이 유발되는 과정에 심리사회적 스트레스와 개인의 특성을 고려해야 한다는 입장이다.

② 취약성은 특정 정신장애에 걸리기 쉬운 개인의 특성으로 유전적 소인만 포함된다.

③ 심리사회적 스트레스는 환경으로부터 주어지는 부정적인 생활사건이다.

④ 취약성과 스트레스가 정신장애의 발생에 영향을 미치는 비중은 경우마다 다르다.

해설

취약성-스트레스 모델(vulnerability-stress model)에서는 특정한 장애에 걸리기 쉬운 개인적 특성에 의한 취약성과 환경으로부터 주어지는 심리사회적 스트레스가 상호작용하여 정신장애가 유발된다고 본다.

- 취약성(vulnerability)은 특정한 장애에 걸리기 쉬운 개인적 특성을 의미하는데, 유전적 소인을 비롯하여 환경과의 상호작용에서 점진적으로 형성된 신체적 · 심리적 특성을 모두 포함한다.
- 심리사회적 스트레스(psychosocial stress)는 환경으로부터 주어지는 부정적인 생활사건으로서 개인이 대처에 어려움을 느끼는 환경적 변화를 의미한다.

29 발달 과정에서 나타나는 레트 증후군(Rett Syndrome)에 대한 설명으로 옳지 않은 것은?

① 유병률은 남녀가 비슷하다.

② 생후 6개월까지는 정상적으로 발달한다.

③ 손을 움직이는 능력을 상실한다.

④ 상동적인 운동을 한다.

해설

레트 증후군(Rett Syndrome)은 여아에게서 발생하며, 생후 6개월까지는 정상적인 발달을 하다가 점차 머리 성장의 감속, 과거에 습득했던 의미 있는 손 기술의 상실, 조정이 안 되는 보행이나 상동증적인 몸의 움직임, 수용성 언어발달과 표현성 언어발달의 장해가 나타난다.

정답 28. ② 29. ①

30 사건수면(Parasomnia)의 유형에 포함되는 것은?

① 불면장애(Insomnia Disorder)
② NREM 수면 각성장애(Non-REM Sleep Arousal Disorders)
③ 과다 수면장애(Hypersomnia Disorder)
④ 기면증(Narcolepsy)

해설

사건수면(Parasomnia)은 특정 수면 단계나 수면 각성 이행과 관련하여 발생하는 비정상적인 행동 또는 생리적인 사건을 특징적으로 보인다. 사건수면의 유형에는 NERM 수면 각성장애, 악몽장애, REM 수면 각성장애, 하지불안 증후군이 있다. 수면-각성 장애(Sleep Arousal Disorders)의 유형에는 불면장애, 과다 수면장애, 기면증이 포함된다.

학습 Plus 사건수면의 종류와 특징

종류	특징
NERM 수면 각성장애	수면보행증과 야경증이 있다. 수면보행증은 수면 동안에 일어나서 걸어다니는 증상을 보이는데, 무표정한 얼굴로 돌아다닌다. 야경증은 비명을 지르며 수면 중 급작스럽게 잠이 깨고, 심한 공포와 빈맥, 발한 같은 자율신경계 이상을 보인다.
악몽장애	수면 동안 심한 불안이나 공포를 유발하는 내용의 꿈을 꿔서 잠에서 깨어나는 일이 반복되어 주관적 고통을 느끼며, 악몽을 두려워해서 잠을 자지 못하는 경우 낮에 과도한 졸음, 집중력 저하, 불안 등을 경험한다.
REM 수면 각성장애	REM 수면에서 발생하는 발성 및 복합 운동 행동을 반복하는 장애이다. 수면 개시 후 90분 이내로 발생하고, 꿈의 내용대로 행동으로 옮기는 동작이 나타난다. 깨어날 때는 즉시 깨고 인지적으로 명료해지며, 지남력이 유지된다.
하지불안 증후군	수면 중 다리에 불편하고 불쾌한 감각을 동반하여 이에 대한 반응으로 다리를 움직이고 싶은 충동을 느낀다. 일주일에 적어도 3번, 3개월 이상 지속된다.

정답 30. ②

31 다음은 무엇에 관한 설명인가?

> 사고의 흐름이 빨라져서 두 개의 연속적인 사고가 논리적인 연결로 이어지기는 하지만 사고의 목표가 오랫동안 지속적으로 유지되지 못하고 이야기의 주제가 쉽게 바뀌는 현상을 보이나 연상은 아직 정상적으로 이루어지는 현상

① 사고의 비약(flight of idea)
② 우원적 사고(circumstantial thinking)
③ 신어조작증(neologism)
④ 보속증(perseveration)

해 설

- 사고의 비약(flight of idea)
  연상 활동이 증가되고 사고 과정의 진행 속도가 너무 빨라 사고 목표에 도달하지 못하는 현상을 말한다. 원래의 주제에서 벗어난 말과 연상 활동의 항진이 특징이다. 조증의 경우 빈번하게 나타나며 음향연상이나 언어압박이 나타난다.
  - 음향연상(clang assoiation)은 의미는 다르나 발음의 유사성이 있는 단어만 연결하는 것을 말한다. 주제의 연결이 발음의 유사성으로 결정되며 논리적 연결성이 없다.
  - 언어압박(pressure and push of speech)은 논리나 연상에는 크게 이상이 없어 보이나, 말이 끊임없이 계속 쏟아져 나오는 것을 말한다.
- 우원적 사고(circumstantial thinking)
  주제와 상관없는 이야기를 하거나 불필요한 지엽적인 부분들을 상세하게 묘사하여 장황하게 이야기하는 특징을 보인다. 사고 목표에 도달하는 데 시간이 오래 걸리고, 연상 과정에서 중요한 내용을 잘 구별하지 못한다. 조현병, 기질성 정신장애, 정신지체 등에서 볼 수 있다.
- 신어조작증(neologism)
  자기만의 새로운 말을 만들어 내는 현상을 말한다. 조현병에서 주로 나타나며, 두 가지 이상의 단어를 합쳐서 하나의 말로 압축시켜 새로운 단어를 만들기도 한다.
- 보속증(perseveration)
  특정한 단어, 구절, 몸짓 등의 반응을 계속해서 반복하는 것을 말한다. 치매나 섬망, 기질적 뇌증후군 등에서 나타난다.

정답 31. ①

32 DSM-5에 근거하여 볼 때 다음 사례에서 J양의 진단으로 우선적으로 고려할 것은?

> 대학생인 L군은 여자 친구인 J양 때문에 고민이 많다. J양은 매우 순종적이고 착하며 헌신적이지만 한 번 만나면 헤어지는 것을 싫어한다. 밤이 깊어 시계를 보면 얼굴이 어두워지고 자주 12시를 넘기다 보니 다음 날의 일에 지장이 생기곤 했다. 수시로 만나자고 하며 옷을 사야 하는데 골라 달라거나, 영어학원을 선택해 달라는 등의 부탁을 자주 하였고, L군은 시간을 내어 같이하는 시간이 점차 부담스러워지게 되었다. J양의 선택을 도와주느라 L군이 혼자서 스스로 해야 할 일을 할 시간을 빼앗기기 때문이었다. 그러나 이에 대한 언급을 하자, J양은 자신이 싫어진 것이냐면서 눈물을 글썽거리고 힘들어하였다.

① 지속성 우울장애 ② 경계성 성격장애
③ 연극성 성격장애 ④ 의존성 성격장애

해설

의존성 성격장애(Dependent Personality Disorder)의 주요 특징은 독립적인 생활을 하지 못하고 다른 사람에게 과도하게 의존하거나 보호 받으려는 행동이다. 주변의 주요 인물에게 지나치게 의존하기 때문에 자기확신과 자기결정력이 부족하다.

학습 Plus 의존성 성격장애Dependent Personality Disorder) 진단기준(DSM-5)

돌봄을 받고자 하는 광범위하고 지나친 욕구가 복종적이고 매달리는 행동과 이별 공포를 초래하며, 이는 청소년기에 시작되며 여러 상황에서 나타나고 다음 중 5가지(또는 그 이상)로 나타난다.

1. 타인으로부터의 과도한 많은 충고 또는 확신이 없이는 일상의 판단을 하는 데 어려움을 겪음.
2. 자신의 생활 중 가장 중요한 부분에 대해 타인이 책임질 것을 요구함.
3. 지지와 칭찬을 잃는 것에 대한 공포 때문에 타인과의 의견 불일치를 표현하는 데 어려움을 나타냄(주의점: 보복에 대한 현실적인 공포는 포함하지 않는다).
4. 계획을 시작하기 어렵거나 스스로 일을 하기가 힘듦(동기나 에너지의 결핍이라기보다는 판단이나 능력에 있어 자신감의 결여 때문임).
5. 타인의 돌봄과 지지를 지속하기 위해 불쾌한 일이라도 지원해서 함.
6. 혼자서는 자신을 돌볼 수 없다는 심한 공포 때문에 불편함과 절망감을 느낌.
7. 친밀한 관계가 끝나면 자신을 돌봐 주고 지지해 줄 근원으로 다른 관계를 시급히 찾음.
8. 자신을 돌보기 위해 혼자 남는 데 대한 공포에 비현실적으로 집착함.

정답 32. ④

33 **성격장애 환자들 중 자기파괴성으로 인해 환자들을 도우려 하는 사람들을 가장 불쾌하게 만드는 유형은?**

① 반사회성 성격장애 ② 경계성 성격장애
③ 연극성 성격장애 ④ 자기애성 성격장애

해설

경계성 성격장애(Borderline Personality Disorder)의 주요 특징은 대인관계, 자아상 및 정동의 불안정, 충동성이다. 강렬하고 불안정한 대인관계 양상이 치료자에게 반복되기에 안정된 치료적 관계의 형성이 어려울 뿐만 아니라 치료자의 반응에 대한 과민성과 오해, 그에 따른 비협조적 행동이나 공격적 반응, 자해나 자살의 위협, 치료자에 대한 다양한 요구 등으로 인해 치료를 어렵게 하는 경우가 많다.

34 **DSM-5의 파괴적, 충동조절 및 품행장애에 포함되지 않는 것은?**

① 병적 방화 ② 털뽑기 장애
③ 병적 도벽 ④ 간헐적 폭발장애

해설

- 파괴적, 충동조절 및 품행장애(Disruptive, Impulsive Control, and Conduct Disorders)는 정서 및 행동에 대한 자기조절 문제와 관련된다. 적대적 반항장애, 간헐적 폭발장애, 품행장애, 반사회성 성격장애, 병적 방화, 병적 도벽, 달리 명시된/명시되지 않는 파괴적, 충동조절 및 품행장애를 포함한다.
- 털뽑기 장애(Hair-Pulling Disorder)/발모광(Trichotillomania)은 강박 및 관련 장애(Obsessive-Compulsive and Related Disorder)의 유형에 해당되며, 반복적으로 자신의 털을 뽑는 행위로 특징된다. 여러 가지 감정 상태가 선행되거나 동반될 수 있으며, 흔히 주요우울장애나 피부뜯기장애 같은 다른 정신질환들이 동반된다.

<파괴적, 충동조절 및 품행장애의 종류와 특징>

종류	특징
적대적 반항장애	어른에게 거부적이고 적대적이며 반항적인 행동 특성을 보임.
간헐적 폭발장애	공격적인 충동조절이 어려워 심각한 파괴적 행동을 보임.
품행장애	난폭하고 잔인한 행동, 기물 파괴, 도둑질, 거짓말, 가출 등 타인의 권리를 침해하거나 사회적 규범을 위반하는 행동을 함.
병적 방화	불을 지르고 싶은 충동이 통제되지 않아 반복적으로 방화행동을 함.
병적 도벽	남의 물건을 훔치고 싶은 충동을 조절하지 못해 반복적으로 도둑질을 함.

정답 33. ② 34. ②

35 해리장애에 대한 설명으로 틀린 것은?

① 정신분석적 처치가 가장 널리 적용된다.
② 정체감, 기억, 의식상의 변화가 특징이다.
③ 가장 관계가 깊은 방어기제는 부인(denial)이다.
④ 아동기에 받은 신체적 성적 학대가 주요원인으로 간주되고 있다.

해 설

- 해리장애(Dissociative Disorder)는 의식, 기억, 정체성, 감정, 지각, 신체 표상, 운동 통제 및 행동의 정상적 통합의 붕괴 또는 비연속성을 특징으로 한다.
- 정신분석적 입장에서는 불안을 일으키는 불쾌한 경험에 대한 방어기제로서 억압(repression)을 통해 자기보호를 하는 기능이 해리 반응이라고 보고 있다.
- 해리성 정체감 장애의 경우 아동기의 신체적/성적 학대와 같은 압도적인 외상 경험이 원인론으로 강조되면서 아동기의 외상 경험을 회피하기 위한 방어로 해리 현상이 일어나는 것으로 설명하고 있다.

<해리장애의 종류와 특징>

종류	특징
해리성 정체감 장애	다중인격(multiple personality)이라고 알려져 있는 장애로, 2가지 이상의 각기 구별되는 정체감이나 성격 상태가 존재함.
해리성 기억상실	통상적인 망각과는 다르며, 보통 외상 혹은 스트레스와 관련된 중요한 자전적 정보를 회상하는 능력이 상실됨.
이인증/비현실감 장애	현실검증력은 유지되지만 비현실적이거나 자기 또는 신체로부터 분리되는 경험, 자신의 주변 환경과 분리되는 경험을 함.

36 다음 사례에서 A씨에게 의심되는 질환으로 가장 적합한 것은?

A씨는 치매를 앓은 적이 없으나 며칠 전부터 의식이 혼탁해지는 증상이 생겼다. 주의를 집중하고, 유지하고, 이동하는 것이 어려워졌고, 주의력이 산만해지고, 주의를 적절하게 이동하지 못하여 지나간 질문의 답에 계속 집착하는 모습을 보인다. 최근의 일들에 대한 기억력이 뚜렷하게 저하되었고, 시간, 장소에 대한 지남력 장애가 나타나고 있다.

① 기억상실장애(amnestic disorder) ② 혼수(coma)
③ Ganser 증후군 ④ 섬망(delirium)

정답 35. ③ 36. ④

해 설

- 섬망(Delirium)의 경우 의식이 혼탁해지고 주의집중 및 전환 능력이 크게 감소하며, 기억, 언어, 현실 판단 등의 인지 기능에 일시적인 장애가 나타나는 경우를 말한다. 이는 단기간(몇 시간에서 며칠)에 발생하여 악화되며 하루 중에도 그 심각도가 변할 수 있다.
- 섬망은 노년기에 흔히 나타나는 인지장애의 하나로서 의식이 혼미해지고 현실감각이 급격히 혼란되어 시간과 장소에 대한 인식의 장애가 나타나고, 주위를 알아보지 못하고 헛소리를 하거나 손발을 떠는 증상들이 나타난다.
- 간저 증후군(Ganser Syndrome)은 어떤 행동을 정확하게 수행하지 못하거나 아주 간단한 질문에 대해 요점을 벗어나거나 이치에 맞지 않는 대답을 하는 등의 증상을 특징으로 한다.

37 다음 중 조현병 진단을 내리기 위해 다른 증상 확인이 추가로 필요한 경우는?

① A씨: 모든 음식에서 쓴맛이 난다며 아내가 음식에 건강을 해치는 약을 탔다는 피해망상을 보임.
② B씨: 보이지 않는 전파가 자신의 생각을 다 빼내어 세상에 전파시킨다는 피해망상을 보임.
③ C씨: 자신이 하려는 행동을 금지하거나 다른 행동을 지시하는 환청이 지속적으로 들림.
④ D씨: 두 남녀가 서로 싸우며 대화하는 환청이 지속적으로 들림.

해 설

조현병의 감별진단으로서 망상장애와의 구분이 필요하다. 망상장애는 조현병의 특징인 주요 증상들(예 망상, 환청이나 환시, 와해된 언어, 와해된 또는 긴장성 행동, 음성 증상)이 없다는 점에서 조현병과 구별될 수 있다. 망상장애 유형 중 피해형인 경우, 자신의 음식에 독이 들어 있다고 여기거나 감시나 미행을 당한다고 생각한다. 그 주제와 내용이 조현병에 비해 뚜렷하게 이상하거나 기괴한 행동으로 나타나진 않는다.

<망상장애의 하위유형>

- **애정형**: 어떤 사람(예 유명인, 직장상사)이 자신을 사랑하고 있다고 믿는 경우이다.
- **과대형**: 자신이 위대한 재능이나 통찰력을 갖고 있다거나 어떤 중요한 발견을 했다고 확신하는 경우이다.
- **질투형**: 자신의 배우자나 연인이 외도를 하고 있다고 믿는 경우이다(의처증이나 의부증).
- **피해형**: 자신이 음모, 속임수, 염탐, 추적, 독극물이나 약물 주입, 악의적 비방, 희롱, 장기 목표 추구에 대한 방해 등을 당하고 있다고 믿는 경우이다.
- **신체형**: 자신에게 어떤 신체적 결함이 있거나 질병에 걸렸다고 여기는 경우이다.
- **혼합형**: 어느 한 가지 망상적 주제도 두드러지지 않는 경우에 적용된다.
- **명시되지 않는 유형**: 지배적인 망상적 믿음이 분명하지 않는 경우 혹은 특정 유형에 속하지 않는 경우에 적용된다.

정답 37. ①

38 어떤 사람이 3년 동안 우울증 증상을 겪어오다가 최근 경조증 상태를 경험하였다면 이 사람에게 가장 적절한 진단은?

① 제1형 양극성장애 ② 제2형 양극성장애
③ 지속성 우울장애 ④ 순환성장애

해설

제2형 양극성장애(Bipolar II disorder)는 과거에 한 번 이상의 경조증 삽화와 한 번 이상의 주요우울 삽화를 경험한 적이 있어야 한다. 조증 삽화 기간이 있다면 제1형 양극성 장애로 진단된다.

- 지속성 우울장애(Persistent Depressive Disorder)는 2년 동안(아동 · 청소년의 경우 1년) 우울한 기분이 없는 날보다 있는 날이 더 많으며, 하루 대부분 지속되는 우울 기분이 있는 것이다.
- 순환성 장애(Cyclothymic Disorder)는 적어도 2년 이상의 기간 동안(아동 · 청소년의 경우 1년) 경조증 기간과 우울증 기간이 절반 이상 차지해야 하고, 증상이 없는 기간이 2개월 이상 지속되어서는 안 된다.

39 급식 및 섭식장애에 대한 설명으로 틀린 것은?

① 이식증은 적어도 3개월 동안 비영양성, 비음식 물질을 계속 먹는 경우 진단 내린다.
② 되새김 장애의 발병은 영유아기, 아동기, 청소년기, 성인기에 있을 수 있다.
③ 신경성 식욕부진증은 체중 증가 혹은 비만이 되는 것에 대해 극심한 두려움을 보인다.
④ 신경성 폭식증은 폭식과 부적절한 보상행동이 반드시 있어야 한다.

해설

이식증(Pica)은 영양분이 없는 물질이나 비음식 물질(예 종이, 천, 흙, 머리카락 등)을 적어도 1개월 이상 지속적으로 먹는 경우를 말한다. 가정의 경제적 빈곤, 부모의 무지와 무관심, 아동의 발달지체와 관련되는 경우가 많다.

정답 38. ② 39. ①

40 다음 중 알코올 사용 장애에 대한 설명과 가장 거리가 먼 것은?

① 알코올을 종종 의도했던 것보다 많은 양, 혹은 오랜 기간 동안 사용한다.
② 매일 음주를 하며, 적은 양을 마시더라도 가끔 중독을 보이는 것만으로 진단이 가능하다.
③ 알코올에 대한 갈망, 혹은 강한 바람, 혹은 욕구를 보인다.
④ 중독이나 원하는 효과를 얻기 위해 알코올 사용량의 뚜렷한 증가를 보인다.

해 설

알코올 사용 장애(Alcohol Use Disorder)는 금단, 내성, 갈망이 포함된 행동과 신체 증상을 특징으로 한다. 대개 알코올을 마시고 싶은 갈망이나 강렬한 욕구를 지니며, 많은 양을 마시거나 오랜 기간 알코올 사용의 내력을 보인다.

학습 Plus 알코올 사용 장애(Alcohol Use Disorder) 진단기준(DSM-5)

임상적으로 현저한 손상이나 고통을 일으키는 문제적 알코올 사용 양상이 지난 12개월 사이에 다음의 항목 중 최소한 2개 이상으로 나타난다.

A. 알코올을 흔히 예상했던 것보다 더 많은 양 또는 더 오랜 기간 마신다.
B. 알코올 사용을 줄이거나 통제하려는 노력을 지속적으로 기울이지만 매번 실패한다.
C. 알코올을 섭취하고 그 효과로부터 회복하는 데 많은 시간을 허비한다.
D. 알코올을 마시고 싶은 갈망이나 강렬한 욕구를 지닌다.
E. 반복적인 알코올 사용으로 인해서 직장, 학교나 가정에서의 주된 역할 의무를 수행하지 못한다.
F. 알코올의 효과에 의해서 사회적 또는 대인관계적 문제가 초래되거나 악화되는 문제가 반복됨에도 불구하고 지속적으로 알코올을 사용한다.
G. 알코올 사용으로 인해서 중요한 사회적, 직업적 또는 여가 활동을 포기하거나 감소한다.
H. 신체적 위험이 존재하는 상황에서도 반복적으로 알코올을 사용한다.
I. 알코올에 의해서 초래되거나 악화될 수 있는 지속적인 신체적 또는 심리적 문제가 있음을 알면서도 알코올 사용을 계속한다.
J. 내성(tolerance)이 다음 중 하나의 방식으로 나타난다.
 (1) 중독이 되거나 원하는 효과를 얻기 위해서 현저하게 증가된 양의 알코올이 필요하다.
 (2) 같은 양의 알코올을 지속적으로 사용함에도 그 효과는 현저하게 감소한다.
K. 금단(withdrawal)이 다음 중 하나의 방식으로 나타난다.
 (1) 알코올의 특징적인 금단 증후군이 나타난다.
 (2) 금단 증상을 감소하거나 피하기 위해서 알코올(또는 관련 물질)을 마신다.

정답 40. ②

⑥ 2017년 기출문제

21 경계성 성격장애의 주요 증상과 임상적 특징이 아닌 것은?

① 이상화와 평가절하
② 반복적인 자살 시도
③ 자신에게 관심을 끌기 위해 외모를 이용
④ 정체감 혼란

해 설

- 경계성 성격장애(Borderline Personality Disorder)의 주요 특징은 대인관계, 자아상 및 정동의 불안정, 충동성이 성인기 초기에 시작되어 광범위한 형태로 여러 상황에서 나타난다.
- 대인관계에서 과대이상화와 과소평가의 극단을 보이는 양상이 반복되며, 안정된 자아상이 확립되어 있지 않아 자기정체감의 혼란을 겪는다. 거절 민감성이 높고, 스트레스 상황에서 견디는 능력이 낮아 욕구가 좌절될 때 자해 행동이나 자살 시도를 보인다.
- 연극성 성격장애(Histrionic Personality Disorder)의 경우, 주요 특징은 타인의 애정과 관심을 끌기 위한 지나친 노력과 과도한 감정 표현이다. 자신에게 관심을 집중시키기 위해 지속적으로 외모를 사용하거나, 자신이 관심의 중심에 있지 않는 상황을 불편해 한다.

학습 Plus 경계성 성격장애(Borderline Personality Disorder) 진단기준(DSM-5)

대인관계, 자아상 및 정동의 불안정성과 현저한 충동성의 광범위한 형태로 성인기 초기에 시작되며 여러 상황에서 나타나고, 다음 중 5가지(또는 그 이상)를 충족한다.

1. 실제 혹은 상상 속에서 버림 받지 않기 위해 미친 듯이 노력함.
2. 과대이상화와 과소평가의 극단 사이를 반복하는 것을 특징으로 하는 불안정하고 격렬한 대인관계의 양상

정답 21. ③

3. 정체성 장애: 자기 이미지 또는 자신에 대한 느낌의 현저하고 지속적인 불안정성
4. 자신을 손상할 가능성이 있는 최소한 2가지 이상의 경우에서의 충동성
5. 반복적 자살 행동, 제스처, 위협 혹은 자해 행동
6. 현저한 기분의 반응성으로 인한 정동의 불안정
7. 만성적인 공허감
8. 부적절하고 심하게 화를 내거나 화를 조절하지 못함.
9. 일시적이고 스트레스와 연관된 피해적 사고 혹은 심한 해리 증상

22 정신분석적 입장에서 설명하는 고착 현상과 이로 인해 나타나는 성격장애 간의 연결이 옳은 것을 모두 고른 것은?

ㄱ. 구강기－의존성 성격장애
ㄴ. 항문기－강박성 성격장애
ㄷ. 남근기－자기애성 성격장애

① ㄱ　　② ㄱ, ㄴ
③ ㄴ, ㄷ　　④ ㄱ, ㄴ, ㄷ

해설

- 정신분석학자인 Abraham은 성격장애를 심리성적 발달 단계의 고착 현상으로 설명하였으며, 의존성 성격장애는 구강기에 고착된 결과로 보았다. 구강기 성격(oral character)은 의존성, 비관주의, 수동성, 낮은 인내심, 언어적 공격성 등의 특성을 나타낸다.
- 정신분석적 입장에서는 강박성 성격장애를 심리성적 발달 단계에서 항문기의 경험과 관련된 것으로 본다. 항문기에 욕구가 지나치게 만족되거나 좌절되면 항문기적 성격 특성이 형성되며, 주된 특성으로는 규칙성, 완고성, 인색함, 정서적 억제, 자기 회의, 강한 도덕의식 등을 들 수 있다.
- 정신분석적 입장에서는 부모의 애정과 보살핌을 받으면 자신을 중요한 존재로 여기는 '일차적 자기애'를 지니며, 점차 부모와의 애정적 경험을 통해 자신의 존재 가치를 분명히 하는 '이차적 자기애'가 발달된다고 본다. 그러나 성인이 되어서도 유아기적 자기애에 고착되어 사랑의 대상이 자신에게만 향할 때 병리적 자기애가 된다고 설명하고 있다. 유아기적 자기애가 지속되면 자기애성 성격장애로 발전될 수 있다.

정답 22. ②

23 성정체감 장애에 관한 설명으로 옳은 것은?

① 성정체감 장애는 어린 시절이나 사춘기 초기에 국한되어 발생하며 평생 동안 지속된다.

② 반대의 성이 되기를 소망하므로 성전환증으로 불리기도 한다.

③ 성정체감 장애는 생물학적 원인에 의해 발생하므로 유일한 치료 방법은 성전환수술이다.

④ 성정체감 장애는 동성애를 말한다.

해설

성정체감 장애(Gender Identity Disorder)는 자신의 생물학적 성과 성역할에 대해서 지속적으로 불편함을 느끼는 경우를 말한다. 성정체감 장애 또는 성전환증(Transsexualism)이라고 불리기도 한다. 반대의 성에 강한 동일시를 나타내거나 반대의 성이 되기를 소망하여 대부분 성전환 수술을 원하게 된다. DSM-IV의 성정체감 장애가 DSM-5에서는 성별 불쾌감(Gender Dysphoria)으로 바뀌었으며, 정체성 자체보다는 불쾌함에 임상적 초점을 두었다.

- 아동의 경우, 반대 성의 옷차림이나 반대 성이 선호하는 놀이에 관심이 많다. 성인의 경우, 반대 성을 지닌 사람으로 행동하며 사회에서 그렇게 받아들이기를 강하게 소망한다. 아동에서부터 성인에 이르기까지 다양한 연령대에서 나타날 수 있다.
- 선천적 요인으로는 유전자의 이상과 태내의 호르몬 이상이 주장되며, 후천적인 요인으로는 성장 과정에서 부모와 가족의 역할이 중요한 것으로 여겨지고 있다(예 반대 성의 행동 모방이 강화됨).
- 성정체감 장애는 동성애(Homosexuality)와 구별되어야 하는데, 동성애자는 자신의 생물학적 성이나 성역할에 대해 불편함을 겪지 않으며 성전환을 원하지 않는다.

24 DSM-5의 반응성 애착장애의 설명 중 옳지 않은 것은?

① 양육자와의 애착 외상으로 인해 심각한 정서적 억제와 위축된 행동을 나타낸다.

② 증상 양상이 6개월 이상 계속되는 경우 지속형에 해당된다.

③ 타인과의 관계를 두려워하거나 회피하며 긍정적 정서 반응을 거의 보이지 않는다.

④ 진단되는 발달연령이 최소 9개월 이상이어야 한다.

해설

- 반응성 애착장애(Reactive Attachment Disorder)는 발달적으로 부적절한 애착 행동이 특징적이며, 안락, 지지, 보호, 돌봄을 위하여 애착 대상에 의지하는 것이 거의 없거나 최소한이다. 양육자로부터 위로와

정답 23. ② 24. ②

자극, 애정 등의 기본적인 감정적 요구에 대한 지속적 결핍이 사회적 방임이나 박탈의 형태로 나타난다.

- 반응성 애착장애는 발달적으로 선택적 애착을 형성할 수 없는 아동에서는 진단될 수 없다. 이러한 이유로 아동의 발달연령은 최소 9개월 이상이 되어야 한다.
- 반응성 애착장애의 임상적 특징이 12개월 이상 지속되는 경우 '지속형'에 해당이 된다.

학습 Plus 반응성 애착장애(Reactive Attachment Disorder) 진단기준(DSM-5)

A. 성인 보호자에 대한 억제되고 감정적으로 위축된 행동의 일관된 양식이 다음의 2가지 모두로 나타난다.
  1. 아동은 정신적 고통을 받을 때 거의 안락을 찾지 않거나 최소한의 정도로만 안락을 찾음.
  2. 아동은 정신적 고통을 받을 때 거의 안락에 대한 반응이 없거나 최소한의 정도로만 안락에 대해 반응함.

B. 지속적인 사회적 · 감정적 장애가 다음 중 최소 2가지 이상으로 나타난다.
  1. 타인에 대한 최소한의 사회적 · 감정적 반응성
  2. 제한된 긍정적 정동
  3. 성인 보호자와 비협조적인 상호작용을 하는 동안에도 설명되지 않는 과민상, 슬픔 또는 무서움의 삽화

C. 아동이 불분명한 양육의 극단적인 양식을 경험했다는 것이 다음 중 최소 한 가지 이상에서 분명하게 드러난다.
  1. 성인 보호자에 의해 충족되는 안락과 자극, 애정 등의 기본적인 감정적 요구에 대한 지속적인 결핍이 사회적 방임 또는 박탈의 형태로 나타남.
  2. 안정된 애착을 형성하는 기회를 제한하는 주 보호자의 반복적인 교체(예 위탁 보육에서의 잦은 교체)
  3. 선택적 애착을 형성하는 기회를 현저히 제한하는 독특한 구조의 양육(예 아동이 많고 보호자가 적은 기관)

D. 진단기준 C의 양육이 진단기준 A의 장애 행동에 대한 원인이 되는 것으로 추정된다(예 진단기준 A의 장애는 진단기준 C의 적절한 양육 결핍 후에 시작했다).

E. 진단기준이 자폐스펙트럼장애를 만족하지 않는다.

F. 장애가 5세 이전에 시작된 것이 명백하다.

G. 아동의 발달연령이 최소 9개월 이상이어야 한다.

다음의 경우 명시할 것:

지속성: 장애가 현재까지 12개월 이상 지속되어 왔다.

현재의 심각도를 명시할 것:

반응성 애착장애에서 아동이 장애의 모든 증상을 드러내며, 각각의 증상이 상대적으로 높은 수준을 나타낼 때 고도로 명시한다.

25 물질사용장애에 관한 설명으로 옳은 것은?

① 에틸알코올은 뉴런 수준에서 GABA의 억제작용을 돕는다.
② 알코올 남용이 심각하더라도 진전섬망은 나타나지 않는다.
③ 코카인은 대표적인 진정제이며 아편 유사제이다.
④ 자낙스, 바리움, 아티반 등은 대표적인 바비튜레이트계에 속한다.

정답 25. ①

해 설

에틸알코올은 중추신경계의 중요한 억제성 신경전달물질 중 하나인 GABA의 활성화와 관련된다. GABA는 항불안, 진정, 항경련, 근육 이완 효과를 나타낸다. 에틸알코올은 GABA에 작용하여 일시적으로 불안이 완화되지만 의존성을 일으킨다.

- 진전섬망(Delirium Tremens: DTs)은 알코올 중독의 금단 증상으로 인하여 발생하는 섬망 상태이다. 이러한 물질 금단 섬망은 인지 변화를 동반하는 주의와 의식의 장해를 나타내며, 대개 몇 시간에서 며칠 정도의 단기간에 걸쳐 발생하고 하루 경과 중 변동하는 경향이 있다.
- 코카인(cocaine)은 코카나무 잎에서 추출한 알칼로이드 계열 물질로, 중추신경 흥분제(stimulants drug)이다. 중추신경계의 보상회로를 자극하여 중독성이 강한 쾌감을 일으킨다. 중추신경 흥분제는 뇌의 신경 충동을 증가시켜 중추신경계의 활동을 자극하여 각성과 신체활동을 증가시키고, 피로를 느끼지 않게 하며, 기분을 좋게 하는 작용을 한다. 암페타민, 코카인, 카페인, 니코틴 등이 있다.
- 자낙스, 바리움, 아티반 등은 대표적인 벤조디아제핀계에 속한다. 벤조디아제핀 계열의 약물은 중추신경의 벤조디아제핀 수용체와 결합하여 가바(Gamma Aminobutyric Acid: GABA)라는 신경전달물질의 중추신경 억제성 기능을 강화하여 항불안, 진정, 항경련, 근육 이완 효과를 나타내며, 급성 불안과 흥분을 조절한다.

26 다음 임상적 특징이 나타내는 DSM-5의 심리장애는?

- 2년 이상 지속되는 우울한 기분
- 식욕부진이나 과식
- 불면이나 과다수면
- 활력의 저하나 피로감
- 집중력의 감소나 결정의 곤란
- 절망감 등

① 주요우울장애 ② 순환성 장애
③ 지속성 우울장애 ④ 파괴적 기분조절 부전장애

해 설

지속성 우울장애(Persistent Depressive Disorder)는 DSM-IV의 필수 증상은 2년 동안(아동 · 청소년의 경우 1년) 우울한 기분이 없는 날보다 있는 날이 더 많으며, 하루 대부분 지속되는 우울 기분이 있다. 지속성 우울장애는 대부분 생의 초기(아동기, 청소년기, 성인기 초기)에 서서히 발병하며, 만성적인 경과를 보이며, 조기 발병(21세 이전)의 경우 성격장애 및 물질사용장애가 동반될 가능성이 높다.

정답 26. ③

학습 Plus 지속성 우울장애(Persistent Depressive Disorder) 진단기준(DSM-5)

A. 적어도 2년 동안, 하루의 대부분 우울 기분이 있고, 우울 기분이 없는 날보다 있는 날이 더 많으며, 이는 주관적으로 보고하거나 객관적으로 관찰된다.
주의점: 아동 · 청소년에게는 기분이 과민한 상태로 나타나기도 하며, 기간은 적어도 1년이 되어야 한다.

B. 우울 기간 동안 다음 2가지(또는 그 이상)의 증상이 나타난다.
1. 식욕부진 또는 과식
2. 불면 또는 과다수면
3. 기력의 저하 또는 피로감
4. 자존감 저하
5. 집중력 감소 또는 우유부단
6. 절망감

C. 장애가 있는 2년 동안(아동 · 청소년에게는 1년) 연속적으로 2개월 이상, 진단기준 A와 B의 증상이 존재하지 않았던 경우가 없었다.

D. 주요우울장애의 진단기준을 만족하는 증상이 2년간 지속적으로 나타날 수 있다.

E. 조증 삽화, 경조증 삽화가 없어야 하고, 순환성장애의 진단기준을 충족하지 않아야 한다.

F. 장애가 지속적인 조현정동장애, 조현병, 망상장애, 달리 명시된, 또는 명시되지 않는 조현병 스펙트럼 및 기타 정신병적 장애와 겹쳐져서 나타나는 것이 아니다.

G. 증상이 물질(예 남용약물, 치료약물)의 생리적 효과나 다른 의학적 상태(예 갑상선 기능저하증)로 인한 것이 아니다.

H. 증상이 사회적, 직업적 또는 다른 중요한 기능 영역에서 임상적으로 현저한 고통이나 손상을 초래한다.

27 다음 대화에서 밑줄 친 치료자의 말은 어떤 요소에 가장 부합하는가?

내담자: 저는 매사에 걱정이에요. 다른 사람들이 날 뭐라고 생각할까요? 저는 사람들이 나한테 기대하는 만큼 잘하지 못할 것 같다니까요.
치료자: 다른 사람의 의견에 신경을 많이 쓴다는 것이군요.
내담자: 물론 제가 다 걱정할 일은 아닐 수도 있어요.
치료자: <u>그렇게까지 마음 쓸 일은 아닌데… 어쨌든 꽤 걱정이 많이 된다는 말이군요.</u>

① 역설적 강조
② 능숙한 경청과 재진술
③ 책임 수용 권유
④ 경험 왜곡 부정

정답 27. ②

해설

- 재진술(Paraphrasing)
  내담자의 메시지 내용에 초점을 두고 내담자가 말한 바를 바꿔 말하는 것이다. 환언 또는 부연하기라고도 한다. 재진술함으로써 내담자의 입장을 이해하기 위해 노력하고 있다는 모습을 전달하며, 내담자는 자신의 생각을 구체화할 수 있게 된다(예 "지금 당신이 한 말은 ~하다는 말인가요?" "지금 ~하다는 말이군요").
- 적극적 경청(Active listening)
  내담자의 이야기를 주의 깊게 귀담아 듣는 것으로, 말의 내용뿐만 아니라 말하려는 의도, 심정을 주의 깊게 정성들여 듣는 태도를 말한다. 현재의 문제와 관련된 핵심적인 내용에 주목하여 경청하며 언어적인 메시지는 물론 비언어적인 메시지에도 주의를 기울이는 것을 의미한다.

28 치매에 관한 설명으로 옳은 것은?

① 유병률은 남녀가 비슷하다.
② 혈관성 치매와 알츠하이머형 치매의 유병률이 비슷하다.
③ 알츠하이머형 치매는 베타아밀로이드(β-amiloid) 단백질의 부족과 관계가 있다.
④ 치료하면 증상이 호전되는 가역성 치매가 전체 치매의 10~15%이다.

해설

가역성 치매란 완치가 가능한 원인에 의해 발생한 치매를 말하며, 일반적으로 전체 치매의 10~15%를 차지하는 것으로 알려져 있다. 치료가 가능한 질환에 의한 치매라 할지라도 적절한 시기에 치료를 하지 않으면 뇌에 구조적 변성이 발생하거나 비가역적인 변화가 생겨서 원인 질환을 치료하여도 치매 증상이 좋아지지 않을 수 있다.

<대표적인 가역성 치매의 종류>
우울증에 의한 가성치매, 정상압 뇌수두증, 뇌종양 및 만성 경막하 혈종, 감염성 질환, 내분비질환, 결핍성 질환, 알코올 중독, 약물과 연관된 치매가 있다.

- 치매(Dementia)의 유병률은 남성보다는 여성에게서 더 많은 것으로 나타나며, 알츠하이머 치매가 혈관성 치매보다 높은 유병률을 보이고 있다.
- 알츠하이머 치매는 β-아밀로이드라는 독성 단백질이 과도하게 만들어져 뇌에 침착되면서 뇌세포를 손상시켜 발생한다. 구체적인 경과는 단백질(β-amyloid)의 생성 및 축적으로 인하여 노인성 반점(senile plaques) 및 신경섬유 덩어리(neurofibrillary tangles)가 형성되고, 염증 반응의 자극이 일어나며, 지방 과산화(fat peroxidation)와 글루타민산염(glutamate)의 과다분비로 인해 세포 자연사(apoptosis)가 된다.

정답 28. ④

• 치매는 일차성 치매, 이차성 치매 및 가역성 치매로 구분되며, 일차성 치매의 대표적인 예는 알츠하이머병(Alzheimer's disease)이다. 이차성 치매는 그 외 다른 원인으로 발생하는 치매로, 혈관성으로 발생하는 뇌경색성 치매(Multi-Infarct Dementia), 신경계 질환으로 발생하는 파킨슨병(Parkinson's disease), 헌팅톤병(Huntington's disease) 등이 해당되며, 가역성 치매는 주로 알코올성 치매, 약물유발성 치매 등이 있고, 그 외에 가성 치매로는 우울증에 의한 치매를 들 수 있다.

29 이상심리학에 대한 정신분석적 접근의 설명과 가장 거리가 먼 것은?

① 아무리 사소하고 이해하기 어려운 행동이라도 우연하게 일어나지 않으며 심리적인 원인에 의해 결정된다고 본다.

② 성적 욕구는 인간의 가장 기본적인 욕구이며, 무의식의 주요한 내용을 구성한다고 가정한다.

③ 정신분석이론은 실험적인 연구에 의하여 뒷받침을 받지 못하는 비과학적 이론이라는 비판이 있다.

④ Freud는 개인 내부에 존재하는 성격 구조 간의 역동적인 갈등과 대인관계 측면에 초점을 두었다.

해설

• Freud는 원초아, 자아, 초자아에 의한 세 가지 심리적 구조와 기능의 역동적 과정에 초점을 두었다. 자아가 잘 발달된 적응적인 성인은 원초아적 욕구와 초자아적 윤리의식을 적절히 지배하고 조절하며 해소하는 반면에, 자아가 미숙하여 지배적 역할을 수행하지 못하면 원초아와 초자아 간의 타협이 이루어지지 못해 내면적 갈등으로 인한 심리적 불안과 부적응적 행동이 나타난다고 보았다.

• Freud는 개인 내부에 존재하는 성격 구조 간의 역동적 갈등에 초점을 두었을 뿐 대인관계적 측면과 사회문화적 요인의 영향을 간과했다는 비판을 받고 있다.

• Melanie Klein을 비롯한 대상관계 이론가들은 어린 아동이 어머니와의 관계 속에서 겪게 되는 내면적 경험과 갈등을 설명하였는데, 이러한 경험이 자기표상과 대상 표상의 형성에 중요하며 성장 후의 대인관계에 영향을 미친다고 보았다. 신 Freud 학파로 불리는 Sulivan은 이상행동의 인간관계적 측면을 강조하면서 어린 시절의 불행한 인간관계 경험이 자신에 대한 왜곡된 견해를 발전시켜 부적응적 행동을 유발하게 된다고 보았다.

정답 29. ④

30 조현병 환자의 대표적인 음성 증상에 해당하는 것은?

① 망상　　② 무의욕증
③ 환각　　④ 극도로 와해된 행동

해설

조현병(Schizophrenia)에서 나타나는 증상은 양성 증상(positive symptom)과 음성 증상(negative symptom)으로 구분된다.
- 양성 증상(positive symptom)에는 망상, 환각, 와해된 언어, 와해된 행동이나 긴장성 행동이 있다.
- 음성 증상(negative symptom)에는 감퇴된 감정, 무의욕증, 무언어증, 무쾌락증, 비사회성이 있다.

학습 Plus 조현병의 양성 증상(positive symptom)과 음성 증상(negative symptom)

① **양성 증상**(positive symptom)
정상인들에게는 나타나지 않지만 조현병 환자에게서는 나타나는 증상을 말한다. 망상, 환각, 와해된 언어, 와해된 행동이나 긴장성 행동이 있다.
- **망상**(delusion): 외부 세계에 대한 잘못된 추론에 근거한 그릇된 신념으로서 분명한 반증에도 불구하고 지니고 경고하게 유지된다.
- **환각**(hallucination): 현저하게 왜곡된 비현실적 지각을 말한다. 환청, 환시, 환후, 환촉, 환미로 구분되다.
- **와해된 언어**(disorganized speech): 비논리적이고 지리멸렬한 혼란스러운 언어를 뜻하며, 말을 할 때 목표나 논리적 연결 없이 횡설수설하거나 상대방이 이해하기 어려운 말을 한다.
- **와해된 행동**(disorganized behavior): 나이에 걸맞은 목표지향적 행동을 하지 못하고 상황에 부적절하게 나타내는 엉뚱하거나 부적응적인 행동을 말한다.
- **긴장증적 행동**(catatonic behavior): 마치 근육이 굳은 것처럼 어떤 특정한 자세를 유지하는 것을 말한다.

② **음성 증상**(negative symptom)
정상인들이 나타내는 적응적 기능이 결여된 상태를 말한다. 감퇴된 감정, 무의욕증, 무언어증, 무쾌락증, 비사회성이 있다.
- **감퇴된 감정**(flat affect): 외부 자극에 대한 정서적 반응이 둔화되어 무표정하거나 무감각한 상태이다.
- **무의욕증**(avolition): 마치 아무런 욕망이 없는 듯 어떠한 목표지향적 행동도 하지 않고 사회적 활동에도 무관심한 상태이다.
- **무언어증**(alogia): 말이 없어지거나 짧고 간단하며 공허한 말만을 하는 등 언어 반응이 빈곤해지는 상태이다.
- **무쾌락증**(anhedonia): 긍정적인 자극으로부터 쾌락을 경험하는 능력이 감소된 상태이다.
- **비사회성**(asociability): 다른 사람과의 사회적 상호작용에 관심이 없거나 최소한의 수준에 머문 상태이다.

정답 30. ②

31 DSM-5에서 비물질 관련 장애(non-substance-related disorders)에 포함된 것은?

① 쇼핑 중독(shopping addiction)
② 섹스 중독(sex addiction)
③ 도박장애(gambling disorder)
④ 디지털 미디어 장애(digital media disorder)

해설

물질 관련 및 중독 장애(Substance-Related and Addictive Disorders)는 물질장애와 비물질 관련 장애로 구분된다. 비물질 관련 장에에는 도박중독이 해당이 되며, 병적 도박자의 경우 자극을 추구하고 모험적이며 충동적인 활동을 즐기는 심리적 특성을 지닌다. 도박을 하는 동안 교감신경계의 활성화로 주관적 흥분감이 증가하여 기분이 좋아지고, 고통스러운 부정적 정서 상태에서 벗어나게 되면서 도박을 자주 접하게 된다.

<물질 관련 및 중독 장애의 종류와 특징>

종류	특징
물질장애	10가지의 서로 다른 종류의 약물을 포함 - 알코올, 카페인, 대마, 환각제, 흡입제, 아편계, 진정제, 수면제 또는 항불안제, 자극제, 담배 등 기타 물질
비물질 관련 장애	도박중독이 대표적임. - 개인, 가족, 그리고 직업적 장애를 유발하는 지속적이고 반복적인 부적응적 도박 행동을 보임.

학습 Plus 도박장애(Gambling Disorder) 진단기준(DSM-5)

A. 지속적이고 반복적인 문제적 도박 행동이 임상적으로 현저한 손상이나 고통을 일으키고 지난 12개월 동안 다음의 항목 중 4개(또는 그 이상)가 나타난다.
1. 원하는 흥분을 얻기 위해 액수를 늘리면서 도박하려는 욕구
2. 도박을 줄이거나 중지시키려고 하면 안절부절못하거나 과민해짐.
3. 도박을 조절하거나 줄이거나 중지시키려는 노력이 계속 실패함.
4. 종종 도박에 집착하게 됨(승산 예상 및 계획, 도박에 이길 방법 몰두 등).
5. 괴로움을 느낄 때 도박을 함.
6. 도박으로 돈을 잃은 다음에 만회하기 위해 다음 날 도박판에 되돌아감.
7. 도박을 했다는 것을 숨기기 위해 가족, 치료자 또는 타인에게 거짓말을 함.
8. 도박으로 인해 주요 관계가 위태로워지거나 일자리, 교육 및 직업적 기회 상실 또는 위기에 처함.
9. 도박으로 야기된 절망적인 재정 상태에서 벗어나기 위해 돈 조달을 남에게 의존함.

B. 도박 행동이 조증 삽화로 더 잘 설명되지 않는다.
현재의 심각도를 명시할 것:
경도: 4~5개 진단기준을 만족한다.
중등도: 6~7개 진단기준을 만족한다.
고도: 8~9개 진단기준을 만족한다.

정답 31. ③

32 DSM-5에 관한 설명으로 적합하지 않은 것은?

① DSM-IV에서 사용했던 다축 진단체계가 임상적 유용성과 타당성이 부족하다는 이유로 폐기되었다.

② 정신장애를 20개의 주요한 범주로 나누고 그 하위범주로 300여 개 이상의 장애를 포함하고 있다.

③ 정신장애 분류체계에 있어 ICD와의 조화보다는 독립적인 체계를 구축했다.

④ 장애가 흔히 발생하는 발달 단계를 고려하여 이른 시기의 발달 과정에 나타나는 정신장애 범주부터 먼저 제시하고 있다.

해 설

- 연구 및 임상 장면에서 가장 널리 사용되고 있는 이상행동 및 정신장애 분류체계는 DSM-5(미국정신의학회 발간:Diagnostic and Statistical Manual of Mental Disorders)와 ICD-10(세계보건기구 발간: International Classification of Diseases)이 있다.
- 1952년에 처음 발행된 이후 여러 번의 개정을 거쳐 1994년에 개정 4판인 DSM-IV가 발간되었다. 이후 2013년 5월에 개정 5판인 DSM-5가 출간되었다.
- DSM-5는 정신장애 분류체계에 있어서 ICD와 조화를 이루도록 많은 부분이 개정되었다. 정신장애 진단을 더 편리하게 하도록 구성하였으며 최근에 과학적인 연구 결과를 반영했다.

학습 Plus DSM-5에 포함되어 있는 정신장애의 범주

(1) 신경발달장애(Neurodevelopmental Disorders)
(2) 조현병 스펙트럼 및 기타 정신병적 장애(Schizophrenia Spectrum and Other Psychotic Disorders)
(3) 양극성 및 관련 장애(Bipolar and Related Disorders)
(4) 우울장애(Depressive Disorder)
(5) 불안장애(Anxiety Disorder)
(6) 강박 및 관련 장애(Obsessive-Compulsive and Related Disorder)
(7) 외상 및 스트레스 관련 장애(Traumatic-and Stressor Disorder)
(8) 해리장애(Dissociative Disorder)
(9) 신체증상 및 관련 장애(Somatic Symptom and Related Disorders)
(10) 급식 및 섭식장애(Feeding and Eating Disorders)
(11) 배설장애(Elimination Disorders)
(12) 수면-각성 장애(Sleep-Wake Disorders)
(13) 성기능 부전(Sexual Dysfunctions)
(14) 성 불편증(Gender Dysphoria)
(15) 파괴적, 충동조절 및 품행장애(Disruptive, Impulsive Control, and Conduct Disorders)
(16) 물질관련 및 중독장애(Substance-Related and Addictive Disorders)
(17) 신경인지장애(Neurocognitive Disorder)
(18) 성격장애(Personality Disorder)
(19) 변태성욕장애(Paraphilic Disorder)
(20) 기타 정신질환(Other Mental Disorders)

정답 32. ③

33 정신장애 발생에 관한 취약성-스트레스 모델에서 취약성 요인과 가장 거리가 먼 것은?

① 유전적 이상　　② 직업의 변화
③ 뇌신경 이상　　④ 어린 시절 부모의 학대

해 설

취약성-스트레스 모델(vulnerability-stress model)에서는 특정한 장애에 걸리기 쉬운 개인적 특성인 취약성과 환경으로부터 주어지는 심리사회적 스트레스가 상호작용하여 정신장애를 유발한다고 설명하고 있다. 이 모델에서 정신장애는 취약성을 지니는 개인에게 어떤 스트레스가 함께 연합되었을 때 발생하게 된다.

학습 Plus 정신장애 발생에 관한 취약성-스트레스 모델

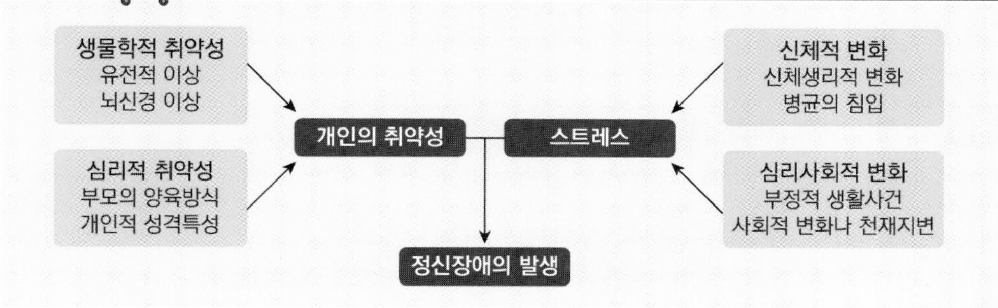

34 다음 중 치매의 과정에서 나타나는 기억 감퇴로 간주될 수 있는 사례를 모두 고른 것은?

ㄱ. 대뇌 위축과 함께 점진적으로 기억 감퇴를 보이고 독립적인 일상생활 유지가 어려운 38세 K씨
ㄴ. 공사현장에서 낙상하고 두부외상을 입은 후 현저한 기억 감퇴가 지속되는 25세 P씨
ㄷ. 동승한 부인이 사망한 교통사고를 당한 후 사고 경위를 전혀 기억하지 못하는 65세 J씨
ㄹ. 40여 년간 음주를 해 왔으며 현재 심한 기억 감퇴와 작화증을 보이는 75세 L씨

① ㄱ, ㄴ　　② ㄴ, ㄷ, ㄹ
③ ㄱ, ㄴ, ㄹ　　④ ㄱ, ㄷ, ㄹ

해 설

- ㄷ의 사례는 외상 후 스트레스 장애(Posttraumatic Stress Disorder)의 증상이라고 볼 수 있다. 외상 사건을 겪은 후 인지적 변화가 일어나 외상 사건의 중요한 측면을 기억하지 못하는 특징을 보인다. 주된

정답 33. ② 34. ③

증상으로는 침습 증상, 자극 회피, 인지와 감정의 부정적인 변화, 각성과 반응성의 현저한 변화가 나타난다.

- ㄱ의 사례는 알츠하이머형 치매에 해당된다. 대개 대뇌 위축이 나타나며 서서히 발병하고 조기에 최근 기억이 손상되며, 이어서 실어증(언어 장해), 실행증(운동 기능은 정상이지만 운동 활동의 수행에 장해)과 실인증(감각 기능은 정상이지만 물체를 인지하거나 감별하지 못함)이 점진적으로 수반된다.
- ㄴ의 사례는 두부 외상으로 인한 치매에 해당된다. 두부 외상의 직접적인 병태생리적 결과라고 판단될 때 진단되며, 기억상실이 흔히 나타나며 지속적인 기억 장해도 흔하다. 그 외 다양한 행동 증상이 나타날 수 있는데, 운동 또는 감각 결손이 있을 수 있다.
- ㄹ의 사례는 물질로 유발된 지속적 치매에 해당된다. 치매의 원인으로 추정되는 특정 물질(예 알코올)로부터 시작된다. 특히 알코올로 인한 기억장애가 현저한 경우 코르사코프 증후군으로 볼 수 있으며, 이는 기억상실, 지남력 장애, 말초신경장애, 작화증, 의식장애 등을 수반한다.

35 강박장애에 대한 설명으로 틀린 것은?

① 주된 증상은 강박사고와 강박행동이다.
② 생물학적 원인으로 세로토닌의 과잉활동이 있다.
③ 자신의 증상이 지나치거나 비합리적이라는 것을 인식한다.
④ 강박행동은 씻기, 확인하기 같은 외현적 행동과 숫자세기 같은 내현적 행동이 있다.

해설

강박장애(Obsessive-Compulsive Disorder)의 생물학적 원인론에서는 비정상적으로 낮은 세로토닌의 활동과 뇌의 중요한 영역에서 기능 이상으로 보았다. 안와전두피질(orbitofrontal cortex), 미상핵(caudate nucleus)이 지나치게 활동적이어서 생각이나 행동이 끊임없이 발생하는 것으로 설명한다.

학습 Plus 강박장애(Obsessive-Compulsive Disorder) 진단기준(DSM-5)

A. 강박사고 또는 강박행동
*강박사고는 (1), (2)로 정의된다.
(1) 반복적이고 지속적인 사고, 충동 또는 심상으로서 이러한 증상은 장애가 진행되는 어느 시점에서 침투적이고 부적절한 것이라고 경험되며, 심한 불안과 고통을 초래한다.
(2) 개인은 이러한 사고, 충동, 심상을 무시하거나 억압하려 하며 다른 생각이나 행동에 의해 완화시키려고 한다.
*강박행동은 (1), (2)로 정의된다.
(1) 반복적인 행동(손씻기, 정돈하기, 확인하기) 또는 정신적 활동(기도, 숫자세기)으로서 개인은 이러한 행동이 강박사고에 대한 반응으로서 또는 엄격하게 적용되어야 하는 원칙에 따라서 어쩔 수 없이 행해지는 것으로 느낀다.

정답 35. ②

(2) 이러한 행동이나 정신적 활동은 고통을 예방하거나 감소시키고, 두려운 사건이나 상황을 방지하기 위한 것이다. 그러나 이러한 행동, 정신적 활동이 완화하거나 방지하려고 하는 것과 실제적으로 연결되어 있지 않으며 명백하게 지나친 것이다.

B. 강박사고, 강박행동은 현저한 고통을 초래하거나 많은 시간(하루에 1시간 이상)을 소모하게 하거나 일상적인 일, 직업적(또는 학업적) 기능 또는 사회적 활동이나 관계를 심각하게 방해한다.

C. 강박 증상은 물질(예 남용하는 약물, 물질)이나 일반적인 의학적 상태의 생리적 효과로 인한 것이 아니다.

D. 이 장해는 다른 정신장애의 증상(예 섭식장애의 경우 음식에 대한 집착, 신체이형장애의 경우 외모 집착, 저장장애에서의 물건을 버리기가 어려움, 질병불안장애에서의 질병에 대한 집착)에 의한 것이 아니다.

36 다음은 어떤 양극성장애를 나타내는 것인가?

과거에 한 번 이상의 경조증 삽화와 한 번 이상의 주요우울 삽화를 경험한 적이 있어야 한다. 아울러 조증 삽화를 한 번도 경험한 적이 없어야 한다.

① 순환성 장애
② 제I형 양극성장애
③ 제II형 양극성장애
④ 제III형 양극성장애

해설

- 제 II형 양극성장애(Bipolar II Disorder)는 과거에 한 번 이상의 경조증 삽화와 한 번 이상의 주요우울 삽화를 경험한 적이 있어야 한다. 평상시 기분과는 분명히 다른 의기양양하거나 고양된 기분이 적어도 4일간 지속되며, 조증 삽화 경험은 없어야 한다.
- 제I형 양극성장애(Bipolar I Disorder)는 기분이 비정상적으로 고양되는 조증 삽화가 나타나며, 한 번 이상의 주요우울 삽화를 경험한다. 조증 삽화 동안은 비정상적으로 의기양양하고 자신만만하거나 짜증스러운 기분 및 목표지향적 행동이나 에너지 수준이 비정상적으로 증가된 상태가 1주일 이상 분명하게 지속된다.

학습 Plus 경조증 삽화(hypomanic episode)의 임상적 특징

A. 비정상적으로 들뜨거나, 의기양양하거나, 과민한 기분, 목표지향적 활동과 에너지의 증가가 일주일 간(조증의 경우 일주일 간/경조증의 경우에는 4일 연속으로) 거의 매일, 하루 중 대부분 지속되는 기간이 있다.

B. 기분장애 및 증가된 에너지와 활동을 보이는 기간 중 다음 증상 가운데 3가지(또는 그 이상)를 보이며(기분이 단지 과민하기만 한다면 4가지) 평소 모습에 비해 변화가 뚜렷하고 심각한 정도로 나타난다.

1. 자존감의 증가 또는 과대감
2. 수면에 대한 욕구 감소(예 단 3시간의 수면만으로도 충분하다고 느낌)
3. 평소보다 말이 많아지거나 끊기 어려울 정도로 계속 말을 함
4. 사고의 비약 또는 사고가 질주하듯 빠른 속도로 꼬리를 무는 듯한 주관적인 경험
5. 주관적으로 보고하거나 객관적으로 관찰되는 주의산만(예 중요하지 않거나 관계없는 외적 자극에 너무 쉽게 주의가 분산됨)

정답 36. ③

6. 목표지향적 활동의 증가(직장이나 학교에서의 사회적 활동 또는 성적 활동) 또는 정신운동 초조(예 목적이나 목표 없이 부산하게 움직임)
7. 고통스러운 결과를 초래할 가능성이 높은 활동에의 지나친 몰두(예 과도한 쇼핑 등의 과소비, 무분별한 성행위, 어리석은 사업 투자)

C. 기분장애가 사회적 · 직업적 기능의 현저한 손상을 초래할 정도로 충분히 심각하거나 자해나 타해를 예방하기 위해 입원이 필요 또는 정신병적 양상이 동반된다.
D. 삽화가 물질(예 남용약물, 치료약물, 기타 치료)의 생리적 효과나 다른 의학적 상태로 인한 것이 아니다.

37 이상행동을 유발하는 인지적 요인에 관한 설명과 가장 거리가 먼 것은?

① 인지 구조는 외부 자극에 대한 정보처리의 결과로 생성된 인지를 의미한다.
② 상실이나 실패라는 주제에 편향되어 자신의 경험을 비관적으로 평가하는 경향은 역기능적 신념과 관련이 있다.
③ 만성 조현병 환자의 주의폭의 협소화, 강박증 환자의 단기기억 용량의 감소 등은 인지적 결손에 해당한다.
④ 정신장애를 지닌 사람들의 의미 부여 과정은 매우 빠르게 진행되어 의식적으로 노력하지 않으면 사고 내용이 잘 자각되지 않는데, 이를 자동적 사고라 한다.

해 설

이상행동을 유발하는 인지적 입장에서는 주변의 환경 자극에 대해 의미를 부여하는 과정에서 인지적 요인이 개입하게 되는데, 정신장애를 지닌 사람들은 부적응적인 인지적 특성을 지닌다고 본다. 부적응적 인지를 이해하기 위해서는 인지적 구조, 인지적 산물, 인지적 과정을 구분하는 것이 유용하다.

- **인지적 구조(cognitive structure)**
  개인이 자신과 세계에 대한 지식과 정보를 체계적으로 조직하고 저장하는 기억체계를 의미한다. 개인의 인지도식(schema)이 역기능적 신념으로 나타나면 인지 구조의 편향이나 결손으로 인해 이상행동과 심리장애가 발생된다고 본다.
- **인지적 산물(cognitive products)**
  외부 자극에 대한 정보처리의 결과로 생성된 인지를 의미한다. 인지적 산물은 외부의 환경적 자극과 개인 내부의 인지적 구조가 상호작용한 결과로서 주로 사고나 심상의 형태를 지닌다. 이러한 인지적 산물은 감정과 행동에 영향을 미친다.
- **인지적 과정(cognitive processes)**
  인지적 구조가 인지적 산물을 생성해 내는 방식을 의미한다. 이 과정에서는 입력 정보에 의미 부여가 이루어지고 추론이나 확대되는 정보 변환 과정을 거친다. 이때 인지적 오류에 의한 외부 자극의 의미가 과장되거나 왜곡되면서 현실 적응에 어려움이 초래된다.

정답 37. ①

38 DSM-5의 지적발달장애 유형 중에 사회경제적 지위 수준에 따라 유병률의 차이가 가장 현저한 것은?

① 경도(mild)
② 중등도(moderate)
③ 중도(severe)
④ 최고도(profound)

해 설

지적발달장애(Intellectual Development Disability)는 지적 기능과 적응 기능에서의 결손으로 표준화된 지능검사에서 70 미만의 지능지수(IQ)를 보이는 경우이다. 경도(mild)의 경우에는 지적발달장애 유형 중 사회경제적 지위 수준에 따라 유병률의 차이가 현저하다. 적절한 교육과 훈련을 통해 여러 가지 적응 기술을 습득시킬 경우 지적장애에 해당되지 않는 양호한 적응상태를 나타낼 수도 있다.

<지적 수준에 따른 구분>

IQ 수준	등급	특징	기능
IQ 50~55에서 70 미만	경도 (mild)	지적장애의 약 85%가 해당됨. 대략 초등학교 6학년 정도의 지적 수준을 지님.	단순 반복적인 작업이 가능하지만 대부분 타인의 도움과 지도가 필요함.
IQ 35~40에서 50~55	중등도 (moderate)	지적장애의 약 10%가 해당됨. 의사소통 습득이 가능하고 지도감독 하에 사회적 기술/직업적 기술을 익힐 수 있으나, 초등학교 2학년의 지적 수준을 넘기기 어려움.	보호기관에서 지도감독 아래 비숙련 또는 반숙련 작업 수행이 가능함.
IQ 20~25에서 35~40	고도 (severe)	지적장애의 약 3~4%가 해당됨. 매우 초보적인 언어만 습득하고, 기본적인 자기 보살핌은 가능함.	매우 집중적인 지도감독 하에서 비숙련 단순작업 수행이 가능함.
IQ 20~25 이하	최고도 (profound)	지적장애의 약 1~2%로, 대부분 신경학적 결함을 지님. 지적 학습 및 사회적 적응이 거의 불가능하며, 흔히 걸음걸이나 운동 기능에 이상을 나타냄.	초기 아동기부터 지속적인 보살핌과 지도감독이 필요함.

39 지적장애에 대한 설명으로 옳은 것은?

① 경도(mild) 수준의 지적장애는 식사, 옷입기, 배설, 위생 관리는 가능하나 독립적으로 수행하기 위해서는 장기간에 걸친 교육과 시간이 필요하다.
② 중등도(moderate) 수준의 지적장애는 학령전기 아동의 경우 개념적 영역의 차이가 뚜렷하지 않을 수 있다.
③ 고도(severe) 수준의 지적장애는 연령에 적합하게 자기 관리를 수행할 수 있지만 복잡한 일상생활 영역에서는 또래에 비해 약간의 도움이 필요하다.
④ 최고도(profound) 수준의 지적장애는 일부 일상 활동에는 참여할 수 있으나 일상적인 신체 관리, 건강, 안전의 전 영역에 걸쳐 타인에게 의존적인 생활을 한다.

정답 38. ① 39. ④

해설

- 지적장애는 적응 기능의 심각도에 따라 경도, 중등도, 고도, 최고도 수준으로 구분하며, 최고도(profound) 수준의 지적장애의 경우 지속적인 보살핌과 지도감독이 필요하다. 지적장애의 약 1~2%에 해당된다.
- 중등도(moderate) 수준의 지적장애는 옷입기, 배설, 위생관리는 가능하나 독립적으로 수행하기 위해서는 장기간에 걸친 교육과 시간이 필요하다.
- 경도(mild) 수준의 지적장애는 학령전기 아동의 경우 개념적 영역의 차이가 뚜렷하지 않을 수 있다.
- 경도(mild) 수준의 지적장애는 연령에 적합하게 자기 관리를 수행할 수 있지만 복잡한 일상생활 영역에서는 또래에 비해 약간의 도움이 필요하다.

<지적장애의 심각도 수준에 따른 분류>

심각도	개념적 영역	사회적 영역	실행적 영역
경도 (mild)	학령전기 아동에서는 개념적 영역의 차이가 뚜렷하지 않을 수 있다. 학령기 아동과 성인에서는 읽기, 쓰기, 계산, 시간이나 돈에 대한 개념과 같은 학업 기술을 배우는 데 어려움이 있으며, 연령에 적합한 기능을 하기 위해서는 하나 이상의 영역에서 도움이 필요하다. 성인에서는 학습된 기술의 기능적 사용(예 읽기, 금전 관리)뿐 아니라 추상적 사고, 집행 기능(예 계획, 전략 수립, 우선순위 정하기, 인지적 유연성), 단기기억도 손상되어 있다. 문제나 해결에 대한 접근이 또래에 비해 다소 융통성이 없다 .	전형적인 발달을 보이는 또래에 비해 사회적 상호작용이 미숙하다. 예를 들어, 또래들의 사회적 신호를 정확하게 인지하는 데 어려움이 있을 수 있다. 의사소통, 대화, 언어가 연령 기대 수준에 비해 좀 더 구체적인 수준에 머물러 있거나 미숙하다. 연령에 적합한 방식으로 감정이나 행동을 조절하는 데 어려움이 있을 수 있다. 이러한 어려움은 사회적 상황에서 또래들에게 눈에 띄게 된다. 사회적 상황에서의 위험에 대해 제한적인 이해를 한다. 사회적 판단이 연령에 비해 미숙하여 다른 이들에게 속거나 조종당할 위험이 있다.	자기 관리는 연령에 적합하게 수행할 수 있다. 복잡한 일상생활 영역에서는 또래에 비해 약간의 도움이 필요하다. 성인에서는 장보기, 교통수단 이용하기, 가사 및 아이 돌보기, 영양을 갖춘 음식 준비, 가사 및 아이 돌보기, 은행 업무와 금전 관리와 같은 영역에서의 도움이 필요하다. 여가 기술은 또래와 유사하나, 웰빙과 여가 계획과 관련된 판단에는 도움이 필요하다. 성인기에는 개념적 기술이 강조되지 않는 일자리에 종종 취업하기도 한다. 건강 관리나 법률과 관련된 결정을 내리고 직업 활동을 능숙하게 수행하기 위해서는 도움이 필요하다. 가족을 부양하는 데에는 도움이 필요하다.
중등도 (moderate)	전 발달 영역에 걸쳐 개념적 기술이 또래에 비해 현저히 뒤처진다. 학령전기 아동에서는 언어와 학습 준비 기술이 느리게 발달한다. 학령기 아동에서는 읽기, 쓰기, 수학, 시간과 돈에 대한 이해가 전 학령기에 걸쳐 더딘 진행을 보이며, 또래에 비해 매우 제한적이다. 성인기에도 학업 기술은 초등학생 수준에 머무르며, 개인 생활이나 직업에서 학업 기술을 사용하기 위해서는 도움이 필요하다. 일상생활에서의 개념적 업무를 완수하기 위해서는 지속적인 도움이 필요하며, 다른 사람이 이러한 책임을 전적으로 대신하기도 한다.	전 발달 과정에 걸쳐 사회적 행동과 의사소통 행동에서 또래들과 확연한 차이를 보인다. 표현언어가 사회적 의사소통의 주요 수단이지만 단어나 문장이 또래에 비해 단조롭다. 대인관계를 맺는 능력이 있어 가족과 친구와 유대 관계를 가지며, 성공적으로 우정을 나눌 수도 있고, 성인기에 연애를 할 수도 있다. 그러나 사회적 신호를 정확하게 감지하거나 해석하지 못할 수도 있다. 사회적 판단과 결정 능력에 제한이 있어 중요한 결정을 내릴 때는 보호자가 반드시 도와주어야 한다. 의사소통이나 사회성의 제약이 정상 발달을 하는 또래들과의 우정에 영향을 끼친다. 직	식사, 옷 입기, 배설, 위생 관리는 가능하며, 이러한 영역을 독립적으로 수행하기 위해서는 장기간에 걸친 교육과 시간이 필요하며, 할 일을 상기시켜 주는 것도 필요하다. 성인기에 모든 집안일에 참여할 수 있으나 장기간의 교육이 필요하며, 대체로 성인 수준을 수행하기 위해서는 지속적인 도움이 필요하다. 제한된 개념적 기술과 의사소통 기술이 요구되는 직업에 독립적인 취업이 가능하나 사회적 기대, 업무의 복잡성 및 일정 관리, 교통수단 이용하기, 의료보험, 금전 관리와 같은 부수적인 책임을 해내기 위해서는 동료나 감독자, 다른 사람의 상당한 도움이 필요하

		업적 영역에서 성공하기 위해서는 많은 사회적 · 의사소통적 도움이 요구된다.	다. 다양한 여가 활용 기술을 발달시킬 수 있다. 이를 위해서는 일반적으로 오랜 기간에 걸친 부수적인 도움과 학습 기회가 필요하다. 극히 일부에서는 부적응적인 행동을 보이며 사회적 문제를 야기하기도 한다.
고도 (severe)	개념적 기술을 제한적으로 습득할 수 있다. 글이나 수, 양, 시간, 금전에 대한 개념 이해가 거의 없다. 보호자들은 인생 전반에 걸쳐 문제해결에 광범위한 도움을 제공한다.	말 표현 시 어휘나 문법에 상당한 제한이 있다. 한 단어나 구로 말을 하거나 다른 보완적 방법으로 내용을 보충하게 된다. 말이나 의사소통은 현재의 일상생활에 관한 내용에 치중되어 있다. 언어는 설명이나 해석보다는 사회적 의사소통을 위해 사용하며, 간단한 말이나 몸짓을 이해할 수 있다. 가족 구성원과의 관계나 친밀한 이들과의 관계에서 즐거움을 얻고 도움을 받는다.	식사, 옷 입기, 목욕, 배설과 같은 일상생활 영역 전반에 대한 지원과 감독이 항시 필요하다. 자신이나 타인의 안녕에 대한 책임 있는 결정을 내릴 수 없다. 성인기에 가사, 여가 활동이나 작업에 참여하기 위해서는 지속적인 도움과 지원이 필요하며, 모든 영역의 기술 습득을 위해서는 장기간의 교육과 지속적인 도움이 필요하다. 소수의 경우에서는 자해와 같은 부적응적 행동이 문제가 될 수 있다.
최고도 (profound)	개념적 기술은 주로 상징적 과정보다는 물리적 세계와 연관이 있다. 자기 관리, 작업, 여가를 위해 목표 지향적 방식으로 사물을 이용할 수 있다. 짝짓기, 분류하기와 같은 단순한 시각 · 공간적 기능을 습득할 수도 있으나 동반된 운동, 감각 손상이 사물의 기능적 사용을 방해할 수 있다.	말이나 몸짓의 상징적 의사소통에 대한 이해가 매우 제한적이다. 일부 간단한 지시나 몸짓을 이해할 수 있다. 자신의 욕구나 감정은 주로 비언어적 · 비상징적 의사소통 방식을 통해 표현한다. 친숙한 가족 구성원이나 보호자와의 관계를 즐기며, 몸짓이나 감정적 신호를 통해 사회적 의사소통을 맺는다. 동반된 감각적 · 신체적 손상으로 인해 다양한 사회적 활동에 제한이 생길 수 있다.	일부 일상 활동에 참여할 수도 있으나, 일상적인 신체 관리, 건강, 안전의 전 영역에 걸쳐 타인에게 의존적인 생활을 하게 된다. 심각한 신체적 손상이 없는 경우에는 접시 나르기와 같은 간단한 가사를 보조할 수 있다. 고도의 지속적인 도움을 통해 물건을 이용한 간단한 활동을 함으로써 일부 직업적 활동의 기초를 마련할 수 있다. 다른 사람의 도움 하에 음악 듣기, 영화 보기, 산책하기, 물놀이와 같은 여가 활동에 참여할 수 있다. 동반된 신체적 · 감각적 손상이 집안일이나 여가, 직업적 활동에 참여하는 데 종종 방해가 된다. 소수의 경우에서는 부적응적 행동이 나타날 수 있다.

학습 Plus 지적장애(Intellectual Disability) 진단기준(DSM-5)

지적장애는 발달 시기에 시작되며, 개념 · 사회 · 실행 영역에서 지적 기능과 적응 기능 모두에 결함이 있는 상태를 말한다. 다음의 3가지 진단기준을 충족해야 한다.

A. 임상적 평가와 개별적으로 실시된 표준화된 지능검사로 확인된 지적 기능(추론, 문제 해결, 계획, 추상적 사고, 판단, 학업, 경험 학습)에 결함이 있다.

B. 적응 기능의 결함으로 인해 독립성과 사회적 책임 의식에 필요한 다양한 환경(가정, 학교, 일터, 공동체)에서 한 가지 이상의 일상 활동(의사소통, 사회적 참여, 독립적 생활) 기능에 제한을 받는다.

C. 지적 결함과 적응 기능의 결함은 발달 시기 동안에 시작된다.

- 현재의 심각도를 명시할 것: 경도, 중등도, 고도, 최고도

40 DSM-5 성격장애 하위유형 중 극적이고 감정적이며 변덕스러운 성격 특성을 나타내는 유형으로만 묶인 것은?

① 반사회성 성격장애, 연극성 성격장애, 경계성 성격장애
② 조현성 성격장애, 연극성 성격장애, 자기애성 성격장애
③ 의존성 성격장애, 회피성 성격장애, 편집성 성격장애
④ 강박성 성격장애, 조현형 성격장애, 반사회성 성격장애

해 설

B군 성격장애(Cluster B Personality Disorder)의 경우, 정서적이고 극적인 성격 특성을 나타내며, 반사회성 성격장애, 연극성 성격장애, 자기애성 성격장애, 경계성 성격장애가 있다.

- 반사회성 성격장애(Antisocial Personality Disorder)의 주요 특징은 사회의 규범이나 법을 지키지 않으며, 무책임하고 폭력적인 행동으로 인해 사회적 부적응을 초래한다.
- 연극성 성격장애(Histrionic Personality Disorder)의 주요 특징은 타인의 애정과 관심을 끌기 위한 지나친 노력과 과도한 감정 표현이다.
- 자기애성 성격장애(Narcissistic Personality Disorder)의 주요 특징은 자신에 대한 과장된 평가로 인한 특권 의식을 지니고, 타인에게 착취적인 태도를 보이며, 요구적인 행동으로 나타난다.
- 경계성 성격장애(Borderline Personality Disorder)의 주요 특징은 대인관계, 자아상 및 정동의 불안정, 충동성이 성인기 초기에 시작되어 광범위한 형태로 여러 상황에서 나타난다.

정답 40. ①

7 2016년 기출문제

21 DSM-5에서 다음의 증상에 가장 적합한 진단은?

> 3주 전 10대 후반의 여자 청소년이 남자 친구의 오토바이를 함께 타고 가다가 자동차와 부딪혀 남자 친구는 사망하고 자신은 가벼운 찰과상을 입게 되었다. 그녀는 2주 만에 병원에서 퇴원하였으나 사고가 반복되는 악몽과 두통, 사고 장면이 순간순간 떠오르는 증상, 자동차와 오토바이에 대한 극심한 불안을 주 호소로 하여 심리치료센터에 방문하였다.

① 급성 스트레스 장애(acute stress disorder)
② 반응성 애착장애(reactive attachment disorder)
③ 외상 후 스트레스 장애(post traumatic stress disorder)
④ 적응장애(adjustment disorder)

해 설

급성 스트레스 장애는 외상 사건 노출 후 3일에서 1개월까지 지속되기 때문에 PTSD와 구별된다. 증상이 1개월 이상 지속되면 PTSD로 진단이 바뀐다(사례에서는 3주 전에 사건이 촉발되었기에 급성 스트레스로 진단됨).

- 반응성 애착장애의 특징으로는 발달적으로 부적절한 애착 행동으로서 안락, 지지, 보호, 그리고 돌봄을 위해 애착 대상에 의지하는 것이 거의 없거나 최소한으로 나타난다. 보호자와 일상적인 상호작용을 하는 동안에도 긍정적인 감정 표현이 거의 없고, 감정 조절 능력이 제대로 발달하지 못해 두려움, 슬픔, 과민한 정서 등 부정적인 감정을 보인다.
- 외상 후 스트레스 장애의 진단을 내리려면 최소한 증상이 1개월 이상 지속되어야 하며, 한 가지 이상의 외상 사건에 노출된 후 외상 사건에 대한 침습적 재경험(악몽이나 이미지), 자극의 지속적 회피, 부정적인 인지와 기분, 과각성 및 지나친 감정 반응 등을 특징으로 한다.

정답 21. ①

- 적응장애는 인식 가능한 스트레스 요인에 대한 반응으로서 감정 또는 행동 증상이 스트레스 요인이 시작된 지 3개월 이내에 생긴다. 스트레스 요인은 단일의 사건(예 연인 관계의 종결)일 수도 있고, 다양한 스트레스 요인(예 현저한 직업적 어려움과 결혼생활 문제)이 있을 수 있다. 급성 스트레스 장애에 해당되는 실제적이거나 위협적인 죽음, 심각한 상해, 성폭력에의 노출인 진단기준 A를 만족하지 않는 스트레스 요인에 대한 반응일 때 진단된다.

<외상 및 스트레스 관련 장애의 유형과 특징>

유형	특징
외상 후 스트레스 장애	외상성 사건에 노출된 후 첫 3개월 내에 시작하며, 진단기준을 충족하기 전 수개월에서 수년 정도의 지연이 있을 수 있음.
급성 스트레스 장애	외상성 사건에 노출된 뒤 3일에서 한 달 이내 증상이 지속됨.
적응장애	스트레스 사건 후 우울, 불안 등의 증상이 3개월 이내에 시작하고, 스트레스 요인 또는 결과가 종결된 후 6개월 이상은 지속되지 않음.
반응성 애착장애	애착 인물에 대해 회피 반응을 보임.
탈억제 사회관여장애	주변 인물에 대해 과도한 접근 행동을 보임.

학습 Plus 급성 스트레스 장애(Acute Stress Disorder) 진단기준(DSM-5)

A. 실제적이거나 위협적인 죽음, 심각한 부상, 또는 성폭력에의 노출이 다음과 같은 방식 가운데 한 가지(또는 그 이상)에서 나타난다.
  1. 외상성 사건(들)에 대한 직접적인 경험
  2. 그 사건(들)이 다른 사람들에게 일어난 것을 생생하게 목격함.
  3. 외상성 사건(들)이 가족, 가까운 친척 또는 친한 친구에게 일어난 것을 알게 됨.
  4. 외상성 사건(들)의 혐오스러운 세부사항에 대한 반복적이거나 지나친 노출의 경험(예 변사체 처리의 최초 대처자, 아동학대의 세부사항에 반복적으로 노출된 경찰)

B. 외상성 사건이 일어난 후에 시작되거나 악화된 침습, 부정적 기분, 해리, 회피와 각성의 5개의 범주 중에서 다음 증상 중 9가지 이상이 나타난다.

침습 증상
  1. 외상성 사건(들)의 반복적, 불수의적이고, 침습적인 고통스러운 기억
  2. 꿈의 내용과 정동이 외상성 사건(들)과 관련되어 반복적으로 나타나는 고통스러운 꿈
  3. 외상성 사건(들)이 재생되는 것처럼 그 개인이 느끼고 행동하게 되는 해리성 반응(예 플래시백)
  4. 외상성 사건(들)을 상징하거나 닮은 내부 또는 외부의 단서에 노출되었을 때 나타나는 극심하거나 장기적인 심리적 고통 또는 현저한 생리적 반응

부정적 기분
  5. 긍정적 감정을 경험할 수 없는 지속적인 무능력(예 행복, 만족 또는 사랑의 느낌을 경험하지 못함)
  6. 주위 환경 또는 자기 자신에의 현실에 대한 변화된 감각(예 스스로를 다른 사람의 시각에서 관찰, 혼란스러운 상태에 있는 것, 시간이 느리게 가는 것)
  7. 외상성 사건(들)의 중요한 부분을 기억하지 못함(두부 외상, 알코올 또는 약물 등의 이유가 아니며 전형적인 해리성 기억상실에 기인).

회피 증상
  8. 외상성 사건(들)에 대한 또는 밀접한 관련이 있는 고통스러운 기억, 생각 또는 감정을 회피하려는 노력
  9. 외상성 사건(들)에 대한 밀접한 관련이 있는 고통스러운 기억, 생각, 또는 감정을 불러일으키는 외부적 암시(사람, 장소, 대화, 행동, 사물, 상황)를 회피하려는 노력

각성 증상
10. 수면 교란(예 수면을 취하거나 유지하는 데 어려움 또는 불안한 수면)
11. 전형적으로 사람 또는 사물에 대한 언어적 또는 신체적 공격성으로 표현되는 민감한 행동과 분노 폭발 (자극이 거의 없거나 아예 없이)
12. 과각성
13. 집중력의 문제
14. 과장된 놀람 반응
C. 장애(진단기준 B의 증상)의 기간은 외상 노출 후 3일에서 1개월까지이다.
D. 장애가 사회적, 직업적 또는 다른 중요한 기능 영역에서 임상적으로 유의한 고통과 손상을 초래한다.

22 아동 · 청소년기에 흔한 심리장애에 관한 설명과 가장 거리가 먼 것은?

① 분리불안장애는 집이나 애착 대상과의 분리에 대한 과도한 공포와 불안이다.
② 반응성 애착장애는 생후 9개월부터 만 5세 이전의 아동에게서 주로 발생한다.
③ 선택적 무언증은 증상이 1개월 이상 지속되는 경우이다.
④ 만성 틱장애는 증상이 연속적으로 6개월 이상 지속되는 경우이다.

해 설

만성 틱장애(운동 또는 음성)는 자주 악화와 완화를 반복하지만, 증상이 처음 나타난 시점부터 1년 이상 지속되는 특징을 보인다.

- 운동 틱(motor tic): 눈, 머리, 어깨, 입, 손 부위를 갑자기 움직이는 특이한 동작이 반복되는 것을 말한다 (예 눈 깜빡거리기, 얼굴 찡그리기, 어깨 움츠리기, 발 구르기).
- 음성 틱(vocal tic): 갑자기 소리를 내는 행동으로, 헛기침하기, 킁킁거리기, 컥컥거리기, 엉뚱한 단어나 구절을 반복하기, 욕이나 외설스러운 단어를 반복하기 등이 있다.

학습 Plus 신경발달장애(Neurodevelopmental Disorders)의 유형과 특징

유형	특징
지적장애	지적장애로 인해 IQ 70 미만으로, 학업을 비롯한 대부분의 적응 활동에서 부진을 보임.
의사소통장애	말이나 언어 사용에 결함이 있는 경우로, 언어장애, 말소리장애, 아동기발병 유창성장애, 사회적(실용적) 의사소통장애로 구분됨.
자폐스펙트럼장애	DSM-IV의 자폐증, 아스퍼거장애, 소아기붕괴성장애, 레트장애, 광범위성 발달장애를 아우르는 장애로, 사회적 의사소통이 부족하고, 제한되고 반복적인 행동을 보임.
주의력결핍 과잉행동장애	주의집중의 어려움과 산만함, 충동성, 과잉행동을 보이는 장애임.
특정 학습장애	지능은 정상적이지만 지능 수준에 비해 읽기, 쓰기, 산술과 같은 영역에서 학습부진을 보임.
운동장애	연령이나 지능 수준에 비해 운동 능력이 현저하게 미숙하고 부적응적인 움직임을 반복하는 것으로, 틱장애, 발달적 협응장애, 상동증적 운동장애가 있음. 틱장애에는 뚜렛장애, 지속성(만성 운동 또는 음성) 틱장애, 잠정적 틱장애 등이 있음.

정답 22. ④

23 DSM 진단체계에 관한 설명과 가장 거리가 먼 것은?

① DSM보다 앞서 정신장애를 진단하는 체계가 있었다.
② DSM-2부터 다축 분류를 채택하였다.
③ 정신지체는 DSM-4의 축2로 분류된다.
④ DSM-5에서는 DSM-4에서 적용되었던 다축 분류 체계가 폐기되었다.

해설

DSM-IV부터 다축 분류를 채택하였으나, 임상적 유용성, 타당성이 부족하다는 비판에 따라 DSM-5에서는 다축 분류 체계를 폐기하였다. 다축 체계는 여러 축의 평가를 포함하고 있는데, 그 각각은 임상가가 치료를 계획하고 결과를 예견할 때에 도움이 되는 서로 다른 영역에서의 정보를 다루고 있다.
DSM-IV의 다축 평가에는 5개 축이 포함된다.

- **축 1**: 임상적 장애
  임상적 관심의 초점이 되는 기타 상태
- **축 2**: 성격장애
  정신지체
- **축 3**: 일반적인 의학적 상태
- **축 4**: 심리사회적 · 환경적 문제
- **축 5**: 전반적인 기능 평가
  [전반적 평가 척도(Global Assessment Scale: GAF)를 사용하여 개인의 임상적 변화를 추정하였다. 이 척도는 심리적 · 사회적 · 직업적 기능 측면을 평가하며 1점부터 100점까지 점수로 기록된다]

24 DSM-5에서 적응장애에 관한 설명과 가장 거리가 먼 것은?

① 분명히 확인될 수 있는 심리사회적 스트레스 사건에 대한 반응으로 부적응 증상이 나타나야 한다.
② 청소년의 경우 비행 행동이 나타날 수 있다.
③ 우울 및 불안 등 정서적인 어려움을 보인다.
④ 적응장애를 지닌 아동은 흔히 인지발달과 언어발달이 늦어지거나 상동적 행동문제를 나타낸다.

정답 23. ② 24. ④

해 설

자폐스펙트럼장애의 경우, 사회적 의사소통, 사회적 상호작용의 결함이 지속적으로 나타나고, 인지 및 언어 발달의 지연이나 제한적이고 반복적인 상동적 행동을 특징으로 보인다.

학습 Plus 적응장애(Adjustment Disorder) 진단기준(DSM-5)

A. 인식 가능한 스트레스 요인(들)에 대한 반응으로 감정적 또는 행동적 증상이 스트레스 요인(들)이 시작된 지 3개월 이내에 발달된다.

B. 이러한 증상 또는 행동은 임상적으로 현저하며, 다음 중 한 가지 또는 모두에서 명백하다.
   1. 증상의 심각도와 발현에 영향을 미치는 외적 맥락과 문화적 요인을 고려할 때 스트레스 요인의 심각도 또는 강도와 균형이 맞지 않는 현저한 고통
   2. 사회적, 직업적 또는 다른 중요한 기능 영역에서의 현저한 손상

C. 증상은 정상 애도 반응을 나타내는 것이 아니다.

D. 스트레스 요인 또는 그 결과가 종료된 후에 증상이 추가 6개월 이상 지속되지 않는다.

다음 중 하나를 명시할 것:
- 우울 기분 동반: 저하된 기분, 눈물이 남 또는 무망감이 두드러진다.
- 불안 동반: 신경과민, 걱정, 안절부절못함 또는 분리불안이 두드러진다.
- 불안 및 우울 기분 함께 동반: 우울과 불안의 조합이 두드러진다.
- 품행장애 동반: 품행의 장애가 두드러진다.
- 정서 및 품행장애 함께 동반: 정서 증상(예 우울, 불안)과 품행의 장애가 모두 두드러진다.
- 명시되지 않는 경우: 적응장애의 특정한 아형의 하나로 분류할 수 없는 부적응 반응이 있다.

다음의 경우 명시할 것:
- 급성: 장애가 6개월 미만일 경우
- 만성(지속성): 장애가 6개월 이상 지속될 경우

25 DSM-5에서 파괴적, 충동통제 및 품행장애의 특징을 짝지은 것은?

ㄱ. 정서와 행동에 대한 자기통제 문제와 관련된다.
ㄴ. 타인의 권리를 침해하거나 사회적 규범을 위반하는 부적응적 행동들이 여기에 포함된다.
ㄷ. DSM-5에서 적대적 반항장애, 병적 방화, 반사회성 성격장애 등을 포함한다.
ㄹ. 대개 성인기에 발병한다.
ㅁ. 충동행동 후의 결과를 통해 새로운 학습이 일어나 충동행동은 자연스럽게 점점 줄어든다.

① ㄱ, ㄴ, ㄷ　② ㄱ, ㄴ, ㄹ
③ ㄱ, ㄹ, ㅁ　④ ㄴ, ㄷ, ㄹ

정답 25. ①

해 설

파괴적, 충동조절 및 품행장애(Disruptive, Impulsive Control, and Conduct Disorders)는 정서 및 행동에 대한 자기조절 문제와 관련된다. 하위장애로는 적대적 반항장애, 간헐적 폭발장애, 품행장애, 반사회성 성격장애, 병적 방화, 병적 도벽, 달리 명시된/명시되지 않는 파괴적, 충동조절 및 품행장애를 포함한다.

- 적대적 반항장애는 어른에게 거부적이고, 반항적인 행동을 지속적으로 나타내며, 대개 8세 이전에 시작된다. 품행장애의 경우 아동기와 청소년기에 흔히 나타나며, 발병 연령에 따라 10세 이전에 문제행동이 나타나는 아동기 발병형과 그 이후에 나타나는 청소년기 발병형으로 구분된다.
- 파괴적, 충동조절 및 품행장애는 충동조절 문제가 공통적으로 나타나며, 학습을 통해 새로운 행동을 보이는 데 어려움을 보인다.

26 정신분석이론에서 강박성 성격장애와 관련된다고 보는 심리성적 발달단계는?

① 구강기 ② 항문기
③ 남근기 ④ 성기기

해 설

정신분석이론에서는 항문기 단계의 엄격한 배변 훈련으로 이 단계에 고착되어 항문기 성격(anal character)을 가지게 되고, 규칙성, 인색함, 정서적 억제, 자기회의, 강한 도덕의식과 같은 특징을 보이는 강박성 성격으로 나타난다고 본다.

학습 Plus 강박성 성격장애(Obsessive-Compulsive Personality Disorder) 진단기준(DSM-5)

융통성, 개방성, 효율성을 희생시키더라도 정돈, 완벽, 정신적 통제 및 대인관계의 통제에 지나치게 집착하는 광범위한 양상으로, 청년기에 시작되며, 여러 상황에서 다음 중 4가지(또는 그 이상)로 나타난다.
1. 내용의 세부, 규칙, 목록, 순서, 조직 혹은 스케줄에 집착되어 있어 활동의 중요한 부분을 놓침.
2. 완벽함을 보이나 이것이 일의 완수를 방해함.
3. 여가 활동이나 친구 교제를 마다하고 일이나 성과에 지나치게 열중함.
4. 지나치게 양심적임, 소심함, 그리고 도덕 윤리 또는 가치관에 관하여 융통성이 없음.
5. 감정적인 가치가 없는데도 낡고 가치 없는 물건을 버리지 못함.
6. 자신의 일하는 방법에 대해 정확하게 복종적이지 않으면 일을 위임하거나 함께 일하지 않으려고 함.
7. 자신과 타인에 대해 돈 쓰는 데 인색함. 돈을 미래의 재난에 대해 대비하는 것으로 인식함.
8. 경직되고 완강함을 보임.

정답 26. ②

27 다음 증상에 가장 적합한 진단은?

A씨는 어떤 성취를 하여도 언제나 다음 목표를 세워야 해서 즐겁지가 않다. 휴가를 가서도 일할 거리를 가지고 가기 때문에 가족과 함께 시간을 보내기가 어렵다.

① 의존성 성격장애
② 편집성 성격장애
③ 강박성 성격장애
④ 회피성 성격장애

해설

강박성 성격장애의 주요 특징은 지나치게 완벽주의적이고, 세부적인 사항에 집착하며, 과도한 성취지향성과 인색함이다. 일이나 성과에 열중하여 교제나 여가를 즐기지 못하며, 항상 스스로 높은 수행 기준을 가지고 있으며, 일상생활에서 만족이 낮고, 여러 기능의 문제와 고통을 초래한다.

- 의존성 성격장애에서는 돌봄을 받고자 하는 광범위하고 지나친 욕구로 인해 타인에게 복종적이고 매달리는 행동과 이별 공포를 특징으로 한다.
- 편집성 성격장애에서는 다른 사람의 동기를 악의가 있는 것으로 해석하는 등 타인에 대한 전반적인 불신과 의심을 특징으로 한다.
- 회피성 성격장애에서는 사회적 관계의 억제, 자기 부적절감, 부정적 평가에 대한 예민함으로 인한 사회적 회피를 특징으로 한다.

학습 Plus 성격장애의 분류

- **A군 성격장애(Cluster A Personality Disorder)**
  사회적으로 고립되어 있고 기이한 성격 특성을 나타낸다. 편집성 성격장애, 조현성 성격장애, 조현형 성격장애가 있다.
- **B군 성격장애(Cluster B Personality Disorder)**
  정서적이고 극적인 성격 특성을 나타내며, 반사회성 성격장애, 연극성 성격장애, 자기애성 성격장애, 경계성 성격장애가 있다.
- **C군 성격장애(Cluster C Personality Disorder)**
  불안하고 두려움을 많이 느끼며, 회피성 성격장애, 의존성 성격장애, 강박성 성격장애가 있다.

28 DSM-5에서 성기능 부전(Sexual Dysfunction)에 해당하지 않는 것은?

① 성별 불쾌감(Gender Dysphoria)
② 조기사정(Premature Ejaculation)
③ 발기장애(Erectile Disorder)
④ 여성극치감장애(Female Orgasmic Disorder)

정답 27. ③ 28. ①

해 설

DSM-5에서는 성과 관련되어 나타나는 다양한 이상행동을 세 가지의 독립된 장애 범주로 제시하고 있으며, 성기능 부전(Sexual dysfunctions), 성도착 장애(Paraphilic disorder), 성별 불쾌감(Gender dysphoria)이 이에 해당된다.

- **성기능 부전(Sexual Dysfunctions)**
  사정지연, 발기장애, 여성극치감장애, 여성 성적 관심/흥분 장애, 성기-골반 통증/삽입 장애, 남성 성욕 감퇴 장애, 조기사정, 물질/약물치료로 유발된 성기능 부전, 달리 명시된/명시되지 않는 성기능 부전이 포함된다.
- **성도착장애/ 변태성욕장애(Paraphilic Disorder)**
  관음장애, 노출장애, 마찰도착장애, 성적피학장애, 성적가학장애, 소아성애장애, 물품음란장애, 복장도착장애가 포함된다.
- 성별 불쾌감(Gender Dysphoria)

학습 Plus 성별 불쾌감(Gender Dysphoria) 진단기준(DSM-5)

아동에서의 성별 불쾌감

A. 자신의 경험된/표현되는 성별과 주어진 성별 사이의 현저한 불일치가 최소 6개월의 기간으로 최소한 다음 6가지를 보인다(진단기준 A1을 반드시 포함).
1. 이성이 되고 싶은 강한 갈망 또는 자신이 이성이라고 주장함.
2. 남자아이(주어진 성별)는 이성의 옷을 입거나 여성 복장의 흉내 내기를 강하게 선호하고, 여자아이(주어진 성별)는 전형적인 남성 복장만 착용하기를 강하게 선호하고 전형적인 여성 복장을 착용하는 것에 강한 저항을 보임.
3. 가상 놀이 또는 환상 놀이에서 이성의 역할을 강하게 선호함.
4. 이성에 의해 사용되거나 참여하게 되는 인형, 게임, 활동을 강하게 선호함.
5. 이성 놀이 친구에 대한 강한 선호
6. 남자아이(주어진 성별)는 전형적인 남성 인형, 게임, 활동에 대한 강한 거부감과 난투놀이에 대한 강한 회피, 여자아이(주어진 성별)는 전형적인 여성 인형, 게임, 활동에 대한 강한 거부감을 보임.
7. 자신의 해부학적 성별에 대한 강한 혐오
8. 자신이 경험한 성별과 일치하고자 하는 일차적 또는 이차적 성적 특징에 대한 강한 갈망

청소년과 성인에서의 성별 불쾌감

A. 자신의 경험된/표현되는 성별과 주어진 성별 사이의 현저한 불일치가 최소 6개월의 기간으로 최소한 다음 6가지를 보인다.
1. 자신의 경험된/표현되는 일차 또는 이차 성징 사이의 현저한 불일치
2. 자신의 경험된/표현되는 성별의 현저한 불일치로 인해 자신의 일차 또는 이차 성징을 제거하고자 하는 강한 갈망
3. 이성의 일차 또는 이차 성징에 대한 강한 갈망
4. 이성이 되고 싶은 강한 갈망
5. 이성으로 대우 받고 싶은 강한 갈망
6. 자신이 이성의 전형적인 느낌과 반응을 가지고 있다는 강한 확신

29 Clark의 인지이론에서 공황 발작을 유발하는 핵심적 요인은?

① 신체 감각에 대한 파국적 오해석
② 자신에 대한 부정적이고 역기능적인 신념
③ 공황 발작 상황에 대한 학습된 무기력감
④ 불안 유발 상황에 대한 부적절한 방어기제

해 설

Clark는 공황 발작이 신체 감각을 위험한 것으로 잘못 해석하는 파국적 오해석에 의해 유발된다고 보았다. 파국적 해석으로 인해 염려와 불안이 강화되어 신체 감각이 더욱 증폭되어 결국에는 극심한 공황 발작에 이르게 된다(예 불규칙한 심장 박동을 심장마비의 전조로 여김, 호흡 곤란을 질식사의 전조로 여김).

학습 Plus 공황장애(Panic Disorder) 진단기준(DSM-5)

A. 반복적으로 예상하지 못한 공황 발작이 있다. 공황 발작은 극심한 공포와 고통이 갑작스럽게 발생하여 수 분 이내에 최고조에 이르러야 하며, 그 시간 동안 다음 중 4가지 이상의 증상이 나타난다.
주의점: 갑작스러운 증상의 발생은 차분한 상태나 불안한 상태에서 모두 나타날 수 있다.
1. 심계항진, 가슴 두근거림 또는 심장 박동 수의 증가
2. 발한
3. 몸이 떨리거나 후들거림
4. 숨이 가쁘거나 답답한 느낌
5. 질식할 것 같은 느낌
6. 흉통 또는 가슴 불편감
7. 메스꺼움 또는 복부 불편감
8. 어지럽거나 불안정하거나 멍한 느낌이 들거나 쓰러질 것 같음
9. 춥거나 화끈거리는 느낌
10. 감각 이상(감각이 둔해지거나 따끔거리는 느낌)
11. 비현실감(현실이 아닌 것 같은 느낌) 혹은 이인증(나에게서 분리된 느낌)
12. 스스로 통제할 수 없거나 미칠 것 같은 두려움
13. 죽을 것 같은 공포

B. 적어도 1회 이상의 발작 이후에 1개월 이상 다음 중 한 가지 이상의 조건을 만족해야 한다.
1. 추가적인 공황 발작이나 그에 대한 결과(예 통제를 잃음, 심장 발작을 일으킴, 미치는 것)에 대한 지속적인 걱정
2. 발작과 관련된 행동으로 현저하게 부적응적인 변화가 일어난다(예 공황 발작을 회피하기 위한 행동으로 운동이나 익숙하지 않은 환경을 피하는 것).

정답 29. ①

30 DSM-5에서 성격장애에 관한 설명과 가장 거리가 먼 것은?

① B군 성격장애는 정서적, 극적인 성격 특성을 나타낸다.
② 반사회성 성격장애는 아동기 및 청소년기에 진단되며, 10세 이전에 품행장애를 나타낸 증거가 있어야 한다.
③ 반사회성 성격장애와 자기애성 성격장애는 타인의 감정과 욕구에 대한 공감 능력 결여가 공통된 특징이다.
④ 경계선 성격장애와 기분장애가 함께 나타날 때 자살 가능성이 높아진다.

해 설

반사회성 성격장애(Antisocial Personality Disorder)의 주요 특징은 사회의 규범이나 법을 지키지 않으며, 무책임하고 폭력적인 행동으로 인해 사회적 부적응을 초래한다. 진단을 내리기 위해서는 15세 이전부터 품행장애를 나타낸 증거가 있어야 한다. 아동기나 청소년기부터 폭력, 거짓말, 절도, 결석이나 가출 등의 문제행동을 나타낸다.

학습 Plus 반사회성 성격장애(Antisocial Personality Disorder) 진단기준(DSM-5)

15세 이후에 시작되고 다음과 같은 다른 사람의 권리를 무시하는 행동 양상이 있고 다음 중 3가지(또는 그 이상)를 충족한다.

1. 체포의 이유가 되는 행위를 반복하는 것과 같은 법적 행동에 관련된 사회적 규범에 맞추지 못함.
2. 반복적으로 거짓말을 함. 가짜 이름 사용. 자신의 이익이나 쾌락을 위해 타인을 속이는 사기성이 있음.
3. 충동적이거나, 미리 계획을 세우지 못함.
4. 신체적 싸움이나 폭력 등이 반복됨으로써 나타나는 불안정성 및 공격성
5. 자신이나 타인의 안전을 무시하는 무모성
6. 일정한 직업을 갖지 못하거나 혹은 당연히 해야 할 재정적 의무를 책임감 있게 다하지 못하는 등의 지속적인 무책임성
7. 다른 사람을 해하거나 학대하거나 다른 사람의 것을 훔치는 것에 대해 아무렇지도 않게 느끼거나 이를 합리화하는 등 양심의 가책이 결여됨.
   - 최소 18세 이상이어야 한다.
   - 15세 이전에 품행장애가 시작된 증거가 있다.

정답 30. ②

31 이상행동 및 정신장애의 판별기준과 가장 거리가 먼 것은?

① 주관적 불편감과 개인적 고통 ② 법적 규제
③ 적응적 기능의 저하 및 손상 ④ 문화적 규범의 일탈

해 설

이상행동 및 정신장애의 판별기준으로는 주관적 불편감과 개인적 고통, 적응적 기능의 저하 및 손상, 문화적 규범의 일탈, 통계적 규준의 일탈로서 구분된다.

<이상행동 및 정신장애의 판별기준>

- **주관적 불편감과 개인적 고통**
  개인으로 하여금 현저한 고통과 불편감을 느끼게 하는 행동을 이상행동이라고 본다.
- **적응적 기능의 저하 및 손상**
  개인의 인지적 · 정서적 · 행동적 · 신체생리적 기능이 저하되거나 손상되어 원활한 적응에 지장을 초래할때 부적응적인 이상행동으로 간주할 수 있다.
- **문화적 규범의 일탈**
  개인이 속한 문화적 규범에 어긋나거나 일탈된 행동을 나타내는 경우에 이상행동으로 규정할 수 있다.
- **통계적 규준의 일탈**
  한 사람의 행동이 다른 많은 사람의 평균적인 행동과 비교하여 매우 일탈되어 있을 때 이상행동이라고 간주할 수 있다.

32 Bandura의 사회적 학습이론에 근거해 이상행동의 형성 혹은 치료를 설명한 예는?

① A군은 주인공이 각종 범죄를 저지르며 부자로 성공하는 영화를 시청한 후 이를 모방한 범죄를 저질렀다.

② B양이 백화점에서 큰 소리로 울고 때를 쓸 때마다 어머니는 B양을 진정시키기 위해 장난감을 사 주었다.

③ 야뇨증을 보이는 C군에게 이불이 젖을 때마다 시끄럽게 울리는 부저를 설치하여 소변을 보도록 하였다.

④ D양은 수업시간에 돌아다니지 않으면 선생님께 스티커를 한 장씩 받고 10장을 모으면 햄버거를 선물 받았다.

정답 31.② 32.①

해 설

사회적 학습(social learning)이란 사회적 상황에서 다른 사람의 행동에 대한 관찰 및 모방을 통해 특정 행동을 학습하는 것을 말한다.

- ②번은 아이에게 장난감이란 정적 강화물을 통해 우는 행동을 통제하고자 하였다.
- ③번은 야뇨증 치료를 위해 고전적 조건형성의 원리를 적용하였다. 모러(Mowrer)는 이불이 젖을 때 부저를 울리면 곧바로 깨어 소변을 보도록 했는데, 이 방식은 야뇨증 치료에 효과적인 행동치료의 사례가 된다.
- ④번은 토큰 강화법으로서 바람직한 행동을 할 때 토큰을 주어 그 행동이 유지되도록 한 후, 이후 다른 강화물로 교환하도록 한다. 이 방법은 조작적 조건형성을 이용한 행동수정 기법이다.

33 DSM-5의 신경인지장애에 대한 설명으로 가장 적합한 것은?

① 주요 신경인지장애(major neuro cognitive disorder)는 2가지 이상의 인지적 영역에서 과거의 수행 수준에 비해 심각한 인지적 저하가 나타나는 경우를 말한다.

② 경도 신경인지장애(minor neuro cognitive disorder)는 인지적 저하로 인해서 일상생활을 독립적으로 영위할 수 있는 능력이 없는 경우를 말한다.

③ DSM-4에서 치매(dementia)로 지칭되었던 장애가 DSM-5에서는 그 심각도에 따라 경도 또는 주요 신경인지장애로 지칭되고 있다.

④ 섬망(delirium)은 의식이 혼미해지고 주의집중 및 전환능력이 현저하게 감소하지만 기억, 언어, 현실 판단 등의 인지기능에는 장애가 나타나지 않는 경우를 말한다.

해 설

DSM-IV에 있던 치매는 DSM-5에서는 신경인지장애로 바뀌었다. 신경인지장애란 뇌의 만성 또는 진행성 질환으로 인해서 생긴 증후군을 의미한다.

- 주요 신경인지장애(Major Neurocognitive Disorder)는 한 가지 이상의 인지 영역(복합적 주의력, 실행기능, 학습 및 기억, 지각-운동 기능 또는 사회 인지)에서 과거 수행 수준에 비해 심각한 인지적 저하가 나타나는 경우를 말한다. 이러한 인지적 손상으로 인해 일상생활을 독립적으로 영위하기 힘들 경우에 주요 신경인지장애로 진단된다.
- 경도 신경인지장애(Minor Neurocognitive Disorder)는 주요 신경인지장애에 비해 증상의 심각도가 경미한 경우를 말하며, 일상생활을 독립적으로 영위할 수 있는 능력이 저해되지는 않는다.
- 섬망(Delirium)은 의식이 혼미해지고 주의집중 및 전환 능력이 크게 감소하며, 기억, 언어, 현실 판단 등의 인지 기능에 일시적인 장애가 나타나는 경우를 말한다.

정답 33. ③

학습 Plus 섬망(Delirium) 진단기준(DSM-5)

A. 주의의 장애(즉, 주의를 기울이고, 집중, 유지 및 전환하는 능력 감소)와 의식의 장애(환경에 대한 지남력 감소)
B. 장애는 단기간에 걸쳐 발생하고(대개 몇 시간이나 며칠), 기저 상태의 주의와 의식으로부터 변화를 보이며, 하루 경과 중 심각도가 변동하는 경향이 있다.
C. 부가적 인지장애(예 기억 결손, 지남력장애, 언어, 시공간 능력 또는 지각)
D. 진단기준 A와 C의 장애는 이미 존재하거나, 확진되었거나, 진행 중인 다른 신경인지장애로 더 잘 설명되지 않고, 혼수와 같이 각성 수준이 심하게 저하된 상황에서는 일어나지 않는다.
E. 병력, 신체 검진 또는 검사 소견에서 장애가 다른 의학적 상태, 물질 중독이나 금단(즉, 남용 약물 또는 치료 약물로 인한), 독소 노출로 인한 직접적 · 생리적 결과이거나 또는 다중 병인 때문이라는 증거가 있다.

34 양극성장애의 치료에 가장 적합한 것은?

① 리튬카보네이트(Lithium Carbonate)
② 플룩세틴(fluoxetine)
③ 벤조다이아제핀(benzodiazepine)
④ 알프라졸람(alprazolam)

해설

- 양극성장애(Bipolar disorder)는 우울한 기분 상태와 고양된 기분 상태가 교차되어 나타나는 장애로서 제1형 양극성 장애, 제2형 양극성 장애로 구분된다. 주로 리튬(Lithium)과 같은 항조증 약물이 처방된다. 지속적인 투약과 더불어 증상을 관찰하고, 생활 스트레스를 관리하는 인지행동치료가 함께 병행되어야 한다.
- 플룩세틴(fluoxetine)은 항우울제이며, 벤조다이아제핀(benzodiazepine)과 알프라졸람(alprazolam)은 항불안제이다.

35 본드, 시너 등 휘발성 흡입제의 중독 증상과 가장 거리가 먼 것은?

① 현기증
② 불분명한 언어
③ 운동 조정 곤란
④ 근육강직

정답 34. ① 35. ④

해 설

휘발성 흡입제 중독은 휘발성 물질을 의도적으로 사용하거나 단기간에 많은 용량에 노출되어 현저한 부적응적 증상을 나타내는 경우를 말한다. 휘발성 흡입제 사용 도중, 사용 직후 또는 노출 이후에 심각한 행동 변화나 심리적 변화(예 호전성, 공격성, 정서적 둔마, 판단력 장애, 사회적-직업적 기능 손상)가 나타나고, 다음의 증상 중 2개 이상이면 흡입제 중독으로 진단된다.

- 현기증, 안구진탕증, 운동 조정 곤란, 불분명한 언어, 불안정한 보행, 반사의 감소, 정신운동성 지연, 진전, 전반적인 근육 약화, 시야 혼탁이나 복시, 혼미나 혼수, 다행감

36 급식 및 섭식장애(Feeding and Eating Disorder)의 특성을 모두 고른 것은?

ㄱ. 신체 기능의 저하를 가져와 죽음에까지 이를 수 있다.
ㄴ. 날씬한 것에 대해 선호하는 사회문화적 분위기와 관련된다.
ㄷ. 외모를 중시하는 직업군에서 발병률이 높다.
ㄹ. 대체적으로 20대 중 후반에 발병한다.
ㅁ. 신경성 폭식증은 정상 체중을 유지한다는 점에서 신경성 식욕부진증과 다르다.

① ㄱ, ㄴ, ㄷ　　② ㄱ, ㄴ, ㄹ
③ ㄱ, ㄴ, ㄷ, ㅁ　　④ ㄴ, ㄷ, ㄹ, ㅁ

해 설

급식 및 섭식장애(Feeding and Eating Disorder)는 장기간 지속되는 섭식의 장애 또는 섭식과 관련된 행동들로 인해 음식 소비 혹은 섭취에 변화가 생기고, 신체적 건강과 정신사회적 기능에 심각한 손상을 가져오는 것으로 특징짓는다. 일반적으로 청소년기나 성인기 초기에 시작되며, 압박감을 주는 생활사건과 관련된다.

<급식 및 섭식장애의 종류와 특징>

종류	특징
신경성 식욕부진증	체중 증가에 대한 두려움으로 음식 제한을 보여 심각한 저체중을 초래함.
신경성 폭식증	폭식 삽화가 반복되고, 체중 증가를 막기 위한 부적절한 보상행동이 특징임.
폭식장애	일정 기간 동안 많은 양의 음식을 섭취하고 조절 능력의 상실을 보임.
이식증	영양분이 없는 물질이나 먹지 못하는 것을 섭취하는 행동이 특징임.
되새김 장애	음식물을 반복적으로 토해 내거나 되씹는 행동을 보임.
회피적/제한적 음식섭취 장애	지속적인 음식에 대한 거부로 인해 심각한 체중 감소가 나타나는 경우임.

정답 36. ③

37 DSM-5에서 다음 사례에 가장 적합한 진단명은?

10년째 사법고시를 준비하고 있는 K는 친구 없이 늘 혼자 지내며 30대 중반의 나이에도 불구하고 여자나 결혼에 대해 전혀 관심이 없다. 어려서부터 부모에게도 거리감을 느껴 가까이 하지 않았고 타인과 친밀한 관계를 원하지도 않았다. 외모에 신경을 쓰지 않아 타인에게 이상한 사람으로 여겨지나 타인의 비판에 무관심하다. 정서적으로도 냉담하며 고립되어 고시촌에서 단조롭고 메마른 생활을 하고 있다.

① 조현성 성격장애
② 회피성 성격장애
③ 조현형 성격장애
④ 자기애성 성격장애

해 설

조현성 성격장애(Schizoid Personality Disorder)의 경우 사회적 관계에서 고립되어 있고 대인관계 상황에서 감정 표현이 제한되어 있는 특징을 보인다. 친밀감에 대한 욕구가 부족하고, 친밀한 관계를 맺는 것에 대해서도 무관심하며, 가족이나 다른 사회 집단과 어울리는 것에 대해 별다른 흥미나 만족감을 느끼지 못한다.

- 회피성 성격장애(Avoidant Personality Disorder)의 경우, 타인과의 만남에 대한 불안과 두려움 때문에 사회적 상황을 회피함으로써 적응에 어려움을 보인다. 사회적 관계를 억제하고 부정적 평가를 받는 것에 대해 지나치게 예민한 증상이 청년기에 시작되어 여러 상황에서 전반적으로 나타난다.
- 조현형 성격장애(Schizotypal Personality Disorder)의 경우, 사회적으로 고립되어 있으며, 기이한 생각이나 행동을 보여 대인관계 및 사회적 적응에 손상을 초래한다. 다른 성격장애보다 심각한 사회적 부적응을 경험하며, 심한 스트레스를 받으면 일시적으로 정신증적 증상을 나타내기도 한다.
- 자기애성 성격장애(Narcissistic Personality Disorder)의 경우, 자신에 대한 과장된 평가로 인한 특권의식을 지니고 타인에게 착취적이며 요구적인 태도를 보인다. 과대성(공상 또는 행동상), 숭배에의 요구, 감정이입의 부족을 특징으로 한다.

학습 Plus 조현성 성격장애(Schizoid Personality Disorder) 진단기준(DSM-5)

다양한 형태의 사회적 유대로부터 반복적으로 유리되고, 대인관계에서 제한된 범위의 감정 표현이 전반적으로 나타나며, 이러한 양상이 성인기 초기에 시작되며 여러 상황에서 나타나고 다음 중 4가지(또는 그 이상)로 나타난다.

1. 가족과의 관계를 포함해서 친밀한 관계를 바라지 않고 즐기지도 않음.
2. 항상 혼자서 하는 행위를 선택함.
3. 다른 사람과의 성적 경험에 대한 관심이 없음.
4. 거의 모든 분야에서 즐거움을 취하려 하지 않음.
5. 일차 친족 이외에 친한 친구가 없음.
6. 다른 사람의 칭찬이나 비난에 무관심함.
7. 감정적 냉담, 유리 혹은 단조로운 정동의 표현을 보임.

정답 37. ①

38 DSM-5에서 조현병의 특성을 모두 고른 것은?

ㄱ. 망상, 환각, 혼란스러운 언어를 특징으로 하는 심각한 정신장애
ㄴ. 장애가 진행되고 있다는 징후가 최소 6개월 이상 지속
ㄷ. 심하게 혼란스러운 행동이나 긴장증적 행동
ㄹ. 장애가 물질이나 다른 신체적 질병의 생리적 효과에 의한 것이 아님

① ㄱ, ㄴ
② ㄷ, ㄹ
③ ㄱ, ㄴ, ㄹ
④ ㄱ, ㄴ, ㄷ, ㄹ

해 설

- 조현병(Schizophrenia)은 현실 접촉을 상실하고 현실 판단력이 저하되는 것으로, 흔히 정신증(Psychosis)이라 불린다. 조현병에서 나타나는 증상은 양성 증상(positive symptom)과 음성 증상(negative symptom)으로 구분된다.
- 양성 증상(positive symptom)은 정상인들에게는 나타나지 않지만 조현병 환자에게서는 나타나는 증상을 말한다. 망상, 환각, 와해된 언어, 와해된 행동이나 긴장성 행동이 있다.
- 음성 증상(negative symptom)은 정상인들이 나타내는 적응적 기능이 결여된 상태를 말한다. 감퇴된 감정, 무의욕증, 무언어증, 무쾌락증, 비사회성이 있다.

학습 Plus 조현병(Schizophrenia) 진단기준(DSM-5)

A. 다음 증상 중 두 가지(혹은 그 이상)가 1개월의 기간(성공적으로 치료가 되면 그 이하) 상당 부분 시간에 존재하고, 이들 중 최소한 하나는 (1) 내지 (2) 혹은 (3)이어야 한다.
(1) 망상
(2) 환각
(3) 와해된 언어(예 빈번한 탈선, 지리멸렬)
(4) 극도로 와해된 또는 긴장성 행동
(5) 음성 증상(예 감퇴된 감정 표현 혹은 무의욕증)

B. 장애의 발병 이래 상당 부분의 시간 동안 일, 대인관계 혹은 자기 관리 같은 주요 영역의 한 가지 이상에서 기능 수준이 발병 전 성취된 수준 이하로 현저하게 저하된다(혹은 아동기 또는 청소년기에 발병하는 경우, 기대 수준의 대인관계적 · 학문적 · 직업적 기능을 성취하지 못함).

C. 장애의 지속적 징후가 최소 6개월 동안 계속된다. 이러한 6개월의 기간은 진단기준 A에 해당하는 증상이 있는 최소 1개월을 포함해야 하고, 전구 증상이나 잔류 증상의 기간을 포함할 수 있다. 이러한 전구기나 잔류기 동안 장애의 징후는 단지 음성 증상으로 나타나거나, 진단기준 A에 열거된 증상의 2가지 이상이 약화된 형태로 나타날 수 있다.

D. 조현정동장애와 정신병적 양상을 동반한 우울 또는 양극성 장애는 배제된다.

E. 장애가 물질의 생리적 효과나 다른 의학적 상태로 인한 것이 아니다.

F. 자폐스펙트럼장애나 아동기 발병 의사소통 장애의 병력이 있는 경우, 조현병의 추가 진단은 조현병의 다른 필요 증상에 더하여 뚜렷한 망상이나 환각이 최소 1개월 동안 있을 때에만 내려진다.

정답 38. ④

39 우울증에 대한 Seligman의 '학습된 무기력 이론'에 관한 설명과 가장 거리가 먼 것은?

① 정적 강화의 결핍과 혐오적 불쾌 경험 증가에 의한 우울 유발 효과
② 반응과 결과 간의 반복적인 무관성 경험의 우울 유발 효과
③ 상황에 대한 통제 불가능 경험의 우울 유발 효과
④ 회피 및 도피 조건 형성 패러다임에 근거하여 설명된 개념

해설

- 우울장애에 대한 가장 대표적인 행동주의 이론가인 Lewinsohn은 우울장애의 원인을 긍정적 강화의 감소와 혐오적 불쾌 경험의 증가로 설명하였다. 나아가 혐오적 불쾌 경험이 증가하는 원인적 유형을 3가지로 제시하였다.
  - **환경적 문제**: 부정적 사건의 지속적 발생(예 실직, 이혼, 사별) 또는 환경으로부터 긍정적 강화가 없거나 처벌적 요인이 많은 경우
  - **적절한 사회적 기술과 대처 능력의 부족**: 긍정적 강화를 유도하는 사회 기술 부족 또는 혐오적 자극 상황에 대처하는 기술이 부족한 경우
  - **긍정적 경험을 즐기는 능력의 부족**: 긍정적 강화는 덜 받아들이며 부정적 경험에 대한 민감성이 높은 경우
- 학습된 무기력 이론은 1975년 Seligman에 의해 처음 제기되었으며, 귀인이론으로 개정 과정을 거친 후에 절망감 이론으로 발전하였다.

40 DSM-5에서 다음 설명에 가장 적합한 진단은?

- 비명을 지르거나 울면서 갑자기 일어난다.
- 소아에서 시작되고 청소년기 동안에 자연적으로 해소된다.
- 다음 날 아침에 깨면 전날 밤 사건을 기억하지 못한다.

① 악몽장애(nightmare disorder)
② 야경증 유형(sleep terror type)
③ 기면증(narcolepsy)
④ 수면보행 유형(sleepwalking type)

정답 39. ① 40. ②

해 설

야경증 유형(sleep terror type)에 해당되는 경우, 수면시간의 초기에 돌발적인 비명과 함께 급작스럽게 잠에서 깨어나는 일이 반복된다. 잠에서 깨어났을 때는 상세한 꿈 내용을 회상하지 못한다. 이는 꿈 내용을 상세하게 기억하는 악몽장애와 다른 점이다. 청소년기까지 지속되면 심리치료나 약물치료(항불안제나 항우울제)가 도움이 될 수 있다.

- 악몽장애(nightmare disorder)의 경우, 주된 수면시간 동안이나 낮잠을 자는 동안에 생존, 안전, 위협과 관련된 악몽을 꾸게 되면서 잠에서 깨어나는 일이 반복된다. 대부분 꿈의 내용을 기억하며, 악몽은 전형적으로 심한 불안이나 공포를 유발하며 긴 시간 동안 정교하게 나타난다.
- 기면증(narcolepsy)의 경우, 주간에 깨어 있는 상태에서 갑자기 저항할 수 없는 졸음을 느껴 수면에 빠지며, 이러한 수면 발작 상태에서는 짧은 기간 동안에 격렬한 감정을 경험한 후 근육의 긴장이 갑자기 풀리는 탈력 발작으로 나타난다.
- 수면보행 유형(sleepwalking type)의 경우, 수면 중에 잠자리에서 일어나 걸어다니는 일이 반복되는 경우를 말한다. 대개 야간 수면 초기에 발생하며, 수면 중 보행하는 동안에 다른 자극에 반응을 보이지 않으며 깨어난 후에는 이내 정상적인 의식 상태로 회복된다.

PART 03

고급심리검사

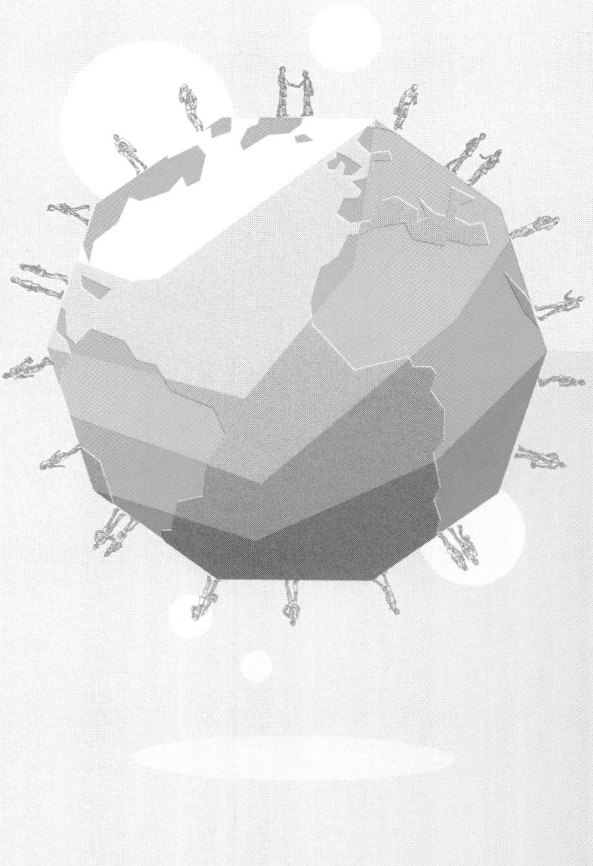

1 2022년 기출예상문제

▣ 임상심리사 1급 필기시험에서 〈제3과목 고급심리검사〉는 41~60번까지로 총 20문항이 출제됩니다.
▣ 2022년 임상심리사 1급 필기시험 문제는 과년도 빈출 문제를 기반으로 복원한 '기출예상문제'로 제공됩니다(CBT 방식으로 시험이 전환되어 시험 문제가 비공개되었음).

41 아동 및 청소년용 심리검사 중 Cloninger의 심리생물학적 인성모델에 기초하여 개발되었으며, 기질과 성격이라는 두 개의 구조로 이루어져 있는 검사는?

① JTCI
② K-PIC
③ ADS
④ K-CARS

해설

- TCI(Temperament and Character Inventory)는 클로닌저(Cloninger)의 심리생물학적 인성모델에 기초하여 개발되었다. 이 모델에서 기질과 성격은 인성의 발달을 이루는 두 개의 큰 구조로서 구분된다.
- 아동 및 청소년용인 JTCI(Junior Temperament and Character Inventory)는 기질 차원과 성격 차원으로 구성된다. '기질 차원'은 자극 추구, 위험 회피, 사회적 민감성, 인내력의 척도로 구성되어 있고, '성격 차원'은 자율성, 연대감, 자기초월 척도로 구성되어 있다.

42 WAIS-R에 관한 요인분석에서 확인된 3가지 요인구조는?

① 언어적 이해 능력, 지각적 조직화 능력, 주의 지속 능력
② 언어적 개념화 능력, 공간적 능력, 획득된 지식
③ 결정적 지능, 유동적 지능, 시각-운동통합 능력
④ 기억 능력, 개념형성 능력, 시각-통합운동 능력

정답 41. ① 42. ①

해설

WAIS-R의 요인구조는 정상집단과 비정상집단의 표집, 연령, 성, 인종집단에 따라 2개 또는 3개 요인으로 밝혀져 있다.

- 2개 요인: 언어성/동작성 소검사
- 3개 요인: 언어적 이해 능력, 지각적 조직화 능력, 주의 지속 능력

43 다음 중 구성타당도를 검증하는 방법과 가장 거리가 먼 것은?

① 집단 간 차이를 비교하는 방법
② 검사의 내부 구조나 점수의 변동을 확인하는 방법
③ 검사 과정을 분석하는 방법
④ 기존에 타당성을 입증받은 검사와의 비교

해설

공인타당도(concurrent validity)

- 기존에 타당성을 입증받은 검사를 토대로 새로 제작한 검사와의 유사성 혹은 연관성을 검증하는 방법이다.
- 단, 기존에 타당성을 입증받은 검사가 없을 경우에는 공인타당도를 추정할 수 없으며, 기존에 타당성을 입증받은 검사가 있다고 하더라도 그 검사와의 관계에 의하여 공인타당도가 검증되므로 기존 검사의 타당도 정도에 의존하게 되는 약점을 지니고 있다.

44 성격검사에 관한 설명으로 옳은 것은?

① MBTI에서 사고(T)와 감정(F)은 외부 세계에 대한 태도와 관련된다.
② PAI의 BOR 척도에서의 높은 점수는 불안정한 대인관계를 시사한다.
③ NEO-PI-R의 O에서 높은 점수를 보인 사람들은 목표지향적인 특성이 강하다.
④ 칼 융(C. Jung)의 단어연상검사는 객관적 성격검사이다.

정답 43. ④ 44. ②

해설

- PAI의 BOR 척도에서의 높은 점수는 감정 통제의 어려움, 강렬하고 불안정한 대인관계, 정체감 혼란, 자기파괴적인 충동적 행동을 반영한다.
- MBTI에서 판단(J)과 인식(P)은 외부 세계에 대한 태도나 적응에 있어서 어떤 과정을 선호하는가를 말한다.
- NEO-PI-R은 신경증(neuroticism), 외향성(extraversion), 개방성(openness to experience), 우호성(agreeableness), 성실성(conscientiousness)으로 구성되어 있다. 성실성의 높은 점수는 목표를 추구함에 있어 꾸준하고 끈기 있는 성향을 반영한다.
- 칼 융(C. Jung)의 단어연상검사는 어떤 자극 단어에 따른 마음의 내용을 떠오르는 대로 설명하는 투사적 성격검사에 해당된다.

학습 Plus NEO-PI-R(Personality Inventory-Revised)

각 요인별로 여섯 개의 하위 요인 및 하위 요인별로 8개의 문항으로 구성되어 있다.

요인	하위 요인	요인 설명
신경증	불안, 적대감, 우울, 자의식, 충동성, 취약성	대부분의 상황에서 우울, 불안, 분노를 느끼는 성향
외향성	온정, 사교성, 주장성, 활동성, 자극 추구, 긍정적 정서	자기주장적이고 활동적이며 다른 사람들과 어울리는 것을 선호하는 성향
개방성	상상, 심미성, 감정 개방성, 행동 개방성, 사고 개방성, 가치 개방성	내외적 경험에 대해 호기심이 많고 수용적이며 상상력이 풍부한 성향
우호성	신뢰성, 솔직성, 이타성, 순응, 겸손, 동정	타인에 대해 긍정적이고 공감적이며 협조적으로 행동하는 성향
성실성	유능감, 질서 정연, 충실성, 성취 갈망, 자기규제, 신중성	목표를 추구함에 있어서 꾸준하고 끈기 있는 성향

45 다음 중 자기보고식 성격검사 해석 시 반응경향성을 특히 염두에 두고 해석해야 하는 수검자는?

① IQ가 80 정도 되는 20대 청년

② 자살을 생각하고 있는 고등학생

③ 업무 스트레스에 시달리는 40대 직장인

④ 가석방 심사를 앞두고 있는 10대 소년원생

해설

반응경향성이란 검사 내용에 대하여 피험자가 어떤 특정한 방향으로 답하고자 하는 반응 태도를 말한다. 자신의 긍정적인 모습을 드러내고자 하는 의도로 반응하는 경우에는 검사 자료의 해석에 주의를 해야 한다(법적 쟁점이나 인사 선발 등).

정답 45. ④

46 면담에 관한 설명으로 옳은 것은?

① 구조화된 면담에서는 개방형 질문이 폐쇄형 질문보다 더 많이 사용된다.
② 구조화된 면담에서는 면담자의 개입이 최소화된다.
③ 비구조화된 면담에서는 면담자의 주관적 추론이 개입될 여지가 매우 적다.
④ 정신상태평가는 행동주의의 원리에 근거하여 개발된 면담법이다.

해설

- 구조화된 면담은 미리 정해진 문제들의 목록을 정해진 순서대로 제시하는 방식으로 실시되기에 면담자의 주관적 추론이나 판단에 의한 개입이 최소화된다.
- 구조화된 면담에서는 개방형 질문보다는 폐쇄형 질문이 더 많이 사용된다.
- 비구조화된 면담에서는 면담자의 경험과 역량이 중요하게 영향을 미칠 수 있으며, 면담 과정에서 주관적 추론이 개입될 여지가 있다.
- 정신상태평가는 의학적 모델에 기반하여 개발되었다. 1902년 아돌프 마이어(Adolf Meyer)가 미국 정신의학계에 도입한 이래로 정신의학 장면에서 널리 사용되고 있다.

47 Wechsler 지능검사의 소검사 중 다음의 요인들과 가장 관련이 있는 것은?

- 결정적 지능
- 언어적 개념화
- 사회적 판단력
- 실제적 · 실용적 지식
- 과거의 경험을 평가하는 능력

① 기본 지식
② 어휘
③ 이해
④ 공통성

해설

이해(comprehension) 소검사는 수검자에게 일반적 원리와 사회적 상황에 대한 이해에 근거하여 질문에 답할 것을 요구한다. 여기에는 일상 경험의 응용 능력이나 도덕적 · 윤리적 판단 능력에 대한 측정이 포함된다.

<이해 소검사와 관련된 능력>

- 결정 지능
- 언어적 추론 및 개념화
- 관습적인 행동 규준에 관한 지식
- 추상적 사고와 일반화
- 일상 세계에 대한 이해력 및 현실 인식
- 실제적 · 실용적 지식
- 사회적 성숙도
- 과거의 경험을 평가하는 능력
- 사회적 판단력, 사회적 상황에 대한 이해력

정답 46. ② 47. ③

48 다음 중 검사 실시 방식으로 구분할 때, 객관식 검사로 규준이 잘 마련되어 있고 채점과 해석이 용이하며 환자의 진단에 대한 정보를 제공하는 검사는?

① MMPI(Minnesota Multiphasic Personality Inventory)

② Rorschach 검사

③ BGT(Bender-Gestalt test)

④ stroop test

해설

- 객관적 검사(objective test)는 절차가 구조화되어 있고, 채점 과정이 표준화되어 있으며, 해석의 규준이 제시되어 있는 검사를 말한다. 대표적으로 웩슬러 지능검사, MMPI, 직업흥미검사, 학습흥미검사, 적성검사 등을 들 수 있다.
- Rorschach 검사는 대표적인 투사적 검사로서 인지, 정서, 자기상, 대인관계 등에 대한 다양한 정보를 얻을 수 있다. BGT(Bender-Gestalt test)는 지각 및 시각-운동 기능에 대한 검사로, 현대 심리학 이론에 기반하여 개인의 심리적 과정에 대해 분석한다. 스트룹 색상-단어 검사(stroop color-word test)는 전두엽에서 담당하는 억제 과정의 효율성을 평가한다.

49 운동성 가족화검사(KFD)에 대한 해석으로 가장 적합한 것은?

① 특정 인물 밑에 선을 긋는 것은 그 인물에 대한 호감을 나타낸다.

② 우측에 그려진 인물은 내향성 및 침체성과 관련된다.

③ 용지의 하단에 그려진 인물은 가족 내 주도적인 인물을 나타낸다.

④ 인물 간의 거리는 아동이 지각한 구성원 간의 친밀도나 심리적 거리로 해석된다.

해설

- 특정 가족원을 그리고 난 뒤에 특정 인물의 밑에 선을 긋는 경우이다. 보통 인물 아래에 선이 그어진 그 대상에 대해 불안감이 있을 때 나타난다.
- 용지의 우측에 그려진 인물상은 외향성 및 활동성을 나타내며, 좌측에 그려진 인물상은 내향성 및 침체성과 관련된다.
- 용지의 하단에 그려진 인물상은 우울하거나 활력이 부족한 사람일 수 있으며, 용지의 상단에 그려진 인물상은 가족을 이끌어 가는 주도적인 인물일 가능성이 높다.
- 인물 간의 거리는 아동이 지각한 구성원 간의 친밀함의 정도나 심리적 거리를 나타내는 것으로 해석된다.

정답 48. ① 49. ④

50 비구조적 면담에 대한 설명으로 틀린 것은?

① 내담자의 상태나 상황에 따라 면담의 절차나 형식이 달라질 수 있다.
② 비구조적 면담을 통해 유용한 정보를 얻기 위해서는 임상가로서 상당한 정도의 숙련성이 요구된다.
③ 수집된 자료를 객관적으로 수량화하기가 어렵다.
④ 면담 과정에서 내담자의 자발성이 억제되기 때문에 연구 목적으로 흔히 사용된다.

해설

비구조화된 면담은 수검자의 자기 탐색을 촉진시켜서 임상가가 수검자의 전반적인 능력을 관찰하기에 쉽고, 라포 형성에도 도움이 되며, 수검자의 독특성에 더 예민하게 반응할 수 있다는 장점이 있다.

학습 Plus 평가면담의 형식적 분류

- **구조화된 면담(structured interview)**
  미리 정해진 문제들의 목록을 정해진 순서대로 제시하는 방식으로 실시된다. 표준화된 시행은 면접자 간 신뢰도를 높여 주고, 해석에 도움이 되는 규준치를 얻을 수 있다.
- **비구조화된 면담(unstructured interview)**
  일정한 면담 문항 없이 내담자가 제공하는 정보에 따라 면담을 진행시키는 방식을 말한다. 질문의 순서를 구성하는 데 있어 더 많은 선택의 자유를 제공하나, 더 높은 수준의 경험, 기술 및 훈련을 필요로 한다.
- **반구조화된 면담(semistructured interview)**
  질문하는 문항이 갖춰져 있다는 점에서 구조화된 면담과 일치하지만, 내담자의 반응에 따라 융통성을 발휘하여 면담을 진행한다.

51 검사 결과에 작용하는 검사자 변인과 수검자 변인으로 옳지 않은 것은?

① 반응효과
② 기대효과
③ 강화효과
④ 코칭효과

해설

- 심리검사 결과에 작용하는 검사자 · 수검자 변인으로는 기대효과, 강화효과, 코칭효과가 나타날 수 있어 주의해야 한다.
- 기대효과란 검사 과정에서 검사자가 수검자에게 보이는 어떠한 방식의 기대 표명이 결과에 영향을 주는 것을 말한다. 강화효과란 언어적 · 물질적 보상가의 영향을 말하며, 코칭효과란 검사에 관한 사전 설명이나 지도, 조언이나 훈련 등의 영향을 말한다.

정답 50. ④ 51. ①

52 인지행동적 면담에 관한 설명으로 틀린 것은?

① 문제 행동을 유인하는 환경적 자극과 그에 대한 반응을 중요시한다.
② 개인의 핵심적 신념 규명이 우선적 과제이다.
③ 목표 증상이나 문제 행동을 조작적으로 정의한다.
④ 심리장애에 선행하거나 동반되는 사고 내용을 탐색한다.

해설

- 인지행동적 면담은 당면한 내담자의 문제와 내담자의 환경을 평가하는 것을 우선적 과제로 둔다.
- 인지행동적 면담은 세 가지 심리적 요소인 외현적 행동, 인지적 요소, 신체적 활동에 대한 내담자 자신의 관찰 결과를 중심으로 면담을 진행해 나간다.
  - 외현적 행동: 객관적으로 관찰 가능한 문제 행동의 요소들, 문제 행동을 유인하는 환경적 자극 단서, 문제 행동으로부터 야기되는 환경적 반응 결과를 알아보고자 한다.
  - 인지적 요소: 심리장애에 선행하거나 동반되거나 뒤따르는 사고 내용을 알아보고자 한다.
  - 신체적 활동: 심리장애에 동반되는 신체적 변화를 알아보고자 한다.

53 다음 중 적성검사에 대한 설명으로 틀린 것은?

① 적성검사는 지능검사와 유사하게 개인이 가지고 있는 일반적인 능력이나 그 능력의 발현 가능성을 평가한다.
② 적성검사는 개인이 특정 직무를 얼마나 성공적으로 수행할 수 있을지를 예측하게 해준다.
③ 일반적으로 적성은 타고난 능력이나 소질과 같이 유전적 성향이 강하다.
④ 적성검사는 어떤 과제나 임무를 수행하는 데 있어서 개인에게 요구되는 특수한 능력을 평가하는 것이다.

해설

적성검사는 언어이해력, 일반 추리력, 수리 능력, 지각 속도, 기계적 지식 등 광범위한 능력을 측정하기에 지능검사와 유사한 면이 있으나, 개인이 가지고 있는 특수한 능력을 평가하여 미래의 수행 가능성을 예측하기 위해 실시된다.

정답 52. ② 53. ①

54 외상성 뇌손상 환자의 신경심리평가에 대한 설명으로 틀린 것은?

① 평가의 초점은 기질적인 뇌손상 유무를 판별하는 데 있다.
② 결손의 증거를 발견하는 데 실패하였더라도 이것이 결손이 없다는 것을 의미하지는 않는다.
③ 병전 적응 능력, 병전 지능과 관련된 교육 및 직업 수준에 대한 정보 또한 중요하다.
④ 두부 손상의 정도는 Glasgow Coma Scale이나 외상 후의 기억상실 기간으로 평가할 수 있다.

해 설

외상성 뇌손상 환자의 평가 초점은 현재의 기능 손상에 둔다. 또한 현재 어떤 손상을 입었는가도 중요하지만 병전 기능 수준에 대한 평가는 중요하다. 따라서 병전 지적 수준을 추정할 수 있는 객관적인 정보를 최대한 수집해야 한다(최종 학력이나 학업 서적, 직업적 성취 등).

55 Wechsler 아동지능검사의 소검사와 측정 내용을 짝지은 것으로 가장 거리가 먼 것은?

① 불안－숫자 외우기, 산수 문제
② 추상적 사고－공통성 문제, 어휘 문제
③ 사회적 이해－이해 문제, 차례 맞추기
④ 정신운동속도－기호 쓰기, 모양 맞추기

해 설

Wechsler 아동지능검사에서 추상적 사고를 측정하는 소검사는 공통성과 토막짜기이다. Dean은 개인 능력 프로파일 이론을 제시하여 지능검사의 분류 방식을 제시하였으며, 공통성, 토막짜기 소검사를 추상적 사고를 평가하는 범주로 포함하였다.

56 청소년 내담자의 우울 정도를 측정하기 위한 도구로 적합하지 않은 것은?

① MMPI－A
② PAI－A
③ 16PF
④ BDI－II

정답 54. ① 55. ② 56. ③

해설

- 16PF(The Sixteen Personality Factor Questionnaire)는 1949년에 카텔(Cattell)에 의해 개발된 개인의 근본적인 성격 특성을 파악하기 위한 검사이다. 이 검사는 외향성, 불안, 완고함, 독립심, 자기통제의 다섯 가지 범주로 나누어지는 16가지의 성격 특성을 측정하기 위하여 185개 문항으로 구성되어 있다.
- MMPI-A의 임상척도 2(Depression)는 우울 증상을 평가하기 위해 개발된 척도로서 문항들은 행복감 및 자기가치의 부인, 정신운동 지체, 주변 환경에 대한 흥미 상실과 같은 우울증의 다양한 특징을 포함한다.
- PAI-A의 임상척도인 우울(DEP)척도는 우울장애의 공통적인 증상과 행동을 측정하는 척도이다. 하위 척도는 인지적 우울(DEP-C), 정서적 우울(DEP-A), 생리적 우울(DEP-P)의 3개 척도로 구성되어 있다.
- BDI(Beck Depression Inventory)는 개인의 우울 정도를 측정하는 데 사용되는 21개의 객관식 질문으로 구성된 자기보고 질문지이다.

57 MMPI-2 척도 해석에 관한 설명으로 틀린 것은?

① L척도가 의미 있게 상승할 경우에 자신의 증상이나 문제를 부인할 가능성이 높다.
② 척도 6과 척도 8이 동반 상승할 경우에 경계심과 의심이 많고, 피해적 사고, 망상, 환각 등이 나타날 가능성이 있다.
③ 척도 6의 단독 상승은 척도 4의 단독 상승보다 사회 전반에 대한 불평, 불만 및 권위적 대상에 대한 분노와 적대감이 나타날 가능성이 더 높다.
④ 척도 9가 매우 낮을 경우에 겉으로는 우울한 감정을 표현하지 않더라도 우울 증상을 탐색해 볼 필요가 있다.

해설

척도 4의 단독 상승은 척도 6의 단독 상승보다 사회 전반에 대한 불평, 불만 및 권위적 대상에 대한 분노와 적대감이 나타날 가능성이 더 높다.

<척도 4 반사회성(Psychopathic Deviate: Pd)>

- 척도 4는 반사회적 성격을 가진 환자들을 진단하기 위해 개발된 척도로서 문항 등은 삶에 대한 불만족, 가족 문제, 일탈 행동, 성문제, 권위적인 인물과의 갈등, 사회적 · 도덕적 규범에 대한 무시와 같은 다양한 주제를 포함하고 있다.

<척도 6 편집증(Paranoia: Pa)>

- 척도 6은 편집증적 상태 혹은 편집증을 보이는 환자들을 탐지할 목적으로 개발되었으며, 문항들은 관계사고, 피해의식, 의심, 지나친 예민성, 과대한 자기개념, 경직된 태도 등의 내용을 포함하고 있다.

정답 57. ③

58 적성검사에 관한 설명으로 가장 적절한 것은?

① 정서적 성숙도를 측정한다.
② 직업에 대한 흥미를 측정한다.
③ 새로운 상황에서의 적응 능력을 측정한다.
④ 특정 직업군에서의 성공가능성을 예언한다.

해설

적성검사는 개인이 지닌 특성의 차이를 통해 차후에 어떤 성과를 달성할 것인가를 예언한다. 개인의 특수한 능력을 찾아 진로나 직무 및 업무 배치 등의 다양한 측면에서 활용한다. 대개의 적성검사는 향후의 성공을 예측할 수 있도록 구성되어 있다.

59 40대 주부 A씨는 숙제를 하지 않고 컴퓨터 게임을 하고 있는 아이에게 소리를 지르고 심하게 야단을 쳤다. A씨는 평소 화가 나면 이를 참지 못하고 직접 표출하는 패턴을 보인다. 이러한 분노 표현 방식을 고려할 때, A씨가 나타낼 가능성이 가장 높은 MMPI 결과는?

① 2-4-8 코드 유형
② 3-1-2 코드 유형
③ 4-6 코드 유형
④ 5-8 코드 유형

해설

4-6 코드 유형은 의심이 많고 적대적이며 화를 잘 낸다. 미성숙하고 자기중심적이며 분노를 행동화하는 경향이 두드러진다. 자신에 대한 객관적인 인식이나 통찰을 하지 못하고 상대방의 행동에만 주의의 초점이 맞춰져 있으며 자신의 잘못을 상대방의 탓으로 돌리며 분노와 적대감을 정당화한다.

60 Rotter가 제시한 주제통각검사(TAT) 해석 시 검토해야 할 사항과 가장 거리가 먼 것은?

① 우세한 정서는 무엇인가?
② 반복되는 주제는 무엇인가?
③ 성별을 다루는 양식은 어떠한가?
④ 통상적으로 사용되는 표현법은 무엇인가?

해설

Rotter가 제시한 분석 방법은 반응내용 기저의 무의식적인 내용을 자유연상을 활용하여 해석하는 방식으로서 개인의 역동적 성격을 이해하기 위해 정신역동적 이론에 근거하여 직관적 추론 방식으로 해석을 한다. 반복되는 주제와 우세 정서, 성별의 반응 양식 등을 검토한다. 통상적인 표현법은 해당되지 않는다.

정답 58. ④ 59. ③ 60. ④

② 2021년 기출문제

41 청소년 내담자의 우울 정도를 측정하기 위한 도구로 적합하지 않은 것은?

① MMPI-A ② PAI-A

③ 16PF ④ BDI-II

해 설

- 16PF(The Sixteen Personality Factor Questionnaire)는 1949년 카텔(Cattell)에 의해 개발된 개인의 근본적인 성격 특성을 파악하기 위한 검사이다. 이 검사는 요인분석(factor analysis)을 통해 외향성, 불안, 완고함, 독립심, 자기통제의 5가지 범주로 나누어지는 16가지 성격 특성(따뜻함, 추리력, 정서 안정성, 지배성, 쾌활성, 규칙 준수성, 대담성, 민감성, 불신감, 추상성, 개인주의, 걱정, 변화 개방성, 독립심, 완벽주의, 긴장감)을 측정하기 위한 185개의 문항으로 구성되었다.
- MMPI-A의 임상척도 2(depression)는 우울 증상을 평가하기 위해 개발된 척도로서 문항들은 행복감 및 자기가치의 부인, 정신운동 지체, 주변 환경에 대한 흥미 상실과 같은 우울증의 다양한 특징을 포함한다.
- PAI-A의 임상척도인 우울(DEP) 척도는 우울장애의 공통적인 증상과 행동을 측정하는 척도이다. 주관적 불행감, 즐거움 상실, 무감동, 회의감, 부정적 기대, 집중력 저하, 무기력, 수면 및 식욕 감소와 같은 인지적 · 정서적 · 신체적 특징을 묻는 문항들을 포함한다. 하위 척도는 인지적 우울(DEP-C), 정서적 우울(DEP-A), 생리적 우울(DEP-P)의 3개 척도로 구성되어 있다.
- BDI(Beck Depression Inventory)는 개인의 우울 정도를 측정하는 데 사용되는 21개의 객관식 질문으로 구성된 자기보고 질문지이다. 자신의 기분을 잘 기술하는 정도에 따라 0~3점까지 채점한다. 총점의 범위는 0~63점까지로 점수가 높을수록 우울 정도가 심하고 다양한 우울 증상을 보이는 것으로 해석한다.

정답 41. ③

42 다음 중 투사적 검사에 관한 설명으로 가장 적절한 것은?

① 수검자의 반응의 범위가 넓게 허용된다.
② 검사 실시가 비교적 간편하다.
③ 신뢰도 및 타당도가 양호하다.
④ 수검자가 방어나 반응의 조작이 쉽다.

해설

- 투사적 검사의 장점은 검사 반응의 독특성과 반응의 풍부함, 방어의 어려움과 무의식적 내용의 반응을 들 수 있다. 이에 반해 신뢰도가 낮고, 타당성의 문제가 있으며, 검사 반응이 상황에 따라 영향을 받는다.
- 투사적 검사는 검사 자극이 모호하고 검사 지시가 일정한 응답 방식을 요구하지 않으므로 독특하고 다양하며 풍부한 내용의 반응이 드러나기 쉽다는 점에서 개인의 심리적 특성을 잘 반영해 줄 수 있다.

<투사적 검사와 객관적 검사의 장점과 단점>

투사적 검사		객관적 검사	
장점	단점	장점	단점
• 검사 반응이 독특하다. • 방어하기 어렵고 반응이 풍부하다. • 개인의 무의식적 내용이 반영된다.	• 신뢰도가 낮다 • 타당성 문제가 있다. • 검사 반응이 상황에 따라 영향을 받는다.	• 검사 실시가 간편하다 • 신뢰도와 타당도가 검증되어 있다 • 검사 상황의 영향을 덜 받는다.	• 사회적 바람직성의 영향을 받는다. • 반응 경향성이 나타날 수 있다. • 문항 내용이 제한되어 있다.

43 검사 결과에 작용하는 검사자 변인과 수검자 변인으로 옳지 않은 것은?

① 반응효과
② 기대효과
③ 강화효과
④ 코칭효과

해설

- 심리검사 결과에 작용하는 검사자, 수검자 변인으로는 기대효과, 강화효과, 코칭효과가 나타날 수 있어 주의해야 한다.
- 기대효과란 검사 과정에서 검사자가 수검자에게 보이는 어떠한 방식의 기대 표명이 결과에 영향을 주는 것을 말한다. 강화효과란 언어적 · 물질적 보상가(보상 자극)의 영향을 말하며, 코칭효과란 검사에 관한 사전 설명이나 지도, 조언이나 훈련 등의 영향을 말한다.

정답 42. ① 43. ①

44 지능검사 결과에 관한 설명으로 옳은 것은?

① 웩슬러 지능검사에서 소검사 환산점수 7과 지표점수 90의 백분위는 같다.
② 신뢰구간 95%의 범위는 모든 지표점수에서 같다.
③ 소검사 환산점수 10과 지표점수 100의 백분위는 같다.
④ 신뢰구간 95%의 범위는 신뢰구간 90%보다 더 작다.

해설

- 웩슬러 지능검사에서 소검사의 평균은 10, 표준편차는 3이다. 또한 지표점수의 평균은 100, 표준편차는 15이다. 소검사의 환산점수 10과 지표점수 100은 백분위 점수가 같다(백분위 50).
- 웩슬러 지능검사에서 소검사 환산점수 7과 지표점수 85의 백분위가 같다(백분위 16에 해당). 소검사 환산점수 8은 지표점수 90의 백분위와 같다(백분위 25에 해당).
- 신뢰구간 95%의 범위는 모든 지표에서 동일하지 않다. 정규분포의 특징을 통해 표본분포의 95%는 모평균을 중심으로 양쪽으로 1.96배의 표준편차 내에 존재함을 의미하기에 모든 지표 범위에 포함된다고 볼 수 없다.
- 신뢰구간은 수검자의 점수가 어느 범주에 속하는지 알려 주는 점수이다. 신뢰도 수준은 95%와 90%로 사용하는데, 신뢰도 수준이 높을수록 신뢰구간의 점수 폭은 넓어지고, 신뢰도 수준이 낮을수록 신뢰구간의 점수 폭은 좁아진다.

<웩슬러 지능검사의 백분위, 환산점수, 지표점수(IQ)와의 관계

백분위	환산점수	IQ
99.9	19	145
99.6	18	140
99	17	135
98	16	130
95	15	125
91	14	120
84	13	115
75	12	110
63	11	105
50	10	100
37	9	95
25	8	90
16	7	85
9	6	80
5	5	75
2	4	70
1	3	65
0.4	2	60
0.1	1	55

정답 44. ③

45 심리검사의 제작 단계를 순서대로 바르게 나열한 것은?

ㄱ. 문항 작성
ㄴ. 신뢰도와 타당도 검토
ㄷ. 검사 방법의 결정
ㄹ. 규준과 검사 요강 작성
ㅁ. 문항 분석과 수정

① ㄱ → ㄷ → ㄴ → ㅁ → ㄹ
② ㄷ → ㄱ → ㅁ → ㄴ → ㄹ
③ ㄷ → ㄹ → ㄴ → ㅁ → ㄱ
④ ㄹ → ㄱ → ㄴ → ㅁ → ㄷ

해설

- 심리검사의 제작 단계는 검사 방법의 결정–문항 작성–문항 분석과 수정–신뢰도와 타당도 검토–규준과 검사 요강 작성 순으로 이루어진다.
- 심리검사의 제작 단계에서 검사 방법을 설정하고 어떠한 목적으로 사용할 것인가를 명확하게 하여야 한다. 문항 개발을 위한 문항 작성 시 모든 문항은 검사가 측정하고자 하는 것을 반영해야 하며 각 문항은 단일한 개념을 지니고 있어야 한다. 문항 분석과 수정을 통해 신뢰도와 타당도를 검토하고, 검사의 규준과 검사 요강을 마련한다.

학습 Plus 일반적인 표준화 검사의 제작 단계

① **검사 목적 정의**: 검사의 목적을 구체적으로 정의함으로써 검사가 측정하고자 하는 의도가 무엇인지, 검사가 어떤 사람들에게 실시되는지, 검사의 용도가 무엇인지를 분명히 한다.
② **사전 검사설계**: 검사 목적과 점수 해석, 실제적인 고려사항 등을 종합하여 검사설계와 관련된 구체적인 사전 설계 과정을 통해 검사 목적에 부합되는 보다 정교한 검사를 제작하도록 한다.
③ **문항 준비**: 문항 형태, 반응 방법, 채점 방법, 문항 작성 및 문항 검토와 관련된 내용이 포함된다.
④ **문항 분석**: 문항 분석 단계에서는 검사를 통해 얻은 자료를 검토하여 최종적으로 검사에 포함될 문항이 결정된다.
⑤ **표준화 실시와 규준의 작성**: 표준화 과정은 검사의 규준을 제공하기에 규준 과정이라고도 한다. 검사의 실시, 채점 및 해석의 일관성을 유지하기 위해 상세한 지침이 마련되고, 규준 설정을 통해 규범적 분포를 명확하게 한다.
⑥ **최종 검사 준비와 출판**: 검사의 매뉴얼과 부가적인 해석 지침, 채점과 보고를 위한 프로그램 등을 포함한 최종 검사 준비를 통해 출판을 하게 된다.

정답 45. ②

46 MMPI 검사의 타당도 척도 중 '?(무응답 척도)'가 상승할 수 있는 이유로 적절하지 않은 것은?

① 부주의
② 불충분한 읽기 수준
③ 채점이나 기록상 오류
④ 의미 있는 답변에 필요한 정보나 경험이 없을 때

해설

무응답(Cannot Say) 척도는 수검자가 '그렇다' 혹은 '아니다'에 모두 체크했거나 응답하지 않고 생략한 문항의 개수를 나타낸다. 수검자가 문항에 응답하지 않는 이유는 다양할 수 있다(원점수가 30 이상이라면 프로파일이 무효일 가능성이 높다).

<원점수가 30 이상인 경우>

- 부주의하거나 혼란스러워 의도와 무관하게 반응을 누락하는 경우
- 자신의 바람직하지 않은 특성에 대해 고의로 거짓 응답을 하기보다는 회피하려는 경우
- '예'와 '아니오'의 양자택일 상황에서 어느 하나를 택하지 못하는 강박적인 경우
- 의미 있는 결과를 도출하는 데 필요한 정보나 경험이 부족한 경우
- 독해 능력 문제로 다소 복잡한 문항에 응답하지 않은 경우
- 심한 정신병리 상태로 인해 적절히 반응하는 것 자체가 힘든 경우
- 자신의 특정한 문제가 노출되는 것을 꺼려서 특정 문항 내용에 대해 응답하지 않은 경우
- 문항 내용이 자신과 관련이 없다고 느끼는 경우
- 검사 및 검사자에 대해 반항적이고 비협조적인 태도를 보이는 경우
- 심한 우울증으로 인하여 문항에 대한 결정을 내리기 어려운 경우

47 Afr<.50에 대한 해석으로 가장 적절한 것은?

① 자신의 감정을 과도하게 표현하는 편이다.
② 비합리적인 사고를 한다.
③ 환상과 공상의 세계로 도피하려는 특성이 있다.
④ 사회적으로 위축되어 있다.

정답 46. ③ 47. ④

해설

- 로르샤흐 검사에서 Afr<.50 이하인 경우 정서적 자극에 대한 회피 경향성을 반영한다. 대개 정서를 다루는 데 불편해 하고 사회적으로 억제되어 있다.
- Affective Ratio(Afr) 비율은 정동/정서 비율로 카드 I부터 VII까지의 반응 수와 나머지 카드의 반응 수의 비율이다. 피검자의 정서적 자극에 대한 관심을 나타내는 지표로서 외향성 집단은 .60~.95 범위에, 내향성과 양향성은 .50~.80의 범위에 속하면 평균 범위에 속하는 정도로 본다.
- 평균 범위 이하의 Afr을 보인다면 정서적인 자극에 대한 흥미가 적거나 정서 자극을 처리하지 않으려는 경향이 있음을 반영하며, 정서 자극에 대한 수용성이 낮다고 볼 수 있다.

48 A는 학급 친구들로부터 따돌림을 받은 후 불안감과 고통을 호소하였다. A에게 PAI를 사용할 때 고려해야 할 사항으로 옳지 않은 것은?

① 누락된 응답이 17개 이상인지 확인한다.
② 4개의 타당도 척도에서 반응에 일관성과 부주의, 무관심, 왜곡 등의 문제가 있는지 살펴본다.
③ 결정 문항에서 '그렇다'는 반응이 3개 이상일 때부터 즉각적인 개입이 필요하다.
④ 임상척도에서 T점수 70 이상이면 정상 집단으로부터 이탈되었다고 해석할 수 있다.

해설

- PAI의 결정 문항은 7개 영역에 걸친 총 27개의 문항으로서 망상과 환각 5문항, 자해 가능성 5문항, 공격 가능성 4문항, 물질남용 2문항, 꾀병 가능성 4문항, 비신뢰성과 저항 3문항, 외상적 스트레스 4문항이다. 수검자로부터 한 개라도 시인된다면 이는 즉각적인 관심 또는 개입이 필요한 행동이나 정신병리가 있음을 시사한다.
- PAI의 해석은 가장 먼저 문항 응답의 누락 정도를 검토하여 결과 해석이 가능한지 여부를 판단한다. 17문항 이상 응답하지 않았을 경우에는 프로파일 해석을 제한한다.
- 검사 결과에 영향을 미칠 수 있는 수검자의 왜곡된 반응 태도가 없는지 타당도 척도를 통해 확인한 후 검사 해석의 가능성을 신중하게 검토한다. 검사 결과에 영향을 미친 왜곡된 반응 방식이 있었는지, 반응에 일관성이 있는지, 부주의, 무관심, 극단적인 부정적 또는 긍정적 인상을 주기 위한 반응을 하였는지 등을 검토한다.
- 임상척도에서 T점수 50은 표본집단의 평균을 의미하므로 T점수가 50을 넘을 경우에는 표본의 평균보다 높다는 것을 뜻한다. 수검자의 약 84%는 T점수가 60 이하이고, 98%가 70 이하이다. 따라서 T점수가 70 이상일 경우에는 정상 집단으로부터 상당한 이탈을 보였다고 해석할 수 있다.

정답 48. ③

49 A는 평균 20점, 표준편차 4점, 측정의 표준오차 3점인 자존감 검사에서 14점이 나왔다. 자존감 검사가 정규분포라고 가정할 때 A의 점수의 위치에 관한 설명으로 옳은 것은?

① T점수 40점에 해당한다.
② Z점수 −1.5에 해당한다.
③ 웩슬러(Wechsler) 지능검사의 전체 IQ 70점에 해당한다.
④ 웩슬러(Wechsler) 지능검사의 소검사 환산점수 7점에 해당한다.

해설

Z점수는 표준편차 단위에서 어떤 한 점수가 평균으로부터 얼마나 떨어져 있는가를 말하는 지수이다[z=(측정 값−평균)/표준편차]. 즉, Z=(14−20)/4=−1.5에 해당된다. T점수는 평균이 50이고, 표준편차가 10인 분포를 갖는다(50+10Z). T점수로는 35점에 해당된다.

<웩슬러 지능검사의 IQ 곡선 및 다른 표준점수와의 관계>

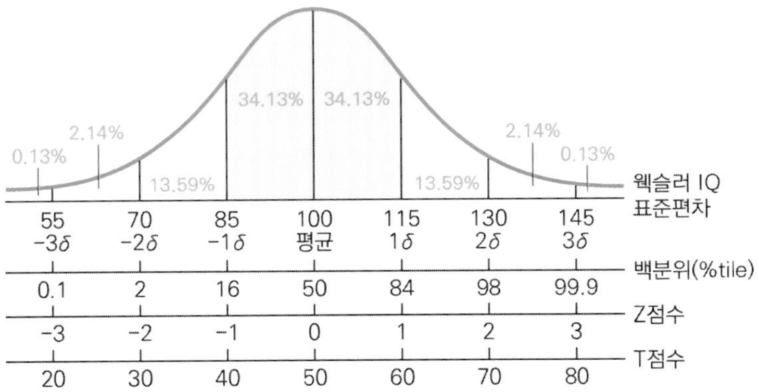

50 객관적 성격검사에 관한 설명으로 옳은 것은?

① TCI의 인내력(P) 척도는 성격 척도이다.
② PAI의 공격성(AGG) 척도는 치료고려 척도이다.
③ 16PF는 융(C. Jung)의 성격이론을 기반으로 개발되었다.
④ K−CBCL의 학업수행 척도는 문제행동증후군 척도의 하위 척도이다.

정답 49. ② 50. ②

해 설

- PAI는 5개의 치료고려 척도를 포함한다. 치료고려 척도는 공격성(AGG) 척도, 자살관념(SUI) 척도, 스트레스(STR) 척도, 비지지(NON) 척도, 치료거부(RXR) 척도로 구성된다.
- TCI는 기질의 4가지 차원과 성격의 3가지 차원으로 구성되어 있으며, 기질 차원으로는 자극추구(NS), 위험회피(HA), 사회적 민감성(RD), 인내력(P)이 있고, 성격 차원으로는 자율성(SD), 연대감(C), 자기초월(ST)이 있다.
- 16PF는 카텔(Cattell)의 성격이론을 기반으로 개발되었다. 카텔은 성격을 상황적 특성과 잠재적 특성으로 구분하였으며, 인간의 표면적 행동의 근원이 되는 잠재적 특성을 확인하기 위해 16PF를 개발하였다. 한국판 16PF는 개정을 거쳐 14개의 일차 척도와 2개의 특수 척도로 재편되었다.
- K-CBCL의 학업수행 척도는 적응 척도의 하위 척도이다. 적응 척도는 적응 척도 총점 및 2개의 하위 척도(사회성 척도, 학업수행 척도) 점수가 산출된다. 문제행동증후군 척도는 각 소척도 점수 외에 문제행동 총점과 내현화 척도(불안/우울, 위축/우울, 신체증상) 및 외현화 척도(규칙 위반, 공격 행동) 점수가 산출된다. 그 외 사회적 미성숙, 사고의 문제, 주의집중 문제가 총점에서 고려된다.

학습 Plus | PAI(Personality Assessment Inventory)의 치료고려 척도

- **공격성(Aggression: AGG) 척도**
  공격성 척도는 분노, 적개심 표현의 통제 부족, 공격적인 행동과 태도를 측정한다. 공격성을 수단으로 활용하려는 신념에서부터 주장성이나 모욕을 통한 타인에 대한 언어적 분노 표현 및 폭력을 사용한 신체적 분노 표현까지 다양한 문항으로 구성되어 있다. 치료고려 척도 중 유일하게 하위 척도를 포함하고 있으며, 공격적 태도(AGG-A), 언어적 공격(AGG-V), 신체적 공격(AGG-P)의 세 하위 척도가 있다.
- **자살관념(Suicide Ideation: SUI) 척도**
  자살관념 척도는 죽음이나 자살 행위에 관한 생각과 구상을 평가하는 척도이다. 무망감과 같은 자살과 관련된 태도뿐만 아니라 자살하고자 하는 구체적인 계획에 대해서도 직접적으로 질문하는 문항으로 구성되어 있다. 자살하려는 의도를 일부러 숨기는 경우 척도의 점수가 매우 낮아질 수 있으므로 이 척도에서 원점수가 매우 낮으면서 우울(DEP), 불안(ANX), 비지지(NON) 및 스트레스(STR) 척도의 점수가 중간 정도 상승할 경우에는 자살 의도에 관한 추적 질문을 하는 것이 권장된다.
- **스트레스(Stress: STR) 척도**
  스트레스 척도는 현재의 일상에서 스트레스 요인이 주는 영향에 관해 평가하는 척도이다. 가족관계의 문제, 경제적 문제, 고용 상태의 문제 등 생활 스트레스 요인에 관한 문항으로 구성되어 있다.
- **비지지(Nonsupport: NON) 척도**
  비지지 척도는 지각된 사회적 지지의 부족을 측정한다. 접근 가능한 지지의 수준과 질을 고려하여 평가하기 위한 문항으로 구성되어 있다. 이 척도에서는 지지의 부족을 측정하기 때문에 척도의 점수가 낮을수록 지각된 사회적 지지 수준이 높고, 점수가 높을수록 사회적 환경을 비지지적인 것으로 지각한다는 것을 나타낸다.
- **치료거부(Treatment Rejection: RXR) 척도**
  치료거부 척도는 수검자가 자신의 심리적 · 정서적 측면을 변화시키려는 흥미와 동기가 있는지, 치료의 참여 의지, 자신의 문제에 대한 인지 및 책임 의식을 평가하는 척도이다. 이 척도에서 점수가 낮은 사람은 치료 동기가 높은 반면에, 점수가 높은 경우에는 치료 동기가 낮다고 볼 수 있다.

51 TAT에 관한 설명으로 틀린 것은?

① 통각은 객관적 자극과 주관적 경험의 상호작용으로 이루어진다.

② 모든 수검자에게 동일한 카드를 제공하지 않는다.

③ 검사는 두 번으로 나누어 시행할 수 있다.

④ Murray의 욕구-압력 분석법의 기본 가정은 욕구와 초자아가 상호작용한다는 것이다.

해 설

- TAT는 개인의 욕구와 환경 압력 사이의 상호작용을 분석함으로써 개인의 심리적 상황을 평가하고 해석하는 욕구-압력 분석법을 적용하여 체계적이고 포괄적인 분석을 시도한다.
- 수검자의 반응 과정에는 카드 자극 자체가 끌어내는 지각 과정 외에 개인의 주관적 경험이 결합되어 통각 과정이 이루어진다.
- TAT의 검사도구는 총 31장(백지카드 포함)의 카드로 구성되어 있으며, 각 카드 뒷면에는 M(성인 남자), F(성인 여자), B(소년), G(소녀)와 같은 기호가 쓰여 있어 피검자의 성별과 나이에 따라 카드를 선정할 수 있도록 되어 있다.
- 주제통각검사 카드는 흑백 그림으로 된 30장의 카드와 백지로 된 1장의 카드 등 모두 31장으로 구성되어 있다.
- 검사 실시는 성과 연령을 고려하여 선정된 20개의 카드를 2회에 걸쳐 실시한다. 즉, 1회에 10개, 2회에 10개 카드를 선정하여 실시한다. 일반적으로 수검자의 임상 증상과 특성에 따라 임상가가 9~12장 정도의 카드를 선별하여 1회에 진행하는 단축검사를 실시한다.

52 Cattell-Horn이 제안한 유동-결정 지능 모형에 대한 설명으로 틀린 것은?

① 사고로 뇌손상을 당한 경우 대개 유동 지능보다 결정 지능이 더 큰 영향을 받는다.

② 결정 지능은 환경과 경험으로 결정될 가능성이 크다.

③ 결정 지능은 유동 지능이 경험을 통해 결정된 지능이기 때문에 두 지능은 서로 상관이 있다.

④ 유동 지능은 선천적으로 타고나고 문화나 환경에 따라 변화되지 않는 일반적인 지적 능력이다.

정답 51. ④ 52. ①

해설

- 결정적 지능(Crystallized Intelligence: Gc)은 성인기에 걸쳐 꾸준히 증가하며 뇌손상으로 인해 역행하거나 감소되지 않는다.
- 유동적 지능은 유전적이고 선천적인 지능으로, 뇌와 중추신경계의 성숙에 비례하여 발달하게 되며, 외부요인 혹은 노령화에 의해 퇴화되는 지능이다.
- 결정적 지능은 성장하면서 겪게 되는 개인의 교육, 문화 등 다양한 환경 속 상호작용을 통해 발달하며, 유동적 지능을 기반으로 학습을 통해 계속 발달해 나가는 지능이다.

53 심리검사를 위한 면담에서 유의할 사항과 가장 거리가 먼 것은?

① 내담자의 비언어적 행동뿐만 아니라 면담자 자신의 반응에 대해서도 의식하고 있어야 한다.

② 면담자는 눈 맞춤, 안면 표정, 언어적 · 비언어적 반응을 통해 내담자에 대한 관심을 표현해야 한다.

③ 내담자의 방어성은 '왜?'라는 이유를 묻는 질문을 통해 다루는 것이 권장된다.

④ 면담자는 면담이 끝나기 5~10분쯤 전에 남은 시간을 내담자에게 미리 알려 줌으로써 시간을 준수하도록 도와주어야 한다.

해설

심리검사에서 수검자는 부정적이고 거부적이거나 저항하며 심리검사에 방어적 태도를 보일 수 있다. 검사자는 수검자가 가지고 있는 일반적인 저항과 두려움을 이해하고, 검사가 어떤 목적으로 실시되고 어떤 이득이 있는가를 설명해 주도록 한다. 또한 검사자가 검사를 격려하고 동기를 부여해도 수검자의 저항과 방어가 강한 경우에는 라포를 재형성하는 데 초점을 둔다.

정답 53. ③

54 **신경심리검사의 면담 및 행동관찰에 대한 설명으로 틀린 것은?**

① 개인력 조사에 시간을 투자하는 것보다는 여러 검사를 추가적으로 실시하는 것이 보다 좋은 평가를 할 수 있다.

② 퇴행성 질환과 같이 서서히 진행하는 질환의 경우 초기 신경심리검사가 조기 진단에 도움을 줄 수 있다.

③ 증상을 위장하는 환자의 경우 평가가 병전 기능을 가늠하는 자료가 될 수 있음을 명확하게 고지하여 과장하려는 의도를 포기하도록 해야 한다.

④ 두부 외상과 같이 급작스레 발병한 상태의 경우 급성기 이후에 검사를 하는 것이 바람직하다.

해 설

임상적 면담을 통해 개인력을 탐색하는 것은 강력한 평가도구가 될 수 있다. 검사에서 표현되지 않은 정보를 이끌어 내는 것은 수검자에 대한 심층적인 이해 및 정확하고 유용한 해석을 할 수 있는 부가적인 정보를 얻는 중요한 평가 요소가 된다. 특히 주요 의학적 병력, 신경학적 또는 정신과적 병력, 투약 관련 정보, 가족력 등의 정보는 뇌손상이 의심되는 환자에 대한 면담에서 중요하다.

- **주요 의학적 병력**
  인지 기능에 영향을 미칠 수 있는 주요 의학적 질병, 예를 들어 당뇨병, 고혈압, 심혈관계 질환에 대한 병력과 치료력에 관한 정보를 얻어야 한다. 이러한 질병은 신경학적 질환의 위험요인이기도 하다.
- **신경학적 또는 정신과적 병력**
  파킨슨병이나 두부 외상과 같은 신경학적 질환은 물론이고, 인지 기능에 영향을 미칠 수 있는 주요우울증이나 조현병과 같은 정신과적 상태에 관한 정보 또한 중요하다. 알코올을 비롯한 물질 사용에 관한 병력도 상세하게 검토해야 한다.
- **투약 관련 정보**
  현재 복용하고 있는 약의 종류, 용량 복용 기간에 관한 정보도 필수적이다. 중추신경계나 운동 속도, 기억 기능에 영향을 줄 수 있는 투약 관련 정보는 신경심리평가를 실시할 때 매우 중요하다.
- **가족력**
  유전력에 의한 일부 질환의 가능성에 대해 고려해야 한다. 이에 가족의 주요 질환, 신경학적 병력, 정신과 질환에 관한 병력이나 사망 원인을 조사한다.

정답 54. ①

55 면담에 관한 설명으로 옳은 것은?

① 구조화된 면담에서는 개방형 질문이 폐쇄형 질문보다 더 많이 사용된다.
② 구조화된 면담에서는 면담자의 개입이 최소화된다.
③ 비구조화된 면담에서는 면담자의 주관적 추론이 개입될 여지가 매우 적다.
④ 정신상태평가는 행동주의의 원리에 근거하여 개발된 면담법이다.

해설

- 구조화된 면담은 미리 정해진 문제들의 목록을 정해진 순서대로 제시하는 방식으로 실시되기에 면담자의 주관적 추론이나 판단에 의한 개입이 최소화된다.
- 구조화된 면담에서는 개방형 질문보다는 폐쇄형 질문이 더 많이 사용된다.
- 비구조화된 면담에서는 면담자의 경험과 역량이 중요하게 영향을 미칠 수 있으며, 면담 과정에서 주관적 추론이 개입될 여지가 있다.
- 정신상태평가는 의학적 모델에 기반하여 개발되었다. 1902년 Adolf Meyer가 미국 정신의학계에 도입한 이래 정신의학 장면에서 널리 사용되고 있다.

56 Korean Kaufman Assessment Battery for Children에서 검사자의 부주의로 어떤 하위검사를 실시하지 않았거나 검사 중에 예기치 못한 일이 발생하여 채점이 불가능하게 되었다. 또한 부득이한 이유로 특정 하위검사를 실시할 수 없는 상황이 벌어져 통상적인 방법으로 종합 척도의 표준점수를 계산할 수 없을 때가 있다. 이때는 비례추정법을 사용하여 문제가 생긴 하위검사를 추정할 수 있는데, 비례추정법의 사용이 불가능한 종합 척도는?

① 순차처리 척도
② 동시처리 척도
③ 비언어성 처리 척도
④ 습득도 척도

해설

- 카우프만 아동용 지능검사(Kaufman Assessment Battery for children: K-ABC)의 비례추정법은 어느 한 하위검사를 실시하지 않았거나 실시하였지만 검사 결과를 채점할 수 없을 정도로 검사 과정에 문제가 생겼을 때 하위검사의 평균을 계산한 다음 불가능하게 된 하위검사의 점수로 사용한다.
- 순차처리 척도, 동시처리 속도, 비언어성 척도는 인지처리 척도 내에 포함되는 영역이나, 습득도는 독립된 영역으로서 평균으로 산출된 점수를 대체할 수 없다.
- K-ABC는 새로운 상황적 요구에 맞게 문제를 해결해 나가는 능력(인지처리 척도), 학습에 의해 습득된 지식 정도(습득도)를 구분하여 척도 점수를 산출한다.

정답 55. ② 56. ④

- 인지처리 척도
  - 순차처리 척도: 제시된 자극 혹은 입력된 정보를 순차적으로 조작하는 능력을 의미한다.
  - 동시처리 척도: 제시된 자극 혹은 입력된 정보를 개별, 자극별로 처리하는 것이 아니라 동시에 통합적으로 조작 및 처리하는 능력을 의미한다.
  - 비언어성 척도: 언어 요인이 배제된 상태에서의 지능 수준을 측정한다. 즉, 언어적 소통이 어려운 아동의 전반적 지적 기능을 측정한다.
- 습득도 척도

  학교 장면이나 환경에 대한 관심 등을 통해 얻을 수 있는 사실에 관한 지식이나 기능을 측정한다.

57 MMPI-2 척도 해석에 관한 설명으로 틀린 것은?

① L척도가 의미있게 상승할 경우 자신의 증상이나 문제를 부인할 가능성이 높다.
② 척도 6과 척도 8이 동반 상승할 경우 경계심과 의심이 많고 피해적 사고, 망상, 환각 등이 나타날 가능성이 있다.
③ 척도 6의 단독 상승은 척도 4의 단독 상승보다 사회 전반에 대한 불평, 불만 및 권위적 대상에 대한 분노와 적대감이 나타날 가능성이 더 높다.
④ 척도 9가 매우 낮을 경우 겉으로는 우울한 감정을 표현하지 않더라도 우울 증상을 탐색해 볼 필요가 있다.

해 설

척도 4의 단독 상승은 척도 6의 단독 상승보다 사회 전반에 대한 불평, 불만 및 권위적 대상에 대한 분노와 적대감이 나타날 가능성이 더 높다.

<척도 4 반사회성(Psychopathic Deviate: Pd)>

- 척도 4는 반사회적 성격을 가진 환자들을 진단하기 위해 개발된 척도로서 문항은 삶에 대한 불만족, 가족문제, 일탈 행동, 성문제, 권위적인 인물과의 갈등, 사회적 · 도덕적 규범에 대한 무시와 같은 다양한 주제를 포함하고 있다.
- 점수가 높은 경우, 사회적 가치를 수용하는 데 어려움이 있으며 법규나 규범에 반항적이다. 거짓말, 사기, 절도, 성적 일탈 행동, 알코올 남용과 같은 반사회적 행동 및 범죄 행동을 저지를 수 있다.
- 권위적인 인물에 대한 깊은 적대감과 분노를 지니고 있으나, 이러한 감정이 외부적으로 나타날 때도 있고, 자기 자신에게로 내현화되었을 가능성도 있다.
- 계획성이 부족하고 충동적이며 좌절에 대한 인내력이 낮다. 경험을 통해서 무언가를 배울 줄 모르고, 동일한 문제를 되풀이하는 경향이 있다.
- 자기중심적이고 미성숙하며, 이기적이며, 무책임하고, 신뢰성이 부족하여 친밀한 관계 형성이 어렵다.

정답 57. ③

- 임상적으로 흔히 내려지는 진단은 반사회적 성격장애나 수동-공격성 성격장애(Passive-aggressive Personality Disorder)이다.
- 법적 처벌(수감, 이혼) 등을 피하려는 목적으로 치료 장면에 오는 경우가 많으며, 문제를 타인의 탓으로 돌리는 경향이 있어 심리치료의 예후가 좋지 않다.

<척도 6 편집증(Paranoia: Pa)>

- 척도 6은 편집증적 상태 혹은 편집증을 보이는 환자들을 탐지할 목적으로 개발되었으며, 문항은 관계사고, 피해의식, 의심, 지나친 예민성, 과대한 자기개념, 경직된 태도 등의 내용을 포함하고 있다.
- 60~70T에 속하는 경우, 대인관계에서 예민하고 과도하게 반응하는 등 편집증적인 경향을 시사하는 특징들을 보인다. 자신들이 힘들고 불공평하게 살아가고 있다고 느끼며, 자신들의 어려움을 외부의 탓으로 돌리면서 합리화하는 경향을 보인다.
- 70T보다 높은 경우, 피해망상(persecutory delusion), 과대망상(grandiose delusion), 관계사고(idea of reference) 등과 같은 정신병적 증상을 보일 수 있다. 자신이 타인들로부터 정당한 대우를 받지 못한다고 느끼며 분개하거나 원한을 품고 있을 수 있다.
- 대표적인 방어기제는 투사(projection)로서 자신의 문제를 인정하기보다는 남의 탓으로 돌린다. 임상장면에서는 정신분열증, 망상장애로 진단 받는 경우가 많다.
- 척도 점수가 높은 사람들은 치료자와의 라포 형성이 어렵고, 자신의 정서적 문제를 인정하지 않으므로 심리치료의 예후는 좋지 않다.

58 참여관찰법의 특징과 가장 거리가 먼 것은?

① 광범위한 문제행동에 적용될 수 있다.

② 출현 빈도가 낮은 행동의 평가에 유용하다.

③ 관찰자의 선입견의 영향을 배제하기가 용이하다.

④ 관찰자와 피관찰자의 상호작용이 관찰에 영향을 줄 수 있다.

해 설

- 참여관찰법(Paticipant Observation)은 관찰하고자 하는 개인의 자연스러운 환경에 관여하고 있는 관찰자로 하여금 관찰하도록 하는 방식이다. 즉, 개인의 주변 인물 가운데 관찰자를 선정(교사, 부모, 배우자)하여 이 관찰자가 참여하여 행동평가를 한다.
- 참여관찰법의 장점은 비용이 적게 들고, 광범위한 문제행동이나 환경적 사건에 적용될 수 있으며, 자연적 상황에서 자료가 수집될 수 있다.
- 참여 관찰은 낮은 빈도의 행동(예 부부싸움, 도벽)이나 외부 관찰자가 있을 때 영향을 심하게 받는 행동(예 성 행위, 반사회적 행동)을 평가하는 데 유용하다.

정답 58. ③

• 참여관찰법의 경우 획득된 자료에 관찰자의 편견이 포함될 수 있다.
  - 관찰하고자 하는 대상과 관찰자 사이의 상호작용이 관찰 이전에 이미 이루어진 경우
  - 관찰자가 관찰 대상자에게 내린 과거의 평가나 선입견이 있는 경우
  - 관찰자가 관찰 이전의 경험을 바탕으로 한 편견이 관찰에 영향을 미치는 경우

59 심리평가 결과를 수검자에게 전달하는 방법으로 가장 바람직하지 않은 것은?

① 피검자의 정서적 반응까지 고려해서 결과를 전달한다.
② 정확한 수치만을 알려 준다.
③ 전문 용어의 사용을 피한다.
④ 문제점뿐만 아니라 강점에 대해 알려 준다.

해 설

심리평가 결과를 수검자에게 전달할 때는 주호소 문제에 대한 이해를 돕고 피검자가 받게 될 정서적인 반응을 고려하여 부정적인 영향이 최소화될 수 있도록 전달한다. 전문 용어의 사용을 피하고 쉽게 이해할 수 있도록 설명하며, 강점과 약점을 고르게 안내하도록 한다. 검사 수치로만 정보를 전달하지 않아야 하며, 그 외 피검자에게 미칠 수 있는 모든 영향을 고려해야 한다.

60 심리검사 및 평가에 관한 윤리사항으로 옳은 내용을 모두 고른 것은?

ㄱ. 수검자가 자해나 타해 위험이 있는 경우 비밀보장의 원칙을 지키지 않아도 된다.
ㄴ. 평가서에 수검자가 이해하기 어려운 특수한 전문용어나 어려운 표현을 사용하지 않아야 한다.
ㄷ. 가장 적은 시간과 노력을 들여 가장 타당하게 평가할 수 있는 검사를 선택해야 한다.
ㄹ. 검사를 실시하는 목적과 검사 결과의 용도에 대해 충분히 이해시키는 것이 바람직하다.

① ㄱ, ㄴ, ㄹ
② ㄱ, ㄷ, ㄹ
③ ㄴ, ㄷ, ㄹ
④ ㄱ, ㄴ, ㄷ, ㄹ

정답 59. ② 60. ④

해 설

<심리검사 및 평가에 관한 윤리사항>

- 평가 및 진단을 하기 위해서는 내담자로부터 평가 동의를 받아야 한다. 평가 동의를 구할 때는 평가의 본질과 목적, 비용, 비밀유지의 한계(자해나 타해의 위험, 법률적 쟁점 등)에 대해 알려야 한다.
- 평가서에 수검자가 이해하기 어려운 특수한 전문 용어나 어려운 표현을 사용하지 않아야 한다.
- 타당도와 신뢰도가 검증된 평가도구를 사용하여야 한다. 그렇지 못한 경우에는 검사 결과 및 해석의 장점과 제한점을 기술한다.
- 검사도구, 면접, 평가기법을 목적에 맞게 실시하고, 번안하고, 채점하고, 해석하고, 사용하여야 한다.
- 평가서 작성 및 이용에 있어서 객관적이고 학문적으로 근거가 있어야 하고, 세심하고 양심적이어야 한다.
- 무자격자가 심리평가 기법을 사용하지 않아야 한다.

③ 2020년 기출문제

41 클로닌저(C. Cloninger)가 개발한 기질 및 성격검사(TCI)의 성격 척도를 모두 포함한 것은?

① 자극추구, 인내력, 자율성
② 위험회피, 자율성, 자기초월
③ 자율성, 연대감, 사회적 민감성
④ 자율성, 연대감, 자기초월

해설

TCI(The Temperament and Character Inventory)는 만 3세에서 성인까지 측정할 수 있으며, 기질(4가지 차원) 및 성격(3가지 차원) 척도는 각각 하위척도를 포함하고 있다. '기질 차원'으로는 자극추구(NS), 위험회피(HA), 사회적 민감성(RD), 인내력(P)이 있고, '성격 차원'으로는 자율성(SD), 연대감(C), 자기초월(ST)이 있다.

학습 Plus TCI 구성 내용

기질 차원	자극추구(NS) Novelty Seeking	새롭거나 신기한 자극, 잠재적인 보상 단서에 끌리면서 행동이 활성화되는 유전적 경향성
	위험회피(HA) Harm Avoidance	위험하거나 혐오스러운 자극에 대해 행동이 억제되고 위축되는 유전적 경향성
	사회적 민감성(RD) Reward Dependence	사회적인 보상 신호에 의해서 이전의 보상 또는 처벌 감소와 연합되었던 행동이 유지되는 유전적 경향성
	인내력(P) Persistence	지속적인 강화 없이도 한 번 보상된 행동을 일정 시간 동안 꾸준히 지속하려는 유전적 경향성
성격 차원	자율성(SD) Self-Directedness	자신이 선택한 목표와 가치를 이루기 위하여 자신의 행동을 통제, 조절, 적응하는 능력
	연대감(C) Cooperativeness	타인에 대한 수용 능력 및 타인과의 동일시 능력에서의 개인차
	자기초월(ST) Self-Transcendence	우주 만물과 자연을 수용하고 동일시하며, 이들과 일체감을 느끼는 능력에서의 개인차

정답 41. ④

42 행동면담에 대한 설명으로 틀린 것은?

① 치료 전에 행동의 기저선을 측정하는 것은 중요하지 않다.
② 행동면담의 기술도 중요하지만 내담자의 환경적 맥락을 고려해야 한다.
③ 내적 특성에 대한 내담자의 신념을 구체적 행동으로 명확화할 필요가 있다.
④ 목표행동이나 부가적 행동평가에 있어 행동면담이 도움이 된다.

해설

- 행동면담은 선행사건과 행동, 그리고 결과 간의 관련성을 기술하거나 설명하는 데 목적이 있다. 이에 행동의 기저선 혹은 치료 전 측정은 관련 행동의 반복과 강도, 지속성의 체계적인 접근에 중요하다.
- 행동면담에서는 단순히 목표행동을 기술하는 것이 아니라 그 외 많은 맥락을 고려해서 살펴봐야 한다.
- 수검자가 겪고 있는 문제를 행동적인 묘사로 구체화하여 행동 언어도 재진술하는 것이 필요하다.
- 행동면담의 일반적인 목표는 관련 있는 목표행동을 확인하고 추가적인 행동평가 절차를 선택하는 것이다. 이 과정에서 문제의 과거력을 얻고, 수검자의 동기를 증진시키고, 개입 프로그램을 고안하고, 이전에 시도되었던 개입의 효과성을 평가한다.

43 Rorschach 검사 실시에 관한 설명과 가장 거리가 먼 것은?

① 좌석의 배치는 검사자가 피검사자와 정면으로 얼굴을 대면하지 않는 것이 좋다.
② 잉크반점이 무엇처럼 보이는지 정도로 질문하고 세부적인 설명은 하지 않는다.
③ 상황에 따라서 도판의 제시 순서를 변경하는 것이 권장된다.
④ 피검사자가 편안하게 느껴야 다양한 반응이 표현될 수 있다.

해설

- 로르샤흐 검사는 데칼코마니 형태의 대칭 구조로 된 10장의 잉크반점 카드를 사용하는데, 검사 단계에서는 도판의 제시 순서대로 수검자에게 카드를 보여 준다.
- 검사를 지시할 때는 수검자가 원하는 대로 자극에 반응할 수 있도록 편안한 환경을 고려해야 한다.
- 검사의 자리 배치는 수검자가 검사자의 옆에 앉는 방법이 좋다. 이는 검사자가 수검자에게 영향을 줄 수 있는 단서를 줄일 수 있고, 질문할 때 수검자가 말하는 검사 자극을 더 정확하게 볼 수 있기 때문이다.
- 검사지시 단계에서 수검자의 손에 카드를 쥐어 주면서 무엇처럼 보이는지 정도로 질문하고 세부 설명은 하지 않는다. 수검자가 로르샤흐 반응을 어떻게 대답해야 하는지 구체적인 예를 요청하거나 검사자에게 격려 혹은 승인을 요청한다면 수검자가 원하는 대로 반응을 하라고 일관성 있게 답해야 한다.

정답 42. ① 43. ③

44 TAT에 대한 설명으로 틀린 것은?

① TAT는 투사검사이다.
② TAT는 다양한 대인관계상의 역동적 측면을 파악하는 데 유용하다.
③ TAT는 우리가 외부 대상을 인지하는 과정에는 주관적인 해석이 포함되지 않는다는 가정에서 출발한다.
④ 아동용 TAT에는 등장하는 인물이 동물로 그려져 있다.

해 설

- 수검자의 반응 과정에는 카드 자극 자체가 끌어내는 지각과정 외에 개인의 주관적인 과거 경험이 결합되어 통각 과정에 영향을 준다.
- TAT는 다양한 대인관계상의 역동적 측면 파악에 특히 유용한 검사로 알려져 있으며, 카드 자극을 보면서 이야기를 만드는 과정에 수검자의 과거 경험, 상상, 욕구, 갈등 등이 투사된다고 가정한다.
- 아동용 TAT는 성인 TAT의 자극을 아동에게 맞는 그림으로 바꾸고, 그림에 등장하는 주인공도 동물로 바꾸어서 제작하였다. 동물은 친근하게 여겨져 잘 동일시되기 때문이다.

45 아동 심리검사에 대한 설명 중 옳은 것을 모두 고른 것은?

ㄱ. HTP 검사의 집 그림에서는 자기상이 투사된다.
ㄴ. 문장완성검사는 자기개념, 타인과의 관계 등을 알게 해 주는 투사검사이다.
ㄷ. 아동용 TAT 검사인 CAT는 다양한 상황에서 상호작용하는 사람 그림으로 구성되어 있다.

① ㄱ ② ㄴ
③ ㄱ, ㄷ ④ ㄴ, ㄷ

해 설

- HTP 검사의 '집' 그림은 전반적으로 가정생활과 가족 간의 관계에 대한 인상을 반영한다.
- 문장완성검사는 다수의 미완성 문장을 수검자가 자기 생각대로 자유롭게 완성하도록 하는 검사로서 가족 영역, 성적 영역, 대인관계 영역, 자기개념 영역을 포함하고 있다.
- CAT는 성인 TAT의 사람 그림을 동물 그림으로 대체하여 친숙하게 반응하도록 하였다.

정답 44. ③ 45. ②

학습 Plus 문장완성검사(Sentence Completion Test: SCT)의 구성 영역

- **가족 영역**
  어머니, 아버지 및 가족에 대한 태도를 측정하며, 이와 관련된 문항으로 구성되어 있다(예 "어머니와 나는 ________" "내가 바라기에 아버지는 ________" "우리 가족은 나에 대해서 ________").
- **성적 영역**
  이성 관계에 대한 태도를 포함하며, 이 영역의 문항들은 사회적인 개인으로서의 여성과 남성, 결혼, 성적 관계에 대하여 자신을 나타내도록 한다(예 "내 생각에 여자들은 ________" "내가 성교를 했다면 ________").
- **대인관계 영역**
  친구와 지인, 권위자에 대한 태도를 포함한다. 이 영역의 문항들은 가족 외의 사람들에 대한 감정이나 자신에 대해 타인이 어떻게 느끼는지에 관한 생각들을 표현하게 한다(예 "내가 없을 때 친구들은 ________" "윗사람이 오는 것을 보면 나는 ________").
- **자기개념 영역**
  자신의 능력과 과거, 미래, 두려움, 죄책감, 목표 등에 대한 태도가 포함된다(예 "무슨 일을 해서라도 잊고 싶은 것은 ________" "내가 저지른 가장 큰 잘못은 ________" "내가 믿고 있는 내 능력은 ________" "내가 어렸을 때는 ________" "언젠가 나는 ________" "나의 평생 가장 하고 싶은 일은 ________").

46 MMPI-2에서 다음과 같은 문제행동을 잘 변별해 낼 수 있는 임상척도는?

- 다른 사람의 동기를 의심한다.
- 분노감을 느끼고 적대적이다.
- 투사적 방어기제를 주로 사용한다.
- 자신이 충분한 대우를 받지 못하고 있다고 생각한다.

① Pd ② Pa

③ Sc ④ Ma

해 설

척도 6 편집증(Paranoia: Pa)은 편집증적 상태 혹은 편집증을 보이는 환자들을 탐지할 목적으로 개발되었다. 해당 문항들은 관계사고, 피해의식, 의심, 지나친 예민성, 과대한 자기개념, 경직된 태도 등의 내용을 포함하고 있다.

<척도 6에서 높은 경우>
- 타인의 사소한 말이나 행동에 예민하고 과민하게 반응한다.
- 타인의 동기나 의도를 의심하고 오해하여 조심스럽고 경계적인 태도를 취한다.
- 세상은 불공평하며, 자신은 충분한 대우를 받지 못한다고 여긴다.

정답 46. ②

- 적대감과 분노감을 드러내며 논쟁적이다.
- 사고나 태도가 매우 경직되어 있고 융통성이 부족하다.
- 피해망상, 과대망상, 관계사고 및 기타 사고장애 등 명백한 정신증적 증상과 그에 수반한 행동 특성을 보일 가능성이 높다(T≥70).
- 자신이 음모에 휘말렸거나 남들로부터 부당한 대우, 모함, 괴롭힘을 당한다고 지각한다.
- 투사, 합리화의 방어기제를 많이 사용한다.

47 심리검사와 관련하여 임상심리학자의 행동이 윤리적으로 가장 적합한 것은?

① 심리검사의 보급을 위해 방송출연을 하여 출연자들에게 모의로 심리검사를 실시하고 해석해 주었다.

② 심리검사를 제작한 후 구입요건에 대한 특별한 명시 없이 출판사에 검사 판매와 관련한 모든 권한을 위임하였다.

③ 투사적 검사와 관련된 교재 속에 이해를 돕기 위해 Rorschach 카드의 그림을 몇 장 삽입하여 설명하였다.

④ 법률에 의한 강제 명령으로 검사가 실시되었기 때문에 어쩔 수 없이 수검자의 동의를 받지 못한 채 검사를 수행하였다.

해 설

평가 및 진단을 하기 위해서는 내담자로부터 평가 동의를 받아야 한다. 평가 동의를 구할 때는 평가의 본질과 목적, 비용, 비밀유지의 한계에 대해 알려야 한다. 그러나 다음의 경우에는 평가 동의를 받지 않아도 된다.

(1) 법률에 의해 심리검사가 위임된 경우

(2) 심리검사가 일상적인 교육적 · 제도적 활동 또는 기관의 활동(예 취업 시 검사)으로 실시되는 경우

<한국임상심리학회 윤리규정 제51조 평가에 대한 동의>

1. 평가 및 진단을 하기 위해서는 내담자로부터 평가 동의를 받아야 한다. 평가 동의를 구할 때는 평가의 본질과 목적, 비용, 비밀유지의 한계에 대해 알려야 한다. 그러나 다음의 경우에는 평가 동의를 받지 않아도 된다.
   (1) 법률에 의해 검사가 위임된 경우
   (2) 검사가 일상적인 교육적 · 제도적 활동 또는 기관의 활동(예 취업 시 검사)으로 실시되는 경우
2. 동의할 능력이 없는 개인과 법률에 의해 검사가 위임된 사람에게도 평가의 본질과 목적에 대해 알려 주어야 한다.
3. 검사 결과를 해석해 주는 자동화된 해석 서비스를 사용하는 심리학자는 이에 대해 내담자/환자로부터 동의를 얻어야 하며, 검사 결과의 기밀성과 검사 안정성이 유지되도록 해야 하며, 법정 증언을 포함하여 추천서, 보고서, 진단적 · 평가적 진술서에서 수집된 자료의 제한성에 대해 기술해야 한다.

정답 47. ④

48 다음 중 구성타당도를 검증하는 방법과 가장 거리가 먼 것은?

① 집단 간 차이를 비교하는 방법
② 검사의 내부 구조나 점수의 변동을 확인하는 방법
③ 검사 과정을 분석하는 방법
④ 기존에 타당성을 입증 받은 검사와의 비교

해 설

- 구성타당도(construct validity)란 어떤 검사가 그 기저에 존재하는 이론의 구성개념을 정확히 측정하고 있는가를 검증하는 방법이다.
- 구성타당도는 요인분석과 같은 통계적 분석을 통하여 검사의 요인 구조를 밝히거나 다른 검사 변인들과의 관계를 분석하는 방법으로 검증될 수 있다. 이 외에도 집단 간 차이를 비교하는 방법, 검사의 내부 구조나 점수의 변동을 확인하는 방법, 그리고 검사 과정을 분석해서 검증하는 방법 등이 있다.
- 공인타당도(concurrent validity)는 기존에 타당성을 입증 받은 검사를 토대로 새로 제작한 검사와의 유사성 혹은 연관성을 검증하는 방법이다. 다만, 기존에 타당성을 입증받은 검사가 없을 경우에는 공인타당도를 추정할 수 없으며, 기존에 타당성을 입증 받은 검사가 있다고 하더라도 그 검사와의 관계에 의하여 공인타당도가 검증되므로 기존 검사의 타당도 정도에 의존하게 되는 약점을 지니고 있다.

49 성격검사에 관한 설명으로 옳은 것은?

① MBTI에서 사고(T)와 감정(F)은 외부 세계에 대한 태도와 관련된다.
② PAI의 BOR 척도에서의 높은 점수는 불안정한 대인관계를 시사한다.
③ NEO-PI-R의 O에서 높은 점수를 보인 사람들은 목표지향적인 특성이 강하다.
④ 칼 융(C. Jung)의 단어연상검사는 객관적 성격검사이다.

해 설

- PAI의 BOR 척도에서의 높은 점수는 감정 통제의 어려움, 강렬하고 불안정한 대인관계, 정체감 혼란, 자기파괴적인 충동적 행동을 반영한다.
- MBTI에서 사고(T)와 감정(F) 기능은 인식된 정보를 가지고 판단을 내릴 때 쓰는 기능으로서 사고형은 객관적인 기준을 바탕으로 정보를 비교 분석하고, 논리적 결과를 바탕으로 판단을 한다. 감정형은 친화적이고, 따뜻한 조화로운 인간관계를 중시하며, 자기 자신과 다른 사람들이 부여하는 가치에 의미를 둔다.
- MBTI에서 판단(J)과 인식(P)은 외부 세계에 대한 태도나 적응에 있어서 어떤 과정을 선호하는가를 말한다. 판단형은 의사를 결정하고 종결을 짓고 활동을 계획하고 어떤 일이든 조직적이고 체계적으로 진행하고자 한다. 인식형은 삶을 통제하고 조절하기보다는 상황에 맞추어 자율적으로 살아가기를 원하며, 호기

정답 48. ④ 49. ②

심이 많고 새로운 변화를 추구한다.

- NEO-PI-R은 신경증(Neuroticism), 외향성(Extraversion), 개방성(Openness to experience), 우호성(Agreeableness), 성실성(Conscientiousness)으로 구성되어 있다. O에서 높은 점수를 보인 사람들은 내외적 경험에 대해 호기심이 많고 수용적이며 상상력이 풍부하다. 성실성(Conscientiousness)의 높은 점수는 목표를 추구함에 있어 꾸준하고 끈기 있는 성향을 반영한다.
- 칼 융(C. Jung)의 단어연상검사는 어떤 자극 단어에 따른 마음의 내용을 떠오르는 대로 설명하는 투사적 검사에 해당된다.

학습 Plus NEO-PI-R(Personality Inventory-Revisrd)

각 요인별로 6개의 하위요인 및 하위요인별로 8개의 문항으로 구성되어 있다.

요인	하위요인	요인 설명
신경증	불안, 적대감, 우울, 자의식, 충동성, 취약성	대부분 상황에서 우울, 불안, 분노를 느끼는 성향
외향성	온정, 사교성, 주장성, 활동성, 자극 추구, 긍정적 정서	자기주장적이고 활동적이며 다른 사람들과 어울리는 것을 선호하는 성향
개방성	상상, 심미성, 감정 개방성, 행동 개방성, 사고 개방성, 가치 개방성	내외적 경험에 대해 호기심이 많고 수용적이며 상상력이 풍부한 성향
우호성	신뢰성, 솔직성, 이타성, 순응, 겸손, 동정	타인에 대해 긍정적이고 공감적이며 협조적으로 행동하는 성향
성실성	유능감, 질서정연, 충실성, 성취 갈망, 자기규제, 신중성	목표를 추구함에 있어 꾸준하고 끈기 있는 성향

50 다음 중 적성검사에 관한 설명으로 가장 거리가 먼 것은?

① 특정 분야에 필요한 지적 능력 수준을 평가한다.
② 특정 학업 과정이나 직업에 대한 과거의 수행 능력을 추정한다.
③ 제한 시간 내에 주어진 문제를 얼마나 잘 해결할 수 있는지를 평가한다.
④ 인지 기능의 양상을 파악할 뿐 진단을 목적으로 사용되지는 않는다.

해설

적성검사는 학업이나 진로, 직무에 대한 수행 능력이나 적응 정도 및 잠재력을 예측하는 데 목적을 지닌다. 개인마다 특수한 능력에 차이가 있으며, 그 차이를 통해 미래에 어떤 성과를 달성할 것인가를 가정한다.

정답 50. ②

51 **단축형 지능검사를 실시할 수 있는 상황과 가장 거리가 먼 것은?**

① 정신장애를 감별하고 성격의 일부분인 지능에 대한 대략적인 평가가 목적인 경우
② 과거 1년 이내에 full battery 검사를 받은 적이 있고, 임상적으로 특이한 변화가 없는 경우
③ 임상 평가의 목적이 피검사자의 전반적인 지능 수준의 판단인 경우
④ 평가의 목적이 신경심리학적 특성을 파악하고자 하는 경우

해설

웩슬러 개인용 지능검사를 전체적으로 실시하지 않고 부분적으로 실시하는 단축형 검사의 실시 조건은 다음과 같다.

<단축형 검사의 실시 조건>

- 정신장애를 감별하고 성격의 일부분인 지능에 대한 대략적인 평가가 목적인 경우
- 과거 1년 이내에 피검사자에 대한 완전한 심리평가가 완료되었고, 임상적으로 특이한 변화가 없는 상태에서 현재의 심리적 상태나 지능에 대한 대략적인 평가가 요구되는 경우
- 많은 피검사자를 대상으로 하여 철저한 임상적 · 신경심리적 평가가 필요한지를 가리기 위해 스크린용 검사를 시행하는 경우
- 현실적 조건에 따라 제한된 시간만이 허용될 수 있고, 지능평가가 일차적인 목적이 아니고 다른 심리평가의 일부인 경우
- 임상 평가의 목적이 피검자의 지능 수준의 판단이고, 특정한 능력이나 인지적 손상에 대한 평가가 아닌 경우

52 **MMPI-2를 수행하던 어떤 수검자가 '나는 머리가 자주 아프다'라는 문항을 가리키며 다음과 같이 질문하였다. 이런 질문을 받은 검사자의 응답으로 가장 적합한 것은?**

> '자주'라는 말의 기준이 몇 회를 의미합니까? 저는 한 달에 한 번 정도는 그런 편인데, 그 정도면 '아니다'로 응답해야 할지 '그렇다'에 응답해야 할지 모르겠습니다. 대략적인 기준을 말씀해 주시겠습니까?

① '자주'라는 말은 일반적으로 최근 일주일에 1회 정도를 의미합니다.
② 자신이 생각하는 기준으로 알아서 판단하여 응답해 주십시오.
③ 응답하기가 정 애매하면 응답하지 않고 지나가도 됩니다.
④ 실제로 한 달에 한 번 머리가 아픈 것이므로 '예'라고 응답해야 합니다.

정답 51. ④ 52. ②

해 설

수검자의 특정 문항의 내용이나 의미를 질문할 수 있는데, 이 경우 검사자는 단어의 간단한 정의나 문항의 내용을 다른 말로 바꾸어 설명해 줄 수는 있지만 특정한 답변을 제시하거나 유도하지는 않는다. 질문에 대해서는 수검자가 이해한 대로 답하도록 하거나, 현재의 상태를 기준으로 답하거나, 자신과 가장 비슷하다고 느껴지는 방향으로 응답하도록 안내한다.

53 정신상태평가(MSE)의 사고 영역에 해당하지 않는 것은?

① 지남력 ② 장기기억 및 단기기억
③ 통찰과 판단 ④ 지각

해 설

정신상태평가(MSE)는 전반적인 용모와 행동, 기분과 정서, 지각, 사고 영역을 포함한 여러 가지 형식이 있다. 이 중 사고 영역에는 지적 기능, 지남력, 기억, 주의력 및 집중력, 통찰력과 판단력 등이 포함된다.

- **지적 기능**: 지적 기능이 낮고 학업 수행과 직업 성취가 저조하다면 지적 기능의 장애를 진단적으로 고려해 볼 필요가 있다. 지적 기능은 읽기, 쓰기, 이해력, 전반적인 지식 수준, 산수 능력, 속담의 의미를 파악하는 능력 등으로 알 수 있다.
- **지남력**: 자신이 누구인지, 어디에 있는지, 과거와 현재 사건이 일어난 시간이 언제인지 인식할 수 있는 능력을 말한다. 지남력 장애는 주로 시간에 대한 것이 많으며, 장소와 사람에 대한 지남력 상실은 덜 빈번하게 나타난다.
- **기억, 주의력 및 집중력**: 장기기억은 수검자의 전반적인 정보 능력(중요한 날짜, 주요 도시 등)에 대한 기억을 물어봄으로써 평가할 수 있다. 또한 최근의 일화(먹은 음식, 만난 사람)를 회상하게 하여 최신 기억을 평가할 수 있다. 단기기억 혹은 즉각기억은 숫자 따라 외우기 검사 등이 사용된다.
- **통찰력과 판단력**: 자신의 문제에 대한 이해나 태도를 평가하거나, 효율적인 문제해결과 결정을 내릴 수 있는지 등을 살펴볼 수 있다.

정답 53. ④

54 한국아동인성평정 척도(KPRC)의 자아탄력성 척도에 관한 설명으로 틀린 것은?

① 심리적 문제에 대한 아동의 대처 능력이나 적응 잠재력을 측정하기 위해 만들어졌다.
② 이 척도가 상승한 아동은 상황의 요구에 맞게 행동하고 환경 변화에 적절히 대처한다.
③ 다른 모든 임상척도들과 정적인 상관관계를 보인다.
④ 여러 가지 정신병리 발현 시 환경적 요인의 영향력을 반영하며 치료의 좋은 예후를 시사해 주는 지표이다.

해설

자아탄력성 척도(ERS)는 여러 가지 심리적 문제에 대한 아동의 대처 능력이나 적응 잠재력을 측정한다. 다른 모든 임상척도와는 부적인 상관관계를 보인다. 즉, 자아탄력성 척도의 높은 수준은 임상척도의 낮은 수준과 관련된다.

학습 Plus KPRC의 구성 및 내용

척도명		척도 설명
타당성 척도	검사-재검사 척도(T-R)	각 문항에 대해 얼마나 일관성 있게 반응했는가를 측정
	L척도(L)	문제행동을 부정하고 바람직한 방향으로 기술하려는 보호자의 방어적인 태도를 측정
	F척도(F)	의도적이거나 비의도적인 증상의 과장이나 무선반응과 같은 일탈된 반응 태도를 측정
자아탄력성 척도(ERS)		여러 가지 심리적 문제에 대한 아동의 대처 능력이나 적응 잠재력을 측정
임상 척도	언어발달(VDL)	언어적 능력의 발달 지체나 기능상의 손상을 측정
	운동발달(PDL)	정신운동 기능이나 동작성 능력에서 발달 지체나 기능상의 손상을 측정
	불안(ANX)	자연 현상이나 동물, 대인관계, 사회관계에서의 두려움이나 불안 및 긴장을 측정
	우울(DEP)	우울한 기분, 자신감의 결여, 활동성의 저하, 흥미 감소 등 우울과 관련된 특징을 측정
	신체화(SOM)	심리적인 문제를 신체 증상으로 나타내는 신체화 경향을 측정
	비행(DLQ)	반항과 불복종, 공격성과 적대감, 거짓말,도벽 등 비행이나 품행의 문제를 측정
	과잉행동(HPR)	주의산만, 과잉행동, 충동성과 이에 수반되는 문제 등을 측정(ADHD 아동을 가려내기 위한 척도)
	가족관계(FAM)	가족 내의 역동이 아동의 부적응이나 정신병리에 영향을 미치는 정도를 평가하기 위해 가정 내 긴장, 부모-자녀 관계, 부부 관계 위기, 자녀에 대한 무관심 등을 측정
	사회관계(SOC)	또래 관계나 어른들과의 관계 등 사회 관계에서의 어려움을 측정
	정신증(PSY)	상동적인 행동, 부적절하고 특이한 언행, 망상과 환각, 비현실감 등 언어, 사고, 행동 상의 특이함이나 현실 접촉 곤란을 측정(정신증적 증상이 있는 아동을 가려내기 위한 척도)

정답 54. ③

55 심리검사 제작 과정에서 문항분석에 관한 설명으로 틀린 것은?

① 문항 변별도(item discrimination) 지수란 한 문항이 수검자를 얼마나 잘 변별하여 주는가를 나타낸다.

② 문항 난이도(item difficulty) 지수는 −1.0에서 +1.0의 범위를 갖는다.

③ 문항 난이도(item difficulty) 지수는 각 문항의 어렵고 쉬운 정도를 알려 주므로 문항의 상대적인 효율성을 나타낸다.

④ 문항분석에서 요인분석(factor analysis)은 하나의 검사가 단일한 구성개념이나 속성을 평가하는지를 검토하는 데 사용된다.

해설

문항 난이도는 수검자가 문항을 맞출 확률을 말하며, 문항의 쉽고 어려움을 나타내는 지표로 문항의 상대적인 효율성을 나타낸다. 문항 난이도 지수는 0에서 +1.0의 범위를 갖는다. 문항 난이도 지수가 높을수록 쉬운 문항에 해당되며, 지수가 낮을수록 어려운 문항이다.

<문항 난이도에 의한 5단계 문항 평가>

문항 난이도	문항 평가
.00 ~ .20 미만	매우 어려운 문항
.20 이상 ~ .40 미만	어려운 문항
.40 이상 ~ .60 미만	중간 난이도 문항
.60 이상 ~ .80 미만	쉬운 문항
.80 이상 ~ 1.00 미만	매우 쉬운 문항

56 다음 중 자기보고식 성격검사 해석 시 반응경향성을 특히 염두에 두고 해석해야 하는 수검자는?

① IQ가 80 정도 되는 20대 청년

② 자살을 생각하고 있는 고등학생

③ 업무스트레스에 시달리는 40대 직장인

④ 가석방 심사를 앞두고 있는 10대 소년원생

해설

반응경향성이란 검사 내용에 대하여 피험자가 어떤 특정한 방향으로 답하고자 하는 반응 태도를 말한다. 자신의 긍정적인 모습을 드러내고자 하는 의도로 반응할 경우, 검사 자료의 해석에 주의를 해야 한다(법적 쟁점이나 인사 선발 등).

정답 55. ② 56. ④

57 외상성 뇌손상 환자의 신경심리평가에 대한 설명으로 틀린 것은?

① 평가의 초점은 기질적인 뇌손상 유무를 판별하는 데 있다.
② 결손의 증거를 발견하는 데 실패하였더라도 이것이 결손이 없다는 것을 의미하지는 않는다.
③ 병전 적응 능력, 병전 지능과 관련된 교육 및 직업 수준에 대한 정보 또한 중요하다.
④ 두부 손상의 정도는 Glasgow Coma Scale이나 외상 후 기억상실 기간으로 평가할 수 있다.

해설

외상성 뇌손상 환자의 평가의 초점은 현재의 기능 손상에 둔다. 또한 현재 어떤 손상을 입었는가도 중요하지만 병전 기능 수준에 대한 평가는 중요하다. 따라서 병전 지적 수준을 추정할 수 있는 객관적인 정보를 최대한 수집해야 한다(최종 학력이나 학업 서적, 직업적 성취 등).

학습 Plus 뇌손상의 영역별 주요 지표

- **말하기와 언어**: 구음 장애, 비유창성, 말수의 현저한 변화, 착어증, 단어 찾기 곤란
- **학업 능력**: 읽기, 쓰기, 계산하기 및 숫자를 다루는 능력에서 변화(예 읽기 곤란, 이해력 저하, 쓰기에서 철자 또는 숫자의 빈번한 역전)
- **사고**: 언어 또는 행동에서의 보속증, 단순화되거나 혼란된 정신적 추적, 추론 및 개념 형성 능력
- **운동**: 편측화된 약화 또는 서투름, 미세한 운동 협응의 손상(예 글씨 쓰기에서의 변화), 진전
- **지각**: 복시 또는 시야의 변화, 부주의(대개 좌측 자극을 지각하거나 재생할 때), 체감각의 변화(특히 편측화되거나 한쪽 사지에 국한됨)
- **시공간 능력**: 손을 사용하는 기술의 감소 또는 왜곡(예 바느질, 기계 수리), 공간 지남력 상실, 공간적 판단력 손상, 좌우 지남력 손상
- **정서**: 감정 폭발과 반사회적 행동을 동반한 정서 조절력의 약화, 우울증이 없음에도 대인관계의 흥미 감소, 알려진 촉발 요인이 없는 정동의 변화(예 불안정성, 무감각, 부적절성), 알려진 촉발 요인이 없는 성격 변화나 과민성 증가
- **태도**: 욕구 및 욕구 충족 행위의 변화, 몸치장 습관의 변화(지나치게 신경을 쓰거나 부주의함), 과다 또는 과소 활동, 사회적 부적절성

정답 57. ①

58 다음은 웩슬러 지능검사의 소검사 점수 분산 분석에 대한 설명이다. (   )에 알맞은 것은?

- (ㄱ) 소검사는 지능의 수준을 잘 대표하고, 다른 소검사에 비해 부적응 상태에서 점수 저하가 잘 나타나지 않기 때문에 다른 소검사를 비교하는 기준치로 선정된다.
- (ㄴ)은 언어성 소검사에서는 언어성 평균치와 동작성 소검사에서는 동작성 평균치와 비교하는 것이다.
- 유의한 소검사 점수 분산은 평가치가 (ㄷ)점 이상 차이나는 것을 기준으로 한다.

① ㄱ: 기본지식, ㄴ: 평균치 분산, ㄷ: 5
② ㄱ: 어휘, ㄴ: 평균치 분산, ㄷ: 3
③ ㄱ: 어휘, ㄴ: 변형된 평균치 방식, ㄷ: 3
④ ㄱ: 기본지식, ㄴ: 변형된 평균치 방식, ㄷ: 5

해 설

<소검사 점수 분산 분석>

소검사의 변산성을 분석함으로써 수검자의 인지적 강점과 약점을 파악할 수 있고 지수점수를 해석하는 데 유용한 정보를 얻을 수 있다. 일반적으로 소검사 환산점수가 평균치보다 3점 이상 차이가 날 때 강점과 약점의 기준으로 본다. 소검사 분산 분석은 어휘 분산, 평균치 분산, 변형된 평균치 분산으로 구분된다.

- **어휘 분산**
  '어휘' 점수를 기준으로 다른 소검사 점수들이 이 기준에서 얼마나 분산되어 있는가를 보는 것이다. '어휘'를 기준으로 쓰는 이유는 지능 수준을 가장 잘 대표하며, 부적응 상태에서도 비교적 퇴화하지 않기 때문이다.
- **평균치 분산**
  언어성 소검사들은 언어성 소검사들의 평균에서, 동작성 소검사들은 동작성 소검사들의 평균에서 얼마나 이탈되어 있는지를 보는 방식이다.
- **변형된 평균치 분산**
  너무 높거나 낮은 점수가 평균에 미치는 영향을 배제하기 위해 개발된 방식이다. 지나치게 점수 차가 큰 소검사를 제외하고 평균을 낸 뒤 그 수치를 기준으로 다른 소검사들의 이탈 정도를 보는 것이다.

정답 58. ②

59 다음 (　　) 안에 들어갈 내용으로 가장 알맞은 것은?

> 대다수의 피검사자가 검사를 너무 쉽다거나 너무 어렵다거나 혹은 부적절하거나 불필요하게 본다면, (　　　)가 검사태도에 영향을 미쳐서 피검사자의 협조적이고 솔직한 응답태도를 결정하는 데 부정적인 역할을 하게 된다.

① 내용타당도 ② 준거타당도
③ 구성타당도 ④ 안면타당도

해 설

- 안면타당도(face validity)는 검사가 측정하려고 하는 바를 측정하고 있다고 보는 정도이며, 수검자의 시각을 반영한 것이다. 안면타당도가 낮은 검사는 검사를 받는 사람에게 비협조적인 부정적인 태도를 야기할 수 있다.
- 내용타당도(content validity)는 검사 문항들의 내용이 측정하고자 하는 영역의 내용을 적절히 포함하고 있는가이다. 내용타당도가 높은 검사가 되려면 측정하고자 하는 내용 영역의 모든 주요 측면과 추가적인 변인들로 다루어야 한다.
- 준거타당도(criterion validity)는 검사 점수들이 주어진 외적 준거, 즉 주어진 검사의 부분이 아닌 준거를 경험적으로 예언해 주는 바는 어느 정도인가 하는 것이다.
- 구성타당도(construct validity)는 검사가 측정하려고 하는 심리적 구성개념을 얼마나 정확하게 측정해 주는가에 해당된다.

60 Wechsler 아동용 지능검사의 소검사와 측정 내용을 짝지은 것으로 가장 거리가 먼 것은?

① 불안－숫자 외우기, 산수 문제
② 추상적 사고－공통성 문제, 어휘 문제
③ 사회적 이해－이해 문제, 차례 맞추기
④ 정신운동속도－기호쓰기, 모양 맞추기

해 설

Wechsler 아동용 지능검사에서 추상적 사고를 측정하는 소검사는 공통성과 토막짜기이다. Dean은 개인능력 프로파일 이론을 제시하여 지능검사의 분류방식을 제시하였으며, 공통성, 토막짜기 소검사를 추상적 사고를 평가하는 범주로 포함하였다.

정답 59. ④ 60. ②

④ 2019년 기출문제

41 40대 주부 A씨는 숙제를 하지 않고 컴퓨터 게임을 하고 있는 아이에게 소리를 지르고 심하게 야단을 쳤다. A씨는 평소 화가 나면 이를 참지 못하고 직접 표출하는 패턴을 보인다. 이러한 분노 표현방식을 고려할 때, A씨가 나타낼 가능성이 가장 높은 MMPI 결과는?

① 2-4-8 코드 유형
② 3-1-2 코드 유형
③ 4-6 코드 유형
④ 5-8 코드 유형

해 설

- 4-6 코드 유형은 의심이 많고 적대적이며 화를 잘 낸다. 미성숙하고 자기중심적이며 분노를 행동화하는 경향이 두드러진다. 자신에 대한 객관적인 인식이나 통찰을 하지 못하고 상대방의 행동에만 주의의 초점이 맞춰져 있으며 자신의 잘못을 상대방의 탓으로 돌리며 분노와 적대감을 정당화한다.
- 2-4-8 코드 유형은 타인에 대한 불신이 크고 남들로부터 이해 받지 못한다고 느낀다. 기분 변화가 심하고 행동을 예측하기 어려우며, 과민하고 적대적인 정서로 불안을 표현한다. 타인으로부터 공허함과 단절감을 느끼며 종종 관계로부터 철수되어 있는 경우가 흔하다. 공감 능력이 부족하며, 성적 문제나 자살사고 및 반복적인 자살시도로 종종 나타난다.
- 3-1-2 코드 유형은 외현적으로는 쾌활해 보이나 전반적인 기능 저하를 동반한 우울증 증상을 보일 수 있다. 억압 및 억제의 방어기제를 사용하고 사회적 인정에 대한 강한 욕구를 지닌다. 스트레스에 대한 반응으로 여러 신체 증상을 보이며 수면장애와 체중 문제가 흔히 나타난다. 사회적으로 받아들이지 못하는 충동들을 부인하는 양상을 보인다.
- 5-8 코드 유형은 남성과 여성에 따라 임상적 해석을 달리한다.
  - 남성의 경우, 내면지향적이고 많은 시간을 사고하는 과정으로 보내는데, 흔히 철학적인 사색을 하거나 삶의 의미와 같은 추상적인 사고에 관심을 갖는다. 대개 혼돈감, 불행감, 타인으로부터 소외, 가정불화 등을 호소한다.
  - 여성의 경우, 자신을 보호하려는 목적으로 남들을 통제하려는 것과 관련된 특이한 사고나 행동을 드러

정답 41. ③

낼 수 있다. 평소 소외감을 자주 느끼며, 여성 청소년의 경우 이러한 패턴은 가정이나 학교에서의 문제 행동과 관련되며 때론 법적인 문제와 연관되기도 한다.

42 심리평가 보고서 작성에 대한 설명으로 틀린 것은?

① 모호하고 빈번하게 사용되는 일반적인 진술을 피한다.
② 평가 결과의 해석 내용은 수검자와 의뢰자 모두가 이해할 수 있어야 한다.
③ 보고서에 자신의 의견을 기술할 때, 이를 입증할 만한 객관적 정보 또는 기법에 근거해야 한다.
④ 해석의 분명한 근거를 제시하기 위해 반드시 원자료의 반응을 그대로 언급해야 한다.

해설

수검자의 이해를 돕기 위해서 원자료의 반응을 그대로 인용하거나 재진술에 그쳐서는 안 되며, 그 자료가 의미하는 바에 대한 구체적이고 명확한 설명과 수검자의 일반화된 행동으로 연결시킬 수 있는 해석 등이 포함되어야 한다.

43 MMPI-2의 실시와 채점에 대한 설명으로 틀린 것은?

① 환자에게 최대한의 협력을 얻어 내기 위해 왜 MMPI-2를 실시하는지를 알려 주어야 한다.
② 때로 환자가 검사자의 조언을 구하거나 문항의 의미를 명료화해 줄 것을 요구할 때 검사자는 환자에게 직접적인 도움을 주어야 한다.
③ 검사자는 응답하지 않은 문항들을 최소한으로 줄이려고 노력해야 한다.
④ MMPI-2에서는 65T 이상의 점수를 높은 점수로 간주한다.

해설

검사 도중 수검자가 특정 문항의 내용이나 의미를 질문할 수 있는데, 이 경우 검사자는 단어의 간단한 정의라든지 문항의 내용을 다른 말로 바꾸어 설명해 줄 수 있지만 길게 대화하는 것은 피하도록 한다.

정답 42. ④ 43. ②

학습 Plus MMPI-2 실시 단계에서 대처 요령과 점검 사항

1. **수검자들이 자주 하는 질문에 대한 대처 요령**
   - 요즘 상태에 대해 답해야 하나요, 아니면 과거 일도 생각해서 답해야 하나요?
     : 현재 상태를 기준으로 답하십시오.
   - 이런 일은 해 본 적이 없어서 답하기가 힘들어요.
     : 이에 대해 OO씨가 어떻게 생각하고 느끼는지가 더 중요할 수 있습니다.
   - 그럴 때도 있고 아닐 때도 있어서 '예' '아니오' 어느 하나로 답하기 힘들어요.
     : 가장 비슷하다고 느껴지는 방향으로 응답하세요.
   - 기타
     : 검사지 앞에 적혀 있는 지시문을 다시 한 번 주의 깊게 읽어 보세요.
     : 본인이 이해하시는 대로 답하시면 됩니다.
2. **수검자의 답안지 점검 사항**
   - 답안지를 끝까지 완성하였는가?
   - 검사자가 응답 내용을 알아볼 수 있도록 표기하였는가?
   - 응답하지 않은 반응은 얼마나 되는가?
   - 답안지를 반복적으로 지우거나 수정하였는가?

44 MMPI-2의 보충척도에 대한 설명으로 옳은 것은?

① 과잉통제-적대감 척도: 극단적인 신체 공격을 할 가능성이 있는 환자를 감지하기 위해 개발되었다.

② Welsh 억압 척도: 충족되지 못한 의존 욕구를 경험하는 경우에 상승된다.

③ Es 척도: 높은 점수를 받은 환자들은 확립된 방어 패턴이 부족하고 심각한 정신병리를 겪는다.

④ MacAndrew 알코올 척도: 특별히 알코올 남용에 대한 측정치로 사용되며, 낮은 점수를 받은 사람은 비동조적이고 억제적이다.

해설

- 과잉통제-적대감 척도는 극단적인 신체 공격 행위를 할 가능성이 있는 환자를 감지하기 위해 개발되었다. 점수가 높은 경우 공격 및 폭력적 경향이 있으나 평소 화가 나도 적절하게 반응하지 못한다.
- Welsh 억압 척도가 높은 경우 신중하고 조심스러운 생활양식을 택하는 경우가 많고, 내향적이고 관습적이며 수동적인 경향을 보인다.
- Es 척도가 낮은 경우 스트레스에 대처할 만한 자원이 부족하고 심각한 문제를 지니고 있을 가능성이 있

정답 44. ①

다. 치료적 변화에 대한 예후는 좋지 않은 편이다.

• MacAndrew 알코올 척도는 현재의 알코올 사용 관련 문제보다는 향후 문제로 발전될 잠재적인 위험성을 반영한다.

학습 Plus MMPI-2 보충척도

보충척도		
A	불안	불안 증상, 자신감 부족, 관습에 순응적, 의사결정 곤란, 낮은 적응력
R	억압	순종적, 관습적, 과잉통제 경향, 신중하고 조심스러움, 느린 행동 경향
Es	자아 강도	심리적 적응 및 치료적 예후의 지표, 책임감과 인내력이 있고 안정적
Do	지배성	현실적 · 업무중심적 성향, 자신감, 유능감, 추진력, 주도적, 적극적
Re	사회적 책임감	정의감, 성실함. 자신에게 높은 기준 적용, 자신감이 강하고 독립적
Mt	대학생활 부적응	근심, 걱정, 긴장, 비관주의, 지연행동, 대학생활 전반의 부적응 시사
PK	외상 후 스트레스 장애	정서적 고통감, 불안 및 수면장애 증상, 죄책감, 우울감, 통제 불능감
MDS	결혼생활 부적응	전반적인 부적응과 우울, 타인 거부 경험, 결혼관계의 부적응 시사
Ho	적대감	타인에 대한 의심, 분노, 적대감, 불친절, 냉소적 태도, 투사
O-H	적대감 과잉통제	내재된 분노감, 적대감을 부인, 억제, 부적 정서 자극에 과잉반응 경향
MAC-R	알코올 중독	알코올(물질) 사용 관련 문제가 있거나 잠재적 발전 가능성 시사
AAS	중독 인정	알코올 혹은 물질 남용 문제를 자각하고 도움을 구하는 정도를 반영
APS	중독 가능성	현재 물질 남용보다는 물질 남용의 가능성 혹은 취약성을 반영
GM	남성적 성역할	전형적인 남성적 흥미와 활동 선호, 두려움이나 불안을 부인하는 성향
GF	여성적 성역할	전형적인 여성적 흥미와 활동 선호, 예민함, 순응적 성향 반영

45 HTP 검사의 해석으로 틀린 것은?

① 그림 속의 어떤 부분을 계속 지우며 고쳐 그리는 경우는 그 부분이나 그 부분이 상징하는 것에 대한 갈등을 나타내는 것이라고 할 수 있다.

② 자기 성과 다른 성을 먼저 그리는 것이 통상적이다. 같은 성을 먼저 그리는 경우, 성역할 동일시에 갈등이 있거나 현재 생활에서 특정 이성의 비중이 큰 상태임을 시사한다.

③ 그림을 그려 나가는 일반적인 순서에서 이탈하는 것은 중요한 단서가 된다.

④ 지우개를 과도하게 사용하는 경우에는 불안정이나 초조감이 있을 수 있고, 자신에 대한 불만, 불안, 도움을 받고 싶은 욕구를 보여 주는 것일 수 있다.

정답 45. ②

해 설

• 사람 그림을 그릴 경우에는 성별을 어떤 순서로 그리는가도 중요하다. 대부분의 사람은 자신과 동성의 사람을 먼저 그린다. 만일 이성을 먼저 그렸다면, 성 정체감이나 성 역할에 대한 갈등을 경험하고 있을 가능성이 있거나, 특정 이성에 대한 심리적 비중이 큰 상태를 고려해 볼 수 있다.
• 사람 그림에서는 그림의 크기, 전반적인 인상, 신체 부위와 의복 같은 구성 요소, 남성과 여성을 그리는 순서, 그림에 대한 설명 등을 살펴보아야 한다.

46 다음 설명에 해당하는 검사는?

> 언어 기억 범위, 시각 기억 범위, 단어 습득, 단어 회상, 단어 지연 회상, 문장 즉각 회상, 문장 지연 회상, 얼굴 즉각 기억, 얼굴 지연 기억, 시각 재생, 시각 즉각 재연, 시각 지연 재연의 12개 하위검사를 바탕으로 단기기억과 언어기억, 시각기억, 전체기억점수를 산출하도록 구성되어 있다.

① Rey-Kim 기억검사　② 한국판 기억평가검사
③ Kims 전두엽-관리기능 신경심리검사　④ 한국판 치매 평가검사

해 설

• 한국판 기억평가검사(Korean version of Memory Assessment Scales: K-MAS)
Williams가 개발한 기억 검사 배터리를 국내에서 이현수 등이 표준화한 검사이다. 언어 기억 범위, 시각 기억 범위, 단어 습득, 단어 회상, 단어 지연 회상, 문장 즉각 회상, 문장 지연 회상, 얼굴-이름 즉각 기억(재인), 얼굴-이름 지연 기억(재인), 시각 재생, 시각 즉각 재인, 시각 지연 재인의 12개 소검사로 구성되며, 단기기억, 언어기억, 시각기억 및 전체기억지수(MQ)가 산출된다.
• Rey-Kim 기억검사
Rey가 개발한 AVLT(Auditory Verbal Learning Test)와 시각기억검사를 우리말로 표준화한 검사이다. 두 기억검사의 점수를 환산하여 기억지수(Memory Quotient: MQ)가 산출되는데, WAIS와 유사하게 평균 100, 표준편차 15로 표준화하였다. 이와 함께 학습 기울기, 기억 유지도, 인출 효율성, 그리기와 기억 일치도, 언어기억과 시각기억 일치도, 지능과 기억 일치도 등 차이 척도가 산출된다.
• Kims 전두엽-관리기능 신경심리검사
실행 기능의 손상을 평가할 목적에서 개발된 검사로, 독립적으로 실시 가능한 세 개의 모듈로 구성되어 있다.
- 모듈 1/ 관리 지능 검사(Executive Intelligence Test: EXIT)는 스트룹 검사, 단어 유창성 검사(음운 유창성), 도안 유창성 검사 및 기억 인출 효율성 등 전두엽 및 실행 기능을 측정하는 인지 기능 검사로 구성되어 있다.
- 모듈 2/ 관리 복합도형 검사(Executive Complex Figure Test: ECFT)로 RCFT(Rey Complex Figure

정답 46. ②

Test)를 그리는 과정을 분석해 통찰성, 계획성 및 반복 억제에 대한 질적인 점수를 산출한다.
- 모듈 3/ 관리 행동 척도(Executive Behavior Scale: EBS)로 전두엽 및 실행 기능과 관련해 성격, 정서, 행동문제 등을 측정하는 문항들로 구성되어 있어 수검자를 잘 아는 제3자의 평정에 기초한 설문형 검사이며, 병전과 병후의 적응 지능 지수(Adaptive IQ: AIQ)가 산출된다.

- 한국판 치매평가검사

치매 환자의 진단 및 경과를 평가할 목적에서 개발한 신경심리검사이다. 주의, 관리 기능, 구성, 개념화, 기억의 다섯 가지 인지 영역을 측정하는 총 36개의 과제로 구성되어 있으며, 총점이 산출되어 전반적인 인지 기능을 평가하는 데에도 용이하다.

47 행동관찰 시 사용되는 코딩방법과 가장 거리가 먼 것은?

① 행동 간격별 기록 ② 이야기식 기록
③ 사건 기록 ④ 평정 기록

해 설

행동관찰은 면담 동안에 나오는 행동의 측정 영역을 측정하는 구체적인 전략과 기법을 말한다. 치료자, 교사나 부모, 배우자, 수검자가 자기 관찰 보고를 하기도 한다. 가장 흔한 방법은 이야기식 기록, 시간 간격별 기록, 사건 기록, 평정 기록이다.

학습 Plus 행동관찰 평정방법

- 이야기식 기록(narrative recording)

관찰자가 관심 있는 행동을 선정해서 추론하는 것이다. 장점은 향후 더 구체적인 영역에서 양적방법으로 측정될 수 있게 하고, 장비가 필요 없으며, 수많은 가설을 세울 수 있다는 점이다. 단점으로는 관찰을 수량화하기 어렵고 타당도가 낮다는 문제가 있다.

- 시간 간격별 기록(interval recording)

정해진 시간 간격 내에 행동이 일어나는지 기록하는 것이다. 적당한 빈도로 나타나는 눈에 보이는 행동 측정, 시간과 끝이 명확하지 않은 행동 측정에 좋다. 장점은 시간 효율적이고, 특정 행동에 초점을 둘 수 있고, 모든 행동 측정이 가능하다는 것이다. 단점으로는 목표행동의 질적 측정이 안 되고 인위적이며 다른 주요 행동을 간과할 가능성이 있다.

- 사건 기록(event recording)

일어나는 행동 자체를 기록하고 행동에 대한 적절한 세부사항을 기록하는 것이다. 장점은 낮은 빈도의 행동, 시간에 따라 바뀌는 행동을 측정할 수 있어 효율적이다. 단점으로는 시작과 끝이 불분명한 행동이나 오랜 시간 지속되는 행동은 측정하기 어렵고, 행동이 어떻게, 왜 일어나는가를 추측하기 어렵다.

- 평정 기록(ratings recording)

특정한 행동 특징에 대해 1~5점 혹은 1~7점 척도 상으로 측정하는 것이다. 장점은 다양한 행동에 적용하고 통계 분석에 이용 가능하며 비용 효과적이다. 단점으로는 평정자 간에 일치도가 낮고 부정확한 측정 가능성이 초래될 수 있다.

정답 47. ①

48 다음은 어떤 환자의 Rorschach 검사 결과의 특징을 설명한 것이다. 이 환자에게 가장 가능성이 높은 임상적 진단은?

- 조직화가 잘되지 않은 W (전체) 반응
- 다수의 M (인간운동) 반응
- 다수의 작화반응과 음영반응이 C, Cf, Dd 반응과 함께 나타남

① 조현병
② 반사회적 성격장애
③ 일반화된 불안장애
④ 기분장애, 조증 삽화

해설

기분장애, 조증 삽화의 경우, 전체 반응(W)의 형태질이나 반응 조직화가 낮은 특징을 보인다. 감정의 조절이 어렵고 일상에서 부적응이 발견된다. 다수의 M (인간운동) 반응은 조증 환자들에게서 많이 발견되며, 작화반응과 음영반응이 C, Cf, Dd 반응과 함께 나타나고 있어 환경의 모호함과 복잡성을 수용하는 유연성이 부족하고, 색채가 우세한 반응으로 인해 정서는 잘 통제되지 않고 불안정하며 과잉 반응을 주로 보일 수 있다.

49 사회성숙도 검사에서는 아동 및 청소년의 발달적 성숙이나 기능을 6가지 영역으로 구분하여 측정한다. 다음 중 6가지 영역에 해당하지 않는 것은?

① 자조(SH)
② 이동(L)
③ 의사소통(C)
④ 욕구(N)

해설

사회성숙도 검사(Social Maturity Scale: SMS)는 수검자의 사회 적응 능력의 발달 수준을 평가하여 인지적 성숙도를 간접적으로 측정할 수 있고, 적응 수준을 예측할 수 있다. 자조(Self-Help: SH), 이동(Locomotion: L), 작업(Occupation: O), 의사소통(Communication: C), 자기관리(Self-Direction: SD), 사회화(Socialization: S) 등 6개 영역의 총 117문항으로 구성되어 있다.

<사회성숙도 검사의 구성 영역>

- **자조(Self-Help: SH)**: 조작능력, 배변 관리, 이동, 자기 관리 및 기본적인 의사소통능력 등과 관련된 자조 일반, 식사 도구 사용 및 식사 행동, 식이 행동 통제, 판단력 등과 관련된 자조 식사, 세면, 착의 등과 관련된 자조 용의의 3가지 영역으로 구성되어 있다.
- **이동(Location: L)**: 기어 다니기, 걷기, 독립적인 외출 및 이동 등을 평가한다.
- **작업(Occupation: O)**: 단순한 놀이 행동, 장난감 사용에서부터 성인으로서 전문성, 독립성, 책임감을 요하는 작업수행능력 등을 평가한다.

정답 48. ④ 49. ④

- **의사소통(Communication: C)**: 간단하고 관습적인 몸짓, 언어적 의사소통, 문자 등 매체를 사용한 수용성 · 표현성 의사소통능력을 평가한다.
- **자기관리(Self-Direction: SD)**: 돈의 용도를 인식하고 사용하는 능력, 구매, 경제적 자립 준비, 책임 있고 분별력 있는 행동, 독립성과 책임감 등을 평가한다.
- **사회화(Socialization: S)**: 사회화 활동, 사회적 책임, 현실적 사고 등을 평가한다.

50 Wechsler 지능검사의 소검사들을 Cattell-Horn의 방식으로 '유동적-결정적 지능'으로 분류할 때, 다음 중 유동적 지능의 범주에 해당하는 것은?

① 기본지식 ② 어휘
③ 공통성 ④ 이해

해설

- 유동적 지능의 범주에는 행렬 추론, 토막짜기, 모양 맞추기, 공통성, 차례 맞추기, 산수 소검사가 포함된다.
- Horn의 수정 모델에서는 Cattell의 유동적 지능과 결정적 지능을 9~10개의 광범위한 인지 영역으로 확장시켰으며, 유동적 지능과 결정적 지능 외에도 단기기억, 시각적 지능, 청각적 지능, 장기기억, 인지적 처리 속도, 정확한 결정 속도, 양적인 지능 등이 포함된다.

51 다음 중 올바른 심리검사 윤리 지침을 모두 고른 것은?

> ㄱ. 검사자는 요강에서 밝히고 있는 실시 및 채점에 대한 표준화된 절차를 따라야 한다.
> ㄴ. 검사 채점을 의뢰 받았을 경우 채점 서류와 사용한 절차는 문서로 남겨야 한다.
> ㄷ. 입학허가나 면허와 같이 수행 결과에 따라 중요한 결정을 내리는 경우 채점 과정을 공개해서는 안 된다.
> ㄹ. 검사 사용자는 검사 자료의 보안을 유지해야 한다.

① ㄴ, ㄷ ② ㄱ, ㄷ, ㄹ
③ ㄱ, ㄴ, ㄹ ④ ㄱ, ㄴ, ㄷ, ㄹ

정답 50. ③ 51. ③

해 설

입학허가나 면허와 같이 수행 결과에 따라 중요한 결정을 내리는 경우에는 채점 과정을 공개할 수 있다. 평가 결과의 근거가 되는 관련 절차와 채점 과정을 구체화하거나 밝힐 수 있다.

52 다음 중 능력검사에 해당하지 않는 것은?

① 지능검사
② 성격검사
③ 적성검사
④ 장애진단검사

해 설

- 능력검사는 특정 분야에서의 개인의 현재 능력을 평가하는 검사를 말하며, 추후 특정 과제를 수행할 수 있는 능력을 추정하는 자료로 활용한다. 지능검사, 적성검사, 성취도검사가 있다.
- 성격검사는 개인의 신체적 · 정신적 · 정서적 · 사회적 특성을 모두 포함하는 전반적인 성격의 측면을 평가하는 검사로서 개인의 전형적인 고유한 성격 양식을 평가한다.

53 내적 합치도를 확인할 수 있는 신뢰도 지수들로 짝지어진 것은?

① 동형검사신뢰도와 KR−20
② KR−20과 phi 계수
③ KR−21과 Cronbach α 계수
④ 반분신뢰도와 phi 계수

해 설

- 문항 내적 합치도에 영향을 주는 요인으로는 검사의 길이나 문항 수, 문항의 난이도, 문항의 변별도, 검사 도구의 내용, 검사 실시 시간 등이 있다. 대표적으로 KR−20, KR−21, Cronbach α 등이 있다.
- KR−20은 문항 형식에서 문항의 반응이 맞으면 1, 틀리면 0으로 채점되는 양분 문항(dichotomous item)의 경우에 사용하며, KR21은 문항점수가 1, 2, 3, 4, 5점 등의 연속점수일 때 사용한다. Cronbach α 계수는 한 검사 속의 문항들 간의 신뢰도를 평가하는 척도로서 계수는 0~1의 값을 갖는데, 값이 높을수록 신뢰도가 높은 것으로 본다. 보통 0.8~0.9의 값이면 신뢰도가 매우 높다고 볼 수 있다.

정답 52. ② 53. ③

54 인지행동적 면담에 관한 설명으로 틀린 것은?

① 문제행동을 유인하는 환경적 자극과 그에 대한 반응을 중요시한다.
② 개인의 핵심적 신념 규명이 우선적 과제이다.
③ 목표 증상이나 문제행동을 조작적으로 정의한다.
④ 심리장애에 선행하거나 동반되는 사고 내용을 탐색한다.

해설

- 인지행동적 면담은 당면한 내담자의 문제와 내담자의 환경을 평가하는 것을 우선적 과제로 둔다.
- 인지행동적 면담은 세 가지 심리적 요소인 외현적 행동, 인지적 요소, 신체적 활동에 대한 내담자 자신의 관찰 결과를 중심으로 면담을 진행해 나간다.
  - **외현적 행동**: 객관적으로 관찰 가능한 문제행동의 요소들, 문제행동을 유인하는 환경적 자극 단서, 문제행동으로부터 야기되는 환경적 반응 결과를 알아보고자 한다.
  - **인지적 요소**: 심리적 장애에 선행하거나 동반되거나 뒤따르는 사고 내용을 알아보고자 한다.
  - **신체적 활동**: 심리적 장애에 동반되는 신체적 변화를 알아보고자 한다.

학습 Plus 인지행동적 면담 자료

1. **일반적 배경**: 나이, 직업, 교육, 결혼 상태, 가족 사항, 취미 활동, 사회적 활동 등
2. **발달사 정보**: 개인의 발달사 및 주요 생활사건
3. **신체적 건강**: 의학적 과거력, 현재의 의학적 치료(운동이나 식이요법 등)
4. **당면한 문제**: 구체적으로 현재 도움 받고자 하는 문제 명료화
5. **당면한 문제의 특징**: 심각도(빈도, 강도, 기간), 신체적 · 인지적 · 행동적 특징
6. **원인요인**: 촉발 요인, 인지적 · 행동적 · 신체적 선행요인 및 그 결과
7. **유지요인**: 문제 발생을 강화하고 지속시키는 요인 및 사회적 관계
8. **과거 치료**: 과거의 치료 형태와 치료 반응
9. **기타**: 치료 동기, 치료 결과에 대한 기대

55 MMPI-A에 관한 설명으로 옳은 것은?

① MMPI-2와 달리 F(P)척도가 없다.
② 반사회적 특성, A유형의 행동 등 청소년에 적합한 내용 척도가 개발되었다.
③ MMPI-2와 마찬가지로 임상척도에 대해 K교정을 한다.
④ MMPI-A에는 성격병리 척도가 없다.

정답 54. ② 55. ①

해설

- MMPI-A의 기본적인 타당도 척도(?, VRIN, TRIN, F, L, K)와 10개 임상척도의 구성은 동일하나 각 척도에 포함되는 문항에는 차이가 있다. 또한 타당도 척도 중 F척도는 F1(검사 전반부의 비전형적 양상), F2(검사 후반부의 비전형적 양상)로 구분되며, F(P)척도는 포함되지 않는다.
- MMPI-A의 내용 척도의 경우 기본적으로 MMPI-2와 유사하지만 공포(FRS), 반사회적 특성(ASP), A유형의 행동(TPA), 직업적 곤란(WRK) 등은 제외되었으며, 소외(A-aln: Alienation), 품행 문제(A-con: Conduct Problem), 낮은 포부(A-las: Low Aspiration), 학교 문제(A-sch: School Problem) 등이 추가되었다.
- MMPI-A는 임상척도들(1, 4, 7, 8, 9)에 K교정 점수를 사용하지 않는다.
- MMPI-A는 새로운 타당도 척도, 내용 척도, 보충 척도 및 성격병리 척도(PSY5)들이 추가되었다.

56 다음은 아동을 위한 발달검사 실시와 관련된 글이다. 어떤 검사에 관한 설명인가?

> Beery와 Buknetica가 개발한 이 검사는 일반 학교에서 아동의 학습 및 행동 장애를 예방하거나 초기에 발견하기 위한 선별용 도구이다.
> 검사자는 수검자들이 모사할 24개의 기하학적 도형을 제시한다. 기하도형은 굵은 검은색으로 인쇄되어 있고, 한 페이지에 3개씩 배열되어 있으며, 각 도형 아래에 모사를 위한 공간이 있다. 수검자는 그린 도형을 지우거나 회전시킬 수 없다. 시간 제한은 없으며, 3번 연속적으로 오류를 범할 때까지 계속 수행한다. 원점수는 상한수준에 도달하기 전에 완전하게 모사한 도형의 전체 수이며, 이는 검사요강에 있는 표를 사용하여 연령 점수, 표준점수, 백분위로 환산된다. 실시에는 10~15분, 채점과 해석에는 10분 정도 소요된다.
> 검사 장소는 조용한 방에 표면이 매끄러운 책상이 필요하다. 검사지는 두 가지 형태로 되어 있는데, 완전형(Long Form)은 24개의 기하학적 도형이 모두 포함되고 만 2~15세까지의 연령 집단이 사용한다. 간편형(Short Form)은 첫 번째 15개 기하학적 도형만을 포함하고, 만 2~8세까지의 아동들에게만 사용한다.

① 벤더 게슈탈트 검사(The Bender Visual-Motor Gestalt Test: BGT)
② 시각-운동 통합발달검사(Development test of Visual-Motor Integration: VMI)
③ 시지각 발달검사(Developmental Test of Visual Perception: DTVP)
④ 지각-운동 진단검사(Perceptual-Motor Diagnostic Test: PMDT)

정답 56. ②

해 설

- 시각-운동 통합발달검사(Development test of Visual-Motor Integration: VMI)는 24개의 기하학적 도형으로 구성되어 있으며, 시지각과 소근육 운동 협응 능력을 평가한다. 검사의 목적은 조기 선별 및 판별을 통해 학습 및 행동문제를 예방하는 데 있다.
- 벤더 게슈탈트 검사(The Bender Visual-Motor Gestalt Test: BGT)는 간단한 기하학적 도형이 그려져 있는 9개의 자극 카드를 수검자에게 한 장씩 차례로 보여 주면서 그것을 종이 위에 따라 그리도록 하고 여러 가지 변형된 추가 단계를 실시한 뒤, 그 결과들을 통해서 인지, 정서, 성격 같은 수검자의 심리적 특성들에 대해 분석한다.
- 시지각 발달검사(Developmental Test of Visual Perception: DTVP)는 시지각 및 시각-운동장애 수준을 파악하고 시지각 기관 결함의 가능성에 대해 평가한다. 한국판 시지각 발달검사(Korean Developmental Test of Visual Perception)에서는 일반적 시지각지수 외에 운동반응이 없는 순수 시지각과 시각운동 협응 능력을 별도로 분리하여 평가한다. 총 8개의 하위검사로 구성되어 있으며, 4개의 하위영역은 운동개입이 뚜렷한 시지각인 시각-운동 통합 척도(Visual-Motor Integration: VMI)로, 나머지 4개의 하위영역은 운동개입이 최소화된 시지각인 운동감소 시지각 척도(Motor-Reduced visual Perception: MRP)로 분류된다.
- 지각-운동 진단검사(Perceptual-Motor Diagnostic Test: PMDT)는 지각 능력, 운동 능력, 시각-운동 통합 능력을 분석하여 지각운동 발달 능력의 지체를 진단 및 평가한다.

57 Wechsler 지능검사의 소검사 중 다음 요인들과 가장 관련이 있는 것은?

- 결정적 지능
- 언어적 개념화
- 사회적 판단력
- 실제적 · 실용적 지식
- 과거 경험의 평가와 사용

① 기본지식　② 어휘
③ 공통성　④ 이해

해 설

- 이해 소검사(Comprehension: CO)는 결정적 지능, 언어적 추론 및 언어적 개념화 능력, 언어적 이해와 표현 능력, 사회적 판단력, 과거 경험의 평가와 사용, 실제적 · 실용적 지식, 사회적 규칙과 규범에 대한 지식 등을 측정한다.
- 이 소검사에서 보이는 반응을 통해 개인의 성격적 특성, 윤리적 태도와 사회적 및 문화적 배경에 대해 알 수 있다. 사회적 상황에 대한 판단을 요구하기 때문에 각 응답은 사회적 상황에 대한 개인의 태도를 반영한다.

정답 57. ④

<K-WAIS-Ⅳ의 언어이해 소검사와 측정 내용>

구분	소검사	측정 내용
핵심 소검사	공통성	결정적 지능, 논리적이고 추상적인 추론능력, 개념적 사고능력, 언어적 이해능력, 기억력, 연합 및 범주적 사고, 핵심적인 측면과 지엽적인 측면의 변별, 언어능력과 결합된 연상능력 등을 측정한다.
	어휘	언어적 개념 형성, 단어 지식, 장기기억, 결정적 지능, 언어발달의 정도, 언어적 이해능력, 축적된 언어학습의 정도, 획득된 사고, 언어적 유창성 등을 측정한다.
	상식	일반적인 사실적 지식의 범위, 장기기억, 실제적 지식에 대한 학습, 파지, 재인능력, 결정적 지능, 언어적 지각능력, 언어적 이해 및 표현능력 등을 측정한다.
보충 소검사	이해	결정적 지능, 언어적 추론 및 언어적 개념화 능력, 언어적 이해와 표현능력, 사회적 판단력, 과거 경험의 평가와 사용, 실제적 · 실용적 지식, 사회적 규칙과 규범에 대한 지식 등을 측정한다.

58 대졸 학력이며 은퇴 전 은행장까지 지냈던 65세 남자가 메모를 하지 않으면 약속을 잊어버린다고 호소하여 전반적인 신경심리검사를 실시하였다. 다음에 제시된 결과에 가장 적합한 진단적 해석은?

- 과거 의학적 병력: 없음
- 신체 증상 및 징후: 없음
- 지남력: 날짜 제외하고 양호
- 숫자 외우기: 바로 따라 외우기=7자리, 거꾸로 따라 외우기=5자리
- 글자(ㄱ, ㅇ, ㅅ) 및 범주 유창성: 경미한 감소
- 속담 및 공통성 문제: 양호
- 기억력: 손상됨(지연 회상 저하, 최근 일화적 기억 감소, 최근 뉴스에 대한 회상 감소)
- 언어: 경계선 수(이름 대기 7/10점)
- 계산 능력: 양호
- 우반구 기능: Rey Complex Figure test를 제외하고 양호
- 간이 정신상태검사(Mini Mental Status Exam: MMSE): 29/30점
- 노인우울검사(Geriatric Depression Scale: GDS): 5/30점

① 정상적인 노화 과정　② 초기 알츠하이머형 치매
③ 초기 피질하성 치매　④ 가성치매(pseudodementia)

정답 58. ②

해설

초기 알츠하이머형 치매 증상을 보이고 있다. 과거 의학적 병력이 없고, 신체 증상이나 징후가 나타나지 않아 인지 기능 감퇴에 영향을 주는 다른 요인을 배제할 수 있다. 거꾸로 따라 외우기나, 글자 및 범주 유창성 검사의 경미한 감소, 이름 대기 검사의 경계선 수준을 보이고 있어 전두엽 실행 기능의 약화된 수행을 보이고 있으며, 특히 기억력 검사에서 손상된 수준의 경과를 보이고, 지남력 검사에서 가장 흔하게 나타나는 날짜 인식의 저하 및 지연 회상 저하나 최근 일화 기억 감소가 나타나고 있어 초기 알츠하이머형 치매로 추정 가능하다. 노인우울검사에서 낮은 점수를 보이고 있어 우울로 인한 가성치매 가능성은 보이지 않는다.

59 다음 중 적성검사에 대한 설명으로 틀린 것은?

① 적성검사는 지능과 유사하게 개인이 가지고 있는 일반적인 능력이나 그 능력의 발현 가능성을 평가한다.

② 적성검사는 개인이 특정 직무를 얼마나 성공적으로 수행할 수 있을지를 예측하게 해준다.

③ 일반적으로 적성은 타고난 능력이나 소질과 같이 유전적 성향이 강하다.

④ 적성검사는 어떤 과제나 임무를 수행하는 데 있어서 개인에게 요구되는 특수한 능력을 평가하는 것이다.

해설

적성검사는 언어이해력, 일반 추리력, 수리능력, 지각 속도, 기계적 지식 등 광범위한 능력을 측정하기에 지능검사와 유사한 면이 있으나, 개인이 가지고 있는 특수한 능력을 평가하여 미래의 수행 가능성을 예측하기 위해 실시된다.

정답 59. ①

60 Rotter가 제시한 주제통각검사(TAT) 해석 시 검토해야 할 사항과 가장 거리가 먼 것은?

① 우세한 정서는 무엇인가?
② 반복되는 주제는 무엇인가?
③ 성별을 다루는 양식은 어떠한가?
④ 통상적으로 사용되는 표현법은 무엇인가?

해 설

Rotter가 제시한 분석방법은 반응 내용 기저의 무의식적인 내용을 자유연상을 활용하여 해석하는 방식으로서 개인의 역동적 성격을 이해하기 위해 정신역동적 이론에 근거하여 직관적 추론방식으로 해석을 한다. 반복되는 주제와 우세 정서, 성별의 반응 양식 등을 검토한다. 통상적인 표현법은 해당되지 않는다.

정답 60. ④

⑤ 2018년 기출문제

41 적성검사에 관한 설명으로 가장 적절한 것은?

① 정서적 성숙도를 측정한다.

② 직업에 대한 흥미를 측정한다.

③ 새로운 상황에서의 적응능력을 측정한다.

④ 특정 직업군에서의 성공 가능성을 예언한다.

해 설

적성검사는 개인이 지닌 특성의 차이를 통해 차후에 어떤 성과를 달성할 것인가를 예언한다. 개인의 특수한 능력을 찾아 진로나 직무 및 업무 배치 등의 다양한 측면에서 활용한다. 대개의 적성검사는 향후의 성공을 예측할 수 있도록 구성되어 있다.

42 Controlled Oral Word Association Test와 Go No-Go Test의 수행이 저조하다면 어떤 인지 기능의 손상이 시사되는가?

① 언어 관련기능　　② 주의 기능

③ 전두엽/실행기능　　④ 시각-운동 기능

정답 41. ④ 42. ③

해설

- 전두엽(frontal lobe)은 뇌의 앞부분에 위치하며, 체계화를 하거나 계획을 짜고, 생각을 제어하는 등의 실행 기능(executive function)과 관련된다. Controlled Oral Word Association Test와 Go No-Go Test(반응-비반응 검사)는 전두엽/실행 기능을 평가하는 주요 검사이다.
- Controlled Oral Word Association Test(COWAT)는 동물과 마켓에서 살 수 있는 물건을 정해진 시간 내에 얼마나 많이 말할 수 있는가를 평가하는 범주(또는 의미) 유창성과 특정 자음(ㄱ, ㅇ, ㅅ)으로 시작하는 낱말을 정해진 시간 내에 얼마나 많이 말할 수 있는가를 평가하는 글자(또는 음소) 유창성 검사로 구성되어 있다. 이 검사는 생성이름대기 능력(언어 유창성)을 평가하는 것으로서 사고의 생산성을 평가하며 전두엽 손상 환자들의 탐지와 변별에 유용하다.
- Go No-Go Test는 검사자가 둘째 손가락만 올리면 환자는 두 번째-세 번째 손가락을 올리고, 검사자가 두 번째-세 번째 손가락을 올리면 환자가 주먹을 내는 방식으로 수행한다. 몇 번 교육 후 20회를 시행하여 정반응을 기록한다. 전두엽의 중요한 기능인 정신적 전환 능력과 반응억제를 평가한다.

학습 Plus 전두엽/실행 기능

실행 기능이란 독립적이고 목표지향적으로 자신의 행동을 조절, 통제, 관리해 나가는 능력을 말한다. 개인의 실행 기능을 평가하기 위해서는 관련된 신경심리학적 검사뿐만 아니라 면담, 행동관찰 및 영상 의학적 검사 등 다양한 출처의 자료에 대해 면밀한 검토가 필요하다.

※ 전두엽/실행 기능의 구성요소
- 추상적 사고력
- 개념 형성 능력
- 추론 및 예측 능력
- 목표 설정과 계획 수립 능력
- 목표에 맞게 행동을 이행하는 능력
- 인지적 융통성
- 사회적 판단 및 인식능력
- 행위의 시작, 중단, 행동통제
- 충동 및 감정 조절 능력

- 실행 기능은 전두엽, 특히 전전두 영역과 관련되어 있다. 실행 기능 및 전두엽 기능을 평가하는 검사는 다음과 같다.
  - 위스콘신 카드 분류 검사(Wisconsin Card Sorting Test: WCST)
  - 스트룹 검사(Stroop Test)
  - 공통성 검사(WAIS)
  - 언어유창성 검사(Verval Fluency Test)
  - 선로 잇기 검사(Trail Making Test)
  - 레이 복합도형 검사(Rey-Osterrieth Complex Figure Test: R-CFT)
  - 런던 탑(하노이 탑)검사
  - 운동조절능력 과제(예 Go No-Go Test, Luria 3-Step Test)
  - 통제 단어 연상 검사(Controlled Oral Word Association Test: COWAT)

43 다음 중 검사 실시 방식으로 구분할 때, 객관식 검사로 규준이 잘 마련되어 있고 채점과 해석이 용이하며 환자의 진단에 대한 정보를 제공하는 검사는?

① MMPI(Minnesota Multiphasic Personality Inventory)

② Rorschach 검사

③ BGT(Bender-Gestalt Test)

④ Stroop Test

해설

- 객관적 검사(objective test)는 절차가 구조화되어 있고, 채점 과정이 표준화되어 있으며, 해석의 규준이 제시되어 있는 검사를 말한다. 대표적으로 웩슬러 지능검사, MMPI, 직업흥미검사, 학습흥미검사, 적성검사 등을 들 수 있다.
- Rorschach 검사는 대표적인 투사검사로서 인지, 정서, 자기상, 대인관계 등에 대한 다양한 정보를 얻을 수 있다. BGT(Bender-Gestalt Test)는 지각 및 시각-운동 기능에 대한 검사로서 현대심리학적 이론에 기반하여 개인의 심리적 과정에 대해 분석한다. 스트룹 색상-단어 검사(Stroop Color-Word Test)는 전두엽에서 담당하는 억제 과정의 효율성을 평가한다.

44 임상심리검사의 해석과 관련된 윤리적 지침에 관한 설명으로 옳은 것은?

① 임상가는 특정한 해석을 뒷받침할 만한 증거가 없는 경우 임상적 경험을 바탕으로 해석한다.

② 임상가는 환자에게 도움이 된다고 판단될 경우 환자에게 검사 결과에 대한 해석뿐만 아니라 해석 오류의 가능성에 대한 정보도 알려 주어야 한다.

③ 컴퓨터를 이용한 검사에서는 자극 조건이 동일하기 때문에 특별히 검사 환경을 고려할 필요가 없다.

④ 장애를 가진 수검자와 일반 수검자의 기능을 비교하는 것이 검사의 주목적일 때 일반 규준보다 특수규준을 사용한다.

해설

- 임상심리검사의 해석에서 평가 해석에 관한 근거가 없는 경우에는 임의적인 해석을 하지 않도록 한다.
- 컴퓨터를 활용한 검사의 경우에도 검사에 영향을 줄 수 있는 검사 환경에 대한 고려가 필요하다. 외부 자극이나 다른 요인으로 인해 검사에 지장이 초래되어서는 안 된다.
- 수검자의 기능을 평가할 때는 일반적인 규준집단과 비교하여 기능 수준의 차이를 분석하도록 한다.

정답 43. ① 44. ②

45 비구조화된 면담과 비교해 볼 때 구조화된 면담의 특징으로 볼 수 없는 것은?

① 면담자 변인이 개입되기가 어렵다.

② 다량의 자료를 모으기가 용이하다.

③ 실시 절차상 융통성을 발휘하기가 어렵다.

④ 선택적인 정보수집이 용이하다.

해설

구조화된 면담(structured interview)은 미리 정해진 문제들의 목록을 정해진 순서대로 제시하는 방식으로 실시된다. 표준화된 시행은 면담자 간 신뢰도를 높여 주고, 해석에 도움이 되는 규준치를 얻을 수 있다. 다만 정해진 목록을 통해 정보를 수집하기에 피면담자에 관한 다양한 부가적인 자료를 얻기 위한 선택적인 정보수집에는 제한이 있을 수 있다.

학습 Plus 평가 면담의 형식적 분류

- **구조화된 면담(structured interview)**
  미리 정해진 문제들의 목록을 정해진 순서대로 제시하는 방식으로 실시된다. 표준화된 시행은 면접자 간 신뢰도를 높여 주고, 해석에 도움이 되는 규준치를 얻을 수 있다.
- **비구조화된 면담(unstructured interview)**
  일정한 면담 문항 없이 내담자나 환자가 제공하는 정보에 따라 면담을 진행시키는 방식을 말한다. 질문의 순서들을 구성하는 데 있어 더 많은 선택의 자유를 제공하나, 더 높은 수준의 경험, 기술 및 훈련을 필요로 한다.
- **반구조화된 면담(semistructured interview)**
  질문하는 문항이 갖춰져 있다는 점에서 구조화된 면담과 일치하지만, 내담자나 환자의 반응에 따라 융통성을 발휘하여 면담을 진행한다.

46 MMPI 검사 결과 프로파일에 대한 설명과 가장 거리가 먼 것은?

① 척도 3과 척도 4는 충동 통제와 관련된 정보를 줄 수 있다.

② 척도 5는 불안에 관한 정보를 제공해 준다.

③ 척도 4와 척도 6의 평균 수준 이상의 상승은 적개심 통제에 문제가 있음을 시사한다.

④ 척도 7과 척도 8의 상승은 증상의 만성화와 사고장애에 관한 정보를 제공해 준다.

정답 45. ④ 46. ②

해 설

- 척도 7(Psychasthenia: Pt)은 불안을 가장 잘 측정하는 대표적인 지표라고 할 수 있으며, 문항들은 강박적 사고, 두려움, 불안, 자신의 능력에 대한 의심과 회의, 불행감, 신체적 불편감, 주의집중 곤란 등과 같은 내용들을 포함하고 있다.
- 척도 5 남성성-여성성(Masculinity-femininity: Mf)은 원래 동성애자를 변별하기 위해 개발되었으나, 실제적으로 변별이 잘 되지 않는 것으로 밝혀져 남성성과 여성성의 정도를 측정하는 척도로 개정되었다. 문항들은 직업 및 여가에 대한 관심, 걱정과 두려움, 지나친 민감성, 가족관계 등과 같은 다양한 주제로 구성되어 있다.

학습 Plus 척도 5: 남성성-여성성(Masculinity-femininity: Mf)

① 척도 5에서 높은 경우(남성)
- 전통적인 남성적 성역할이나 관심사에 대한 흥미가 별로 없다.
- 심미적이며 예술적인 흥미를 가지고 있다.
- 섬세하고 민감하며 감수성이 풍부하다.

② 척도 5에서 낮은 경우(남성)
- 전통적인 남성적 면모를 과시하고자 한다.
- 전통적인 남성적 역할에 부합되는 직업, 흥미, 취미를 갖고 있다.
- 신체적 힘이나 정력을 강조하며 공격적이고 거친 모습을 보일 수 있다.

③ 척도 5에서 높은 경우(여성)
- 전통적인 여성적 성역할에 대해 거부적일 수 있다.
- 진취적이고 성취지향적이며 경쟁적이고 자기주장이 강하다.
- 사회 통념상 남성적 역할에 부합하다고 알려진 직업, 취미, 활동에 관심이 많다.

④ 척도 5에서 낮은 경우(여성)
- 전형적으로 여성적인 흥미를 많이 지니고 있다.
- 아내나 엄마의 역할에서 만족을 얻는 경향이 있다.
- 전통적인 여성적 태도를 지닐 수 있고, 교육수준이 높은 경우 양성적인 생활방식을 반영할 가능성이 있다.

47 심리평가 결과를 수검자에게 전달하는 방법으로 가장 바람직하지 않은 것은?

① 피검자의 정서적 반응까지 고려해서 결과를 전달한다.

② 정확한 수치만을 알려 준다.

③ 전문 용어의 사용을 피한다.

④ 문제점뿐 아니라 강점에 대해 알려 준다.

정답 47. ②

해 설

심리평가 결과를 수검자에게 전달할 때는 주호소 문제에 대한 이해를 돕고 피검자가 받게 될 정서적인 반응을 고려하여 부정적인 영향이 최소화될 수 있도록 전달한다. 전문 용어의 사용을 피하고 쉽게 이해할 수 있도록 설명하며, 강점과 약점을 고르게 안내하도록 한다. 검사 수치로만 정보를 전달하지 않아야 하며, 그 외 피검자에게 미칠 수 있는 모든 영향을 고려해야 한다.

48 MMPI-2의 실시와 채점에 관한 설명으로 옳은 것은?

① 문항의 의미를 명료화해 줄 것을 요청하는 환자에게는 적극적으로 조언을 해 준다.
② MMPI-2는 일정한 학력을 가진 16세 이상의 환자들에게만 실시할 수 있다.
③ 검사에서 빠뜨린 문항이 있으면 환자에게 다시 한 번 생각해 보고 답변하도록 한다.
④ 빠뜨린 문항이나 이중으로 표시된 문항 수의 합은 Mf척도의 원점수로 한다.

해 설

- 검사에서 빠뜨린 문항이나 이중으로 표시된 문항은 무응답(Cannot Say) 척도에 영향을 줄 수 있기에 이를 확인하여 수검자에게 다시 한 번 답변하도록 요청할 수 있다.
  - **무응답(Cannot Say) 척도**: 수검자가 '그렇다' 혹은 '아니다'에 모두 체크했거나 응답하지 않고 생략한 문항의 개수를 나타낸다. 수검자가 문항에 응답하지 않은 이유는 다양할 수 있다(원점수가 30 이상이라면 프로파일이 무효일 가능성이 높다).
- MMPI-2는 초등학교 6학년 수준 이상의 읽기 능력, 즉 독해력을 지니고 있어야 하며, 성인의 경우 만 19세 이상이면 검사를 실시할 수 있다.

정답 48. ③

49 다음 설명에 해당하는 검사는?

- 1959년 Dunn부부에 의해 개발되었다.
- 동일한 L과 M 양식으로 구성되어 있고, 문제 및 채점 양식이 동일하며, 그 기준표도 동일한 검사이다.
- 피검사자에게 문제마다 그림을 보여 주며 시행한다.
- 검사자는 한 단어를 말해 주고, 피검사자는 그에 적당한 답을 지적하거나 선택을 표시한다.
- 지시에 따라 한 가지 그림을 지적하면 되기 때문에 말과 특별한 기술이 요구되지 않는 언어 발달을 평가하는 아동용 검사이다.

① 피바디 그림 어휘검사(Peabody Picture Vocabulary Test−R: PPVT−R)
② 수용−−표현언어 척도(Receptive-Expressive Emergents Language scale: REEL)
③ 초기언어 지표검사(Early Language Milestone Scale: ELMS)
④ 언어학습능력 진단검사(Illinois Test of Psycholinguistics Abilities': ITPA)

해 설

- 피바디 그림 어휘검사(Peabody Picture Vocabulary Test−R: PPVT−R)는 정상 아동, 정신지체, 청각장애, 뇌손상, 자폐증, 행동결함, 뇌성마비 등 아동의 수용 어휘 능력 측정을 위해 고안되었다. 양식 L과 양식 M의 2가지 종류로 구성되며, 검사연령은 만 2~8세에 해당된다.
- 수용−표현언어 척도(Receptive−Expressive Emergents Language scale: REEL)는 아동의 수용언어 및 표현언어 발달 간의 차이를 분석하여 언어능력과 발달을 평가한다. 검사연령은 만 2~6세에 해당된다.
- 초기언어 지표검사(Early Language Milestone Scale: ELMS)는 말하기와 언어발달을 평가하며 청각적 표현과 수용, 시각능력을 평가하도록 구성되어 있다. 검사연령은 0~만 3세에 해당된다.
- 언어학습능력 진단검사(Illinois Test of Psycholinguistics Abilities': ITPA)는 언어학습능력과 발달상의 차이를 평가하며, 검사연령은 만 2~10세에 해당된다.

50 Afr<.50에 대한 해석으로 가장 적절한 것은?

① 자신의 감정을 과도하게 표현하는 편이다.
② 비합리적인 사고를 한다.
③ 환상과 공상의 세계로 도피하려는 특성이 강하다.
④ 사회적으로 위축되어 있다.

정답 49. ① 50. ④

해 설

- 로르샤흐 검사에서 Afr<.50 이하인 경우 정서적 자극에 대한 회피 경향성을 반영한다. 대개 정서를 다루는 데 불편해 하고 사회적으로 억제되어 있다.
- Affective Ratio(Afr) 비율은 정동/정서 비율로 카드 I부터 VII까지의 반응 수와 나머지 카드의 반응 수의 비율이다. 피검자의 정서적 자극에 대한 관심을 나타내는 지표로서 외향성 집단은 .60~.95 범위에, 내향성과 양향성은 .50~.80의 범위에 속하면 평균 범위에 속하는 정도로 본다.
- 평균 범위 이하의 Afr을 보인다면 정서적인 자극에 대한 흥미가 적거나 정서 자극을 처리하지 않으려는 경향이 있음을 반영하며, 정서 자극에 대한 수용성이 낮다고 볼 수 있다.

51 구성능력을 평가하는 검사로 적합하지 않은 것은?

① Copying Test
② Rey Complex Figure Test
③ Wechsler 지능검사의 토막짜기
④ Category Test

해 설

- 개념적 기능(conceptual function)에 대한 검사들은 추리력, 추상적 사고능력, 문제해결능력 등을 포함하는 사고 기능들을 측정한다. 개념 수준의 장애는 손상 부위에 상관없이 심한 뇌손상으로 인해 초래된다. 이를 측정하는 검사로는 Category Test, Wisconsin Card Shorting Test가 있다. 이러한 검사들은 개념 형성, 가설 검증, 문제해결능력, 사고의 융통성을 측정한다.
- 구성능력(constructional ability)의 실패는 원근이나 각도, 크기, 거리 판단의 실패나 부분들의 통합이나 그들의 관계성에 대한 인지 실패로 인하여 일어난다. 공간적 관계나 지각대상의 세부적 특징을 잘못 지각하고 판단하는 문제가 나타난다. Copying Test, Rey Complex Figure Test, Wechsler 지능검사의 토막짜기가 대표적인 검사이다.
- 후부대뇌피질(Posterior Cerebral Cortex)에 손상이 있을 경우 구성능력에 있어서 심각한 장애가 초래되는데, 특히 좌반구 손상보다는 우반구 손상이 있을 때 구성능력의 장애가 심각해진다.

정답 51. ④

52 검사 점수에 관한 설명으로 옳지 않은 것은?

① MMPI−2와 웩슬러 지능검사의 점수는 표준점수로 등간척도이다.
② 검사 점수는 표준점수로 변환되더라도 측정의 오차를 포함한 확률적 추정치이다.
③ 백분위는 어떤 집단에서 특정한 점수 미만인 점수들의 백분율이다.
④ 스테나인은 점수 간극을 일정하게 고정시킴으로써 비선형 변환된 점수를 산출한다.

해설

백분위(percentile rank)는 전체 집단의 점수를 최하점부터 최고점 순으로 나열했을 때 특정한 점수의 상대적 위치를 백분율로 나타낸 서열척도를 말한다. 예를 들어, A의 백분위가 80이라면 A보다 낮은 점수를 받은 사람이 전체의 80%이며 A는 상위 20%에 해당된다는 것을 의미한다.

53 HTP 검사의 나무 그림에서 뿌리에 대한 해석으로 옳은 것은?

① 자아통합과 사회적 적응 체계이다.
② 자아 강도나 기본적인 심리적 힘이다.
③ 타인과 접촉하며 성취를 향해 뻗어 가는 자원이다.
④ 성격적 안정성, 현실과의 접촉 정도를 알려 준다.

해설

HTP 검사의 나무 그림에서 '뿌리'는 자신에 대한 안정감, 현실 접촉의 정도를 반영한다. 뿌리와 지면(땅)을 그리지 않은 채 나무기둥의 끝이 종이 밑면에 닿게 그린 경우에는 미숙하고 퇴행된 의존 욕구를 반영하고, 뿌리를 지나치게 강조한 경우에는 자신에 대한 불안정감을 과잉 보상하려는 시도로 볼 수 있다.

학습 Plus HTP 검사의 나무 그림 해석

- **수관**
  내적인 공상과 사고 활동을 주로 반영한다. 수관의 크기가 크고 펼쳐 있는 경우에는 적극적인 공상 활동을 나타내며, 때로는 현실 불만족으로 인한 공상의로의 몰두를 시사한다. 수관을 덧칠해 음영이 있는 경우에는 불안감, 우울감, 과민함 등 불안정한 정서를 반영한다.
- **기둥**
  성격 구조의 견고함과 자아 강도 및 기본적인 심적 에너지를 반영한다. 기둥을 희미하고 약하게 그렸다면 자아 상실감이나 내재되어 있는 만성적인 불안감을 시사한다. 나무기둥 안에 구멍이 있고 동물이 보이는 경우, 성격의 일부가 통제를 상실했거나 피검자의 보호 욕구를 반영한다.

정답 52. ③ 53. ④

• 가지
환경 혹은 타인과의 접촉을 통해 성취를 향하여 뻗어 나가고 만족을 얻는 심리적 자원과 능력을 반영한다. 크고 굵은 가지는 성취 동기나 포부 수준이 높음 상태임을 나타내며, 가늘고 빈약한 가지는 성장이나 목표 추구에 대한 두려움이나 수동적이고 소극적인 태도 등을 나타낸다.

• 뿌리
자신에 대한 안정감, 현실 접촉의 정도를 반영한다. 뿌리와 지면(땅)을 그리지 않은 채 나무기둥의 끝이 종이 밑면에 닿게 그린 경우에는 미숙하고 퇴행된 의존 욕구를 반영하고, 뿌리를 지나치게 강조한 경우에는 자신에 대한 불안정감을 과잉 보상하려는 시도로 볼 수 있다.

• 부수적 요소
여러 부수적 요소는 세상과 상호작용하는 것에 대한 불안을 보상하려는 욕구를 반영한다. 또한 나무의 내용, 주제는 개인의 심리 상태 및 성격 특성을 반영한다.

54 TAT에서 다음과 같은 반응 특징을 나타내는 진단명은?

• 이야기의 길이가 길고 수정을 많이 한다.
• 어떤 경우에는 객관적으로 나타난 세부적인 것만 기술하고, 이야기를 만들 수 없다고 하기도 한다.

① 우울증　　② 경조증
③ 강박장애　　④ 편집증

해 설

TAT에서 나타나는 강박장애의 반응 특징은 다음과 같다.
• 이야기의 길이가 길고 수정을 많이 한다.
• 검사 자극에 대한 불확실감으로 인해서 지루하고 반추적이고 현학적인 이야기를 만들어 낸다.
• 어떤 경우에는 객관적으로 나타난 세부적인 것만 기술하고, 이야기를 만들 수 없다고 하기도 한다.
• 인물들의 주저와 망설임을 표현하는 경우가 많고, 주제도 부지런함과 복종, 완벽함이 강조된다.

학습 Plus TAT에서 나타나는 진단별 반응특징

• 우울증
– 사고가 위축되어 있고 반응과 말이 느리고 정동이 가라앉아 있으며 상상의 범위가 제한적이다.
– 이야기는 대개 고립감, 거부 당함, 무가치감, 인물들의 무능력, 자살사고 등에 관한 주제가 많다.

정답 54. ③

- 양극성장애
  - 언어 방출에 대한 압력, 사고 비약, 다행증(多幸症) 등으로 인해 말이 매우 빠르다.
  - 정신병적 수준에서 현실 검증력을 상실한 조증 환자들은 부인이라는 원시적 방어기제를 자주 사용하는데, 내용상 우울, 죄책감, 분노, 무기력 등이 부인되고 유쾌함, 평온함, 좋은 감정들이 교대로 출현한다.
- 조현병
  - 이야기 구조의 와해, 지각의 왜곡, 기괴한 언어화, 일관된 주제의 결여, 환자 자신과 그림의 사건을 구별하지 못하는 거리감의 상실 등이 나타난다.
  - 내용상 사회적으로 수용될 수 없는 이야기(공격적 · 성적 관련), 불합리하고 기괴한 요소, 상반되는 내용, 망상적 자료, 엉뚱한 독백이나 상징주의 등이 표현된다.
  - 인물들은 감정의 깊이가 결여되어 있으며 고립되어 있거나 철수되어 있다.
  - 도판 16의 백지카드에서 비현실적인 공상 또는 망상과 관련된 내용이 표현된다.
- 편집증
  - 회피적이며 검사의 목적을 의심하는 태도를 보인다.
  - 이야기가 자신의 개인적인 것이 아님을 강조한다.
  - 단서에 과도하게 민감하고 방어가 심하다.
  - 이야기가 매우 간결하며, 의심과 방어적 특성이 나타날 수 있고, 어떤 경우에는 이야기가 과대적이고 확산적인 조증 경향을 드러낼 수도 있다. 또는 허위 논리를 중심으로 세세한 증거들을 수집하거나 언어화하여 자신의 결론을 정당화할 수 있다.
  - 불신, 교활함, 사악한 외부의 힘에 대한 강조, 갑작스러운 인물의 변화 등이 나타난다.
  - 인물의 성이나 연령 등을 오지각하는 경우를 자주 보인다.
- 불안장애
  - 이야기가 간결하고, 행동이 극적이며, 강박적이다.
  - 양자택일의 상황이 자주 나타난다.
  - 모호함, 주저, 당황을 암시하는 표현이 많다.
  - 도판 내의 인물과의 직접적 동일시를 한다.
  - 검사자에게 불안 섞인 질문을 자주 한다.
  - 내용상으로는 갈등, 욕구, 좌절, 비극 등이 흔히 나타난다.
- 히스테리성 성격
  - 정서적 가변성이 두드러진 특징으로 나타난다.
  - 언어적 표현에 있어 서술 자료를 지나치게 많이 사용하고 이야기가 양가적이다.
  - 피상적이거나 성적인 내용이 많이 나타난다.

55 청소년 내담자의 우울 정도를 측정하기 위한 도구로 적합하지 않은 것은?

① MMPI−A　　② PAI−A

③ 16PF　　④ BDI

정답 55. ③

해 설

- 16PF(Sixteen Personality Factor Questionnaire)는 1949년 카텔(Cattell)이 자신의 성격이론을 입증하기 위한 도구로 개발하였다. 카텔은 성격을 상황적 특성과 잠재적 특성으로 구분하였으며, 인간의 표면적 행동의 근원이 되는 잠재적 특성을 확인하기 위해 16PF를 구성하였다.
- 1990년에 개발된 한국판 16PF는 16개의 일차 척도와 4개의 이차 척도 및 2개의 특수 척도(타당도 척도)로 구성되었으나, 2003년 개정판에는 14개의 일차 척도와 2개의 특수 척도로 재편되었다.
- MMPI-A의 임상척도 2(depression)는 우울 증상을 평가하기 위해 개발된 척도로서 문항들은 행복감 및 자기가치의 부인, 정신운동 지체, 주변 환경에 대한 흥미 상실과 같은 우울증의 다양한 특징을 포함한다.
- PAI-A의 임상척도인 우울(DEP) 척도는 우울장애에서 나타나는 다양한 임상 특징을 측정한다.
- BDI(Beck Depression Inventory)는 개인의 우울 정도를 측정하는 데 사용되는 21개의 객관식 질문으로 구성된 자가보고 질문지이다.

<한국판 16PF의 척도 및 요인 특징>

일차 척도	요인명	낮은 점수	높은 점수
척도 1	A	냉정성(coolness)	온정성(warmth)
척도 2	C	약한 자아 강도(unstableness)	강한 자아 강도(stableness)
척도 3	E	복종성(submissiveness)	지배성(dominance)
척도 4	F	신중성(desurgency)	정열성(surgency)
척도 5	G	약한 도덕성(low superego)	강한 도덕성(high superego)
척도 6	H	소심성(shyness)	대담성(boldness)
척도 7	I	둔감성(tough-mindedness)	예민성(tender-mindedness)
척도 8	M	실제성(praxernia)	공상성(autia)
척도 9	N	순진성(naivete)	실리성(shrewdness)
척도 10	O	편안감(untroubled-adequacy)	자책감(guilt-proneness)
척도 11	Q1	보수성(conservatism)	진보성(liberalism)
척도 12	Q2	집단 의존성(group-dependency)	자기결정성(self-sufficiency)
척도 13	Q3	약한 통제력(low self-conflict)	강한 통제력(high self-control)
척도 14	Q4	이완감(relaxation)	불안감(tension, anxiety)
특수 척도			
동기왜곡 척도	MD	솔직하게 대답함	잘 보이려는 의도로 대답함
무작위 척도	RANDOM	진지하게 대답함	아무렇게나 대답함

56 KABC-II에 관한 설명으로 옳지 않은 것은?

① 3~18세용의 개인용 지능검사이다.
② CHC 이론 및 Luria의 이론에 근거한 해석을 시도한다.
③ 검사의 개발 과정에서는 반이론적 경험적 입장을 견지하여 구성되었다.
④ 순차처리, 동시처리, 계획력, 학습력, 지식의 요인으로 구성되었다.

해설

- 한국 카우프만 아동 지능검사 II(KABC-II)는 아동과 청소년의 정보처리와 인지 능력을 측정하기 위해 개발된 개인 지능검사이다. 인간의 사고 능력을 광범적 능력과 한정적 능력으로 이루어진 위계적 관계 구조로 설명하고 있는 CHC의 심리측정모델과 신경심리학적 인지처리 이론인 Luria 모델에 근거하여 개발되었다.
- KABC-II 검사는 Luria와 CHC 모델의 처리영역 및 광범위적 능력과 일치하는 5가지의 하위척도(순차 처리, 동시처리, 계획력, 학습력, 지식)로 분류된다.

57 다면적 인성검사 중 성인용(MMPI-2)과 청소년용(MMPI-A)에서 차이가 나는 것은?

① 임상척도의 구성내용
② K척도의 포함 유무
③ 문항 제작 과정 및 방식
④ 타당도 척도의 구성내용

해설

성인용(MMPI-2)과 청소년용(MMPI-A)은 타당도 척도에서 구성내용이 상이하다.

<성인용(MMPI-2)과 청소년용(MMPI-A) 타당도 척도>

	MMPI-2 타당도 척도	MMPI-A 타당도 척도
성실성(무효반응)	?(무응답)	?(무응답)
	VRIN(무선반응 비일관성)	VRIN(무선반응 비일관성)
	TRIN(고정반응 비일관성)	TRIN(고정반응 비일관성)
비정형성(과대보고)	F(비전형)	F1(비전형1)
	F(B)(비전형-후반부)	F2(비전형2)
		F(비전형 F1 + F2)
	F(P)(비전형-정신병리)	
	FBS(증상 타당도)	
방어성(과소보고)	L(부인)	L(부인)
	K(교정)	K(방어성)
	S(과장된 자기제시)	

정답 56. ③ 57. ④

학습 Plus 청소년용 다면적 인성검사의 타당도 척도

척도명	측정 내용
?(무응답)	응답하지 않았거나 '예' '아니오' 모두에 응답한 문항의 전체 수
VRIN(무선반응 비일관성)	검사 문항에 대해 무분별하게 응답하는 경향을 측정
TRIN(고정반응 비일관성)	무분별하게 '예' 혹은 '아니오'로 답한 경향을 측정
F1(비전형 1)	문항 1~350번 사이인 검사 전반부의 비전형 양상을 측정
F2(비전형 2)	문항 242번부터 시작되는 검사 후반부의 비전형 양상을 측정
F(비전형)	심각한 부적응, 지나치게 솔직한 경향, 부주의 혹은 일관되지 않게 반응하는 경향을 측정
L(부인)	비교적 사소한 결점이나 단점들을 부인하는 방식으로 응답하는지를 측정
K(방어성)	방어적인 검사 태도의 가능성을 측정

58 WAIS-R에 관한 요인분석에서 확인된 3가지 요인구조는?

① 언어적 이해 능력, 지각적 조직화 능력, 주의지속 능력
② 언어적 개념화 능력, 공간적 능력, 획득된 지식
③ 결정적 지능, 유동적 지능, 시각-운동통합 능력
④ 기억능력, 개념형성능력, 시각-통합운동 능력

해 설

WAIS-R의 요인구조는 정상집단과 비정상집단의 표집, 연령, 성, 인종집단에 따라 2개 또는 3개 요인으로 밝혀져 있다.

- 2개 요인: 언어성/동작성 소검사
- 3개 요인: 언어적 이해 능력, 지각적 조직화 능력, 주의지속 능력

<WAIS-R의 3개 요인구조>

언어적 이해 능력	지각적 조직화 능력	주의지속 능력
기본지식 어휘 이해 공통성	차례맞추기 토막짜기 모양맞추기	산수문제 숫자문제

정답 58. ①

59 심리평가에서 행동평가에 대한 설명으로 옳은 것은?

① 면담과 행동 과정에서 보이는 행동은 실제 행동과 다르므로 주의하여 해석한다.
② 면접자에게 보이는 태도는 특수한 대인관계를 반영한다.
③ 외모의 부자연스러움은 대처능력의 약화나 행동의 유연성을 반영한다.
④ 행동은 일종의 비언어적 의사소통에 속한다.

해설

심리평가에서 행동평가는 수검자의 특징적인 행동은 일상생활 속에서의 대인관계 상황, 압력과 긴장 상황, 문제해결 상황에서의 행동을 추측해 볼 수 있는 중요한 자료가 된다. 행동은 일종의 비언어적 의사소통으로서 평가자는 언어적 · 비언어적인 상호작용의 전반을 고려할 수 있어야 한다. 심리평가 동안 나타나는 개인의 독특한 행동상의 지표나 징후는 실제 상황에서 흔히 나타날 수 있는 행동 양상이기도 하다.

60 검사 결과에 작용하는 검사자 변인과 수검자 변인으로 옳지 않은 것은?

① 반응효과 ② 기대효과
③ 강화효과 ④ 코칭효과

해설

- 심리검사 결과에 작용하는 검사자, 수검자 변인으로는 기대효과, 강화효과, 코칭효과가 나타날 수 있어 주의해야 한다.
- 기대효과란 검사 과정에서 검사자가 수검자에게 보이는 어떠한 방식의 기대 표명이 결과에 영향을 주는 것을 말한다. 강화효과란 언어적 · 물질적 보상가(보상 자극)의 영향을 말하며, 코칭효과란 검사에 관한 사전 설명이나 지도, 조언이나 훈련 등의 영향을 말한다.

정답 59. ④ 60. ①

⑥ 2017년 기출문제

41 다음은 웩슬러 지능검사의 소검사 점수 분산 분석에 대한 설명이다. (　　)에 알맞은 것은?

- (　ㄱ　) 소검사는 지능의 수준을 잘 대표하고, 다른 소검사에 비해 부적응 상태에서 점수 저하가 잘 나타나지 않기 때문에 다른 소검사를 비교하는 기준치로 선정된다.
- (　ㄴ　)은 언어성 소검사에서는 언어성 평균치와 동작성 소검사에서는 동작성 평균치와 비교하는 것이다.
- 유의한 소검사 점수 분산은 평가치가 (　ㄷ　)점 이상 차이나는 것을 기준으로 한다.

① ㄱ: 기본지식, ㄴ: 평균치 분산, ㄷ: 5
② ㄱ: 어휘, ㄴ: 평균치 분산, ㄷ: 3
③ ㄱ: 어휘, ㄴ: 변형된 평균치 분산, ㄷ: 3
④ ㄱ: 기본지식, ㄴ: 변형된 평균치 분산, ㄷ: 5

해설

<소검사 점수 분산 분석>

소검사의 변산성을 분석함으로써 수검자의 인지적 강점과 약점을 파악할 수 있는 지수점수를 해석하는 데 유용한 정보를 얻을 수 있다. 일반적으로 소검사 환산점수가 평균치보다 3점 이상 차이가 날 때 강점과 약점의 기준으로 본다. 소검사 분산 분석은 어휘 분산, 평균치 분산, 변형된 평균치 분산으로 구분된다.

- 어휘 분산
  '어휘' 점수를 기준으로 다른 소검사 점수들이 이 기준에서 얼마나 분산되어 있는가를 보는 것이다. '어휘'를 기준으로 쓰는 이유는 지능 수준을 가장 잘 대표하며, 부적응 상태에서도 비교적 퇴화하지 않기 때문이다.

정답 41. ②

• **평균치 분산**
언어성 소검사들은 언어성 소검사들의 평균에서, 동작성 소검사들은 동작성 소검사들의 평균에서 얼마나 이탈되어 있는지를 보는 방식이다.
• **변형된 평균치 분산**
너무 높거나 낮은 점수가 평균에 미치는 영향을 배제하기 위해 개발된 방식이다. 지나치게 점수 차가 큰 소검사를 제외하고 평균을 낸 뒤 그 수치를 기준으로 다른 소검사들의 이탈 정도를 보는 것이다.

42 전산화 신경심리검사의 장점과 가장 거리가 먼 것은?

① 검사 자극을 항상 일정하게 유지할 수 있다.
② 반응 기록, 응답 시간 측정, 반응의 형태적 분석을 정확하게 할 수 있다.
③ 검사에 소요되는 시간과 비용을 절약할 수 있다.
④ 검사를 실시하는 과정에서 라포 형성의 효과가 크다.

해 설

전산화 신경심리검사를 실시하는 경우 수검자와의 라포를 형성하는 데 제한이 있을 수 있다. 라포를 통한 평가 동맹이 잘 이루어져야 수검자로부터 최적의 반응과 자료를 얻을 수 있기 때문이다.

43 Urban이 인물화 검사에서 정상으로 간주할 수 있다고 한 그림의 특징이 아닌 것은?

① 머리나 얼굴을 먼저 그린다.
② 옷을 입은 모습으로 그린다.
③ 지우개는 거의 사용하지 않으나 사용하고 나면 그림이 개선된다.
④ 필압은 강조점에 따라 매우 다르다.

해 설

인물화 검사(Draw-A-Person Test)는 그림을 통해 개인의 성격을 추론할 수 있게 해 주는 평가 도구이다. Urban은 인물화 검사에서 정상적인 것으로 간주할 수 있는 보편적인 특성을 제시하였다.
• 그림을 다 그리는 데 평균 10~12분 정도 걸리며, 용지의 전체 크기와 그림의 크기가 적절하게 균형을 맞추고 있다.

정답 42. ④ 43. ④

- 인물은 용지의 중앙 또는 약간 아래에 그리는 경향이 있다.
- 머리나 얼굴을 먼저 그린다.
- 사지의 균형이 대체로 맞으며, 약간의 동작이나 자세를 취하게 그리는 경우도 있다.
- 그림은 대체로 대칭이며 보기가 좋다
- 지우개는 거의 사용하지 않으며, 사용하고 나면 그림이 개선된다.
- 필압은 일정한 편이다.
- 자신과 동일한 성의 인물을 먼저 그리며, 더 많은 시간을 투자하여 세부 묘사를 한다.
- 성별에 따른 이차적 성적 특징이 묘사된다.
- 눈동자는 그리지만 콧구멍은 그리지 않는 경향이 있다.
- 옷을 입은 모습으로 그린다.
- 다리나 귀는 크게 강조하거나 세밀하게 그리지 않는다.
- 잘 그릴 수 없거나 생략하는 부분은 보기 좋게 처리한다.
- 사소한 세부만이 생략될 뿐, 대체로 인물 전체를 다 그린다.

44 아동 및 청소년용 심리검사 중 Cloninger의 심리생물학적 인성모델에 기초하여 개발되었으며, 기질과 성격이라는 두 개의 구조로 이루어져 있는 검사는?

① JTCI
② K-PIC
③ ADS
④ K-CARS

해설

- TCI(The Temperament and Character Inventory)는 클로닌저(Cloninger)의 심리생물학적 인성모델에 기초하여 개발되었다. 이 모델에서 기질과 성격은 인성의 발달을 이루는 두 개의 큰 구조로서 구분된다.
- 아동 및 청소년용인 JTCI(Junior Temperament and Character Inventory)는 기질 차원과 성격 차원으로 구성된다. '기질 차원'에는 자극추구, 위험회피, 사회적 민감성, 인내력의 척도로 구성되고, '성격 차원'은 자율성, 연대감, 자기초월 척도로 구성되어 있다.

학습 Plus 클로닌저의 심리생물학적 인성모델

클로닌저의 심리생물학적 인성모델은 행동활성화 체계, 행동억제 체계, 행동유지 체계에 기반하며, 각 체계는 유전적으로 서로 독립적인 세 가지 기질 차원과 관련된다고 보고, '자극추구' '위험회피' '보상의존성'으로 명명하였다.

- **행동활성화 체계(Behavioral Activation System: BAS)**: 보상이나 그와 관련된 단서가 주어지는 경우 목표추구 행동을 하도록 만드는 신경심리체계이며, 도파민 작용과 관련된다.

정답 44. ①

• **행동억제 체계(Behavioral Inhibition System: BIS)**: 환경으로부터 주어지는 위협 관련 단서에 대해서 행동반응을 조절하는 신경심리체계이며, 세로토닌 작용과 관련된다.
• **행동유지 체계(Behavioral Maintenance System: BMS)**: 이전에 보상된 행동이 지속적 강화 없이 일정 기간 동안 유지되는 기능을 조절하는 신경심리체계이며, 노르에피네프린 작용과 관련된다.

• 세 가지 기질 차원을 파악하기 위한 100문항으로 구성된 3차원 인성질문지(Tridmensional Personality Questionnaire: TPQ)를 개발하였고, 후속연구를 통해 세 가지 기질 차원 중 '보상의존성' 차원을 두 개의 독립적인 차원인 '사회적 민감성'과 '인내력'의 차원으로 분리하였다.
• 클로닌저는 인성요인들 중 기질 차원들로 설명되지 않는 인성의 다른 차원들이 있음을 발견하고, 자기개념의 발달과 관련된 '자율성' '연대감' '자기초월'의 세 가지 성격 차원을 추가하였다. 이후 기질 유형의 이해 및 성격장애를 진단, 예측하고 성격장애의 발생 과정을 설명하기 위해 새로이 개발한 검사가 TCI이다.

45 ASEBA 행동평가 척도에 관한 설명으로 틀린 것은?

① CBCL 6-18은 양육자에 의해서 시행된다.
② CBCL 6-18 초등학생용에는 언어발달검사 항목이 포함된다.
③ YSR은 11~18세의 중고등학생 본인이 응답하는 검사이다.
④ 유아행동평가 척도는 만 1.5~5세에 해당하는 아동의 부모용 및 담당교사용으로 개발되어 있다.

해 설

• CBCL은 부모를 비롯한 주 양육자 평정 외에 교사 평정에 기초한 평가가 개발되어 있다. 2001년에 일부 문항 및 척도를 변경하고 DSM 진단 척도가 도입되어 개정된 미국판이 출시되었고, 2010년에 이를 기초로 한국판 아동 청소년 행동평가 척도 부모용(K-CBCL 6-18)이 출판되었다.
• CBCL 유아행동평가 척도는 만 1.5~5세 사이의 유아를 대상으로 실시하며, 문제행동 척도와 언어발달검사가 포함되어 있다.
• CBCL 아동 청소년 행동평가 척도는 문제행동 척도와 적응 척도로 구성되어 있다.
  - 문제행동 증후군 척도는 각 소척도 점수 외에 문제행동 총점과 내현화 척도(불안/우울, 위축/우울, 신체 증상) 및 외현화 척도(규칙 위반, 공격 행동) 점수가 산출된다.
  - 적응 척도는 적응 척도 총점 및 2개의 하위 척도(사회성 척도, 학업수행 척도) 점수가 산출된다. CBCL의 새로운 버전에는 문제행동 영역과 관련해 DSM 진단 척도와 문제행동 특수 척도 등이 포함되었다.

정답 45. ②

46 MMPI-2의 코드 유형 중 불안과 초조 및 상당한 혼란을 수반한 우울을 시사하는 것은?

① 2-8/8-2
② 2-4/4-2
③ 3-4/4-3
④ 4-6/6-4

해 설

- 2-8/8-2 코드 유형은 흔히 우울감과 함께 불안하고 초조해 하며 긴장되어 있고 과민하다. 불면, 피로감, 무기력, 쇠약감 등의 신체 증상을 호소하기도 한다. 이 유형은 다른 사람들의 비난이나 부정적 태도에 민감하고 의심을 많이 하며 사회적 관계로부터 위축되고 철수되어 지내면서도 한편으로는 부적절감과 소외감을 경험한다.
- 2-4/4-2 코드 유형은 자신의 욕구와 충동을 통제하지 못하고 반사회적인 행동으로 표출한 뒤, 그것이 초래한 부정적 결과에 죄책감을 경험하며 불안, 초조해 한다. 이러한 후회와 걱정은 늘 문제행동 이후에 뒤늦게 나타나기에 행동을 효과적으로 통제하지 못하며 변화를 이끌어 내지도 못한다.
- 3-4/4-3 코드 유형은 만성적이고 강렬한 분노, 적대적 · 공격적인 충동을 품고 있으면서도 잘 표현하지 못하는 경우가 많다. 이들은 인정, 관심을 받고자 하는 의존 욕구와 독립성에 대한 욕구 사이에서 끊임없이 갈등한다.
- 4-6/6-4 코드 유형은 의심이 많고 적대적이며 화를 잘 낸다. 이들은 미성숙하고 자기중심적인 경향이 크다. 주위 사람들에게 인정과 관심을 요구하면서도 상대방의 사소한 요구나 간섭은 잘 견디지 못한다.

47 다음 중 심리검사 사용의 윤리에 위배되지 않는 경우는?

① 뇌손상 평가에 대한 훈련과 경험은 미비하였지만 신경과에 취직하여 검사를 실시하였다.
② 웩슬러 지능검사 결과에 따라 영재아동을 선발하고 같은 기준으로 다문화 가정의 아동에 대한 평가를 실시하였다.
③ 신뢰도와 타당도를 위해 언론매체 등에 검사 문항과 원자료를 제시하여 결과를 설명하였다.
④ 비밀보장의 원칙이 있으나 법원의 명령에 의해 심리검사 결과를 참고 자료로 제출하였다.

정답 46. ① 47. ④

해 설

<한국임상심리학회의 윤리규정: 제51조 평가에 대한 동의>

1. 평가 및 진단을 하기 위해서는 내담자로부터 평가 동의를 받아야 한다. 평가 동의를 구할 때는 평가의 본질과 목적, 비용, 비밀유지의 한계에 대해 알려야 한다. 그러나 다음의 경우에는 평가 동의를 받지 않아도 된다.
   (1) 법률에 의해 검사가 위임된 경우
   (2) 검사가 일상적인 교육적 · 제도적 활동 또는 기관의 활동(예 취업 시 검사)으로 실시되는 경우
2. 동의할 능력이 없는 개인과 법률에 의해 검사가 위임된 사람에게도 평가의 본질과 목적에 대해 알려 주어야 한다.
3. 검사 결과를 해석해 주는 자동화된 해석 서비스를 사용하는 심리학자는 이에 대해 내담자/환자로부터 동의를 얻어야 하며, 검사 결과의 기밀성과 검사 안정성이 유지되도록 해야 하며, 법정 증언을 포함하여 추천서, 보고서, 진단적 · 평가적 진술서에서 수집된 자료의 제한성에 대해 기술해야 한다.

학습 Plus 한국임상심리학회의 윤리규정

제48조 평가의 사용

1. 심리학자는 검사도구, 면접, 평가기법을 목적에 맞게 실시하고, 번안하고, 채점하고, 해석하고, 사용하여야 한다.
2. 심리학자는 타당도와 신뢰도가 검증된 평가도구를 사용하여야 한다. 그렇지 못한 경우에는 검사 결과 및 해석의 장점과 제한점을 기술한다.
3. 심리학자는 평가서 작성 및 이용에 있어서 객관적이고 학문적으로 근거가 있어야 하고 세심하고 양심적이어야 한다.

제51조 평가에 대한 동의

1. 평가 및 진단을 하기 위해서는 내담자로부터 평가 동의를 받아야 한다. 평가 동의를 구할 때는 평가의 본질과 목적, 비용, 비밀유지의 한계에 대해 알려야 한다. 그러나 다음의 경우에는 평가 동의를 받지 않아도 된다.
   (1) 법률에 의해 검사가 위임된 경우
   (2) 검사가 일상적인 교육적 · 제도적 활동 또는 기관의 활동(예 취업 시 검사)으로 실시되는 경우
2. 동의할 능력이 없는 개인과 법률에 의해 검사가 위임된 사람에게도 평가의 본질과 목적에 대해 알려 주어야 한다.
3. 검사 결과를 해석해 주는 자동화된 해석 서비스를 사용하는 심리학자는 이에 대해 내담자/환자로부터 동의를 얻어야 하며, 검사 결과의 기밀성과 검사 안정성이 유지되도록 해야 하며, 법정 증언을 포함하여 추천서, 보고서, 진단적 · 평가적 진술서에서 수집된 자료의 제한성에 대해 기술해야 한다.

제52조 평가 결과의 해석

1. 평가 결과를 해석할 때, 심리학자는 해석의 정확성을 감소시킬 수 있는 다양한 검사 요인들, 예를 들어 피검사자의 검사 받는 능력과 검사에 영향을 미칠 수 있는 상황이나 개인적 · 언어적 · 문화적 차이 등을 고려해야 한다.
2. 평가 결과의 해석은 내담자/환자에게 내용적으로 이해 가능해야 한다.

제53조 무자격자에 의한 평가

심리학자는 무자격자가 심리평가 기법을 사용하도록 허용해서는 안 된다. 단, 적절한 감독하에 수련 목적으로 사용하는 경우에는 예외로 하며 다음과 같은 사항에 주의한다. 수련생의 교육, 수련 및 경험에 비추어 수행할 수 있는 평가 기법들에 한정해 주어야 하며, 수련생이 그 일을 유능하게 수행할 수 있는지 지속적으로 감독해야 한다.

제56조 평가 결과 설명

검사의 채점 및 해석과 관련하여 심리학자는 검사를 받은 개인이나 검사집단의 대표자에게 결과를 설명해 주어야 한다. 그러나 관계의 특성에 따라서는 결과를 설명해 주지 않아도 되는 경우도 있다(예 조직에 대한 자문, 사전고용, 보안심사, 법정에서의 평가). 이러한 사실은 평가 받을 개인에게 사전에 분명하게 알려 주어야 한다.

제57조 평가서, 검사보고서 열람

1. 평가서의 의뢰인과 피검사자가 동일하지 않을 경우에 평가서와 검사보고서는 의뢰인이 동의할 때 피검사자에게 열람될 수 있다.
2. 건강에 피해를 줄 수 있다고 판단되지 않는 한, 피검사자가 원할 때는 평가서와 검사보고서를 볼 수 있도록 도와야 한다.
3. 평가서를 보여 주어서 안 되는 경우, 사전에 피검사자에게 이 사실을 인지시켜 주어야 한다.

출처: 한국임상심리학회 윤리규정 중 발췌

PART 03 고급심리검사

48 MMPI 검사의 타당도 척도 중 '?(무응답 척도)'가 상승할 수 있는 이유로 적절하지 않은 것은?

① 부주의

② 불충분한 읽기 수준

③ 채점이나 기록상 오류

④ 의미 있는 답변에 필요한 정보나 경험이 없을 때

해설

무응답 척도(?)는 피검자가 응답하지 않고 빠뜨린 문항과 '그렇다' '아니다' 모두에 응답한 문항의 수를 포함한다. 무응답 문항이 많으면 검사 결과의 타당성을 의심해야 한다. 원점수가 30 이상이라면 프로파일이 무효일 가능성이 높다. 수검자가 문항에 응답하지 않은 이유는 다양할 수 있다.

<원점수가 30 이상인 경우>

- 수검자가 부주의하거나 혼란스러워 의도와 무관하게 반응을 누락하는 경우
- 자신의 바람직하지 않은 특성에 대해 고의로 거짓 응답을 하기보다는 회피하려는 경우

정답 48. ③

- '예'와 '아니요'의 양자택일 상황에서 어느 하나를 택하지 못하는 우유부단한 경우
- 의미 있는 결과를 도출하는 데 필요한 정보나 경험이 부족한 경우
- 독해 능력 문제로 다소 복잡한 문항에 응답하지 않은 경우
- 심한 정신병리 상태로 인해 적절히 반응하는 것 자체가 힘든 경우
- 자신의 특정한 문제가 노출되는 것을 꺼려서 특정 문항 내용에 대해서만 응답하지 않은 경우
- 강박증적 경향이나 반추적 사고로 인해 어떤 방향으로 응답해야 할지 결정을 하지 못하는 경우
- 문항 내용이 자신과 관련이 없다고 느끼는 경우
- 검사 및 검사자에 대해 반항적이고 비협조적인 태도를 보이는 경우
- 심한 우울증으로 인하여 문항에 대한 결정을 내리기 어려운 경우

49 MMPI-2의 임상척도 중 Hy척도의 하위 척도에 포함되지 않는 것은?

① 신체 증상 호소 ② 사회적 소외
③ 사회적 불안의 부인 ④ 공격성 억제

해설

- MMPI-2의 임상척도 중 히스테리(Hysteria: Hy) 척도는 심인성 감각장애나 운동장애를 보이는 환자들을 가려내기 위해 개발된 척도로서 문항들은 주로 구체적인 신체 증상의 호소와 정서적 곤란이나 대인관계 곤란의 부인과 관련된다.
- Hy척도의 임상소척도에는 사회적 불안의 부인, 애정 욕구, 권태-무기력, 신체 증상 호소, 공격성 억제를 평가하는 하위 척도가 있다.

<Harris-Lingoes의 임상소척도>

Hy1 사회적 불안의 부인	사회적 외향성, 사회적 상호작용을 편하게 느낌. 단, 문항 수가 6개로 적어 65T 이상 얻기 어려우므로 척도 3의 상승을 설명하는 데 유용하지 않음.
Hy2 애정 욕구	애정과 관심을 받고자 하는 욕구가 강함. 타인에 대한 긍정적 · 낙관적 기대, 대인관계에서의 순진함, 관계를 의식해 자신의 감정을 솔직하게 표현하지 못함.
Hy3 권태-무기력	신체적 불편감, 쇠약감, 피로감, 식욕 감퇴, 불면, 주의집중의 어려움.
Hy4 신체 증상 호소	흉통, 심혈관 증상, 현기증, 두통, 메스꺼움, 구토 등 다양한 특정 신체 증상 호소. 타인에 대한 적대감 부인
Hy5 공격성 억제	적대적이고 공격적인 충동 부인. 다른 사람의 반응에 예민함.

정답 49. ②

50 심리검사 사용자는 A, B, C 수준으로 분류된다. 다음 중 검사 사용자의 자격을 결정하는 요인을 모두 고른 것은?

ㄱ. 사용자의 역할
ㄴ. 검사 사용 환경
ㄷ. 검사의 속성
ㄹ. 검사의 목적

① ㄱ, ㄷ
② ㄴ, ㄹ
③ ㄱ, ㄴ, ㄹ
④ ㄱ, ㄴ, ㄷ, ㄹ

해설

미국심리학회는 심리검사의 사용자에 관한 자격을 결정하는 요인을 A, B, C 수준으로 분류하고 있다. 분류의 근거로 사용자의 역할, 검사 사용 환경, 검사의 속성, 검사의 목적에 따라 검사 사용자의 자격을 결정한다. A수준 검사지는 누구나 사용할 수 있고, B수준 검사지는 최소한의 교육과 경험을 필요로 한다. C수준 검사지는 관련 학위를 갖춘 자로 해당 교과를 이수하고 해당 심리검사 실무 능력을 갖추고 있어야 한다.

51 다음 중 아동의 각성 수준과 충동성, 주의유지력 등 주의력과 충동성을 직접적으로 측정할 수 있는 과제수행검사가 아닌 것은?

① 한국판 코너스 평정 척도
② 연속수행검사(CPT)
③ 주의력장애 진단시스템(ADS)
④ TOVA

해설

- 아동용 코너스(Conners) 평정 척도는 부모나 교사를 통해 평가되며, 과잉행동과 기타 문제를 평가하기 위해 실시된다.
- 연속수행검사(CPT), 주의력장애 진단시스템(ADS), TOVA는 ADHD 아동과 성인의 진단평가를 위해 실시된다. 피험자는 목표 자극이 제시되면 바로 컴퓨터에 부착된 마이크로스위치를 한 번 누르도록 지시를 받으며, 반대로 비목표 자극이 제시되면 반응을 억제하고 스위치를 누르지 않도록 지시를 받는다. 시각 자극과 청각 자극으로 구분된다.

정답 50. ④ 51. ①

52 직접적 행동관찰법에 비해 행동평정 척도를 사용하는 경우의 장점과 가장 거리가 먼 것은?

① 발생 빈도는 낮지만 중요한 행동을 확인할 수 있다.
② 본인 스스로가 정보를 제공하지 않으려 하는 경우 주변의 제3자를 통한 정보 획득이 가능하다.
③ 내담자의 행동에 대해 일상적 환경 속에서 정보 획득이 가능하다.
④ 평정 대상 행동의 상황 특정적 변산을 민감하게 파악할 수 있다.

해 설

행동평정 척도를 통해 개인을 잘 나타내는 독특한 행동상의 지표나 징후를 평가할 수 있으나, 개인이 모든 행동을 민감하게 평가하는 것은 사실상 불가능하다. 특히 상황 특정적인 변산의 다양성까지 고려하기는 어렵다.

53 비구조적 면담에 대한 설명으로 틀린 것은?

① 내담자의 상태나 상황에 따라 면담의 절차나 형식이 달라질 수 있다.
② 비구조적 면담을 통해 유용한 정보를 얻기 위해서는 임상가로서 상당한 정도의 숙련성이 요구된다.
③ 수집된 자료를 객관적으로 수량화하기가 어렵다.
④ 면담 과정에서 내담자의 자발성이 억제되기 때문에 연구 목적으로 흔히 사용된다.

해 설

비구조화된 면담은 수검자의 자기 탐색을 촉진시켜 임상가가 수검자의 전반적인 능력을 관찰하기 쉽고, 라포 형성에도 도움이 되며, 수검자의 독특성에 더 예민하게 반응할 수 있다는 장점이 있다.

학습 Plus 평가 면담의 형식적 분류

- **구조화된 면담(structured interview)**
  미리 정해진 문제들의 목록을 정해진 순서대로 제시하는 방식으로 실시된다. 표준화된 시행은 면접자 간 신뢰도를 높여 주고, 해석에 도움이 되는 규준치를 얻을 수 있다.
- **비구조화된 면담(unstructured interview)**
  일정한 면담 문항 없이 내담자나 환자가 제공하는 정보에 따라 면담을 진행시키는 방식을 말한다. 질문의 순서들을 구성하는 데 있어 더 많은 선택의 자유를 제공하나, 더 높은 수준의 경험, 기술 및 훈련을 필요로 한다.
- **반구조화된 면담(semistructured interview)**
  질문하는 문항이 갖춰져 있다는 점에서 구조화된 면담과 일치하지만, 내담자나 환자의 반응에 따라 융통성을 발휘하여 면담을 진행한다.

정답 52. ④ 53. ④

54 심리평가를 객관적 검사와 투사적 검사로 나눌 때 객관적 검사의 장점으로 옳은 것은?

① 검사자나 상황의 변인에 따라 영향을 덜 받아 안정적이다.

② 다양한 반응을 얻을 수 있어 해석의 자료가 풍부하다.

③ 검사 자극의 특징 때문에 피검사자가 적절한 방어를 하기 어렵다.

④ 전의식이나 무의식 내용을 드러내는 데 적합하다.

해설

- 객관적 검사(objective test)는 절차가 구조화되어 있고, 채점 과정이 표준화되어 있으며, 해석의 규준이 제시되어 있는 검사를 말한다. 대표적으로 웩슬러 지능검사, MMPI, 직업흥미검사, 학습흥미검사, 적성검사 등을 들 수 있다.
- 투사적 검사(projective test)는 개인의 다양한 욕구, 갈등, 성격 등의 개인 특유적인 특성을 파악하는 데 도움이 된다. 대표적으로 로르샤흐(Rorschach) 검사, 주제통각검사(TAT), 사람그리기(DAP), 집-나무-사람 그리기(HTP), 문장완성검사(SCT) 등이 있다.

<투사적 검사와 객관적 검사의 장점과 단점>

투사적 검사		객관적 검사	
장점	단점	장점	단점
- 검사 반응이 독특하다. - 방어하기 어렵고 반응이 풍부하다. - 개인의 무의식적 내용이 반영된다.	- 신뢰도가 낮다 - 타당성 문제가 있다. - 검사 반응이 상황에 따라 영향을 받는다.	- 검사 실시가 간편하다 - 신뢰도와 타당도가 검증되어 있다 - 검사 상황의 영향을 덜 받는다.	- 사회적 바람직성의 영향을 받는다. - 반응 경향성이 나타날 수 있다. - 문항 내용이 제한되어 있다.

55 상위집단과 하위집단에서 각각의 문항을 통과한 사례 수를 백분율로 환산한 후, 이 백분율의 차이 값을 계산하여 구하는 것은?

① 문항추측도 ② 문항변별도

③ 문항난이도 ④ 문항이해도

해설

- 문항변별도(Item discrimination index)는 능력에 따라 수검자를 변별하는 정도를 나타내는 지수로서 어떤 문항의 답을 맞힌 수검자의 점수가 높고, 어떤 문항의 답이 틀린 수검자의 점수가 낮다면 이 문항은 수검자를 변별하는 기능을 가진 문항이라고 할 수 있다. 문항변별도를 추정하는 방법은 수검자 집단을 상위능력집단과 하위능력집단으로 구분하여 상위능력집단의 정답 비율과 하위능력집단의 정답 비율의 차

정답 54. ① 55. ②

이를 추정하는 것이다.

- 문항난이도는 수검자가 문항을 맞힐 확률을 말하며, 문항의 쉽고 어려움을 나타내는 지표로서 정답률을 사용하고 있다. 문항추측도는 문항에 대한 지식이나 능력이 없음에도 추측에 의해서 문항을 맞힐 확률을 의미한다.

56 다면적 인성검사(MMPI)의 실시와 채점에 대한 설명으로 틀린 것은?

① 환자로부터 최대한의 협력을 얻기 위해 왜 실시하는지 알려 주어야 한다.

② K교정이란 척도의 진단 변별력을 높이기 위해 적절한 비율의 K척도의 원점수를 Hs, Pd, Pt, Sc, Si 척도 원점수에 더하는 것을 말한다.

③ 문항에 대해 검사자의 조언을 구하는 환자들의 경우 피검사자에게 직접적인 도움을 주지 않도록 해야 한다.

④ 검사가 시작된 후 곧바로 완료되었다고 제출하는 경우는 검사에 대한 저항을 나타낸 것이다.

해 설

- 교정(K) 척도는 검사 문항에 방어적으로 응답하는 정도를 측정하고, 이러한 방어적 태도가 임상척도 점수에 미치는 영향을 교정하기 위해서 개발되었다. 이 척도는 L척도에 반영되는 것보다는 좀 더 세련되고 교묘한 방어성을 탐지하기 위한 것이다.
- K척도는 방어적 수검태도가 임상척도 점수에 미치는 영향을 교정하기 위해 임상척도 1(Hs), 4(Pd), 7(Pt), 8(Sc), 9(Ma) 척도를 K교정을 통해 보정하였다.

<K교정 점수>

- 높은 K척도 점수로 나타나는 수검자의 방어 성향이 임상척도의 점수를 낮추는 효과를 교정하기 위해 임상척도에 부여할 적당한 가중치 수준을 결정하여 부여하였다.
- 몇몇 임상척도의 경우에는 임상척도의 원점수가 개인의 임상적 상태를 정확하게 예측하였기 때문에 K교정 가중치를 부여하지 않았으나, 1(Hs), 4(Pd), 7(Pt), 8(Sc), 9(Ma) 척도는 점수를 적절하게 조정하여 각각의 원점수에 0.2~1.0까지 범위의 K교정 가중치를 부여하여 원래의 임상척도 점수에 합산하였다.

정답 56. ②

57 다음 중 Sacks의 문장완성검사(SSCT)에 관한 설명으로 옳은 것은?

① 피검자가 보이는 손상의 정도에 따라 각각 1, 2, 3점으로 평가한다.
② SSCT의 네 가지 영역은 가족, 성, 일, 대인관계이다.
③ SSCT는 개인과 집단 모두에게서 실시할 수 있으며. 약 20분에서 40분 정도의 시간이 소요된다.
④ SSCT는 성격의 기본구조와 원초적 욕구에 대하여 많은 것을 알게 해 준다.

해설

- Sacks의 문장완성검사(SSCT)는 가족, 성, 자기개념, 대인관계의 네 가지 영역에 관한 수검자의 중요한 태도 및 임상적 자료를 이끌어 낼 수 미완성 문장으로 구성된다. 각 영역에 대해서 수검자가 보이는 손상의 정도를 달리 평가한다.
  - (×처리)-평가 확인이 불가능하고 불충분한 응답인 경우
  - (0점)-의미 있는 손상이 발견되지 않는 경우
  - (1점)-약간의 정서적 갈등은 있으나 치료는 필요 없는 정도의 경미한 손상의 경우
  - (2점)-정서적 갈등이 지적되고 치료적 도움이 필요한 심한 손상의 경우
- SSCT는 개인과 집단 모두에게서 실시가 가능하며, 20~40분 내외의 시간이 소요된다.

학습 Plus Sacks의 문장완성검사(SSCT)

① **가족(12문항)**
이 영역은 어머니, 아버지, 가족에 대한 태도를 담고 있는 문항으로 구성되어 있다. 수검자가 경계적이고 회피적인 경향이 있다고 하더라도 각각의 영역을 묻는 문항에서 최소한의 유의미한 정보가 드러나게 된다.
- 나의 어머니는 좀처럼 ____________________
- 나는 어머니를 좋아했지만 ____________________
- 대부분의 다른 가족에 비해서 나의 가족은 ____________________

② **성(8문항)**
이 영역은 이성관계에 대한 것으로, 이성 · 결혼 · 성 관계에 관한 태도를 표현할 수 있는 문장으로 구성되어 있다. 이 문항에서 사회적인 개인으로서의 여성과 남성, 결혼, 성적 관계에 대한 태도가 드러난다.
- 내가 생각하기에 대부분의 여자는 ____________________
- 남녀가 함께 있는 것을 볼 때면 ____________________
- 나의 성생활은 ____________________

③ **대인관계(16문항)**
이 영역은 친구, 지인, 직장 동료, 직장 상사에 관한 태도를 포함한다. 이 영역의 문항에서 가족 외의 사람들에 대한 감정이나 자신에 대해 타인이 어떻게 느끼는지에 관한 수검자의 생각이 표현된다.
- 내 생각에 진정한 친구란 ____________________
- 윗사람이 오는 것을 보면 ____________________
- 내가 함께 일하는 사람들은 ____________________

정답 57. ③

④ **자기개념(24문항)**

이 영역은 자신의 두려움, 죄의식, 목표, 자신의 능력, 과거와 미래에 대한 태도가 포함되며, 현재, 과거, 미래의 자기개념과 그가 바라는 미래의 자기상과 실제로 자기가 될 것 같다고 생각하는 모습에 대한 정보를 제공해 준다. 이를 통해 수검자가 자기 자신을 어떻게 생각하고 있는지가 반영된다.

- 어리석게도 내가 두려워하는 것은 ______________________
- 행운이 나를 외면할 때는 ______________________
- 언젠가 나는 ______________________
- 내 인생에서 가장 원하는 것은 ______________________

58 신경심리평가에서 객관적 손상에 비해 증상 위장이 의심되는 행동양상으로 보기 어려운 것은?

① 본인의 증상 및 병력은 소상히 보고하나 기억력 검사에서 저조한 수행을 보인다.
② 실제 손상이 있는 사람들은 거의 모든 검사 항목에서 수행이 저조하나, 위장자의 수행은 각 검사마다 기복이 심하다.
③ 난이도와 무관하게 검사 수행의 초기부터 저조함이 나타난다.
④ 검사 결과에서 예상되는 장애 정도와 실제 손상에서 예상되는 장애의 정도를 비교할 때 괴리가 큰 편이다.

해설

- 위장자의 수행의 경우 거의 모든 검사 항목에서 수행이 저조하나, 실제 손상이 있는 경우 각 검사마다 손상의 수준이나 경과에 따라 수행 결과에 차이를 보인다.
- 꾀병 환자나 여러 의도로 인한 위장자(예 금전적 보상이나 형벌을 피하려는 등)의 경우 신경심리평가에서 '모른다' 혹은 '기억나지 않는다'와 같은 답으로 일관한다면 낮은 점수를 받을 수 있어 면담 자료와 행동관찰, 보호자 면담 등의 통합적인 고려를 해야 한다.

정답 58. ②

59 다음은 57세 남자 환자의 상황적 스트레스와 관련된 로르샤흐의 구조요약이다. 아래 표를 보고 내릴 수 있는 결론에 해당하지 않는 것은?

EB=8:5.0		EA=13.0	D=0			혼합결정인 유형
eb=7:8		es=15	Adj es=10	Adj D=+1		M.FC.FY=1
						M.CF=2
FM=4	m=3	C'=2	T=2	V=0	Y=4	FM.FT.FY=1
			(3r+(2)/R)=.38			FM.FC'=1
						m.CF=1
Pure C=0		M−=0	MQnone=0			m.YF=1

① 상황적인 스트레스가 있는 상태이다.
② 스트레스가 기능에 미치는 영향은 매우 크다.
③ 평소의 통제력은 견고한 편이다.
④ 심리적 붕괴나 충동성에 취약한 상태는 아니다.

해 설

- D점수는 스트레스 내성 및 통제의 요소와 관계가 깊다. Adj es(조정 es)는 D점수가 상황적 요소의 영향을 받는지 알아보는 데 중요하다. Adj D(조정 D점수)는 상황적 요인을 제거했을 때 스트레스 내성 및 통제와 관계가 있다. D점수는 현재의 스트레스에 대한 통제 능력을 나타내며, 조정 D점수는 통제에 대한 일반적인 능력에 관한 정보를 제공한다.
- 성인의 경우 대개 조정 D점수가 0이다. 이는 일상생활에서의 스트레스에 대한 적절한 내성을 갖고 있음을 의미한다. 만일 조정 D점수가 0을 넘어서 +1, +2라면 스트레스에 대한 내성과 통제력이 크다고 볼 수 있다.
- D점수 값이 조정 D보다 1점 이상 적은 경우, 상황적 스트레가 있는 상태이나 통제 자원과 내성이 있어 심리적 기능에 미치는 영향은 적절한 정도라고 볼 수 있다.
- 순수 C, M−, 형태 없는 M반응은 없으므로 현재 심리적인 붕괴나 충동성에 취약하다고 볼 수 없다. 다만, 프로토콜에 m반응이나 Y반응이 포함된 혼합 반응이 전체 혼합 반응 수의 20~30%라면 상황적 스트레스 결과로 심리적 복잡성이 심화될 수 있어 주의를 기울일 필요가 있다(사례의 경우, m반응이나 Y반응이 포함된 혼합 반응이 2개이며, 전체 혼합 반응 수는 6개이다).

정답 59. ②

60 유동성 지능에 대한 설명으로 틀린 것은?

① 선천적으로 주어지는 능력이다.

② 중추신경계의 성숙에 비례하여 발달하고 쇠퇴한다.

③ 언어이해능력, 논리적 추리력, 상식 등에서 확인된다.

④ 새로운 상황을 만났을 때의 문제해결능력에서 나타난다.

해 설

카텔(Cattell)은 유동적 지능(fluid intelligence, Gf)과 결정적 지능(crystallized intelligence, Cc)의 2가지 요소로 지능의 개념을 분리하였다.

- 유동적 지능
  유전적이며 선천적으로 주어지는 능력으로, 뇌와 중추신경계의 성숙에 비례하여 발달하고 쇠퇴하는 특성을 가지고 있다. 속도(speed), 기계적 암기(rote memory), 지각능력(perception), 일반적 추론능력(general reasoning) 등이 이에 해당되며, 새로운 상황에서의 문제해결능력에서 잘 나타난다.
- 결정적 지능
  환경이나 경험, 문화적 영향에 의해서 발달되는 지능으로, 유동적 지능을 바탕으로 후천적으로 발달한다. 과거의 경험을 투입하여 정밀한 판단이 요구되는 인지적 장면에서 사용된다. 언어이해능력(verval comprehension), 문제해결능력(problem solving), 논리적 추리력(logical reasoning), 상식(common sense) 등이 결정적 지능을 나타낸다고 보았다.

<유동적 지능과 결정적 지능의 특징>

유동적 지능(fluid intelligence, Gf)	결정적 지능(crystallized intelligence, Cc)
연령이 높아지면서 뇌손상에 의해 감소될 수 있다.	성인기에 걸쳐 꾸준히 증가하며, 뇌손상으로 인해 역행하거나 감소되지 않는다.
비언어적이며 문화와 상대적으로 적게 관련된다.	문화에 노출됨으로써 발달하는 지식 및 기능과 관련된다.
학습된 능력이 아니며, 정신 작용과 과정을 중요시한다.	숙달되고 잘 다듬어진 인지적 지능으로서 학습된 능력과 관련된다.
복합적인 정보에 대한 능력과 문제해결능력(예 언어유추력, 단순암기력)을 측정한다.	정보의 단순한 회상이나 재인과 같은 구체적 능력(예 어휘력, 일반상식)을 측정한다.

정답 60. ③

⑦ 2016년 기출문제

41 시각-공간 구성능력과 가장 밀접한 관련이 있는 검사는?

① Wechsler 지능검사의 토막짜기 검사
② 손가락 두드리기 검사(Finger Tapping Test)
③ 위스콘신 카드분류 검사(Wisconsin Card Sorting Test)
④ 스트룹 검사(Stroop Test)

해 설

- Wechsler 지능검사의 토막짜기(Block Design) 소검사는 부분을 통해 전체를 만드는 능력, 형태 지각 및 분석능력, 시공간 구성능력, 시지각 및 조직화 능력, 시각-운동 협응능력, 시각적인 관찰능력 등을 측정한다.
- 손가락 두드리기 검사(Finger Tapping Test)는 운동 조절 기능을 평가하기 위한 검사로서 운동제어 능력, 시각-운동 협응능력, 운동 반응 속도를 측정한다. 뇌손상 여부의 평가를 위해 실시된다.
- 위스콘신 카드분류 검사(Wisconsin Card Sorting Test)는 전두엽의 실행 기능을 평가하는 검사로, 추상적인 개념을 형성하고 범주화하는 능력과 피드백에 따라 인지 틀(cognitive set)을 변환하거나 유지하는 인지적 융통성을 측정한다.
- 스트룹 검사(Stroop Test)는 전두엽에서 담당하는 억제과정의 효율성을 평가한다. 단어의 색과 글자가 일치되지 않는 조건에서 자동화된 반응을 억제하고 글자의 색상을 말해야 하며(예 '파랑'이라는 단어가 빨강색으로 인쇄되어 있을 때, 단어를 무시하고 '빨강'이란 색상을 명명함), 반응시간과 오류 수가 측정된다.

정답 41. ①

42 내적 합치도를 확인할 수 있는 신뢰도 지수들로 짝지어진 것은?

① 동형검사신뢰도와 KR−20
② KR−20과 phi 계수
③ KR−21과 Cronbach α 계수
④ 반분신뢰도와 phi 계수

해 설

- 문항 내적 합치도(inter-item consistency)는 동일한 구인을 재고 있는 문항들이 어느 정도의 동질성이 있는지를 확인하는 것이다. 검사에 포함된 문항 하나하나를 모두 독립된 한 개의 검사로 생각하여 그들 간의 합치도, 동질성, 일치성을 종합하는 신뢰도이다.
- 문항들이 동질적인 경우 피험자들이 각 문항에 얼마나 일관성 있게 반응하였는지를 파악함으로써 검사의 신뢰도를 추정할 수 있다. 검사를 두 번 실시하지 않고 검사의 신뢰도를 추정할 수 있다는 장점을 지니고 있다.
- 문항 내적 합치도에 영향을 주는 요인으로는 검사의 길이나 문항 수, 문항의 난이도, 문항의 변별도, 검사 도구의 내용, 검사 실시 시간 등이 있다. 대표적으로 KR−20, KR−21, Cronbach α 등이 있다.
- KR−20은 문항 형식에서 문항의 반응이 맞으면 1, 틀리면 0으로 채점되는 양분 문항(dichotomous item)의 경우에 사용하며, KR21은 문항점수가 1, 2, 3, 4, 5점 등의 연속점수일 때 사용한다. Cronbach α 계수는 한 검사 속의 문항들 간의 신뢰도를 평가하는 척도로서 계수는 0~1의 값을 갖는데, 값이 높을수록 신뢰도가 높은 것으로 본다. 보통 0.8~0.9의 값이면 신뢰도가 매우 높다고 볼 수 있다.

43 지능에 대한 설명으로 틀린 것은?

① Spearman에 의하면, 지능은 일반요인(g요인)과 특수요인(s요인)으로 구성되어 있다.
② Gardner의 다중지능이론에 따르면, 지능은 여러 개의 독립적인 영역으로 구성되어 있다.
③ Sternberg에 의하면, 지능의 3가지 측면은 분석적 지능, 창의적 지능, 그리고 실용적 지능이다.
④ Wechsler에 의하면, 지능은 주변 환경을 효과적으로 처리해 나가는 영역별로 특수화된 지적 능력이다.

정답 42. ③ 43. ④

해 설

- 웩슬러(Wechsler)는 지능을 '한 개인이 합목적적으로 행동하고, 합리적으로 사고하고, 환경에 효과적으로 대처하는 능력'으로 정의하여 지능의 기능적인 측면에 초점을 두었다.
- 스피어먼(Spearman)은 요인분석을 사용하여 지능의 구조를 일반요인(g요인, general factor)과 특수요인(s요인, specific factor)으로 구분하였다. 일반요인(일반지능, 일반지적능력)은 개인이 공통적으로 가지고 있는 능력이며, 특수요인은 음악적 재능이나 기계적 능력과 같은 어떤 특정한 분야에 대한 능력을 말한다.
- 가드너(Gardner)는 지능을 '문제를 해결하기 위해 하나 또는 그 이상의 환경에서 가치 있는 방법을 생산해 낼 수 있는 능력'이라고 정의하며, 다중지능이론을 제안하였다. 정신능력은 한 가지로 포괄할 수 없으며, 언어적 지능, 공간적 지능, 논리-수학적 지능, 신체운동 지능, 음악적 지능, 자기이해 지능, 대인관계 지능과 같은 독립적인 지능이 존재하며 이는 상호작용한다고 보았다.
- 스턴버그(Sternberg)는 지능은 서로 관련된 3개의 하위요인으로 구성된다고 보았으며, 분석적 지능, 창의적 지능, 실용적 지능에 관한 삼원지능이론을 주장하였다.

44 아동용 심리검사에 관한 설명과 가장 거리가 먼 것은?

① CAT는 아동의 인지발달을 평가하기 위해 개발되었다.
② BGT는 시각-운동 협응의 발달을 평가할 수 있다.
③ HTP 검사에서 나무 그림은 사람 그림보다 심층적 수준의 자기상을 반영하는 것으로 가정된다.
④ Rorschach 검사에서 적절한 부분 반응이 가능해지는 시기는 6~7세경이다.

해 설

아동용 주제통각검사(Children's Apperception Test: CAT)는 3~10세 아동을 대상으로 만들어진 투사검사이다. 아동이 자신의 충동이나 주변의 인물에 대응해 나가는 방식을 이해하는 데 유용하다. CAT는 성인 TAT 자극을 아동에게 맞는 그림으로 바꾸고, 그림에 등장하는 주인공도 동물로 바꾸어서 제작하였다. 이는 아동에게 친근한 애상으로 여겨져 사람보다 더 잘 동일시되기 때문이다.

<CAT의 이점>

- 검사 목적을 위장하기가 편하다.
- 사회적으로 용납되지 않는 욕구나 부정적인 감정을 드러내기가 쉽다.
- 문화적 영향을 덜 받는다.
- 성과 연령이 분명하지 않아 등장인물의 성, 연령 특징에 덜 영향을 받는다.

정답 44. ①

45 심리검사를 위한 면담에서 유의할 사항과 가장 거리가 먼 것은?

① 내담자의 비언어적 행동뿐만 아니라 면담자 자신의 반응에 대해서도 의식하고 있어야 한다.

② 면담자는 눈 맞춤, 안면 표정, 언어적 · 비언어적 반응을 통해 내담자에 대한 관심을 표현해야 한다.

③ 내담자의 방어성은 "왜?"라는 이유를 묻는 질문을 통해 다루는 것이 권장된다.

④ 면담자는 면담이 끝나기 5~10분쯤 전에 남은 시간을 내담자에게 미리 알려 줌으로써 시간을 준수하도록 도와주어야 한다.

해설

심리검사에서 수검자는 부정적이고 거부적이거나 저항하며 심리검사에 방어적 태도를 보일 수 있다. 검사자는 수검자가 가지고 있는 일반적인 저항과 두려움을 이해하고, 검사가 어떤 목적으로 실시되고 어떤 이득이 있는가를 설명해 주도록 한다. 또한 검사자가 검사를 격려하고 동기를 부여해도 수검자의 저항과 방어가 강한 경우에는 라포를 재형성하는 데 초점을 둔다.

학습 Plus 심리평가 실시 과정에서 고려해야 할 사항

① **라포 형성**

관심과 흥미, 협조적, 동기부여, 편안한 분위기가 필요하다.

※ 심리검사의 일반적 라포 형성 방법

- 검사자는 가능한 한 최선을 다해 수검자가 심리검사에 대해 관심과 흥미를 갖게 하고, 협조적으로 검사에 임하도록 편안한 분위기를 만들어 주어야 한다.
- 수검자가 최대로 집중할 수 있도록 돕고, 반응에 실패할 경우 수행을 잘 마칠 수 있도록 지지적 환경을 조성한다.
- 검사자는 수검자가 자신의 반응을 검열하거나 삭제 및 긍정적으로 편향된 반응을 하지 않도록 있는 그대로 솔직하게 응답할 수 있도록 격려한다.
- 수검자가 자극에 충분히 반응할 수 있도록 동기를 부여하고, 심리적 특성을 고려하여 피로감이 들지 않도록 주의를 기울인다.
- 검사자는 평가 매뉴얼을 명확하게 숙지하여 수검자가 불필요한 검사 환경에 노출되지 않도록 조력해야 한다.

② **수검자 변인**

심리검사에 대한 부정적 · 양가적 · 거부적 태도를 보일 수 있다. 검사 목적을 설명하고 심리검사의 이로운 점에 대해 알린다.

③ **검사자 변인**

따뜻하고 공감적이며 존중의 태도가 필요하다. 검사자의 행동이 수검 태도와 반응에 영향을 줄 수 있다.

④ **검사 상황 변인**

소음과 자극으로부터 보호되어야 하며, 안정적인 자리 배치와 정서적 안정감이 필요하다.

정답 45. ③

46 Rorschach 검사의 반응을 기호화할 때 포함하는 내용과 가장 거리가 먼 것은?

① 반응 위치
② 결정인
③ 반응 순서
④ 반응 내용

해설

로르샤흐 검사(Rorschach Test)의 채점 영역은 반응 영역(반응 위치), 발달질, 결정인, 형태질, 반응 내용, 평범반응, 조직화 활동(Z점수), 특수점수 등이 있으며, 이를 단계적으로 채점해 나간다.

학습 Plus 로르샤흐 검사(Rorschach Test)의 채점 영역

- **반응 영역**: 수검자가 반응한 카드의 영역이 전체인지 부분인지 혹은 공백을 포함하고 있는지를 평가하는 것이다.
- **발달질**: 반응 형성에 포함되어 있는 인지적인 처리의 발달 수준을 평가하기 위한 것으로, 반응한 대상의 형태가 얼마나 구체적인가, 반응한 대상들 간의 관계가 의미 있게 조직화되어 있는가에 따라 네 가지 기호로 채점된다.
- **결정인**: 수검자의 반응을 이끌어 낸 카드의 특징을 말하는 것으로, 반점의 형태, 운동, 유채색, 무채색, 음영, 차원 등이 이에 해당된다.
- **형태질**: 수검자의 반응이 얼마나 잉크 반점에 잘 부합되는지를 보는 것으로, 수검자의 지각적 정확성과 현실검증력에 대한 정보를 준다.
- **반응 내용**: 수검자가 반응한 내용의 대상들이 어떤 범주에 들어가느냐를 평가한다.
- **평범반응**: 평범반응 채점을 통해서는 대부분 사람들이 보고하는 반응을 수검자도 지각하여 반응할 수 있는지를 평가한다.
- **조직화 활동(Z점수)**: 각 카드 자극의 복잡성을 고려할 때 얼마나 조직화된 반응을 하고 있는지 가중치를 부여하여 수량화한 것이다.
- **특수점수**: 기본적인 부호화 채점으로 평가가 되지 않는 특징들을 채점에 포함하기 위하여 개발되었고, 각 영역들은 사고의 비논리적이고 우회적이며 특이한 정도가 수준에 따라 수준 1과 수준 2로 구분된다.

47 MMPI-2에서 프로파일의 무효 가능성을 판별하는 데 사용되는 기준과 가장 거리가 먼 것은?

① 무응답(?) 문항의 개수가 20개 이상
② VRIN 척도 혹은 TRIN 척도의 T점수가 하나라도 80 이상
③ 비임상적 장면에서 F척도의 T점수가 80 이상
④ F(P)척도의 T점수가 100 이상

정답 46. ③ 47. ①

해설

- 무응답 척도(?)는 피검자가 응답하지 않고 빠뜨린 문항과 '그렇다' '아니다' 모두에 응답한 문항의 수를 포함한다. 무응답 문항이 많으면 검사 결과의 타당성을 의심해야 한다. 무응답 문항의 수가 30개 이상이라면 무효 프로파일로 간주한다.
- VRIN(무선반응 비일관성) 척도는 내용 면에서 유사한 혹은 정반대인 문항들로 짝지어진 67개의 문항반응 쌍으로 구성되어 있으며, 피검자가 문항에 비일관적으로 응답하는 경향이 있는지를 탐지한다.
- TRIN(고정반응 비일관성) 척도는 문항내용과 상관없이 무분별하게 '그렇다'로 응답하는 경향(모두 긍정) 혹은 '아니다'로 응답하는 경향(모두 부정)이 있는지를 탐지한다.
- F(비전형) 척도는 총 60개의 문항으로 구성되며, 문항내용을 제대로 읽지 않고 응답하거나 무선적으로 응답하는 것과 같은 이상반응 경향 혹은 비전형적인 반응경향을 탐지한다.
- F(P)(비전형-정신병리) 척도는 F척도를 보완하기 위해 개발되었으며, 비전형을 반응 탐지한다. 점수 상승 시 부정왜곡을 나타낼 수 있다.

48 MMPI-2에서 수검자가 모두 '그렇다'라고 응답했을 때 상승하는 척도를 묶은 것은?

① VRIN 척도, TRIN 척도　② TRIN 척도, F척도
③ VRIN 척도, Sc 척도　④ TRIN 척도, Hy 척도

해설

- TRIN 척도는 내용 면에서 정반대임에도 불구하고 문항내용과 무관하게 어느 한 방향으로 응답했을 때 채점된다. 이 척도에서 '그렇다'로 응답한 반응이 많으면 타당성을 검토해야 한다. 만일 T점수가 80 이상이면 '그렇다' 방향으로 반응한 경향성이 높아 타당하지 않은 프로파일로 간주하고 해석하지 않는다.
- F척도에서 모두 '그렇다'로 반응하는 경우 다른 임상척도들의 점수도 대개 상승하며, 특히 척도 6과 8의 점수가 상승한다.

49 심리검사 보고서 작성 요령에 관한 설명과 가장 거리가 먼 것은?

① 평가 목적은 정확하고 문제 지향적인 방식으로 언급한다.
② 평가 절차에는 실시된 검사의 종류, 구조화된 면담의 종류, 면담시간을 포함한다.
③ 행동관찰을 기술할 때 구체적 행동에 대한 임상가의 추론을 반영하여야 한다.
④ 법적인 보고서에는 검사 점수를 포함시킨다.

정답 48. ② 49. ③

해 설

심리검사 보고서에는 수검자의 행동관찰에 관한 내용이 포함된다. 행동관찰에는 수검자의 외관, 검사에 대한 반응과 행동에 대한 구체적인 내용을 간결하고 명확하게 기술한다. 이때 임상가는 추론에 근거한 표현을 삼가고 명백히 행동과 관련된 용어로 표현해야 한다.

<심리검사 보고서의 일반적인 구성요소>

- 수검자의 신상 정보(성별, 연령, 교육 연한, 직업, 결혼 상태 등)
- 의뢰 사유 및 배경 정보
- 실시 검사 및 평가 절차
- 행동관찰 및 수검 태도
- 검사 결과 및 해석(지적 능력, 사고조직화, 정서 및 성격 특성 등)
- 요약, 진단적 인상 및 제언

50 Rotter가 제시한 것으로, 주제통각검사(TAT) 해석 시 검토해야 할 사항과 가장 거리가 먼 것은?

① 우세한 정서는 무엇인가?
② 반복되는 주제는 무엇인가?
③ 통상적으로 사용되는 표현법은 무엇인가?
④ 성별을 다루는 양식은 어떠한가?

해 설

- Rotter가 제시한 분석방법은 반응내용 기저의 무의식적인 내용을 자유연상을 활용하여 해석하는 방식으로서 개인의 역동적 성격을 이해하기 위해 정신역동적 이론에 근거하여 직관적 추론방식으로 해석을 한다. 반복되는 주제와 우세 정서, 성별의 반응양식 등을 검토한다. 통상적인 표현법은 해당되지 않는다.
- 주인공 중심의 해석법에는 Murray의 욕구-압력 분석법이 있다. 개인의 욕구와 환경의 압력 사이의 상호작용 결과를 분석함으로써 개인이 심리적 상황을 평가하고자 하는 방식이다. 반응내용의 해석 과정에서 주인공의 행동이 표현되는 방식을 분석한다. 가령, 능동적인지 수동적인지, 외향적인지 내향적인지 등을 검토한다.

정답 50. ③

51 심리검사 결과를 피검사자에게 전달할 때 고려해야 할 사항과 가장 거리가 먼 것은?

① 피검사자의 교육 정도 ② 피검사자의 문화적 배경
③ 피검사자의 정서적 반응 ④ 피검사자의 경제적 반응

해설

심리검사 결과를 피검사자에게 전달할 때는 지적 능력, 교육 수준, 문화적 배경을 고려해야 한다. 또한 정확하고 충분하게 결과가 제공되어야 하며, 피검사자의 정서적 반응을 고려하여 부정적인 영향이 미치지 않도록 해야 한다.

학습 Plus 심리검사 보고서 작성 시 고려사항

- 내담자의 의뢰 사유에 맞게 구체적으로 기술되어야 한다.
- 내담자의 이해를 증진하기 위해 읽기 쉬운 방식으로 기술되어야 한다.
- 검사의 목적, 내담자의 심리적 기능의 독특성을 고려하여야 한다.
- 임상가의 편견이 검사 자료에 영향을 주지 않도록 고려한다. 특히 제한된 이론 지향, 내담자에 대한 부적절한 병인론(etiology)을 강조하지 않아야 한다.
- 내담자에게 새로운 관점을 주고 문제를 해결할 수 있도록 제안 및 권고가 포함되어야 한다.

52 아동 및 청소년의 발달적 성숙이나 기능에 대한 검사인 사회성숙도 검사에서는 6가지 영역에 대한 발달 정도를 측정한다. 다음 중 6가지 영역에 해당하지 않는 것은?

① 자조(SH) ② 이동(L)
③ 의사소통(C) ④ 욕구(N)

해설

- 사회성숙도 검사(Social Maturity Scale: SMS)는 0~30세까지를 대상으로 개인적·사회적 능력의 발달 정도를 평가하는 도구이다. 수검자의 사회적응능력의 발달 수준을 평가하여 인지적 성숙도를 간접적으로 측정할 수 있고, 적응 수준을 예측할 수 있다.
- 자조(Self-Help: SH), 이동(Locomotion: L), 작업(Occupation: O), 의사소통(Communication: C), 자기관리(Self-Direction: SD), 사회화(Socialization: S) 등 6개 영역의 총 117문항으로 구성되어 있다.

정답 51. ④ 52. ④

학습 Plus 사회성숙도 검사(Social Maturity Scale) 평가영역

- 자조(Self-Help: SH): 조작능력, 배변 관리, 이동, 자기 관리 및 기본적인 의사소통능력 등과 관련된 자조 일반, 식사 도구 사용 및 식사 행동, 식이 행동 통제, 판단력 등과 관련된 자조 식사, 세면, 착의 등과 관련된 자조 용의의 3가지 영역으로 구성되어 있다.
- 이동(Location: L): 기어 다니기, 걷기, 독립적인 외출 및 이동 등을 평가한다.
- 작업(Occupation: O): 단순한 놀이 행동, 장난감 사용에서부터 성인으로서 전문성, 독립성, 책임감을 요하는 작업수행능력 등을 평가한다.
- 의사소통(Communication: C): 간단하고 관습적인 몸짓, 언어적 의사소통, 문자 등 매체를 사용한 수용성 · 표현성 의사소통능력을 평가한다.
- 자기관리(Self-Direction: SD): 돈의 용도를 인식하고 사용하는 능력, 구매, 경제적 자립 준비, 책임 있고 분별력 있는 행동, 독립성과 책임감 등을 평가한다.
- 사회화(Socialization: S): 사회화 활동, 사회적 책임, 현실적 사고 등을 평가한다.

53 MMPI에서 2/4, 4/2 상승 척도 쌍에 관한 임상적 해석과 가장 거리가 먼 것은?

① 가족 문제, 법적 문제, 알코올 남용 등의 문제로 치료 장면을 찾는다.

② 자살사고, 자살시도 가능성이 높다.

③ 수동-의존적 성향이 강해 타인의 요구를 거절하지 못하지만, 소소한 불평이 많다.

④ 자신의 문제행동에 우울감, 죄책감을 보고하지만, 동일한 행동 문제가 반복된다.

해 설

<2/4, 4/2 상승 척도의 특징>

- 알코올 중독이나 약물 남용이 있을 수 있고, 가정불화나 직장 부적응을 보일 때가 많으며, 법적인 문제에 연루되기도 한다.
- 비판적이고 논쟁적이며 충동을 즉각적으로 만족시키고 지연시키지 못한다. 사회적 기준을 경시하고 타인의 요구를 견디기 힘들어 한다.
- 자신에 대한 부적절감과 불만족을 품고 있으며, 사회적 관계에서 불편함을 느낀다. 무모한 행동을 한 후에는 후회하며 죄책감을 느끼지만 비슷한 행동이 반복된다.
- 장기적인 조망이나 결과를 예측하여 계획적으로 행동하지 못하는데 행동 문제를 심화시키는 요인이 되며, 흔히 우울증, 성격장애 진단을 받는다. 자살사고 및 자살시도 가능성을 고려해야 한다.

정답 53. ③

54 내용표집에 의해 오차변량이 발생하는 신뢰도계수와 가장 거리가 먼 것은?

① 검사-재검사 신뢰도 ② 동형검사 신뢰도
③ 반분신뢰도 ④ 문항 내적 합치도

해설

- 검사-재검사 신뢰도(test-retest reliability)는 시간표집에 의한 측정방법이다. 시간표집의 특징은 일정한 간격을 두고 반복적으로 측정한다는 데 있다. 검사-재검사 신뢰도는 동일한 검사를 동일한 피검사자에게 두 번 실시하여 결과가 유사한지 상관분석으로 확인한다. 유사하다면 검사-재검사 신뢰도가 높다고 할 수 있다.
- 동형검사 신뢰도(parallel-form reliability)는 검사 도구의 신뢰도를 검증하기 위해 두 개의 동형검사를 제작 한 뒤, 동일 피험자 집단에게 검사를 실시해 두 검사 간의 상관계수로 신뢰도를 추정한다.
- 반분신뢰도(split-half reliability)는 단일 척도를 두 부분으로 나누어 두 부분 검사 점수의 상관계수를 계산한 후 추정한다.
- 문항 내적 합치도(inter-item consistency)는 동일한 구인을 재고 있는 문항들이 어느 정도의 동질성이 있는지를 추정한다.

55 신경심리검사 중 배터리형 검사와 개별검사의 특징에 관한 설명과 가장 거리가 먼 것은?

① 배터리형 검사의 단점은 일부 기능에 대해서는 필요 이상으로 자료를 제공하는 반면에 어떤 기능에 대해서는 불충분한 자료를 제공하게 된다.
② 배터리형 검사를 시행하는 경우, 신속하게 변화되고 있는 신경심리학적 연구 추세에 따라 평가방법을 변형할 수 있다.
③ 개별검사는 기본 검사에서 기능이 온전하게 평가되면 불필요한 검사를 시행하지 않아도 된다.
④ 개별검사의 선택과 실시, 해석 과정은 배터리형 검사보다 훈련과 경험에 있어서 고도의 전문성을 요구한다.

해설

- 배터리형 검사란 실시해야 하는 검사의 종류와 절차가 미리 정해져 있는 경우로, 검사자는 수검자에게 미리 정해진 검사 배터리를 실시하게 된다. 배터리형 검사는 규준 정보를 이용할 수 있고, 관련 연구가 확립되어 있는 경우가 많으며, 연구용으로 쉽게 활용할 수 있다. 또한 검사 전문 요원이 일정 기간 전문적인 훈련을 받으면 비교적 쉽게 실시할 수 있다.

정답 54.① 55.②

- 개별검사의 경우 수검자의 의뢰에 적절한 검사를 선택하여 실시할 수 있어 시간 효율적인 측면이 있으나 해당 검사에서 측정하고자 하는 제한된 영역에 관한 정보를 얻을 수 있고 임상가의 지식과 경험, 전문적인 훈련이 필요하다.

56 심리검사의 실시와 채점 과정에서 일관성(동일성)을 확보하는 과정으로 가장 적합한 것은?

① 단일대상 검사 절차
② 심리검사의 표준화
③ 임상적 평가 절차
④ 심리검사의 신뢰도와 타당도 검증

해설

표준화된 심리검사란 경험적으로 제작되었고, 실시 및 사용을 위한 분명한 지침이 있으며, 적절한 규준 및 신뢰도와 타당도의 자료가 제시되는 검사를 말한다. 심리검사에서 실시와 채점의 안정성을 확보하기 위해서는 표준화 절차에 의해 제작된 검사를 선택하여 실시하여야 한다. 검사의 표준은 제작, 실시, 채점, 해석 등 검사와 관련된 전 과정에 걸쳐서 지켜야 할 필요사항을 말하며, 표준에 따라 제작되고 사용될 때 '표준화 검사'라고 한다.

57 진단적(diagnostic) 면담과 치료적(therapeutic) 면담에 관한 설명으로 가장 거리가 먼 것은?

① 진단적 면담은 임상 진단을 내리기 위한 목적으로 진행된다.
② 진단적 면담은 상담장면에서는 내담자의 과거력을 수집하고 문제를 파악하여 적절한 상담자와 연결지어 주기 위한 접수면담과 유사점이 있다.
③ 전통적인 치료적 면담에서는 구조화된 방식이 우선시된다.
④ 치료적 면담은 보통 진단적 면담 이후에 이루어진다.

해설

진단적 면담은 특정 진단에 대한 명확한 이해를 얻기 위한 목적에서 실시된다. 내담자가 보고하는 증상들과 문제들을 검토하여 특정 진단으로 분류하는 과정 동안에 구조화된 면담 양식을 통해 문제를 구체화한다.

정답 56. ② 57. ③

58 운동성 가족화검사(KFD)에 대한 해석으로 가장 적합한 것은?

① 특정 인물 밑에 선을 긋는 것은 그 인물에 대한 호감을 나타낸다.
② 우측에 그려진 인물은 내향성 및 침체성과 관련된다.
③ 용지의 하단에 그려진 인물은 가족 내 주도적인 인물을 나타낸다.
④ 인물 간의 거리는 아동이 지각한 구성원 간의 친밀도나 심리적 거리로 해석된다.

해 설

- 특정 가족 구성원을 그리고 난 뒤 특정 인물의 밑에 선을 긋는 경우이다. 이는 선이 그어진 그 대상에 대해 불안감이 있을 때 나타난다.
- 용지의 우측에 그려진 인물상은 외향성 및 활동성을 나타내며, 좌측에 그려진 인물상은 내향성 및 침체성과 관련된다.
- 용지의 하단에 그려진 인물상은 우울하거나 활력이 부족한 사람일 수 있으며, 용지의 상단에 그려진 인물상은 가족을 이끌어 가는 주도적인 인물일 가능성이 높다.
- 인물상 간의 거리는 아동이 지각하고 있는 구성원 간의 친밀함의 정도나 심리적 거리를 나타내는 것으로 해석된다.

59 Wechsler 지능검사의 소검사 중 다음 요인들과 가장 관련이 있는 것은?

- 결정적 지능
- 언어적 개념화
- 사회적 판단력
- 실제적 · 실용적 지식
- 과거 경험의 평가와 사용

① 기본지식
② 어휘
③ 이해
④ 공통성

해 설

이해(comprehension) 소검사는 수검자에게 일반적 원리와 사회적 상황에 대한 이해에 근거하여 질문에 답할 것을 요구한다. 여기에는 일상 경험의 응용능력이나 도덕적 · 윤리적 판단능력에 대한 측정이 포함된다.

정답 58. ④ 59. ③

<이해 소검사와 관련된 능력>

- 결정적 지능
- 실제적 · 실용적 지식
- 언어적 추론 및 개념화 능력
- 사회 성숙도
- 관습적인 행동 규준에 관한 지식
- 과거 경험을 평가하는 능력
- 추상적 사고와 일반화
- 사회적 판단력, 사회적 상황에 대한 이해력
- 일상 세계에 대한 이해력 및 현실 인식

학습 Plus K-WAIS-IV의 언어이해지수(VCI)

언어이해지수는 언어를 활용한 이해와 능력, 개념 형성 능력, 처리능력, 수검자의 결정적 지능과 학습능력 등을 측정한다.

구분	소검사	측정 내용
핵심 소검사	공통성	결정적 지능, 논리적이고 추상적인 추론능력, 개념적 사고능력, 언어적 이해능력, 기억력, 연합 및 범주적 사고, 언어능력과 결합된 연상능력 등을 측정한다.
	어휘	언어적 개념 형성, 단어 지식, 장기기억, 결정적 지능, 언어발달의 정도, 언어적 이해능력, 축적된 언어학습의 정도, 획득된 사고, 언어적 유창성 등을 측정한다.
	상식	일반적인 사실적 지식의 범위, 장기기억, 실제적 지식에 대한 학습, 파지, 재인능력, 결정적 지능, 언어적 지각능력, 언어적 이해 및 표현능력 등을 측정한다.
보충 소검사	이해	결정적 지능, 언어적 추론 및 개념화 능력, 언어적 이해와 표현능력, 사회적 판단력, 장기기억, 과거 경험의 평가, 실제적 지식, 관습적인 행동 규준에 대한 지식 등을 측정한다.

60 MMPI-2가 개발된 이유와 가장 거리가 먼 것은?

① MMPI의 임상척도들이 현대의 진단기준과 불일치하기 때문이다.
② MMPI의 문항 선정에서 사용된 예비문항의 폭이 좁아 임상가들이 중요하게 생각하는 성격 특성이 충분히 반영되지 못했기 때문이다.
③ 새로운 규준이 필요하기 때문이다.
④ 시대에 어울리지 않거나 부자연스런, 그리고 남녀차별적인 문항들이 있기 때문이다.

정답 60. ①

해 설

- MMPI-2는 원판 MMPI와 기본적인 형식을 동일하게 유지하되, 시대적 변화와 흐름에 맞출 수 있도록 개정하였다 1980년대 초부터 MMPI의 재표준화 작업을 시작하여 최종 567개의 문항을 확정하고, 내용척도, 보충척도 등이 포함된 MMPI-2가 1989년에 출판되었다.
- 10개의 임상척도는 그대로 유지되었으며, 각 척도의 문항을 시대적 고려를 통해 수정하였다. 성차별적 문구, 구식의 관용적 표현들, 시대에 맞지 않는 문학 작품 및 오락문화와 관련된 문항들이 문제가 되었다. 그 외 자살, 약물 문제, 치료 관련 행동 등과 같은 임상적으로 중요한 영역들을 포함할 필요성도 제기되었다.
- 대표성이 있는 광범위한 표집을 하였으며, 임상적 문제를 정확하게 반영함과 동시에 단일한 백분위로 분류할 수 있는 규준을 개발(동형 T점수)하였다.

학습 Plus MMPI-2의 구성

MMPI-2는 총 10개의 타당도 척도와 10개의 임상척도로 구성되어 있다. 이외에도 재구성 임상척도, 내용척도, 보충척도, 성격병리 5요인 척도를 포함하고 있으며, 임상소척도와 결정적 문항도 해석에 참고할 수 있도록 구성되어 있다.

〈MMPI-2의 척도 종류〉

척도 종류		척도 기호	척도 명칭
타당도 척도	성실성	?	무응답(Cannot Say)
		VRIN	무선반응 비일관성(Variable Response Inconsistency)
		TRIN	고정반응 비일관성(True Response Inconsistency)
	비전형성	F	비전형(Infrequency)
		F(B)	비전형-후반부(Back Infrequency)
		F(P)	비전형-정신병리(Infrequency-Psychopathology)
		FBS	증상 타당도(Symptom Validity)
	방어성	L	부인(Lie)
		K	교정(Correction)
		S	과장된 자기제시(Superlative Self-Presentation)
임상 척도		1(Hs)	건강염려증(Hypochondriasis)
		2(D)	우울증(Depression)
		3(Hy)	히스테리(Hysteria)
		4(Pd)	반사회성(Psychopathic deviate)
		5(Mf)	남성성-여성성(Masculinity-Femininity)
		6(Pa)	편집증(Paranoia)
		7(Pt)	강박증(Psychasthenia)
		8(Sc)	정신분열증(Schizophrenia)
		9(Ma)	경조증(Hypomania)
		0(Si)	내향성(Social introversion)

PART 04

고급임상심리학

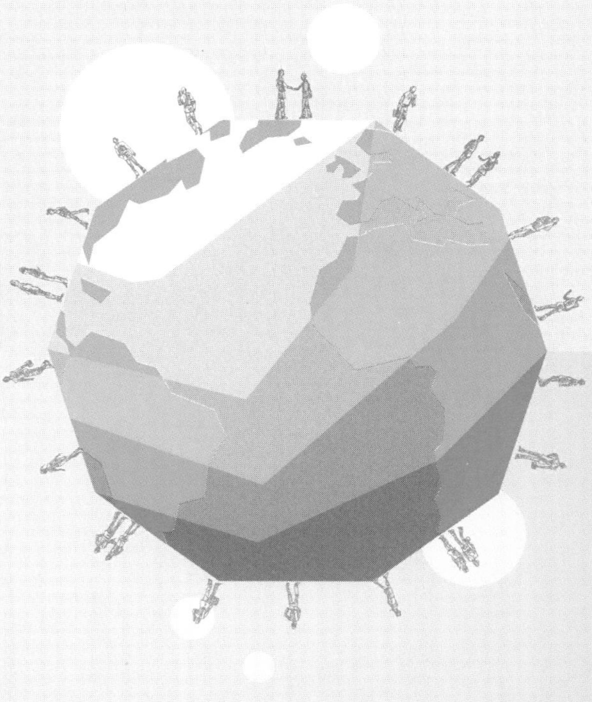

1 2022년 기출예상문제

▣ 임상심리사 1급 필기시험에서 〈제4과목 고급임상심리학〉은 61~80번까지로 총 20문항이 출제됩니다.

▣ 2022년 임상심리사 1급 필기시험 문제는 과년도 빈출 문제를 기반으로 복원한 '기출예상문제'로 제공됩니다(CBT 방식으로 시험이 전환되어 시험 문제가 비공개되었음).

61 Salter(1949)와 Wolpe(1958)에 의해 개발된 체계적 둔감법이 기초하고 있는 주요 행동원리는?

① 상호억제　　② 소거

③ 부적강화　　④ 고전적 조건형성

해설

- 체계적 둔감화(systematic desensitization)는 공포증과 같은 불안장애의 치료에 효과적이다. 주로 특정 사건, 사람, 대상에 대한 불안이나 공포가 있는 사람들의 치료를 위해 고안된 것으로, 공포 관련 부적응 행동이나 회피행동 또는 일반화된 공포 치료에 적용된다.
- 내담자에게 불안을 유발하는 상황들을 생각하도록 함으로써 불안과 병존할 수 없는 이완을 연합시켜서 불안을 감소 또는 소거시키는 기법이다. 공존할 수 없는 새로운 반응(신체적 이완)을 통해 부적응적 반응(불안, 공포)을 억제하는 상호억제의 원리를 이용한다.

62 아동을 대상으로 심리치료를 할 때 고려해야 할 사항과 가장 거리가 먼 것은?

① 이상행동을 정상 발달의 맥락에서 이해하는 발달정신병리학적 관점을 취해야 한다.

② 구체적 조작기 후기까지도 언어적 요소에 중점을 둔 개입의 활용이 제한적이다.

③ 전조작기에 해당하는 아동에게는 놀이 같은 비언어적인 요소를 활용한 개입이 효과적이다.

④ 일반적으로 치료 장면에 자발적으로 오는 것이 아니므로 동기를 활성화시키고 유지하는 것이 중요하다.

정답 61. ① 62. ②

해 설

구체적 조작기(7～11세) 후기에는 구체적인 경험 중심의 논리적 사고가 발달하며, 자신과 타인에 대한 조망이 가능하여 이에 기반한 자기 보고가 가능하기에 언어적 요소에 초점을 둔 개입의 활용이 가능하다.

63 심리평가에서 수집된 정보를 해석하는 것과 관련한 설명으로 가장 적합한 것은?

① 심리평가를 통해 확인된 내용을 전달하는 것은 환자의 알권리를 위해 모든 정보를 구체적으로 알려 주어야 한다.
② 심리평가 내용을 전달할 때는 양적 수치를 중심으로 최대한 직접적으로 전달해야 한다.
③ 심리평가 결과는 환자가 의뢰한 목적에 한해 가정적 진술로 전달해야 한다.
④ 심리평가 결과를 전달하는 것은 치료적 활용보다 환자 자신에 대한 직면에 중점을 둔다.

해 설

- 심리평가 결과를 전달할 때는 의뢰 목적에 한해 가정적인 진술로 전달하며 환자의 강점과 약점에 대한 고른 이해를 도와야 한다.
- 심리평가 결과의 해석은 환자가 이해할 수 있는 언어와 표현으로 전달되어야 한다.
- 심리평가를 통해 확인된 모든 정보가 그대로 전달될 경우에 미칠 수 있는 부정적인 영향을 최소화할 수 있도록 고려해야 한다.
- 심리평가 결과를 통해 환자 자신의 이해와 통찰을 돕고, 치료적 활용과 치료 동기를 위한 고려를 한다.

64 신경심리학적 평가의 유의사항으로 옳은 것은?

① 심한 두부 외상의 경우에 두뇌의 기질적 손상 여부의 판정은 평가의 주요 관심사가 된다.
② 폐쇄성 두부손상의 경우에는 다양한 기능의 효율성 감소와 정신과적 합병증의 평가가 주요 관심사가 된다.
③ 원인 및 손상의 정도와 관계 없이 신경심리검사의 신뢰도는 지능검사의 결과에 비해 높은 편이다.
④ 간질의 지속 기간에 따라 나타나는 인지적 손상은 항경련제의 영향과는 무관하다.

정답 63. ③ 64. ②

해 설

폐쇄성 두부손상의 경우에는 의식 소실이 특징으로 나타나며, 그 외에 두통, 어지럼증, 집중력 저하, 기억 상실, 피로 및 자극의 과민성을 수반할 수 있다. 다양한 합병증이 나타날 수 있어 신체적 기능뿐만 아니라 인지 기능의 평가, 행동 장애의 평가, 사회적 기능에 대한 면밀한 평가가 필요하다.

65 면접기법에 대한 설명으로 옳지 않은 것은?

① 환자의 과거사를 알려 주고, 환자가 대인관계 상황에 참여하고 관찰될 수 있는 기회를 제공해 준다.
② 의식으로부터 해리된 정보나 환자에 의해 언어화되기 어려운 정보를 얻기 위해서 필요하다.
③ 신뢰도를 높이기 위해서 구조화된 면접이 제안되기도 하며, 인성질문지는 구조화된 면접의 한 형태로 볼 수 있다.
④ Adler 학파의 심리학자는 개인의 출생순위와 가족 내 위치에 관한 정보를 추구할 것이다.

해 설

면접이란 임상가가 내담자의 직면한 임상 문제에 대한 정보를 수집하고 평가 및 진단하는 과정을 의미한다. 면접은 궁극적으로 짧은 시간 안에 내담자의 정확한 정보를 가능한 한 많이 수집하는 데 있고, 나아가 구체적인 평가를 통해 내담자에게 적합한 심리적 도움을 제공하기 위한 목적으로 실시된다.

66 지역사회 심리학이 대두되게 된 정신건강에 대한 관점과 가장 거리가 먼 것은?

① 행동에 대한 사회환경의 중요성
② 정서장애에 대한 병리적 측면에 대한 강조
③ 정신건강 프로그램에 대한 지역사회의 참여
④ 사회체계에 대한 관심 및 비전문가의 활용 강조

정답 65. ② 66. ②

해 설

- 지역사회 심리학은 문제의 발생이나 완화에서 사회환경적 힘의 역할을 강조하는 정신건강 접근을 말한다. 지역사회에서 발생하는 여러 문제의 원인을 사회적 환경과의 관련성을 살펴서 예방과 개입을 한다.
- 지역사회 심리학에 기반한 개입에서는 정신건강 문제를 개인과 조직, 개인과 사회체계 간의 상호작용에서 발생한 문제로 보며, 지역사회와 개인의 상호관계에서 나타나는 일련의 행동 패턴이나 환경 적응 과정에서 나타나는 쟁점에 개입한다.

67 신경학적 손상의 결과와 증상이 틀리게 짝지어진 것은?

① 손상된 지남력－사람이 누구인지, 오늘이 무슨 요일인지 말하지 못하고 자신의 주변에 관하여 알지 못한다.

② 손상된 판단력－결정을 하지 못한다.

③ 얕고 불안정한 정서－사소한 자극에도 너무 쉽게 웃거나 운다.

④ 후두엽 증후군－충동 통제의 장애, 사회적 판단 능력과 계획 능력이 감소된다.

해 설

- 후두엽 증후군(occipital lobe syndrome)은 후두엽 기능의 장애에 의해서 생기는 증상으로, 색상, 모양 또는 크기의 이해 문제, 얼굴 인식의 곤란, 시각적 환각(환시), 깊이 인식의 변화 등이 나타난다.
- 전두엽 증후군(frontal lobe syndrome)의 경우에는 운동 통제 장애, 사회적 판단 능력 및 계획 능력의 저하, 부적절한 정서, 성격의 변화, 목적지향적 활동의 저하가 나타난다.

68 Type A 행동 패턴을 가진 사람들의 특성과 가장 거리가 먼 것은?

① 시간이 빨리 간다고 지각한다.

② 지연된 반응을 요구하는 과제에서 수행이 향상된다.

③ 좌절하면 공격적이고 적대적이 된다.

④ 피로감과 신체적 증상을 덜 보고한다.

정답 67. ④ 68. ②

해설

- 프리드먼(Friedman)과 로젠먼(Rosenman)은 A 유형의 행동 특징을 설명하며 스트레스와 성격 및 질병 간의 관계를 설명하였다.
- A 유형의 행동 특성은 일할 때 지나치게 경쟁적이고 공격적이며, 일이 뜻대로 안 되면 쉽게 짜증과 화를 내고, 항시 서두르며 늘 시간에 쫓기듯 살고, 말이 빠르고 격정적이며, 휴식도 없이 일을 하는 일 중독의 특성을 보이는 것으로 나타났다. 이들은 지연된 반응을 요구하는 과제의 수행이 낮은 편이다.
- A 유형과 반대로 B 유형은 여유 있고 느긋하고 편안하며, 차분하고 인내심이 많은 특성을 보인다. A 유형은 심장병 발병과 관련이 있다고 보고, 화를 잘 내고 공격적인 특징으로 인해 스트레스에 취약하며, 사회적 지지가 낮은 유형으로 설명하고 있다.

69 임상심리학의 과학자–전문가 모델에 관한 설명과 가장 거리가 먼 것은?

① 진단, 치료, 연구 외에도 일반심리학, 행동의 정신역동, 인접 학문 분야의 교육과정이 강조된다.
② Boulder 모델로 알려져 있으며, 박사학위 과정 취득을 요구한다.
③ 임상심리학자는 일차적으로 심리학자이고, 이후에 임상가가 되어야 함을 강조하는 모델이다.
④ 1970년대의 Vail 모델로 계승되어 과학과 임상 실습을 모두 포용하는 특징을 보인다.

해설

- Vail 회의(1973)에서 새로운 수련모델인 학자–전문가 모형이 수립되었다. 학자–전문가 모형(scholar-practitioner model)에서는 임상 수련에 있어 연구를 최소화하고 전문적인 심리서비스를 제공할 것을 강조한다. 이 모형에서는 전문가로서의 과학적 · 학문적 기능이 덜 강조되고 임상적 기능이 강조된다.
- Boulder 회의(1949)에서 임상심리학자의 과학자–전문가 모형(scientist-practitioner model)이 수립되었다. 이 모형에서는 임상심리학자들은 심리치료 및 평가와 같은 전문적인 심리학적 서비스뿐만 아니라 연구를 행하는 데 있어서도 유능해야 함을 강조한다.

정답 69. ④

70 행동주의 원리 중 프리맥의 원리에 적용된 것은?

① 소거의 원리
② 강화의 원리
③ 변별의 원리
④ 연합의 원리

해 설

프리맥(Premack) 원리는 강화의 상대성을 이용한 원리로서 두 반응 중에서 더욱 선호되는 반응은 덜 선호되는 반응을 강화할 수 있다는 점을 행동 변화에 적용한다. 즉, 선호하는 활동을 수행할 기회를 주는 것이 낮은 빈도로 발생하는 행동에 수반성을 갖게 되면 낮은 빈도의 행동이 강화됨을 설명하고 있다(예 영어 공부를 스스로 한 후에 게임이나 놀이를 하게 함).

71 변증법적 행동치료(DBT)에 대한 설명으로 틀린 것은?

① 타당화한 환경(validating environment)을 경계선 성격장애의 원인으로 간주한다.
② 마음챙김(mindfulness) 기법을 포함한다.
③ 경계선 성격장애의 치료를 위해 개발되었다.
④ Linehan에 의해 개발되었다.

해 설

변증법적 행동치료(Dialectical Behavior Therapy: DBT)

- Linehan에 의해 개발된 DBT는 경계선 성격장애의 치료를 위해 개발되었으나, 회피나 도피를 시도하는 강렬한 정서적 고통이나 충동을 경험하는 내담자에게 모두 효과적으로 적용되고 있다.
- 정서를 회피하거나 억압하는 것이 개인이 경험하는 문제의 원인이며, 정서적 고통의 수용을 통해 오히려 정서적 고통을 감소시킬 수 있다고 본다. 나아가 성장 과정 동안의 비타당화된 환경과 개인의 생물학적 취약성 간의 관계를 고려하며, 정서적 비타당화는 경계선 성격장애의 주요 원인으로 본다.

정답 70. ② 71. ①

72 임상적 개입 과정의 단계별 주의사항에 대한 설명으로 가장 적합한 것은?

① 초기 면접 과정: 초기 면접 과정에서는 치료 의뢰 사유와 동기 등에 대해 탐색하되, 치료자의 정보나 치료 과정에 대하여는 언급하지 않는다.

② 평가 과정: 평가 과정에서 환자의 특징이나 성향 등에 대하여 확정짓고, 이를 치료 종결 시까지 일관적으로 유지하여 간다.

③ 치료 목표 설정과 이행: 치료 목표 설정과 치료 과정은 치료자가 정하는 것이며, 환자가 이에 동의하도록 적극 설득하는 것이 중요하다.

④ 종결 및 추후 회기: 치료 종결 시 내담자들은 다양한 반응을 촉발하게 되며, 추후 회기를 잡는 것이 종결과 관련된 문제들을 예방/해결하는 데 도움이 된다.

해설

심리치료 종결 단계에서는 내담자가 기존에 경험했던 어려움을 해결했다고 하더라도 문제가 재현되거나 새로운 문제에 부딪힐 수 있다. 치료자는 내담자가 상담 종결 후에 경험할 수 있는 여러 가지 문제에 대해 대처해 나갈 수 있도록 미리 준비시켜야 한다.

73 심리치료의 초기 과정에 대한 설명으로 틀린 것은?

① 내담자의 문제를 평가하며 사례개념화를 한다.

② 치료자와 내담자가 함께 목표에 대해 논의하며 설정한다.

③ 상담 및 심리치료에 대한 구조화를 실시한다.

④ 내담자가 자신의 문제를 독립적으로 다룰 수 있는지를 판단하며 추수 회기를 계획한다.

해설

심리치료 종결 단계에서는 내담자가 자신의 문제를 스스로 다룰 수 있는지를 판단하며, 초기 목표가 수립되었다면 추수 회기를 계획한다.

정답 72. ④ 73. ④

학습 Plus 상담 종결 단계에서 해야 할 일

- 이별의 감정 다루기
  내담자가 상담 종결 후에 상담자와의 이별과 분리로 인한 어려움을 잘 극복할 수 있도록 심리적 안정감을 제공하고, 충분한 시간적 여유를 두고 종결에 대해 이야기 나누고 준비하도록 하다.
- 상담 성과에 대한 평가
  상담을 통해 변화하고 성장한 것은 무엇인지, 해결되지 못한 것은 무엇인지 탐색하고 의논한다.
- 내담자의 독립성 증진
  상담 회기 간격을 늘려 상담에 대한 내담자의 의존성을 줄여 나가는 노력이 필요하며, 내담자의 독립성과 문제해결력이 증진될 수 있도록 지지와 격려를 한다.
- 추수 상담과 재발의 위험성 다루기
  추수 상담을 통해 내담자의 변화를 지속적으로 점검하고, 재발에 대처하는 방법을 함께 모색해 본다. 종결 이후, 도움이 필요한 경우에는 언제든지 상담을 다시 할 수 있음을 안내해 준다.

74 자신, 타인, 세상에 대한 '반드시 ~해야 한다(should or must)'는 식의 불합리한 요구를 정서적 스트레스와 행동 문제의 원인으로 보고 이를 치료하려는 접근법을 제안한 학자는?

① Beck ② Ellis

③ Wolpe ④ Eysenck

해설

Ellis의 합리적 정서행동치료(Rational-Emotive-Behavior Therapy: REBT)에 따르면, 내담자의 문제는 일어난 사건이 아니라 개인이 갖고 있는 비합리적인 신념에서 비롯된다. 특히 비합리적 신념의 근간이 되는 자신, 타인, 세상에 대한 당위성(should or must)을 정서적 · 행동적 문제의 근원으로 보고 치료적 접근을 하였다.

<참조> 당위성의 유형

- 자신에 대한 당위성
  '나는 실수해서는 안 된다.' '나는 항상 올바르게 행동해야 한다.' '나는 성공해야 한다.' '나의 외모는 매력적이어야 한다.' '나는 절대 살쪄서는 안 된다.'
- 타인에 대한 당위성
  '가족이니까 나에게 관심을 가져야 한다.' '사람들은 내 말을 잘 들어줘야 해.' '가족은 나에게 화를 내면 절대 안 된다.' '자식이니까 내 말을 들어야 한다.' '사람들은 서로 돕고 이해해야 한다.'
- 세상에 대한 당위성
  '우리가 사는 세상은 항상 공정하고 안전해야 한다.' '나의 가정(직장)은 문제가 없어야 한다.' '우리 집에 나쁜 일이 일어나서는 안 된다.'

정답 74. ②

75 심리학과 임상심리학의 발전에 관한 설명 중 옳지 않은 것은?

① 제2차 세계대전은 심리검사 발전의 중요한 기동력이 되었다.
② 심리학은 Wundt가 라이프치히 대학교에 심리학 실험실을 설립하면서부터 시작된 것으로 간주된다.
③ 임상심리학자의 훈련은 1949년에 개최된 볼더(Boulder) 회의에 따라 과학자-전문가 모델을 지향하고 있다.
④ Lightner Witmer는 임상심리학이라는 용어를 처음 사용하고 펜실베이니아 대학에 세계 최초의 심리진료소를 설립하였다.

해설

- 제1차 세계대전 후, 로샤 잉크반점 검사(1921)를 비롯하여 500개 이상의 다양한 심리검사가 개발되었다.
- Wilhelm Wundt(1832~1920)는 1879년 독일의 라이프치히(Leipzig) 대학교에 첫 심리학 실험실을 세웠고, 정신의 구조와 구성요소들을 이해하기 위한 과학적 기법을 강조하였다.
- Boulder 회의(1949)에서 임상심리학자의 과학자-전문가 모형(scientist-practitioner model)이 수립되었다. 이 모형에서는 임상심리학자들은 심리치료 및 평가와 같은 전문적인 심리학적 서비스뿐만 아니라 연구를 행하는 데 있어서도 유능해야 함을 강조한다.
- 임상심리학은 1896년 Lightner Witmer(1867~1956)가 펜실베이니아(Pennsylvania) 대학에 첫 심리진료소를 개설하면서 시작되었다. 아동의 학습 문제 및 학교에서의 어려움을 돕기 위한 아동 프로그램을 개발하였고, 연구 증거에 기반한 중재와 진단전략을 사용하였다.

76 면접의 질문 유형에 관한 설명으로 틀린 것은?

① 개방형: 환자에게 반응에 대한 책임감을 감소시킨다.
② 촉진형: 환자의 대화를 독려한다.
③ 명료형: 명확성과 확실성을 독려한다.
④ 직면형: 불일치와 반대를 반문한다.

해설

개방형 질문은 무엇(what), 어떻게(how)로 시작하는 질문으로, 내담자는 질문을 받은 주제에 대해 자유롭게 대답할 수 있다. 내담자의 다양한 사고, 감정을 끌어낼 수 있으며, 스스로의 반응에 대한 자율성과 책임감을 유지시키는 데 유용하다.

정답 75. ① 76. ①

학습 Plus 면접의 질문 유형

- **개방형 질문**
무엇(what), 어떻게(how)로 시작하는 질문으로, 내담자는 질문을 받은 주제에 대해 자유롭게 대답할 수 있다.

"부모님이 다투고 있을 때 어떤 경험을 했는지 말해 주시겠어요?"
"어떤 이유로 면접을 신청하게 되었는지 이야기해 주시겠어요?"

- **촉진형 질문**
내담자가 경험한 내용을 구체적으로 이야기할 수 있도록 촉진하는 역할을 한다.

"그 당시의 경험에 대해 조금만 더 자세히 이야기해 주시겠어요?"

- **확인용 질문**
내담자의 말을 그대로 반복하거나, 바꾸어 말하거나, 요약하여 이야기함으로써 내담자가 말한 내용을 잘 이해했는지 확인하고, 나아가 더 설명할 기회를 줄 수 있다.

"그러니까 그때 당신은 … 라고 느꼈다는 말인가요?"

- **직면형 질문**
내담자의 언어적 · 비언어적인 행동이 불일치할 때 또는 내담자가 앞서 언급한 내용과 지금 보고하는 내용이 불일치할 때 그 부분을 반문함으로써 내담자의 정확한 정보를 파악할 수 있다.

"이전에는 … 라고 말씀하셨는데, 지금은 … 라고 말씀하시네요?"

- **직접 질문**
라포가 형성되고 나면 내담자를 이해하는 데 필요한 정보를 직접적으로 질문한다.

"당신은 친구가 거절했을 때 뭐라고 반응했나요?"

77 K-WAIS-IV 검사에서 한 사람의 수행이 그 사람이 속한 연령 집단의 평균 수행보다 1 표준편차 높은 값을 보일 때 부여할 수 있는 지능지수는?

① 70 ② 85
③ 115 ④ 130

해 설

K-WAIS-IV 검사에서는 평균 100, 표준편차 15를 기준으로 지능의 수준이 평가된다. 평균 100을 기준으로 1 표준편차 높은 값은 115에 해당된다. 반대로 1 표준편차 낮은 값은 85에 해당된다. 2 표준편차 이하이면 지적 기능의 저하를 나타낸다(지능지수 70 이하에 해당됨).

정답 77. ③

78 강박장애에 대한 노출 및 반응방지법(ERP)에 대한 설명으로 옳은 것은?

① 내담자가 강박사고를 유발하는 자극에 접하지 않도록 배려한다.
② 내담자가 강박사고로 인하여 불쾌감을 지닐 때 치료자는 강박행동을 할 수 있도록 안내한다.
③ 강박사고는 존재하나 강박행동은 존재하지 않는 강박장애를 치료하는 데 효과적이다.
④ 내담자가 강박사고를 유발하는 자극에 노출된 뒤, 강박행동을 하지 않도록 유도한다.

해설

노출 및 반응 방지법(exposure and response prevention: ERP)의 시행 순서

- 환자로 하여금 힘들게 하는 자극의 위계를 정해 불안의 정도에 따라 평정하게 한다.
- 환자를 상상이든 직접적이든 반복적으로 불안과 고통을 유발하는 자극 상황에 노출한 다음에는 의례적인 강박행동을 하지 않도록 유도한다.
- 반응을 금지한 상태에서 강박적인 사고가 유발한 고통이나 불안이 감소하고 사라질 때까지 지켜보게 한다.
- 점차 불안이 완화되어 문제 행동을 하지 않아도 불안을 느끼지 않는 상태가 되며, 강박행동을 하지 않아도 두려워하는 결과가 발생하지 않는다는 것을 학습하게 된다.

79 다음의 정신건강 자문의 유형은?

> 이 자문의 목적은 미래에 운영자가 보다 잘 기능할 수 있도록 운영자의 기술을 증진시키는 것이다. 예를 들어, 운영자의 의사소통 기술 증진을 위해 운영자 감수성 집단을 구성하고 감독한다.

① 내담자 중심 사례 자문
② 피자문자 중심 사례 자문
③ 프로그램 중심 운영 자문
④ 피자문자 중심 운영 자문

정답 78. ④ 79. ④

해 설

- **피자문자 중심 운영 자문**
  자문의 목적은 미래에 운영자가 보다 잘 기능할 수 있도록 운영자의 기술을 증진시키는 것이다. 예를 들어, 운영자의 의사소통 기술 증진을 위해 운영자 감수성 집단을 구성하고 감독한다.
- **내담자 중심 사례 자문**
  현재의 문제를 해결하기 위해 특정 내담자나 환자를 돕는 데 초점을 둔다. 예를 들어, 임상가는 특정 환자의 진단적 문제에 관해 동료의 자문을 받는다.
- **피자문자 중심 사례 자문**
  자문의 목적은 피자문자가 미래의 사례를 다루는 데 필요한 기술을 증진시키도록 돕는 것이다. 예를 들어, 학급에서의 문제 행동을 줄이기 위해 행동을 선택적으로 강화하는 방법을 교사에게 조언한다.
- **프로그램 중심 운영 자문**
  특정 프로그램의 운영과 관리를 돕는다. 예를 들어, 잠재적인 부적응 사례를 탐지하기 위한 '조기 경보 체계'를 확립하기 위해 학교에 자문가를 고용할 수 있다.

80 아동 면담의 요령으로 적절치 않은 것은?

① 기술적인 진술을 사용한다.
② 비판적인 진술은 피한다.
③ 언어적 의사소통의 양을 늘리기 위해 반영적 진술을 사용한다.
④ 자신의 연령보다 약간 어린 연령의 단어와 문장을 사용한다.

해 설

아동 면담 시 아동이 이해할 수 있는 언어를 사용하여야 하며 연령 수준에 적합한 언어 선택이 필요하다. 또한 전문적인 용어나 모호한 단어를 사용하지 않도록 하며 아동의 입장을 고려하여 면담이 진행되어야 한다.

<참조> 아동 면담 시 고려 사항

- 아동과 신뢰할 만한 관계를 수립한다.
- 아동의 발달과 개별적인 특성을 이해하고 수용한다.
- 아동이 이해할 수 있는 언어를 사용한다.
- 아동의 언어적 · 비언어적 행동과 보조를 맞춘다.
- 아동의 발달 수준에 맞는 적절한 질문을 활용하도록 한다.
- 아동의 반응에 공감과 경청 및 존중의 태도를 유지한다.
- 기술적 진술을 통해 아동이 스스로 진술을 확장하도록 돕는다.
- 아동이 불편하고 힘들다고 느낄 때 상담을 그만둘 권리가 있음을 이해시킨다.

정답 80. ④

② 2021년 기출문제

61 면접기법에 대한 설명으로 옳지 않은 것은?

① 환자의 과거사를 알려 주고 환자가 대인관계 상황에 참여하고 관찰될 수 있는 기회를 제공해 준다.

② 의식으로부터 해리된 정보나 환자에 의해 언어화되기 어려운 정보를 얻기 위해서 필요하다.

③ 신뢰도를 높이기 위해서 구조화된 면접이 제안되기도 하며, 인성질문지는 구조화된 면접의 한 형태로 볼 수 있다.

④ Adler 학파의 심리학자는 개인의 출생 순위와 가족 내 위치에 관한 정보를 추구한다.

해 설

면접이란 임상가가 내담자의 직면한 임상 문제에 대한 정보를 수집하고 평가 및 진단하는 과정을 의미한다. 면접은 궁극적으로 짧은 시간 안에 내담자의 정확한 정보를 가능한 한 많이 수집하는 데 있고, 나아가 구체적인 평가를 통해 내담자에게 적합한 심리적 도움을 제공하기 위한 목적으로 실시된다.

학습 Plus 면담의 형식적 분류

- **구조화된 면담**(structured interview)
  미리 정해진 문제들의 목록을 정해진 순서대로 제시하는 방식으로 실시된다. 표준화된 시행은 면접자 간 신뢰도를 높여 주고, 해석에 도움이 되는 규준치를 얻을 수 있다.
- **비구조화된 면담**(unstructured interview)
  일정한 면담 문항 없이 내담자나 환자가 제공하는 정보에 따라 면담을 진행시키는 방식을 말한다. 질문의 순서들을 구성하는 데 있어 더 많은 선택의 자유를 제공하나, 더 높은 수준의 경험, 기술 및 훈련을 필요로 한다.

정답 61. ②

- **반구조화된 면담(semistructured interview)**
  질문하는 문항이 갖춰져 있다는 점에서 구조화된 면담과 일치하지만, 내담자나 환자의 반응에 따라 융통성을 발휘하여 면담을 진행한다.

62 심리치료의 초기 과정에 대한 설명으로 틀린 것은?

① 내담자의 문제를 평가하며 사례개념화를 한다.
② 치료자와 내담자가 함께 목표에 대해 논의하며 설정한다.
③ 상담 및 심리치료에 대한 구조화를 실시한다.
④ 내담자가 자신의 문제를 독립적으로 다룰 수 있는지를 판단하며 추수회기를 계획한다.

해 설

심리치료 종결단계에서는 내담자가 자신의 문제를 스스로 다룰 수 있는지를 판단하며, 초기 목표가 수립되었다면 추수회기를 계획한다.

학습 Plus 상담 종결단계에서 해야 할 일

- **이별의 감정 다루기**
  내담자가 상담 종결 후 상담자와의 이별과 분리로 인한 어려움을 잘 극복할 수 있도록 심리적 안정감을 제공하고, 충분한 시간적 여유를 두고 종결에 대해 이야기 나누고 준비하도록 한다.
- **상담 성과에 대한 평가**
  상담을 통해 변화하고 성장한 것은 무엇인지, 해결되지 못한 것은 무엇인지 탐색하고 의논한다.
- **내담자의 독립성 증진**
  상담 회기 간격을 늘려 상담에 대한 내담자의 의존성을 줄여 나가는 노력이 필요하며, 내담자의 독립성과 문제해결력이 증진될 수 있도록 지지와 격려를 한다.
- **추수상담과 재발의 위험성 다루기**
  추수상담을 통해 내담자의 변화를 지속적으로 점검하고, 재발에 대처하는 방법을 함께 모색해 본다. 종결 이후, 도움이 필요한 경우 언제든지 상담을 다시 할 수 있음을 안내해 준다.

정답 62. ④

63 행동주의적 관점의 설명으로 틀린 것은?

① 행동주의적 관점에서 대표적인 이론가는 Skinner이다.
② 자극과 반응의 연합을 이해하는 것으로 인간행동을 설명할 수 있다.
③ 행동주의 관점에서 대표적인 이론은 잠재학습, 통찰학습, 유관성이다.
④ 개인이 경험했던 강화사가 한 개인의 성격을 형성한다.

해설

인지학습(cognitive learning)에는 잠재학습, 통찰학습, 관찰학습이 있으며, 유기체의 특정한 학습 과정을 정보처리 관점에서 설명하고자 하였다.

- **잠재학습(latent learning)**: 톨먼(Tolman)은 보상이 주어지지 않은 상황에서도 잠재적으로 학습이 진행되고 있다고 주장하였다. 보상이나 강화는 학습한 내용을 행동으로 나타낼 것인지의 여부만을 결정한다고 주장하였다.
- **통찰학습(insight learning)**: 문제해결 장면에서 놓여 있는 요소들 간의 의미를 발견하는 것으로, 이때 학습자는 '아하 경험(aha-experience)'을 통해 갑자기 문제를 해결한다.
- **관찰학습(observational learning)**: 밴듀라(Bandura)는 학습을 정신적 개념으로 보았으며, 타인의 행동을 관찰한 결과로 인해 학습이 이루어진다고 보았다. 즉, 사회적 상황에서 다른 사람의 행동을 관찰해 두었다가 유사한 행동을 보이는 학습 과정을 의미한다.

64 어떤 환자가 오늘이 무슨 요일인지 말하지 못하고 자신이 어디 있는지를 알지 못한다면 가장 일차적으로 의심되는 신경학적 손상의 결과는 무엇인가?

① 손상된 지남력
② 손상된 기억력
③ 손상된 지적 기능
④ 손상된 판단력

해설

지남력이란 현재 자신이 놓여 있는 상황을 올바르게 인식하는 능력을 말한다. 지남력의 손상이 초래되면 시간, 장소, 사람을 인식하지 못하게 된다. 시간 지남력의 손상은 흔히 초기에 수반되며, 점차 공간과 사람에 대한 지남력 장애가 진행된다. 치매 증상의 경과 중에 흔히 나타난다.

정답 63. ③ 64. ①

65 '자신의 행위가 나쁜지를 모르는 상태에서 불법적 행동을 했다는 것을 입증하면 정신이상에 의한 무죄평결을 받도록 한 기준'과 관계가 없는 것은?

① M'Naughten rule

② Durham standard

③ ALI(American Law Institute) standard

④ GBMI verdict

해설

<정신이상 항변>

법정에서 유죄는 미리 계획하고 합리적인 선택에 의해서 벌어진 행위라고 간주한다. 만일 정신이상 범죄에 관한 무죄평결을 위해서는 피고인이 범죄 행위를 했을 때 정신이상이 있었다는 것을 증명해야 한다.

- 맥노튼 규칙(M'Naghten rule)에 따르면, 범죄 혐의가 제기된 범죄 행위 당시에 피고인이 너무 혼란스러워서 행동의 본질을 알지 못했다면 정신이상에 의한 행동으로 보고 유죄가 아닌 것으로 평결을 한다. 즉, 자신의 행위의 범죄성을 인식할 수 있는 실질적인 능력이 부족함을 인정하는 것으로서 무죄평결의 기준이 된다.
- Durham 기준에 의하면, 범죄 행위가 정신질환이나 정신적 결함에 의한 것이라면 피고는 법적 책임이 없음을 제시하고 있다.
- ALI 기준은 행동의 범법성을 인정하거나 법을 따를 실제적 능력이 부족할 정도의 정신질환이나 실제적 능력이 부족(인지적 결함, 의지 결함)할 정도의 정신질환이나 결함으로 인한 범죄 행동의 경우에 피고인에게는 책임이 없다고 본다.
- GBMI(Guilty But Mentally Ill) 평결에서는 피고인들이 자신의 행동에 대해 형사적으로 책임을 질 수 있게 하는 동시에 치료를 받을 수 있게 한다.

<참조> 법정에 설 능력

범행 당시가 아닌 재판 당시 피고의 정신상태와 관련된 쟁점이다. 피고가 법정에 설 능력이 있는지 답할 때 세 가지 기본 쟁점이 우선 고려된다.

- 혐의를 인정할 수 있는가, 범행 당시에 자신의 행동에 대해 사실에 입각해 진술할 수 있는지의 여부
- 변호사와 적절히 협력할 수 있는지의 여부
- 법정에서의 절차에 대해 올바르게 인식할 수 있는지의 여부

정답 65. ④

66 임상심리학자의 비윤리적 행동에 해당하지 않는 것은?

① 내담자와 심리치료 회기 이외에 다른 시간에 만나서 저녁을 먹는 등 친구관계를 유지하는 것
② 내담자가 에이즈 환자임을 심리치료 도중에 알게 되었을 때 이를 관계 보건당국에 알리는 것
③ 치료관계에서 얻은 내담자에 관한 정보와 사생활을 내담자에게 미리 알리지 않고 사례회의에서 발표하는 것
④ 임상심리학자가 유능한 사업가인 내담자와 정신건강서비스 사업에 공동 투자하여 새로운 사업을 시작하는 것

해 설

- 임상심리학자의 윤리 규준에는 이중관계 조항, 비밀보장 조항을 명시하여 치료자-내담자 관계 외에 다른 관계를 맺지 않을 것과 치료 중의 정보를 공개하지 않을 것을 원칙으로 두고 있다.
- 우리나라는 「감염병의 예방 및 관리에 관한 법률」에 따라 후천성면역결핍증을 제3급 감염병으로 지정하여 관리한다. 그리고 「후천성면역결핍증 예방법」 제5조와 같은 법 시행규칙 제7조에 따라 HIV 감염인을 진단하거나 그 사실을 알게 된 유관 종사자는 이를 관할 보건소에 알리고, 보건소는 이를 시도를 거쳐 질병관리본부에 보고하도록 규정하고 있다. 제3급 감염병은 그 발생을 계속 감시할 필요가 있어 발생 또는 유행 시 24시간 이내에 신고하여야 하는 감염병으로, 파상풍, B형간염, 일본뇌염, C형간염, 말라리아, 후천성면역결핍증(AIDS) 등이 있다.

학습 Plus 다중관계에 관한 조항-한국임상심리학회 윤리규준 제14조 '다중관계'

심리학자는 자신의 업무 수행에 위험요인이 되고 상대방에게 해를 입힐 수 있는 다음과 같은 다중관계를 피하여야 한다.
(1) 사제관계이면서 동시에 사적 친밀관계인 경우(제44조 학생 및 수련생과의 성적 관계, 참조)
(2) 사제관계이면서 동시에 치료자-내담자/환자 관계인 경우(제43조 개인치료 및 집단치료 2항, 참조)
(3) 같은 기관에 소속되어 사제관계, 고용관계, 또는 상하관계에 있으면서 기관 내의 치료자-내담자/환자에 대한 지도감독의 대가로 직접 금전적 관계를 형성하는 경우
(4) 치료자-내담자/환자 관계이면서 동시에 사적 친밀관계인 경우(제60조 내담자/환자와의 성적 친밀성, 참조)
(5) 내담자/환자의 가까운 친척이나 보호자와 사적 친밀관계를 가지는 경우
(6) 기타 업무 수행의 공정성을 저해할 가능성이 있거나 착취를 하거나 피해를 입힐 가능성이 있는 다중관계

정답 66. ②

67 임상심리학 역사에서 중요한 1차 대전과 2차 대전 사이에서 일어난 내용이 아닌 것은?

① Thurstone, Spearman 및 Thorndike가 지능영역에서 중요한 공헌을 하였다.

② David Wechsler가 Wechsler-Bellevue 지능검사를 출판하였다.

③ Hermann Rorschach가 Psychodiagnostik 을 출판하였다.

④ Cattell은 정신검사(mental test)라는 용어를 만들었다.

해 설

Cattell은 1889년 펜실베이니아 대학교 심리학과에 미국 최초의 심리학과 교수로 부임하여 개인차 연구에 주력하였다. 'Mind'라는 학술제에 발표한 '정신검사와 측정(Mental Tests annd Measurement)'에서 신체검사를 제외한 기능을 측정한다는 의미에서 '정신검사'라는 용어를 사용했다. 1차 대전은 1914년에 시작되었다.

- 스피어먼(Spearman, 1908)은 요인분석을 사용하여 지능의 구조를 일반요인(g요인, general factor)과 특수요인(s요인, specific factor)으로 구분하였다.
- 서스턴(Thurstone, 1927)은 지능을 다양한 종류의 정보를 전달하는 능력이나 기능으로 정의하고, 기본정신능력(Premary Mental Ability: PMA)을 제시하였다.
- 웩슬러(Wechsler,1939)는 청소년과 성인용 웩슬러-벨르뷔 지능검사(Wechsler-Bellevue intelligence scale)의 초판을 개발했다. 웩슬러 지능검사 시리즈의 첫 번째 판인 이 검사에서는 편차 IQ(표준 점수)를 사용했다.
- 헤르만 로르샤흐(Hermann Rorschach)는 1921년에 잉크반점 검사의 연구를 토대로 기초한 '정신질환진단(Psychodiagnostik)'을 출판하였다.

68 Type A 행동 패턴을 가진 사람들의 특성과 가장 거리가 먼 것은?

① 시간이 빨리 간다고 지각한다.

② 지연된 반응을 요구하는 과제에서 수행이 향상된다.

③ 좌절하면 공격적이고 적대적이 된다.

④ 피로감과 신체적 증상을 덜 보고한다.

해 설

- 프리드먼(Friedman)과 로젠먼(Rosenman)은 A유형 행동의 특징을 설명하며, 스트레스와 성격 및 질병 간의 관계를 설명하였다.
- A유형의 행동 특성은 일할 때 지나치게 경쟁적이고 공격적이며, 일이 뜻대로 안 되면 쉽게 짜증과 화를 내고, 항시 서두르며 늘 시간에 쫓기듯 살고, 말이 빠르고 격정적이며, 휴식도 없이 일을 하는 일 중독의 특성을 보이는 것으로 나타났다. 이들은 지연된 반응을 요구하는 과제의 수행이 낮은 편이다.

정답 67. ④ 68. ②

• A유형과 반대로 B유형은 여유 있고 느긋하고 편안하며, 차분하고 인내심이 많은 특성을 보인다. A유형은 심장병 발병과 관련이 있다고 보았고, 화를 잘 내고 공격적인 특징으로 인해 스트레스에 취약하며, 사회적 지지가 낮은 유형으로 설명하고 있다.

69 행동치료 시행에 관한 설명으로 옳은 것은?

① 신체적 고통으로 우는 아동의 행동도 조작적 절차를 통해서 완화시킬 수 있다.
② 아동의 경우 주 치료자 이외의 주변 인물에 의한 조작적 절차는 치료 효과가 거의 없다.
③ 혐오치료는 혐오자극이 보다 긍정적인 자극으로 변환되게 하는 조건형성 절차이다.
④ 혐오치료는 문제행동이 생명이나 건강에 위협적일 경우로 한정되어 적용되는 것이 좋다.

해 설

• 혐오치료는 내담자의 바람직하지 않은 행동에 대해 강력한 회피반응을 일으키도록 자극을 제시하는 것이다. 증상이 나타날 때마다 고통스러운 혐오자극을 가하여 문제행동을 처벌하면서 동시에 대처할 수 있는 다른 행동을 강화해 줄 때 효과가 크다.
• 혐오기법을 계획하고 적용할 때는 신체적, 정서적으로 부정적인 영향을 미치지 않도록 주의해야 하며, 생명이나 건강에 위협적인 경우에 한해 적용하고, 치료적 접근에서 내담자의 권리와 선택을 존중해야 한다.

70 Procaska와 동료들이 제시한 내담자의 변화단계 중 내담자가 자신에게 문제가 있다고 인식하고는 있지만 아직 변화의 과정에 참여하고 싶어 하지 않는 단계는?

① 숙고 전 단계
② 숙고단계
③ 준비단계
④ 유지단계

해 설

• 프로차스카(Prochaska) 등에 의해 개발된 초이론적 변화단계 모델에서는 사람들이 행동 변화 과정을 밟아 가는 일련의 단계들을 소개하였다. 숙고 전 단계-숙고단계-준비단계-활동단계-유지단계-종결의 과정을 거치지만 증상의 재발을 통해 효과적인 전략을 검토하고 문제를 해결해 나가는 법을 배우게 된다.
• 숙고단계(contemplation)에서 내담자는 자신에게 문제가 있음을 인식하지만 양가감정을 지니고 있으며 변화를 확신하지 않는다.

정답 69. ④ 70. ②

71 **면접의 시행에 관한 설명으로 맞는 것은?**

① 일반적으로 면접 중 임상가가 간단한 메모를 하는 것은 권장된다.

② 면접 중 그 대화의 녹음과 녹화를 절대해서는 안 된다.

③ 평가 면접 시 의뢰 사유를 알게 될 경우 내담자에 대한 선입견을 갖게 되므로 사전 정보 없이 첫 면접이 진행되어야 한다.

④ 커플, 가족 등의 여러 명의 내담자를 면접하는 경우에는 그 중 중요한 한 명과의 라포 형성만이 중요하다.

해 설

면접이 진행되는 동안 메모, 녹음과 같은 기록을 하는 것은 도움이 된다. 단, 면접 내용을 녹음하거나 녹화할 경우 필요성을 설명하고, 내용의 비밀보장을 안내하고, 정보공개가 필요한 상황에 놓이게 된다면 내담자의 동의를 구해 정보를 활용하도록 한다.

72 **자신, 타인, 세상에 대한 '반드시 ~해야 한다(should or must)'는 식의 불합리한 요구를 정서적 스트레스와 행동적 문제의 원인으로 보고 이를 치료하려는 접근법을 제안한 학자는?**

① Beck ② Ellis

③ Wolpe ④ Eysenck

해 설

Ellis의 합리적 정서행동치료(Rational Emotive Behavior Therapy: REBT)에 따르면, 내담자의 문제는 일어난 사건이 아니라 개인이 갖고 있는 비합리적인 신념에서 비롯된다고 보았다. 특히 비합리적 신념의 근간이 되는 자신, 타인, 세상에 대한 당위성(should or must)이 정서적 스트레스와 행동적 문제의 근원으로 보고 치료적 접근을 하였다.

<참조> 당위성의 유형

- **자신에 대한 당위성**: '나는 실수해서는 안 된다.' '나는 항상 올바르게 행동해야 한다.' '나는 성공해야 한다.' '나의 외모는 매력적이어야 한다.' '나는 절대 살쪄서는 안 된다.'
- **타인에 대한 당위성**: '가족이니까 나에게 관심을 가져야 한다.' '사람들은 내 말을 잘 들어 줘야 해.' '가족은 나에게 화를 내면 절대 안 된다.' '자식이니까 내 말을 들어야 한다.' '사람들은 서로 돕고 이해해야 한다.'
- **세상에 대한 당위성**: '우리가 사는 세상은 항상 공정하고 안전해야 한다.' '나의 가정(직장)은 문제가 없어야 한다.' '우리 집에 나쁜 일이 일어나서는 안 된다.'

정답 71. ① 72. ②

73 심리평가에서 수집된 정보를 해석하는 것과 관련한 설명으로 가장 적합한 것은?

① 심리평가를 통해 확인된 내용을 전달하는 것은 환자의 알권리를 위해 모든 정보를 구체적으로 알려 주어야 한다.

② 심리평가 내용을 전달할 때는 양적 수치를 중심으로 최대한 직접적으로 전달해야 한다.

③ 심리평가 결과는 환자가 의뢰한 목적에 한해 가정적 서술로 전달해야 한다.

④ 심리평가 결과를 전달하는 것은 치료적 활용보다 환자 자신에 대한 직면에 중점을 둔다.

해 설

- 심리평가 결과를 전달할 때는 의뢰 목적에 한해 가정적인 진술로 전달하며, 환자의 강점과 약점에 대한 고른 이해를 도와야 한다.
- 심리평가 결과의 해석은 환자가 이해할 수 있는 언어와 표현으로 전달되어야 한다.
- 심리평가를 통해 확인된 모든 정보가 그대로 전달될 경우 미칠 수 있는 부정적인 영향을 최소화할 수 있도록 고려해야 한다.
- 심리평가 결과를 통해 환자 자신의 이해와 통찰을 돕고, 치료적 활용과 치료 동기를 위한 고려를 한다.

74 임상심리학자의 교육적 기능과 가장 거리가 먼 것은?

① 6학년 교사를 대상으로 학급의 남학생과 여학생들 사이의 갈등을 중재하는 방법에 대해 조언한다.

② 간호사를 대상으로 심리치료에 관한 워크숍을 수행한다.

③ 회사 직원을 대상으로 스트레스 관리법에 관한 강의를 한다.

④ 5명의 임상심리 수련생을 대상으로 심리평가에 관한 사례지도를 한다.

해 설

임상심리학자는 학생이나 수련생을 대상으로 임상심리학 전반에 대한 이론적 지식과 실무적 활동을 가르치고 감독한다. 또한 일반인을 대상으로 정신장애 예방을 위한 교육을 제공하며, 지역사회, 기업체, 사회교육기관과 같은 다양한 장면에서 임상심리학의 지식과 경험을 전달하는 역할을 한다.

정답 73. ③ 74. ①

학습 Plus 임상심리학자의 역할

- **연구**
  임상심리학자들은 정신장애 또는 정신건강과 관련된 다양한 심리적 측면을 연구한다. 이는 심리평가, 심리치료, 예방 활동과 같은 실무적 활동을 실시하는 학문적 근거가 된다.
- **심리평가**
  심리평가는 임상심리학자의 중요한 기능으로서 개인의 다양한 심리적 속성(지능, 성격, 이상행동, 정신병리 등)을 심리학적 전문지식에 근거하여 면접, 행동관찰, 심리검사 등의 방법을 통해 평가하는 것을 말한다. 이를 통해 핵심적인 부적응 증상과 심각도, 증상을 유발한 심리사회적 원인을 통합적으로 분석한다.
- **심리치료**
  심리치료는 심리학적 방법을 통해서 개인의 부적응 증상을 제거하거나 경감하고 심리적 성장을 증진하는 전문적인 활동이다. 임상심리학자들은 심리평가에 근거하여 개인을 체계적으로 이해하고 다양한 심리치료를 통해 부적응 문제와 정신장애를 치료한다.
- **교육과 예방**
  임상심리학자는 학생이나 수련생을 대상으로 임상심리학 전반에 대한 이론적 지식과 실무적 활동을 가르치고 감독한다. 또한 일반인을 대상으로 정신장애 예방을 위한 교육을 제공하며, 지역사회, 기업체, 사회교육기관과 같은 다양한 장면에서 임상심리학의 지식과 경험을 전달하는 역할을 한다.
- **자문 및 정책 제안**
  임상심리학자는 정부기관, 교육기관, 군대조직, 기업체, 산업체 등에 정신건강과 관련된 전문적 자문을 제공한다. 조직 구성원들의 심리적 문제를 완화, 구성원의 동기를 강화, 인간관계 개선을 위한 전문적인 자문을 제공한다. 또한 국민의 정신건강을 증진할 수 있는 다양한 정책을 제안하여 정신건강을 악화시킬 수 있는 사회적 현상을 감소시키는 데 노력한다.

75 다음의 정신건강 자문의 유형은?

> 이 자문의 목적은 미래에 운영자가 보다 잘 기능할 수 있도록 운영자의 기술을 증진시키는 것이다. 예를 들어, 운영자의 의사소통 기술 증진을 위해 운영자 감수성 집단을 구성하고 감독한다.

① 내담자중심 사례 자문
② 피자문자중심 사례 자문
③ 프로그램중심 운영 자문
④ 피자문자중심 운영 자문

정답 75. ④

해설

- **피자문자중심 운영 자문**
  자문의 목적은 미래에 운영자가 보다 잘 기능할 수 있도록 운영자의 기술을 증진시키는 것이다. 예를 들어, 운영자의 의사소통 기술 증진을 위해 운영자 감수성 집단을 구성하고 감독한다.
- **내담자중심 사례 자문**
  현재의 문제를 해결하기 위해 특정 내담자나 환자를 돕는 데 초점을 둔다. 예를 들어, 임상가는 특정 환자의 진단적 문제에 관해 동료의 자문을 받는다.
- **피자문자중심 사례 자문**
  자문의 목적은 피자문자가 미래의 사례를 다루는 데 필요한 기술을 증진시키도록 돕는 것이다. 예를 들어, 학급에서의 문제행동을 줄이기 위해 행동을 선택적으로 강화하는 방법을 교사에게 조언한다.
- **프로그램중심 운영 자문**
  특정 프로그램의 운영과 관리를 돕는다. 예를 들어, 잠재적인 부적응 사례를 탐지하기 위한 '조기 경보 체계'를 확립하기 위해 학교에 자문가를 고용할 수 있다.

76 Salter(1949)와 Wolpe(1958)에 의해 개발된 체계적 둔감법이 기초하고 있는 주요 행동 원리는?

① 상호억제
② 소거
③ 부적강화
④ 고전적 조건형성

해설

- 체계적 둔감화(systematic desensitization)는 공포증과 같은 불안장애의 치료에 효과적이다. 주로 특정 사건, 사람, 대상에 대한 불안이나 공포가 있는 사람들의 치료를 위해 고안된 것으로, 공포 관련 부적응 행동이나 회피행동 또는 일반화된 공포 치료에 적용된다.
- 내담자에게 불안을 유발하는 상황들을 생각하도록 함으로써 불안과 병존할 수 없는 이완을 연합시켜 불안을 감소 또는 소거시키는 기법이다. 공존할 수 없는 새로운 반응(신체적 이완)을 통해 부적응적 반응(불안, 공포)을 억제하는 상호억제의 원리를 이용한다.

정답 76. ①

77 현실치료에서 우볼딩(R. Wubbolding)이 제안하는 행동계획의 특징으로 옳은 것은?

ㄱ. 상담자의 관여와 통제 하에 수행한다.
ㄴ. 지속적인 행동의 변화가 요구된다.
ㄷ. 계획의 성취가 가능해야 한다.
ㄹ. 눈에 보이지 않는 내면적 성장을 추구한다.

① ㄱ, ㄴ
② ㄴ, ㄷ
③ ㄷ, ㄹ
④ ㄱ, ㄴ, ㄷ

해설

우볼딩(R. Wubbolding)은 새로운 행동계획이 성공적으로 실행되기 위해 필요한 8가지 조건을 제시하였다. 각 조건의 영어 머리글자를 조합하여 'SAMI2C3'이라고 부르고 있다. 치료자는 내담자의 계획 실행과 행동 변화를 지속적으로 따라가며 보살핀다.

1. 계획은 단순하고 이해하기 쉬어야 한다(Simple).
2. 계획은 내담자의 동기와 능력을 고려할 때 성취할 수 있는 것이어야 한다(Attainable).
3. 계획은 성취 여부를 측정할 수 있도록 구체적으로 설정되어야 한다(Measurable).
4. 계획은 먼 미래를 위한 것이 아니라 즉각적으로 실행할 수 있는 것이어야 한다(Immediate).
5. 계획은 내담자가 관심을 지니고 참여할 수 있는 것이어야 한다(Involving).
6. 계획은 내담자가 통제할 수 있는 것이어야 한다(Controllable).
7. 계획은 일관성이 있어야 한다(Consistent).
8. 계획은 반드시 실천하겠다는 확고한 결심이 뒷받침되어야 하며, 이를 위해서 치료자와 내담자는 실천 사항을 서약서 형태로 약속할 수 있다(Committed).

78 지역사회심리학이 대두하게 된 정신건강에 대한 관점과 가장 거리가 먼 것은?

① 행동에 대한 사회 환경의 중요성
② 정서장애에 대한 병리적 측면에 대한 강조
③ 정신건강 프로그램에 대한 지역사회의 참여
④ 사회 체계에 대한 관심 및 비전문가의 활용 강조

정답 77. ② 78. ②

해 설

- 지역사회심리학은 문제의 발생이나 완화에서 사회 환경의 힘의 역할을 강조하는 정신건강 접근을 말한다. 지역사회에서 발생하는 여러 문제의 원인을 사회 환경과의 관련성을 살펴 예방과 개입을 한다.
- 지역사회심리학에 기반한 개입에서는 정신건강 문제를 개인과 조직, 개인과 사회 체계 간의 상호작용에서 발생한 문제로 보며, 지역사회와 개인의 상호관계에서 나타나는 일련의 행동 패턴이나 환경 적응 과정에서 나타나는 쟁점에 개입한다.

79 내재화 장애와 외현화 장애에 대한 설명으로 옳은 것은?

① 우울, 불안, 신체화 등은 외현화 장애의 대표적인 증상이다.
② 내재화 장애를 지닌 청소년은 과소통제형에 속한다.
③ 품행장애를 지닌 청소년은 외현화 장애에 속한다.
④ 외현화 장애를 지닌 청소년은 적절한 수준의 통제보다 많은 통제를 스스로 자신에게 행한다.

해 설

- 정서행동장애의 유형은 외현화 장애와 내재화 장애로 분류할 수 있다. 외현화 장애에는 품행장애, 주의력 결핍 과잉행동장애가 포함되고, 내재화 장애에는 우울증, 조증, 양극성장애가 포함된다. 외현화 장애는 행동 통제의 문제가 특징적으로 나타나는 과소통제형에 속한다.
- 품행장애는 다른 사람의 기본 권리를 침해하고 나이에 맞는 사회적 규범 및 규칙을 위반하는 지속적이고 반복적인 행동 양상을 특징으로 한다.

학습 Plus 품행장애(Conduct Disorder) 진단기준

- **사람과 동물에 대한 공격성**
  - 자주 다른 사람을 괴롭히거나 위협하거나 협박함.
  - 자주 신체적인 싸움을 걺.
  - 다른 사람에게 심각한 신체적 손상을 입힐 수 있는 무기 사용
  - 다른 사람에게 신체적으로 잔인하게 대함.
  - 동물에게 신체적으로 잔인하게 대함.
  - 피해자가 보는 앞에서 도둑질을 함.
  - 다른 사람에게 성적 활동을 강요함.
- **재산 파괴**
  - 심각한 손상을 입히려는 의도로 고의적으로 불을 지름.
  - 다른 사람의 재산을 고의적으로 파괴함.

정답 79. ③

- 사기 또는 절도
  - 다른 사람의 집, 건물 또는 자동차를 망가뜨림.
  - 어떤 물건을 얻거나 환심을 사기 위해 또는 의무를 피하기 위해 거짓말을 자주 함.
  - 피해자와 대면하지 않은 상황에서 귀중품을 훔침.
- 심각한 규칙 위반
  - 부모의 제지에도 불구하고 13세 이전부터 자주 밤늦게까지 집에 들어오지 않음.
  - 친부모 또는 양부모와 같이 사는 동안 밤에 적어도 2회 이상 가출, 또는 장기간 귀가하지 않은 가출이 1회 있음.
  - 13세 이전에 무단결석을 자주 함.

80 MMPI-2의 타당도 척도에서 내용상 서로 반대되는 23개 문항 쌍으로 구성되어 있고, 이 점수가 높을 때는 무분별하게 '그렇다' 반응을 하는 경향을 시사하는 척도는?

① F ② TRIN

③ VRIN ④ Fb

해 설

고정반응 비일관성(True Response Inconsistency: TRIN) 척도

- TRIN 척도는 내용 면에서 정반대임에도 불구하고 문항내용과 무관하게 '그렇다-그렇다' 혹은 '아니다-아니다'와 같이 어느 한 방향으로 응답했을 때 채점된다.
- TRIN 척도의 경우에는 수검자가 무분별하게 '그렇다(모두 긍정)' 혹은 '아니다(모두 부정)' 어느 방향으로 응답했는지에 대한 정보를 제공해 준다(T점수에 숫자와 함께 응답 방향을 나타내는 T 혹은 F의 알파벳이 표기되어 있다).
- TRIN 척도는 모두 20개의 문항 쌍으로 구성되어 있으나, 특정 문항 쌍의 경우에는 두 가지 반응 패턴(그렇다-그렇다, 아니다-아니다) 모두가 비일관적인 반응으로 채점될 수 있기 때문에 비일관적인 반응 쌍은 총 23개이다. 문항 쌍의 예를 들면 다음과 같다(괄호 안은 채점 방향).

- 거의 언제나 머리가 쑤시는 것 같다(그렇다)-거의 두통을 느끼지 않는다(그렇다).

정답 80. ②

③ 2020년 기출문제

61 치료계획 수립에 관한 설명으로 가장 적합한 것은?

① 치료계획 수립에서 참여, 협의는 환자에 대한 책임감을 가지고 있는 가족 및 전문가에 한해야 한다.

② 치료계획 수립은 잠정적 가설이며 불변의 계획이 되어서는 안 된다.

③ 치료계획 수립에서 환자의 병리를 고려하여 치료자가 가장 적절한 계획을 세워 안내해 주는 것이 바람직하다.

④ 치료계획 수립 시 치료자가 가지고 있는 접근법에 대한 설명을 해 주는 것은 환자로 하여금 방어를 일으킬 수 있는 것이기 때문에 치료자의 접근법을 개방해서는 안 된다.

해 설

- 치료계획 수립에서 참여 및 협의는 환자 및 환자에 대한 책임감을 가지고 있는 가족 및 전문가가 함께 한다.
- 치료계획 수립에서 개인의 부적응 증상을 경감하고 심리적 성장을 증진하기 위한 계획을 세우고 협력적 관계 속에서 계획이 수립되고 실행되어야 한다.
- 치료계획 수립시 치료적 접근법에 대한 설명을 제공하는 것은 치료 저항을 낮추고 치료적 동맹을 형성하는 데 도움이 된다.

정답 61. ②

62 심리검사 결과의 통합적 해석에 대한 설명으로 틀린 것은?

① 규준자료는 검사점수를 해석할 때 일차적으로 참고해야 하는 자료이다.
② 반응의 내용과 주제에 대한 해석은 투사적 검사에만 해당된다.
③ 수검자 자신의 검사반응에 대한 태도도 해석에 중요한 자료를 제공한다.
④ 검사자와 수검자 간의 대인관계도 중요한 정보의 출처가 될 수 있다.

해 설

투사적 검사에서 반응의 내용과 주제에 대한 해석은 수검자의 욕구, 갈등, 대인관계 양식 등에 관한 해석의 근거가 된다. 객관적 검사에서도 질적 분석 과정은 매우 중요하기에 수검자의 반응 패턴이나 주제 내용, 개인 특유적인 반응 양식 등은 통합적 해석의 주요 고려점이 된다.

63 K-WAIS-IV에서 한 사람의 수행이 그 사람이 속한 연령 집단의 평균 수행보다 1 표준편차 높은 값을 보일 때 부여할 수 있는 지능지수는?

① 70 ② 85
③ 115 ④ 130

해 설

K-WAIS-IV의 평균은 100, 표준편차 15를 기준으로 지능의 수준이 평가된다. 평균 100을 기준으로 1 표준편차 높은 값은 115에 해당된다. 반대로 1 표준편차 낮은 값은 85에 해당된다. 2 표준편차 이하이면 지적 기능의 저하를 나타낸다(지능지수 70 이하에 해당됨).

<참조> 웩슬러 지능검사의 평균과 표준편차

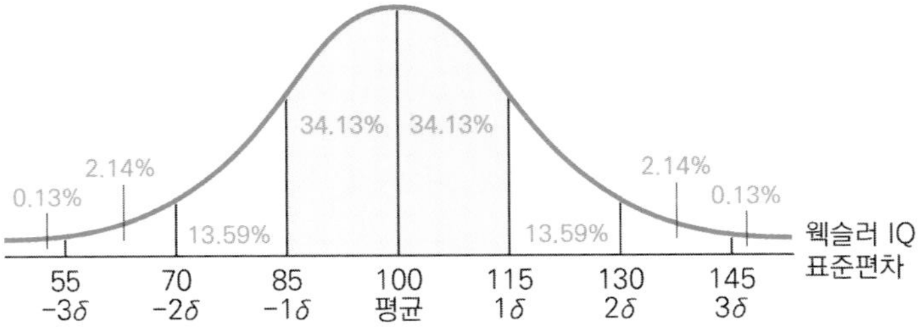

정답 62. ② 63. ③

64 강박장애에 대한 노출 및 반응방지법(ERP)에 대한 설명으로 옳은 것은?

① 내담자가 강박사고를 유발하는 자극에 접하지 않도록 배려한다.
② 내담자가 강박사고로 인하여 불쾌감을 지닐 때 치료자는 강박행동을 할 수 있도록 안내한다.
③ 강박사고는 존재하나 강박행동은 존재하지 않는 강박장애를 치료하는 데 효과적이다.
④ 내담자가 강박사고를 유발하는 자극에 노출된 뒤, 강박행동을 하지 않도록 유도한다.

해 설

노출 및 반응방지법(Exposure and Response Prevention: ERP)의 시행 순서

- 환자로 하여금 힘들게 하는 자극의 위계를 정해 불안의 정도에 따라 평정하게 한다.
- 환자를 상상이든 직접적이든 반복적으로 불안과 고통을 유발하는 자극 상황에 노출시킨 다음에는 의례적인 강박행동을 하지 않도록 유도한다.
- 반응을 금지한 상태에서 강박적인 사고가 유발하는 고통이나 불안이 감소하고 사라질 때까지 지켜보게 한다.
- 점차 불안이 완화되어 문제행동을 하지 않아도 불안을 느끼지 않는 상태가 되며, 강박행동을 하지 않아도 두려워하는 결과가 발생하지 않는다는 것을 학습하게 된다.

<참조> 기본원리

- 학습이론에 근거한 행동치료적 기법으로서 강박장애 환자를 두려워하는 자극이나 사고에 노출시키되 강박행동을 하지 못하게 하는 방법이다.
- 노출 연습은 일반적으로 약한 불안을 느끼는 자극에서부터 시작하여 점차 강한 불안을 느끼는 자극으로 진행된다. 이러한 시행을 통해서 두려워하는 자극과 사고를 강박행동 없이 견디어 내는 둔감화 효과가 나타날 뿐 아니라 강박행동을 하지 않아도 두려워하는 결과가 일어나지 않는다는 것을 학습하게 된다.

학습 Plus 강박장애(Obsessive-Compulsive Disorder) 진단기준(DSM-5)

A. 강박사고 또는 강박행동

*강박사고는 (1), (2)로 정의된다.

(1) 반복적이고 지속적인 사고, 충동 또는 심상으로서 이러한 증상은 장애가 진행되는 어느 시점에서 침투적이고 부적절한 것이라고 경험되며, 심한 불안과 고통을 초래한다.

(2) 개인은 이러한 사고, 충동, 심상을 무시하거나 억압하려 하며 다른 생각이나 행동에 의해 완화시키려고 한다.

*강박행동은 (1), (2)로 정의된다.

(1) 반복적인 행동(손씻기, 정돈하기, 확인하기) 또는 정신적 활동(기도, 숫자세기)으로서 개인은 이러한 행동이 강박사고에 대한 반응으로서 또는 엄격하게 적용되어야 하는 원칙에 따라서 어쩔 수 없이 행해지는 것으로 느낀다.

(2) 이러한 행동이나 정신적 활동은 고통을 예방하거나 감소시키고, 두려운 사건이나 상황을 방지하기 위한 것이다. 그러나 이러한 행동, 정신적 활동이 완화하거나 방지하려고 하는 것과 실제적으로 연결되어 있지 않으며 명백하게 지나친 것이다.

정답 64. ④

B. 강박사고, 강박행동은 현저한 고통을 초래하거나 많은 시간(하루에 1시간 이상)을 소모하게 하거나 일상적인 일, 직업적(또는 학업적) 기능 또는 사회적 활동이나 관계를 심각하게 방해한다.
C. 강박 증상은 물질(예 남용하는 약물, 물질)이나 일반적인 의학적 상태의 생리적 효과로 인한 것이 아니다.
D. 이 장해는 다른 정신장애의 증상(예 섭식장애의 경우 음식에 대한 집착, 신체이형장애의 경우 외모 집착, 저장장애에서의 물건을 버리기가 어려움, 질병불안장애에서의 질병에 대한 집착)에 의한 것이 아니다.

65 아동을 대상으로 심리치료를 할 때 고려해야 할 사항과 가장 거리가 먼 것은?

① 이상행동을 정상 발달의 맥락에서 이해하는 발달정신병리학적 관점을 취해야 한다.
② 구체적 조작기 후기까지도 언어적 요소에 중점을 둔 개입의 활용이 제한적이다.
③ 전조작기에 해당하는 아동에게는 놀이 같은 비언어적인 요소를 활용한 개입이 효과적이다.
④ 일반적으로 치료 장면에 자발적으로 오는 것이 아니므로 동기를 활성화시키고 유지하는 것이 중요하다.

해설

구체적 조작기(7~11세) 후기에는 구체적 경험 중심의 논리적 사고가 발달하며, 자신과 타인에 대한 조망이 가능하여 이에 기반한 자기보고가 가능하기에 언어적 요소에 초점을 둔 개입의 활용이 가능하다.

66 성격 평가도구에 관한 설명과 가장 거리가 먼 것은?

① MMPI: 경험적 준거 방식으로 구성된 검사로서 정신장애나 일반적 성격 특성에 이르는 다양한 심리적 특성을 파악하려는 목적으로 사용하고 있다.
② TAT: 일련의 그림에 대한 반응에서 상상력의 산물을 해석함으로써 내적 갈등, 태도, 목표 등을 평가하는 것으로 상황적 요인이나 문화적 요인의 영향이 적은 도구이다.
③ Rorschach Test: 대표적인 투사법 검사로서 잉크반점에 대한 반응을 기초로 하여 해석하는 접근으로 신뢰도와 타당도에 대한 논쟁이 있다.
④ NEO-PI-R: Goldberg의 5요인 모델에 기초하여 구성된 성격검사로서 합리적-경험적 검사 구성 전략에 따라 개발되었다.

정답 65. ② 66. ②

해 설

- 주제통각검사(TAT)는 인물들이 등장하는 모호한 내용의 그림 자극을 제시하고 그에 대한 이야기를 구성하는 방식을 통해 개인의 내적 욕구와 갈등, 관계, 태도, 적응과 방어 구조 등에 관해 분석한다.
- 일련의 그림에 대한 반응을 도출하는 과정에서 검사자와의 라포 관계, 검사자의 성별이나 성격과 같은 특성, 검사 당시의 상황을 포함한 다양한 요인 등이 민감하게 반응에 영향을 줄 수 있기에 자유로운 반응과 자발성을 저해하는 요인에 대한 고려가 필요하다.

67 법정에서 임상심리사가 재판에 출정하여 의뢰 받는 내용과 가장 거리가 먼 것은?

① 범죄 당시 피고인의 정신상태에 대한 평가
② 재판 상황을 견뎌 낼 수 있는 능력에 대한 자문
③ 자신을 변호할 수 있는 능력에 대한 평가
④ 피의자의 성격 특성을 감안한 감형 제안

해 설

법정심리학자들은 피고인에 대한 심리평가, 전문가 증언, 아동 양육 조정을 위한 평가, 법정 참여 능력 평가, 비행 예측 평가, 법정 자문 등의 역할을 한다. 피의자의 성격 특성을 평가할 수는 있으나 감형을 제안하는 역할을 수행하지는 않는다.

68 임상심리사 양성을 위한 교육과 수련에 관한 설명으로 가장 거리가 먼 것은?

① 정신건강전문가에 비해 임상심리사의 교육과 수련은 전문가 영역과 과학자 영역이 고루 강조되어 왔다고 할 수 있다.
② 수련 과정의 기본적 기능은 습득한 임상적 지식을 임상 실제에 통합하는 것으로 실험적-객관적 태도를 발전시키고 다른 분야의 전문가와 협업하는 태도를 촉진시키는 것이다.
③ 임상심리사와 관련된 학위 과정에서는 연구자적 자질을 강조하며 심층적이고 전문적, 학문적인 지식의 습득을 배양하도록 한다.
④ 임상심리사는 정신의학 장면에서의 역할이 가장 중요하기 때문에 학문적 교육보다 병원장면의 수련 과정이 중요하며, 이를 반드시 이수하여야만 한다.

정답 67. ④ 68. ④

해 설

임상심리사는 학문적 역량과 경험적 수련을 토대로 내담자의 평가와 치료, 기타 심리 서비스를 제공하는 데 전문성을 갖추고 있어야 한다. 임상심리사는 교육, 자문, 평가, 치료 전반의 실무를 효과적으로 수행하는 데 필요한 전문적이고 학문적인 수련이 필요하며, 수련기관으로 정해진 기관에서의 수련 과정을 통해 실무적 역량을 갖추도록 하여야 한다.

69 지역사회 정신건강 운동에서 추구하는 활동과 가장 거리가 먼 것은?

① 정신병원 이외 사회의 여러 영역에서 정신건강 서비스 제공
② 정신질환 예방을 강조하는 방향으로 정책 변화
③ 지역사회에 기반을 둔 사회 적응 훈련 강조
④ 임상심리학자의 개업 활동 강화

해 설

지역사회 정신건강 운동은 심리학자들이 정신병원 외에 지역사회 전반에서 심리검사, 자문, 심리치료, 위기 중재 및 정신장애의 예방에 초점을 둔 서비스를 포함한 광범위한 전문적 서비스를 제공하는 데 초점을 둔다.

학습 Plus 향정신성 약물치료의 개발 & 지역사회 정신건강 운동

- 1950년대에 향정신성 약물치료(psychotropic medication)가 정신병의 치료에 효과가 있음이 발견되었다.
- 약물치료에 대한 발견은 부작용과 치료의 제한점이 있음에도 불구하고 전문가와 일반인들 사이에 수요가 증가되었고, 치료의 효과는 궁극적으로 환자들이 정신병원에서 퇴원하는 계기를 마련했다.
- 향정신성 약물치료는 정신병원 치료에 국한된 제한적인 치료의 다른 대안이 되었고, 이 시기에 지역사회에 기반을 둔 '지역사회 정신건강 운동'이 일어나면서 정신질환에 대한 지역사회 정신건강 서비스를 발전시켜 나갔다.
- 지역사회 정신건강 운동과 지역사회심리학의 임무는 초기 중재와 탐지 프로그램으로 정신장애 발병을 예방하는 것뿐만 아니라 외래 환자 기반에서 사회의 모든 부분에 정신건강 서비스를 받을 수 있도록 확대하는 것이었다.
- 지역사회 정신건강 운동은 심리학자들이 심리검사, 자문, 치료, 위기 중재 및 정신장애의 예방에 초점을 둔 서비스를 포함한 광범위한 전문적 서비스를 제공할 기회를 가져왔다.

정답 69. ④

70 다음 A유형(Type A) 행동 중 관상동맥질환 발병과 관련이 가장 높은 것은?

① 분노–적개심
② 조급함
③ 경쟁지향성
④ 책임감

해설

A유형 행동과 관상동맥 심장병 간의 관계 연구에서 분노와 적개심이 가장 큰 위험요인으로 밝혀졌다. A유형의 경우, 조급함과 초조함, 분노와 적개심, 경쟁적이고 공격적인 특징을 주로 보이며, 특히 적개심과 대인관계 양식은 심장병 발병에 가장 중요한 요인으로 고려되고 있다.

71 다음의 역사적 사건 중 임상심리학의 효시에 해당하는 것은?

① 지능검사의 개발
② Pennsylvania 대학에서의 심리진료소 설립
③ 미국심리학회의 설립
④ Chicago 청소년 정신병질자 연구소 설립

해설

임상심리학은 1896년 Lightner Witmer가 Pennsylvania 대학교에 첫 심리진료소를 개설하면서 시작되었다. Witmer는 아동의 학습문제 및 학교에서의 어려움을 돕기 위한 아동 프로그램을 개발하였고, 연구 증거에 기반한 중재와 진단 전략을 사용하였다.

72 임상적 개입 과정의 단계별 주의사항에 대한 설명으로 가장 적합한 것은?

① 초기 면접 과정: 초기 면접 과정에서는 치료 의뢰 사유와 동기 등에 대해 탐색하되, 치료자의 정보나 치료 과정에 대하여는 언급하지 않는다.
② 평가 과정: 평가 과정에서 환자의 특징이나 성향 등에 대하여 확정짓고, 이를 치료 종결 시까지 일관적으로 유지하여 간다.
③ 치료 목표 설정과 이행: 치료 목표 설정과 치료 과정은 치료자가 정하는 것이며, 환자가 이에 동의하도록 적극 설득하는 것이 중요하다.
④ 종결 및 추후회기: 치료 종결 시 내담자들은 다양한 반응을 촉발하게 되며, 추후 회기를 잡는 것이 종결과 관련된 문제들을 예방/해결하는 데 도움이 된다.

정답 70. ① 71. ② 72. ④

해설

심리치료 종결단계에서는 내담자가 기존에 경험했던 어려움을 해결했다고 하더라도, 문제가 재현되거나 새로운 문제에 부딪힐 수 있다. 치료자는 내담자가 상담 종결 후에 경험할 수 있는 여러 가지 문제에 대해 대처해 나갈 수 있도록 미리 준비시켜야 한다.

<참조> 심리치료 개입의 단계

- **초기단계**: 라포 형성, 내담자의 문제 파악, 문제의 발생요인 이해, 치료 목표 설정 및 심리치료 서비스에 관한 정보를 제공한다.
- **중기단계**: 구체적인 문제해결 방법과 적절한 대책을 마련하여 내담자가 당면한 문제를 대처하도록 돕고 심리적 성장을 촉진한다.
- **종결단계**: 종결 문제 대비, 종결 후 과정에 대처하기 위한 다양한 방법을 안내한다.

73 다음 중 심리학자의 윤리에 위반되지 않는 것은?

① 내담자의 사전 동의 없이 임상가가 회기에서 내담자와 다룬 내용을 배우자에게 알려줬다.

② 내담자의 사전 동의 없이 임상가가 내담자의 자살 위험성이 현저하게 높다는 점을 관련 기관에 알렸다.

③ 심리학 수업을 듣는 학생이 자발적으로 그 수업 교수의 사적 업무를 무급으로 수행하였고, 그 교수는 그렇게 하도록 두었다.

④ 임상가가 현재 심리치료가 진행 중인 내담자와 상호 합의하에 성관계를 맺었다.

해설

내담자의 사적인 문제와 상담 관계에서 나눈 상담 내용은 비밀보장이 유지되어야 하나, 자살 위험성이 높은 경우 상담자가 비밀보장 예외 원칙에 해당되기에 이를 내담자에게 고지하고 전문적인 개입을 받을 수 있도록 한다.

정답 73. ②

74 면접의 종류와 목적이 바르게 짝지어진 것은?

ㄱ. 초기 면접-치료실 방문 이유, 비용
ㄴ. 개인 병력 면접-치료기관 서비스와 환자의 필요와 기대의 적절성 평가
ㄷ. 위기 면접-개인적 정보와 병력의 파악
ㄹ. 진단적 면접-치료와 개입을 위한 구조화된 면담
ㅁ. 정신상태검사 면접-내담자의 인지, 정서, 행동의 문제를 평가하는 구조화된 면담

① ㄱ, ㄴ, ㄷ ② ㄱ, ㄹ, ㅁ
③ ㄴ, ㄷ, ㄹ ④ ㄴ, ㄹ, ㅁ

해 설

- 초기 면접에서는 내담자의 방문 사유, 문제의 발달 배경, 주 호소 문제, 심리서비스에 관한 정보를 제공한다.
- 진단적 면접에서는 내담자의 질병 유형, 지속 기간, 과거사 및 예후에 관한 정보를 통해 치료적 개입을 구성한다.
- 정신상태검사 면접에서는 내담자의 인지, 정서, 행동 상의 문제를 평가하기 위한 구조화된 면담이 실시되며, 정신상태검사를 통해 내담자의 심리상태를 면밀하게 평가한다.
- 개인 병력 면접을 위해서는 내담자 본인과 가족 및 주변으로부터 자료를 수집하며, 위기 면접에서는 생명의 위협과 같은 급박한 상황에서 이루어지며 이에 명확하고 신속한 판단과 대응 및 안전에 대한 개입이 필요하다.

학습 Plus 면접의 유형

- **초기 면접(접수 면접)**
  - 초기 면접의 목적은 가장 적절한 치료나 중재 계획을 세우기 위해 환자의 증상이나 문제를 더 잘 이해하는 데 있다.
  - 초기 면접 동안 치료 절차, 제공되는 서비스에 대한 환자의 질문에 답하며 일련의 과정들에 대한 정보를 제공한다.
- **정신상태 면접**
  - 정신상태 면접은 환자의 심리적 기능 수준과 정신 현상의 유무를 선별하기 위해 수행된다.
  - 정신상태검사(mental state examination)의 결과는 더 깊은 평가와 중재를 위한 어떤 방향을 제시할 뿐만 아니라 환자가 겪고 있는 가능한 정신과적 진단에 대한 예비 정보를 제공한다.
    * **정신상태검사(mental state examination)**: 외모, 몸가짐, 언어 및 의사소통, 감정, 사고 과정, 통찰, 판단력, 주의, 집중, 기억 및 지남력 등을 평가한다.
- **위기 면접**
  - 위기 면접은 환자가 중대하고 외상적이며, 생명을 위협하는 위기 상태에 놓여 있을 때 실시한다.
  - 위기 면접 시에는 문제를 신속하게 파악하고 결정을 내려야 하며, 내담자의 욕구를 명료화하고, 조언과 지시를 적절히 사용하며, 침착하고 단호한 태도를 유지해야 한다.

정답 74. ②

- 진단 면접
  - 진단 면접의 목적은 환자의 특정 진단에 대한 명확한 이해를 얻는 것이다.
  - 정신과적 문제를 파악하기 위해 『정신질환의 진단 및 통계 편람(DSM-5)』 등을 사용하며, 면접의 목표는 환자가 특정 장애의 진단 준거에 부합되는지의 여부를 밝히는 데 있다.
- 컴퓨터 보조 면접
  - 컴퓨터 보조 면접은 상담자와 면-대-면으로 만나기 전에 환자가 자신의 관심사에 대한 다양한 질문에 대답할 수 있도록 구성되어 있다.
  - 면접의 결과는 치료 과정에서 내담자를 도와주기 위해 사용되며, 민감하고 잠재적인 질문들의 대답을 효과적으로 돕는다.

75 다음 설명에 해당하는 개념은 무엇인가?

- 이것은 무의식적 소재를 의식으로 가져오는 것을 방해하거나 통찰을 저해하는 내담자의 모든 행동이나 행위이다.
- 내담자가 침묵하거나 같은 주제에 대해서 반복해서 이야기하는 것, 혹은 행동화, 주지화 역시 이에 해당될 수 있다.

① 저항 ② 역전이

③ 전이 ④ 해석

해설

- 저항은 치료의 진행을 방해하고, 변화를 가로막는 모든 생각, 태도, 감정, 행동을 말한다. 저항을 다스리기 위해서 그 이유를 먼저 분석한다. 특정한 주제에 대해 더 많은 저항을 보일 때는 그 주제가 내담자가 해결해야 할 핵심 문제일 수 있다.
- 전이는 내담자가 과거에 경험했던 중요한 인물과의 관계를 분석가와의 관계에서 재현하는 것을 말한다. 내담자는 전이분석을 통해 현재의 문제에 대한 무의식의 영향을 탐색하고 통찰할 수 있게 된다. 반대로 치료자가 내담자와의 관계에서 역전이를 통한 갈등을 느낄 수 있다. 치료자의 역전이는 내담자의 반응을 왜곡하여 객관성을 저해할 수 있으므로 이를 알아차려서 내담자를 이해하는 자료로 활용하거나 자기 이해를 위한 기회로 삼아야 한다.
- 해석은 내담자가 말한 것이나 행한 것의 무의식적 근원을 인식할 수 있도록 돕는 과정을 말한다. 단, 내담자가 수용할 준비가 되었을 때 수용할 수 있는 정도의 깊이까지만 해야 한다.

정답 75. ①

76 최근 비둘기 공포증으로 치료를 받던 L군은 자신이 어렸을 때 비둘기에게 먹이를 주다가 낯선 남자에게 폭행을 당했던 경험이 있다는 것을 떠올리게 되었다. 이처럼 인간의 정서 반응이 고전적 조건형성으로 설명될 수 있음을 처음으로 실험적으로 제시한 사람은?

① Watson
② Jones
③ Pavlov
④ Thorndike

해설

Watson은 고전적 조건형성을 이용하여 인간의 정서 반응도 조건화될 수 있다고 보았다. 1920년에 Little Albert 실험을 통해 공포 반응이 고전적 조건형성으로 학습될 수 있음을 보여 주었다(생후 11개월 된 앨버트라는 어린아이에게 하얀색 쥐 인형에 대한 공포 반응을 학습시킴. 하얀색 쥐 인형에 다가갈 때마다 커다란 쇳소리를 내어 깜짝 놀라게 하는 절차를 5회 동안 반복 시행한 결과, 쥐 인형을 보기만 해도 놀라는 공포 학습이 형성됨).

77 신경심리학적 기능의 연구방법 중 비침입적 기법에 해당하는 것은?

① 국부 대뇌 혈류(rCBF)
② 양전자 방출 단층촬영(PET)
③ 뇌파(EEG)
④ WADA 기법

해설

뇌파(Electroencephalography: EEG)는 뇌세포가 활동할 때 전류에 의해 발생하는 전위의 차이를 유도하여 증폭하고 그것을 기록하는 검사로서, 두피에 전극을 부착하고 뇌의 미세한 전기 활동을 기록하여 뇌 기능의 변화를 평가할 수 있는 검사이다. 뇌종양, 감염, 두부 외상, 의식장애, 경련, 발작 등 중추신경계와 관련된 증상의 평가를 위해 실시된다.

정답 76. ① 77. ③

78 임상심리학자의 역할 중 자문에 대한 설명으로 가장 거리가 먼 것은?

① 고등학교 교장에게 회의시간에 자신에게 공개적으로 도전하는 교사에 대처하는 가장 좋은 방법에 대한 지침을 제공하는 것
② 소아과 의료진들에게 청소년들이 병동에서 다른 환자들과 성적인 문제를 일으키는 것을 줄이기 위한 프로그램을 개발해 주는 것
③ 수많은 성격 갈등 때문에 비생산적이고 비효율적인 결과를 빚고 있는 어떤 회사의 팀 구성원들에게 서로 더 잘 지낼 수 있는 방법을 알려 주는 것
④ 내향적인 성격과 대인관계에 대한 두려움으로 인해 교우관계에 어려움을 겪고 있는 학생을 대상으로 지속적인 개입을 제공하는 것

해 설

- 자문은 자격 있는 심리 전문가들이 피자문가들(내담자)과 관련된 문제의 쟁점들을 해결하고, 문제에 대한 능동적인 주체가 되어 피자문가들이 미래에 유사한 쟁점들을 다룰 수 있도록 관련 능력들을 강화시켜 주는 도움을 주는 접근을 말한다.
- 개인의 성격과 대인관계 문제에 대한 지속적인 개입을 제공하는 것은 심리치료/상담에 해당된다.

79 내담자중심치료의 치료 과정을 바르게 나열한 것은?

ㄱ. 과거의 감정을 수용할 수 없다고 기술한다.
ㄴ. 가끔 감정을 기술하지만 여전히 개인적인 경험에서는 멀어져 있다.
ㄷ. 자신의 감정을 인식하지 못한다.
ㄹ. 부정하려는 욕구 없이 감정을 수용한다.
ㅁ. 자기를 경험하는 것에 대해 편안해한다.

① ㄱ → ㄴ → ㄷ → ㄹ → ㅁ
② ㄴ → ㄷ → ㄱ → ㅁ → ㄹ
③ ㄷ → ㄴ → ㄱ → ㄹ → ㅁ
④ ㄹ → ㄱ → ㄷ → ㄴ → ㅁ

정답 78. ④ 79. ③

해 설

내담자중심치료의 치료 과정

내담자는 자신의 감정을 인식하지 못하는 단계에서 감정을 기술하고, 개인적 경험에 대한 자각이 충분하지 않은 채 진행된다. 이 단계를 지나 수용할 수 없는 과거의 경험들이 인식되고 받아들이게 되면서 자신의 감정에 대한 접촉과 수용이 증진된다. 점차 자신의 경험에 대한 개방성이 커지고 자신의 정서적 경험을 신뢰할 수 있는 것으로 받아들이게 된다.

<참조> 인간중심치료의 절차

- **초기단계**: 치료자가 내담자를 있는 그대로 이해하고 수용할 때 내담자 자신도 스스로를 이해하고 수용하게 되면서 통찰이 증가하고 성격의 통합이 이루어진다.
- **중기단계**: 내담자가 자신을 잘 이해하고 수용하면서 더욱 긍정적이고 건설적인 행동을 취할 수 있게 된다.
- **종결단계**: 내담자가 전에 부인하였던 감정을 수용하고, 현실을 왜곡하지 않고 있는 그대로 받아들이며, 스스로 자신의 문제를 해결하며 성장해 나간다.

80 Freud의 심리성적 단계에 대한 설명으로 틀린 것은?

① 아동기를 개인의 성격을 형성한다는 점에서 가장 중요한 시기라고 보았다.
② 구강기는 약 1년 정도 지속되는데, 만족에 도달하기 위한 주요 수단으로 입을 사용한다.
③ 남근기는 5～12세로 성적 기관이 만족의 주된 수단이 되는 시기이다.
④ 성기기는 자아가 성적자극을 성공적으로 조절하는 성숙한 성의 표현이 최고조에 달한다.

해 설

남근기(phallic stage): 3～6세 사이의 시기

- 남근기는 성격발달에 있어 중요한 의미를 지니며, 아동의 관심이 이성 부모에게로 향하면서 애정을 독점하려는 노력과 동시에 동성 부모를 경쟁자로 인식하게 된다.
- 남아는 어머니의 애정을 독점하려는 욕구에 의해 아버지에 대해 경쟁적인 감정 속에 갈등을 경험하면서 거세불안(castration anxiety)을 경험한다. 이를 오이디푸스 콤플렉스(Oedipus complex)라고 하며, 초자아의 발달과 아버지에 대한 동일시를 통해 원만한 해결을 하게 된다.
- 여아는 아버지에 대한 애정을 독점하려 하면서 어머니를 경쟁자로 인식하게 되는 유사한 현상이 나타나는데, 이를 엘렉트라 콤플렉스(Electra complex)라고 한다.
- 오이디푸스 콤플렉스의 원만한 해결은 건강한 성 정체감의 형성, 초자아와 자아의 발달, 건강한 이성관계를 맺을 수 있는 능력의 발달을 형성하고, 미해결될 경우 이후 적응과 성격 형성에 문제를 초래하여 권위상에 대한 두려움, 복종적 태도, 지나치게 경쟁적인 성격을 보인다.

정답 80. ③

④ 2019년 기출문제

61 범행 당시 피고인의 정신상태를 평가하는 척도로 가장 적합한 것은?

① Q-Sort법

② MOS기법

③ Miranda Rights

④ Rogers의 형사책임평가척도

해 설

- Rogers의 형사책임평가척도는 범행 당시와 관계된 심리학적 변인들을 체계적이고 타당한 방식으로 정신장애 항변을 위한 근거를 마련하기 위해 개발되었다. 피고의 자기보고의 신뢰성 측정(정신장애 위장 판단), 기질적 결함의 여부, 정신병리, 인지적 통제능력, 행동통제능력의 다섯 가지 영역에 해당되는 25개 변인으로 구성되어 있다.
- Q-Sort법은 스티븐슨(Stephenson)이 개발한 분류 방법으로서 태도나 흥미를 측정하고 평가하는 데 유용한 기법이다. 수검자는 어떤 진술인, 그림, 특징이 포함된 카드를 통해 자신을 잘 나타내는지에 따라 분류하도록 한다.
- MOS기법은 멜튼(Melton)이 개발한 면담기법으로서 범행 당시의 심리상태를 파악하기 위한 탐색적 질문으로 구성된다. 범행 당시의 상황, 생각, 태도, 감정, 행동을 상세하게 기술하는 방식으로 경험적인 전문적 역량이 필요하다.
- Miranda Rights(미란다 원칙)는 경찰이나 검찰이 범죄 용의자를 연행할 때 그 이유와 변호인의 도움을 받을 수 있는 권리, 진술을 거부할 수 있는 권리 등이 있음을 미리 알려 주어야 함을 말한다.

정답 61. ④

62 MMPI-2에는 존재하지 않으나 MMPI-A에는 존재하는 척도는?

① A-sch ② VRIN

③ TRIN ④ K

해설

- MMPI-A는 청소년의 성격 및 정신병리를 포괄적으로 평가하기 위해 개발되었으며, 만 13~18세 청소년을 대상으로 구성된 총 478문항의 자기보고 질문지이다. A-sch(School Problems) 척도는 15개의 내용 척도에 해당되는 척도로서 높은 점수를 받은 청소년들은 학교에서의 학업 및 행동 문제를 보이며 여러 부적응을 나타낸다.
- MMPI-A에 포함된 차별되는 척도로는 소외(A-aln), 품행문제(A-con), 낮은 포부(A-las), 학교문제(A-sch) 척도가 있다.

<참조>

〈MMPI-A 내용 척도〉			〈MMPI-2 내용 척도〉		
A-anx	Anxiety	불안	ANX	Anxiety	불안
A-obs	Obsessivenese	강박성	FRS	Fears	공포
A-dep	Depression	우울	OBS	Obsessiveness	강박성
A-hea	Health Concerns	건강염려	DEP	Depression	우울
A-aln	Alienation	소외	HEA	Health Concerns	건강염려
A-biz	Bizarre Mentation	기태적 정신상태	BIZ	Bizarre Mentation	기태적 정신상태
A-ang	Anger	분노	ANG	Anger	분노
A-cyn	Cynicism	냉소적 태도	CYN	Cynicism	냉소적 태도
A-con	Conduct Problems	품행문제	ASP	Antisocial Practices	반사회적 태도
A-lse	Low Self-Esteem	낮은 자존감	TPA	Type A	A유형 행동
A-las	Low Aspirations	낮은 포부	LSE	Low Self-Esteem	낮은 자존감
A-sod	Social Discomfort	사회적 불편감	SOD	Social Discomfort	사회적 불편감
A-fam	Family Problems	가정문제	FAM	Family Problems	가정문제
A-sch	School Problems	학교문제	WRK	Work Interference	직업적 곤란
A-trt	Negative Treatment Indicators	부정적 치료 지표	TRT	Negative Treatment Indicators	부정적 치료 지표

PART 04 고급임상심리학

정답 62. ①

63 임상심리학의 영역 중 심리치료의 중요성이 주목받게 된 역사적 사건은?

① Shakow Report
② 제2차 세계대전의 영향
③ 미국 임상심리학회 설립
④ Kennedy 대통령의 정신보건법 서명

해 설

제2차 세계대전의 종전 후에 재향군인회는 APA(미국심리학회)에 심리적 어려움을 호소하는 재향군인의 치료적 개입에 대한 요청에 따라 임상심리학자의 활동이 심리진단을 넘어 개인 및 집단 치료로 확대되는 계기가 되었다.

학습 Plus 임상심리학의 성장과 발전

- 초기 임상심리학의 성장과 발전
  - 임상심리학은 1896년 Lightner Witmer(1867~1956)가 Pennsylvania 대학교에 첫 심리진료소를 개설하면서 시작되었다.
  - Witmer는 아동의 학습문제 및 학교에서의 어려움을 돕기 위한 아동 프로그램을 개발하였고, 연구 증거에 기반한 중재와 진단 전략을 사용하였다.
  - Binet와 Simon(1904)은 정신적 무능을 보이는 아동들에게 교육적 서비스를 제공하기 위해 지능검사를 개발하였다.
  - Lewis Terman은 Benet-Simon 검사를 개정(1916), Stanford-Binet 검사로 이름을 바꿔 사용하였다.
  - William Healy는 청소년 정신병리연구소를 개설하였고(1909), 아동들과 가족들이 직면하는 정신질환과 문제행동의 심리사회적 영향을 강조하였다.
  - 제1차 세계대전(1917)에 미국이 참전하게 되면서 Army Alpha(언어성)와 Army Beta(동작성) 집단용 지능검사가 개발되었다.
  - 제1차 세계대전 후, 로르샤흐 잉크반점 검사(1921)를 비롯하여 500개 이상의 다양한 심리검사가 개발되었다.
  - 1935년 APA 임상심리학 수련규정 위원회가 수련 프로그램을 마련하였고, 1936년 첫 임상심리학 교과서가 출판되었다.
- 근대 임상심리학의 성장과 발전
  - 제2차 세계대전 동안 군대일반분류검사(Army General Classification Test)라는 집단 관리 지능검사가 개발되었다.
  - 정신과적인 문제들을 평가하기 위한 객관식 성격평가인 다면적 인성검사(MMPI, 1943)가 개발되었다.
  - David Wechsler(1949)는 아동용 지능검사를 개발하였다. 당시 가장 널리 사용되는 Stanford-Binet 검사의 유의한 대안이 되었다.
  - 전후 재향군인병원에 입원한 군인들을 위한 임상심리학자의 역할이 증대되어 심리치료에 대한 개입과 역할의 중요성이 강조되었다. 임상심리학자들은 심리치료, 심리검사, 자문 등의 다양한 심리서비스를 제공하였다.
  - APA 임상심리학 수련규정위원회(1947)는 수련 기준 및 지침을 개발하였다.
  - Boulder 회의(1949)에서 임상심리학자의 과학자-전문가 모형(scientist-practitioner model)이 수립되었다.
    - * **과학자-전문가 모형(scientist-practitioner model)**: 임상심리학자들은 심리치료 및 평가와 같은 전문적인 심리학적 서비스뿐만 아니라 연구를 행하는 데 있어서도 유능해야 한다.

정답 63. ②

- Vail 회의(1973)에서 새로운 수련 모델인 학자-전문가 모형(scholar-practitioner model)이 수립되었다.
  * **학자-전문가 모형(scholar-practitioner model)**: 임상 수련에 있어 연구를 최소화하고 전문적인 심리 서비스를 제공해야 한다.
- George Engel(1977)은 신체적이고 정신적인 질병의 이해와 치료를 위한 생물심리사회적 모델(biopsychosocial model)을 제안하였다.
  * **생물심리사회적 모델(biopsychosocial model)**: 모든 신체적이고 심리적인 질병과 문제들은 생물 · 심리 · 사회적 요소를 가지고 있으며, 가장 효과적인 전략을 제공하기 위해서는 이들 요소들의 상호작용에 대한 이해를 지니고 있어야 한다.
- APA 임상심리학 분과에서는 경험적으로 지지된 치료에 대한 지침을 수립하였고(1995), 이후 증거-기반 치료(evidence-based therapies)가 강조되었다.
  * **증거-기반 치료(evidence-based therapies)**: 심리치료의 효능에 대한 실증적인 증거가 마련된 치료법을 선택해야 함을 의미한다.

64 치료 효과에 관한 연구를 수행할 때 고려해야 하는 사항과 가장 거리가 먼 것은?

① 연구 참여자인 환자의 참여 동기와 연구에 대한 이해 여부가 중요한 변인이다.

② 실제로 환자 변인 모두를 통제하기는 어렵기 때문에 이에 대한 제한점을 분명히 인지하고 있어야 한다.

③ 치료 성과의 측정은 사전에 정의되어 환자 집단과 통제 집단 모두에게 동등하게 적용되는 것이 적절하다.

④ 임상 사례에 관한 깊이 있는 관찰과 평가는 증상에 대한 세부 정보나 다양한 가설을 획득하기 위해 탄력적으로 시행되어야 한다.

해설

치료 효과에 관한 연구를 수행할 시에는 임상 사례에 관한 관찰과 평가는 가설을 검증하기 위해 통제된 조건하에서 실시되어야 하며, 가설 검증을 위해 통제 집단과의 비교를 통해 효과성을 평가할 수 있어야 한다. 또한 연구 변인에 영향을 미칠 수 있는 혼입변인의 통제를 위한 사전 고려가 필요하며, 이에 대한 제한점을 분명히 인지하고 있어야 한다.

정답 64. ④

학습 Plus 대표적인 혼입변인의 예

혼입변인	특징
우연한 혹은 예측하지 못한 외부적 환경의 변화	실험 기간에 발생한 우연한 외부 환경의 변화가 실험의 종속변인에 영향을 미칠 수 있다(예 특정 처치가 대학생의 음주 빈도를 줄이는지에 관한 연구에서 축제나 기말고사 등의 일정이 겹쳐서 연구 결과에 영향을 주는 경우).
시간의 경과	독립변인의 영향 이외에도 시간이 경과하여 변화가 나타날 수 있다(예 시간이 지나면서 참가자의 신체적 고통이 경감되는 경우).
학습 효과	독립변인의 효과 혹은 영향력을 평가하기 위해 여러 번의 종속변인을 측정하거나 평가할 수 있다. 이때 반복적인 평가를 하는 동안에 이전의 평가에 익숙해지거나 기억 등의 이유로 종속변인에 영향을 미칠 수 있다.
참가자 기대 효과	치료 효과를 검증할 때, 한 집단은 실제 처치를 받고 다른 집단은 대기를 할 때 실제 처치를 받은 집단원들이 처치의 효과 이외에도 처치에 대한 기대 등으로 인해 종속변인에 변화를 줄 수 있다.
연구자 기대 효과	연구자가 가설을 설정하고 검증하는 과정에서 연구의 편향이나 기대를 지닐 수 있다.
측정의 오차	종속변인을 측정하는 도구가 신뢰할 만하거나 타당하지 못한 경우, 독립변인의 영향력을 과대평가 혹은 과소평가하게 될 수 있다.
참가자 이탈	실험 처치에 할당된 참가자가 여러 가지 이유로 실험에서 이탈할 수 있다(예 이사, 취업, 동기 부족).
표집 시 편향	실험 참가자의 모집 시에 특정 성향(예 성별, 나이, 기타 문화적 배경)에 차이가 있게 표집된다면 실험의 결과에 영향을 미칠 수 있다.

65 심리치료의 단계에 대한 설명이 바르게 짝지어진 것은?

ㄱ. 초기 면접–받을 수 있는 도움의 종류는 어떤 것이 있는지를 설명한다.
ㄴ. 치료목표 설정–문제에 대해 내담자와 치료자가 계약을 맺는 단계로, 가능한 한 수정 없이 지킬 수 있는 포괄적인 목표를 정한다.
ㄷ. 치료의 이행–문제에 대한 적절한 치료법을 시행하는 단계로, 내담자에게 치료법에 대해 개관하고 동의를 구하는 것이 중요하다.
ㄹ. 평가–심리적 · 환경적 · 의학적 자료를 바탕으로 진단을 내리는 작업으로 한 번 실시하게 된다.
ㅁ. 종결–치료를 통해 향상된 바를 내담자와 평가하며, 종결에 대한 내담자의 감정과 태도를 다루는 것이 중요하다.

① ㄱ, ㄴ, ㄷ
② ㄱ, ㄷ, ㄹ
③ ㄱ, ㄴ, ㅁ
④ ㄱ, ㄷ, ㅁ

정답 65. ④

해 설

• 치료목표를 설정할 때는 내담자의 문제에 대해 상호 협력적으로 목표가 수립되어야 하며, 내담자의 주호소를 개선하고 실행 가능한 목표로 상호 협의되어야 한다. 또한 치료목표를 수립하고 실행하는 과정에서 계획된 목표의 달성과 제한점 등을 고려하여 지속적으로 목표에 접근할 수 있도록 도와야 한다. 원칙적으로 치료목표에 도달하도록 요구되지 않아야 한다.
• 심리평가는 내담자의 이해와 진단 및 치료를 위한 목적으로 시행되며, 사전 평가나 과정 평가가 진행될 수 있고, 치료 효과를 검증하기 위한 사후 평가가 진행될 수 있다.

66 다음 설명에 해당하는 건강심리학의 모델은?

> 적대적인 소인과 건강 간의 관계가 스트레스의 생리학적 측면보다 건강행동의 수행에 의해서 매개된다고 주장하는 이론적 모델이다.

① 건강 행동 모델　　② 스트레스 거래모델
③ 심리사회적 취약성 모델　　④ 정신생리학적 반응 모델

해 설

많은 연구를 통해 A유형 행동과 관상동맥 심장병 간에 관계가 있음이 발견되었으며, 이후 성격과 질병 간의 연구가 활발히 수행되었다. Smoth(1992)는 적개심과 건강을 조사한 연구를 방법론적이고 개념적으로 분석하여 적개심과 건강 간의 관계를 밝히는 여러 개의 이론적 모델을 제시하였다. 이는 건강행동 모델, 스트레스의 거래 모델, 심리사회적 취약성 모델, 정신생리학적 반응 모델이다.

• **건강행동 모델**(health behavior model)
스트레스의 생리학적 측면들이 적개심과 건강을 연결하는 중요한 측면이라고 가정하지 않는다. 이 모델에서는 적대적인 사람들이 유해한 건강 습관(예 흡연, 과음, 운동 부족)을 가지는 경향이 있고, 이로 인해 관상동맥 심장병에 더 걸리기 쉽다고 제안한다.
• **스트레스의 거래 모델**(transactional model of stress)
정신생물학적 모델과 심리사회적 모델의 조합과 통합을 반영한다. 이 모델에서는 적개심 수준이 높은 사람은 그들이 지닌 전반적인 불신과 그로 인한 행동들 때문에 생활에서 잠재적으로 스트레스가 많은 상황을 초래한다고 제안한다.
• **심리사회적 취약성 모델**(psychosocial vulnerability model)
적대적인 사람은 불신 수준이 높고, 미래에 잘못된 대우를 받을 것을 우려하여 환경을 살피기 때문에 스트레스가 많은 심리사회적 환경을 더 많이 경험할 것이라고 제안한다.

정답 66. ①

• 정신생리학적 반응 모델(pschophysiological reactivity model)
적대적인 사람은 잠재적 스트레스 유발요인에 대한 반응으로 심장박동, 혈압, 스트레스 관련 호르몬이 더 크게 증가한다고 가정한다. 정신생리학적 반응이 증가되면 관상동맥 질환과 관상동맥 심장병의 증상들이 더 나타나게 된다고 제안한다.

67 상담자를 소진시키는 원인과 가장 거리가 먼 것은?

① 매우 저항적이고 비자발적인 내담자
② 상담자의 개인적인 갈등
③ 변화가 적은 같은 일을 계속해서 하는 것
④ 상담에 대한 전문지식 부족

해 설

상담에 대한 전문지식의 부족은 내담자의 심리적 문제와 성장을 돕는 데 자원의 부족으로 인한 제한적인 요인이 될 수 있다.

<참조> 한국임상심리학회 윤리규정 제10조 전문성

1. 심리학자는 자신의 능력과 전문성을 발전시키고 유지하기 위하여 지속적인 노력을 기울여야 한다.
2. 연구와 교육에 종사하는 심리학자는 전문분야에 대한 과학적 지식을 추구하고 이를 정확하게 전달하기 위하여 끊임없이 노력하여야 한다.

68 내담자는 자각하지 못하지만 타인과의 의사소통 과정에서 문제행동이 쉽게 판별될 때 가장 적합한 평가방법은?

① 질문지법 ② 관찰법
③ 자기감찰법 ④ 과제수행법

해 설

관찰법은 자연적 상태의 관찰이나 조건적 상황 하의 관찰 등 다양하게 이루어질 수 있으며, 특정 행동의 발생과 빈도, 지속성 및 환경적 맥락과의 단서를 객관적으로 평가하는 데 유용하다. 관찰된 평가 자료를 통해 내담자는 자신의 문제행동에 대한 이해와 선행조건과 결과 간의 과정을 전반적으로 검토할 수 있게 된다.

정답 67. ④ 68. ②

69 치료자를 참여/관찰자 겸 대인관계 전문가로 보고, 치료자가 지나치게 객관적으로 관찰하는 입장을 견지해서는 안 된다고 주장한 정신역동 이론가는?

① Freud ② Adler
③ Sullivan ④ Fairbairn

해설

Sullivan의 대인관계 접근에서는 치료자를 참여/ 관찰자 겸 대인관계 전문가로 보고, 치료 시 환자의 발달 초기 관계 유형이 현재에 미치는 영향을 파악하며, 환자가 타인과 맺는 통합적 관계 방식에 초점을 둔다. 또한 역전이를 중요시하고, 분석가의 참여관찰자적인 상호작용을 강조한다.

<참조> 대인관계 심리학

- 설리반(Sullivan)은 인간 존재가 대인관계의 장에서 분리될 수 없으며, 개인의 성격은 사람들 사이의 복잡한 상호작용을 통해 형성된다고 보았다.
- 성격발달의 가장 토대가 되는 시기는 유아에서 청소년 초기까지이고, 이때 발달된 성격이 광범위하고 보편적인 틀을 제공한다고 보았다.
- 자기체계(self system)는 불안으로부터 자신을 보호하고 정서적 안정감을 얻기 위해 작동하는 안전작동 기제이며, 유아가 초기 양육자와의 관계에서 경험하는 불안은 사회적 존재로서의 발달에 영향을 준다고 보았다.

  * **자기체계(self system)**: 타자의 성격체계에 자신을 맞추는 과정이며, 자기체계와 자기와의 간격이 커지면 심리적 부적응을 겪게 된다.
- 치료 시, 환자의 발달 초기 관계 유형이 현재에 미치는 영향을 파악하며, 환자가 타인과 맺는 통합적 관계 방식에 초점을 둔다. 또한 역전이를 중요시하고, 분석가의 참여관찰자적인 상호작용을 강조한다.

70 임상심리학 분야에서 시행되는 일반적인 자문모델과 가장 거리가 먼 것은?

① 조직모델 ② 조직옹호모델
③ 과정모델 ④ 인지모델

해설

- 임상심리학에서 인지모델은 자문모델이 아닌 치료모델에 해당된다. 개인이 가진 정신병리의 원인을 인지 왜곡에 기인하는 것으로 보고, 사고의 내용에 초점을 둔 치료적 접근을 통해 정서와 행동적 적응을 돕는다.
- 조직모델은 조직 인간관계 모델, 조직 사고 모델로 살펴볼 수 있다.
  - **조직 인간관계 모델**: 조직 내에서 개인 간의 상호작용이 어떻게 이루어지는가에 관심을 기울인다. 자문

정답 69. ③ 70. ④

가는 인간관계의 촉진자로서 개인의 가치 및 태도, 집단 과정에 초점을 두어 계획된 변화를 이끌어 냄으로써 조직의 생산성 향상 및 관계 증진을 촉진한다.

- **조직 사고 모델**: 조직 인간관계 모델의 변형된 형태로서 조직 내 의사소통 및 의사결정, 목표 설정 및 역할 규정, 조직 내 갈등 등에 관심을 기울인다. 자문가는 시범을 보이고 훈련을 제공하는 등 보다 직접적인 개입을 통해 집단 과정을 촉진한다.

• 조직옹호모델은 자문의 역할을 수행하는 데 있어 특수 서비스 규정, 시설 접근의 권리, 부모나 자녀의 동반자 관계 개발, 특정 내담자에 적합한 과정 찾기 등의 자문을 수행하며, 피자문자의 입장과 권리를 개선하기 위한 개입을 한다.

• 과정모델은 자문가와 자문 요청자 간의 협력적 관계와 협동을 강조한다. 조직의 상호작용을 분석하여 문제를 파악하고, 해결책을 모색하며, 자문 요청자로 하여금 조직의 생산성 및 조직 내 정서적 분위기에 영향을 미치는 대인관계 상호작용에 대한 이해도를 높이는 데 초점을 둔다.

71 다음은 어떤 예방에 대한 설명인가?

이 예방은 정신건강 문제를 조기에 확인하고, 정신장애로 발전하지 않도록 초기단계에서 문제를 치료하는 것을 의미한다. 선별검사를 대규모의 사람들에게 실시하여 장애를 조기에 선별하는 것이 이 예방에 해당된다.

① 1차 예방 ② 2차 예방
③ 3차 예방 ④ 대안적 예방

해 설

2차 예방(secondary prevention)이란 정신장애가 발생했을 때 그러한 장애를 초기에 발견하여 치료하려는 노력을 말한다. 정신장애가 이미 발생했지만 심각한 상태로 진전되기 전에 치료를 함으로써 그 영향을 최소화하려는 노력이다.

<참조> 정신장애 예방을 위한 개입

• **1차 예방**(primary prevention): 정신장애가 발생하는 것을 막기 위한 노력을 의미한다. 이러한 예비활동이 지역사회의 모든 사람을 대상으로 이루어질 경우에는 전반적 예방(universal prevention)이라 하고, 취약성을 지닌 일부 집단을 대상으로 할 경우에는 선별적 예방(selective prevention)이라고 한다.

• **2차 예방**(secondary prevention): 정신장애가 발생했을 때 그러한 장애를 초기에 발견하여 치료하려는 노력을 말한다. 정신장애가 이미 발생했지만 심각한 상태로 진전되기 전에 치료를 함으로써 그 영향을 최소화하려는 노력이다.

• **3차 예방**(tertiary prevention): 정신장애가 이미 상당히 심각한 만성적 상태에 이른 경우 더 이상의 악화를 막고 합병증을 최소화하기 위한 노력들을 말한다. 3차 예방의 주된 목적은 재활이라고 할 수 있다.

정답 71. ②

72 내담자의 인지적 왜곡과 그에 대한 예시가 바르게 연결된 것은?

① 과잉 일반화－모든 사람이 나를 실패자라고 생각한다.

② 파국화－그 프로젝트가 성공하지 못한 것은 나 때문이다.

③ 비현실적 기대－나는 이 수업에서는 A를 받았지만 영어에서 C를 받았기 때문에 멍청하다.

④ 개인화－나는 성공하거나 비참하게 실패하거나 둘 중 하나이다.

해설

과잉 일반화(overgeneralization)

한 가지 사건에 기초한 결론을 광범위하게 적용시키는 것을 말한다. 하나 또는 몇 개의 고립된 사건에서 일반적인 규칙을 추출해 내고 이를 다른 사상이나 상황에 부적절하게 적용하는 것을 의미한다.

학습 Plus 인지적 오류(cognitive error)

- **이분법적 사고(흑백논리적 사고)**: 어떤 상황을 연속선상에서 보지 않고 양 극단으로만 보는 것을 말한다. 두 가지 극단 중 하나로 경험을 범주화하는 것을 의미한다.
- **과잉 일반화**: 한 가지 사건에 기초한 결론을 광범위하게 적용시키는 것을 말한다. 하나 또는 몇 개의 고립된 사건에서 일반적인 규칙을 추출해 내고 이를 다른 사상이나 상황에 부적절하게 적용하는 것을 의미한다.
- **정신적 여과(선택적 추상화)**: 전체를 보지 않고 부정적인 하나의 세부사항에만 지나치게 집중하고, 선택적으로 받아들여 결론을 내리는 것을 말한다.
- **의미확대, 의미축소**: 자신이나 다른 사람 혹은 어떤 상황을 평가할 때 부정적인 측면을 지나치게 강조하고, 긍정적인 측면은 최소화하는 것을 말한다.
- **감정적 추론**: 자신의 감정반응이 실제 상황을 반영하고 사실이라고 믿고, 그 반대의 증거는 무시하거나 고려하지 않는 것을 말한다.
- **개인화**: 인과적 연결을 지지하는 증거 없이 특정한 사건을 자기 자신에게 귀인하여 잘못 해석하는 것을 말한다.
- **잘못된 명명(낙인찍기)**: 자기 스스로 부정적인 관점을 통해 개인의 정체성과 인식을 평가하는 것을 말한다.
- **독심술**: 상호작용이나 관계에 있어서 충분한 근거 없이 타인이 어떤 생각을 하고 있는지 본인이 안다고 생각하는 것을 의미한다.
- **예언자적 오류**: 충분한 어떠한 근거가 없이 미래에 일어날 일을 예언하듯이 단정하고 확신하는 것을 말한다.
- **파국화**: 어떤 사건에 대해 성급하게 파국적인 결론을 내려 과도하게 염려하거나 두려워하는 것을 말한다.

정답 72. ①

73 Ellis가 개발한 합리적 정서행동 치료를 실시할 때 치료자들이 흔하게 범하는 오류와 가장 거리가 먼 것은?

① 표면을 훑어보고 신념 논박으로 너무 빨리 이동하기
② 내담자가 지닌 신념에만 초점을 두기
③ 내담자의 감정에 대해 충분한 정보를 얻지 않기
④ 중요한 정보를 제공한 단서에 주의를 기울이지 않기

해설

합리적 정서행동 치료 상담 과정의 핵심은 내담자로 하여금 자신이 가지고 있는 비합리적 신념을 파악하여 효과적으로 논박하는 기술을 학습하도록 하는 것이다. 비합리적이고 자기파괴적인 신념의 파악이 이루어지면 합리적 정서행동 치료 상담사는 다양한 상담기법을 통해 내담자가 이 같은 신념들을 보다 기능적인 것으로 바꿀 수 있도록 가르친다. 더욱 중요한 것은 상담사는 내담자가 자기 스스로 비합리적인 신념들을 논박하도록 도와야 한다.

학습 Plus REBT의 논박 유형

- **논리적 논박**
  논리적 논박의 목적은 내담자의 잘못된 논리를 지적함으로써 비합리적인 신념을 약화시키는 데 있다. 이 같은 유형의 논박에 흔히 사용되는 도입부는 "그것이 …로 이어지는가?" "그것이 당신에게는 일관되게 보이는가?" "그것이 논리적인가?" 등이다.
- **경험적 논박**
  경험적 논박은 내담자에게 불합리한 신념의 증거를 제시하도록 청하고, 그것이 경험적인 현실과 불일치한다는 것을 보여 주는 것이다. 예를 들면, 상담사는 "당신이 가치 없는 존재라는 당신의 신념에 대한 증거는 어디에 있는가?"라고 말할 수 있다.
- **기능적 논박**
  기능적 논박의 목적은 내담자에게 불합리한 신념을 고집하는 것은 실용적이지 않으며, 그렇게 하는 것은 정서적, 행동적으로 악영향을 가져다줄 것이라는 점을 보여 주는 데 있다. 이때 주로 사용되는 도입부는 "당신이 이 같은 신념을 고집하는 것이 당신의 인생에서 원하는 것을 가져다줍니까?" "그 신념으로 인해 당신이 겪고 있는 감정에 대해 얘기해 줄 수 있나요?" 등이다.
- **합리적인 대안적 논박**
  부적응적 신념의 재구성이나 수정의 시도와 논박에 있어 비합리적 신념을 대처할 만한 동등한 또는 그 이상의 대안적 가치가 제공되지 않는 한, 내담자는 이 같은 신념을 바꾸려 하지 않는다는 점을 명심해야 한다. 다시 말해 상담사는 반드시 보다 논리적이고 경험적으로 건전하며, 정서 및 행동상의 부정적 결과가 적은 대안적 대체 신념을 제시할 수 있어야 한다. 예를 들면, "만일 다른 사람들이 나를 좋아하지 않는다면 불행한 일이겠지만 그렇다고 그것이 내가 나쁜 사람이고 무가치한 존재라는 것을 의미하지는 않는다" 등이다.

정답 73. ②

74 미국심리학회에서 제시하고 있는 임상심리학자의 윤리강령의 일반적 원칙에 해당하지 않는 것은?

① 유능성(전문능력)

② 사회적 책임

③ 헌신성

④ 타인의 복지에 대한 관심

해 설

미국심리학회에서 제시하고 있는 임상심리학자의 윤리강령의 일반적 원칙으로는 타인의 복지에 대한 관심, 선의와 비해악성, 충실성과 책임감, 정의와 정직, 인간 존중, 전문성, 법적 쟁점에 대한 지침을 마련해 두고 있다.

75 신경심리검사와 평가 영역이 잘못 짝지어진 것은?

① Rey-Osterrieth Complex Figure Test－시공간적 기억의 평가, 즉각 회상과 지연 회상 등 포함

② Wisconsin Card Sorting Test－언어적 능력

③ Purdue Pegboard Test－정교한 시각－운동 협응능력

④ Controlled Oral Word Association－단어 유창성을 통한 전두엽 및 측두엽의 기능 평가

해 설

- 위스콘신 카드분류 검사(Wisconsin Card Sorting Test: WCST)
  전두엽의 실행 기능을 평가하는 검사로, 추상적인 개념을 형성하고 범주화하는 능력과 피드백에 따라 인지 틀(cognitive set)을 변환하거나 유지하는 인지적 융통성을 측정한다. 전산화된 WCST에서는 스크린을 통해 제시된 도형카드를 색, 모양, 개수 등 분류 규칙에 따라 분류하도록 지시한 후에 '맞다/틀리다'의 피드백을 줌으로써 피검자가 스스로 과제에서 요구하는 색, 모양, 개수와 같은 범주 규칙을 찾도록 한다.
- 시공간 처리 및 운동 협응능력 평가
  - 벤더 도형검사(Bender Visual Motor Gestalt Test: BGT)
  - 레이 복합도형검사(Rey-Osterrieth Complex Figure Test: R-CFT)
  - 시계그리기 검사(Clock drawing test)
  - 토막짜기(WAIS)
  - 도형 그리기 검사(예 MMSE, CERAD-N)

정답 74. ③ 75. ②

76 다음 중 인지치료의 원리와 가장 거리가 먼 것은?

① 치료는 견고하고 협력적인 치료 동맹을 필요로 한다.
② 평가, 진단, 치료 계획은 필수적이다.
③ 과제는 치료 결과를 긍정적으로 이끄는 데 중요한 요소이다.
④ 과거에는 관심을 두지 않고 현재에만 초점을 둔다.

해설

인지치료의 기본적인 원리는 정신병리를 유발하는 왜곡된 인지를 수정하여 재구성하는 것이다. 이를 위해 내담자 스스로 자신의 부정적 사고를 인식하여 변화시키는 역량을 키우도록 한다. 이를 위해 내담자의 왜곡된 인지의 배경이 된 사건(경험)과 그에 관한 신념 및 정서 · 행동 상의 결과를 살펴보고 경험을 왜곡하게 만드는 역기능적 신념을 파악하고 수정하도록 돕는다.

77 당뇨병 치료에 흔히 적용하는 행동의학적 접근법과 가장 거리가 먼 것은?

① 인지적 재구조화
② 스트레스 관리 훈련
③ 바이오피드백과 이완훈련
④ 체중 감소를 위한 운동

해설

행동의학이란 건강이나 질병에 관련된 행동과학적 · 생물의학적 지식과 기술을 개발하고, 이러한 지식과 기법들을 예방, 진단, 치료 및 재활에 적용한다. 행동의학적 접근에서는 스트레스 관리, 바이오피드백과 이완훈련, 체중이나 흡연 문제 관리를 위한 운동, 식이요법에 필요한 자기 관리 행동 증진 등을 통해 건강을 증진시키고 질병을 치료하기 위해 의학과 연계하며, 심리학과 행동과학을 활용한다.

78 다음 중 MMPI-A를 실시하기에 가장 적합한 수검자는?

① Wee센터를 방문한 15세 중학생
② 정신건강의학과를 부모와 함께 방문한 25세 남성
③ 개인 상담소에 의뢰된 35세 가정주부
④ 정신건강상담센터를 방문한 70세 노인

정답 76. ④ 77. ① 78. ①

해 설

MMPI-A는 만 13~18세의 청소년을 대상으로 실시하며, 총 478문항으로 구성되어 있다. 청소년의 성격 및 정신병리를 평가하는 데 유용하다. 반면 MMPI-2는 만 19세 이상의 성인에게 실시되며, 총 567문항으로 구성되어 있다.

79 Rorschach 검사에 대한 수검자의 반응 순서를 바르게 나열한 것은?

ㄱ. 검사 자극을 전체 혹은 부분으로 분류하기
ㄴ. 검사 자극을 입력하고 부호화하기
ㄷ. 검사의 선입견 등을 검열하는 과정에서 잠재적인 반응을 선택하기
ㄹ. 경제성의 원칙과 우선순위에 따라 잠재적인 반응을 버리기
ㅁ. 수검자의 심리상태에 따라 반응 선택하기
ㅂ. 개인의 특성에 따라 반응 선택하기

① ㄱ → ㄴ → ㄷ → ㄹ → ㅁ → ㅂ
② ㄴ → ㄱ → ㄷ → ㄹ → ㅂ → ㅁ
③ ㄱ → ㄷ → ㄹ → ㄴ → ㅁ → ㅂ
④ ㄴ → ㄱ → ㄹ → ㄷ → ㅂ → ㅁ

해 설

로르샤흐 반응 과정의 6단계

① **검사 자극을 입력하고 부호화하기**
수검자는 잉크반점 자극에 노출되고 난 후에 잠정적으로 반응을 어떻게 분류할 것인지에 관한 의사결정을 하게 된다.

② **검사 자극을 전체 혹은 부분으로 분류하기**
검사 자극이 입력되면 수검자는 전체 혹은 부분으로 나누어 분류하게 된다. 수검자의 장기기억에서 끌어낸 경험적 측면과 잉크반점의 특성이 지각에 영향을 준다.

③ **경제성의 원칙과 우선순위에 따라 잠재적인 반응을 버리기**
수검자는 잠재적으로 떠오르는 여러 가지 반응 가운데 무엇을 우선적으로 답해야 할지를 결정하는 과정에서 경제성의 원칙에 따라 반응 수를 결정한다.

④ **검사의 선입견 등을 검열하는 과정에서 잠재적인 반응을 선택하기**
검사에 대한 선입견이나 검사에 대한 경험에 따라 자체 검열을 통해 여러 반응 중에서 취사 선택하는 과

정답 79. ④

PART 04 고급임상심리학

정이 일어난다.

⑤ **개인의 특성에 따라 반응 선택하기**

개인의 기본적인 심리적 특성은 로르샤흐 잉크반점에 대해 잠정적인 반응을 결정하는 데 중요한 역할을 한다.

⑥ **수검자의 심리상태에 따라 반응 선택하기**

수검자가 겪는 심리상태의 변화는 로르샤흐 반응에 영향을 미친다. 특히 상황적 스트레스와 관련된 것으로 알려진 무생물운동(m)과 음영확산(Sum Y) 반응은 통제와 관련해 민감하다.

80 **변증법적 행동치료(DBT)에 대한 설명으로 틀린 것은?**

① 타당화한 환경(validating environment)을 경계성 성격장애의 원인으로 간주한다.

② 마음챙김(mindfulness) 기법을 포함한다.

③ 경계성 성격장애의 치료를 위해 개발되었다.

④ Linehan에 의해 개발되었다.

해 설

변증법적 행동치료(Dialectical Behavior Therapy: DBT)

- Linehan에 의해 개발된 DBT는 경계성 성격장애의 치료를 위해 개발되었으나, 회피나 도피를 시도하는 강렬한 정서적 고통이나 충동을 경험하는 내담자에게 모두 효과적으로 적용되고 있다.
- 정서를 회피하거나 억압하는 것이 개인이 경험하는 문제의 원인이며, 정서적 고통의 수용을 통해 오히려 정서적 고통을 감소시킬 수 있다고 본다. 나아가 성장 과정 동안의 비타당화된 환경과 개인의 생물학적 취약성 간의 관계를 고려하였으며, 정서적 비타당화는 경계성 성격장애의 주요 원인으로 본다.
- 내담자들이 고통스런 감정이나 자신의 과거 및 현재의 상황을 있는 그대로 수용하고, 더 나은 삶을 위해 행동과 환경을 변화시켜 나가도록 돕는다.
- 정서 조절의 중요성을 강조하고 있으며, 수용과 변화의 맥락 내에서 마음챙김, 정서 조절, 고통 감내, 대인관계 효율성 기술 등을 사용한다.

정답 80. ①

5 2018년 기출문제

61 가까운 미래의 행동 판단 및 임상가가 이미 확보한 개인사 자료와 동일한 상황의 판단 등이 긴밀하게 관계를 갖는 법심리학자의 주요활동 영역은?

① 전문가 증언

② 위험성 예측

③ 법정 참여 능력

④ 양육권 결정

해 설

- **위험성 예측**: 법심리학자들은 피고인에 대한 심리평가, 전문가 증언, 아동 양육 조정을 위한 평가, 비행 예측 평가, 법정 자문 등의 역할을 한다. 특히 피고인에 대한 현재의 임상 면접과 심리평가 등의 개인사 자료를 통해 차후에도 유사한 행동이 촉발될 가능성이 있는지 위험성 예측에 관한 평가를 제공할 수 있다.
- **전문가 증언**: 범죄의 피해자 및 가해자 평가를 실시하여 소송 과정에서 전문가적 증언을 할 수 있다. 가해자에 대한 폭력 행위의 동기와 고의성, 폭력에 대한 책임 능력을 평가하거나 피해자가 입은 정신적 피해에 대한 평가와 견해를 제공한다.
- **법정 참여 능력**: 피고인이 재판을 받기 위해 법정에 설 만한 정신적 상태를 갖추고 있는지 평가한다. 자신의 상황에 대한 합리적 이해가 가능한지, 변호사에게 자문을 구하고 협조할 수 있는지 등을 확인하기 위한 면접과 평가가 실시된다.
- **양육권 결정**: 협의 이혼과 재판 이혼, 아동 양육권, 면접 교섭 등의 가정문제에 대한 개입을 통해 관련된 쟁점에 관한 조사나 상담을 실시한다.

정답 61. ②

62 K-ABC 지능검사에 대한 설명으로 틀린 것은?

① K-ABC 지능검사는 인지처리 척도와 습득도 척도로 구성되어 있다.
② 좌뇌는 통합적 정보처리를 담당하고, 우뇌는 분석적 정보처리를 주로 담당한다.
③ 환경적 자극을 통해 획득한 사실적 지식의 정도는 습득도 처리를 통해 알 수 있다.
④ 비언어적 체계를 사용할 수 있도록 개발되었기 때문에 구어와 문법에 곤란이 있는 아동과 2개 국어를 사용하는 아동에게도 적용할 수 있다.

해설

- 한국 카우프만 아동용 지능검사(Kaufman Assessment Battery for Korean Children: K-ABC)는 아동의 정보처리와 인지능력을 측정하기 위해 개발된 개인 지능검사이다. 신경심리학과 임상심리학에서 제안된 인지처리 과정 이론을 근거로 개발되었다는 점에서 기존의 지능검사와 차이가 있다. 뇌의 정보처리 기능면에서 좌뇌는 논리적, 분석적으로 정보를 처리하며, 우뇌는 정보를 전체적이고 통합적으로 처리한다.
- K-ABC는 인지처리 척도와 습득도 척도로 구성되어 있으며, 비언어성 척도는 난청, 언어장애, 모국어를 잘 사용하지 못하는 아동의 인지처리능력을 평가할 목적으로 개발되었다.

63 임상심리학의 훈련모델에 대한 설명으로 옳지 않은 것은?

① Boulder 모델을 과학자 훈련모델이라고 한다.
② Boulder 모델의 비전은 임상적 기술과 과학의 논리적 경험주의의 체계적 결합이었다.
③ 임상가들의 연구에 대한 훈련을 단념해서는 안 되듯이 연구자들 역시 임상적 토대를 무시해서는 안 될 것이다.
④ 과학자-임상가 모델은 개업 임상가뿐 아니라 임상심리학 연구자들에게도 적용된다.

해설

- Boulder 회의(1949)에서 임상심리학자의 과학자-전문가 모델(scientist-practitioner model)이 수립되었다. 이는 임상심리학자들은 심리치료 및 평가와 같은 전문적인 심리학적 서비스뿐만 아니라 연구를 행하는 데 있어서도 유능해야 함을 강조하는 수련 모델이다.

〈참조〉

- Vail 회의(1973)에서 새로운 수련 모델인 학자-전문가 모델(scholar-practitioner model)이 수립되었다. 이는 임상 수련에 있어 연구를 최소화하고 전문적인 심리서비스를 제공해야 함을 강조하고 있다. Vail 회의에서는 임상심리학자의 학문적 기능이 덜 강조되고 전문가로서 임상가의 기능이 확대되었다.

정답 62. ② 63. ①

64 행동주의 원리 중 프리맥(Premack) 원리에 적용된 것은?

① 소거의 원리
② 강화의 원리
③ 변별의 원리
④ 연합의 원리

해 설

프리맥(Premack) 원리는 강화의 상대성을 이용한 원리로서 두 반응 중에서 더욱 선호되는 반응은 덜 선호되는 반응을 강화할 수 있다는 점을 행동 변화에 적용한다. 즉, 선호하는 활동을 수행할 기회를 주는 것이 낮은 빈도로 발생하는 행동에 수반성을 갖게 되면 낮은 빈도의 행동이 강화됨을 설명하고 있다(예 영어 공부를 스스로 한 후에 게임이나 놀이를 하게 함).

65 Procaska와 동료들이 제시한 내담자의 변화단계 중 내담자가 자신에게 문제가 있다고 인식하고는 있지만 아직 변화의 과정에 참여하고 싶어 하지 않는 단계는?

① 숙고 전 단계
② 숙고단계
③ 준비단계
④ 유지단계

해 설

- 프로차스카(Prochaska) 등에 의해 개발된 초이론적 변화단계 모델에서는 사람들이 행동 변화 과정을 밟아 가는 일련의 단계들을 소개하였다. 이 모델에 따르면 사람들은 여섯 단계에 걸친 행동 변화를 갖게 되는데, 숙고 전 단계, 숙고단계, 준비단계, 행동 실천 단계, 유지단계, 재발 단계를 거쳐 가면서 새로운 행동이 습관화되어 간다고 본다.
- 숙고단계(contemplation)에서 내담자는 자신에게 문제가 있음을 인식하지만 변해야 할 이유와 변하지 말아야 할 이유들을 동시에 보면서 양가적인 상태가 된다. 이 단계에서는 변화가 가져오는 긍정적 · 부정적 측면을 살피게 되는데, 흔히 변화하려는 바람과 변화를 바라지 않는 두 마음으로 갈등하나 아직 변화를 확신하지는 않는다.
- 숙고단계를 거쳐 준비단계에서 이르면 변화 계획을 세우며 행동 변화를 결심하게 되고, 행동 실천 단계에 이르러 긍정적인 변화 행동을 실행하게 된다.

정답 64. ② 65. ②

66 어떤 전문가가 다른 전문가의 비윤리적 행위를 의심하게 될 경우 가장 먼저 취하여야 할 행동은?

① 당사자에게 주의를 환기시키고 비공식적 해결을 위한 시도를 한다.
② 피해자의 진술 및 사실관계 등의 증거를 확보한다.
③ 당사자에게 인지한 사실을 통보하고 해당 윤리위원회에 신고한다.
④ 사태 해결을 위해 법률적 적법 절차를 개시한다.

해 설

<한국임상심리학회 윤리규정 제4조 윤리 위반의 보고>
심리학자는 다른 심리학자가 윤리규정을 위반한 것을 인지하게 되면 그 심리학자로 하여금 윤리규정에 주목하게 함으로써 문제를 해결하도록 노력한다. 그러나 문제가 해결되지 않거나 명백한 윤리규정 위반으로 비공식적 방식이 적절하지 않은 경우, 임상심리학회 산하학회 또는 임상심리학회 상벌 및 윤리위원회에 보고한다. 임상심리학회 산하학회 또는 임상심리학회 상벌 및 윤리위원회는 문제를 학회에 보고한 심리학자의 신원을 외부에 공개해서는 안 된다.

<참조>

- **제5조 상벌 및 윤리위원회와의 협조**
  윤리규정 위반으로 보고된 심리학자는 한국심리학회 산하학회 또는 임상심리학회 상벌 및 윤리위원회에서 행하는 조사에 협조해야 한다. 윤리조사에 협조하지 않는 것 자체가 윤리규정 위반이 된다.
- **제6조 소명 기회의 보장**
  윤리규정 위반으로 보고된 심리학자에게 충분한 소명의 기회가 주어져야 한다.
- **제7조 징계심사 대상자에 대한 비밀 보호**
  윤리규정 위반에 대해 임상심리학회 이사회의 징계 결정이 내려질 때까지 임상심리학회 산하학회의 윤리위원과 임상심리학회 상벌 및 윤리위원은 해당 심리학자의 신원을 외부에 공개해서는 안 된다.

67 A유형 성격 사람들의 행동양식 중 관상성 심장질환에 영향을 미치는 가장 중요한 심리적 위험요소는?

① 적개심과 대인관계 지배성
② 긴장감과 반사회적 경향
③ 우울과 사회 기술 부족
④ 불안과 대인 예민성

해 설

프리드먼(Friedman)과 로젠먼(Rosenman)은 스트레스와 성격 및 질병 간의 관계를 설명하였다. A유형 행동의 구성요인을 시간 절박감, 과도한 경쟁적 추동, 공격성, 조급함과 적대감, 대인관계 지배성으로 설명하였다. 후속 연구에서는 적대감과 대인관계 지배성이 심장병과 가장 관련이 있었다.

정답 66. ① 67. ①

68 아동 면담의 요령으로 적절치 않은 것은?

① 기술적인 진술을 사용한다.
② 비판적인 진술은 피한다.
③ 언어적 의사소통의 양을 늘리기 위해 반영적 진술을 사용한다.
④ 자신의 연령보다 약간 어린 연령의 단어와 문장을 사용한다.

해설

아동 면담 시 아동이 이해할 수 있는 언어를 사용하여야 하며, 연령 수준에 적합한 언어 선택이 필요하다. 또한 전문적인 용어나 모호한 단어를 사용하지 않도록 하며, 아동의 입장을 고려하여 면담이 진행되어야 한다.

<참조> 아동 면담 시 고려 사항

- 아동과 신뢰할 만한 관계를 수립한다.
- 아동의 발달과 개별적인 특성을 이해하고 수용한다.
- 아동이 이해할 수 있는 언어를 사용한다.
- 아동의 언어적 · 비언어적 행동과 보조를 맞춘다.
- 아동의 발달 수준에 맞는 적절한 질문을 활용하도록 한다.
- 아동의 반응에 공감과 경청 및 존중의 태도를 유지한다.
- 기술적 진술을 통해 아동이 스스로 진술을 확장하도록 돕는다.
- 아동이 불편하고 힘들다고 느낄 때 상담을 그만둘 권리가 있음을 이해시킨다.

69 면접의 질문 유형에 관한 설명으로 틀린 것은?

① 개방형: 환자에게 반응에 대한 책임감을 감소시킨다.
② 촉진형: 환자의 대화를 독려한다.
③ 명료형: 명확성과 확실성을 독려한다.
④ 직면형: 불일치와 반대를 반문한다.

해설

개방형 질문은 무엇(what), 어떻게(how)로 시작하는 질문으로, 내담자는 질문 받은 주제에 대해 자유롭게 대답할 수 있다. 내담자의 다양한 사고, 감정을 끌어낼 수 있으며, 스스로의 반응에 대한 자율성과 책임감을 유지시키는 데 유용하다.

정답 68. ④ 69. ①

학습 Plus 면접의 질문 유형

- **개방형 질문**: 무엇(what), 어떻게(how)로 시작하는 질문으로, 내담자는 질문 받은 주제에 대해 자유롭게 대답할 수 있다.

  "부모님이 다투고 있을 때 어떤 경험을 했는지 말해 주시겠어요?"
  "어떤 이유로 면접을 신청하게 되었는지 이야기해 주시겠어요?"

- **촉진형 질문**: 내담자가 경험한 내용을 구체적으로 이야기할 수 있도록 촉진하는 역할을 한다.

  "그 당시의 경험에 대해 조금만 더 자세히 이야기해 주시겠어요?"

- **확인용 질문**: 내담자의 말을 그대로 반복하거나, 바꾸어 말하거나, 요약하여 이야기함으로써 내담자가 말한 내용을 잘 이해했는지 확인하고, 나아가 더 설명할 기회를 줄 수 있다.

  "그러니까 그때 당신은 …라고 느꼈다는 말인가요?"

- **직면형 질문**: 내담자의 언어적 · 비언어적 행동이 불일치할 때 또는 내담자가 앞서 언급한 내용과 지금 보고하는 내용이 불일치할 때 그 부분을 반문함으로써 내담자의 정확한 정보를 파악할 수 있다.

  "이전에는 …라고 말씀하셨는데, 지금은 …라고 말씀하시네요."

- **직접 질문**: 라포가 형성되고 나면 내담자를 이해하는 데 필요한 정보를 직접적으로 질문한다.

  "당신은 친구가 거절했을 때 뭐라고 반응했나요?"

70 대상관계이론 및 치료에 관한 설명으로 틀린 것은?

① 아동에 대한 최초의 정신분석적 치료를 적용한 후 대상관계이론의 길을 연 사람은 Fairbairn이다.

② 유아를 보는 관점은 쾌락-추구적 관점이 아니라 대상-추구(인간-추구)라는 관점이다.

③ 대상관계이론 학자들로는 Winnicott, Balint, Bowlby, Kernberg, Kohut 등이 해당된다.

④ 대상관계 관점에서 정신병리를 자신과 타인을 항상 전적으로 '악'하거나 '선'한 것 중의 하나로 경직되게 보는 아동의 경향성이 반영된다.

정답 70. ①

해 설

- 멜라니 클라인(Melanie Klein)은 정신병리의 출현과 발달에 있어 초기 대상관계의 중요성을 제시하고 대상관계이론을 정립하였다. 멜라니 클라인은 유아가 어머니에 대해서 지니는 무의식적 환상을 탐구하면서 대상관계의 중요성을 강조했다. 유아와 어머니와의 관계에서 겪는 갈등은 자기 표상과 대상 표상의 형성에 영향을 주고, 성인기의 대인관계에 큰 영향을 미친다고 보았다.
- 멜라니 클라인의 이론은 페어번(Fairbairn), 위니컷(Winnicott)과 같은 대상관계 이론가들이 이론적 근거를 형성하며 정신역동이론에 많은 변화를 가져왔다.

71 Rogers의 인간중심이론에서 제시하는 치료의 3가지 조건 중에서 내담자의 내적 참조체계(internal frame of reference)를 이해하는 출발점으로 볼 수 있는 것은?

① 일치성과 진솔성　　② 무조건적인 긍정적 존중
③ 정서적 교정 경험　　④ 공감적 이해

해 설

공감적 이해란 치료자가 내담자의 주관적인 내적 참조체계를 정확하고 깊이 있게 이해하는 것을 말한다. 이를 위해서 치료자는 자신의 관점이 아니라 내담자의 관점에서 생각하고 느끼는 내면적 경험을 이해하려고 노력해야 한다.

학습 Plus 인간중심치료의 치료적 조건

- 일치성과 진솔성
  치료자가 자신의 모습을 있는 그대로 나타내는 것을 말한다. 일치성이라고도 하는데, 치료자는 내담자와의 치료관계에서 겪게 되는 다양한 내면적 경험을 알아차리고 적절하게 표현할 수 있어야 한다. 이를 위해 치료자는 자신의 내면적 경험과 항상 접촉하며, 내담자와의 관계에서 진실한 모습을 보여 주고자 노력해야 한다.
- 무조건적인 긍정적 존중
  내담자의 생각, 감정, 행동에 대한 무조건적인 수용과 가치 있는 존재로서 여기는 인식과 태도를 말한다. 내담자는 치료자와의 관계에서 존중과 수용의 경험을 통해 자신을 있는 그대로 받아들이고 성장의 잠재력을 발휘해 나가게 된다.
- 공감적 이해
  치료자가 내담자의 주관적인 내적 참조체계를 정확하고 깊이 있게 이해하는 것을 말한다. 이를 위해서 치료자는 자신의 관점이 아니라 내담자의 관점에서 생각하고 느끼는 내면적 경험을 이해하려고 노력해야 한다.

정답 71. ④

72 심리평가에서 수집된 정보를 해석하는 것과 관련한 설명으로 가장 적합한 것은?

① 심리평가를 통해 확인된 내용을 전달하는 것은 환자의 알권리를 위해 모든 정보를 구체적으로 알려 주어야 한다.

② 심리평가 내용을 전달할 때는 양적 수치를 중심으로 최대한 직접적으로 전달해야 한다.

③ 심리평가 결과는 환자가 의뢰한 목적에 한해 가정적 서술로 전달해야 한다.

④ 심리평가 결과를 전달하는 것은 치료적 활용보다 환자 자신에 대한 직면에 중점을 둔다.

해설

- 심리평가 결과를 전달할 때는 의뢰 목적에 한해 가정적인 진술로 전달하며, 환자의 강점과 약점에 대한 고른 이해를 도와야 한다.
- 심리평가 결과의 해석은 환자가 이해할 수 있는 언어와 표현으로 전달되어야 한다.
- 심리평가를 통해 확인된 모든 정보가 그대로 전달될 경우 미칠 수 있는 부정적인 영향을 최소화할 수 있도록 고려해야 한다.
- 심리평가 결과를 통해 환자 자신의 이해와 통찰을 돕고, 치료적 활용과 치료 동기를 위한 고려를 한다.

73 임상심리학의 관점에서 보는 이상성(abnormality)의 사례와 가장 거리가 먼 것은?

① A씨는 매일 아침 일어났을 때 하루를 도대체 어떻게 살아가야 할지에 대하여 걱정하며 심하게 우울감을 경험하고 있어 이번 달만 해도 2번이나 회사를 결근하였다.

② B씨는 교통사고로 인하여 뇌를 크게 다친 상태로, 최근 실시한 Wechsler 지능검사에서 65점 정도의 지능지수를 보였다.

③ 컴퓨터 프로그래머인 C씨는 친구가 별로 없으며 대인관계에 관심이 적은 편으로서 거의 일주일에 1회 정도 외출하여 생필품을 사는 것 이외에는 내내 자신의 작업실에서 일에 몰두하는 편이다.

④ 모 회사의 부장인 D씨는 회사에서 주목 받는 인재이나 대인관계상 갈등이 많은 편으로, 최근 "D씨 때문에 힘들어서 회사를 더 이상 못 다니겠다"고 구체적인 문제 사례를 말하며 회사를 사직한 부하 직원이 3명이나 되며, D씨 부하 직원들의 스트레스 평가 결과 사내 최고 수준일 뿐 아니라 상사에 대한 강한 불만을 표현하고 있다.

정답 72. ③ 73. ③

해 설

- ①의 사례는 심한 우울감을 경험하고 행동상의 변화가 나타나고 있으며, ②의 사례는 표준화된 지능검사에서 65점의 지능 지수를 보여 인지 기능 손상이 나타남을 알 수 있고, ④의 사례에서는 성격장애를 고려해 볼 수 있는 자아동조적 행동이 지속되고 있다.
- ③의 경우 성격 특성이 임상적으로 현저하게 부적응적이라고 볼 수는 없다.

74 A씨는 최근 다음과 같은 행동 특징을 보이고 있다. A씨가 주로 사용한 방어기제를 가장 적합하게 짝지은 것은?

> A씨는 애인과 헤어진 후 양극성장애가 발병하였다. 평소 자신이 초라하다고 느꼈으나 이제는 무엇이든 할 수 있다는 생각이 들어 갑자기 회사에 사표를 내고, 박사학위를 취득하기 위해 대학원에 진학할 계획을 세웠다. 애인은 죽은 것이므로 더 이상 슬퍼할 이유가 없다고 생각하고 있으며 오히려 마음이 홀가분하고 행복한 상태라고 말하였다.

① 부인, 반동형성　② 치환, 투사
③ 억압, 행동화　④ 투사, 부인, 주지화

해 설

- 부인(denial)은 받아들이기 힘든 상황이나 고통스러운 경험을 인정하려 들지 않고 사실이 아닌 것으로 여기는 것을 말한다(사례: 애인이 죽은 것이므로 더 이상 슬퍼할 이유가 없다고 여김).
- 반동형성(reaction formation)은 실제로 느끼는 부정적 감정을 직접 표현하지 못하고 무의식적 소망과는 반대되는 방향으로 행동하는 것을 말한다(사례: 평소는 자신을 초라하게 보았으나 이별 후 대학원 진학을 계획함).

학습 Plus　방어기제의 유형

- 억압(repression)
  의식하기에는 현실이 너무나 고통스럽고 충격적이어서 무의식 속으로 억눌러 버리는 것을 말한다(예 어린 시절에 감당하기 힘든 충격적인 사건을 겪은 후, 사건과 관련된 외상 경험을 기억하지 못하는 것).
- 부인(denial)
  받아들이기 힘든 상황이나 고통스러운 경험을 인정하려 들지 않고 사실이 아닌 것으로 여기는 것을 말한다(예 갑작스러운 사고로 자녀가 사망하게 되었을 때, 자녀의 죽음을 인정하지 않고 여전히 어딘가에 살아 있다고 생각하는 것).

PART 04 고급임상심리학

정답 74. ①

- **투사(projection)**
  자신이 받아들이기 어려운 느낌, 생각, 충동 등을 무의식적으로 타인의 탓으로 돌려 자신을 보호하는 기제를 말한다(예 실제 자신이 배우자에게 불만을 갖고 있는데, 배우자가 자신을 못마땅하게 여긴다고 생각하는 것).
- **반동형성(reaction formation)**
  실제로 느끼는 부정적 감정을 직접 표현하지 못하고 무의식적 소망과는 반대되는 방향으로 행동하는 것을 말한다(예 직장 상사에게 불만과 적개심이 많은 사람이 반대로 칭찬과 우호적인 행동을 실제 함으로써 관계가 악화되는 것을 피하는 것).
- **전치/치환(displacement)**
  자신의 감정을 대상에게 직접적으로 표현하지 못하고 전혀 다른 대상에게 자신의 감정을 발산하는 것을 말한다(예 부모님에게 꾸중을 들은 아이가 애완동물에게 화풀이하는 것).
- **동일시(identification)**
  중요한 인물들의 태도와 행동을 자기 것으로 만들면서 닮으려는 것을 말한다. 동일시는 무의식적 과정으로, 그 동기는 대상이 가지고 있는 힘을 자기 것으로 하고자 하는 소망을 포함한다(예 영향력이 있는 특정 대상의 모습과 행동의 일부를 따라하면서 마치 그 대상과 동일해진 것 같은 느낌을 갖는 것).
- **합리화(rationalization)**
  현실에 더 이상 실망을 느끼지 않으려고 그럴 듯한 구실을 붙여 불쾌한 현실을 피하려는 기제를 말한다(예 〈여우와 신 포도〉 우화에서 포도 따기에 실패한 여우가 "저건 신 포도라서 맛이 없을 거야"라고 변명하며 자신을 위로하는 것).
- **주지화(intellectualization)**
  자신에게 불편하고 받아들이기 힘든 감정을 회피하고, 분석적이고 지적인 이해를 통해 불안을 줄이고자 하는 기제를 말한다(예 대학 입시에 실패한 자신의 괴로운 심정에 대하여 교육의 역사, 국가 차원에서의 교육정책, 입시전형 등에 대해서만 말하는 것).
- **승화(sublimation)**
  사회적으로 용납할 수 없는 공격적 충동을 사회적으로 인정되는 형태와 방법을 통해 발산하는 것을 말한다(예 공격적인 욕구나 충동을 가진 사람이 과격한 스포츠 경기를 하는 것).
- **퇴행(regression)**
  현재 감당하기 어려운 일이나 불안을 모면하기 위해 어린 시절에 용납될 수 있었던 원시적이고 유치한 행위를 하는 것이다(예 새로 태어난 동생에게 부모의 관심이 집중되자 7세 아동이 갑자기 대소변을 가리지 못하거나 아기 같은 말투로 이야기하는 것).

75 자문가로서의 역할에 해당되지 않는 것은?

① 협조자 ② 훈련 및 교육자
③ 옹호자 ④ 경영자

정답 75. ④

해 설

- 자문은 자격 있는 심리 전문가들이 피자문가들과 관련된 문제의 쟁점들을 해결하고, 문제에 대한 능동적인 주체가 되어 피자문가들이 미래에 유사한 쟁점들을 다룰 수 있도록 관련 능력들을 강화시키는 데 필요한 도움을 주는 것을 말한다.
- 조직이나 기관 경영을 위한 자문이나 프로그램 개발, 행정적인 쟁점과 인사 쟁점에 관한 업무에 대한 자문을 제공할 수는 있어도 경영자로서의 역할은 자문의 기능에 해당되지 않는다.

<참조> 자문의 역할

- **직접적인 역할 자문가**: 전문적이고 기술적인 자문을 제공하며, 피자문가가 관심이 있는 쟁점에 대해 효과적으로 다룰 수 있도록 훈련이나 교육을 지원한다. 결과에 더 초점을 맞추고 있으며 과제지향적이다.
- **간접적인 역할 자문가**: 피자문가의 기술을 촉진시켜 주기 위해 자문가 자신의 기술과 전문성을 사용하여 협력적으로 조력한다. 과정이나 성장에 초점을 맞추며 과정지향적이고 촉진적이다.

76 심리치료 이론과 치료자 역할에 관한 연결이 올바른 것은?

① 정신분석치료: 분석가들은 전이 감정을 유발하기 위해 자신의 경험을 이야기하는 것을 강조한다.

② 인본주의치료: 치료자는 내담자의 행동을 바꾸기보다 내담자의 관점을 확장시키는 데 더 초점을 둔다.

③ 게슈탈트치료: 치료자는 중요한 사람에 대한 감정을 명료화하고 분출하는 것을 강조하기 때문에 치료 과정에서 내담자를 좀처럼 좌절시키지 않는다.

④ 인지치료: 치료자는 내담자의 인지적 왜곡이 정신병리의 근원이기 때문에 현재 삶에서의 목적과 의미를 발견하도록 돕는다.

해 설

- 인본주의치료에서는 내담자로 하여금 자신의 경험을 자각하고 수용하도록 도와 성장과 적응을 촉진한다. 이를 통해 자신의 경험에 대한 개방적인 태도가 증가하여 자기 인식과 긍정적인 자기 존중의 상태를 이끌도록 한다.
- 정신분석치료에서는 내담자가 치료 과정에서 치료자에게 나타내는 전이 현상 분석을 토대로 무의식적 갈등과 방어기제를 자각하게 된다. 전이 촉진을 위해 치료자는 중립적인 태도로 내담자의 전이를 유도하는데, 이 과정에서 어린 시절에 부모에게서 느꼈던 감정과 관계 패턴이 치료자에게 나타난다.
- 게슈탈트치료에서 치료자는 내담자의 자립적인 태도나 행동은 격려하고 지지해 주되 의존적인 태도나 회피행동은 좌절시킨다. 내담자의 진정한 성장은 좌절을 겪음으로써 가능하다고 본다. 단, 좌절은 내담자의

정답 76. ②

발달 성숙 정도에 맞춰서 해야 하며 충분한 라포 형성이 이루어진 상태에서 해야 한다.
- 인지치료에서는 내담자의 인지적 왜곡을 정신병리의 근원으로 보고, 인지의 변화를 통해 적응적인 사고와 신념을 발견하는 데 도움을 준다.

77 심리치료 요인의 특징에 대한 설명으로 틀린 것은?

① 일반적으로 심리치료에는 적당한 수준의 지적 능력이 요구된다.
② 치료자가 가지고 있는 특정 이론적 지향은 그의 성격이나 따뜻함보다 더 상위에서 영향을 미친다.
③ 다른 조건이 동일할 경우 더 어린 환자들이 치료에 적합한 것으로 여겨져 왔다.
④ 치료자와 더 나은 관계를 맺고 있는 내담자의 치료 결과가 일반적으로 더 좋다.

해설

치료자는 내담자의 심리적 문제를 긍정적인 방향으로 변화시킬 수 있는 치료적 기술과 능력을 고르게 지니고 있어야 한다. 이에 특정 이론적 지향은 치료 역량과 치료 성과에 제한적일 수 있다. 또한 치료자는 심리치료에 적절한 자질과 성품을 지니고 있어야 하며, 이는 심리치료자가 지녀야 할 기본적인 소양이라고 볼 수 있다.

78 지역사회심리학이 대두하게 된 정신건강에 대한 관점과 가장 거리가 먼 것은?

① 행동에 대한 사회 환경의 중요성
② 정서장애에 대한 병리적 측면에 대한 강조
③ 정신건강 프로그램에 대한 지역사회의 참여
④ 사회 체계에 대한 관심 및 비전문가의 활용 강조

해설

- 지역사회심리학은 문제의 발생이나 완화에서 사회 환경의 힘의 역할을 강조하는 정신건강 접근을 말한다. 지역사회에서 발생하는 여러 문제의 원인을 사회 환경과의 관련성을 살펴 예방과 개입을 한다.
- 지역사회심리학에 기반한 개입에서는 정신건강 문제를 개인과 조직, 개인과 사회 체계 간의 상호작용에서 발생한 문제로 보며, 지역사회와 개인의 상호관계에서 나타나는 일련의 행동 패턴이나 환경 적응 과정에서 나타나는 쟁점에 개입한다.

정답 77. ② 78. ②

79 다음 성격평가 검사 중 평가하려는 성격 및 목적이 나머지 셋과 다른 것은?

① CPI(California Psychological Inventory)

② 16 PF(The sixteen Personality Factor Questionnaire)

③ PAI(Personality Assessment Inventory)

④ NEO-PI(NEO Personality Inventory)

해 설

PAI(Personality Assessment Inventory)는 모리(Morey)가 제작한 성격검사로서 내담자의 성격과 정신병리를 평가하기 위한 목적으로 만들어졌다. 이와 달리 CPI, 16PF, NEO-PI는 일반인의 성격을 평가하기 위해 개발되었다.

<참조> 한국판 16 PF의 척도 및 요인 특징

1990년에 개발된 한국판 16PF는 16개의 일차 척도와 4개의 이차 척도 및 2개의 특수 척도(타당도 척도)로 구성되었으나, 2003년 개정판에는 14개의 일차 척도와 2개의 특수 척도로 재편되었다.

일차 척도	요인명	낮은 점수	높은 점수
척도 1	A	냉정성(coolness)	온정성(warmth)
척도 2	C	약한 자아 강도(unstableness)	강한 자아 강도(stableness)
척도 3	E	복종성(submissiveness)	지배성(dominance)
척도 4	F	신중성(desurgency)	정열성(surgency)
척도 5	G	약한 도덕성(low superego)	강한 도덕성(high superego)
척도 6	H	소심성(shyness)	대담성(boldness)
척도 7	I	둔감성(tough-mindedness)	예민성(tender-mindedness)
척도 8	M	실제성(praxernia)	공상성(autia)
척도 9	N	순진성(naivete)	실리성(shrewdness)
척도 10	O	편안감(untroubled-adequacy)	자책감(guilt-proneness)
척도 11	Q1	보수성(conservatism)	진보성(liberalism)
척도 12	Q2	집단 의존성(group-dependency)	자기결정성(self-sufficiency)
척도 13	Q3	약한 통제력(low self-conflict)	강한 통제력(high self-control)
척도 14	Q4	이완감(relaxation)	불안감(tension, anxiety)
특수 척도			
동기왜곡 척도	MD	솔직하게 대답함	잘 보이려는 의도로 대답함
무작위 척도	RANDOM	진지하게 대답함	아무렇게나 대답함

정답 79. ③

80 신경학적 손상의 결과와 증상이 틀리게 짝지어진 것은?

① 손상된 지남력－사람이 누구인지, 오늘이 무슨 요일인지 말하지 못하고 자신의 주변에 관하여 알지 못한다.

② 손상된 판단력－결정을 하지 못한다.

③ 얕고 불안정한 정서－사소한 자극에도 너무 쉽게 웃거나 운다.

④ 후두엽 증후군－충동 통제의 장애, 사회적 판단 능력과 계획 능력이 감소된다.

해설

- 후두엽 증후군(occipital lobe syndrome)은 후두엽 기능의 장애에 의해서 생기는 증상으로서 색상, 모양 또는 크기의 이해 문제, 얼굴 인식의 곤란, 시각적 환각(환시), 깊이 인식의 변화 등이 나타난다.
- 전두엽 증후군(frontal syndrome)의 경우 운동 통제 장애, 사회적 판단 능력 및 계획 능력의 저하, 부적절한 정서, 성격의 변화, 목적지향적 활동의 저하가 나타난다.

정답 80. ④

⑥ 2017년 기출문제

61 심리학과 임상심리학의 발전에 관한 설명 중 옳지 않은 것은?

① 제2차 세계대전은 심리검사 발전의 중요한 기동력이 되었다.

② 심리학은 Wundt가 라이프치히 대학에 심리학 실험실을 설립하면서부터 시작된 것으로 간주된다.

③ 임상심리학자의 훈련은 1949년에 개최된 볼더(Boulder) 회의에 따라 과학자-전문가 모형을 지향하고 있다.

④ Lightner Witmer는 임상심리학이라는 용어를 처음 사용하고, 펜실베이니아 대학에 세계 최초의 심리진료소를 설립하였다.

해 설

- 제1차 세계대전 후, 로르샤흐 잉크반점 검사(1921)를 비롯하여 500개 이상의 다양한 심리검사가 개발되었다.
- Wilhelm Wundt(1832~1920)는 1879년 독일의 Leipzig 대학교에 첫 심리학 실험실을 세웠고, 정신의 구조와 구성요소들을 이해하기 위한 과학적 기법을 강조하였다.
- Boulder 회의(1949)에서 임상심리학자의 과학자-전문가 모형(scientist-practitioner model)이 수립되었다. 수련모델에서는 임상심리학자들은 심리치료 및 평가와 같은 전문적인 심리학적 서비스뿐만 아니라 연구를 행하는 데 있어서도 유능해야 함을 강조한다.
- 임상심리학은 1896년 Lightner Witmer(1867~1956)가 Pennsylvania 대학교에 첫 심리진료소를 개설하면서 시작되었다. 아동의 학습문제 및 학교에서의 어려움을 돕기 위한 아동 프로그램을 개발하였고, 연구 증거에 기반한 중재와 진단 전략을 사용하였다.

정답 61. ①

62 심리치료를 종결해야 할 상황과 가장 거리가 먼 것은?

① 치료 과정에서 역전이가 나타날 경우
② 환자가 다른 지역으로 이사하여 지속적인 치료를 받기 어려운 경우
③ 치료자가 충분한 지식이나 경험, 기술이 부족하여 더 이상 치료적 관계를 지속할 수 없다고 판단한 경우
④ 치료자와 내담자가 최선의 노력을 했지만 더 이상 진전이 없는 고원상태가 지속될 경우

해설

- 정신분석치료 과정에서 치료자가 내담자와의 관계에서 갈등을 느끼고 내담자에 대해 느끼는 반응을 역전이(countertransference)라고 한다. 이는 치료자가 내담자의 태도나 행동에 대해 느끼는 개인적인 투사반응이며, 내담자를 과거 자신의 경험 속 인물로 무의식적으로 여겨 감정적 반응을 하게 된다.
- 치료자는 자신의 과거의 중요했던 경험이 현재 자신과 내담자에게 미치는 영향에 대해 지속적으로 점검하여 역전이 감정을 알아차리고, 자신과 내담자에 대한 이해가 가능하여야 한다. 또한 분석을 통해 객관적으로 자신과 치료 내용에 대한 지도 감독을 받아야 한다.

63 절충적 접근 중 하나인 Arnold Lazarus의 중다양식 접근(BASIC ID)에서 심상(imagery)은 어떤 이론적 관점을 이용한 것인가?

① 정신분석　　② 인지행동주의
③ 인본주의　　④ 생물학적 접근

해설

- 다양한 이론적 지향으로부터 나온 기법들의 통합적 접근은 절충주의(eclecticism)에 초점을 두었으며, 환자의 독특한 욕구에 맞는 치료를 설계하기 위해 다양한 조망으로부터 나온 전략을 사용하였다. 절충주의(eclecticism)란 다양한 이론으로부터 서로 모순되지 않는 것들을 찾아 조화로운 전체로 통합하는 것을 말한다.
- 절충주의 접근의 대표적인 예는 Lazarus의 중다양식 접근이다. BASIC ID(Behavior, Affect, Sensation, Imagery, Cognition, Interpersonal relationships, Drugs)에 해당되는 7가지 요소를 치료에서 고루 사용할 때 효과적임을 강조하였다. 심상(imagery)은 인지행동주의 관점에 기반한 접근이다. 심상에 관한 개입으로는 자기상의 변화, 대처 심상의 활용, 유도된 심상 등을 통해 도움을 제공한다.

정답 62. ① 63. ②

<BASIC ID>
- Behavior: 행동
- Affect: 정동
- Sensations: 감각
- Imagery: 심상
- Cognition: 인지(예 신념, 가치)
- Interpersonal relationships: 대인관계
- Drugs: 약품(약물 사용, 건강, 다이어트 등을 포함하여 건강에 관한 관심)

<사례-우울증 환자의 중다양식 프로파일>
- 행동: 회피, 비활동성
- 정동: 우울, 죄책감
- 감각: 무겁고, 쇠약한
- 심상: 죽음의 심상. 가족 거부에 대한 심상
- 인지: 과거의 실패에 관한 반추, 자기 무가치감에 관한 생각
- 대인관계: 비주장적, 수동적
- 약품: 3개월 동안 항우울제를 복용한 후, 약 4주 전에 새로운 약물을 받음

64 지능에 대한 설명으로 옳은 것은?

① Sternberg는 지능의 삼원설을 제안하였으며, 여기에는 성분적 범주, 경험적 범주, 맥락적 범주가 해당된다.
② Cattell이 말한 유동적인 지능은 개인의 경험, 문화, 그리고 세계와의 상호작용을 통해 형성된 유동적인 능력을 말하며, 결정적 지능은 개인의 유전적 · 선천적 지적 능력을 의미한다.
③ Gardner는 지능이 4가지 상이한 유형으로 이루어져 있다고 보았다.
④ Thurstone은 지능은 11개의 독립적인 집단 요인들, 즉 기본 정신 능력들을 포함한다고 주장하였다.

해 설

- Sternberg는 삼원지능이론을 제시하였으며, 지능은 분석적 지능(성분적 요소), 경험적 지능(경험적 요소), 실제적 지능(맥락적 요소)이 하나의 체계로 통합되어 작용한다고 보았다.
  - 분석적 지능: 개인 내부의 지적 과정과 관련된 능력으로, 학습과제와 관련된 새로운 정보를 학습하고 이를 활용해서 과제를 해결하고 자신의 학습 과정을 점검하고 조절할 수 있는 능력

정답 64. ①

- **경험적 지능**: 익숙한 문제들을 효과적이고 자동적으로 해결하는 능력과 통찰에 근거하여 새로운 과제에 맞는 해결책을 재빨리 찾아내는 능력
- **실제적 지능**: 성공할 수 있는 환경을 선택하고, 그 환경에 적응하거나 필요하다면 환경을 바꾸는 능력

• 카텔(Cattell)은 유동적 지능(fluid intelligence, Gf)과 결정적 지능(crystallized intelligence, Cc)의 2가지 요소로 지능의 개념을 분리하였다.
- **유동적 지능**: 유전적이고 선천적인 지능으로, 뇌와 중추신경계의 성숙에 비례하여 발달하게 되며 외부 요인 혹은 노령화에 의해 퇴화되는 지능이다.
- **결정적 지능**: 성장하면서 겪게 되는 개인의 교육, 문화 등 다양한 환경 속 상호작용을 통해 발달하며, 유동적 지능을 기반으로 학습을 통해 계속 발달해 나가는 지능이다.

• 가드너(Gardner)는 다중지능이론을 통해 정신능력은 언어적 지능, 공간적 지능, 논리-수학적 지능, 신체운동 지능, 음악적 지능, 자기이해 지능, 대인관계 지능과 같은 7개의 독립적인 지능의 상호작용으로 보았다. 이후 2개의 영역(자연친화 지능, 실존 지능)을 추가하여 모두 9가지 영역으로 이론을 확대하였다.

• 서스턴(Thurstone)은 지능을 다양한 종류의 정보를 전달하는 능력이나 기능으로 정의하고, 기본정신능력(Premary Mental Ability: PMA)을 제시하였다. 7개의 기본정신능력으로 수리 능력(N요인), 단어 유창성(W요인), 언어 의미(V요인), 지각 속도(P요인), 시공간 능력(S요인), 논리적 능력(R요인), 기억(M요인)이 있다.

65 법정심리학자가 형사재판에서 다룰 수 있는 문제와 가장 거리가 먼 것은?

① 부모를 살해한 대학생의 범죄 당시의 정신상태
② 약물중독으로 환각상태에서 총기를 난사한 여성이 재판에 임할 수 있는 능력
③ 폭행치사로 기소된 주차관리원의 성격장애 판정
④ 결혼생활 20년차에 아내를 살해한 남성이 유죄를 시인할 수 있는 능력

해 설

• 법정심리학(forensic psychology)이란 법률적인 쟁점에 대한 심리학의 응용 학문으로 정의된다. 법정심리학자들은 인간행동의 원리들을 재판제도나 법률제도에 사용하는 데 전문화되어 있다.

• 법정심리학자들은 피고인에 대한 심리평가, 전문가 증언, 아동 양육 조정을 위한 평가, 비행 예측 평가, 법정 자문 등을 제공할 수 있다. 폭행치사로 기소된 주차관리원의 성격장애 판정은 정신건강 전문의의 역할이다.

정답 65. ③

66 지능검사에 관한 설명과 가장 거리가 먼 것은?

① 검사문항에 대한 응답을 하는 과정에서 기괴한 내용의 응답을 할 경우 질적 분석을 할 수 있다.
② 결정 지능은 14세경까지는 계속 발전하지만 22세 이후에 급격하게 감소한다.
③ Binet-Simon 지능검사는 편차 IQ라는 개념이 아닌 정신연령의 개념을 사용하였다.
④ WAIS-IV의 4가지 요인구조는 언어이해, 지각추론, 작업기억, 처리속도이다.

해 설

유동적 지능(fluid intelligence)은 선천적 기능으로서 정상적 노령화에 따라 감소되는 지적 능력을 말한다. 유동 지능은 14세경까지는 발전하지만 22세 이후에 감소되는 경향을 보인다. 반면, 결정적 지능(crystallized intelligence)은 개인의 문화적 또는 교육적 경험에 따라 영향을 받는 기능으로서 지속적인 발전이 가능한 지적 능력이다.

67 두통 치료를 돕기 위해 활용되는 행동의학적 기법은?

① 이완훈련과 바이오피드백
② 심리도식치료
③ 체계적 둔감법
④ 역설적 의도법

해 설

- 이완훈련은 자율신경계 안정과 긴장 완화 및 스트레스 감소에 효과적이며, 호흡 이완이나 근육 이완 등은 다양한 신체 통증과 스트레스성 질환의 감소에 도움이 된다.
- 바이오피드백(biofeedback)은 생물학적 반응들을 전자도구로 측정하는 것으로, 신체 내부에서 일어나는 생리 현상들을 컴퓨터를 통해 시각적으로나 청각적으로 알 수 있게 해 주고, 스스로 훈련을 통해 생리적 현상들을 조절할 수 있게 도와주는 치료법이다. 근육 이완, 심박동 조절, 혈압 통제, 심인성 신체질환, 두통, 불면증 치료에 사용된다.
- 행동의학(behavioral medicine)이란 건강이나 질병에 관련된 행동과학적 · 생물의학적 지식과 기술을 개발하고, 이러한 지식과 기법들을 예방, 진단, 치료 및 재활에 적용하는 학제 간 분야를 말한다.

정답 66. ② 67. ①

68 정신건강에 대한 지역사회심리학적 접근에서 중요한 주제 중 하나인 예방에 관한 설명으로 옳지 않은 것은?

① 일차예방은 문제의 전통적인 대처방식에 대한 가장 급진적인 이탈이라고 할 수 있다.
② 일차예방 프로그램의 예로는 학교급식서비스, 헤드 스타트(head start), 유전 상담 등을 들 수 있다.
③ 이차예방은 정신건강 문제를 조기에 확인하고 정신장애로 발전하지 않도록 초기단계에 개입하는 것을 포함한다.
④ 이차예방 프로그램의 주요 초점은 사회복귀이며, 직업능력 증진부터 내담자의 자기개념 증진까지 다양하다.

해 설

- 이차예방의 주요 초점은 정신장애가 발생했을 때 그러한 장애를 초기에 발견하여 치료하는 데 있다. 정신장애가 이미 발생했지만 심각한 상태로 진전되기 전에 치료를 함으로써 그 영향을 최소화하는 데 목적을 둔다.
- 삼차예방의 초점은 정신장애를 극복하여 사회적 복귀를 할 수 있도록 돕는 재활에 목적을 두고 있다. 이와 관련한 다양한 재활 프로그램과 개입(인지, 사회, 직업 재활 등)이 이 단계에서 적용된다.

학습 Plus 정신장애 예방을 위한 지역사회심리학적 개입

- 일차예방(primary prevention)
  정신장애가 발생하는 것을 막기 위한 노력을 의미한다. 이러한 예비활동이 지역사회의 모든 사람을 대상으로 이루어질 경우에는 전반적 예방(universal prevention)이라 하고, 취약성을 지닌 일부 집단을 대상으로 할 경우에는 선별적 예방(selective prevention)이라고 한다.
- 이차예방(secondary prevention)
  정신장애가 발생했을 때 그러한 장애를 초기에 발견하여 치료하려는 노력을 말한다. 정신장애가 이미 발생했지만 심각한 상태로 진전되기 전에 치료를 함으로써 그 영향을 최소화하려는 노력이다.
- 삼차예방(tertiary prevention)
  정신장애가 이미 상당히 심각한 만성적 상태에 이른 경우 더 이상의 악화를 막고 합병증을 최소화하기 위한 노력들을 말한다. 삼차예방의 주된 목적은 재활이라고 할 수 있다.

정답 68. ④

69 다음 중 행동치료 기법이 아닌 것은?

① 체계적 둔감법 ② 역설적 의도
③ 노출치료 ④ 유관성 관리

해설

- 역설적 의도 기법은 인지치료에서 적용되며, 내담자가 변화하고자 하는 모습과 반대되는 행동을 하도록 하는 것을 말한다. 이러한 과제의 목적은 자신의 문제를 새로운 관점에서 바라봄으로써 좀 더 객관적인 현실 인식을 할 수 있도록 돕기 위함이다.
- 실존치료에서도 역설적 의도 기법이 적용된다. 불안이나 걱정의 대상이 되는 바로 그 행동이나 반응을 의식적으로 수행하도록 내담자에게 안내되는데, 염려하는 행동을 의식적으로 과장되게 하도록 함으로써 문제행동에 대한 인식과 조절 능력을 증진시킨다.

<행동치료 기법>
- 체계적 둔감화 기법은 내담자에게 이완을 한 상태에서 점차 불안 강도가 높은 자극이나 상황을 상상하도록 하여 가장 심하게 불안을 유발하는 상황을 극복하게 한다. 특정한 상황에 의해 형성된 조건화된 공포 및 불안 반응을 극복하는 데 적용된다.
- 노출치료는 내담자가 두려워하는 자극이나 상황에 반복적으로 노출시켜 직면하게 함으로써 그러한 자극 상황에 대한 불안을 감소시키는 방법이다. 실제 상황 노출법과 상상적 노출법이 있다.
- 유관성 관리 기법을 통해 바람직한 행동은 보상을 통해 유지하고 반대의 경우에는 무시하는 등의 방법을 통해 행동을 수정하고 유지하도록 한다.

70 신경심리학적 평가의 유의사항으로 옳은 것은?

① 심한 두부 외상의 경우 두뇌의 기질적 손상 여부의 판정은 평가의 주요 관심사가 된다.
② 폐쇄성 두부손상의 경우 다양한 기능의 효율성 감소와 정신과적 합병증의 평가가 주요 관심사가 된다.
③ 원인 및 손상의 정도와 관계 없이 신경심리검사의 신뢰도는 지능검사의 결과에 비해 높은 편이다.
④ 간질의 지속기간에 따라 나타나는 인지적 손상은 항경련제의 영향과는 무관하다.

해설

폐쇄성 두부손상의 경우 의식 소실이 특징으로 나타나며, 그 외에 두통, 어지럼증, 집중력 저하, 기억 상실, 피로 및 자극 과민성을 수반할 수 있다. 다양한 합병증이 나타날 수 있어 신체적 기능뿐만 아니라 인지 기능의 평가, 행동장애의 평가, 사회적 기능에 대한 면밀한 평가가 필요하다.

정답 69. ② 70. ②

71 행동평가에서 참여관찰의 주요 이점으로 옳은 것은?

① 행동평가에 필요한 비용이 적게 들고 자료를 쉽게 얻을 수 있다.
② 내담자에게 문제행동에 대한 이해를 증가시킬 수 있어 치료 과정이 가속화된다.
③ 자신의 사적인 행동까지 평가가 가능하기 때문에 평가의 정확도를 높일 수 있다.
④ 광범위한 자연장면에서 행동을 관찰할 수 있기 때문에 생태학적 타당도를 높일 수 있다.

해설

참여관찰법은 관찰 대상의 주변 인물(부모, 교사, 배우자 등)이 관찰자가 되어 관찰 대상인 개인에게 나타나는 행동을 자연장면에서 관찰하고 기록하는 방법으로서 자연적 상황에서 자료가 수집되기에 생태학적 타당도를 높일 수 있다. 단, 관찰자로 하여금 개인의 행동을 평가하는 방식이기에 관찰자의 편견이나 평가 오류와 같은 영향이 오차변인으로 작용할 수 있다.

학습 Plus 행동평가의 유형

- **자연관찰**
  - 자연스러운 맥락 내에서 일어나는 행동을 그대로 관찰하여 기록하는 것을 말하며, 다루어야 할 문제에 대한 포괄적이고 현실적인 이해를 돕는다.
  - 자연관찰은 특별한 제한 없이 일상 활동을 관찰하기에 문제행동에 대한 직접적인 정보를 얻을 수 있다. 단, 시간과 비용이 많이 들고, 문제행동의 발현 유무가 관찰 시기에 따라 다르게 나타날 수 있다.
- **자기관찰**
  - 자신의 행동을 객관적인 방법으로 관찰하고 기록하는 것을 말한다. 그 외에 행동 발생과 관련된 느낌 및 생각과 같은 중요한 정보들을 작성한다.
  - 자기관찰은 표적행동이나 문제를 강화시키는 요인에 대한 이해를 제공한다. 단, 자신의 행동을 기록하는 과정에서 평가되는 행동을 변화시킬 수 있으며, 긴 시간 동안 기록의 어려움 및 정직하게 과제를 수행하는 데 있어 문제를 지닌다.
- **통제된 관찰**
  - 통제된 관찰은 인위적인 상황에 처하게 한 후 그 상황에서 관심 행동이 나타나도록 하는 것을 말한다.
  - 통제된 관찰은 참여관찰법의 결함을 보완한 것으로서 관찰의 방식이 엄밀히 통제되어 있는 관찰을 말한다. 단, 관찰자 기대효과가 나타날 수 있으며, 소집단 관찰에 용이한 제한점을 지닌다.
- **참여관찰**
  - 관찰 대상의 주변 인물(부모, 교사, 배우자 등)이 관찰자가 되어 관찰 대상인 개인에게 나타나는 행동을 자연장면에서 관찰하고 기록하는 방법이다.
  - 참여관찰은 외부로 나타나지 않은 사실이나 관찰이 어려운 세부 행동까지 직접 관찰할 수 있다. 단, 관찰자의 특성이나 피관찰자와의 관계 등으로 인해 관찰의 객관성을 유지하는 데 제한점을 지닌다.

정답 71. ④

72 다음 중 Shedler가 제시한 정신역동치료 7가지에 해당하는 내용을 모두 고른 것은?

ㄱ. 환자가 정서의 표현과 감정에 초점을 두도록 함
ㄴ. 불편한 생각이나 감정들을 회피하려는 노력을 탐색하도록 도움
ㄷ. 과거의 경험이 현재의 관계, 감정 및 행동에 어떻게 영향을 미치는지를 논의함
ㄹ. 공포스러운 자극에 주의를 기울이고 그 자극과 관계를 맺도록 노력함

① ㄱ, ㄴ, ㄷ
② ㄴ, ㄷ, ㄹ
③ ㄱ, ㄴ, ㄹ
④ ㄱ, ㄴ, ㄷ, ㄹ

해설

Shedler가 제시한 정신역동치료 7가지 요소
- 내담자가 자신의 감정에 초점을 두고 정서를 표현하도록 돕는다.
- 내담자가 회피하고자 하는 고통스러운 생각이나 감정을 탐색하도록 돕는다.
- 내담자의 과거의 경험이 현재의 관계, 감정 및 행동에 어떻게 영향을 미치는지를 논의한다.
- 내담자의 반복되는 주제와 양식을 확인한다. 사고와 감정, 자기개념, 대인관계, 삶의 경험 등을 탐색한다.
- 내담자의 대인관계 방식과 경험에 초점을 맞추며, 문제적 대인관계 방식을 확인하도록 돕는다.
- 치료적 관계에 초점을 맞춘다. 치료자와의 경험을 통해 보다 나은 유연한 대처와 욕구 충족을 증진한다.
- 내담자의 상상 세계를 탐색한다. 자유연상을 통해 욕구나 소망, 갈등 등에 대한 깊은 자기이해를 돕는다.

73 심리학자의 윤리규정과 가장 거리가 먼 것은?

① 연구에 참여하는 대가로 성적에서의 가산점을 주는 경우, 연구 참여자에게 공평한 참여 기회를 주어야 한다.
② 심리학자는 자료를 위조하거나 조작해서는 안 된다.
③ 심리학자는 속임수를 쓰는 연구를 사용해서는 안 된다.
④ 심리학자는 자신의 역량이 지닌 한계 내에 있는 대상과 영역에서만 서비스를 제공해야 한다.

해설

<한국임상심리학회 윤리규정 제3장 연구 관련 윤리>
- 제29조 연구에서 속이기
  - 심리학자는 속이기 기법을 사용하는 것이 연구에서 예상되는 과학적, 교육적, 혹은 응용 가치에 의해서

정답 72. ① 73. ③

정당한 사유가 되고, 또한 속임수를 쓰지 않는 효과적인 대안적 절차들이 가능하지 않다고 결정한 경우를 제외하고는 속임수가 포함된 연구를 수행하지 않는다.

- 심리학자는 연구에 참여할 사람들에게 신체적 통증이나 심한 정서적 고통을 일으킬 수도 있다는 정보를 알려 주고 속이지 않는다.
- 심리학자는 실험에 포함된 속임수를 가능한 한 빨리, 가급적이면 연구 참여가 끝났을 때, 아니면 늦어도 자료수집이 완료되기 전에 설명함으로써 참여자들에게 자신의 실험자료를 철회할 수 있는 기회를 준다.

74 지역사회심리학 운동에서의 개입 수준과 실제적인 개입 활동에 관한 설명과 가장 거리가 먼 것은?

① 미시체계 수준: 개인이 사회적 관계 형성으로부터 얻을 수 있는 이득을 설명하고, 그 구체적인 기술을 개발하는 방법을 교육한다.
② 조직 수준: 학교나 단위 조직의 전반적인 성향을 분석하여 그들의 장단점을 분석하고 향후 개발 방향 등을 제시하여 준다.
③ 지역 수준: 수해나 지역 내 주요 사건을 중심으로 한 심리적인 영향을 분석하고 그에 대한 대비책 및 해결책을 제안하여 준다.
④ 거시체계 수준: 국회의원들의 성향을 분석하여 그들의 문제점을 분석하고 대안을 제시한다.

해설

지역사회심리학은 개인에게서 나타나는 정신건강 문제가 개인 자체의 문제인지 혹은 개인이 속한 사회집단, 국가와의 상호작용 속에서 나타나는 것인지를 검토하여 효과적으로 개입하고자 한다. 이를 기반으로 세 가지 수준에서 정신건강 문제를 분석한다.

- **개인 수준**: 개인과 그들이 속한 지역사회 환경과의 일대일 관계에 초점을 맞춘다. 즉, 개인의 정신건강은 그들이 살아가고 있는 환경의 영향을 받고, 또한 자신이 속한 환경에 영향을 준다는 것이다.
- **미시체계 수준**: 개인과 미시체계에 초점을 두고 분석한다. 미시체계는 개인이 가족, 친구와 같이 타인과 교류하는 환경을 의미하며, 학교나 회사 같은 조직 및 지리적인 지역 개념도 미시체계에 포함된다.
- **거시체계 수준**: 개인이 속한 거시체계에 초점을 두고 정신건강 문제를 분석한다. 거시체계는 개인이 속한 국가의 정부, 사회, 문화 등의 개념들을 말한다.

정답 74. ④

75 Naranzo가 기술한 게슈탈트치료의 도덕적 계율과 가장 거리가 먼 것은?

① 미래를 상상하라
② 지금을 살아라
③ 여기에 살아라
④ 자신의 실제 모습에 빠져라

해설

클라우디오 나란조(Claudio Naranjo)의 게슈탈트치료의 도덕적 계율
- 지금을 살아라.
- 여기에 살아라.
- 상상이 아닌 실제를 경험하라.
- 불필요한 생각을 하지 마라.
- 직접 표현하라(판단, 조작, 설명하지 마라).
- 유쾌함과 불쾌함을 모두 자각하라.
- 자신의 것이 아닌 모든 당위나 의무는 거부하라.
- 자신의 행동, 사고, 감정에 대해 온전히 책임을 져라.
- 자신의 실제 모습에 빠져라.

76 임상적 면접에 관한 설명으로 옳은 것은?

① 평가적 면접에서는 개방적 질문을 위주로 진행한다.
② 접수 면접에서는 치료비와 진료계획 등에 대해 설명할 수 있다.
③ 내담자가 불안해 할 때는 가능한 한 면담자 주도로 면담을 이끌어 가야 한다.
④ 지능검사에 명백하게 정신지체라고 판단되는 경우 추가 면접을 위해 환자 이외에 다른 사람과의 면접이 필요하다.

해설

접수 면접은 적절한 치료나 중재 계획을 권고하기 위해 환자의 증상이나 관심을 더 잘 이해하는 데 목적이 있다. 또한 환자에게 제공되는 서비스나 과정 절차, 비용이나 치료계획 등을 안내한다.

학습 Plus 면접의 유형

- **접수 면접**
  내담자가 찾아온 이유와 기관의 시설, 정책, 서비스가 내담자의 필요와 기대에 적합한가를 판단하는 것이 목적이다. 때로는 다른 전문기관으로의 의뢰 여부를 결정하기도 한다.

정답 75. ① 76. ②

• **위기 면접**
생명의 위협과 같은 급박한 상황에서 시행되며, 자살예방, 약물남용, 전화상담, 응급실, 가족폭력, 성폭력, 학교폭력 등 응급 상황에 적용된다. 이 경우 침착하게 '논지를 파악'해야 하고, 빠른 결정을 요구하는 것이 강조된다.
• **진단적 면접**
임상 진단을 내리기 위한 목적으로 실시되는 경우로, 환자의 질병 유형, 지속기간, 과거사 및 예후를 정확하게 평가하기 위해 증상 중심으로 면담한다.
• **심리평가적 면접**
심리평가 전후에 시행되는 면담으로, 면담을 받으러 오게 된 직접적 이유인 '주 문제'를 탐색하고, 발달사적 정보와 가족 배경, 가족 간의 역동 관계 등을 파악한다. 평가 후 면담에서는 심리평가 결과를 내담자의 면담 결과와 통합하여 종합적으로 해석한다.

77 변증법적 행동치료의 4가지 기술훈련에 해당하지 않는 것은?

① 고통감내(distress tolerance)
② 행동시연(behavioral rehearsal)
③ 마음챙김(mindfulness)
④ 감정조절(emotional regulation)

해 설

변증법적 행동치료(Dialectical Behavior Therapy: DBT)의 치료적 기술은 마음챙김(mindfulness) 기술, 대인관계 효율성(interpersonal effectiveness) 기술, 감정조절(emotional regulation, 기술, 고통감내(distress tolerance) 기술이 있으며, 마음챙김 기술이 가장 중요하게 가르치는 핵심기술이다.

학습 Plus 변증법적 행동치료의 치료 모듈

• **마음챙김 기술**
마음챙김 기술에서는 감정적 마음과 합리적 마음 간의 균형을 유지하면서 지혜로운 마음을 갖도록 훈련한다. 지혜로운 마음은 감정적 경험과 논리적 분석에 직관적 인식을 추가해 놓은 상태를 말하며, 다양한 마음챙김 기술을 통해 경험에 대한 심리적 균형을 유지하도록 돕는다.
• **대인관계 효율성 기술**
내담자가 구체적인 대인관계 문제를 해결하는 방법을 익히는 것으로서 사회적 기술과 자기주장 기술을 습득하면서 궁극적으로 대인관계에서 자신이 원하는 것을 이루도록 하는 것이 목표이다.

정답 77. ②

- **감정조절 기술**
  정서조절 기술에서는 불쾌한 정서를 제거하는 것이 목표가 아니라 정서적 고통을 줄이면서 강렬한 정서상태의 강도, 지속시간, 빈도를 감소시키기 위한 것이다. 감정을 회피하거나 저항하는 것이 아니라 자신의 감정과 함께 작업하는 것을 배운다.
- **고통감내 기술**
  고통감내 기술은 인간의 삶에서 필연적인 고통이나 아픔을 수용하고 감내하는 다양한 방법을 의미한다. 개인의 환경과 현재의 감정을 억지로 바꾸려 하지 않고 있는 그대로 인식하고 경험하며 자신의 생각과 행동방식을 통제하지 않은 채 수용하는 법을 배운다.

78 아동을 대상으로 심리치료를 할 때 고려해야 할 사항과 가장 거리가 먼 것은?

① 이상행동을 정상 발달의 맥락에서 이해하는 발달정신병리학적 관점을 취해야 한다.
② 구체적 조작기 후기까지도 언어적 요소에 중점을 둔 개입의 활용이 제한적이다.
③ 전조작기에 해당하는 아동에게는 놀이 같은 비언어적인 요소를 활용한 개입이 효과적이다.
④ 일반적으로 치료 장면에 자발적으로 오는 것이 아니므로 동기를 활성화시키고 유지하는 것이 중요하다.

해 설

구체적 조작기(7～11세) 후기에는 구체적 경험 중심의 논리적 사고가 발달하며, 자신과 타인에 대한 조망이 가능하여 이에 기반한 자기보고가 가능하기에 언어적 요소에 초점을 둔 개입의 활용이 가능하다.

79 임상심리학 초기의 학자와 그의 활동에 대한 연결로 틀린 것은?

① Kraepelin－신경증 환자의 치료법에 관심을 가졌다.
② Witmer－최초의 심리학 클리닉을 개원하였다.
③ Healy－성인지도 클리닉을 개원하였다.
④ Worcester－정신과 환자들에게 지지적 토론방법을 사용하였다.

정답 78. ② 79. ③

해 설

윌리엄 힐리(William Healy)는 의사로서 청소년 정신병질 연구소를 개설하여 청소년 비행의 연구와 치료에 초점을 두었다. 청소년 범죄의 연구와 진단, 치료에서 중요한 역할을 수행했으며, 이후 청소년 교정기관 및 법정에서 심리학자의 역할이 강조되기 시작했다.

80 Prochaska와 동료들이 제안한 내담자 행동 변화의 단계 순서가 옳은 것은?

① 숙고 전 → 숙고 → 준비 → 활동 → 유지 → 종결
② 준비 → 숙고 전 → 숙고 → 활동 → 유지 → 종결
③ 숙고 전 → 숙고 → 준비 → 유지 → 활동 → 종결
④ 준비 → 숙고 전 → 숙고 → 유지 → 활동 → 종결

해 설

- 프로차스카(Prochaska) 등에 의해 개발된 초이론적 변화단계 모델에서는 사람들이 행동 변화 과정을 밟아 가는 일련의 단계들을 소개하였다. 인식 전(숙고 전) 단계-인식(숙고)단계-준비단계-행동실천(활동)단계-유지단계-종결의 과정을 거치지만 증상의 재발을 통해 효과적인 전략을 검토하고 문제를 해결해 나가는 법을 배우게 된다.
- 프로차스카는 사람들이 변화하는 동안에 여러 번의 실수(slip)나 재발(relapse)을 하기도 하였지만, 변화 과정을 꾸준히 밟아 가는 동안에 결국 이전의 부정적 행동을 버리고 새로운 행동 습관을 갖게 된다고 보았다. 이 모델에 따르면 사람들은 여섯 단계—인식 전, 인식, 준비, 행동 실천, 유지단계, 재발—를 거쳐 가면서 새로운 행동 습관을 형성한다.

학습 Plus 변화단계 모델

- 인식 전(precontemplation) 단계
  내담자는 아직 변화에 대해 생각하지 않는다. 변화하고자 하는 마음이 없고 자신의 행동 패턴이 문제이고 위험할 수 있다는 사실을 믿지 않는다.
- 인식(contemplation)단계
  내담자는 문제행동에 대한 염려가 있음을 인정하고 변화의 가능성을 생각하기는 한다. 그러나 양가감정을 지니고 있으며 변화를 확신하지 않는다.
- 준비(preparation)단계
  내담자는 가까운 미래에 변화하려는 마음을 굳건히 하고 변화 계획을 세운다. 하지만 여전히 무엇을 해야 할지 생각 중이다.

정답 80. ①

• 행동실천(action)단계
내담자는 적극적으로 변화를 보이고 있다. 이 단계의 내담자들은 자신의 습관과 환경을 적극적으로 바꾼다. 그러나 안정 상태는 아직 도달하지 않았다.

• 유지(maintenance)단계
내담자는 문제행동 중단과 같은 초기 목표들을 달성하였다. 그리고 그 이득을 유지하려고 노력하는 중이다. 내담자들은 문제행동을 초래할 수 있는 위험한 유발 상황들을 알아차리는 방법과 이러한 상황에서 자신을 보호하는 방법들을 배운다.

• 재발(relapse)
내담자는 증상 재발을 경험했고, 이제 결과에 대처해야 하며, 앞으로 무엇을 해야 할지 결정해야 한다. 어떤 목표들이 비현실적인지, 어떤 전략들이 비효과적인지, 어떤 환경들이 효과적 변화를 일으키지 않는지 배우게 된다.

변화단계	면담자의 과제
인식 전	의구심 제기하기, 현재 행동의 위험과 문제에 대한 내담자의 지각 증진시키기
인식	결정저울, 변화의 이유 유발하기, 변화하지 않을 때의 위험 유발하기, 행동 변화를 위한 내담자의 자기효능감 견고히 하기
준비	변화에 적합한 행동실천 과정을 결정하도록 내담자 돕기, 행동 변화 계획 세우기
행동실천	계획을 실행하도록 돕기, 기술 활용하기, 문제 해결하기, 자기효능감 지지하기
유지	재발을 파악하도록 돕기, 재발을 예방하기 위한 전략들을 활용하도록 돕기, 관련 문제들을 해결하기
재발	재발로 인해 정체되지 않도록 지지하기, 재발 비난하지 않기

7 2016년 기출문제

61 자신, 타인, 세상에 대한 '반드시 ~해야 한다(should or must)'는 식의 불합리한 요구를 정서적 스트레스와 행동적 문제의 원인으로 보고 이를 치료하려는 접근법을 제안한 학자는?

① Beck ② Ellis

③ Wolpe ④ Eysenck

해 설

Ellis의 합리적 정서행동치료(Rational Emotive Behavior Therapy: REBT)에 따르면, 내담자의 문제는 일어난 사건이 아니라 개인이 갖고 있는 비합리적인 신념에서 비롯된다고 보았다. 특히 비합리적 신념의 근간이 되는 자신, 타인, 세상에 대한 당위성이 정서적 스트레스와 행동적 문제의 근원으로 보고 치료적 접근을 하였다.

<당위성의 유형>

- 자신에 대한 당위성
  '나는 실수해서는 안 된다.' '나는 항상 올바르게 행동해야 한다.' '나는 성공해야 한다.' '나의 외모는 매력적이어야 한다.' '나는 절대 살쪄서는 안 된다.'
- 타인에 대한 당위성
  '가족이니까 나에게 관심을 가져야 한다.' '사람들은 내 말을 잘 들어 줘야 해.' '가족은 나에게 화를 내면 절대 안 된다.' '자식이니까 내 말을 들어야 한다.' '사람들은 서로 돕고 이해해야 한다.'
- 세상에 대한 당위성
  '우리가 사는 세상은 항상 공정하고 안전해야 한다.' '나의 가정(직장)은 문제가 없어야 한다.' '우리 집에 나쁜 일이 일어나서는 안 된다.'

정답 61. ②

62 신경심리학 영역에서 사용하는 주요 검사와 주 평가 영역에 관한 설명으로 틀린 것은?

① Rey-Osterrieth Complex Figure Test: 시공간적 기억의 평가, 즉각 회상과 지연 회상 등 포함
② Wisconsin Card Sorting Test: 언어적 능력
③ Purdue Pegboard Test: 정교한 시각-운동 협응능력
④ Controlled Oral Word Association: 단어 유창성을 통한 전두엽 및 측두엽 기능 평가

해설

위스콘신 카드분류 검사(Wisconsin Card Sorting Test: WCST)
전두엽의 실행 기능을 평가하는 검사로, 추상적인 개념을 형성하고 범주화하는 능력과 피드백에 따라 인지틀(cognitive set)을 변환하거나 유지하는 인지적 융통성을 측정한다. 전산화된 WCST에서는 스크린을 통해 제시된 도형카드를 색, 모양, 개수 등 분류 규칙에 따라 분류하도록 지시한 후에 '맞다/틀리다'의 피드백을 줌으로써 피검자가 스스로 과제에서 요구되는 색, 모양, 개수와 같은 범주 규칙을 찾도록 한다.

학습 Plus 실행 기능(executive functions)

- 실행 기능이란 독립적이고 목표지향적으로 자신의 행동을 조절, 통제, 관리해 나가는 능력으로, 추론능력, 계획을 세우고 계획에 따라 순서대로 일을 처리하는 능력, 융통성, 판단력 및 통찰력, 상황에 맞게 적절한 사회적 행동을 하는 능력 등이 포함된다. 실행 기능은 전두엽, 특히 전전두 영역과 관련되어 있다.
- 개인의 실행 기능을 평가하기 위해서는 관련된 신경심리학적 검사뿐만 아니라 면담, 행동관찰 및 영상의학적 검사 등 다양한 출처의 자료에 대해 면밀한 검토가 필요하다.
- 실행 기능을 평가하는 검사
  - 위스콘신 카드분류 검사(Wisconsin Card Sorting Test: WCST)
  - 스트룹 검사(Stroop Test)
  - 공통성 검사(WAIS)
  - 언어유창성 검사(Verval Fluency Test)
  - 선로 잇기 검사(Trail Making Test)
  - 레이 복합도형 검사(Rey-Osterrieth Complex Figure Test: R-CFT)
  - 런던 탑(하노이 탑) 검사
  - 운동조절능력 과제(예 Go-No-Go Test, Luria 3-Step Test)
  - 통제 단어 연상 검사(Controlled Oral Word Association Test: COWAT)

정답 62. ②

63 정신분석이론에 관한 설명과 가장 거리가 먼 것은?

① 정신결정론을 주장하며 무의식의 중요성을 강조한다.
② 자아는 실행 기능을 담당하며 현실원리에 따른다.
③ 방어기제가 언제나 부적응적인 것은 아니다.
④ 초자아는 도덕적 판단자로서 의식으로만 이루어져 있다.

해설

- 초자아(super ego)는 행위를 판단하게 하는 도덕적 규범이나 가치관으로서 도덕원리에 따라 기능한다.
- 초자아는 상당 부분이 무의식에서 기능하지만 일부는 의식될 수 있다. 원초아는 대부분 무의식 속에서 기능하며, 자아는 의식과 전의식 수준에서 외부 현실과 접촉하며 원초아의 소망과 현실의 요구를 절충하는 기능을 한다.

학습 Plus 성격의 삼원구조 이론(tripartite rheory of personality)

- **원초아(id)**: 무의식적 정신에너지의 저장소이며, 쾌락의 지배를 받아 현실에 의해서 구속 받지 않고 즉각적 만족을 추구한다(쾌락원리). 자기중심적이고 비현실적이며 비논리적인 원시적 사고 과정을 나타낸다.
- **자아(ego)**: 환경에 대한 현실적인 적응을 담당하며, 원초아와 초자아 간의 균형을 유지하고 둘 간의 갈등을 중재하는 역할을 한다(현실원리). 현실의 여건을 고려하여 판단하고 욕구 충족을 지연하며 행동을 통제하는 성격의 중심 구조이다.
- **초자아(super ego)**: 행동의 선악을 이끄는 도덕적 규범이나 가치관으로서 5~6세에 형성되기 시작하여 10~12세가 되어야 제대로 기능한다(도덕원리).

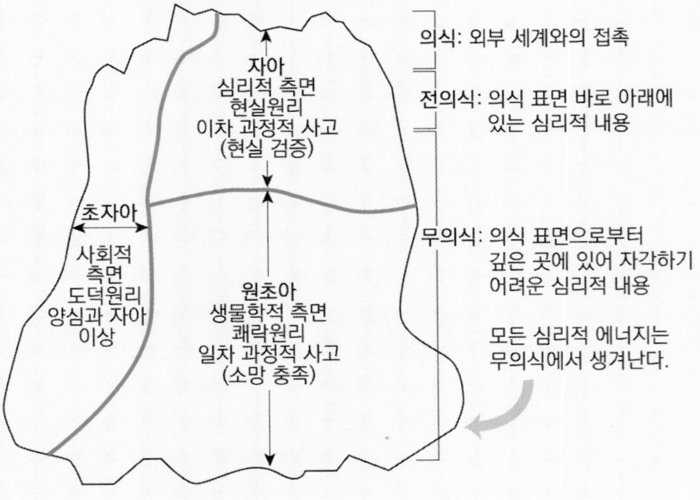

정답 63. ④

64 임상심리학자의 역할 중 하나인 자문에 대한 내용과 가장 거리가 먼 것은?

① 고등학교 교장에게 회의시간에 자신에게 공개적으로 도전하는 교사에 대처하는 가장 좋은 방법에 대한 지침을 제공하는 것

② 소아과 의료진들에게 청소년들이 병동에서 다른 환자들과 성적인 문제를 일으키는 것을 줄이기 위한 프로그램을 개발해 주는 것

③ 수많은 성격 갈등 때문에 비생산적이고 비효율적인 결과를 빚고 있는 어떤 회사의 팀 구성원들에게 서로 더 잘 지낼 수 있는 방법을 알려 주는 것

④ 내향적인 성격과 대인관계에 대한 두려움으로 인해 교우관계에 어려움을 겪고 있는 학생을 대상으로 지속적인 개입을 제공하는 것

해설

- 내향적인 성격, 대인관계의 두려움을 호소하는 학생에 대한 지속적인 개입은 심리상담에 해당된다.
- 임상심리학자들에 의해 수행되는 자문에는 비공식적인 동료집단 자문, 내담자중심 사례 자문, 프로그램중심 행정 자문, 피자문자중심 사례 자문, 피자문자중심 행정 자문이 있다.

학습 Plus 자문의 유형

임상심리학에서 자문은 병원, 진료소, 학교, 사업체 및 정부기관과 같은 다양한 공동체 장면에서 특정 질문들과 문제들에 대한 인간 행동의 지식과 이론을 응용하는 것을 말한다.

- **비공식적인 동료집단 자문**: 내담자에게 필요한 더 좋은 치료 전략을 얻기 위해 동료에게 해당 사례에 관한 자문을 요청하는 것을 말한다. 심리학자는 더 좋은 치료 전략에 대한 통찰을 얻기 위해 동료에게 해당 사례에 대한 논의를 요청할 수 있다.
- **내담자중심 사례 자문**: 특정한 환자의 치료나 보호에 책임이 있는 또 다른 심리학자 등의 동료 자문가에게 자문을 하거나, 보다 적절하게 환자의 특별한 요구를 충족시키기 위해 책임 있는 동료에게 자문을 구하는 것을 말한다.
- **프로그램중심 행정 자문**: 개인적인 사례보다는 프로그램이나 제도에 초점을 둔다. 진료소, 실무, 연구 프로그램 및 전체적 쟁점이 되는 문제에 관한 중요한 기능적 측면에 대한 자문을 제공한다.
- **피자문자중심 사례 자문**: 개인 사례나 환자와 관련된 문제들보다는 피자문자의 경험 내용에 대해 전문 자문가로부터 도움을 받는 것을 말한다.
- **피자문자중심 행정 자문**: 기관 내의 행정적인 쟁점과 인사 쟁점에 관한 업무에 대해 전문 심리학자의 자문을 구하는 것을 말한다.

정답 64. ④

65 임상심리학의 과학자-전문가 모델에 관한 설명과 가장 거리가 먼 것은?

① 진단, 치료, 연구 외에도 일반심리학, 행동의 정신역동, 인접 학문 분야의 교육과정이 강조된다.

② Boulder 모델로 알려져 있으며, 박사학위 과정 취득을 요구한다.

③ 임상심리학자는 일차적으로 심리학자이고, 이후 임상가가 되어야 함을 강조하는 모델이다.

④ 1970년대 Vail 모델로 계승되어 과학과 임상 실습을 모두 포용하는 특징을 보인다.

해 설

- Vail 회의(1973)에서 새로운 수련 모델인 학자-전문가 모형(scholar-practitioner model)이 수립되었다. 학자-전문가 모형(scholar-practitioner model)에서는 임상 수련에 있어 연구를 최소화하고 전문적인 심리서비스를 제공할 것을 강조한다. 이 모형에서는 전문가로서의 과학적 · 학문적 기능이 덜 강조되고 임상적 기능이 강조된다.
- Boulder 회의(1949)에서 임상심리학자의 과학자-전문가 모형(scientist-practitioner model)이 수립되었다. 이 모형에서는 임상심리학자들은 심리치료 및 평가와 같은 전문적인 심리학적 서비스뿐만 아니라 연구를 행하는 데 있어서도 유능해야 함을 강조한다.

66 MMPI 혹은 MMPI-2에 관한 설명과 가장 거리가 먼 것은?

① 타당도 척도는 수검자의 동기와 수검 태도에 대한 이해의 수단을 제공한다.

② 보충 척도는 연구용이므로 해석에는 활용하지 않는다.

③ 상승한 척도 점수를 기반으로 해석하는 것은 과잉단순화의 오류 가능성이 높다.

④ MMPI와 MMPI-2를 통해 정신역동적인 미묘한 상호작용에 대한 정보를 얻기는 힘들다.

해 설

원판 MMPI가 출시된 이래 타당도 및 임상척도의 해석을 보완할 목적에서 보충 척도가 개발되었다. MMPI-2에서 사용되는 보충 척도는 567문항에 모두 응답했을 때 채점이 가능하다. 일반적으로 T점수가 65점 이상일 때 높은 점수로 간주한다.

정답 65. ④ 66. ②

학습 Plus MMPI-2 보충 척도

보충 척도		
A	불안	불안 증상, 자신감 부족, 관습에 순응적, 의사결정 곤란, 낮은 적응력
R	억압	순종적, 관습적, 과잉통제 경향, 신중하고 조심스러움, 느린 행동 경향
Es	자아 강도	심리적 적응 및 치료적 예후의 지표, 책임감과 인내력이 있고 안정적
Do	지배성	현실적 · 업무중심적 성향, 자신감, 유능감, 추진력, 주도적, 적극적
Re	사회적 책임감	정의감, 성실함. 자신에게 높은 기준 적용, 자신감이 강하고 독립적
Mt	대학생활 부적응	근심, 걱정, 긴장, 비관주의, 지연행동, 대학생활 전반의 부적응 시사
PK	외상 후 스트레스 장애	정서적 고통감, 불안 및 수면장애 증상, 죄책감, 우울감, 통제 불능감
MDS	결혼생활 부적응	전반적인 부적응과 우울, 타인 거부 경험, 결혼관계의 부적응 시사
Ho	적대감	타인에 대한 의심, 분노, 적대감, 불친절, 냉소적 태도, 투사
O-H	적대감 과잉통제	내재된 분노감, 적대감을 부인, 억제, 부적 정서 자극에 과잉반응 경향
MAC-R	알코올 중독	알코올(물질) 사용 관련 문제가 있거나 잠재적 발전 가능성 시사
AAS	중독 인정	알코올 혹은 물질 남용 문제를 자각하고 도움을 구하는 정도를 반영
APS	중독 가능성	현재 물질 남용보다는 물질 남용의 가능성 혹은 취약성을 반영
GM	남성적 성역할	전형적인 남성적 흥미와 활동 선호, 두려움이나 불안을 부인하는 성향
GF	여성적 성역할	전형적인 여성적 흥미와 활동 선호, 예민함, 순응적 성향 반영

67 법정심리학자의 영역과 가장 거리가 먼 것은?

① 위험 예측　　② 아동양육권
③ 배심원 선정　　④ 행정자문

해설

- 법정심리학(forensic psychology)이란 법률적인 쟁점에 대한 심리학의 응용 학문으로 정의된다. 법정심리학자들은 인간 행동의 원리들을 재판제도나 법률제도에 사용하는 데 전문화되어 있다.
- 법정심리학자들은 피고인에 대한 심리평가, 전문가 증언, 아동 양육 조정을 위한 평가, 비행 예측 평가, 법정 자문, 배심원 선정 등을 제공할 수 있다.

정답 67. ④

68 체계적 둔감화의 본질적인 치료 원리 및 절차와 가장 거리가 먼 것은?

① 이완 훈련　② 역조건 형성
③ 도구적 조건 형성　④ 고전적 조건형성

해설

- 체계적 둔감화(Systematic Desensitization)는 Wolpe에 의해 개발된 기법으로, 공포증과 같은 불안장애의 치료에 효과적이다. 주로 특정 사건, 사람, 대상에 대한 불안이나 공포가 있는 사람들의 치료를 위해 고안된 것으로, 공포 관련 부적응 행동이나 회피 행동 또는 일반화된 공포 치료에 적용된다.
- 불안을 유발하는 상황들을 생각하도록 함으로써 불안과 병존할 수 없는 이완을 연합시켜 불안을 감소 또는 소거시키는 고전적 조건형성 기법이다. 공존할 수 없는 새로운 반응(신체적 이완)을 통해 부적응적 반응(불안, 공포)을 억제하는 역조건 형성의 원리를 이용한다.

학습 Plus 체계적 둔감화 절차

① **1단계**: 이완훈련
- 이완상태에서는 불안이 일어나지 않는다는 원리를 토대로 한다(상호억제원리).
- 상담자는 수회에 걸쳐 내담자가 긴장을 이완할 수 있도록 훈련한다.

② **2단계**: 불안위계목록 작성
- 내담자가 가지고 있는 불안(공포)에 대한 정보와 증상, 행동을 파악한다.
- 불안(공포)을 일으키는 유발 상황에 대한 위계목록을 작성한다.

③ **3단계**: 불안위계목록에 따른 둔감화
- 이완상태에서 내담자가 불안을 유발하는 상황을 상상하도록 유도한다.
- 순서는 불안(공포)을 가장 적게 느끼는 상황에서부터 시작하여 높은 수준의 불안으로 옮겨 가는 것이 바람직하다.
- 불안 상황에서 불안 반응을 더 이상 보이지 않을 때까지 반복하여 실시한다.

69 연대별 한국의 주요 임상심리학적 사건에 관한 설명으로 틀린 것은?

① 1960년대: 병원 장면에 진출하여 심리평가를 주로 담당함
② 1970년대: 한국심리학회로부터 임상심리전문가 자격 규정을 정식으로 인증 받음
③ 1980년대: 정신요양원의 비인도적 처우 등을 개선하기 위하여 「정신보건법」을 제정함
④ 1990년대: 정신보건 임상심리사 등 임상심리학의 법적 권위를 부여 받음

정답 68. ③ 69. ③

해설

정신요양원의 비인도적 처우 등을 개선하기 위하여 「정신보건법」은 1995년에 제정되었다. 정신질환자의 의료 및 사회 복귀에 관하여 필요한 사항을 규정함으로써 국민의 정신건강 증진을 목적으로 둔다.

<한국의 임상심리학 역사의 주요 사건>

- 1946년 조선심리학회(한국임상심리학회의 전신) 창립
- 1964년 임상심리분과회의 창설
- 1972년 임상 및 상담심리전문가 자격 규정의 신설
- 1987년 임상 및 상담 분과의 분리
- 1995년 「정신보건법」의 제정
- 1997년 정신보건임상심리사 자격제도의 시행
- 2003년 국가기술자격 임상심리사2급 시행
- 2016년 「정신건강증진 및 정신질환자 복지서비스 지원에 관한 법률」의 제정

70 Rorschach 검사의 지표에 대한 해석적 의미로 가장 적합한 것은?

① Zf=0: 자아를 성찰하는 내성적 활동과 연관된다.
② FD: 복잡한 인지적 책략을 사용하여 과제에 접근하는 정도를 나타낸다.
③ W:M의 비율: 자극 상황을 전체적으로 다루려는 의욕 및 동기와 관련된다.
④ CONFAB: 환경에 대한 태도가 매우 비관적임을 나타낸다.

해설

- 열망 지표(Aspirational Index)는 W와 M의 총 빈도 수를 기록한다. W반응은 과제에 대한 인지적 노력의 정도를 나타내며, M반응은 고차적인 개념화 및 추론능력과 관련 있는 변인으로, 성취지향적인 활동을 하는 데 필요한 실제적인 능력에 대한 지표이다.
- Zf는 자극을 조직화하려는 경향의 정도를 나타낸다. 높은 수준의 Zf는 정확한 지각처리능력과 높은 인지적 노력과 조작의 가능성을 나타낸다. 낮은 수준의 Zf는 정보를 적절히 처리하는 데 요구되는 노력을 덜 기울인다고 볼 수 있다.
- FD반응은 내성능력과 자기자각능력을 반영한다. 높은 FD반응은 자기성찰과 자기인식이 가능하며, 내성적인 사람들에게서 높게 나타나는 경향이 있다.
- **통합 실패**(Confabulation: CONFAB): 한 반점의 부분에 대해 주의를 기울여 반응한 후 보다 큰 영역 또는 반점 전체로 일반화시키는 경우를 말한다. 이는 심각한 병리적 특성과 지각적-인지적 손상을 시사한다.

정답 70. ③

71 행동적 접근 및 인지행동적 접근에서 주로 사용하는 치료기법과 증상에 관한 설명으로 가장 거리가 먼 것은?

① 이완기법은 스트레스를 많이 경험하는 환자를 대상으로 하여 긴장된 스트레스 상황에서 긴장을 해결하기 위해 사용한다.

② 노출치료는 광장공포증이 있는 환자들에게 많은 사람 앞에서 연설을 하도록 한다.

③ 자기주장훈련은 극심한 소극성을 가진 환자들을 대상으로 하여 다른 사람들에게 자신이 요구하는 바를 말하도록 한다.

④ 혐오치료는 인터넷 중독에 빠진 중학생을 대상으로 왜곡된 인지를 수정한다.

해 설

혐오치료(aversion therapy)는 역조건 형성의 일종으로서 바람직하지 못한 행동에 혐오자극을 제시하여 부적응적인 행동을 수정하는 기법이다. 혐오자극으로는 화학물, 시청각 자료, 내현적 가감법, 타임아웃, 과잉교정 등이 있다. 혐오기법을 계획하고 적용할 때는 신체적, 정서적으로 부정적인 영향을 미치지 않도록 주의해야 하며 내담자의 권리와 선택을 존중해야 한다.

<혐오치료의 예>

- **화학물 사용**: 알코올 중독 행동을 제거하기 위해 구역질을 유발하는 화학물을 사용하여 술을 마실 때마다 불쾌 경험을 느끼게 함으로써 알코올에 대한 욕구를 감소시킨다.
- **시청각 자료**: 금연을 위한 슬라이드나 담배와 관련된 질병에 걸려 고통스러워하는 장면의 자료 등을 통해 담배에 대한 싫증과 혐오감을 갖도록 한다.
- **내현적 가감법**: 불쾌감을 연상시켜 바람직하지 못한 행동을 소거하는 방법으로, 흡연, 비만, 약물남용 등의 치료에 효과적이다.
- **타임아웃**: 부적절한 행동에 대해 정적 강화의 기회를 일시적으로 박탈하는 기법으로, 수업을 방해하는 아이를 일시적으로 나가 있게 하는 경우이다.
- **과잉교정**: 부적절한 행동이 나타날 때, 즉시 그 행동 이전의 환경 조건보다 훨씬 나은 상태로 회복시키도록 하는 것이다. 가령, 식당 바닥에 음식을 흘리는 아이에게 흘린 음식은 물론 식당 바닥 전체를 청소하게 한다.

정답 71. ④

72 치료 성과와 관련 있을 것으로 일반적으로 생각되지만, 경험적으로 지지되지 않고 있는 환자-내담자 변인의 예와 가장 거리가 먼 것은?

① 남성 내담자들이 더 나은 치료 성과를 얻을 것이다.
② 내담자의 나이가 많으면 치료 결과가 나쁠 것이다.
③ 동기 수준이 높은 내담자만이 좋은 치료 성과를 얻을 수 있을 것이다.
④ 사회경제적 지위가 높은 내담자들이 더 나은 치료 성과를 얻을 것이다.

해설

경험적으로 지지된 치료(Emprically supported Treatment: EST)란 특정한 환자에게 특정한 방식의 치료를 구체적으로 어떻게 시행했을때 효과적인가를 밝혀서 그에 적합한 치료를 실시하는 것을 말한다. 경험적으로 지지되는 환자-내담자 변인으로는 고통의 정도, 동기 수준, 지능, 연령, 내성능력, 치료자에 대한 내담자의 태도, 사회경제적 지위 등이 유관성을 지니는 것으로 나타났다. 성별에 대한 경험적 연구에서는 변인 간 차이가 없는 것으로 보고되고 있다.

73 행동평가의 기본 입장에 대한 설명으로 가장 적합한 것은?

① 직접적 평가방법의 강조
② 개인의 내현적 · 주관적 측면을 강조
③ 행동은 현재의 결과보다 과거의 결과에 의해 지속됨
④ 행동의 기저 원인을 강조

해설

행동평가는 특정한 상황에서의 행동적 경향성, 즉 행동과 상황의 상호작용을 알아보려는 것이다. 행동평가에서는 관찰해야 할 분명한 표적행동을 규명하고, 현재 행동의 결과뿐만 아니라 행동을 이끄는 직전의 선행조건을 탐색한다. 명확하고 직접적인 평가를 위해 관찰자(부모, 교사)에 의한 관찰, 이야기 기록(관심 행동을 기록하고 추론), 평가 기록 등을 활용한다.

학습 Plus | 행동평가방법

- **행동적 면담**
  선행 사건, 행동, 결과 간의 관계를 기술하고 이해하는 데 초점을 둔다. 구체적인 표적행동의 빈도, 강도, 지속시간 등을 기술하며 당면한 문제의 인과적 요인을 확인한다.

정답 72. ① 73. ①

• **행동적 관찰**
문제행동과 관련된 모든 행동이 표적행동이 되며, 모든 행동은 명확히 관찰할 수 있도록 객관적이고 분명하게 정의되어야 한다. 자연 상태에서의 관찰, 관찰자(부모, 교사)에 의한 관찰, 이야기 기록(관심 행동을 기록하고 추론), 평가 기록 등을 활용한다.

• **기능 분석**
행동의 결과만을 보는 것이 아니라 행동을 이끄는 선행조건에 대해서도 분석이 이루어지는 것으로, 행동이 이루어지게 된 원인, 환경적인 자극, 행동을 유지시키거나 발달시키는 요인, 결과와의 관계를 분석한다.

• **자기보고 평가**
행동평가를 위한 자기보고 검사나 측정치를 활용하는 방법이며, 때론 질문지나 평가지가 부모, 교사 등의 주변인들에 의해 평가될 수 있다. 보다 구체적인 문제 특성을 밝히는 데 유용하다.

74 지역사회심리학의 핵심 개념 중 생태학적 분석 수준에 관한 설명과 가장 거리가 먼 것은?

① 개인 수준에서 지역사회심리학자들은 개인과 환경 간의 관계를 연구한다.

② 조직은 보다 큰 거시체계의 세트이다.

③ 미시체계는 개인이 가족, 친구, 동업자 등 타인과 함께 직접 참여하는 환경의 관계에 초점을 둔다.

④ 지역은 다양한 미시체계의 조직으로 이루어진다.

해 설

• 지역사회심리학은 유전적 요소, 가정의 역사, 사회경제적 수준, 가정생활의 질, 문화적인 배경과 같은 요인들이 개인의 발달과 관련된다고 보는 생태학적 이론에 기반한다.
• 생태학적 분석을 통해 인간과 환경 간의 상호 관계를 규명하고 이해하고자 한다. 즉, 개인에게 나타나는 정신건강 문제가 개인 자체의 문제인지, 개인이 속한 사회집단, 국가와의 상호작용 속에서 나타나는지를 검토한다.
• 지역사회심리학은 세 가지 수준에서 정신건강 문제를 분석한다.
  - **개인적 수준**: 개인과 그들이 속한 지역사회 환경과의 일대일 관계에 초점을 맞춘다. 즉, 개인의 정신건강은 그들이 살아가고 있는 환경의 영향을 받고, 또한 자신이 속한 환경에 영향을 준다는 것이다.
  - **개인과 미시체계 수준**: 미시체계는 개인이 가족, 친구와 같이 타인과 함께 교류하는 환경을 의미하며, 학교나 회사 같은 조직이 포함될 수 있다. 또한 지리적인 지역 개념도 분석 수준에 포함된다.
  - **개인이 속한 거시체계 수준**: 거시체계는 개인이 속한 국가의 정부, 사회, 문화 등의 개념을 말한다. 거시체계에 초점을 두고 정신건강 문제를 분석한다.

정답 74. ②

75 Type A 행동 패턴을 가진 사람들의 특성과 가장 거리가 먼 것은?

① 시간이 빨리 간다고 지각한다.

② 지연된 반응을 요구하는 과제에서 수행이 향상된다.

③ 좌절하면 공격적이고 적대적이 된다.

④ 피로감과 신체적 증상을 덜 보고한다.

해설

- 프리드먼(Friedman)과 로젠먼(Rosenman)은 A유형 행동의 특징을 설명하며, 스트레스와 성격 및 질병 간의 관계를 설명하였다.
- A유형의 행동 특성은 일할 때 지나치게 경쟁적이고 공격적이며, 일이 뜻대로 안 되면 쉽게 짜증과 화를 내고, 항시 서두르며 늘 시간에 쫓기듯 살고, 말이 빠르고 격정적이며, 휴식도 없이 일을 하는 일 중독의 특성을 보이는 것으로 나타났다. 이들은 지연된 반응을 요구하는 과제의 수행이 낮은 편이다.
- A유형과 반대로 B유형은 여유 있고 느긋하고 편안하며, 차분하고 인내심이 많은 특성을 보인다. A유형은 심장병 발병과 관련이 있다고 보았고, 화를 잘 내고 공격적인 특징으로 인해 스트레스에 취약하며, 사회적 지지가 낮은 유형으로 설명하고 있다.

76 정신사회재활의 목표와 가장 거리가 먼 것은?

① 환자의 정신병적 증상의 경감

② 환자의 사회적 기능 회복

③ 환자의 대인관계 기술 증진

④ 환자의 인지 기능 향상

해설

정신사회재활이란 정신적 장애를 지닌 환자에게 신체적 · 정서적 · 사회적 · 지능적 기술을 제공하여 지역사회에 적응할 수 있도록 돕는 것을 말한다. 이를 위해 인지 재활, 직업 재활, 사회적 재활 등을 제공하여 개인의 능력을 최대한 개발할 수 있도록 돕는다.

정답 75. ② 76. ①

77 치료계획 수립에 관한 설명으로 가장 적합한 것은?

① 치료계획 수립에서 참여, 협의는 환자에 대한 책임감을 가지고 있는 가족 및 전문가에 한해야 한다.
② 치료계획의 수립은 잠정적 가설이며 불변의 계획이 되어서는 안 된다.
③ 치료계획 수립에서 환자의 병리를 고려하여 치료자가 가장 적절한 계획을 세워 안내해 주는 것이 바람직하다.
④ 치료계획 수립 시 치료자가 가지고 있는 접근법에 대한 설명을 해 주는 것은 환자로 하여금 방어를 일으킬 수 있는 것이기 때문에 치료자의 접근법을 개방해서는 안 된다.

해설

- 치료계획 수립에서 참여 및 협의는 환자 및 환자에 대한 책임감을 가지고 있는 가족 및 전문가가 함께 한다.
- 치료계획 수립에서 개인의 부적응 증상을 경감하고 심리적 성장을 증진하기 위한 계획을 세우고 협력적 관계 속에서 계획이 수립되고 실행되어야 한다.
- 치료계획 수립 시 치료적 접근법에 대한 설명을 제공하는 것은 치료 저항을 낮추고 치료적 동맹을 형성하는 데 도움이 된다.

78 위기 면접에서의 면접자 태도로 적합한 것을 모두 고른 것은?

ㄱ. 환자와 원만한 라포 형성이 중요하기 때문에 비지시적인 태도로 최대한 편안하고 아늑한 분위기를 조성한다.
ㄴ. 자신 및 타인을 해칠 중대한 위험이 있는지를 판단하기 위해 노력한다.
ㄷ. 정확한 임상진단보다는 환자의 안전에 대한 개입이 우선시되어야 바람직하다.
ㄹ. 면접자는 결정적인 질문을 하는 동안 침착하고 명석한 태도를 유지하여야 한다.

① ㄹ
② ㄱ, ㄴ, ㄷ
③ ㄴ, ㄷ, ㄹ
④ ㄱ, ㄴ, ㄷ, ㄹ

해설

위기 면접은 환자가 중대하고 외상적이며, 생명을 위협하는 위기 상태에 놓여 있을 때 실시한다. 위기 면접 시에는 문제를 신속하게 파악하고 결정을 내려야 하며, 내담자의 욕구를 명료화하고, 조언과 지시를 적절히 사용하며 침착하고 단호한 태도를 유지해야 한다.

정답 77. ② 78. ③

학습 Plus 면접의 유형

① **초기 면접(접수 면접)**
- 초기 면접의 목적은 가장 적절한 치료나 중재 계획을 세우기 위해 환자의 증상이나 문제를 더 잘 이해하는 데 있다.
- 초기 면접 동안 치료 절차, 제공되는 서비스에 대한 환자의 질문에 답하며 일련의 과정들에 대한 정보를 제공한다.

② **정신상태검사 면접**
- 정신상태검사 면접은 환자의 심리적 기능 수준과 정신적 현상의 유무를 선별하기 위해 수행된다.
- 정신상태검사(mental state examination)의 결과는 더 깊은 평가와 중재를 위한 어떤 방향을 제시할 뿐만 아니라 환자가 겪고 있는 가능한 정신과적 진단에 대한 예비 정보를 제공한다.
  * 정신상태검사(mental state examination): 외모, 몸가짐, 언어 및 의사소통, 감정, 사고 과정, 통찰, 판단력, 주의, 집중, 기억 및 지남력 등을 평가한다.

③ **위기 면접**
- 위기 면접은 환자가 중대하고 외상적이며, 생명을 위협하는 위기 상태에 놓여 있을 때 실시한다.
- 위기 면접 시에는 문제를 신속하게 파악하고 결정을 내려야 하며, 내담자의 욕구를 명료화하고, 조언과 지시를 적절히 사용하며, 침착하고 단호한 태도를 유지해야 한다.

④ **진단적 면접**
- 진단적 면접의 목적은 환자의 특정 진단에 대한 명확한 이해를 얻는 것이다.
- 정신과적 문제를 파악하기 위해 『정신질환의 진단 및 통계 편람(DSM-5)』 등을 사용하며, 면접의 목표는 환자가 특정 장애의 진단 준거에 부합되는지의 여부를 밝히는 데 있다.

⑤ **컴퓨터 보조 면접**
- 컴퓨터 보조 면접은 상담자와 면-대-면으로 만나기 전에 환자가 자신의 관심사에 대한 다양한 질문에 대답할 수 있도록 구성되어 있다.
- 면접의 결과는 치료 과정에서 내담자를 도와주기 위해 사용되며, 민감하고 잠재적인 질문의 대답을 효과적으로 돕는다.

79 다음에서 설명하는 대인관계에서의 심리적 기제 전체를 설명하는 정신역동적 용어는?

> 편집증 환자가 어떤 표적 대상을 만났을 때, 그 표적이 사악한 의도를 가지고 있다고 생각하고 그를 비난하면 표적 대상은 실제로 편집증 환자의 기대처럼 공격적이고 사악한 언행을 하기 쉽다.

① 반사 전이 ② 투사적 동일시
③ 편집-분열 위상 ④ 양극성 자기

정답 79. ②

해설

- 투사적 동일시(projective identification)는 투사와 내사의 과정이 함께 작동하여 나타나는 방어적 기능을 말한다. 자신의 분할된 부분을 타인에게 돌리고(투사, projection), 외부에서 일어난 일을 자신에게 생겨난 일로 여겨(내사, introjection) 타인을 통제함으로써 자신의 내적인 상황을 통제하려는 원시적 방어기제를 말한다. 투사의 대상을 심각하게 왜곡하지만 대개 투사되는 것이 자기 것임을 인식하지 못한다. 상대방은 오해 받는 것에 대해 분노하게 되는데, 이로 인해 편집증 환자의 병리적 양상이 반복된다.
- 반사 전이(mirror transference)란 아동기에 상황에 맞게 자신을 드러내었을 때 어머니가 눈빛으로 보여주었던 무언의 인정과 마찬가지로, 치료자도 확신을 주고 정당함을 인정해 주기를 기대하는 것을 말한다.
- 편집-분열 위상(paranoid-schizoid position)이란 편집증 환자가 감정적 손상으로부터 벗어나기 위해 모든 '악한 것'을 분리시켜서 이를 외부의 인물들에게 투사하는 것을 말한다. 이로 인해 지속적으로 외부적인 공격자나 박해자들에 대응하는 희생자의 역할을 유지한다.
- 양극성 자기(bipolar self)란 아동이 성숙해 감에 따라 초기 모자관계에서 상실되었던 완전성을 획득하려 하며, 이때 '과장된 자기(grandiose self)'로서 완전성을 획득하려고 하거나, 부모에게 완전성을 부여하는 '부모상의 이상화(idealized parental image)'를 통해 얻고자 한다. 이러한 두 가지 극이 이른바 '양극성 자기(bipolar self)'를 구성하면서 발달하게 된다. 이때 부모의 적절한 양육이 제공되면 과장된 자기는 건강한 야망으로 변형되고, 이상화된 부모상은 이상이나 가치의 형태로 내재화된다.

80 심리학자의 윤리규정 중 비밀정보의 공개가 허용될 수 있는 조건과 가장 거리가 먼 것은?

① 익명성이 보장되도록 조치한 경우
② 개인이나 기관의 동의
③ 법적인 인증
④ 교사의 요청

해설

심리학자의 윤리규정 중 비밀정보의 예외 원칙은 생명에 위협이 있거나, 법적 위임이거나, 익명성이 보장되는 경우, 개인이나 기관의 동의 등이 해당된다. 교사의 요청은 해당되지 않는다.

정답 80. ④

PART 05

고급심리치료

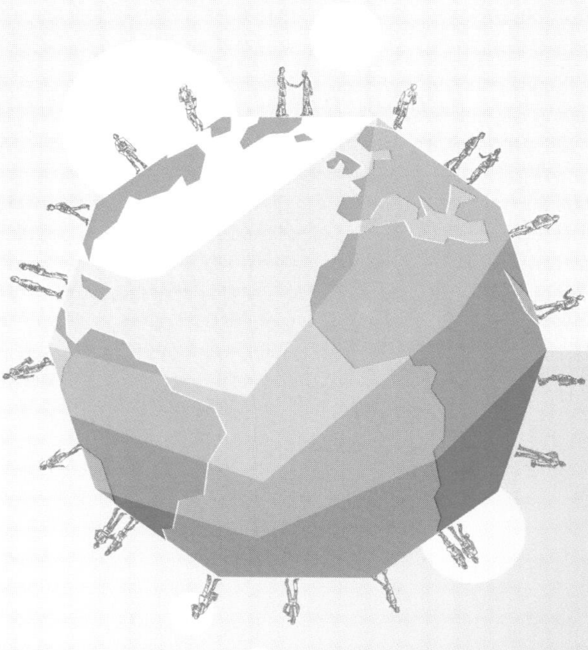

1 2022년 기출예상문제

▣ 임상심리사 1급 필기시험에서 〈제5과목 고급심리치료〉는 81～100번까지로 총 20문항이 출제됩니다.
▣ 2022년 임상심리사 1급 필기시험 문제는 과년도 빈출 문제를 기반으로 복원한 '기출예상문제'로 제공됩니다(CBT 방식으로 시험이 전환되어 시험 문제가 비공개되었음).

81 Beck의 인지치료에서 사용하는 인지적 왜곡에 해당하지 않는 것은?

① 근거 없는 추론　② 우상화
③ 확대와 축소　④ 이분법적 사고

해설

- **임의적 추론**: 어떤 결론을 지지하는 증거가 없거나 그 증거가 결론에 위배됨에도 불구하고, 명확한 근거나 증거의 뒷받침 없이 주관적으로 추측하여 이를 토대로 결론을 내리는 것을 말한다.
- **의미확대, 의미축소**: 자신이나 다른 사람 혹은 어떤 상황을 평가할 때, 부정적인 측면을 지나치게 강조하고, 긍정적인 측면은 최소화하는 것이다.
- **이분법적 사고**: 어떤 상황을 연속선상에서 보지 않고 양 극단으로만 보는 것을 말한다. 두 가지 극단 중 하나로 경험을 범주화하는 것을 의미한다.

82 정신상태검사에서 환자가 자신의 사고를 조절할 수 있다고 생각하는지를 평가할 수 있는 질문은?

① "실제가 아니라고 의심이 가는 어떤 것을 듣거나 본 적이 있습니까?"
② "당신의 집 마당에 외계인이 산다고 생각한 이유는 무엇입니까?"
③ "당신의 느낌이 현실적이라고 생각됩니까?"
④ "당신이 겉으로 표현하지 않았는데도 사람들이 당신의 생각을 알 수 있습니까?"

정답 81. ② 82. ④

해 설

- 정신상태검사(mental status examination)의 결과는 더 깊은 평가와 중재를 위한 어떤 방향을 제시할 뿐만 아니라 환자가 겪고 있는 가능한 정신과적 진단에 대한 예비 정보를 제공한다.
- 정신상태검사는 외모, 몸가짐, 언어 및 의사소통, 감정, 사고 과정, 통찰, 판단력, 주의, 집중, 기억 및 지남력 등을 평가한다.
- ①, ②, ③번의 질문은 환각이나 망상, 비현실적 사고와 기분에 관한 질문에 해당되며, ④번은 내현적 사고의 왜곡을 다루기 위한 질문에 해당이 된다.

83 다음 사례에서 A씨와 치료를 종결할 때의 요령으로 가장 적합하지 않은 것은?

A씨는 최근 남자친구와 헤어진 후 심한 우울증을 경험하고 인지치료를 받게 되었다. 치료자는 접수 면접에서 A씨가 남자친구뿐만 아니라 다른 사람에게도 매우 의존적임을 알게 되었다.

① 치료 종결과 재발 방지를 위한 준비는 치료가 일정 기간 진행된 이후에 준비하도록 이야기한다.
② 치료 과정 중 진척이 있을 때마다 공을 내담자에게 돌리고 칭찬해 준다.
③ 치료 종결 시점을 내담자가 가능한 한 일찍 알 수 있도록 이야기한다.
④ 점차로 회기 수를 줄이면서 치료자의 지지가 없이도 잘 해낼 수 있음을 깨닫도록 한다.

해 설

의존적 내담자의 특성을 이해하여 치료 과정 동안에 내담자의 자발성과 독립성을 유지하며 일상의 적응을 스스로 조력하도록 촉진한다. 또한 치료 초기에 시간이나 회기에 대한 안내를 통해 치료 과정과 종결에 대한 시기나 절차를 이해하도록 한다. 치료 종결을 위해서는 충분한 시간을 두고 종결 전에 안내하고 심리상담 회기 간격을 넓혀 가며 종결을 준비한다.

정답 83. ①

84 식사량을 조절하지 못하는 비만 아동에게 식탁에서 식사하기와 군것질 안 하기를 목표로 설정하여 스티커 제도를 시행하였다. 3개월간 행동수정을 성공적으로 적용한 후, 새로운 식사 행동을 유지시키고자 할 때 효과적이지 않은 방법은?

① 자연환경에서의 강화물로 대체한다.
② 표적 상황에서 간헐적 강화계획을 이용한다.
③ 목표 반응 뒤에 즉각적으로 강화물을 제공한다.
④ 자기통제를 할 수 있도록 돕는다.

해설

행동수정을 마친 후에 목표 반응 뒤 즉시 강화물을 제공하면 행동의 동기와 유지에 제한이 될 수 있다. 행동의 유지 기간 동안은 강화물을 대체하거나 간헐적으로 제시하여 스스로 자기통제를 증진하도록 돕는다.

85 합리적 정서행동치료(REBT)에서 말하는 비합리적 신념 중 다음의 내용과 관련된 것은?

- '나는 지금의 상황을 견딜 수 없다.'
- '나는 그것 없이는 한시도 살 수 없다.'
- '나는 일이 이렇게 된 것을 참을 수 없다.'

① 좌절에 대한 낮은 인내성
② 과잉일반화
③ 자기비하
④ 개인화

해설

REBT에서 핵심 비합리적 신념은 네 유형의 사고를 통해서 부정적인 감정이 촉발된다고 본다.

- **절대적인 강요와 당위(absolutistic musts and should)**
  자신과 타인 및 세상에 대해서 비현실적인 과도한 기대를 만들어서 이를 일방적으로 부과할 뿐만 아니라 반드시 지키도록 요구하는 것을 의미한다(예 '나는 항상 올바르게 행동해야 한다.' '진정한 친구라면 항상 내편을 들어줘야 한다.').
- **파국화(awfulizing)**
  당위적 요구가 충족되지 않았을 때, 그러한 현실의 결과를 과장되게 해석하는 것을 말한다(예 '이것은 있을 수 없는 심각한 일이다.' '매우 끔찍한 일이다.').
- **좌절에 대한 낮은 인내력(low frustration tolerance)**
  당위적 요구가 좌절된 상황을 참을 수 없다고 생각하는 비합리적 사고를 의미한다(예 '이런 일을 그냥 참고는 살 수 없다.' '도저히 참을 수 없다.').
- **자신과 타인에 대한 질책(damming oneself and others)**
  당위적 요구를 충족시키지 못한 자신과 타인은 무가치할 뿐만 아니라 비난받거나 질책당해야 한다는 비합리적 사고를 의미한다(예 '친구도 아니며 비난받아 마땅하다.' '내가 참 한심하다.').

정답 84. ③ 85. ①

86 사회기술훈련에 대한 설명으로 틀린 것은?

① 사회기술훈련은 약을 복용하지 않은 우울증 외래환자의 우울증상을 감소시킨다.
② 사회기술훈련은 정신과적 증상의 심한 정도 및 재발 가능성과 반비례한다.
③ 사회기술훈련은 가벼운 장애를 보이는 환자에게는 도움이 되지만 만성 정신질환자에게는 도움이 되지 않는다.
④ 사회기술훈련의 중요한 목표는 환자에게 대화기술을 가르치는 것이다.

해설

• 만성 정신질환자의 재활 개입에 포함되는 사회기술훈련은 의사소통을 통해 대인관계의 효율성을 향상시키는 사회적 기술을 훈련하는 데 있다. 이를 통해 가족이나 다른 사람들과의 대인관계에서 어려움이 많은 환자들에게 갈등이나 긴장을 해결하기 위한 효과적인 방법을 제공한다.

87 상담 슈퍼비전에 관한 설명으로 옳은 것은?

① 수련생의 교육을 위해 긍정적 피드백을 최소화한다.
② 수련생에게 수치심을 유발하지 않도록 '너 메시지'를 많이 사용한다.
③ 수련생의 자기평가는 자기효능감을 저해하므로 가능한 한 삼가도록 한다.
④ 수련생에게 슈퍼바이저에 따라 서로 다른 피드백이 가능함을 알린다.

해설

상담 슈퍼비전을 통해 수련생에게 효과적인 직무 수행을 위해 필요한 지식과 기술을 제공하고 전문적 자아발달을 도모할 수 있어야 한다. 상담 슈퍼비전 시 슈퍼바이저에 따라 서로 다른 피드백을 제공할 수 있음을 알리는 것은 상담에서 오는 이론적 · 경험적 이해의 폭을 넓힐 수 있다.

정답 86. ③ 87. ④

88 다음은 어떤 치료법에 해당하는가?

환자에게 이완하는 방법을 가르치고, 환자가 이완 상태에 있는 동안에 불안-유발 자극을 위계적으로 제시한다.

① 점진적 이완법
② 반응방지법
③ 체계적 둔감법
④ 내현적 민감화

해설

체계적 둔감화(systematic desensitization)는 주로 특정 사건, 사람, 대상에 대한 불안이나 공포가 있는 사람들의 치료를 위해 개발되었다. 환자에게 이완을 훈련시킨 후, 불안을 유발하는 자극을 위계적으로 제시하여 불안을 감소 또는 소거시키는 기법이다.

학습 Plus 체계적 둔감화 절차

① 1단계-이완훈련
- 이완 상태에서는 불안이 일어나지 않는다는 원리를 토대로 한다(상호억제원리).
- 상담자는 수회에 걸쳐 내담자가 긴장을 이완할 수 있도록 훈련한다.

② 2단계-불안위계목록 작성
- 내담자가 가지고 있는 불안(공포)에 대한 정보와 증상, 행동을 파악한다.
- 불안(공포)를 일으키는 유발 상황에 대한 위계목록을 작성한다.

③ 3단계-불안위계목록에 따른 둔감화
- 이완 상태에서 내담자가 불안을 유발하는 상황을 상상하도록 유도한다.
- 순서는 불안(공포)을 가장 적게 느끼는 상황에서부터 시작하여 높은 수준의 불안으로 옮겨 가는 것이 바람직하다.
- 불안 상황에서 불안 반응을 더 이상 보이지 않을 때까지 반복하여 실시한다.

89 인간중심치료에 관한 설명과 가장 거리가 먼 것은?

① 일치성은 치료자가 진실하고, 통합되어 있고, 솔직하다는 뜻이다.
② 내담자를 한 인간으로서 진정하고 깊이 있게 관심을 가지되 이것은 무조건적이어야 한다.
③ 치료자는 치료 회기 동안에 모든 상호작용에서 드러나는 경험과 감정을 민감하고 정확하게 이해하는 공감이 필요하다.
④ 일치성, 무조건적 긍정적 관심, 공감적 이해는 연속적이라기보다는 실무율(all or none)적으로 존재한다.

정답 88. ③ 89. ④

해 설

인간중심치료에서는 치료 과정에서 내담자가 자유롭게 자신의 감정을 표현하도록 하고, 치료자는 이를 적극적으로 경청하고, 비판 없이 반영하며 존중할 때 내담자는 스스로 문제를 극복하고 성장하게 된다고 본다. 치료자가 갖추어야 할 기본적 태도로 일치성, 무조건적인 긍정적 존중, 공감적 이해를 강조하며 치료 동안의 연속선상에서 지속되어야 할 요소로 본다.

학습 Plus | 인간중심치료에서 치료자의 태도

- **일치성**
  일치성은 치료 과정에서 매 순간 경험하는 감정을 있는 그대로 솔직히 인정하고 표현하는 태도로서 치료자가 경험하는 감정을 부인하지 않고 감정을 기꺼이 표현하고 개방하는 것을 말한다.
- **무조건적인 긍정적 존중**
  내담자를 존중하며 있는 그대로 수용하는 것을 말한다. 치료자가 비판단적으로 내담자를 존중할 때, 방어하지 않고 자신의 경험을 자유롭게 탐색할 수 있게 되며 안정감과 자기개념의 변화를 경험하게 된다.
- **공감적 이해**
  치료 시 내담자의 경험과 감정을 민감하고 정확하게 이해하는 것을 말한다. 내담자의 주관적인 경험을 이해하도록 노력하고, 이면의 감정까지도 마치 자신의 감정인 것처럼 느끼는 과정을 통해 내담자가 의식하여 표면화하지 못한 감정을 다시 경험하고 느끼도록 돕는다.

90 내담자가 자신의 삶을 스스로 통제하고 자신의 행동을 선택할 수 있다는 인식을 심어 주기 위해 현실치료에서 사용하는 치료기법은?

① 역설적 기법
② 동사로 표현하기
③ 은유적 표현 사용하기
④ 직면시키기

해 설

- 현실치료의 치료기법 중 '동사로 표현하기'를 통해 내담자로 하여금 자신의 삶을 스스로 통제할 수 있으며, 자신의 행동을 선택할 수 있다는 인식을 심어 주는 것이 중요하다. 이를 위해서 현실치료자들은 의도적으로 능동태 또는 진행형의 동사를 많이 사용해야 한다.
- 내담자로 하여금 수동태의 표현을 능동태의 진행형 표현으로 바꾸어 말하도록 격려한다(예 우울한 → 우울해 하고 있는, "그 사람이 나를 싫어해요" → "나는 '그 사람이 나를 싫어한다'고 생각하기로 선택했어요.").

정답 90. ②

91 다음의 사례에서 A씨의 인지적 오류는?

비행기 추락 사고가 일어날 확률은 10% 혹은 그 이상이라고 대답한 비행공포증을 가진 A씨에게 실제로 추락 사고가 일어날 가능성은 무시할 수 있을 정도로 매우 낮다는 것을 이해시키려고 애썼으나 잘되지 않았다.

① 흑백논리적 사고
② 개인화
③ 임의적 추론
④ 자기 비하

해설

임의적 추론이란 어떤 결론을 지지하는 증거가 없거나 그 증거가 결론에 위배됨에도 불구하고, 명확한 근거나 증거의 뒷받침 없이 주관적으로 추측하여 이를 토대로 결론을 내리는 것을 말한다(예 추락 사고의 위험성이 낮음에도 불구하고 주관적으로 추론한 결과를 믿어 버림).

92 물질사용장애와 정신질환이 함께 있는 이중진단 장애의 진단 및 치료원칙과 가장 거리가 먼 것은?

① 정신과적 진단 및 장기 치료 계획을 세우기 전에 술이나 약물을 끊게 하고 관찰 기간을 반드시 가진다.
② 급성 정신 증상과 급성 물질남용 증상을 우선적으로 안정시킨다.
③ 두 질환에 대하여 표적 증상은 구분하여 치료하는 것이 바람직하다.
④ 단주를 위해서 이중진단 환자에게 중독 상담이나 AA 참석만으로는 충분하지 않으므로 심리치료를 병행해야 한다.

해설

물질사용장애와 다른 정신질환이 공존하는 경우에는 개선이 필요한 표적 증상을 달리하여 치료하기보다는 두 장애가 개인에게 미치는 심리사회적 역기능을 검토하고 상호 영향을 주는 부분을 고르게 고려하여 치료에 대한 통합적 전략을 구성하도록 한다.

93 중독환자의 집단상담에 대한 일반적인 규칙과 가장 거리가 먼 것은?

① 갈등과 혼란을 야기하지 않기 위해 다양한 상담 목표를 가진 사람들로 집단을 구성한다.
② 환자가 음주 상태에서 참석하면 그 회기에는 참석시키지 않을 수 있다.
③ 환자 집단에 대해서는 직면보다는 공감을 강조하는 것이 더 좋다.
④ 집단에서 역할극을 할 때는 치료자가 먼저 시범을 보이는 것이 좋다.

정답 91. ③ 92. ③ 93. ①

해설

중독환자의 집단상담은 동질적 문제를 가진 집단원으로 구성하도록 한다. 동질성 집단일 때 공통의 상담 목표를 수립하고, 집단상담 과정 동안에 서로의 문제에 대한 공감과 이해 및 지지와 도움을 촉진할 수 있다. 나아가 동질성 집단으로 구성되어야 치료 구성과 세부 전략을 중독 문제에 중점을 줄 수 있고 이를 토대로 집단원의 변화와 적응을 도울 수 있다.

94 정신증 환자의 상담에 있어 망상에 대한 평가로서 가장 거리가 먼 것은?

① 망상을 통해 정신내적 갈등을 알 수 있다.
② 시대적 · 문화적 배경의 영향을 받는다.
③ 논리적 방식으로 적절히 교정되지 않는다.
④ 과대망상이 가장 흔하다.

해설

망상은 실제 사실과 다르고, 논리적인 설명으로 시정되지 않고, 교육의 정도나 문화적인 환경에 걸맞지 않은 잘못된 믿음이나 생각을 말한다. 망상장애는 여러 하위 유형이 있지만 그 중 피해망상이 가장 흔하게 나타난다.

학습 Plus 망상의 하위 유형

유형	설명
애정형 (erotomanic type)	유명인(예 연예인, 운동선수)이나 직장 상사와 같은 신분이 높은 사람과 사랑에 빠졌다고 믿는다. 여성에게서 흔하며, 유명인과 약혼, 비밀 결혼, 임신을 했다고 주장하여 법적 문제가 제기되기도 한다.
과대형 (grandiose type)	자신이 위대한 재능이나 통찰력을 지녔거나, 중요한 발견을 했다는 과대망상을 지닌다(예 신으로부터 계시를 받았다는 종교적 내용의 망상).
질투형 (jealous type)	배우자나 연인이 부정을 저질렀다는 망상. 적절한 근거가 없음에도 불구하고 배우자를 의심하고 공격하며, 의처증과 의부증이 대표적이다.
피해형 (persecutory type)	자신이 모함을 당해 감시나 미행을 당하고 있다거나 음식에 독이 들어 있다고 생각한다. 박해자라고 믿는 대상에게 공격적 행동을 보이거나, 법정이나 정부기관에 반복적으로 호소하는 경우가 흔하다.
신체형 (somatic type)	자신에게 어떤 신체적 결함이 있거나 질병에 걸렸다는 망상. 신체에서 악취가 난다거나 자신의 신체 부위가 기형적이라거나 해로운 기생충이 존재한다고 믿는다.

정답 94. ④

95 내담자의 말이나 행동 간 또는 내담자의 진술 간에 어떤 불일치가 발견되나 내담자가 이에 대해 깨닫지 못하고 있을 때 이에 대해 주의를 기울이도록 지적해 주기 위해 사용하는 상담기법에 해당하는 것은?

① 해석
② 직면
③ 반영
④ 재진술

해설

• 직면(confrontation)
내담자의 말이나 행동이 일치하지 않는 경우 또는 내담자의 말에 모순점이 있는 경우에 상담자가 그것을 지적해 주는 것이다. 내담자의 강한 감정적 반응을 유발할 수 있으므로 충분한 라포가 형성되고 내담자가 받아들일 준비가 되었을 때 배려와 함께 사용해야 한다.

• 해석(interpretation)
내담자가 새로운 방식으로 자신의 문제를 돌아볼 수 있도록 내담자가 경험한 사건들과 행동, 감정, 생각 등의 의미를 설명해 주는 것이다. 반드시 가설적 형태로 내담자에게 전달해야 하며, 충분한 라포가 형성되었을 때 신중히 사용해야 한다.

• 반영(reflection)
상담자가 내담자의 행동 속에 내재된 내면의 감정을 정확하게 파악하여 내담자에게 전달해 주는 것을 말한다. 상담자는 반영을 통해 내담자의 태도를 거울에 비추어 주듯이 보여 줌으로써 내담자의 자기 이해를 도와줄 뿐 아니라 내담자로 하여금 이해받고 있다는 인식을 전달해 준다.

• 재진술(paraphrasing)
내담자의 메시지 내용에 초점을 두고 내담자가 말한 바를 바꿔 말하는 것이다. 환언 또는 부연하기라고도 한다. 재진술함으로써 내담자의 입장을 이해하기 위해 노력하고 있다는 모습을 전달하며, 내담자는 자신의 생각을 구체화할 수 있게 된다.

96 성폭력 피해자 심리치료에 관한 설명으로 틀린 것은?

① 자신은 피해자이며 책임은 전적으로 가해자에게 있음을 인정할 수 있게 도와야 한다.
② 성폭력 피해 기억의 생생한 재생은 가능한 한 하지 않는 것이 좋다.
③ 분노와 슬픔을 적극적으로 표현할 수 있도록 도와야 한다.
④ 성폭력 피해로 인한 법률적 및 신체적 문제에 대해서도 적절한 자문을 제공해야만 한다.

정답 95. ② 96. ②

해 설

- 상담자는 내담자가 성폭력 피해 사실을 이야기하는 것에 대한 두려움을 인지하며, 내담자로 하여금 기억과 관련된 자신의 억압된 분노와 슬픔 등의 감정을 표출하도록 돕는다.
- 상담자는 내담자의 성폭력 피해 사실에 따른 수치심이나 죄책감이 전적으로 가해자로 인한 것임을 확신시킨다. 또한 내담자의 잘못된 죄의식을 수정하도록 돕고, 자기존중감을 가질 수 있도록 촉진하며, 법률적 및 신체적 문제에 대한 자문을 제공한다.

97 인본주의 치료에 대한 설명으로 틀린 것은?

① 과거보다는 현재와 미래에 초점을 맞춘다.
② 숨어 있는 원인을 밝히기보다는 자신의 감정과 행동에 즉각적인 책임을 진다.
③ 병을 치료하기보다는 성장을 촉진시킨다.
④ 치료자가 판단이나 해석을 바탕으로 내담자에게 특정 통찰력을 키워 주는 것이다.

해 설

- 인본주의 치료에서는 내담자의 주관적이고 현상학적인 경험을 강조하며, 치료자를 개인의 성장의 촉진자로 보고 치료기법보다는 내담자와 치료자 간의 관계에 의해 치료 효과가 결정된다고 본다.
- 인간을 지속적으로 변화하고 성장하려는 동기를 가진 존재로 보고, 치료자의 직접적인 판단이나 해석이 없이도 자신의 문제를 이해하고 해결할 수 있는 잠재 능력이 있다고 보며, 치료의 목표는 개인의 자발성과 자기성장을 돕는 데 있다.

정답 97. ④

98 인지치료에서 불안, 우울과 같은 부정적 감정과 관련하여 인지적 요인의 중요성을 강조하는 이유가 아닌 것은?

① 비합리적 신념은 정서 및 행동 문제에 영향을 주는 핵심적 요인이기 때문이다.
② 비합리적 신념은 대개 쉽게 의식할 수 있기 때문이다.
③ 비합리적 신념의 변화는 감정과 행동에도 변화를 발생시키기 때문이다.
④ 인지적 변화는 정서나 행동 변화보다 천천히 일어나기 때문이다.

해설

인지치료의 기본적인 원리는 정신병리를 유발하는 왜곡된 인지를 수정하여 재구성하는 것이다. 이를 위해 내담자 스스로 자신의 부정적 사고를 인식하여 변화시키는 역량을 키우는 데 주력한다.

<핵심 치료원칙>

- 자신의 부정적이고 자동적인 사고를 관찰하여 파악하기
- 인지가 정서, 행동에 미치는 영향을 인식하기
- 자동적 사고의 지지 증거와 반대 증거를 검토하기
- 편향적인 인지를 좀 더 현실적인 대안적 사고로 대체하기
- 경험을 왜곡하게 만드는 역기능적 신념을 파악하고 수정하기

99 스트레스 단계에 관한 Selye의 이론에 대한 설명으로 틀린 것은?

① 신체가 자신을 보호하려는 반응은 일반 적응 증후군(general adaptation syndrome)이다.
② Selye는 처음에는 스트레스를 자극으로 간주했다.
③ Selye는 신경계의 변화는 적응의 질병(disease of adaptation)을 가져온다고 했다.
④ Selye의 일반 적응 증후군 단계는 저항-경고-소진의 단계를 거친다.

해설

일반 적응 증후군(general adaptation syndrome)

유기체는 스트레스에 직면하면 일련의 단계를 거쳐 반응하게 된다. 셀리에(Selye)는 이를 일반 적응 증후군이라고 설명하며 세 단계의 과정(경고-저항-소진 단계)을 제시하였다.

- **경고단계**: 스트레스에 대한 초기 적응 반응으로, 어떤 상황을 위협으로 지각하여 투쟁 혹은 도피 반응이 유발되고, 그에 따른 생리적 각성이 생기게 되는 것을 말한다.
- **저항단계**: 개인이 가진 자원과 에너지가 총동원되고, 스트레스에 대한 적응 반응이 최고점에 이르게 된다. 신체적으로는 특별한 증상을 보이지 않으며, 신체는 스트레스에 대항하기 위해 많은 에너지를 소비하는 단계이다.
- **소진단계**: 저항단계에서도 스트레스가 해소되지 못하고 지속되는 경우에는 소진단계에 이르게 된다. 개인이 보유하고 있는 자원은 고갈되고, 신체의 면역 체계가 약화되며, 다양한 심리적 증상이 나타나게 된다.

정답 98. ④ 99. ④

100 알코올의 효과에 관한 설명으로 틀린 것은?

① 알코올은 10%는 위에서, 나머지는 소장에서 흡수된다.
② 혈중 알코올 농도가 0.05% 이상일 때 사고와 판단력에 영향을 줄 수 있다.
③ 알코올은 중추신경을 흥분시키고 우울 및 불안을 동반한다.
④ 장기간 심한 음주를 할 경우, 위궤양과 간경화를 동반할 수 있다.

해 설

알코올은 중추신경 억제제로서 혈중 알코올 농도가 상승함에 따라 지각 능력, 정신 과정 및 학습 과정 등의 속도를 방해하고 정신기능에 영향을 주어 판단력, 분별력 및 사고력 등의 장애를 초래한다.

정답 100. ③

2 2021년 기출문제

81 학습장애가 있는 아동들의 특징으로 틀린 것은?

① 학습장애 아동들은 대개 평균 혹은 그 이하의 지능을 가진다.
② 학습장애 아동들의 약 1/3은 주의집중에 문제를 보인다.
③ 학습장애 아동들은 한 가지 이상의 학습 문제가 복합적으로 나타난다.
④ 학습장애 아동들은 누적된 학습 실패로 인해 낮은 학습 자아개념을 가진다.

해 설

- 학습장애는 정상적인 지능을 갖추고 있음에도 불구하고 지능 수준에 비해 개인의 수행이 연령 평균보다 낮고, 핵심 학업 기술(단어를 정확하고 유창하게 읽고 쓰고 이해하는 능력과 철자, 산술 계산, 수학적 추론 등의 영역)에서 어려움을 보인다.
- 학습장애를 보이는 아동은 낮은 자존감과 자아개념, 사회적 위축 등으로 인해 학습 무기력과 수동성을 보일 수 있어 학습 기술을 체계적으로 가르치는 것이 필요하며, 심리적인 지지를 통해 학습의 효능감을 증진하도록 한다.

82 최근에 변화되고 있는 심리치료 경향과는 거리가 먼 것은?

① 단기화　② 대중화
③ 심층화　④ 다양화

정답 81. ① 82. ③

해설

최근 심리치료에서는 치료적 접근의 다양화를 통해 내담자의 성장과 자원을 돕고 있으며, 심리치료가 일상에서 쉽게 해 볼 수 있고 내외적 자원을 증진할 수 있는 대중적인 접근들이 늘고 있다. 또한 증거 기반 치료 및 단기화, 마음챙김을 중심으로 한 동서양의 접목, 문제 중심의 질병 모델에서 성장 및 행복 추구로의 성장 모델로의 전환이 이루어지고 있다.

83 상담심리치료 이론 중 정신분석치료에서 상담자와 내담자의 관계에 관한 설명으로 틀린 것은?

① 전이는 내담자가 과거의 중요 타인에게서 느꼈던 감정이나 환상을 전이시켜 무의식적으로 상담자에게로 이동시킨 것이다.

② 치료가 진행됨에 따라 아동기의 감정이나 갈등이 깊은 무의식으로부터 표면으로 부상하기 시작하고, 내담자는 정서적으로 퇴행한다.

③ 심리적으로 독립하기 위해서는 내담자가 무의식적으로 인식하고 부모로부터의 완전한 사랑이나 수용 같은 유아적 욕구에 의해 동기화된 행동으로부터 자유로워져야 된다고 가정한다.

④ 내담자가 상담자에게 느끼는 모든 감정은 전이의 표현이라고 가정해야 한다.

해설

- 정신분석치료에서 내담자는 어린 시절에 중요한 대상에게 가졌던 감정을 무의식적으로 상담자와의 관계에서 반복하며 전이 욕구를 충족하려 한다. 상담자는 내담자의 전이 욕구에 대해 중립적인 태도로 해석을 수행하고 참여적 관찰자의 역할을 통해 내담자의 욕구를 다루어야 한다.
- 전이는 정신분석치료의 핵심으로, 상담 과정에서 내담자가 보이는 전이 현상을 면밀히 분석하고 해석한다. 전이분석을 통해 내담자는 자신의 무의식적 갈등과 현재 문제의 의미를 통찰할 수 있게 된다.

정답 83. ④

84 사회기술훈련에 대한 설명으로 틀린 것은?

① 사회기술훈련은 약을 복용하지 않는 우울증 외래 환자의 우울 증상을 감소시킨다.
② 사회기술훈련은 정신과적 증상의 심한 정도 및 재발 가능성과 반비례한다.
③ 사회기술훈련은 가벼운 장애를 보이는 환자에게는 도움이 되지만 만성 정신질환자에게는 도움이 되지 않는다.
④ 사회기술훈련의 중요한 목표는 환자에게 대화 기술을 가르치는 것이다.

해설

만성 정신질환자의 재활 개입에 포함되는 사회기술훈련은 의사소통을 통해 대인관계의 효율성을 향상시키는 사회적 기술을 훈련하는 데 있다. 이를 통해 가족이나 다른 사람들과의 대인관계에서 어려움이 많은 환자들에게 갈등이나 긴장을 해결하기 위한 효과적인 방법을 제공한다.

85 행동치료의 기본적 특성과 가장 거리가 먼 것은?

① 시행방법이 간단하지 않고 복합적이다.
② 쉬운 것에서 어려운 것으로 진행된다.
③ 전체 치료 소요시간이 짧다.
④ 자기통제적 접근을 사용한다.

해설

행동치료는 객관적인 행동관찰을 통해 문제행동을 지속하게 하는 요인을 파악하고 이를 변화시킨다. 행동치료는 시행이 비교적 간단하며, 측정 가능한 행동을 치료목표로 설정하여 구체적이고 체계적인 절차를 통해 문제행동을 개선해 나간다.

학습 Plus 행동치료의 특징

- 행동치료는 행동장애를 치료하기 위해 학습이론을 체계적으로 적용하는 것을 말한다.
- 대부분의 비정상적인 행동은 학습을 통해 획득하고 유지되는 것으로 가정하고, 그 행동을 소거하거나 바람직한 행동을 새롭게 학습하도록 돕는다.
- 내담자의 문제행동의 발생 원인을 파악하기 위해 과거를 탐색하기보다는 객관적인 행동관찰을 통해 문제행동을 지속하게 하는 요인을 파악하고 이를 변화시킨다.

정답 84. ③ 85. ①

- 행동치료는 객관적으로 관찰할 수 있는 측정 가능한 행동을 치료목표로 설정하고, 구체적이고 체계적인 절차를 사용한다.
- 행동치료는 효과성, 성과 및 진전 정도를 객관적으로 평가하며, 내담자가 변화시켜야 할 문제행동을 잘 수정할 수 있는 방법을 제공한다.
- 행동치료는 고전적 조건형성, 조작적 조건형성, 사회학습 이론뿐 아니라 개인과 환경 간의 상호작용에만 초점을 두지 않고 인간의 인지적인 요인을 강조하고 변화를 돕는 인지행동치료로 발전하였다.

86 인본주의 치료에 대한 설명으로 틀린 것은?

① 과거보다는 현재와 미래에 초점을 맞춘다.

② 숨어 있는 원인을 밝히기보다는 자신의 감정과 행동에 즉각적인 책임을 진다.

③ 병을 치료하기보다는 성장을 촉진시킨다.

④ 치료자가 판단이나 해석을 바탕으로 내담자에게 특정 통찰력을 키워 주는 것이다.

해설

- 인본주의 치료에서는 내담자의 주관적이고 현상학적인 경험을 강조하며, 치료자를 개인적 성장의 촉진자로 보고 치료기법보다는 내담자와 치료자 간의 관계에 의해 치료효과가 결정된다고 보았다.
- 인간을 지속적으로 변화하고 성장하려는 동기를 가진 존재로 보고, 치료자의 직접적인 판단이나 해석이 없이도 자신의 문제를 이해하고 해결할 수 있는 잠재능력이 있다고 보았으며, 치료의 목표는 개인의 자발성과 자기성장을 돕는 데 있다.

87 손상, 불능, 장애에 관한 설명으로 가장 적합한 것은?

① 손상이나 불능은 시간과 공간에 의해 제한된다.

② 장애는 영구적인 것으로 절대적인 개인차가 존재한다.

③ 시력에 문제가 있는 경우 상황에 따라 장애가 될 수도 있고 되지 않을 수도 있다.

④ 인간이 능력 있는 사람이 되느냐를 결정하는 것은 손상 또는 불능을 가지고 있는가의 여부에 의해 결정된다.

정답 86. ④ 87. ③

해설

- 손상단계는 심리적 · 신체적 · 생물학적 기능의 손상을 의미하지만 불능단계는 활동이나 수행의 제한이 초래되는 단계로서 시공간적 제약의 차별이 있다. 또한 장애는 기능의 수준에 따라 재활이나 훈련 등의 개입을 통해 상대적인 개인차를 보인다.
- 시력에 문제가 있는 경우 기능 저하의 수준에 따라 장애의 유무가 달라질 수 있다.

88 정신증 환자의 상담에 있어 망상에 대한 평가로서 가장 거리가 먼 것은?

① 망상을 통해 정신내적 갈등을 알 수 있다.
② 시대적 · 문화적 배경의 영향을 받는다.
③ 논리적 방식으로 적절히 교정되지 않는다.
④ 과대망상이 가장 흔하다.

해설

망상은 실제 사실과 다르고, 논리적인 설명으로 시정되지 않고, 교육 정도나 문화적인 환경에 걸맞지 않은 잘못된 믿음이나 생각을 말한다. 망상장애는 여러 하위유형이 있지만 그중 피해망상이 가장 흔하게 나타난다.

학습 Plus 망상의 하위유형

유형	설명
애정형 (erotomanic type)	유명인(예 연예인, 운동선수)이나 직장상사와 같은 신분이 높은 사람과 사랑에 빠졌다고 믿는다. 여성에게서 흔하며, 유명인과 약혼, 비밀결혼, 임신을 했다고 주장하여 법적 문제가 제기되기도 한다.
과대형 (grandiose type)	자신이 위대한 재능이나 통찰력을 지녔거나, 중요한 발견을 했다는 과대망상을 지닌다(예 신으로부터 계시를 받았다는 종교적 내용의 망상).
질투형 (jealous type)	배우자나 연인이 부정을 저질렀다는 망상. 적절한 근거가 없음에도 불구하고 배우자를 의심하고 공격하며, 의처증과 의부증이 대표적이다.
피해형 (persecutory type)	자신이 모함을 당해 감시나 미행을 당하고 있다거나 음식에 독이 들어 있다고 생각한다. 박해자라고 믿는 대상에게 공격적 행동을 보이거나, 법정이나 정부기관에 반복적으로 호소하는 경우가 흔하다.
신체형 (somatic type)	자신에게 어떤 신체적 결함이 있거나 질병에 걸렸다는 망상. 신체에서 악취가 난다거나, 자신의 신체부위가 기형적이라거나, 해로운 기생충이 존재한다고 믿는다.

정답 88. ④

89 자살위기상담에 관한 설명과 가장 거리가 먼 것은?

① 어떤 경우에도 내담자를 존중하는 지지적인 자세를 취한다.
② 상담자가 주도적으로 상담을 진행하는 것이 중요하다.
③ 자살에 관한 구체적 내용은 묻지 않는 것이 좋다.
④ 자살은 우울증 외에도 경계성 성격장애 등 다른 정신장애에서도 발생할 수 있음을 감안한다.

해설

상담자는 자살을 생각하는 내담자를 대상으로 그 위험 수준에 대해 구체적으로 질문을 하며, 질문 내용은 자살에 관한 생각, 계획, 시도 등과 관련된 내용뿐만 아니라 위기 촉발요인이 무엇인지를 개방형 질문을 통해 표현하도록 한다.

<참조> 자살위기상담의 목표

- 신체적 손상을 입지 않은 채 위기에 잘 대처할 수 있도록 돕는다.
- 절망적인 상황임에도 불구하고 여전히 희망이 존재한다는 사실을 알려 준다.
- 자살 외에도 현실적인 어려움을 해결할 수 있는 다양한 대안이 존재한다는 것을 깨닫게 해 준다.
- 주위의 다양한 자원과 지지체계가 있음을 인식시키며, 이러한 요소들을 활용할 수 있도록 조력한다.

90 성폭력 가해자 상담에 관한 설명으로 틀린 것은?

① 정서 · 인지적 특성에 대해 미리 학습하여 가해자를 이해하기 위한 준비를 한다.
② 상담 초기에 사건에 대해 합리화하는 가해자에게는 자신의 잘못을 알 수 있도록 훈육한다.
③ 자신이 한 행동에 대한 책임의식을 갖도록 상담한다.
④ 사건 발생의 원인 탐색, 성행동에 대한 태도나 패턴이 충동적이거나 공격적인지 탐색한다.

해설

성폭력 가해자 상담 시 폭력 행동에 대한 인식, 위험성 예측 및 문제행동의 변화를 위한 심리사회적 개입을 해야 한다. 초기단계에서 문제행동에 대해 합리화하거나 방어가 일어날 수 있으므로 상담관계에 대한 수립을 통해 가해자의 심리적 문제에 대한 체계적인 접근을 하도록 한다.

정답 89. ③ 90. ②

91 중독치료에서 집단상담을 선택하는 이유에 해당하지 않는 것은?

① 비슷한 문제를 경험한 타인과 상호작용할 기회를 제공한다.
② 집단을 통해 새로운 인간관계를 경험함으로써 소외감을 극복한다.
③ 집단을 통해 자신의 부정적인 행동패턴을 인식하게 된다.
④ 자신의 욕구와 감정을 표현하기보다 타인을 관찰할 기회를 제공한다.

해설

집단상담을 통해 자신의 욕구와 감정을 표현하며, 집단원으로부터 조언과 지지 및 피드백을 나누는 경험을 통해 새로운 관점과 자기이해 및 적응적인 태도 변화가 촉진된다.

학습 Plus 집단상담의 장점

- 집단 속에서 집단원은 상호작용을 통해 자기지각과 자신에 대한 타인지각이 일치하는지의 여부를 검증할 수 있다.
- 집단 구성원 각자가 자기 자신의 문제에만 관심을 보이던 것에서 벗어나 타인을 위해서도 좀 더 폭넓은 관심을 갖게 된다.
- 집단상담에서 개인은 어떤 외적인 비난이나 처벌에 대한 두려움 없이 새로운 행동을 실습해 볼 수 있다.
- 집단 구성원이 똑같은 문제를 갖고 있지 않다고 하더라도, 최소한 집단 구성원은 다른 사람들도 보편적인 문제를 가지고 있다는 사실을 발견하게 됨으로써 자신이나 타인을 더욱 잘 이해할 수 있게 된다.
- 집단상담에서는 동료들 간에 서로의 관심사나 감정을 터놓고 이야기할 수 있기 때문에 소속감과 동료의식을 쉽게 발전시킬 수 있다.
- 다양한 집단 구성원을 만남으로써 개인상담에서 할 수 없는 여러 가지 풍부한 학습 경험을 할 수 있다.

92 트라우마 체계 치료에서 내담자의 정서 상태를 평가하는 4개 단계에 해당되지 않는 것은?

① 활성화하기(reviving)
② 재구성하기(reconstituting)
③ 재경험하기(reexperiencing)
④ 재개념화하기(reconceptualizing)

해설

- 트라우마 체계 치료(Trauma Systems Therapy: TST)는 과거뿐만 아니라 매일의 삶 속에서 현재 진행되고 있는 트라우마를 가진 아동과 가족을 위해 제안된 것으로, 가난, 가정 · 사회 폭력, 부모의 정신질환, 약물 남용과 같은 스트레스를 항상 접하고 있는 아동과 가족을 위해 설계되었다.
- TST는 아동을 돕는 사회환경/돌봄 체계의 적절성과 아동의 정서조절능력 사이의 적합성을 측정하는 접근법이며, 이러한 측정의 결과에 기반을 둔 다양한 치료 구성요소를 제공한다. TST는 정서적 자기조절 실

정답 91. ④ 92. ④

패를 경험하는 아동과 그런 아동을 도울 수 없는 사회환경/돌봄 체계라는 두 가지 핵심 문제를 다룬다.
- TST의 정서평가 4단계는 조절하기(Regulating), 활성화하기(reviving), 재경험하기(reexperiencing), 재구성하기(reconstituting)이다.

<참조> TST 개발의 4가지 목표
- 치료는 발달적 정보가 필요하다.
- 치료는 사회생태학 접근을 직접적으로 포함해야 한다.
- 치료는 돌봄 체계와 연계되어야 한다.
- 치료는 널리 전파될 수 있어야 한다.

93 심리치료에 있어서 최초 면접 시에 다루어져야 할 사항이 아닌 것은?

① 내담자가 호소하는 심리적 문제나 증상에 대한 탐색
② 치료에 대한 내담자의 기대 탐색
③ 내담자가 사용하고 있는 방어기제의 탐색
④ 치료 목표 설정

해 설

최초 면접에서는 내담자의 주 호소 문제 및 배경 정보, 내담자의 동기와 기대, 치료목표 수립 및 치료 관련 정보를 제공한다. 내담자가 사용하고 있는 방어기제의 탐색은 치료 중기 과정에서 다루어서 욕구와 갈등을 적응적인 방식으로 처리하도록 돕는다.

학습 Plus 최초 면접의 주요내용

- **치료관계의 형성**
  치료자와 내담자 간에 서로 신뢰로운 관계를 형성하는 것은 치료효과에 영향을 미친다. 치료관계 수립을 위해 치료자는 내담자에게 일관된 관심을 보이고 공감하며 수용적인 태도를 보여야 한다.
- **내담자의 이해와 평가**
  내담자가 치료를 필요로 하는 이유와 기대, 내담자의 개인적 특성과 관련된 정보를 수집하고 분류하여 내담자가 자신의 문제를 정의하고 명료화할 수 있도록 돕는다.
- **치료의 구조화**
  치료의 구조화란 상담 과정 전반에 대한 세부적인 안내 과정을 말한다. 구조화 과정은 크게 치료 여건의 구조화, 치료관계의 구조화, 비밀보장의 구조화의 세 가지 영역에 초점을 둔다.
- **치료목표 설정**
  치료목표는 치료의 방향을 제시하고 효과적인 상담 전략을 계획할 수 있도록 하며, 치료의 진행 상황 및 유효성 여부를 판단할 수 있는 기준을 제시해 준다. 치료자는 내담자와 협의하여 구체적인 목표를 설정하여야 하며, 목표는 현실적이면서 구체적인 행동으로 이어질 수 있는 것이어야 한다.

정답 93. ③

94 상담계획 수립 과정에서 치료자가 유의할 사항에 관한 설명으로 가장 적합한 것은?

① 내담자가 초기에 보이는 불만은 차차 해소되기 때문에 내담자의 불만보다는 긍정적 반응에 초점을 유지한다.

② 내담자의 의사전달방식은 언어적 작업인 심리치료에서는 부차적으로 취급되어야 한다.

③ 치료는 내담자가 호소하는 문제들을 위주로 진행되어야 한다.

④ 내담자의 문제 정의 및 해결방안은 치료의 진행 과정에서 작업 가설의 형태로 검증되어야 한다.

해설

상담계획 수립 과정에서 문제의 정의 및 해결방안은 작업 가설의 형태로 설명되고 검증되어야 한다. 세부목표는 검증이 가능해야 하고 구체적인 행동으로 이어질 수 있는 것이어야 한다.

<참조> 상담목표 수립 시 주의점

- 목표는 행동보다는 결과적 또는 성취적 목표로 설정해야 한다.
- 목표는 검증이 가능하며, 구체적인 행동으로 이어질 수 있는 것이어야 한다.
- 목표는 가시적이고 실제적인 차이로 나타나는 것이어야 한다.
- 목표는 내담자의 능력 및 통제력을 고려한 현실적인 것이어야 한다.
- 목표는 내담자의 가치에 맞는 것이어야 한다.
- 목표는 도달을 위한 현실적인 기간이 설정되어야 한다.

95 노인 환자가 치료자와 효과적인 의사소통을 못하게 되는 이유와 가장 거리가 먼 것은?

① 치료자를 대하는 신중함의 증가

② 치료자에 대한 비현실적인 높은 기대

③ 치료자를 자식같이 여기는 전이 발생

④ 비의도적인 실수와 보고 누락

해설

심리치료에서 전이의 발생은 내담자의 미해결 욕구와 갈등, 소망 등을 반영하기에 이를 이해하고 분석하는 과정은 새로운 인식과 통찰을 제공하는 의미있는 상호작용이 될 수 있다.

정답 94. ④ 95. ③

96 ADHD 아동의 부모를 훈련시키는 프로그램에서 부모가 반드시 알아야 할 아동관리 훈련의 기본 개념에 대한 설명으로 틀린 것은?

① 아동의 행동에 대한 결과는 즉각적이고 특정적이고 일관적이어야 한다.
② 아동의 부적절한 행동에 대한 처벌을 내린 후에 보상체계를 확립한다.
③ 아동의 부적절한 행동을 예상하고 그것에 대해 미리 계획을 세운다.
④ 아동의 행동은 타고나는 것이며, 가족의 상호작용은 상호보완적임을 인식시킨다.

해설

부모훈련 프로그램에서는 아동의 적응적 행동을 강화하고 보상체계를 수립하며 부적절한 행동은 다양한 행동수정 기법을 훈련하여 체계적으로 행동을 개선해 나가도록 한다. 아동의 부적절한 행동을 수정하기 위해 변화가 필요한 행동을 정의하여 구체적인 계획을 세우고, 행동의 결과에 대한 개입은 즉각적이어야 하며 일관성을 유지하도록 한다.

학습 Plus 정적 강화(positive reinforcement)를 통한 보상체계

- **정적 강화**
  특정한 상황에서 기대 행동을 했을 시 즉각적으로 정적 강화물을 제공 받으면 이후 유사한 상황 시 같은 행동을 하게 될 가능성이 높아진다(단, 강화물 제공 시 즉시성이 중요하며, 기대 행동이 나타날 시에만 적용한다).
- **정적 강화물**
  기대 행동 뒤에 즉각적으로 제시하여 그 행동의 발생 빈도를 증가시키는 자극이다.
- **정적 강화물의 유형**
  - 소모할 수 있는 강화물(consumable reinforcer): 사탕, 과자, 과일, 음료수와 같이 먹거나 마실 수 있는 품목들
  - **활동 강화물(activity reinforcer)**: TV 보기, 책 보기, 뛰어 놀기, 산책하기 등
  - **조작하는 강화물(manipulative reinforcer)**: 좋아하는 것을 가지고 놀기, 인터넷 하기, 자전거 타기 등
  - **소유하는 강화물(possessional reinforcer)**: 좋아하는 옷 입기, 자기 방 갖기, 원하던 물건을 갖기 등
  - **사회적 강화물(social reinforcer)**: 애정 어린 마음으로 안아 주거나 등을 두드려 주기, 칭찬하기, 미소 짓기 등

정답 96. ②

97 상담자 윤리 기준에 위배되지 않는 경우는?

① 동의를 구하지 않고 사례발표를 위해 상담내용을 녹음하였다.
② 상담을 전공한 A교사는 반 학생에게 소정의 상담료를 받으며 주 1회 상담을 진행하였다.
③ 판사가 정보공개를 요청하여 내담자에게 그 사실을 알리고 필요한 최소한의 정보를 공개하였다.
④ 약물 남용 사실을 알고 부모에게 알리려고 하였으나 내담자가 약물을 중단하겠다고 하여 부모에게 알리지 않았다.

해설

- 상담 과정에서 알게 된 내담자의 정보와 상담자와 내담자 간의 대화 내용은 반드시 비밀을 보장해 주어야 한다. 단, 비밀보장의 예외 상황인 경우 내담자의 동의를 얻어 내담자가 노출되어 피해가 가지 않도록 최소한의 정보들을 신중하게 공개해야 한다.
- 법률에 의해 위임된 경우, 또는 타당한 목적을 위해 법률에 의해 승인된 경우에는 비밀정보를 최소한으로 노출할 수 있다(한국임상심리학회 윤리규정 제17조 비밀 유지 및 노출).

98 상담 슈퍼비전에 관한 설명과 가장 거리가 먼 것은?

① 슈퍼비전 계약 시 시간 요소, 교육 구조, 슈퍼비전 구조, 평가 방법 등 세부적인 내용을 명시한다.
② 신뢰적 관계 형성과 상호 책임감을 갖도록 슈퍼비전 계약을 명문화한다.
③ 전이 형성을 위해 슈퍼바이저의 학위와 경력은 가급적 노출하지 않는 것이 바람직하다.
④ 객관성 확보를 위해 수련 평가도구를 사전에 수련생들에게 고지한다.

해설

슈퍼비전에서 역전이 다루기

- 슈퍼비전에서 역전이를 다루는 것은 매우 중요하며, 슈퍼바이지가 내담자와의 관계에서 나타난 역전이 반응과 관련된 개인적 반응 및 관련 요소들을 검토하고 도움을 제공한다.
- 슈퍼비전에서 슈퍼바이지의 개인적 주제가 표면화되었을지라도 슈퍼비전을 받는 사례에 대한 특정 상호작용 과정에 주의를 기울이고 그러한 내용을 사례 중심으로 고려해야 한다.
- 슈퍼비전에서 개인적 갈등을 탐색하여 촉진하는 것은 슈퍼비전 동맹 관계를 손상시키기에 전문가로서의 성장을 방해 받는다고 판단되면 분석을 추천한다.

정답 97. ③ 98. ③

99 Beck의 인지치료에서 사용하는 인지적 왜곡에 해당하지 않는 것은?

① 근거 없는 추론
② 우상화
③ 확대와 축소
④ 이분법적 사고

해 설

- 임의적 추론
  어떤 결론을 지지하는 증거가 없거나 그 증거가 결론에 위배됨에도 불구하고, 명확한 근거나 증거의 뒷받침 없이 주관적으로 추측하여 이를 토대로 결론을 내리는 것을 말한다.
- 의미확대, 의미축소
  자신이나 다른 사람 혹은 어떤 상황을 평가할 때, 부정적인 측면을 지나치게 강조하고, 긍정적인 측면은 최소화하는 것이다.
- 이분법적 사고
  어떤 상황을 연속선상에서 보지 않고 양 극단으로만 보는 것을 말한다. 두 가지 극단 중 하나로 경험을 범주화하는 것을 의미한다.

100 알코올의 효과에 관한 설명으로 틀린 것은?

① 알코올은 10%는 위에서, 나머지는 소장에서 흡수된다.
② 혈중 알코올 농도가 0.05% 이상일 때 사고와 판단력에 영향을 줄 수 있다.
③ 알코올은 중추신경을 흥분시키고 우울 및 불안을 동반한다.
④ 장기간 심한 음주를 할 경우, 위궤양과 간경화를 동반할 수 있다.

해 설

알코올은 중추신경 억제제로서 혈중 알코올 농도가 상승함에 따라 지각능력, 정신과정 및 학습과정 등의 속도를 방해하고 정신기능에 영향을 주어 판단력, 분별력 및 사고력 등의 장애를 초래한다.

정답 99. ② 100. ③

③ 2020년 기출문제

81 다음은 인지치료 과정 중 생각기록지 작성의 예이다. 이 중 피상적이고 지엽적인 인지만으로 기록되어 감정과 행동의 이해가 가장 비효과적으로 이루어진 경우는?

① 상황–엄마가 아파서 병원에 입원하셨다.
기분–걱정
생각–"엄마가 보고 싶다."

② 상황–수학시험에서 60점을 받았다.
기분–슬픔
생각–"나는 바보야. 선생님이 나를 더 이상 좋아하지 않을 거야."

③ 상황–생일파티에 초대 받지 못하였다.
기분–슬픔
생각–"나를 좋아하는 아이가 없어. 나는 학교에서 제일 인기가 없나 봐."

④ 상황–선생님께 수업시간에 야단을 맞았다.
기분–걱정
생각–"선생님께 문제아로 찍히면 어떡하지?"

해 설

• 생각기록지는 내담자의 감정에 영향을 주는 자동적 사고를 평가하는 것을 촉진시키는 작업 기록지이다. 인지치료에서는 정서적 · 행동적 결과에 영향을 미치는 원인으로 사건보다는 사고의 중요성을 강조한다. 이러한 생각기록지를 통해 내담자는 자신의 생각을 달리 검토하여 부정적인 감정이나 행동에 변화를 이끌어 간다.

정답 81. ①

• ①의 경우 일어난 사건과 기분 간의 매개가 되는 생각의 내용이 충분히 검토되지 않아서 걱정스런 기분에 영향을 주는 생각의 내용을 구체적으로 파악하기 어렵다.

학습 Plus 생각기록지 구성요소

• **상황**
정서적 고통을 느낄 때 경험한 내용들에 대해 기술한다. 기분 나쁜 감정을 일으키게 한 일이나 생각 또는 상황을 기술한다.

• **정서**
기술한 상황에서 발생한(슬픔, 불안, 분노 등) 감정에 대해 기록한다. 또한 경험한 감정의 정도를 1~100%로 평가한다.

• **자동적 사고**
이전 칼럼에서 보고했던 감정과 연관되어 마음속에 떠오르는 생각들을 기록한다. 또한 이 생각들에 대한 믿음을 1~100%로 평가한다.

• **적응적 사고**
자동적 사고에 대응하는 생각들을 기록한다. 이 생각들은 구체적이면서도 자동적 사고의 내용을 반론하는 증거를 담고 있거나 대안을 제시해야 한다. 이 적응적 사고에 대한 믿음도 1~100%로 평가한다.

• **결과**
실행의 결과를 쓰고 감정과 사고들을 다시 평가한다. 실행의 결과로 일어난 변화를 기록한다.

〈생각기록지의 예〉

날짜/시간	상황	정서 (1~100%)	자동적 사고 (1~100%)	적응적 사고 (1~100%)	결과
11/10 오후 5:15	퇴근길에 직장에서 잊어버리고 하지 않은 일이 생각났다.	불안(90%) 두려움(95%)	그 일을 끝내지 못하면 나를 해고할지도 몰라(95%)	늘 일을 신속하게 처리한다고 상사는 나를 좋게 평가하고 있다(90%).	불안 40%로 감소, 두려움은 50%로 감소 새로운 감정: 편안함(60%) 자신감(55%)

82 다음 사례에서 A양에게 읽기 이해력을 증진시키기 위한 개입으로 가장 적절한 것은?

> A양은 초등학교 4학년인데도 읽기 속도가 느리고 이해력도 부족하다. 어머니가 직접 가르치고 학원에도 보내 봤지만 별로 소용이 없었다고 한다. 단, A양은 평균의 지능 수준으로 평가되었다.

① 단어 하나하나에 집중하기보다는 덩어리나 군 단위로 읽도록 한다.
② 읽기의 목적이 무엇인지 파악하도록 한다.
③ 배경음악을 튼 상태에서 혼자서 읽도록 한다.
④ 기본 시선은 문서의 중앙에 두도록 한다.

해설

사례에서는 읽기 이해력을 증진시키기 위한 개입 전략이기에 단기기억력 증진을 위한 청킹 전략이나, 주의통제와 관련된 음악을 배경으로 하는 학습이나, 주의 분산을 조절하기 위한 전략은 이해력 증진의 개입이라고 보기 어렵다. 또한 지능 수준이 평균으로 나타나고 있어 이해력 중심의 개입이 필요해 보인다(전반적 소검사의 편차가 나타나지 않는다면).

83 심리재활의 기본원리가 아닌 것은?

① 희망을 갖는 것에 대해 강조함
② 정신장애를 가진 사람만을 대상으로 함
③ 다양한 절충적 방법을 사용함
④ 내담자의 의존성을 신중하게 다루어야 함

해설

심리재활은 신체적 · 정신적 장애를 가진 사람을 대상으로 한다. 정신적 장애뿐만 아니라 신체적 장애로 인해 우울이나 불안 및 기타 심리적 장애가 나타나는 경우에 심리재활을 통해 일상의 적응과 대처를 돕는다.

학습 Plus 심리재활의 기본원리

- 개별적으로 적절한 서비스를 제공하여 자신의 능력을 최대한 개발할 수 있도록 돕는다.
- 환자의 환경적응능력을 향상시킬 수 있는 다양한 방법을 제공한다.
- 사회적, 직업적, 대인관계에 필요한 기술 습득과 변화가능성에 대해 희망을 갖도록 지원한다.
- 환자의 복합적인 문제를 해결하기 위해 증상에 맞는 포괄적이고 전문적인 서비스를 제공한다.
- 자기결정을 통해 재활 과정에 적극적으로 참여할 수 있도록 돕는다(동기부여, 목표 설정 등).
- 환자의 개인내적 발전과 환경적 지원을 돕기 위해 환자와 가족을 치료와 재활에 적극적으로 개입시킨다.
- 장기적인 재활 치료를 돕기 위해 다양한 재활 전략을 수립한다.

정답 82. ② 83. ②

84 위기 개입의 단계를 바르게 나열한 것은?

ㄱ. 문제 정의하기
ㄴ. 환경적 지지와 대안 찾기
ㄷ. 작업 동맹 형성 및 내담자 안전 보장
ㄹ. 내담자가 변화를 시도하도록 도와주기
ㅁ. 추수 상담 의뢰

① ㄱ → ㄷ → ㄹ → ㄴ → ㅁ

② ㄱ → ㄴ → ㄷ → ㄹ → ㅁ

③ ㄷ → ㄱ → ㄹ → ㄴ → ㅁ

④ ㄷ → ㄱ → ㄴ → ㄹ → ㅁ

해 설

- 위기 개입 시에는 작업 동맹을 통해 내담자의 문제를 신속하게 파악하고 욕구를 명료화하며, 조언과 지시를 적절히 제공하고, 나아가 심리사회적 안전을 돕기 위한 환경적 지지체계와 대안을 마련하여 새로운 변화와 적응을 돕는다.
- **위기 개입의 단계**: 작업 동맹 형성 및 내담자 안전 보장-문제 정의하기-환경적 지지와 대안 찾기-내담자가 변화를 시도하도록 도와주기-추수 상담 의뢰
  - **작업 동맹 형성 및 내담자 안전 보장**: 내담자에게 지지적이고 안정적인 작업 동맹을 형성하고, 내담자의 신체적 및 심리적 위협을 최소화하기 위한 노력을 기울인다.
  - **문제 정의하기**: 내담자의 문제를 신속하게 파악하고 욕구를 명료화한다. 이 과정에서 내담자의 관점에서 문제를 바라볼 수 있어야 한다.
  - **환경적 지지와 대안 찾기**: 내담자 주변의 환경적 지지체계를 마련하고, 현재의 문제를 극복하기 위한 활용 가능한 대안을 수립한다.
  - **내담자가 변화를 시도하도록 도와주기**: 내담자로 하여금 계획된 효과적인 행동들을 실행에 옮기도록 한다. 계획의 실행 과정에서 나타날 수 있는 다양한 문제에 대해서도 검토한다.
  - **추수 상담 의뢰**: 내담자가 위기 상황을 극복하고 새로운 행동을 통해 문제를 다룰 수 있게 되면 추수 상담을 통해 후속 과정을 돕는다.

정답 84. ④

85 Bandura의 자기효능감 증진을 위한 상담법과 가장 거리가 먼 것은?

① 과정적 성공과 결과적 성공 등 성공경험을 증진시켜야 한다.
② 내적인 자기수용 과정이 매우 필요하다.
③ Modeling을 적절히 활용할 필요가 있다.
④ 자신의 신체반응에 대한 적절한 지각과 해석이 중요하다.

해설

- 자기효능감은 밴듀라(Bandura)가 제시한 개념으로 어떤 상황에서 적절한 행동을 할 수 있다는 기대와 신념을 말한다. 밴듀라는 자기효능감은 수행의 성취, 대리적 경험, 언어적 설득, 정서적 각성을 통해 결정된다고 보았다.
- 자기효능감에는 실제적인 '수행의 성취', 다른 사람의 성공적인 수행을 관찰하면서 학습하는 '대리적 경험', 주변으로부터 듣는 자기수행에 대한 긍정적인 피드백으로 통하는 '언어적 설득', 자기수행 동안의 감정과 신체에 대한 적절한 각성과 깨어 있는 상태의 의식을 통한 '정서적 각성'의 4가지 요소가 중요하게 영향을 미친다고 본다.

86 심리치료에서 언어적 · 비언어적 행동관찰에 관한 설명으로 틀린 것은?

① 치료자는 참여적 관찰자가 되어 내담자와의 상호작용에서 일어나는 행동의 불일치를 식별할 수 있어야 한다.
② 내담자의 문화적 배경에 따라 상담자의 행동이 다를 필요가 있다.
③ 관계왜곡이란 치료 장면에서 내담자-치료자 이외의 제3의 어떤 인물이 존재하는 것과 같은 지각적 왜곡 현상을 말한다.
④ 내담자가 언어적 · 비언어적 행동의 불일치인 혼합 메시지를 보일 때 내담자의 진심은 언어적 행동에서 파악될 수 있다.

해설

내담자가 언어적 · 비언어적 행동 간에 불일치를 보일 때 언어로 표현되는 행동과 불일치되는 비언어적인 태도를 분석하여 기저 욕구와 감정을 파악하고, 이러한 불일치에 대한 접근을 통해 내담자가 자신의 근원적 갈등을 이해하도록 한다.

정답 85. ② 86. ④

87 상담 슈퍼비전에 관한 설명으로 옳은 것은?

① 수련생의 교육을 위해 긍정적 피드백을 최소화한다.
② 수련생에게 수치심을 유발하지 않도록 '너 메시지'를 많이 사용한다.
③ 수련생의 자기평가는 자기효능감을 저해하므로 가능한 한 삼가도록 한다.
④ 수련생에게 슈퍼바이저에 따라 서로 다른 피드백이 가능함을 알린다.

해설

상담 슈퍼비전을 통해 수련생에게 효과적인 직무 수행에 필요한 지식과 기술을 제공하고 전문적 자아발달을 도모할 수 있어야 한다. 상담 슈퍼비전 시 슈퍼바이저에 따라 서로 다른 피드백을 제공할 수 있음을 알리는 것은 상담에서 오는 이론적 · 경험적 이해의 폭을 넓힐 수 있다. 다만, 사례에 부적절한 피드백으로 인해 수련생의 역량이나 경험이 제한이 되지 않도록 슈퍼바이저는 다양한 사례를 다룰 수 있고 지도를 할 수 있는 경험적 실무를 갖추도록 한다.

88 정신분석적 심리치료의 주요 기법 중 자유연상에 관한 설명으로 틀린 것은?

① 자유연상 기법은 최면 사용에 대한 불만을 품고 개발된 것이다.
② 환자의 방어가 약화됨에 따라 환자의 연상은 점점 기괴해지고 진정한 의미를 찾기 어려워진다.
③ 자유연상에서 환자는 마음속에 떠오르는 어떤 것이든 모두 말하도록 격려된다.
④ 자유연상에서의 연상들을 따라가면 환자의 삶 속의 중요하거나 억압된 어떤 부분에 이르게 된다.

해설

- 자유연상(free association)은 내담자가 편안하게 누운 상태에서 마음속에 떠오르는 것을 솔직하게 이야기하는 정신분석의 치료법이다. 이는 의식적 억제를 최소화한 자유로운 상태에서 억압된 무의식 내용이 잘 떠오를 수 있다는 점을 이용한 기법이다.
- 자유연상에서 자신의 무의식에 대한 자각이 증진되면서 환자의 방어가 약화되면 보다 자유롭게 어떤 것이든 말하게 되고 이는 억압된 부분의 중요한 정보를 제공한다.
- 자유연상은 의식적 억제를 최소화한 자유로운 상태에서 억압된 무의식 내용이 잘 떠오른다. 이 기법은 감정 표현과 경험을 개방하여 자유롭게 해 주며, 마음속의 억압된 자료를 수집, 해석하여 통찰하는 데 도움이 된다.
- 정신분석치료에서는 자유연상 내용을 다른 자료들과 통합하여 내담자의 무의식적 갈등을 이해하고 해석하는 데 활용한다.

정답 87. ④ 88. ②

89 재활상담에 관한 설명과 가장 거리가 먼 것은?

① 재활상담자는 환자에게 지지적이고 적극적이어야 한다.
② 재활상담의 목적은 환자가 재활하려는 동기를 가지도록 하는 데 있다.
③ 재활상담에서는 환자와 상담자의 관계가 특히 중요하다.
④ 재활상담은 모든 훈련과 교육, 환경적 지원이 제공된 이후에 실시하는 것이 좋다.

해 설

재활상담은 상담자가 환자의 약해진 자아를 지지해 주고 희망을 갖게 함으로써 재기하려는 동기를 불러일으키며, 현실의 문제를 잘 해결해서 편안한 마음을 갖도록 하는 데 목적이 있다. 재활상담은 재활 개입의 초기에 이루어지며, 지속적인 동기를 강화하기 위해 훈련과 교육 및 환경적 지원의 과정 동안에 유지된다.

학습 Plus 정신사회재활의 치료적 개입

- **심리학적 평가 및 기능 평가**
  정신재활의 효과를 높이기 위해서는 환자에 대한 정확한 이해가 필요하다. 이를 위해 면담, 행동관찰, 심리검사를 실시하여 환자가 가진 기술과 보충해야 할 점 및 장점 등을 자세하고 정확하게 평가한다. 또한 기능 평가를 통해 문제되는 행동 및 해결에 필요한 자원을 검토하여 구체적인 계획을 세운다.
- **인지 기능의 재활**
  인지 기능을 회복할 수 있는 인지 기능 향상 프로그램을 제공한다. 이를 통해 주의력이나 기억력 및 집행능력 등의 전반적인 인지 기능을 효과적으로 개선시키도록 돕는다.
- **재활상담**
  재활상담은 상담자가 환자의 약해진 자아를 지지해 주고 희망을 갖게 함으로써 재기하려는 동기를 불러일으키며, 현실의 문제를 잘 해결해서 편안한 마음을 갖도록 하는 데 목적이 있다.
- **사회기술훈련**
  사회기술훈련을 통해 대인관계에서 오는 문제를 잘 해결하고, 스트레스에 대처하며 사회에 적절히 적응할 수 있도록 돕는다. 일반적으로 의사소통 기술훈련, 문제해결 기술훈련 등이 포함된다.
- **환자교육**
  환자교육이란 환자가 자신의 병을 잘 극복하고 일상생활을 잘할 수 있도록 하는 데 도움이 되는 내용들을 교육시키는 것이다. 먼저 병의 증상과 자기를 구분하도록 돕고, 스스로를 돌볼 수 있는 실제적인 여러 방법을 제시한다.
- **가족교육**
  가족교육은 환자의 재발률을 감소시키며 환자의 증상을 줄이고 기능 상태를 호전하는 데 도움이 된다. 가족이 환자로 인해 받는 고통 속에서도 가족 스스로를 돌볼 수 있도록 하며, 가족이 환자를 관리하는 방법을 제공한다.
- **직업재활**
  직업재활이란 환자가 직업을 갖고 그것을 유지할 수 있도록 직업적 서비스를 포함한 계속적이며 종합적인 재활과정이다. 직업재활은 환자의 성공적인 사회 통합을 위해 필수적이며, 지역사회에서의 독립적인 생활과 사회적응에 중요한 기회를 제공한다.
- **지역사회 지지서비스**
  환자의 사회적 재활을 돕기 위해 위기 개입, 심리사회적 재활서비스, 사례관리, 주거지원 및 자조모임 등의 서비스를 제공한다.
- **사례관리**
  환자에게 그들이 원하는 서비스를 통합적으로 제공받을 수 있도록 지속적으로 관리해 주는 과정을 말한다.

정답 89. ④

90 현실치료 이론에 관한 설명으로 옳은 것은?

① 내담자의 현실문제에 초점을 두기 때문에 정신병에 대해서는 적용 가능하지 않다.
② 내담자의 문제는 환경적인 여건에 의존하므로 환경의 개선에 많은 노력을 기울인다.
③ 상담자의 지시적이고 적극적인 개입이 필요하기 때문에 유머는 중요하게 고려되지 않는다.
④ 문제를 겪고 있는 사람들은 자신의 기본적 욕구가 충족되지 않기 때문에 고통을 받는다고 가정한다.

해 설

- 현실치료에서 심리적 문제는 기본욕구를 책임감 있고 효과적인 방식으로 충족시키는 데 실패했기 때문으로 본다. 기본적인 욕구로는 생존, 사랑, 권력, 자유, 재미의 욕구를 강조하며, 이 중 애정 욕구가 가장 기본적인 것이라고 본다.
- 정신적으로 건강한 사람은 다섯 가지의 욕구를 충족하는 사람들이며, 이들은 다른 사람의 욕구 충족의 권리를 존중하면서 자신의 욕구를 충족시키며 삶을 향상시키려고 노력하는 사람들로 본다.

<참조> 인간의 기본욕구(5가지)

- **생존**(survival): 의식주를 비롯하여 개인의 생존과 안전을 위한 신체적 욕구를 의미한다.
- **사랑**(love): 다른 사람과 애정을 주고받고 집단에 소속되고자 하는 욕구를 말한다.
- **권력**(power): 성취를 통해서 자신에 대한 유능감과 가치감을 느끼며, 힘과 권력을 추구하려는 욕구이다.
- **자유**(freedom): 자율적인 존재로 자유롭게 행동하고자 하는 욕구이다.
- **재미**(fun): 즐겁고 재미있는 것을 추구하며 새로운 것을 배우려는 욕구를 의미한다.

91 인간중심치료에서 내담자의 성장을 돕기 위해 치료자가 갖추어야 할 조건으로 가장 강조되는 것은?

① 명확한 저항 해석 ② 비판적 태도
③ 공감적 이해 ④ 마음챙김과 탈중심화

해 설

- 인간중심치료에서는 치료 과정에서 내담자가 자유롭게 자신의 감정을 표현하도록 하고, 치료자는 이를 적극적으로 경청하고, 비판 없이 반영하며 존중할 때 내담자는 스스로 문제를 극복하고 성장한다고 본다. 치료자가 갖추어야 할 기본적 태도는 진솔성, 무조건적인 긍정적 존중, 공감적 이해가 있다.
- 공감적 이해는 가장 강력한 치료적 요인으로 본다. 내담자의 마음을 깊이 이해하고 공감해 주는 것은 강력

정답 90. ④ 91. ③

한 치료효과를 지닌다고 보고, 이는 치료자와 심리적으로 연결되어 있다는 유대감에 영향을 준다.

<참조> 치료자의 태도 3요소

- **진솔성**
  진솔성은 치료 과정에서 매 순간 경험하는 감정을 있는 그대로 솔직히 인정하고 표현하는 태도로서 치료자가 경험하는 감정을 부인하지 않고 기꺼이 표현하고 개방하는 것을 말한다.
- **무조건적인 긍정적 존중**
  내담자를 존중하며 있는 그대로 수용하는 것을 말한다. 치료자가 비판단적으로 내담자를 존중할 때, 방어하지 않고 자신의 경험을 자유롭게 탐색할 수 있게 되며 안정감과 자기개념의 변화를 경험하게 된다.
- **공감적 이해**
  치료 시 내담자의 경험과 감정을 민감하고 정확하게 이해하는 것을 말한다. 내담자의 주관적인 경험을 이해하도록 노력하고 이면의 감정까지도 마치 자신의 감정인 것처럼 느끼는 과정을 통해 내담자가 의식하여 표면화하지 못한 감정을 다시 경험하고 느끼도록 돕는다.

92 내담자 평가를 위한 효과적인 면담의 일반적인 원칙과 가장 거리가 먼 것은?

① 환자의 신뢰를 얻고 유능하다는 것을 보여 주는 평범한 방법으로 전문인답게 옷을 입는 것도 방법이 된다.

② 내담자가 침묵할 때 치료자가 직면의 방식으로 내담자가 말하기를 계속 기다리는 것은 긍정적인 관계를 촉진한다.

③ 감정이입적 진술이 도움이 되지만, 너무 과용하면 부자연스럽고 성의 없이 들릴 수 있다.

④ 유혹적인 환자에게는 공식적인 치료 관계를 유지하는 것이 좋다.

해 설

상담관계가 잘 이루어지지 않거나 상담자에 대한 저항으로 침묵이 발생하는 경우, 긴 시간의 침묵은 피해야 한다. 상담자는 무조건 기다릴 것이 아니라 침묵의 원인이 되는 내담자의 감정과 태도를 다루어야 한다.

정답 92. ②

93 다음 중 우울증에 대한 인지치료 접근과 가장 거리가 먼 것은?

① 체계적 둔감법 ② 역기능적인 신념 수정
③ 부정적인 자동적 사고 수정 ④ 인지적 오류 수정

해 설

- 우울증에 대한 인지치료에서는 인지적 왜곡을 찾아 교정함으로써 보다 더 현실적이고 긍정적인 사고와 신념을 지니도록 유도한다.
- 인지치료에서는 인간의 감정과 행동은 객관적인 현실보다는 주관적 해석에 의해 결정되며, 심리적 고통과 정신병리는 인지 내용이 현실을 부정적으로 왜곡하는 데 기인하므로 심리치료를 통해 왜곡된 역기능적 인지의 교정을 돕는다면 심리적 증상이 호전될 수 있다고 본다.
- 불안장애의 주된 치료법으로는 체계적 둔감법, 노출치료, 참여적 모방 학습법 등이 있다.

치료법	설명
체계적 둔감법	긴장을 이완시킨 상태에서 약한 공포 자극부터 점진적으로 강한 공포 자극에 노출시킨다.
노출치료	실제상황 노출법(실제로 공포에 노출), 상상적 노출법(공포 자극을 상상하게 하여 노출), 점진적 노출법(공포 자극에 점진적으로 노출), 홍수법(단 번에 강한 공포 자극과 직면)이 있다.
참여적 모방 학습법	타인이 공포 자극을 두려워하지 않고 대하는 것을 관찰하여 모방한다.

94 자기감찰(self-mornitoring)에 관한 설명과 가장 거리가 먼 것은?

① 행동평가 혹은 인지행동평가 및 치료에서 주로 사용하는 방법이다.
② 저항이 매우 적고 신뢰할 수 있는 자료 수집이 가능하다.
③ 역기능적 신념기록지 역시 자기감찰방법이다.
④ 계산기나 초시계 등 도구를 사용하기도 한다.

해 설

자기관찰법은 개인이 목표를 둔 행동의 발생과 빈도, 상황 전후의 결과를 기록하는 방법을 말한다. 다만 주관적인 평가에 기반한 방법이기에 행동평가의 객관성을 유지하기 어려울 수 있고, 지속적인 자기감찰 동기가 평가에 영향을 줄 수 있다.

정답 93. ① 94. ②

95 성피해 초기 상담 시 주의 사항으로 적절하지 않은 것은?

① 치료 과정과 절차에 관해서 자세히 안내해 준다.
② 내담자의 감정과 정서를 이해하고자 노력해야 한다.
③ 내담자가 성피해 사실을 부정하더라도 상담을 즉시 진행해야 된다.
④ 상담의 진행 속도와 방법에 대해서는 내담자에게 선택권을 주어야 한다.

해 설

내담자가 성피해의 사실을 부인하는 경우 상담자는 일단 수용하며 심리적 안정을 돕고, 치료적 관계를 수립한 후에 점진적으로 피해 상담을 위한 준비를 하도록 한다.

96 윤리적 갈등 상황에서 상담자가 취할 수 있는 행동으로 옳지 않은 것은?

① 관련된 윤리규정을 찾아 적용하기
② 상급자 혹은 기관의 책임자와 의논하기
③ 윤리적 결정을 내리게 된 근거, 과정에 대해 기록하기
④ 비밀보장 원칙에 따라 상담자가 독자적으로 판단하기

해 설

상담자는 기본적인 윤리 원칙을 준수하여야 하며, 비밀보장 원칙의 경우에도 예외 사항에 해당되지 않는다면 내담자와의 상담내용은 원칙적으로 비밀보장이 되어야 한다.

97 중독상담에서 활용하는 인지행동기법으로 옳은 것은?

① 양면은유
② 소크라테스식 질문법
③ 인지적 탈융합
④ 빈 의자 기법

정답 95. ③ 96. ④ 97. ②

해설

- 소크라테스식 질문법은 인지치료에서 내담자의 인지 변화를 촉진하기 위해서 상담자가 주로 질문을 통해 대화하는 방식을 의미한다. 상담자가 내담자에게 해결책을 제시하거나 그들의 사고를 논박하기보다는 일련의 신중한 질문을 통해 내담자가 스스로 자신의 해결책을 찾도록 돕는다.
- 소크라테스식 질문법은 충고나 지시 대신 적절한 질문을 통해서 내담자가 스스로 자기이해와 통찰을 통해 유익한 결론에 도달하도록 돕는 상호작용 방식이다.

학습 Plus 소크라테스식 질문법

- 내담자의 인지 변화를 촉진하기 위해서 상담자가 주로 질문을 통해 대화하는 방식을 의미한다. 상담자가 내담자에게 해결책을 제시하거나 그들의 사고를 논박하기보다는 일련의 신중한 질문을 통해 내담자가 스스로 자신의 해결책을 찾도록 돕는다.
- 소크라테스식 대화는 충고나 지시 대신 적절한 질문을 통해서 내담자가 스스로 자기이해와 통찰을 통해 유익한 결론에 도달하도록 돕는 상호작용 방식이다.

〈소크라테스식 질문의 특징〉
- 상담자의 다양한 질문을 통해 내담자가 가지고 있던 사고의 비합리성이 외현적으로 드러난다.
- 질문과 답이 오가는 대화의 과정에서 내담자 스스로 자기신념의 비합리성을 깨닫게 된다.
- 상담자의 분석적인 질문을 통해 내담자는 자기 신념의 비합리성을 통찰하고, 깊은 수준의 인지적 왜곡(핵심 신념)을 파악하는 데 도움이 된다.
- 소크라테스식 질문법을 통해 내담자는 스스로 자신을 돕고 문제를 해결할 수 있는 방법을 배울 수 있게 된다.

98 상담자가 비행청소년 상담을 학교와 연계하여 실시하고자 할 때, 수행해야 하는 사전 작업과 가장 거리가 먼 것은?

① 학교 내 물리적 공간의 확보　　② 학교 행정책임자와 관계 형성
③ 비행청소년 집단의 파악　　④ 공동작업의 활성화

해설

비행청소년 상담은 청소년 개인은 물론 가족, 친구, 학교, 그리고 지역사회를 포괄하는 광범위한 지원망을 구축하여 통합적으로 운영되어야 한다.
특히 학교와 연계하여 상담을 실시할 때 물리적 공간, 관련 행정책임자와 교사 및 전문 상담교사와의 협력적 관계 형성, 비행청소년 집단에 대한 검토, 보호요인과 위험요인 탐색, 개인 및 집단상담을 위한 구조화를 준비하도록 한다. 공동작업의 활성화는 사전 작업을 위한 구성요인으로 보기 어렵고, 상담을 진행하는 과정에서 검토되는 사항에 해당된다.

정답 98. ④

99 다음 사례에서 가장 적절하지 못한 개입은?

인성이는 초등학교 4학년 남학생으로, 요즘 인터넷 게임에 몰두하느라 잠을 안 자고 학교 성적이 떨어지고 부모님과의 갈등도 심하다. 치료자는 인성이와 부모님을 만나서 치료를 시작하기로 했다.

① 인터넷 사용에 대한 양자 간의 대화를 이끌었다.
② 인성이가 목표를 달성하면 인기 게임 CD를 사 주기로 행동계약을 했다.
③ 주중에 인터넷 사용 시간을 관찰한 후 행동수정 계획표를 작성했다.
④ 인성이 혼자 사용하던 컴퓨터를 거실로 옮겨 놓게 했다.

해설

인터넷 중독과 관련된 개입에서 목표 달성 시 치료적 성과에 도움이 되는 보상을 상호 협의하여 정하도록 한다.

<참조> 인터넷 중독 상담 평가요소

- 인터넷 사용에 대한 태도, 욕구 및 인터넷에 대한 내담자의 동기를 검토한다.
- 처음 인터넷을 사용했을 때의 상황, 시기 및 현재 인터넷 사용 시간을 평가한다.
- 인터넷 사용 용도와 주로 이용하는 사이트를 확인한다.
- 인터넷 사용으로 인한 비행 및 적응의 문제를 확인해야 한다.
- 인터넷 사용과 관련된 가족 간의 갈등을 평가한다.
- 내담자의 정서적인 문제 및 대인관계 패턴을 검토한다.

100 성격장애에 관한 Millon의 강화모형에 의하면 자기애성 성격은 어떤 유형에 해당하는가?

① 능동-독립적
② 수동-독립적
③ 능동-의존적
④ 수동-의존적

해설

- 성격장애에 관한 밀런(Millon)의 강화모형에서는 자기애성 성격은 수동적-독립적 성격 유형의 병리적인 변형의 형태로 보았다.
- 밀런의 강화모형에 따르면 성격장애는 정상적인 기질이 양적으로 과장되고 왜곡되어 나타나는 것이라고 보았다. 밀런의 강화모형에서 강화를 얻기 위한 도구적 행동 양식과 강화의 원천에 따라 성격의 유형을 구분하였고, 병리적인 변형의 형태를 제시하고 있다.

정답 99. ② 100. ②

도구적 행동양식	강화의 원천			
	독립적	의존적	양가적	이탈적
능동적(순향적)	원기 왕성한 성격	사교적 성격	민감한 성격	억제적 성격
수동적(반응적)	자신감 있는 성격	협동적 성격	공손한 성격	내성적 성격

Millon의 강화모형

강화모형에 따른 성격유형	병리적인 변형
원기 왕성한(능동적-독립적) 성격	반사회성 성격장애
자신감 있는(수동적-독립적) 성격	자기애성 성격장애
사교적(능동적-의존적) 성격	히스테리성 성격장애
협동적(수동적-의존적) 성격	의존성 성격장애
민감한(능동적-양가적) 성격	수동-공격적 성격장애
공손한(수동적-양가적) 성격	강박성 성격장애
억제적(능동적-이탈적) 성격	회피성 성격장애
내성적(수동적-이탈적) 성격	분열성 성격장애

④ 2019년 기출문제

81 노인 치매 환자에 대한 일반적인 치료방법과 가장 거리가 먼 것은?

① 가족에게 치매의 본질, 진단, 예후 등에 대한 교육을 제공하고, 신체적 부담이나 정신적 고통을 토론하며 지지해 주는 가족치료가 도움이 된다.

② 일단 치매가 시작되면 기억을 도울 수 있는 여러 가지 환경적 조치를 취한다 해도 효과적인 도움이 되지 못한다.

③ 여러 가지 인지 과제를 통한 인지 기능 훈련은 초기 치매 환자의 증상 개선에 도움이 된다.

④ 치매 환자의 보호자에 대한 지역 사회의 정서적 · 물리적 지원은 매우 중요하다.

해설

치매의 초기에는 기억 기능의 손상이 진전되지 않도록 심리사회적 안정과 조력을 도와야 한다. 특히 여러 스트레스 원에 대한 개입이 필요하며, 인지 기능 향상을 위한 조기 개입은 증상 개선에 도움이 된다.

정답 81. ②

82 학습문제의 치료에 대한 설명으로 틀린 것은?

① 치료와 평가는 증상의 근원이 되는 지각, 인지와 같은 기본적인 과정을 매우 강조한다.
② 치료에서 외견상 동일한 학습문제를 보이는 아동은 동일한 치료 방식을 적용하는 것이 원칙이다.
③ 학습문제에 가장 많은 영향을 미치는 인지 과정은 작업기억력(또는 관리 기능)으로 알려져 있다.
④ 학습문제를 가진 아동 중 상당수는 주의력 문제 혹은 우울이나 불안과 같은 정서문제를 동반하고 있다.

해설

- 학습문제에 대한 치료적 접근 시 외견 상 동일한 학습문제를 보인다고 해도 기저하는 심리사회적 요인은 개인마다 상이하기에 해당 요인에 대한 차별적 접근을 할 수 있어야 한다.
- 학습문제의 치료에는 학습을 위한 구체적인 학습 기술을 증진하고, 심리적 지지를 통한 우울이나 자존감 저하의 문제를 개선하며, 가정과 학교에서 효과적으로 자기주도할 수 있는 지도를 병행한다.

<참조> 학습문제와 관련된 요인

- **인지적 요인**: 지능, 기초 학습능력, 선행 학습, 학습 전략 등
- **심리적 요인**: 학습에 대한 동기와 흥미, 기대, 목표, 자아개념, 자기효능감, 불안 등
- **환경적 요인**: 학습의 물리적 환경(공간, 소음, 조명), 가정 및 학교, 친구, 지역사회 등 학습자를 둘러싼 모든 환경

83 조현병 환자의 직업재활에 대한 설명으로 틀린 것은?

① 조현병 환자의 직업재활은 실제 작업 현장에서 환자의 다양한 적응문제를 코칭하는 과정이 포함된다.
② 조현병 환자의 직업재활에서의 인지재활은 유의미한 영향을 주어 보다 성공적인 직업재활이 잘 유지되게 한다.
③ 조현병 환자의 성공적인 직업재활은 독립적인 생활을 할 수 있다는 것을 의미하기 때문에 직업재활은 정신사회재활의 가장 궁극적인 목표라고 할 수 있다.
④ 직업재활은 일반 사회로의 적응을 목표로 하기 때문에 병원이나 정신보건 관련 기관이 아닌 외부 사회 환경에서 이루어져야만 한다.

정답 82. ② 83. ④

해 설

- 직업재활이란 환자가 직업을 갖고 그것을 유지할 수 있도록 직업적 서비스를 포함한 계속적이며 종합적인 재활 과정이다. 직업재활은 환자의 성공적인 사회 통합을 위해 필수적이며, 지역사회에서의 독립적인 생활과 사회 적응에 중요한 기회를 제공한다.
- 직업재활은 정신보건 관련 기관에서 우선적으로 실시되며, 재활능력이 향상되면 점진적으로 외부 사회 환경 속에서 경험을 증진할 수 있도록 기회를 마련한다.
- 인지재활에서는 인지 기능을 회복할 수 있는 인지 기능 향상 프로그램을 제공한다. 이를 통해 주의력이나 기억력 및 집행능력 등의 전반적 인지 기능을 효과적으로 개선시키도록 돕는다.

84 **배우자의 갑작스런 이혼 요구로 혼란을 겪고 있는 내담자와의 위기상담에서 치료자의 반응으로 가장 바람직하지 못한 것은?**

① "이런 상황에서 혼란을 느끼는 것이 당연합니다."
② "많이 힘들어 보이네요. 그래도 다 잘될 거예요."
③ "이런 상황에서 지금까지 시도한 일은 어떤 것들이 있습니까?"
④ "이 모든 고통이 해결될 때까지는 다소 힘든 시간이 될 거예요."

해 설

- 위기상담에서는 내담자의 심리적 안정과 문제를 효율적으로 대처할 수 있도록 돕는 대처전략이 제공된다. 특히 사건 충격이 큰 상황이기에 정신적 혼란감을 겪기 쉽고 상황의 변화를 받아들이기 어려울 수 있어 내담자가 자신의 경험에 대해 상황이나 증상과 관련하여 객관적으로 이해할 수 있도록 돕고 다양한 대안을 통해 위기를 극복하도록 협력한다.
- 내담자의 감정에 대한 수용은 도움이 되나 구체적인 대안이나 상황의 이해를 얻지 못한 상태에서 막연히 잘 될 것이라고 촉진하는 것은 위기상담의 개입으로 부적절한 대처이다.

정답 84. ②

85 음주문제를 평가하기 위해 고안된 CAGE 질문과 가장 거리가 먼 것은?

① C: 당신은 음주 행동을 중단할 필요를 느낀 적이 있습니까?
② A: 당신의 음주 행동에 대해 누군가가 비난해서 괴로웠던 적이 있습니까?
③ G: 당신은 음주 행동을 축소하거나 숨기기 위한 거짓말을 한 적이 있습니까?
④ E: 당신은 해장술의 필요성을 느낀 적이 있습니까?

해 설

CAGE 검사는 알코올 문제를 선별할 수 있는 간이검사법이다(0개: 정상, 1~2개 이상: 위험 음주 수준, 3개 이상: 의존성 음주).

CAGE 검사
- 당신의 음주 행동을 중단할 필요를 느낀 적이 있습니까?(Cut down)
- 당신의 음주 행동에 대해 누군가가 비난해서 괴로웠던 적이 있습니까?(Annoy)
- 당신은 음주 때문에 죄책감을 느끼거나 기분이 나쁠 때가 있습니까?(Guilty)
- 당신은 해장술의 필요성을 느낀 적이 있습니까?(Eye-opner)

86 정신상태검사에서 환자가 자신의 사고를 조절할 수 있다고 생각하는지를 평가할 수 있는 질문은?

① 실제가 아니라고 의심이 가는 어떤 것을 듣거나 본 적이 있습니까?
② 당신의 집 마당에 외계인이 산다고 생각한 이유는 무엇입니까?
③ 당신의 느낌이 현실적이라고 생각됩니까?
④ 당신이 겉으로 표현하지 않았는데도 사람들이 당신의 생각을 알 수 있습니까?

해 설

- 정신상태검사(mental state examination)의 결과는 더 깊은 평가와 중재를 위한 어떤 방향을 제시할 뿐만 아니라 환자가 겪고 있는 가능한 정신과적 진단에 대한 예비 정보를 제공한다.
- 정신상태검사(mental state examination)는 외모, 몸가짐, 언어 및 의사소통, 감정, 사고 과정, 통찰, 판단력, 주의, 집중, 기억 및 지남력 등을 평가한다.
- ①, ②, ③번의 질문은 환각이나 망상, 비현실적 사고와 기분에 관한 질문에 해당되며, ④번은 내현적 사고의 왜곡을 다루기 위한 질문에 해당된다.

정답 85. ③ 86. ④

87 다음 사례에서 A씨의 인지적 오류는?

비행기 추락사고가 일어날 확률은 10% 혹은 그 이상이라고 대답한 비행공포증을 가진 A씨에게 실제 추락사고가 일어날 가능성은 무시할 수 있을 정도로 매우 낮다는 것을 이해시키려고 애썼으나 잘되지 않았다.

① 흑백논리적 사고 ② 개인화

③ 임의적 추론 ④ 자기비하

해 설

임의적 추론이란 어떤 결론을 지지하는 증거가 없거나 그 증거가 결론에 위배됨에도 불구하고, 명확한 근거나 증거의 뒷받침 없이 주관적으로 추측하여 이를 토대로 결론을 내리는 것을 말한다(예 추락사고의 위험성이 낮음에도 불구하고 주관적으로 추론한 결과를 믿어 버림).

학습 Plus 인지오류의 유형

- **이분법적 사고(흑백논리적 사고)**: 어떤 상황을 연속선상에서 보지 않고 양 극단으로만 보는 것을 말한다. 두 가지 극단 중 하나로 경험을 범주화하는 것을 의미한다.
- **과잉 일반화**: 한 가지 사건에 기초한 결론을 광범위하게 적용시키는 것을 말한다. 하나 또는 몇 개의 고립된 사건에서 일반적인 규칙을 추출해 내고 이를 다른 사상이나 상황에 부적절하게 적용하는 것을 의미한다.
- **정신적 여과(선택적 추상화)**: 전체를 보지 않고 부정적인 하나의 세부사항에만 지나치게 집중하고, 선택적으로 받아들여 결론을 내리는 것을 말한다.
- **의미확대, 의미축소**: 자신이나 다른 사람 혹은 어떤 상황을 평가할 때 부정적인 측면을 지나치게 강조하고, 긍정적인 측면은 최소화하는 것이다.
- **감정적 추론**: 자신의 감정반응이 실제 상황을 반영하고 사실이라고 믿고, 그 반대의 증거는 무시하거나 고려하지 않는 것을 말한다.
- **개인화**: 인과적 연결을 지지하는 증거 없이 특정한 사건을 자기 자신에게 귀인하여 잘못 해석하는 것을 말한다.
- **잘못된 명명(낙인찍기)**: 자기 스스로 부정적인 관점을 통해 개인의 정체성과 인식을 평가하는 것을 말한다.
- **독심술**: 충분한 근거 없이 상대방의 생각이나 의도, 마음을 알고 있다고 믿는 것을 말한다. 상호작용이나 관계에 있어서 충분한 근거 없이 타인이 어떤 생각을 하고 있는지 본인이 안다고 생각하는 것을 의미한다.
- **예언자적 오류**: 충분한 어떠한 근거 없이 미래에 일어날 일을 단정하고 확신하는 것이다. 마치 미래의 일들을 미리 볼 수 있는 예언자인 것처럼 앞으로 일어날 결과를 부정적으로 예측하고 이를 굳게 믿는다.
- **파국화**: 어떤 사건에 대해 성급하게 파국적인 결론을 내려 과도하게 염려하거나 두려워하는 것을 말한다. 항상 최악의 상황을 상상하기에 공포나 불안을 크게 느낀다.
- **임의적 추론**: 어떤 결론을 지지하는 증거가 없거나 그 증거가 결론에 위배됨에도 불구하고, 명확한 근거나 증거의 뒷받침 없이 주관적으로 추측하여 이를 토대로 결론을 내리는 것을 말한다.

정답 87. ③

88 다음 (　　)에 알맞은 것은?

> 내담자가 평소와 달리, 치료 회기에 지각하고 잡담하려는 모습을 보였다. 정신역동적 접근을 하는 치료자는 이러한 행동을 (ㄱ) (이)라고 평가하고, (ㄴ)기법을 통해 내담자가 자신의 행동을 이해하도록 하였다.

① ㄱ: 저항, ㄴ: 해석
② ㄱ: 저항, ㄴ: 자유연상
③ ㄱ: 전이, ㄴ: 훈습
④ ㄱ: 전이, ㄴ: 통찰

해 설

• 저항분석
- 저항(resistance)이란 내담자가 상담 과정에서 나타내는 비협조적이고 반치료적인 행동들을 말한다 (예 치료 시간에 늦거나 잊어버림, 자유연상이 잘되지 않음, 숙제를 잊거나 해 오지 않음).
- 저항은 환자의 무의식적인 갈등을 반영한다고 보므로 저항적인 행동의 의미에 대해 분석을 하여야 한다.

• 해석
- 해석(interpretation)이란 내담자가 명확하게 자각하지 못하는 것을 일깨워 주는 상담자의 설명을 의미한다. 내담자의 말 속에 숨은 의미를 파악하도록 이를 다른 관점으로 제시함으로써 내담자가 자신의 경험, 행동, 감정, 태도에 대해 달리 생각해 볼 수 있게 하는 적극적인 상담기술이다.
- 해석을 통해 내담자는 자신의 무의식적 갈등에 대한 통찰(insight)을 얻게 된다. 환자가 스스로 이해하기 어려운 무의식적 갈등에 대해서 상담자가 해석을 해 주어야 하는데, 해석은 가능한 한 단정적이지 않고 가설적으로 표현하는 것이 좋다.

학습 Plus 정신분석의 주요기법과 절차

① **자유연상**
- 자유연상(free association)은 내담자가 편안하게 누운 상태에서 마음속에 떠오르는 것을 솔직하게 이야기하는 방법이다.
- 의식적 억제를 최소화한 자유로운 상태에서 억압된 무의식 내용이 잘 떠오른다. 감정 표현과 경험을 개방하여 자유롭게 해 주며, 마음속의 억압된 자료를 수집, 해석하여 통찰하는 데 도움을 준다.

② **꿈 분석**
- 꿈은 무의식 내용을 얻는 중요한 수단으로 본다. 수면상태에서는 의식적 억제가 약화되기 때문에 억압된 무의식적 갈등이 잘 떠오른다.
- 꿈 분석(dream analysis)은 내담자의 꿈에 나타난 주제와 내용들을 분석하는 것으로, 이를 통해 무의식적 갈등을 밝혀 낸다. 일반적으로 내담자가 보이는 증상과 꿈이 유사한 구조를 가진다.

③ **전이분석**
- 전이(transference)란 내담자가 과거에 중요한 대상에게 느꼈던 (긍정적, 부정적) 감정이나 환상을 무의식적으로 현재 상담자에게 옮겨 와 나타내는 것을 말한다.
- 전이는 정신분석 상담의 핵심으로, 상담 과정에서 내담자가 보이는 전이 현상을 면밀히 분석하고 해석해야 한다. 전이분석을 통해 내담자는 자신의 무의식적 갈등과 현재 문제의 의미를 통찰할 수 있게 된다.

정답 88. ①

- 상담자도 내담자에게 전이현상을 나타낼 수 있다. 이를 역전이라고 한다. 상담자의 역전이는 내담자의 반응을 왜곡하여 받아들이게 만들어 객관성을 저해할 수 있으므로 조심해야 한다.

④ **저항분석**

- 저항(resistance)이란 내담자가 상담 과정에서 나타내는 비협조적이고 반치료적인 행동들을 말한다(예 치료 시간에 늦거나 잊어버림, 자유연상이 잘되지 않음, 숙제를 잊거나 해 오지 않음).
- 저항은 환자의 무의식적인 갈등을 반영한다고 보므로 저항적인 행동의 의미에 대해 분석을 하여야 한다.

⑤ **해석**

- 해석(interpretation)이란 내담자가 명확하게 자각하지 못하는 것을 일깨워 주는 상담자의 설명을 의미한다. 내담자의 말 속에 숨은 의미를 파악하도록 이를 다른 관점으로 제시함으로써 내담자가 자신의 경험, 행동, 감정, 태도에 대해 달리 생각해 볼 수 있게 하는 적극적인 상담기술이다.
- 해석을 통해 내담자는 자신의 무의식적 갈등에 대한 통찰(insight)을 얻게 된다. 환자가 스스로 이해하기 어려운 무의식적 갈등에 대해서 상담자가 해석을 해 주어야 하는데, 해석은 가능한 한 단정적이지 않고 가설적으로 표현하는 것이 좋다.

⑥ **훈습**

- 훈습(working-through)이란 상담 과정에서 통찰을 통해 얻게 된 성숙한 행동과 태도를 실제 일상생활에 적용하여 사용함으로써 변화된 적응적 행동이 지속될 수 있도록 돕는 기법이다.
- 상담을 통해 배운 것을 현실 생활에 실천하여 점진적으로 변화가 일어나고 유지되도록 하는 것이 목적이다.

89 슈퍼바이저가 슈퍼비전 초기에 평가할 필요가 있는 상담자 특성과 가장 거리가 먼 것은?

① 상담자가 효율적으로 사용하고 있는 기술

② 상담자의 성격적 문제가 상담에 미치는 영향

③ 상담자의 이론적 지식을 실제에 적용하는 능력

④ 상담자 성장을 위한 상담자의 심리적인 외상 경험

해 설

슈퍼비전 초기에는 상담자의 주된 상담 방법과 기술, 이론적 지식, 성격 특성에 대한 평가가 이루어진다. 이를 통해 상담에서의 다양한 어려움을 극복하고 전문적 능력 발달을 증진하도록 돕는다.

학습 Plus 상담 슈퍼비전의 일반적 목적

- 상담을 위한 개인적인 지지체계를 제공한다. 슈퍼비전은 상담에서 발생하는 다양한 어려움을 극복할 수 있도록 해 준다.
- 상담자로 하여금 인식하지 못했던 다른 일들을 탐지할 수 있게 해 준다. 상담자가 상담을 하면서 동시에 객관성을 유지하는 것은 쉽지 않기에 슈퍼비전을 통해 이전에 인식하지 못한 다양한 자기인식을 돕는다.
- 상담 슈퍼비전은 상담자로 하여금 더 많은 학습을 위한 중요한 토론과 비판의 장을 제공하는 동시에 상담자의 전문적 능력발달 증진을 돕는다.

정답 89. ④

90 Rogers의 자기실현화 과정에 대한 설명과 가장 거리가 먼 것은?

① 인간이 자신의 기능을 유지, 개발, 향상하기 위한 기본 욕구이다.
② 개인이 처한 상황에서 최선을 다하도록 이끈다.
③ 긍정적인 가치와 연관되어 있다.
④ 실현경향성은 멈추지 않는다.

해설

자기실현화 경향성

- 인간중심치료에서는 인간은 태어나면서부터 자기실현을 위해 끊임없이 노력하는 성장지향적인 존재로 본다. 자기실현화는 자신을 창조하는 과정 중 삶의 의미를 찾고, 주관적인 자유를 실천함으로써 점진적으로 완성되어 간다.
- 자기실현 경향성을 충분히 발휘하기 위해서는 자신의 경험에 대한 개방, 자기수용과 자기신뢰, 자신의 경험과 기준에 의한 평가와 판단, 자신을 지속적으로 성장시키고자 하는 의지가 필요함을 강조한다.
- 인간중심치료의 목표는 개인의 자발성과 자기성장을 목표로 하며, 기법의 적용보다는 내담자의 살아가는 방식과 태도, 가치에 초점을 두고 내담자가 성장하도록 돕는 데 있다.

91 스트레스 단계에 관한 Selye의 이론에 대한 설명으로 틀린 것은?

① 신체가 자신을 보호하려는 반응은 일반적응 증후군(general adaptation syndrome)이다.
② Selye는 처음에는 스트레스를 자극으로 간주했다.
③ Selye는 신경계의 변화는 적응의 질병(disease of adaptation)을 가져온다고 했다.
④ Selye의 일반적응 증후군 단계는 저항－경고－소진의 단계를 거친다.

해설

일반적응 증후군(general adaptation syndrome)

유기체는 스트레스에 직면하게 되면 일련의 단계를 거쳐 반응하게 된다. 셀리에(Selye)는 이를 일반적응 증후군이라고 설명하며, 세 단계의 과정(경고-저항-소진 단계)을 제시하였다.

- **경고단계**: 스트레스에 대한 초기 적응 반응으로, 어떤 상황을 위협으로 지각하여 투쟁 혹은 도피 반응이 유발되고, 그에 따른 생리적 각성이 생기게 되는 것을 말한다.
- **저항단계**: 개인이 가진 자원과 에너지가 총동원되고, 스트레스에 대한 적응 반응이 최고점에 이르게 된다. 신체적으로는 특별한 증상을 보이지 않으며, 신체는 스트레스에 대항하기 위해 많은 에너지를 소비하는 단계이다.
- **소진단계**: 저항단계에서도 스트레스가 해소되지 못하고 지속되는 경우에는 소진단계에 이르게 된다. 개인이 보유하고 있는 자원이 고갈되고 신체의 면역 체계가 약화되며 다양한 심리적 증상이 나타나게 된다.

정답 90. ③ 91. ④

92 품행장애 치료에 적용되는 부모훈련에 관한 설명으로 틀린 것은?

① 부모훈련은 서로 감정을 덜 다치게 하며 일반적으로 하루 2~3회 정도 발생하는 문제행동부터 시작한다.

② 지시에 거부적인 부모들에게는 훈련 과정에서 치료자와 부모의 역할을 바꿔 보는 것이 효과적일 수 있다.

③ 숙제를 해 오지 못했다고 하는 부모에게는 전화를 해서 도와주어야 한다.

④ 부모훈련의 요소들은 간단한 원리에 근거하기 때문에 대부분 쉽게 효과적인 수행이 가능하다.

해설

- 품행장애 치료에서 부모훈련은 자녀의 문제행동이 악화되지 않도록 하는 데 중요한 치료적 접근이 된다. 다만, 부모의 태도를 변화시키는 개입 과정에서 갈등을 다루고 감정을 표현하는 방법을 점진적으로 변화시키도록 유도할 필요가 있다.
- 가정에서는 일관성 있는 보상과 처벌의 규칙을 만들고, 긍정적인 행동은 강화하고 반사회적 행동을 약화시키는 꾸준한 노력이 필요하다. 부모에게도 새로운 대처기술을 습득하기까지 어려움이 있을 수 있기에 수행 수준과 기술을 고려하여 체계적인 접근을 할 수 있도록 도와야 한다.

93 치료적 면접에 관한 설명으로 가장 적합한 것은?

① 일상 기능이 심하게 손상된 환자의 경우, 고통스러운 사건이나 감정과 관련된 주제에 집중한다.

② 치료적 관계 유지를 위해서는 주기적으로 계획된 시간을 초과하여 면접을 시행한다.

③ 치료자는 자신의 불안을 처리하기 위해서 주기적으로 자기노출을 한다.

④ 내담자가 거절로 받아들이지 않도록 하면서 내담자와의 경계를 분명하게 설정한다.

해설

- 치료적 면접은 내담자의 인지와 행동적 변화 및 환경적 변화를 돕기 위한 면접을 말한다.
- 면접 초기에 다양한 양가감정과 불안을 경험할 수 있기에 치료적 관계 형성이 중요하며, 치료자의 자기노출은 내담자의 불안을 완화하는 데 도움이 된다.
- 면접 시 일상 기능의 손상이 현저한 환자의 경우 일상의 적응과 기능을 돕기 위한 정보에 초점을 두어야 하며, 주어진 시간 내에 면접의 목적을 달성할 수 있도록 초점을 맞추어 진행해야 한다.

정답 92. ④ 93. ④

94 중독환자의 집단상담에 대한 일반적인 규칙과 가장 거리가 먼 것은?

① 갈등과 혼란을 야기하지 않기 위해 다양한 상담목표를 가진 사람들로 집단을 구성한다.
② 환자가 음주 상태에서 참석하면 그 회기에는 참석시키지 않을 수 있다.
③ 환자 집단에 대해서는 직면보다는 공감을 강조하는 것이 더 좋다.
④ 집단에서 역할극을 할 때는 치료자가 먼저 시범을 보이는 것이 좋다.

해설

중독환자의 집단상담은 동질적 문제를 가진 집단원으로 구성하도록 한다. 동질성 집단일 때 공통의 상담목표를 수립하고, 집단상담 과정 동안에 서로의 문제에 대한 공감과 이해 및 지지와 도움을 촉진할 수 있다. 나아가 동질집단 구성이어야 치료 구성과 세부 전략을 중독문제에 중점을 줄 수 있고, 이를 토대로 집단원의 변화와 적응을 도울 수 있다.

95 다음은 집단치료의 어떤 요인과 관련 있는가?

> 한 환자가 나만 이렇다고 느끼는 감정은 종종 사회적 고립감에 의해 고조된다. 치료집단에서 특히 모임의 초기 단계에서 나만 이렇다는 환자의 느낌에 대해 그렇지 않음을 보여 주는 것은 상당한 위안의 원천이 된다. 다른 집단원들이 자신과 유사한 관심사를 털어놓는 것을 듣고 난 후, 환자는 훨씬 이 세상과 접촉한 것 같은 느낌을 갖는다고 한다.

① 희망의 고취
② 모방학습
③ 집단응집력
④ 보편성

해설

집단치료에서 구성원들이 다른 사람들도 보편적인 문제를 가지고 있다는 사실을 발견하게 됨으로써 자신만의 문제나 고통이 아님을 알고 자신이나 타인을 더욱 잘 이해할 수 있게 된다.

학습 Plus 집단치료의 효과

- **희망의 고취**: 집단 구성원들에게 문제가 개선될 수 있다는 희망을 심어 주는데, 희망 그 자체가 치료효과를 가질 수 있다.
- **보편성**: 참여자 자신만 심각한 문제와 증상을 가진 것이 아니라 다른 사람들도 자기와 비슷한 갈등과 어려움, 문제를 가지고 있다는 것을 알고 위로와 지지를 받는다.

정답 94. ① 95. ④

- **이타심**: 집단 구성원들은 위로와 격려, 지지, 제안 등을 통해 서로 도움을 주고받는다.
- **정보 전달**: 집단 구성원들은 상담자에게서 다양한 정보를 습득함으로써 자신의 문제에 대해 보다 명확하게 이해하며, 동료 참여자에게서도 제안과 지도, 충고를 얻는다.
- **1차 가족집단의 교정적 재현**: 집단은 가족과 유사한 점이 있어 집단 구성원의 부모형제 관계와의 교류가 집단 내에서 상호작용으로 재현될 수 있다. 그 과정을 통해 그 동안 해결되지 못한 갈등 상황에 대해 탐색하고 도전한다.
- **사회 기술의 발달**: 집단 구성원으로부터의 피드백이나 특정 사회 기술에 대한 학습을 통해 대인관계에 필요한 사회 기술을 발달시킨다.
- **모방행동**: 집단상담자와 집단 구성원들은 새로운 행동을 배우는 데 있어 좋은 모델이 될 수 있다.
- **대인관계 학습**: 집단 구성원과의 상호작용을 통해 자신의 대인관계에 대한 통찰을 얻고, 대인관계 형성의 새로운 방식을 시험해 볼 수 있는 장이 된다.
- **정화**: 집단 내의 비교적 안전한 분위기 속에서 집단 구성원은 그동안의 억압되어 온 감정을 자유롭게 발산할 수 있다.
- **집단 응집력**: 집단 내에서 자신이 인정받고 수용된다는 소속감은 그 자체로 집단 구성원의 긍정적인 변화에 영향을 미친다.
- **실존적 요인들**: 집단 구성원과 경험을 공유함으로써 자신의 인생(삶)에 대한 궁극적인 책임은 자신에게 있다는 것을 배운다.

96 성폭력 피해자의 치료에서 분노 감정에 대한 접근과 가장 거리가 먼 것은?

① 자신이 경험한 분노를 이야기하게 한다.

② 일상생활에서 분노를 촉발하는 원인과 대상에 대해 탐색해 본다.

③ 과거의 상처와 아픔이 현재 삶의 원인과 분노인 것에 대한 탐색은 가능한 한 피한다.

④ 자기주장적 훈련을 하게 한다.

해설

심리치료를 통해 성폭력 피해자가 피해로 인해 가질 수 있는 부정적인 자존감을 회복하도록 하며, 무력감에서 벗어나 자신의 삶을 살아가도록 돕는다. 또한 치료를 통해 내면의 억압된 분노와 피해 감정을 잘 표현하고 다룰 수 있도록 돕는다. 이 과정에서 과거의 상처와 아픔이 현재의 분노에 영향을 미치고 있는지를 함께 고려하여 현재의 분노에 기저하는 경험적 사건에 대한 치료적 도움을 제공하도록 한다.

학습 Plus 성폭력 피해 후 심리적 단계

- **제1단계**: 충격과 혼란
  피해자는 성폭력의 충격으로 인해 자신에 대한 무력감과 타인에 대한 불신감을 가진다. 피해자는 자신의 성폭력 사실을 알려야 할지 혹은 숨겨야 할지 양가감정을 가진다.

정답 96. ③

• **제2단계**: 부정
피해자는 자신의 성폭력 피해 사실을 인정하지 않으려 한다. 피해자는 외견상 적응된 것 같은 모습을 보이면서 상담을 받지 않으려는 경향이 있다.
• **제3단계**: 우울과 죄책감
피해자는 자신에 대해 수치스러워하면서 스스로를 비난한다. 피해자의 잘못된 분노 표출은 삶에 대한 절망감으로 이어지기도 한다.
• **제4단계**: 공포와 불안
피해자는 자신이 앞으로 건강한 삶을 살 수 없다는 불안감을 느끼면서 악몽을 꾸기도 한다. 피해자는 자신이 커다란 약점을 가지게 되었다는 부적절한 생각으로 인해 다른 사람과 만나지 않으려고 한다.
• **제5단계**: 분노
피해자는 가해자는 물론 자기 자신, 상담자, 주변 사람들에 대해서도 분노를 느낀다. 피해자의 다른 사람들에 대한 분노감은 남성이나 사회에 대한 불신으로 이어진다.
• **제6단계**: 재수용
피해자는 성폭력 피해에 대한 재조명을 통해 성폭력이 자신의 잘못에 의해 발생한 것이 아님을 인식한다. 피해자는 성폭력 경험에 대한 동화와 함께 자아개념을 회복하기 시작하며, 자신을 소중한 존재로 인정하게 된다.

97 정신분석에 대한 설명으로 틀린 것은?

① 심리적 문제는 아동기에 억압된 충동과 갈등의 잔해에 의해서 촉발된다고 가정한다.
② Freud는 최면을 신뢰하여 한층 더 진보된 자유연상 기법을 발전시켰다.
③ 자유연상의 흐름이 차단되는 것이 저항으로 나타난다고 본다.
④ 저항은 환자의 민감한 내용으로부터 자신을 방어하는 것이다.

해 설

Freud는 최면치료를 Charcot로부터 배울 기회를 얻게 되었지만 여러 사례를 접하면서 최면치료가 효과적이지 않다고 보고 새로운 방법을 모색하게 되었다. 무의식을 탐색하는 기법인 자유연상법을 1896년에 개발하여 이를 처음으로 '정신분석'이라고 명명하게 되었다.

학습 Plus 정신분석의 주요기법

① 자유연상
• 자유연상(free association)은 내담자가 편안하게 누운 상태에서 마음속에 떠오르는 것을 솔직하게 이야기하는 방법이다.
• 의식적 억제를 최소화한 자유로운 상태에서 억압된 무의식 내용이 잘 떠오른다. 감정 표현과 경험을 개방하여 자유롭게 해 주며, 마음속의 억압된 자료를 수집, 해석하여 통찰하는 데 도움을 준다.

정답 97. ②

② 꿈 분석

- 꿈은 무의식 내용을 얻는 중요한 수단으로 본다. 수면상태에서는 의식적 억제가 약화되기 때문에 억압된 무의식적 갈등이 잘 떠오른다.
- 꿈 분석(dream analysis)은 내담자의 꿈에 나타난 주제와 내용들을 분석하는 것으로, 이를 통해 무의식적 갈등을 밝혀 낸다. 일반적으로 내담자가 보이는 증상과 꿈이 유사한 구조를 가진다.

③ 전이분석

- 전이(transference)란 내담자가 과거에 중요한 대상에게 느꼈던 (긍정적, 부정적) 감정이나 환상을 무의식적으로 현재 상담자에게 옮겨 와 나타내는 것을 말한다.
- 전이는 정신분석 상담의 핵심으로, 상담 과정에서 내담자가 보이는 전이 현상을 면밀히 분석하고 해석해야 한다. 전이분석을 통해 내담자는 자신의 무의식적 갈등과 현재 문제의 의미를 통찰할 수 있게 된다.
- 상담자도 내담자에게 전이현상을 나타낼 수 있다. 이를 역전이라고 한다. 상담자의 역전이는 내담자의 반응을 왜곡하여 받아들이게 만들어 객관성을 저해할 수 있으므로 조심해야 한다.

④ 저항분석

- 저항(resistance)이란 내담자가 상담 과정에서 나타내는 비협조적이고 반치료적인 행동들을 말한다(예 치료 시간에 늦거나 잊어버림, 자유연상이 잘되지 않음, 숙제를 잊거나 해 오지 않음).
- 저항은 환자의 무의식적인 갈등을 반영한다고 보므로 저항적인 행동의 의미에 대해 분석을 하여야 한다.

⑤ 해석

- 해석(interpretation)이란 내담자가 명확하게 자각하지 못하는 것을 일깨워 주는 상담자의 설명을 의미한다. 내담자의 말 속에 숨은 의미를 파악하도록 이를 다른 관점으로 제시함으로써 내담자가 자신의 경험, 행동, 감정, 태도에 대해 달리 생각해 볼 수 있게 하는 적극적인 상담기술이다.
- 해석을 통해 내담자는 자신의 무의식적 갈등에 대한 통찰(insight)을 얻게 된다. 환자가 스스로 이해하기 어려운 무의식적 갈등에 대해서 상담자가 해석을 해 주어야 하는데, 해석은 가능한 한 단정적이지 않고 가설적으로 표현하는 것이 좋다.

⑥ 훈습

- 훈습(working-through)이란 상담 과정에서 통찰을 통해 얻게 된 성숙한 행동과 태도를 실제 일상생활에 적용하여 사용함으로써 변화된 적응적 행동이 지속될 수 있도록 돕는 기법이다.
- 상담을 통해 배운 것을 현실 생활에 실천하여 점진적으로 변화가 일어나고 유지되도록 하는 것이 목적이다.

98 다음과 같은 신념을 갖고 있는 내담자에게 가장 효과가 큰 것으로 알려진 행동치료 기법은?

> "공공장소에 가면 뭔가 끔찍한 일이 일어날 것이고, 나는 그것에 대처하지 못할 것이다."

① 실제 노출 ② 자극 통제

③ 이완 훈련 ④ 모델링

정답 98. ①

해 설

- 노출법(exposure therapy)은 내담자가 두려워하는 자극이나 상황에 반복적으로 노출시켜 직면하게 함으로써 특정 자극 상황에 대한 불안을 감소시키는 방법이다.
- 노출법에는 실제적인 불안 자극에 직접 노출시키는 실제상황 노출법(in vivo exposure)과 상상을 통해 불안 자극에 노출시키는 심상적 노출법(imaginal exposure), 낮은 불안을 유발하는 자극으로부터 점점 강도를 높여 가는 점진적 노출법(graduated exposure), 처음부터 강한 불안을 유발하는 자극에 노출시키는 급진적 노출법(intensive exposure)이 있다.
- 실제적 노출 기법은 내담자가 두려워하는 자극을 피하지 않고 직면하는 과정을 통해 기존의 생각과 달리 두려워하는 결과가 발생하지 않는다는 것을 학습하도록 돕는 방법이다. 이를 통해 기존의 신념에 변화가 일어나서 불안이나 두려움에서 벗어나게 된다.

99 임상적 진단을 통해 상담계획을 수립하고자 할 때 임상가의 업무와 가장 거리가 먼 것은?

① 수집된 여러 가지 정보는 수렴적으로 종합하고 검토해야 한다.

② 발병 전의 기능 수준이 치료 목표가 될 수 있으므로 발병 전의 발달 수준 및 가장 좋지 못했던 기능 수준을 평가하는 것이 바람직하다.

③ 내담자의 취약성과 역기능뿐 아니라 정신적 자산과 강점도 기술하여 제시할 필요가 있다.

④ 가족의 심리장애에 대한 태도가 치료 예후에 영향을 미치므로 임상가가 이해한 바를 가족과 적절하게 공유해야 한다.

해 설

- 임상적 진단을 통해 치료계획을 수립 시 현재 당면한 주 호소 문제를 개선하고 적응적인 일상을 증진하도록 도와야 한다. 이를 위해 현재 내담자에게 영향을 주는 심리사회적 요인에 대한 치료계획을 수립하고 효과적인 대처 및 심리적 성장을 촉진하도록 한다.
- 발병 전 발달 수준이나 낮은 기능 수준을 평가하기 위해서는 주 호소 문제에 적합한지를 고려해야 하며, 임상적 진단 시 병전 기능 추적이 필요한 경우에 한해서 탐색하도록 한다. 또한 내담자의 잠재 자원과 강점 등에 관한 탐색을 통해 강점과 약점에 관한 전반적 이해를 도와야 한다.

정답 99. ②

100 인지재활훈련의 이론에 대한 설명으로 틀린 것은?

① 뇌 가소성은 뇌 손상 후 뇌에서 일어나는 재구성과 리모델링 능력을 말한다.
② 뇌 손상 이후 운동 기능의 회복은 대뇌피질 신경의 리모델링에 의해 일어나게 된다.
③ 뇌 가소성은 성인 전의 뇌에서만 일어난다.
④ '사용과 훈련의 의존적인 운동 회복'이 뇌졸중 재활의 새로운 패러다임을 이끌고 있다.

해 설

- 뇌는 일생 동안 자극과 경험, 학습 등에 의해 구조적, 기능적으로 변화가 일어나는데 이를 '신경가소성'이라고 한다.
- 신경가소성이란 중추신경계의 손상 후 뇌가 재구성(reorganize) 혹은 재배치(remodel)하는 능력을 일컫는 것으로, 주위 환경이나 병변에 맞도록 대뇌피질의 기능과 형태가 변하는 신경계의 적응(neural adaption) 과정이라 할 수 있다. 뇌의 가소성은 뇌병변 이후 학습 및 기억 등 대뇌 기능의 회복에 중요한 역할을 한다. 가소적 변화는 주로 대뇌에 광범위하게 분포하고 있는 시냅스에서 일어나며, 이를 통해 뇌 안의 네트워크가 새로이 구성된다.
- 뇌 가소성은 인지재활 연습(practice)과 치료(intervention)에 의해 촉진될 수 있으므로 재활치료의 주된 요점은 뇌 가소성이 바람직한 방향으로 일어나도록 하는 것이다.

정답 100. ③

⑤ 2018년 기출문제

81 자살상담에 관한 설명과 가장 거리가 먼 것은?

① 어떤 경우에도 내담자를 존중하는 지지적인 자세를 취한다.
② 상담자가 주도적으로 상담을 진행하는 것이 중요하다.
③ 자살에 관한 구체적 내용은 안 묻는 것이 좋다.
④ 자살은 우울증 외에도 경계성 성격장애 등 다른 정신장애에서도 발생할 수 있음을 감안한다.

해설

상담자는 자살을 생각하는 내담자를 대상으로 그 위험 수준에 대해 구체적으로 질문을 하며, 질문 내용은 자살에 관한 생각, 계획, 시도 등과 관련된 내용뿐만 아니라 위기 촉발 요인이 무엇인지를 개방형 질문을 통해 표현하도록 한다.

학습 Plus 자살 위험도 평가

- **자살 위험 수준 평가**
  상담자는 자살을 생각하는 내담자를 대상으로 그 위험 수준에 대해 구체적으로 질문을 하며, 질문 내용은 자살에 관한 생각, 계획, 시도 등과 관련된 내용뿐만 아니라 위기 촉발 요인이 무엇인지를 개방형 질문을 통해 표현하도록 한다.
- **자살 계획 평가**
  상담자는 내담자가 실제 자살을 계획하고 있는지를 파악해야 한다. 자살 계획의 치명성, 자살의 방법과 도구, 계획의 구체성 등을 파악한다.
- **과거 자살시도 경험**
  과거 자살을 시도한 경험이 있는 사람의 경우 자살 위험의 가능성이 높다. 상담자는 내담자의 가족이나 주변 인물들 중 자살을 시도했거나 실제 자살한 사람이 있는지를 파악한다.

정답 81. ③

- **심리적 증상**
  심리적인 고통과 증상에 대해 파악하고, 내담자가 심각한 정신장애를 가지고 있는 경우 즉각적인 치료적 개입이 필요하다.
- **환경적 스트레스**
  내담자가 어떠한 스트레스 상황에서 자살충동을 느끼는지를 파악하고, 내담자의 스트레스 대처방식 및 자살을 문제 상황의 도피방법으로 생각하는 것은 아닌지 살펴본다.
- **자원 및 지지체계**
  내담자에게 도움이 될 수 있는 유용한 자원 및 지지체계에 대해 살펴보아야 한다. 위기전화상담, 긴급히 연락을 취할 수 있는 방법에 대해 안내한다.

82 치료적 면접에 관한 설명으로 틀린 것은?

① 치료자는 치료에서 자신과 내담자의 역할에 대한 기대를 명확하게 전달한다.
② 치료자는 내담자에게 시간의 제약에 대해 이야기를 하고 치료 속도를 조절한다.
③ 내담자가 일상생활을 영위할 수 없을 때 원인이 되는 과거의 사건을 먼저 다룬다.
④ 내담자의 건강과 안전을 위협하는 문제를 가장 먼저 다룬다.

해 설

- 치료적 면접에서는 내담자 문제에 대한 발생 및 지속 요인, 문제의 심각도 및 심리사회적으로 영향을 주는 요인에 대해 다룬다.
- 내담자가 일상을 영위할 수 없을 때 현재의 문제와 관련된 원인을 먼저 확인하고 관련된 과거 사건이 있다면 이를 검토한다.

학습 Plus 상담면접의 종류

- **발달 상담면접**: 개인의 발달문제에 초점을 두고, 내담자의 독립과 자기이해 및 수용을 목표로 한다.
- **치료면접**: 일상생활에서 경험하고 있는 문제에 초점을 두고, 문제의 발생 및 지속 요인, 문제의 심각도 및 심리사회적으로 영향을 주는 요인에 대해 다룬다.
- **의사결정 상담면접**: 특정한 의사결정을 하는 데 초점을 두고, 의사결정을 하는 데 방해요인이 있는지 확인하고 다루어 준다.
- **위기 상담면접**: 경험하고 있는 엄청난 갈등에 초점을 두고, 자살 위험성, 내담자의 보호요인 등에 대한 즉각적 판단이 필요하다.

정답 82. ③

83 Jung의 분석심리학에서 중년기 이후 인격의 발전 상태를 의미하고 자기를 향해서 성숙해 나가는 것은?

① 개성화 ② 그림자
③ 원형 ④ 페르소나

해 설

- Jung은 자기를 실현하는 과정이 성격발달이라고 보았다. 타고난 인간의 잠재력인 자기(self)를 실현하기 위해 인생 전반기에는 자기의 방향이 외부로 지향되어 분화된 자아를 통해 현실 속에서 자기를 찾으려고 노력한다.
- 그 후 중년기를 전환점으로 인생 후반기에는 자기(self)의 방향이 내부로 지향되어 자아는 다시 자기에 통합되면서 성격발달이 이루어진다고 보았다. 분화와 통합을 통해 자기가 발달하는 과정을 '개성화(individuation)'라고 하였다.
- 그림자(shadow)
  개인이 자신의 성격이라고 의식적으로 인식하는 것과 반대되는 특성을 의미한다. 자아의 어두운 부분, 즉 의식되지 않는 자아의 분신을 의미한다. 그림자를 적절히 표현하는 것은 창조력, 활력, 영감의 원천이 될 수 있으나, 과도하게 억압하면 자신과 괴리되거나 불안과 긴장상태에 빠질 수 있다.
- 원형(archetypes)
  집단 무의식을 구성하고 있는 인류 역사를 통해 물려받은 정신적 소인이자, 경험을 지각하고 구성하는 방식을 의미한다(예 페르소나, 아니마와 아니무스, 그림자, 자기).
- 페르소나(persona)
  환경의 요구에 조화를 이루려고 하는 적응의 원형으로, 개인이 다른 사람들에게 자신을 드러내는 방식을 의미한다. 개인은 삶의 다양한 역할을 지니게 되는데, 역할 수행 방식에 있어 타인에게 보여지고자 하는 측면에 따라 상이하게 나타날 수 있다. 다만 페르소나의 중요도가 커지면 자신으로부터 유리되어 형식적이고 피상적인 삶을 살 수 있다.

84 다음 중 건강심리학 및 행동심리학에 관한 설명으로 틀린 것은?

① 병의 치료보다는 예방에 힘쓴다.
② 반응적 · 조작적 방법, 바이오피드백과 인지행동치료가 주로 쓰인다.
③ 심리적이고 사회적인 요소가 질병과 건강에 영향을 미친다고 본다.
④ 생물학적 요인은 만성질환의 원인으로 고려하지 않는다.

정답 83. ① 84. ④

해설

- 건강심리학(health psychology)
  - 건강심리학자들은 건강 증진 생활양식을 발달시키도록 도움을 주며, 건강 증진 행동들(예 운동, 금연, 스트레스 관리)을 최대화하고, 건강 유해 행동을 최소화시키기 위한 예방과 중재에 초점을 둔다,
  - 그 외 만성통증, 공황장애, 편두통 및 현저한 생물심리사회적 특징이 있는 기타 신체적인 상태를 치료하기 위해 일반 심리치료뿐만 아니라 바이오피드백(biofeedback), 이완훈련, 자기관리 전략, 인지행동치료와 같은 전문적인 기법들을 활용한다.
- 행동의학(behavioral medicine)
  - 행동의학이란 건강이나 질병에 관련된 행동과학적 · 생물의학적 지식과 기술을 개발하고, 이러한 지식과 기법들을 적용하는 학제 간 분야를 말한다.
  - 행동의학은 건강을 증진하고 질병을 치료하기 위해 의학과 연계하며, 심리학과 행동과학을 활용한다.

85 심리평가 과정에 대한 설명으로 옳은 것은?

① 객관적인 평가를 위해 평가의 본질과 목적은 말하지 않는다.
② 내담자에게 도움을 제공하기 위한 과정임을 설명한다.
③ 선입견을 배제하기 위해 평가 절차에 대한 설명은 생략한다.
④ 내담자 문제의 평가는 반드시 상담자가 직접 한다.

해설

- 심리평가는 내담자에게 도움이 되는 적절한 개입을 세울 수 있는 근거를 제공한다. 심리평가 과정에서 내담자에게 심리평가의 기능(자기이해, 문제 탐색, 치료적 근거 등)을 안내하는 것은 평가 동기와 능동적 참여에 도움이 된다.
- 내담자에게 평가의 목적과 기능을 안내하고, 평가 절차에 관한 정보를 제공하는 것은 심리평가에 대한 라포를 형성하고 치료적 연계를 위한 사전 과정이 된다. 내담자 문제에 관한 평가는 심리평가의 형식이나 과정에 따라 평가자를 달리 할 수 있다.

정답 85. ②

86 다음은 어떤 치료법에 해당하는가?

환자에게 이완하는 방법을 가르치고, 환자가 이완상태에 있는 동안 불안-유발 자극을 위계적으로 제시한다.

① 점진적 이완법
② 반응방지법
③ 체계적 둔감법
④ 내현적 민감화

해 설

체계적 둔감법(systematic desensitization)은 주로 특정 사건, 사람, 대상에 대한 불안이나 공포가 있는 사람들의 치료를 위해 개발되었다. 환자에게 이완을 훈련시킨 후, 불안을 유발하는 자극을 위계적으로 제시하여 불안을 감소 또는 소거시키는 기법이다.

학습 Plus 체계적 둔감법 절차

① 1단계: 이완훈련
- 이완상태에서는 불안이 일어나지 않는다는 원리를 토대로 한다(상호억제원리).
- 상담자는 수회에 걸쳐 내담자가 긴장을 이완할 수 있도록 훈련한다.

② 2단계: 불안위계목록 작성
- 내담자가 가지고 있는 불안(공포)에 대한 정보와 증상, 행동을 파악한다.
- 불안(공포)을 일으키는 유발 상황에 대한 위계목록을 작성한다.

③ 3단계: 불안위계목록에 따른 둔감화
- 이완상태에서 내담자가 불안을 유발하는 상황을 상상하도록 유도한다.
- 순서는 불안(공포)을 가장 적게 느끼는 상황에서부터 시작하여 높은 수준의 불안으로 옮겨 가는 것이 바람직하다.
- 불안 상황에서 불안 반응을 더 이상 보이지 않을 때까지 반복하여 실시한다.

87 성폭력 피해자에게 표준적인 지속노출치료를 적용할 때 옳은 것은?

① 치료자는 심상노출을 하는 내담자에게 일정 시간(예 5분) 간격으로 주관적 고통을 수치로서 평가하도록 한다.
② 내담자는 눈을 감은 상태에서 성폭행 사건에 대해 과거 시제로 자세하게 이야기한다.
③ 치료자는 내담자가 두려워하는 상황에 가능한 한 짧게(예 10분 미만) 머물러 있도록 과제를 부여한다.
④ 치료자는 심상노출 회기를 녹음하고 이를 치료 회기 중에 내담자와 함께 반복하여 청취한다.

정답 86. ③ 87. ①

해 설

- 지속적 노출법(Prolonged Exposure: PE)은 미국 펜실베이니아 대학교의 에드나 포아(Edna B. Foa) 박사에 의해서 개발된 심리치료이다. 성폭력, 재난, 사고, 범죄, 고문 등에 의해 발생한 외상 후 스트레스 장애 치료에 적용된다.
- 내담자에게 외상 사건을 회상하게 만들어 심상 노출(imaginal exposure)을 먼저 경험하게 한다. 이후 회피하는 상황에 대한 목록을 만들고 순서와 위계를 정하여 외상 사건을 재경험하게 하는 실제 노출(in vivo exposure)을 연습한다.
- 심상 노출을 통해 묘사했던 사건에 대한 기억을 현제 시제로 자세하게 서술하게 하여 주관적 고통을 평가하기도 하며, 이를 녹음하여 듣는 훈련 과제도 포함된다.
- 심상 노출 후에는 실제 경험한 것과 배운 것에 관해 대화하고 처리하는 과정(post-exposure processing)을 진행하게 된다. 이를 통해 외상 사건과 관련한 기억의 조각들을 당시 상황에 맞게 재정리하여 새로운 긍정적 인지를 가질 수 있고, 사고와 연관된 부정적 감정들이 점차 해소되는 변화가 일어나게 된다. 전형적인 PE의 경우 주 1회당 90분으로 총 8~15회기 동안 시행된다.

88 AA(Alcoholics Anonymous)의 12단계 모델에 관한 설명으로 틀린 것은?

① AA는 근본적으로 영적인 프로그램이며, 따라서 치료가 아니라 삶과 존재의 방법으로 12단계 모델의 근간을 이룬다.

② AA의 12단계 실천은 정직, 겸손, 인내 등의 성장으로 특징짓는 영적인 성장을 가져오고, 이것이 알코올 중독자의 회복 수단이 된다.

③ AA의 12단계 중 알코올에 대해서는 첫 단계에서만 언급되어 있을 뿐 다른 것은 영적 과정과 관련되어 있다.

④ 알코올 중독자의 음주는 영적인 삶과 성장에 대한 잘못된 인간 욕구의 반영이기 때문에 단주만이 알코올 중독자의 삶을 변화시킬 수 있는 유일한 대안은 아니라고 하였다.

해 설

12단계 모델은 알코올 중독자의 자조모임인 AA에서 진행되는 12단계의 규칙과 12단계 전통의 기반이 되는 개입 모델을 말한다. 12단계 모델에서는 자조집단을 통한 자립과 영적 성장에 초점을 두며, 단주를 변화를 위한 조건으로 강조한다.

정답 88. ④

89 학습상담의 각 단계에서 다루어야 할 내용에 대한 설명으로 틀린 것은?

① 초기단계: 지능검사, 학습방법검사, 학습태도검사, 기초학력검사 등을 실시하였다.
② 중기단계: 학습부진의 원인이 되는 자기패배적 악순환을 자각하도록 하였다.
③ 중기단계: 복습과 예습 계획 및 수업 전략을 수립하였다.
④ 종결단계: 내담자에게 스스로 학습할 수 있는 능력에 대한 자신감을 심어 주었다.

해 설

학습상담의 초기단계에서 학습에 관한 전반적 사정 평가를 하고 학습 부진의 원인을 분석하여 내담자가 이해하도록 돕는다. 이를 통해 구체적인 치료계획을 수립하여 세부 전략을 통해 학습문제를 개선하도록 돕는다. 내담자에게 학습능력이 함양되고 심리적 스트레스 자원이나 학습 효능감이 형성되면 치료의 종결을 고려한다.

학습 Plus 학습상담의 과정

① **상담관계 형성**
- 효과적인 상담을 위해 상담자와 내담자의 상담관계 형성이 선행되어야 한다. 상담자는 학습문제로 인해 힘들었던 내담자에 대한 공감적 이해로서 상담관계를 수립한다.

② **학습문제의 진단**
- 학습문제의 원인을 보다 체계적으로 확인하기 위해 학습 부진의 문제인지, 학습과 관련된 여러 가지 장애로 진단될 수 있는 문제인지, 학습과 다른 문제가 복합적으로 관련되어 있는지를 면밀히 파악한다.
- 학습문제를 진단하기 위해 면담과 다양한 심리검사를 활용한다.

③ **상담목표의 설정**
- 상담의 목표는 학습문제의 원인에 따라 다양하게 설정된다. 학업성취도의 향상뿐만 아니라 학습문제로 인한 다양한 어려움을 해소하는 데 중점을 둔다.
- 학습상담의 목표 설정 시, 과정 중심적이고 구체적인 형태로 목표가 설정될 수 있도록 개입함으로써 내담자가 목표의 성취를 자주 경험할 수 있도록 해야 한다.

④ **개입 전략 설정 및 개입**
- 학습문제에 대한 개입 전략은 현재 호소하고 있는 문제가 구체적으로 무엇이며, 왜 발생하게 되었으며, 학습문제로 인해 야기되는 다른 문제는 무엇인지를 정확하게 파악한다.
- 종합적인 파악 후, 학습자가 지닌 강점과 자원에 따라 전략적으로 개입한다.
- 학습문제 상담은 동반되는 문제에 따라 정신과적 치료와 가족(부모)이나 교사와의 상담도 병행할 수 있다. 보다 효과적으로 개입하기 위해 외부 기관에 도움을 요청하여 조력을 받을 수 있다.

⑤ **종결 및 추수 관리**
- 학습문제는 단기간의 개입으로 그 효과를 얻기 어려울 수 있으며 재발의 확률도 높다. 상담의 종결은 사전에 계획되어야 하며, 재발을 방지하기 위해 지속적인 추수 상담이 이루어져야 한다.

정답 89. ②

90 인지치료에서 불안, 우울과 같은 부정적 감정과 관련하여 인지적 요인의 중요성을 강조하는 이유가 아닌 것은?

① 비합리적 신념은 정서 및 행동 문제에 영향을 주는 핵심적 요인이기 때문이다.
② 비합리적 신념은 대개 쉽게 의식할 수 있기 때문이다.
③ 비합리적 신념의 변화는 감정과 행동에도 변화를 발생시키기 때문이다.
④ 인지적 변화는 정서나 행동 변화보다 천천히 일어나기 때문이다.

해설

인지치료의 기본적인 원리는 정신병리를 유발하는 왜곡된 인지를 수정하여 재구성하는 것이다. 이를 위해 내담자 스스로 자신의 부정적 사고를 인식하여 변화시키는 역량을 키우는 데 주력한다.

<핵심 치료 원칙>

- 자신의 부정적이고 자동적인 사고를 관찰하여 파악하기
- 인지가 정서, 행동에 미치는 영향을 인식하기
- 자동적 사고의 지지 증거와 반대 증거를 검토하기
- 편향적인 인지를 좀 더 현실적인 대안적 사고로 대체하기
- 경험을 왜곡하게 만드는 역기능적 신념을 파악하고 수정하기

91 다음 사례에서 A씨와 치료를 종결할 때의 요령으로 가장 적합하지 않은 것은?

> A씨는 최근 남자 친구와 헤어진 후 심한 우울증을 경험하고 인지치료를 받게 되었다. 치료자는 접수 면접에서 A씨가 남자 친구뿐만 아니라 다른 사람에게도 매우 의존적임을 알게 되었다.

① 치료 종결과 재발 방지를 위한 준비는 치료가 일정 기간 진행된 이후에 준비하도록 이야기한다.
② 치료 과정 중 진척이 있을 때마다 공을 내담자에게 돌리고 칭찬해 준다.
③ 치료 종결 시점을 내담자가 가능한 한 일찍 알 수 있도록 이야기한다.
④ 점차로 회기 수를 줄이면서 치료자의 지지가 없이도 잘 해낼 수 있음을 깨닫도록 한다.

정답 90. ④ 91. ①

해설

의존적 내담자의 특성을 이해하여 치료 과정 동안에 내담자의 자발성과 독립성을 유지하며 일상의 적응을 스스로 조력하도록 촉진한다. 또한 치료 초기에 시간이나 회기에 대한 안내를 통해 치료 과정과 종결에 대한 시기나 절차를 이해하도록 한다. 치료 종결을 위해서는 충분한 시간을 두고 종결 전에 안내하고 심리상담 회기 간격을 넓혀 가며 종결을 준비한다.

92 가출 충동을 느끼는 청소년을 상담할 때 적절치 않은 것은?

① 청소년의 가출 동기와 목적을 평가한다.
② 청소년의 가출 행동을 적극적으로 수용한다.
③ 가출 후 겪게 되는 어려움에 대해 알려 준다.
④ 당면 문제에 대한 새로운 대안 탐색을 돕는다.

해설

- 비행문제에 대한 심리사회적 원인 탐색, 문제에 대한 인식, 단기적 · 장기적 문제 검토, 문제행동을 개선하기 위한 구체적인 인지, 정서, 행동적 계획을 수립하여 자기대처와 조절을 돕는다.
- 가출 충동을 느끼는 심리적 기저 원인에 대한 이해를 나누지만, 문제행동 자체를 수용하는 것은 비행 행동의 정당화를 야기하여 바람직하지 못하다.

학습 Plus 비행청소년 상담의 상담자 역할

- 비행청소년 상담은 청소년 개인은 물론 가족, 친구, 학교, 그리고 지역사회를 포괄하는 광범위한 지원망을 구축하여 통합적으로 운영되어야 한다.
- 비행청소년과 정서적 유대감을 형성하는 것이 무엇보다 중요하고, 가족 내에서 부모나 가족과의 갈등을 해소하고 문제를 해결할 수 있는 능력을 기르도록 조력한다.
- 학교생활 동안 지켜야 할 다양한 규칙과 대화 기술, 갈등 해결 기술 등과 같은 사회 기술을 학습하도록 돕는다.
- 또래관계에서 자기주장이나 자기통제 능력을 키우도록 돕고, 경우에 따라 또래 상담자를 통한 사회적 지지와 심리사회적 개선을 증진한다.

정답 92. ②

93 노인 환자가 치료자와 효과적인 의사소통을 못하게 되는 이유와 가장 거리가 먼 것은?

① 치료자를 대하는 신중함의 증가
② 치료자에 대한 비현실적인 높은 기대
③ 치료자를 자식같이 여기는 전이 발생
④ 비의도적인 실수와 보고 누락

해 설

심리치료에서 전이의 발생은 내담자의 미해결 욕구와 갈등, 소망 등을 반영하기에 이를 이해하고 분석하는 과정은 새로운 인식과 통찰을 제공하는 의미 있는 상호작용이 될 수 있다.

94 다음 설명에 해당하는 재활모형의 기본이 되는 개념은?

> 인간으로서 정상이라고 생각되는 방식이나 범위 내에서 할 수 있는 활동을 수행하는 능력이 제한된 상태를 일컬으며, 그 예로 직무적응기술, 사회기술, 일상적인 생활 활동 기술의 부족이 있다.

① 손상　　② 장애
③ 핸디캡　　④ 역기능

해 설

- **장애**: 정상인이 해야 할 사회적 역할수행능력이 제한되거나 부족한 상태로, 직무적응기술, 사회기술, 일상적인 생활 활동 기술의 부족이 있다.
- **손상**: 심리적 · 생리적 · 해부학적 구조 또는 기능에서 상실이나 이상이 생긴 상태로, 신체적 또는 정신적 장애의 일시적이거나 영구적인 손상을 초래하며 치료의 초점을 손상의 감소에 둔다.
- **핸디캡**: 정상적인 역할을 수행하는 일에 제한과 방해를 받는 불이익 상태로, 사회의 낙인, 차별대우, 빈곤 문제 때문에 자신의 능력을 사용할 수 있는 기회를 제한 당하게 된다.

정답 93. ③ 94. ②

95 Rogers가 제시한 인간중심치료에 대한 설명으로 틀린 것은?

① 자신의 이론을 정신분석이나 행동주의와 대비되는 치료 과정에 관한 과학적 사실로서 제시하였다.
② 내담자가 현실을 더욱 완벽하게 직면하는 방법들을 발견할 수 있는 능력을 가진다고 가정한다.
③ 일관성, 수용성, 공감적인 치료관계는 지금－여기의 경험에 관심을 갖도록 이끈다고 가정한다.
④ 모든 내담자에게 치료자는 실수할 수 있음을 전제한다.

해설

- 인간중심치료는 무의식보다는 의식적인 자기인식을 중시하는 현상학적 입장에 근거하고 있다. 심리치료에서 치료자의 역할은 내담자의 삶에 대해서 구체적인 방향을 지시하기보다는 내담자의 실현 가능성이 촉진될 수 있는 조건을 제공하는 것이다.
- Rogers는 치료 이론과 기법에 대한 치료자의 지식보다 치료자의 태도와 인간적 특성이 중요함을 강조했다.

96 치료 및 진단을 위한 사례개념화의 단계가 바르게 나열된 것은?

ㄱ. 증후군을 파악하기
ㄴ. 감별진단 구성하기
ㄷ. 동반이환 파악하기
ㄹ. 데이터베이스 구축하기
ㅁ. 사례개념화

① ㄱ－ㄴ－ㄷ－ㄹ－ㅁ
② ㄹ－ㄱ－ㄴ－ㄷ－ㅁ
③ ㄷ－ㄴ－ㄹ－ㄱ－ㅁ
④ ㄴ－ㄹ－ㄱ－ㄷ－ㅁ

해설

- 사례개념화란 상담자가 내담자와 관련된 정보를 토대로 상담자 자신의 이론과 경험을 활용하여 내담자 문제의 원인에 대한 일련의 가설을 세우고, 이를 토대로 내담자의 문제해결을 위해 상담목표 및 전략을 세우는 과정을 말한다.
- **사례개념화 단계**: 데이터베이스 구축하기–증후군을 파악하기–감별진단 구성하기–동반이환 파악하기–사례개념화 순으로 치료 및 진단을 위한 단계를 구축한다.

정답 95. ① 96. ②

학습 Plus 사례개념화의 요소

구성요소	설명
진단적 공식화	내담자의 호소문제와 촉발요인 또는 유지요인과 더불어 기본적인 성격 패턴을 기술하고, '무엇'에 대한 질문, 이를테면 '무슨 일이 일어났는가?'에 대한 답을 한다. 보통 DSM 진단이 포함된다.
임상적 공식화	내담자의 패턴을 설명하고, '왜'라는 질문, 이를테면 '그것이 왜 일어났는가?'에 대한 답을 한다. 사례개념화에서 중심이 되는 구성요소로, 진단적 공식화와 상담개입 공식화를 연결한다.
문화적 공식화	사회적 · 문화적 요인을 분석하고 '문화가 어떤 역할을 하는가?'라는 질문에 대한 답을 한다. 문화적 정체성, 문화 적응과 스트레스의 정도, 문화적 설명, 그리고 문화적 역동과 성격 역동 간의 상호작용을 구체화한다.
상담개입 공식화	상담개입 계획을 위한 명확한 청사진을 제공한다. 진단적 공식화, 임상적 공식화, 그리고 문화적 공식화의 논리적 확장으로, '어떻게 변화시킬 것인가?'에 대한 답을 한다. 여기에는 상담목표, 상담의 초점, 전략과 구체적인 상담 개입, 이런 목표를 달성하는 과정에서 예상되는 도전과 장애물들이 포함된다.

97 물질사용장애와 정신질환이 함께 있는 이중진단 장애의 진단 및 치료 원칙과 가장 거리가 먼 것은?

① 정신과적 진단 및 장기치료 계획을 세우기 전에 술이나 약물을 끊게 하고 관찰 기간을 반드시 가진다.

② 급성 정신증상과 급성 물질남용 증상을 우선적으로 안정시킨다.

③ 두 질환에 대하여 표적 증상은 구분하여 치료하는 것이 바람직하다.

④ 단주를 위해서 이중진단 환자에게 중독 상담이나 AA 참석만으로 충분하지 않으므로 심리치료를 병행해야 한다.

해설

물질사용장애와 다른 정신질환이 공존하는 경우 개선이 필요한 표적 증상을 달리하여 치료하기보다는 두 장애가 개인에게 미치는 심리사회적 역기능을 검토하고 상호 영향을 주는 부분을 고르게 고려하여 치료에 대한 통합적 전략을 구성하도록 한다.

정답 97. ③

98 **상담 슈퍼비전에 관한 설명과 가장 거리가 먼 것은?**

① 슈퍼비전 계약 시 시간 요소, 교육 구조, 슈퍼비전 구조, 평가 방법 등 세부적인 내용을 명시한다.

② 신뢰적 관계 형성과 상호 책임감을 갖도록 슈퍼비전 계약을 명문화한다.

③ 전이 형성을 위해 슈퍼바이저의 학위와 경력은 가급적 노출하지 않는 것이 바람직하다.

④ 객관성 확보를 위해 수련 평가도구를 사전에 수련생들에게 고지한다.

해 설

슈퍼비전에서 역전이 다루기

- 슈퍼비전에서 역전이를 다루는 것은 매우 중요하며, 슈퍼바이지가 내담자와의 관계에서 나타난 역전이 반응과 관련된 개인적 반응 및 관련 요소들을 검토하고 도움을 제공한다.
- 슈퍼비전에서 슈퍼바이지의 개인적 주제가 표면화되었을지라도 슈퍼비전을 받는 사례에 대한 특정 상호작용 과정에 주의를 기울이고 그러한 내용을 사례 중심으로 고려해야 한다.
- 슈퍼비전에서 개인적 갈등을 탐색하여 촉진하는 것은 슈퍼비전 동맹 관계를 손상시키기에 전문가로서의 성장을 방해 받는다고 판단되면 분석을 추천한다.

99 **내담자의 말이나 행동 간 또는 내담자의 진술 간에 어떤 불일치가 발견되나 내담자가 이에 대해 깨닫지 못하고 있을 때 이에 대해 주의를 기울이도록 지적해 주기 위해 사용하는 상담 기법에 해당하는 것은?**

① 해석 ② 직면

③ 반영 ④ 재진술

해 설

- 직면(confrontation)
  - 내담자의 말이나 행동이 일치하지 않는 경우 또는 내담자의 말에 모순점이 있는 경우에 상담자가 그것을 지적해 주는 것이다. 내담자의 강한 감정적 반응을 유발할 수 있으므로 충분한 라포가 형성되고 내담자가 받아들일 준비가 되었을 때 배려와 함께 사용해야 한다.
  - 불일치와 모순은 말과 행동, 감정과 행동, 행동과 행동, 현실과 이상 등에서 다양하게 나타난다.
- 해석(interpretation)
  - 내담자가 새로운 방식으로 자신의 문제를 돌아볼 수 있도록 내담자가 경험한 사건들과 행동, 감정, 생각 등의 의미를 설명해 주는 것이다. 반드시 가설적 형태로 내담자에게 전달해야 하며, 충분한 라포가 형성

정답 98. ③ 99. ②

되었을 때 신중히 사용해야 한다.

- **반영(reflection)**
  - 반영은 상담자가 내담자의 행동 속에 내재된 내면의 감정을 정확하게 파악하여 내담자에게 전달해 주는 것을 말한다. 상담자는 반영을 통해 내담자의 태도를 거울에 비추어 주듯이 보여 줌으로써 내담자의 자기이해를 도와줄 뿐 아니라 내담자로 하여금 이해 받고 있다는 인식을 전달해 준다.
- **재진술(paraphrasing)**
  - 내담자의 메시지 내용에 초점을 두고 내담자가 말한 바를 바꿔 말하는 것이다. 환언 또는 부연하기라고도 한다. 재진술함으로써 내담자의 입장을 이해하기 위해 노력하고 있다는 모습을 전달하며, 내담자는 자신의 생각을 구체화할 수 있게 된다.
  - 재진술은 보통 내담자가 한 말보다 수가 적으나 유사한 단어를 포함하며, 그 내용에 있어서 더 구체적이고 분명한 편이다.

100 다음 중 현실치료의 기본 입장이 아닌 것은?

① 내담자에게 필요한 사람들과 관계를 맺는 법을 가르쳐 주는 것을 강조한다.
② 내담자가 보이는 증상의 원인이 자신에 의해 비롯되었다는 현실을 거부한다.
③ 전이는 치료자나 내담자가 현재에 대한 책임을 드러내는 중요한 현상으로 간주된다.
④ 내담자에게 의미 있는 관계가 향상되지 않는 한 증상의 호전은 기대되지 않는다.

해 설

- 현실치료에서는 내담자가 자신의 행동에 책임을 지도록 하며, 스스로의 무책임한 행동에 대해 변명을 허용하지 않는다. 이를 위해 내담자의 현재에 초점을 맞추어 생각과 행동을 스스로 선택하여 변화하도록 한다.
- 현실치료에서 '직면시키기'의 기법을 적용하여 지지적이고 수용적인 태도를 유지하면서도 내담자의 말과 행동이 일치하지 않는 점을 인식시켜 스스로 자신의 행동에 책임감을 지니도록 촉진한다. 이는 내담자가 현재의 실패한 행동을 스스로 이해하고 새로운 행동을 계획하도록 하기 위함이다.

정답 100. ③

⑥ 2017년 기출문제

81 동기강화상담의 철학과 그에 따른 상담행동(subsequent counseling action)을 이끌어 내는 4가지 원리 중 상담자가 변화를 위한 논쟁을 해서는 안 된다는 것을 의미하는 것은?

① 공감 표현하기(expressing empathy)
② 불일치감 발전시키기(developing discrepancy)
③ 저항과 함께 구르기(rolling with resistance)
④ 자기효능감 지지하기(supporting self-efficacy)

해 설

• 저항과 함께 구르기(rolling with resistance)는 내담자가 저항 반응을 보이거나 자신의 행동을 정당화하고자 할 때 이를 반박하거나 직면시키지 않고 상담자의 반응을 변화시켜 내담자의 저항을 약간씩 돌리거나 다르게 해석해 주는 것을 말한다.
• 동기강화상담은 환자 자신에게 행동 변화를 위한 책임감과 능력이 있다는, 즉 환자중심적 접근(Client-centered approach)을 전제로 한다. 즉, 임상가의 주된 임무는 환자 스스로 변화하도록 동기를 부여하고 직접 행동으로 옮길 수 있도록 도와주는 데 있다.

학습 Plus 동기강화상담의 기본원리

• **원리 1. 공감 표현하기**
내담자의 감정을 존중하고 수용하며 의사소통하는 것을 의미한다. 비판적이거나 수치심을 주지 않고 동등한 관계에서 내담자의 의견과 생각에 존중과 수용을 표현함으로써 내담자의 행동 변화를 촉진한다.
• **원리 2. 불일치감 만들기**
내담자의 현재 상황과 목표 혹은 기대치 사이의 모순이나 불일치를 인식시킨다. 자신의 행동으로 인해 유발될 수 있는 결과들을 인식하면 스스로 행동을 검토하게 되며, 그 현실과 기대 사이의 불일치감에 의해 변화를 위한 동기가 부여된다.

정답 81. ③

• **원리 3. 저항과 함께 구르기**
동기강화상담에서는 내담자의 저항을 인정하고 이에 대해 이야기함으로써 변화의 계기로 활용한다. 양가감정을 병적이 아니라 정상적인 반응으로 보고 저항을 변화시키려 하기보다는 약간의 다른 관점이나 해석을 제공한다.

• **원리 4. 자기효능감 지지하기**
내담자의 자기효능감을 지지함과 동시에 내담자 자신에게 개인적인 변화를 선택하고 행동할 책임이 있음을 분명히 한다.

82 '부모가 자녀의 잘못된 행동을 줄이기 위해서 회초리를 드는 것'에 해당하는 행동치료의 개념은?

① 정적 강화　　② 부적 강화
③ 정적 처벌　　④ 부적 처벌

해 설

정적처벌은 어떤 자극을 제시하여 행동을 감소시키는 것을 말한다(사례의 경우, 회초리를 들어 자녀의 잘못된 행동을 줄임).

학습 Plus 강화와 처벌

• **정적 강화(positive reinforcement)**: 어떤 행동을 증가시키기 위해 선호 자극을 제시하는 것을 말한다(예 마감일 전에 숙제를 제출하면 가산점 부여, 마감 전에 학생들이 과제 제출을 하게 됨).
• **부적 강화(negative reinforcement)**: 어떤 행동을 증가시키기 위해 혐오 자극을 제거하는 것을 말한다(예 기부를 하는 사람에게 세금을 감면해 줌).
• **정적 처벌(positive punishment)**: 어떤 행동을 줄이기 위해 혐오 자극을 제시하는 것을 말한다(예 주차 위반 시 범칙금을 부과함).
• **부적 처벌(negative punishment)**: 어떤 행동을 줄이기 위해 선호 자극을 제거하는 것을 말한다(예 게임을 못하게 하기 위해 컴퓨터 사용을 금지함).

〈강화와 처벌의 종류〉

	선호 자극	혐오 자극
제시	정적 강화(+)	정적 처벌(−)
제거	부적 처벌(−)	부적 강화(+)

PART 05 고급심리치료

정답 82. ③

83 알코올 중독 환자 가족의 일반적인 특징과 가장 거리가 먼 것은?

① 알코올 중독 환자가 술로 인해 발생하는 고통을 경험하지 않도록 환자 가족이 고통을 대신 감당하도록 한다.
② 환자 가족은 자신의 가정에 대해 다른 사람에게 말하는 것이 수치스럽고 두려워 점점 소외되어 간다.
③ 환자 가족은 환자의 병을 그들 스스로 치료하려고 시도한다.
④ 환자 가족은 술 문제에 대해 두려움과 절망감, 그리고 환자에 대한 책임감을 동시에 느낀다.

해 설

알코올 중독 환자 가족의 경우, 자신들이 아무것도 해 줄 수 없는 현실에 대해서 고통스럽고 견디기 어려워하며, 동시에 체념에 대한 슬픔, 분노 등을 느끼게 된다.

84 동료 집단 슈퍼비전에 관한 설명으로 옳은 것은?

① 과다 경쟁심 유발을 막기 위해 리더를 선정하지 않는다.
② 발표자, 토론자, 그리고 그 과정을 관찰하는 사람을 미리 정해 둔다.
③ 흥미로운 사례의 경우, 한 사람이 수 주간 연속적으로 다수의 사례를 발표하고 토론해도 무방하다.
④ 친숙한 환경에 노출되어 지속 교육의 기회가 줄어드는 단점이 있다.

해 설

- 동료 슈퍼비전(peer supervision)은 동료관계의 상담자들이 전문 지식을 나누고, 상담 사례와 사례개념화에 도움을 받으며, 상담이론 및 상담 기법을 효과적으로 적용하기 위해 모니터하는 구조적이면서 지지적인 과정을 말한다. 동료 슈퍼비전을 시행할 때는 그 과정 안에서 위계구조가 존재하지 않고, 2명이나 그 이상의 구성원 간의 권력이 평등하게 분배되어 있다는 장점이 있다.
- 동료 슈퍼비전 모델에서는 총 10회기로 구성하여 최소 1시간은 진행하도록 구체적인 절차를 제시하였다. 각 단계는 배경 정보와 목표 설정, 사례 제시, 두 명의 상담자의 녹음 리뷰, 논의, 즉각적인 평가, 주요한 이슈 나눔, 총평 등으로 구성된다.

정답 83. ① 84. ②

85 슈퍼비전을 효과적으로 활용하는 방법에 대한 설명으로 틀린 것은?

① 슈퍼바이저에게 전적인 책임이 있으므로 수련생은 슈퍼바이저의 의견을 그대로 받아들여야 한다.
② 슈퍼바이저는 슈퍼비전 관련 내용을 기록하고 일반적으로 5년간 보관해야 한다.
③ 내담자에게 슈퍼비전을 받는다는 사실을 알려 줄 일차적 책무는 슈퍼바이저에게 있다.
④ 슈퍼바이저는 과거 자신의 내담자를 수련생으로 받아들이지 않는 것이 원칙이다.

해 설

슈퍼바이저는 슈퍼비전을 통해서 사례를 파악하고 이해하는 데 필요한 사례개념화, 상담 기법, 상담 목표 수립 등에 대해서 함께 토의하며 전문성을 발달시키도록 한다.

86 성폭력 피해자 심리치료에 관한 설명으로 틀린 것은?

① 자신은 피해자이며 책임은 전적으로 가해자에게 있음을 인정할 수 있게 도와야 한다.
② 성폭력 피해 기억의 생생한 재생은 가능한 한 하지 않는 것이 좋다.
③ 분노와 슬픔을 적극적으로 표현할 수 있도록 도와야 한다.
④ 성폭력 피해로 인한 법률적 및 신체적 문제에 대해서도 적절한 자문을 제공해야만 한다.

해 설

- 상담자는 내담자가 성폭력 피해 사실을 이야기하는 것에 대한 두려움을 인지하며, 내담자로 하여금 기억과 관련된 자신의 억압된 분노와 슬픔 등의 감정을 표출하도록 돕는다.
- 상담자는 내담자의 성폭력 피해 사실에 따른 수치심이나 죄책감이 전적으로 가해자로 인한 것임을 확신시킨다. 또한 내담자의 잘못된 죄의식을 수정하도록 돕고, 자기존중감을 가질 수 있도록 촉진하며, 법률적 및 신체적 문제에 대한 자문을 제공한다.

학습 Plus 성폭력 피해 상담의 목표

- 성폭력 피해자가 피해로 인해 가질 수 있는 부정적인 자존감을 회복하도록 하며, 무력감에서 벗어나 자신의 삶을 살아가도록 돕는다.
- 성폭력 피해로 인한 상처가 지속될 것이라는 두려움이나 미래에 대한 불확실성에서 벗어나도록 하여 건강한 삶에 대한 희망을 가질 수 있도록 돕는다.
- 안전한 분위기에서 심리적인 안정감을 찾을 수 있도록 하면서 효과적인 외상치료가 이루어지도록 돕는다.
- 치료를 통해 내면의 억압된 분노와 피해 감정을 잘 표현하고 다룰 수 있도록 돕는다.
- 분노조절훈련, 문제해결훈련, 스트레스관리, 사회기술훈련 등을 통해 일상생활으로의 복귀를 돕는다.

정답 85. ① 86. ②

87 다음 사례에서 A씨처럼 인식 전 단계(precontemplation stage)에 있는 내담자가 문제를 인식하고 변화를 준비할 수 있도록 치료자가 가장 적절하게 개입한 것은?

> 만성 알코올 중독자인 A씨는 치료를 받지 않으면 이혼을 하겠다면서 자신을 입원시킨 부인과 자녀를 원망하고 치료의 필요성을 인정하지 않는다.

① 내담자가 행동실천의 걸림돌을 인식하고 이에 대처할 수 있도록 계획을 세운다.
② 내담자의 선택과 책임을 강조하면서 현실적이고 구체적인 목표를 설정하도록 돕는다.
③ 이야기를 해도 될지 내담자의 허락을 구한 후, 입원하게 만든 사건을 탐색한다.
④ 치료자는 내담자 스스로 변화 계획을 세우도록 돕고 실행 가능한지 확인해 준다.

해설

인식 전 단계(precontemplation stage)에서 내담자는 아직 변화에 대해 생각하지 않는다. 변화하고자 하는 마음이 없고 변화를 시도하려고 하지 않는 단계이다.

<인식 전 단계 개입 전략>

내담자와의 관계 형성을 통해 신뢰감을 형성하며, 상담 동안에는 내담자에게 허락을 구하는 관계 태도를 유지한다.

- 치료에 오게 만든 사건들의 의미 탐색 또는 이전 치료 결과 탐색하기
- 문제에 대한 내담자의 인식 이끌어 내기
- 중독의 위험에 대한 사실적인 정보 교환하기
- 중독 행동의 장점과 단점 탐색하기
- 중요한 사람이 개입하도록 돕기
- 문제행동에 대한 내담자의 인식과 중요한 사람의 인식 간의 불일치감 살펴보기
- 내담자에 대한 염려를 표현하고 언제든지 치료에 응할 수 있음을 알리기

<참조> 면담단계별 과제

변화단계	면담자의 과제
인식 전	의구심 제기하기, 현재 행동의 위험과 문제에 대한 내담자의 지각 증진시키기
인식	결정저울, 변화의 이유 유발하기, 변화하지 않을 때의 위험 유발하기, 행동 변화를 위한 내담자의 자기효능감 견고히 하기
준비	변화에 적합한 행동실천 과정을 결정하도록 내담자 돕기, 행동 변화 계획 세우기
행동실천	계획을 실행하도록 돕기, 기술 활용하기, 문제 해결하기, 자기효능감 지지하기
유지	재발을 파악하도록 돕기, 재발을 예방하기 위한 전략들을 활용하도록 돕기, 관련 문제들을 해결하기
재발	재발로 인해 정체되지 않도록 지지하기, 재발 비난하지 않기

정답 87. ③

88 내담자와 치료를 종결하는 방법으로 틀린 것은?

① 의존적인 내담자의 경우, 치료 중반 이후부터 종결을 이야기한다.
② 정신역동치료에서는 내담자의 전이가 해결된 후 종결을 고려한다.
③ 장기치료의 경우, 종결하는 데 더 많은 시간이 필요하다.
④ 다양한 시도에도 불구하고 치료 진전이 없을 때 종결을 고려한다.

해 설

의존적인 내담자의 경우 상담의 초기에 상담의 기간을 정해 놓는 것이 도움이 되며, 상담 과정에서 상담자에 대한 의존성에 유의하여 내담자의 자발성과 독립성을 유지할 수 있도록 돕는다.

학습 Plus 상담의 종결단계 고려사항

- **이별의 감정 다루기**
  내담자가 상담 종결 후 상담자와의 이별과 분리로 인한 어려움을 잘 극복할 수 있도록 심리적 안정감을 제공하고, 충분한 시간적 여유를 두고 종결에 대해 이야기 나누고 준비하도록 하다.
- **상담 성과에 대한 평가**
  상담을 통해 변화하고 성장한 것은 무엇인지, 해결되지 못한 것은 무엇인지 탐색하고 의논한다.
- **내담자의 독립성을 증진**
  상담 회기 간격을 늘려 상담에 대한 내담자의 의존성을 줄여나가는 노력이 필요하며, 내담자의 독립성과 문제해결력이 증진될 수 있도록 지지와 격려를 한다.
- **추수 상담과 재발의 위험성 다루기**
  추수 상담을 통해 내담자의 변화를 지속적으로 점검하고, 재발에 대처하는 방법을 함께 모색해 본다. 종결 이후, 도움이 필요한 경우 언제든지 상담을 다시 할 수 있음을 안내해 준다.

89 C. Rogers의 내담자중심치료의 특징으로 옳은 것은?

① 치료자는 전문적 치유자로서 역할을 담당한다.
② 내담자 문제의 철저한 평가와 진단을 강조한다.
③ 각 내담자에게 맞는 개별화된 치료를 시도한다
④ 치료회기를 녹음하고 체계적인 연구를 시도한다.

해 설

Rogers는 심리치료가 비밀스러움과 신비스러움으로 악용되어서는 안 되며, 가장 철저한 조사와 연구에 개방되어야 한다고 주장했다. 이를 위해 치료 회기와 전체 치료 과정을 녹음하여 대화 과정을 분석하는 방법을 제시하였다.

정답 88. ① 89. ④

90 내담자가 자신의 삶을 스스로 통제하고 자신의 행동을 선택할 수 있다는 인식을 심어 주기 위해 현실치료에서 사용하는 치료기법은?

① 역설적 기법
② 동사로 표현하기
③ 은유적 표현 사용하기
④ 직면시키기

해설

- 현실치료의 치료기법 중 '동사로 표현하기'를 통해 내담자로 하여금 자신의 삶을 스스로 통제할 수 있으며, 자신의 행동을 선택할 수 있다는 인식을 심어 주는 것이 중요하다. 이를 위해서 현실치료자들은 의도적으로 능동태 또는 진행형의 동사를 많이 사용한다. 또한 내담자로 하여금 수동태의 표현을 능동태의 진행형 표현으로 바꾸어 말하도록 격려한다(예 우울한 → 우울해 하고 있는, "그 사람이 나를 싫어해요" → "나는 '그 사람이 나를 싫어한다'고 생각하기로 선택했어요").
- '역설적 기법'은 내담자에게 모순되는 지시를 하는 것을 말한다. 이는 내담자의 통제감과 책임감을 증진하기 위해 활용된다(예 발표에서 실수를 하는 것을 두려워하는 경우, 의도적으로 실수를 하도록 지시함. 이를 통해 자신의 행동을 스스로 선택하고 통제할 수 있음을 인식하게 함).
- '은유적 표현 사용하기'는 내담자와 소통하는 과정에서 은유적 표현에 담긴 정보에 주의를 기울이고, 치료자도 은유적 표현이나 예화를 통해서 내담자에게 창조적인 방식으로 메시지를 전달한다(예 삶의 가치를 만드는 것은 마치 '레몬을 레몬에이드로 만드는 것과 같다').
- '직면시키기'는 내담자의 말과 행동이 일치하지 않는 것을 인식시키는 것이다. 내담자가 자신의 말과 행동에 대해서 책임감을 지니도록 하며, 내담자의 무책임한 행동에 대해 변명을 받아들이지 않고 직면시킨다. 이는 현재의 실패한 행동을 이해하고 새로운 행동을 계획하기 위함이다.

91 다음 (　　)에 들어갈 알맞은 용어는?

> 정신분석적 접근에서 (　　)은(는) 치료 과정에서 흔히 나타나는 현상으로, 환자의 치료자에 대한 반응이 마치 어렸을 적 의미 있는 어른, 즉 부모나 보호자에게 했던 것과 비슷한 양상을 보일 때를 말한다. 이는 환자의 문제에 대한 유용한 정보를 제공할 뿐 아니라 치료자가 치료 현장에서 이를 해석할 기회를 준다는 장점이 있다.

① 카타르시스
② 전이
③ 역전이
④ 통찰

정답 90. ② 91. ②

해설

전이(transference)란 내담자가 과거의 중요한 대상에게 느꼈던 감정이나 환상을 무의식적으로 현재 상담자에게 옮겨 와 나타내는 것을 말한다. 전이는 정신분석상담의 핵심으로, 상담 과정에서 내담자가 보이는 전이 현상을 면밀히 분석하고 해석한다. 전이분석을 통해 내담자는 자신의 무의식적 갈등과 현재 문제의 의미를 통찰할 수 있게 된다.

92 식사량을 조절하지 못하는 비만 아동에게 식탁에서 식사하기와 군것질 안 하기를 목표로 설정하여 스티커 제도를 시행하였다. 3개월간 행동수정을 성공적으로 적용한 후, 새로운 식사 행동을 유지시키고자 할 때 효과적이지 않은 방법은?

① 자연환경에서의 강화물로 대체한다.
② 표적 상황에서 간헐적 강화계획을 이용한다.
③ 목표 반응 뒤에 즉각적 강화물을 제공한다.
④ 자기통제를 할 수 있도록 돕는다.

해설

행동수정을 마친 후에 목표 반응 뒤에 즉시 강화물을 제공하게 되면 행동의 동기와 유지에 제한이 될 수 있다. 행동의 유지 기간 동안은 강화물을 대체하거나 간헐적으로 제시하여 스스로 자기통제를 증진하도록 돕는다.

93 정신사회재활의 기본 목표와 가장 거리가 먼 것은?

① 각 개인의 능력을 사회 적응이 가능하도록 호전시킴
② 주거 환경 및 사회적 환경의 변화를 최대화함
③ 병전 기능을 회복하여 양질의 삶을 유지하도록 함
④ 증상이 더 이상 악화되지 않고 유지되도록 함

해설

정신사회재활에서는 정신적 장애를 지닌 환자에게 신체적·정서적·사회적·지능적 기술을 제공하여 지역사회에 적응할 수 있도록 돕는 것을 목표로 한다.

정답 92. ③ 93. ③

학습 Plus 정신사회재활의 일반적 목표

- 개별적으로 적절한 서비스를 제공하여 자신의 능력을 최대한 개발할 수 있도록 돕는다.
- 환자의 환경적응능력을 향상시킬 수 있는 다양한 방법을 제공한다.
- 사회적, 직업적, 대인관계에 필요한 기술 습득과 변화 가능성에 대해 희망을 갖도록 지원한다.
- 환자의 복합적인 문제를 해결하기 위해 증상에 맞는 포괄적이고 전문적인 서비스를 제공한다.
- 자기결정을 통해 재활 과정에 적극적으로 참여할 수 있도록 돕는다(동기부여, 목표 설정 등).
- 환자의 개인내적 발전과 환경적 지원을 돕기 위해 환자와 가족을 치료와 재활에 적극적으로 개입시킨다.
- 직업재활에 초점을 두고 직업성과를 이룰 수 있도록 돕는다.
- 장기적인 재활 치료를 돕기 위해 다양한 재활 전략을 수립한다(약물 사용의 감소, 가족 지원 방안 등).

94 사회기술훈련에 대한 설명으로 틀린 것은?

① 사회기술훈련은 약을 복용하지 않은 우울증 외래 환자의 우울 증상을 감소시킨다.
② 사회기술훈련은 정신과적 증상의 심한 정도 및 재발 가능성과 반비례한다.
③ 사회기술훈련은 가벼운 장애를 보이는 환자에게는 도움이 되지만, 만성 정신질환자에게는 도움이 되지 않는다.
④ 사회기술훈련의 중요한 목표는 환자에게 대화 기술을 가르치는 것이다.

해 설

만성 정신질환자의 재활 개입에 포함되는 사회기술훈련은 의사소통을 통해 대인관계의 효율성을 향상시키는 사회 기술을 훈련하는 데 있다. 이를 통해 가족이나 다른 사람들과의 대인관계에서 어려움이 많은 환자들에게 갈등이나 긴장을 해결하기 위한 효과적인 방법을 제공한다.

학습 Plus 정신사회재활교육

- **사회기술훈련**
  - 사회기술훈련은 의사소통을 통해 대인관계의 효율성을 향상시키는 데 필요한 사회 기술을 훈련하는 과정을 말한다.
  - 가족이나 다른 사람들과의 대인관계에서 어려움이 많은 환자들에게 갈등이나 긴장을 해결하기 위한 효과적인 방법을 제공한다.
- **환자교육**
  - **증상관리 교육**: 환자에게 증상을 최소화시킬 수 있는 실제적인 자기관리 방법을 교육시켜서 재발과 재입원을 막도록 돕는다.
  - **약물교육**: 환자가 약물에 대한 올바른 지식과 적절한 투약방법을 이해하여 약의 복용과 약의 부작용을 스스로 관리함으로써 증상의 안정된 상태를 유지하고 재발을 예방하는 데 목적이 있다.

정답 94. ③

• 가족교육
가족에게 환자가 앓고 있는 질병 및 가족 지원방법에 대해 교육을 실시하여 환자의 회복을 돕는 데 목적이 있다.
• 직업재활교육
정신장애인의 직업재활교육은 구체적이고 체계적인 직업을 갖게 하여 일을 통한 사회적 역할을 지속적으로 수행할 수 있도록 돕는 데 있다.

95 인지치료에 대한 설명으로 틀린 것은?

① 상황에 따라 직접적으로 행동을 유발하는 사건만이 선행사건에 해당된다.
② 부모의 명령, 교사의 책 덮는 소리 등이 모두 선행사건이 될 수 있다.
③ 행동의 결과는 특정 행동을 강화시키기도 하고 약화시키기도 한다.
④ 아들이 좋은 성적을 받았을 때 안아 주는 아버지는 정적 강화를 사용하고 있는 것이다.

해 설

• 선행사건(Activating events)은 생활 환경에서 일어나는 촉발사건을 의미한다. 이는 어떤 정서나 행동을 촉발하는 자극을 말한다. 선행사건은 반드시 직접접인 행동을 유발하는 것이 아니어도 정서, 행동에 영향을 주는 자극을 의미한다.
• 인간의 정서적 · 행동적 결과에 영향을 미치는 원인으로 사건보다는 신념체계의 중요성을 강조하는 이론적 모델이다. ABC 이론은 내담자의 감정, 사고, 행동 등을 이해할 수 있는 유용한 틀을 제공한다.
  – A: 선행사건(Activating events), B: 신념체계(Belief system), C: 정서 및 행동적 결과(Consequences)

96 내담자의 심리적 문제와 치료 계획의 연결이 틀린 것은?

① 섭식장애–인지행동적 개입 외에 영양과 식사계획에 관한 상담을 포함해야 함
② 환각–환각에 대한 합리적 설명을 수용하고 환각의 영향을 약화시키는 방법을 찾도록 함
③ 성격장애–치료적 관계와 전이 반응에 초점을 맞춘 단기치료를 수행함
④ 알코올 남용–변화 준비도를 평가하고 금주에 대한 내담자의 동의를 전제로 함

정답 95. ① 96. ③

해설

치료적 관계와 전이 반응에 초점을 둔 치료는 정신분석치료이며, 성격장애는 단기 심리치료를 통해 개입하기에는 적절하지 않다. 성격장애의 경우, 어린 시절부터 서서히 발전하여 성인기에 개인의 성격으로 견고해진 심리적 특성이 부적응적 양상을 나타내는 경우로서 단회기 상담으로는 성격의 양식에 변화를 돕는 데 한계가 있다.

97 노인 대상의 심리치료기법을 잘못 적용한 것은?

① 우울증 재발 방지를 위해 마음챙김 명상에 기초한 인지행동치료를 실시하였다.

② 우울증 노인을 위해 약물치료와 대인관계 치료를 병합해 사용하였다.

③ 경도 인지장애 환자의 기억력 증진을 위해 회고 기법을 실시하였다.

④ 치매 환자 보호자들을 대상으로 인지행동치료를 실시하였다.

해설

자서전적 기억을 통해 경험을 재평가하고 정서적 우울을 다루는 회고 기법은 인지장애를 치료하기보다는 노년기 우울증이나 절망감을 다루는 데 적용된다.

학습 Plus 마음챙김 명상에 기반한 인지치료(Mindfulness Based Cognitive Therapy: MBCT)

- MBCT는 기존의 인지치료가 우울증의 재발 방지에 한계가 있음을 깨닫고 우울증의 재발을 방지하기 위한 목적으로 개발하였다.
- 인지치료는 우울증 환자들의 역기능적 태도와 사고를 합리적으로 바꾸는 것이 핵심이었으나, MBCT는 부정적인 자동적 사고에 주목하기보다는 사고에 대한 탈중심적인 접근을 강조한다.
- 인지적 탈중심화를 통한 상위 인지적 자각(metacognitive awareness)은 부정적인 생각과 감정을 자신의 일부분으로 여기기보다는 마음에 떠오는 정신적 사건으로 경험하는 능력을 말하며, 매 회기 다양한 마음챙김 훈련을 통해 상위인지적 자각능력을 증진한다.
- MBCT는 8주에 걸쳐 실시되는 매우 구조화된 치료이며, 매 회기마다 우울증의 인지이론과 관련된 교육과 더불어 마음챙김 훈련이 병행된다. 이를 통해 삶의 균형을 유지하고 우울 증상에 효과적으로 대처하도록 돕는다.

정답 97. ③

98 내담자가 호소하는 문제를 확인하는 면담 방식에 대한 설명으로 옳은 것은?

① 일반적으로 폐쇄형 질문으로 시작하여 개방형 질문으로 끝맺는다.
② 호소 문제에 구체적인 초점을 잡고자 할 때 개방형 질문을 사용한다.
③ 언어적 · 비언어적 주의, 말 바꾸기, 요약, 촉진 질문 등을 사용한다.
④ 문제 확인 단계이므로 상담자는 객관적이고 냉정한 자세를 유지한다.

해 설

면담의 초기단계에서는 상담자와 내담자 간에 라포 형성과 주 호소 문제 탐색 및 심리서비스 절차에 대한 정보를 제공한다. 특히 내원하게 된 사유에 해당되는 내담자의 주된 문제를 파악하고, 문제가 발현하게 된 요인들을 이해하도록 한다. 면담 동안에는 언어적 · 비언어적 소통을 통해 면담 과정이 상호 촉진적인 과정이 되도록 한다.

99 아동 · 청소년기의 정신질환과 그 질환의 약물치료에 대한 설명으로 옳은 것은?

① ADHD에게는 약물치료가 권장되지 않는다.
② 아동기 우울증에는 항우울제의 효과에 대한 증거가 많다.
③ 강박증의 경우 항정신성 약물이 효과가 있다고 보고되었다.
④ 아동 · 청소년기 불안증에 사용하는 약물은 성인에게 사용하는 약물과 다르다.

해 설

강박증의 치료 시 강박증 증세의 강도에 따라 다르지만, 약물치료 환자 중 80~90%에서 증상이 호전되는 것으로 알려져 있다. 대표적인 약물로 선택적 세로토닌 재흡수 차단제(Selective Serotonin Reuptake Inhibitor: SSRI)를 들 수 있다. 연구에 따르면 강박증은 세로토닌이라는 신경전달물질이 부족한 것과 관련이 있는 것으로 밝혀졌다. 그 외 삼환계 우울증 치료제를 사용하는 등의 개입이 도움이 되나 인지치료 및 행동치료 등이 강박증 치료에 병행될 때 보다 효과적이다.

정답 98. ③ 99. ③

100 면담에서 내담자가 보인 언어적 · 비언어적 단서에 관한 설명으로 틀린 것은?

① 남성의 눈물은 표현되지 않은 분노에 대한 좌절을 반영한다.
② 내담자가 사용한 '전이'란 용어의 의미는 내담자에게 확인할 필요가 있다.
③ 치료 장면에서 내담자들은 대개 1m 내외의 거리를 편안하게 느낀다.
④ 눈 맞춤은 문화의 영향을 받는 학습된 행동이다.

해 설

면담 시 내담자의 언어적 · 비언어적 단서에 대한 이해가 필요하다. 특히 내담자의 눈물은 정서적 표현으로서 억압된 우울이나 슬픔 등의 기저 감정의 비언어적 메시지에 해당되기에 감정에 대한 공감과 반영 및 수용적 태도로서 억압된 감정의 이해와 정화를 돕도록 한다.

정답 100. ①

⑦ 2016년 기출문제

81 성폭력 피해자의 치료를 위한 이론적 접근에 관한 설명으로 가장 적합한 것은?

① 손실이론: 폭력으로 인해 미래에 발생할 손실을 예측하는 것은 개인을 불안정하게 한다.

② 외상성 스트레스이론: 성인기 이후에는 성폭력이 발생하더라도 심리적 외상으로 존재하지 않는다.

③ 학습이론: 성폭력을 당한 사람을 관찰하면 성에 대한 왜곡된 사고를 갖게 되며, 이후 성역할에 지장이 생긴다.

④ 여성주의이론: 남성의 가부장적인 태도가 성폭력에서의 핵심적인 문제 중 하나이며, 사회문화적 상황에서 여성의 성피해를 이해해야 한다.

해 설

여성주의이론(feminist theory)은 성에 따른 차별과 억압에 관심을 갖고 성적 불평등의 본질 및 여성의 지위와 역할을 강조하고 있다. 특히 사회 내 성에 따른 차이와 불평등 구조로 인해 남성과 여성이 서로 다른 지위와 역할을 하게 됨으로써 나타나는 폭력과 억압은 여성의 성피해에 영향을 준다고 본다.

정답 81. ④

82 음주문제를 평가하기 위해 고안된 CAGE 질문의 예로 가장 거리가 먼 것은?

① C: 당신의 음주 행동을 중단할 필요를 느낀 적이 있습니까?

② A: 당신의 음주 행동에 대해 누군가가 비난해서 괴로웠던 적이 있습니까?

③ G: 당신은 음주 행동을 축소하거나 숨기기 위한 거짓말을 한 적이 있습니까?

④ E: 당신은 해장술의 필요성을 느낀 적이 있습니까?

해 설

CAGE 검사는 알코올 문제를 선별할 수 있는 간이검사법이다(0개: 정상, 1~2개 이상: 위험 음주 수준, 3개 이상: 의존성 음주).

<CAGE 검사>

- 당신의 음주 행동을 중단할 필요를 느낀 적이 있습니까?(Cut down)
- 당신의 음주 행동에 대해 누군가가 비난해서 괴로웠던 적이 있습니까?(Annoy)
- 당신은 음주 때문에 죄책감을 느끼거나 기분이 나쁠 때가 있습니까?(Guilty)
- 당신은 해장술의 필요성을 느낀 적이 있습니까?(Eye-opner)

83 심리적 의존성은 있으나 신체적 의존성이 없는 약물로 바르게 짝지어진 것은?

① 대마초-알코올
② 대마초-코카인
③ 아편-바리움
④ 아편-코카인

해 설

- 대마초와 코카인은 심리적 의존성은 있으나 신체적 의존성이 없는 약물로서 해당 물질의 사용 중 또는 직후에 심각한 심리적 변화가 나타난다.
- 대마초와 같은 대마계 중독은 고양된 기분을 특징으로 보이며, 때로는 불안, 우울, 사회적 위축 등이 나타날 수 있다. 코카인과 같은 자극제 중독은 다행감을 특징으로 정서적 둔마, 긴장, 분노 등의 증상이 나타난다. 코카인을 지속적으로 사용하면 행복감을 느끼는 긍정적 효과가 감소하여 불쾌감을 느끼는 부정적 효과가 지속된다.

정답 82. ③ 83. ②

84 치료적 면접에 관한 설명으로 가장 적합한 것은?

① 일상 기능이 심하게 손상된 환자의 경우, 고통스러운 사건이나 감정과 관련된 주제에 집중한다.
② 치료적 관계 유지를 위해서는 주기적으로 계획된 시간을 초과하여 면접을 시행한다.
③ 치료자는 자신의 불안을 처리하기 위해서 주기적으로 자기노출을 한다.
④ 내담자가 거절로 받아들이지 않도록 하면서 내담자와의 경계를 분명하게 설정한다.

해설

- 치료적 면접은 내담자의 인지와 행동적 변화 및 환경적 변화를 돕기 위한 면접을 말한다.
- 면접 초기에 다양한 양가감정과 불안을 경험할 수 있기에 치료적 관계 형성이 중요하며, 치료자의 자기노출은 내담자의 불안을 완화하는 데 도움이 된다.
- 면접 시 일상 기능의 손상이 현저한 환자의 경우 일상의 적응과 기능을 돕기 위한 정보에 초점을 두어야 하며, 주어진 시간 내에 면접의 목적을 달성할 수 있도록 초점을 맞추어 진행해야 한다.

85 학교폭력 피해학생에 대한 위기 개입에서 치료자의 대응으로 가장 적합한 것은?

① 작업 동맹을 형성한 후 폭력 피해 위험도를 평가한다.
② 신속한 대응을 위해 경청보다 직면 기법을 주로 사용한다.
③ 자살 욕구를 자극하지 않도록 자살사고에 대해 우회적으로 질문한다.
④ 물리적 위협에 대해 먼저 다루고 심리적 외상을 다룬다.

해설

치료자는 위기 개입을 위한 대응에서 신속하게 문제를 파악하고 생명에 위협을 줄 수 있는 상황을 방지하기 위해 노력해야 한다. 질문은 직접적이고 명료해야 하며, 현재의 갈등에 초점을 두고 상황에 따른 즉각적인 판단과 개입을 할 수 있어야 한다.

학습 Plus 면접의 유형

① **초기 면접(접수 면접)**
- 초기 면접의 목적은 가장 적절한 치료나 중재 계획을 세우기 위해 환자의 증상이나 문제를 더 잘 이해하는 데 있다.
- 초기 면접 동안 치료 절차, 제공되는 서비스에 대한 환자의 질문에 답하며 일련의 과정들에 대한 정보를 제공한다.

정답 84. ④ 85. ①

② **정신상태검사 면접**
- 정신상태검사 면접은 환자의 심리적 기능 수준과 정신 현상의 유무를 선별하기 위해 수행된다.
- 정신상태검사(mental state examination)의 결과는 더 깊은 평가와 중재를 위한 어떤 방향을 제시할 뿐만 아니라 환자가 겪고 있는 가능한 정신과적 진단에 대한 예비 정보를 제공한다.

③ **위기 면접**
- 위기 면접은 환자가 중대하고 외상적이며, 생명을 위협하는 위기 상태에 놓여 있을 때 실시한다.
- 위기 면접 시에는 문제를 신속하게 파악하고 결정을 내려야 하며, 내담자의 욕구를 명료화하고, 조언과 지시를 적절히 사용하며, 침착하고 단호한 태도를 유지해야 한다.

④ **진단적 면접**
- 진단적 면접의 목적은 환자의 특정 진단에 대한 명확한 이해를 얻는 것이다.
- 정신과적 문제를 파악하기 위해 『정신질환의 진단 및 통계 편람(DSM-5)』 등을 사용하며, 면접의 목표는 환자가 특정 장애의 진단 준거에 부합되는지의 여부를 밝히는 데 있다.

86 **내담자의 임상적 진단을 통해 상담 계획을 수립하는 데 있어 임상가가 해야 할 업무 과정과 가장 거리가 먼 것은?**

① 수집된 여러 가지 정보는 수렴적으로 종합하고 검토해야 한다.
② 발병 전의 기능 수준이 치료 목표가 될 수 있으므로 발병 전의 발달 수준 및 가장 좋지 못했던 기능 수준을 평가하는 것이 바람직하다.
③ 내담자의 취약성과 역기능뿐 아니라 정신적 자산과 강점도 기술하여 제시할 필요가 있다.
④ 가족의 심리장애에 대한 태도가 치료 예후에 영향을 미치므로 임상가가 이해한 바를 가족과 적절하게 공유해야 한다.

해 설

임상적 진단의 목적은 내담자의 현재 문제와 부적응의 원인을 정확히 진단하고, 이에 대한 적절한 개입과 예방을 위해 노력하는 데 있다. 발병 전의 기능 수준에 대한 검토가 필요하나, 평가는 현재의 기능 수준에 초점을 두고 상담을 위한 계획을 수립해야 한다.

학습 Plus 상담의 기능

- **진단적 · 예방적 기능**: 내담자의 현재 문제와 부적응의 원인을 정확히 진단하고, 이에 대한 적절한 개입과 예방을 위해 노력한다.

정답 86. ②

- **교육적 기능**: 내담자가 바람직한 방향으로 행동을 변화시키고 효과적인 문제해결능력을 향상시키기 위해 심리교육을 실시하여 심리적 성장을 촉진한다.
- **교정적 기능**: 내담자의 바람직하지 못한 생각과 태도, 행동적 습관들을 수정함으로써 심리적 문제를 해결하도록 조력한다.
- **치료적 기능**: 내담자의 문제와 부적응적인 증상을 감소하고 제거함으로써 심리적 장애나 고통이 치유되도록 돕는다.

87 교류분석의 시간구조에 해당되지 않는 것은?

① 게임(game)
② 의식(ritual)
③ 결단(decision)
④ 친밀성(intimacy)

해설

- 교류분석의 시간의 구조화는 폐쇄(withdrawal), 의식(rituals), 소일(pastime), 활동(activity), 게임(game), 친밀성(intimacy)이라는 여섯 가지 방법이 있다.
- 교류분석에서는 인간이 서로 스트로크를 주고받기 위해 사회생활을 영위하고 있다고 보고, 자기가 원하는 스트로크(stroke)를 얻기 위해 상대방이나 환경을 조작하려고 하는데 이를 시간의 구조화라고 하였다.

<교류분석의 시간의 구조화>

- 폐쇄(withdrawal)는 자기를 타인으로부터 멀리하고 대부분의 시간을 공상이나 상상으로 지내며 자기에게 스트로크를 주려고 하는 자기애적인 것이다. 폐쇄의 대표적인 것은 백일몽이나 공상에 젖는 것이다.
- 의식(rituals)이란 관습적이고 보편적인 규범이나 의식에 참여하는 수준에서의 교류를 말한다. 상호 간의 존재를 인정하면서도 누구와도 특별히 친하게 지냄이 없이 일정한 시간을 보내게 되므로 '의식'적인 시간의 구조화라고 말한다.
- 소일(pastime)이란 직업, 취미, 스포츠, 육아 등의 무난한 화제를 대상으로 특별히 깊이 들어가지 않고 즐거운 스트로크의 교환을 하는 것으로서 사교라고도 한다. 의례보다는 진전된 교류나 과거나 피상적인 일상의 교류에 있는 수준이다.
- 활동(activity)이란 어떤 목적을 달성하기 위해 스크로크를 주고받는 것을 말한다. 생산적이고 창조적인 면을 가지고 있으며, 어떤 결과를 얻기 위해 에너지를 투자한다(예 아이의 교육, 일에 몰두하는 것).
- 게임(game)이란 외현적으로는 정보의 교환을 하는 것으로 보이지만, 내재적으로는 또 다른 이면에 의도가 있는 교류이다. 게임을 하는 사람은 어릴 때 부모와의 교류에서 원만하지 못했던 경험으로 인해 부적절한 전략을 교류에서 적용한다. 스스로 의식하지 못할 수 있고, 교류 후에는 혼란감을 경험한다.
- 친밀성(intimacy)이란 두 사람이 서로 신뢰하며 상대방에 대하여 순수한 배려를 하는 교류를 말한다. 친밀을 위한 능력을 회복하는 것은 교류분석의 목적이 되기도 한다.

정답 87. ③

88 다음 사례에서 치료자의 초기개입 방향으로 가장 적절한 것은?

고등학교 2학년인 A군은 평소 불량한 친구들과 어울려 술, 담배를 하고 공부에는 전혀 관심이 없다. 최근 길가에 세워 둔 오토바이를 훔쳐 타다가 경찰에 붙잡힌 일로 부모님 손에 이끌려 치료를 받으러 왔다. A군은 부모와 치료자에 대해서 불만을 표현하고 가출하겠다고 위협하고 있다.

① A군에 대한 개인상담보다는 A군이 부모님과 화해할 수 있도록 가족상담을 최우선적으로 추진한다.
② 부모의 잘못된 양육방식을 변화시키려고 노력한다.
③ A군을 비난하지 않고 가출과 관련된 고민을 충분히 논의한다.
④ 불량한 친구들과 어울리지 못하도록 전학을 권유한다.

해설

치료자는 초기개입으로 정서적 유대감을 형성하는 것이 무엇보다 중요하며, 가출과 관련된 고민을 충분히 논의할 수 있어야 한다. 이를 토대로 친구관계, 부모나 가족과의 갈등을 해소하고 문제를 해결할 수 있는 능력을 기르도록 조력한다.

89 슈퍼바이저가 슈퍼비전 초기에 평가할 필요가 있는 상담자 특성과 가장 거리가 먼 것은?

① 상담자가 효율적으로 사용하고 있는 기술
② 상담자의 성격적 문제가 상담에 미치는 영향
③ 상담자의 이론적 지식을 실제에 적용하는 능력
④ 상담자 성장을 위한 상담자의 심리적인 외상 경험

해설

슈퍼비전 초기에는 상담자의 주된 상담 방법과 기술, 이론적 지식, 성격 특성에 대한 평가가 이루어진다. 이를 통해 상담에서의 다양한 어려움을 극복하고 전문적 능력 발달을 증진하도록 돕는다.

학습 Plus 상담 슈퍼비전의 일반적 목적

- 상담을 위한 개인적인 지지체계를 제공한다. 슈퍼비전은 상담에서 발생하는 다양한 어려움을 극복할 수 있도록 해 준다.

정답 88. ③ 89. ④

- 상담자로 하여금 인식하지 못했던 다른 일들을 탐지할 수 있게 해 준다. 상담자가 상담을 하면서 동시에 객관성을 유지하는 것은 쉽지 않기에 슈퍼비전을 통해 이전에 인식하지 못한 다양한 자기인식을 돕는다.
- 상담 슈퍼비전은 상담자로 하여금 더 많은 학습을 위한 중요한 토론과 비판의 장을 제공하는 동시에 상담자의 전문적 능력 발달 증진을 돕는다.

90 노인 치매 환자에 대한 일반적인 치료 접근방법과 가장 거리가 먼 것은?

① 가족에게 치매의 본질, 진단, 예후 등에 대한 교육을 제공하고 신체적 부담이나 정신적 고통을 토론하며 지지해 주는 가족치료가 도움이 된다.

② 일단 치매가 시작되면 기억을 도울 수 있는 여러 가지 환경적 조치를 취한다 해도 효과적인 도움이 되지 못한다.

③ 여러 가지 인지 과제를 통한 인지 기능 훈련은 초기 치매 환자의 증상 개선에 도움이 된다.

④ 치매 환자의 보호자에 대한 지역 사회의 정서적 · 물리적 지원은 매우 중요하다.

해 설

치매의 초기에는 기억 기능의 손상이 진전되지 않도록 심리사회적 안정과 조력을 도와야 한다. 특히 여러 스트레스 원에 대한 개입이 필요하며, 인지 기능 향상을 위한 조기 개입은 증상 개선에 도움이 된다.

91 알코올 중독의 미네소타 치료모델에 관한 설명과 가장 거리가 먼 것은?

① 12단계 원리에 근거한 치료 작업을 포함하고 있다.

② AA의 원리가 치료의 기본이 된다.

③ 회복 중인 알코올, 약물 중독자가 상담을 제공한다.

④ 낮 병원 중심의 프로그램이다.

정답 90. ② 91. ④

해 설

- 미네소타 치료모델은 알코올 중독치료를 위해 개발되었으며, 치료프로그램에서는 알코올이나 약물로부터 회복된 사람을 상담가로 포함하는 복합적인 치료 팀을 구성하고, 주요 치료방식으로 12단계 AA프로그램과 집단상담을 활용하며 치료 도구로 치료환경의 중요성을 강조한다.
- 이 치료적 접근은 단주를 유지하고 재발을 방지하도록 고안된 생리-심리-사회적 서비스와 연계된다. 이 치료접근에서는 입소하면 초기 단계로 28~30일간 해독과 정신사회 서비스를 받고, 이어서 수 개월간 일반적으로 사후관리 또는 지속적 관리에 해당하는 집단상담과 교육을 받는다. 이 과정을 통해서 환자는 AA 모임에 참석하고, AA와 관련된 교훈적이고 실험적인 집단, 치료, 회복, 재발, 영양, 가족 역동, 기타 주제들과 관련된 모임에 참석한다.

92 합리적 정서행동치료(REBT)에서 말하는 비합리적 사고 중 다음 내용과 관련된 것은?

- 나는 지금의 상황을 견딜 수 없다.
- 나는 그것 없이는 한시도 살 수 없다.
- 나는 일이 이렇게 된 것을 참을 수 없다.

① 좌절에 대한 낮은 인내성 ② 과잉일반화
③ 자기비하 ④ 개인화

해 설

REBT에서 핵심 비합리적 신념은 네 유형의 사고를 통해서 부정적인 감정이 촉발된다고 본다.

- 절대적인 강요와 당위(absolutistic musts and should)
  자신과 타인 및 세상에 대해서 비현실적인 과도한 기대를 만들어서 이를 일방적으로 부과할 뿐만 아니라 반드시 지키도록 요구하는 것을 의미한다(예 '나는 항상 올바르게 행동해야 한다.' '진정한 친구라면 항상 내편을 들어줘야 한다.').
- 파국화(awfulizing)
  당위적 요구가 충족되지 않았을 때 그러한 현실의 결과를 과장되게 해석하는 것을 말한다(예 '이것은 있을 수 없는 심각한 일이다.' '매우 끔찍한 일이다.').
- 좌절에 대한 낮은 인내성(low frustration tolerance)
  당위적 요구가 좌절된 상황을 참을 수 없다고 생각하는 비합리적 사고를 의미한다(예 '이런 일을 그냥 참고는 살 수 없다.' '도저히 참을 수 없다.').
- 자신과 타인에 대한 질책(damming oneself and others)
  당위적 요구를 충족시키지 못한 자신과 타인은 무가치할 뿐만 아니라 비난 받거나 질책 당해야 한다는 비합리적 사고를 의미한다(예 '친구도 아니며 비난 받아 마땅하다.' '내가 참 한심하다.').

정답 92. ①

93 현실치료의 특징에 관한 설명으로 가장 적합한 것은?

① 내담자가 보이는 증상에 대한 치료를 우선시해야 한다.
② 내담자가 치료 과정에서 보이는 전이 현상을 충분히 경험해야 한다.
③ 내담자가 대인관계를 '통제'하려는 것에서 벗어나도록 도와야 한다.
④ 자신에게 일어나는 모든 일에 대하여 내담자가 책임지도록 도와야 한다.

해 설

현실치료는 치료적 환경을 조성하고 내담자의 행동 변화를 유도하는 두 가지 요소를 중요하게 고려한다. 치료적 환경을 조성하기 위해 치료자가 유념해야 할 사항을 구체적으로 제시하고 있다.

<치료적 환경 조성>

- 따뜻하고 친근한 행동을 통해서 내담자와 협동적인 관계를 형성한다.
- 서로의 역할을 분명하게 한다.
- 내담자가 기본적 욕구를 충족시킬 수 있는 환경을 제공한다.
- 내담자의 무책임한 행동에 대해서는 변명을 허용하지 않는다.
- 현재의 문제와 밀접히 관련된 경우가 아니면 내담자의 과거사를 다루지 않는다.
- 내담자를 처벌하거나 비난하지 않으며 합당한 결과에 대해서는 보호하지 않는다. 내담자가 자신의 모든 행동에 대해 스스로 책임을 지게 한다.
- 내담자의 이야기에 압도되지 않는다. 내담자의 불행한 과거나 상황을 접할 경우, 과도한 감정 반응을 나타내지 않으며 지나친 동정이나 부적절한 보호행동을 나타내지 않는다.

학습 Plus 인간의 기본욕구(5가지)

현실치료는 인간이 자신의 욕구를 충족하기 위해 행동하며, 그러한 행동은 인간이 스스로 선택하고 결정한 것이라는 점을 강조한다.

- **생존(survival)**: 의식주를 비롯하여 개인의 생존과 안전을 위한 신체적 욕구를 의미한다.
- **사랑(love)**: 다른 사람과 애정을 주고받고 집단에 소속되고자 하는 욕구를 말한다.
- **권력(power)**: 성취를 통해서 자신에 대한 유능감과 가치감을 느끼며, 힘과 권력을 추구하려는 욕구이다.
- **자유(freedom)**: 자율적인 존재로 자유롭게 행동하고자 하는 욕구이다.
- **재미(fun)**: 즐겁고 재미있는 것을 추구하며 새로운 것을 배우려는 욕구를 의미한다.

정답 93. ④

94 손상, 불능, 장애에 관한 설명으로 가장 적합한 것은?

① 손상이나 불능은 시간과 공간에 의해 제한된다.
② 장애는 영구적인 것으로 절대적인 개인차가 존재한다.
③ 시력에 문제가 있는 경우 상황에 따라 장애가 될 수도 있고 되지 않을 수도 있다.
④ 인간이 능력 있는 사람이 되느냐를 결정하는 것은 손상 또는 불능을 가지고 있는가의 여부에 의해 결정된다.

해 설

- 손상단계는 심리적 · 신체적 · 생물학적 기능의 손상을 의미하지만 불능단계는 활동이나 수행의 제한이 초래되는 단계로서 시공간적 제약의 차별이 있다. 또한 장애는 기능의 수준에 따라 재활이나 훈련 등의 개입을 통해 상대적인 개인차를 보인다.
- 시력에 문제가 있는 경우 기능 저하의 수준에 따라 장애의 유무가 달라질 수 있다.

95 자기감찰(self-monitoring)에 관한 설명과 가장 거리가 먼 것은?

① 행동평가 혹은 인지행동평가 및 치료에서 주로 사용하는 방법이다.
② 저항이 매우 적고 신뢰할 수 있는 자료 수집이 가능하다.
③ 역기능적 신념 기록지 역시 자기감찰방법이다.
④ 계산기나 초시계 등 도구를 사용하기도 한다.

해 설

자기관찰법은 개인이 목표를 둔 행동의 발생과 빈도, 상황 전후의 결과를 기록하는 방법을 말한다. 다만 주관적인 평가에 기반한 방법이기에 행동평가의 객관성을 유지하기 어려울 수 있고, 지속적인 자기감찰 동기가 평가에 영향을 줄 수 있다.

정답 94. ③ 95. ②

96 약물 남용과 함께 정신장애를 갖고 있는 것으로 이중 진단된 내담자의 특성에 관한 설명과 가장 거리가 먼 것은?

① 약물 남용을 제외한 정신장애의 문제를 단독으로 가지고 있는 경우에 비해 훨씬 더 심각하고 만성적인 문제들을 경험한다.
② 약물 사용을 중단하게 되면 정신장애도 동시에 소멸된다.
③ 재발률은 일반 약물중독자들에 비해 상대적으로 높은 편이다.
④ 약물 남용과 정신장애를 치료받을 수 있는 기회를 모두 제공하여야 한다.

해설

약물 사용을 중단한다고 하여도 심리적 의존과 신체적 의존 및 다양한 정신적 문제가 개선되는 것은 아니다. 심리사회적 개입을 통해 정신장애의 공존 병리 유무와 지속성, 사회적 영향을 최소화할 수 있어야 한다.

97 인간중심치료에 관한 설명과 가장 거리가 먼 것은?

① 일치성은 치료자가 진실하고 통합되어 있고 솔직하다는 뜻이다.
② 내담자를 한 인간으로서 진정하고 깊이 있게 관심을 가지되 이것은 무조건적이어야 한다.
③ 치료자는 치료 회기 동안 모든 상호작용에서 드러나는 경험과 감정을 민감하고 정확하게 이해하는 공감이 필요하다.
④ 일치성, 무조건적인 긍정적 관심, 공감적 이해는 연속적이라기보다는 실무율(all or none)적으로 존재한다.

해설

인간중심치료에서는 치료 과정에서 내담자가 자유롭게 자신의 감정을 표현하도록 하고, 치료자는 이를 적극적으로 경청하고, 비판 없이 반영하며 존중할 때 내담자는 스스로 문제를 극복하고 성장한다고 본다. 치료자가 갖추어야 할 기본적 태도로 일치성, 무조건적인 긍정적 존중, 공감적 이해를 강조하며, 치료 동안의 연속선상에서 지속되어야 할 요소로 본다.

학습 Plus | 인간중심치료에서 치료자의 태도

- 일치성
  일치성은 치료 과정에서 매 순간 경험하는 감정을 있는 그대로 솔직히 인정하고 표현하는 태도로서 치료자가 경험하는 감정을 부인하지 않고 기꺼이 표현하고 개방하는 것을 말한다.

정답 96. ② 97. ④

PART 05 고급심리치료

• **무조건적인 긍정적 존중**
내담자를 존중하며 있는 그대로 수용하는 것을 말한다. 치료자가 비판단적으로 내담자를 존중할 때, 방어하지 않고 자신의 경험을 자유롭게 탐색할 수 있게 되며 안정감과 자기개념의 변화를 경험하게 된다.

• **공감적 이해**
치료 시 내담자의 경험과 감정을 민감하고 정확하게 이해하는 것을 말한다. 내담자의 주관적인 경험을 이해하도록 노력하고 이면의 감정까지도 마치 자신의 감정인 것처럼 느끼는 과정을 통해 내담자가 의식하여 표면화하지 못한 감정을 다시 경험하고 느끼도록 돕는다.

98 다음 ( )에 들어갈 용어로 알맞은 것은?

정신분석적 개입에서 개입의 궁극적 목적은 내담자가 자신의 문제에 대해 ( )을 얻게 도와주는 것이다.

① 통찰 ② 전이
③ 역전이 ④ 카타르시스

해설

정신분석적 치료 과정 동안 여러 번 자신의 문제에 대한 분석이 반복되면서 내담자는 자신의 갈등의 본질에 대한 통찰을 경험한다. 내담자가 자신의 무의식적 갈등을 깨닫게 되면 행동에도 변화가 나타나게 되면서 적응적이고 생산적인 삶으로 나아가게 된다.

학습 Plus 정신분석치료 절차

• **초기단계**
치료자는 내담자와 신뢰관계를 형성하고, 자유연상, 꿈 분석을 통해 내담자의 심리적 문제에 대한 윤곽이 드러나면 상호적 치료동맹을 맺는다. 이 과정은 내담자의 갈등의 본질에 대한 전반적 이해뿐만 아니라 내담자의 전이 감정을 촉진하는 데 중요하다.

• **전이단계**
내담자는 유아 및 아동기의 중요한 대상에게 가졌던 감정을 치료자와의 관계에서 반복하며 전이 욕구를 충족하려 한다. 치료자는 내담자의 전이 욕구에 대해 중립적인 태도로 해석을 수행하고, 참여적 관찰자의 역할을 통해 내담자의 욕구를 다룬다.

• **통찰단계**
치료자는 내담자의 욕구와 갈등 간의 역동적인 평형상태를 이루도록 돕고, 내담자는 자신의 부정적인 감정이 애정과 욕구의 좌절에서 비롯된 것임을 깨닫게 되면서 갈등에 대한 만족스러운 해결을 이끈다.

• **훈습단계**
치료자는 내담자가 통찰한 것을 실제 생활로 옮기도록 조력한다. 상담을 통해 획득한 통찰을 현실에 적용하려는 노력을 돕고, 훈습에 의해 내담자의 변화된 행동이 안정 수준에 이르면 종결을 준비한다.

정답 98. ①

99 정신분열병 환자들의 인지 재활에 적용 가능한 기법을 모두 고른 것은?

ㄱ. 주의집중력 훈련
ㄴ. 기억 전략 훈련
ㄷ. 사회 인지 훈련
ㄹ. 정서 지각 훈련

① ㄱ, ㄴ
② ㄱ, ㄷ, ㄹ
③ ㄴ, ㄷ, ㄹ
④ ㄱ, ㄴ, ㄷ, ㄹ

해설

인지 기능 재활 훈련에서는 인지 기능을 회복할 수 있는 인지 기능 향상 프로그램을 제공한다. 이를 통해 주의력이나 기억력 및 집행능력, 사회 인지, 정서 지각 등의 전반적인 인지 기능을 효과적으로 개선시키도록 돕는다.

학습 Plus 정신사회재활의 치료적 개입

- **재활상담**
  재활상담은 상담자가 환자의 약해진 자아를 지지해 주고 희망을 갖게 함으로써 재기하려는 동기를 불러일으키며, 현실의 문제를 잘 해결해서 편안한 마음을 갖도록 하는 데 목적이 있다.
- **인지 기능의 재활**
  인지 기능을 회복할 수 있는 인지 기능 향상 프로그램을 제공한다. 이를 통해 주의력이나 기억력 및 집행능력, 사회 인지, 정서 지각 등의 전반적인 인지 기능을 효과적으로 개선시키도록 돕는다.
- **사회기술훈련**
  사회기술훈련을 통해 대인관계에서 오는 문제를 잘 해결하고, 스트레스에 대처하며 사회에 적절히 적응할 수 있도록 돕는다. 일반적으로 의사소통 기술훈련, 문제해결 기술훈련 등이 포함된다.
- **직업재활**
  직업재활이란 환자가 직업을 갖고 그것을 유지할 수 있도록 직업적 서비스를 포함한 계속적이며 종합적인 재활 과정이다. 직업재활은 환자의 성공적인 사회 통합을 위해 필수적이며, 지역사회에서의 독립적인 생활과 사회 적응에 중요한 기회를 제공한다.
- **환자교육**
  환자교육이란 환자가 자신의 병을 잘 극복하고 일상생활을 잘할 수 있도록 하는 데 도움이 되는 내용들을 교육시키는 것이다. 먼저 병의 증상과 자기를 구분하도록 돕고, 스스로를 돌볼 수 있는 실제적인 여러 방법을 제시한다.
- **가족교육**
  가족교육은 환자의 재발률을 감소시키며 환자의 증상을 줄이고 기능 상태를 호전하는 데 도움이 된다. 가족이 환자로 인해 받는 고통 속에서도 가족 스스로를 돌볼 수 있도록 하며, 가족이 환자를 관리하는 방법을 제공한다.

정답 99. ④

100 다음 사례에서 A양에게 읽기 이해력을 증진시키기 위한 개입으로 가장 적절한 것은?

> A양은 초등학교 4학년인데도 읽기 속도가 느리고 이해력도 부족하다. 어머니가 직접 가르치고 학원에도 보내 봤지만 별로 소용이 없었다고 한다. 단, A양은 평균의 지능 수준으로 평가되었다.

① 단어 하나하나에 집중하기보다는 덩어리나 구 단위로 읽도록 한다.
② 읽기의 목적이 무엇인지 파악하도록 한다.
③ 배경음악을 튼 상태에서 혼자서 읽도록 한다.
④ 기본 시선을 문서의 중앙에 두도록 한다.

해설

사례에서는 읽기 이해력을 증진시키기 위한 개입 전략이기에 단기기억력 증진을 위한 청킹 전략이나, 주의 통제와 관련된 음악을 배경으로 하는 학습이나, 주의 분산을 조절하기 위한 전략은 이해력 증진의 개입이라고 보기 어렵다. 또한 지능 수준이 평균으로 나타나고 있어 이해력 중심의 개입이 필요해 보인다(전반적 소검사의 편차가 나타나지 않는다면).

정답 100. ②

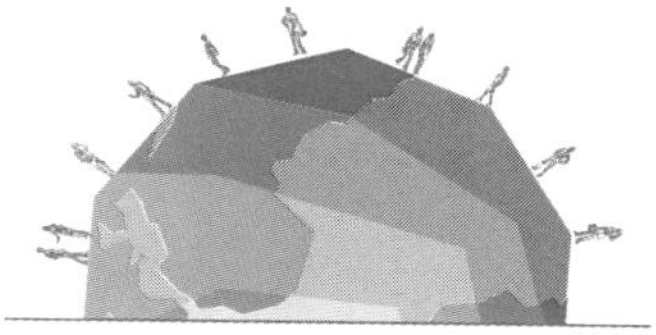

참고문헌

권석만(2012). 현대심리치료와 상담이론. 서울: 학지사.

권석만(2013). 현대이상심리학. 서울: 학지사.

권준수 외(2015). 정신질환의 진단 및 통계 편람. 서울: 학지사.

김도연 외(2020). 사례를 통한 로르샤흐 해석. 서울: 학지사.

김영혜 외(2014). 상담 및 심리치료의 이론. 서울: 시그마프레스.

김재환 외(2014). 임상심리검사의 이해. 서울: 학지사.

노성덕 외(2014). 상담심리학. 서울: 학지사.

박경애(1997). 인지 · 정서 · 행동치료. 서울: 학지사.

박광배(1999). 변량분석과 회귀분석. 서울: 학지사.

박상규(2006). 정신재활의 이론과 실제. 서울: 학지사.

박영숙 외(2019). 현대 심리평가의 이해와 활용. 서울: 학지사.

박영숙(1994). 심리평가의 실제. 서울: 하나의학사.

성태제(2014). 연구방법론. 서울: 학지사.

손정락(2012). 현대임상심리학. 서울: 시그마프레스.

신민섭 외(2019). 최신 임상심리학. 서울: 사회평론아카데미.

신성만 외(2014). 정신재활. 서울: 학지사.

신성만 외(2016). 동기강화상담. 서울: 시그마프레스.

유성진 외(2020). MMPI-2 해설서. 서울: 학지사.

유영권 외(2019). 상담 수퍼비전의 이론과 실제. 서울: 학지사.

이우경(2019). DSM-5에 의한 최신 이상심리학. 서울: 학지사.

이우경, 이원혜(2012). 심리평가의 최신 흐름. 서울: 학지사.

이훈진 외(2007). MMPI-2 성격 및 정신병리 평가. 서울: 시그마프레스.

임선아 외(2018). 행동수정. 서울: 학지사.

정문자 외(2019). 아동상담의 이해. 서울: 학지사.

천성문 외(2015). 상담심리학의 이론과 실제. 서울: 학지사.

천성문 외(2019). 집단상담 이론과 실제. 서울: 학지사.

김 도 연(Kim Doyeon)

전북대학교 임상심리학 석사
전북대학교 임상심리학 박사
전 사단법인 한국청소년자살예방협회 회장
한양대학교 이노베이션대학교 겸임교수
경희대학교 후마니타스칼리지 겸임교수
경희사이버대학교 상담심리학과 겸임교수
가톨릭대학교 성모병원 Clinical Psychologist & Supervisor
현 마인드플니스 심리상담연구소 대표
한국데이트폭력연구소 소장
한국보건산업진흥원 R&D 평가위원
서울지방경찰청 범죄피해평가 감수위원

쉽게 풀어 쓴
임상심리사: 1급 필기(2023 최신판)

2023년 5월 1일 1판 1쇄 인쇄
2023년 5월 10일 1판 1쇄 발행

엮은이 • 김도연
펴낸이 • 김진환
펴낸곳 • (주) 학지사
04031 서울특별시 마포구 양화로 15길 20 마인드월드빌딩
대표전화 • 02)330-5114 팩스 • 02)324-2345
등록번호 • 제313-2006-000265호

홈페이지 • http://www.hakjisa.co.kr
페이스북 • https://www.facebook.com/hakjisabook

ISBN 978-89-997-2906-5 93180

정가 28,000원

엮은이와의 협약으로 인지는 생략합니다.
파본은 구입처에서 교환해 드립니다.

이 책을 무단으로 전재하거나 복제할 경우 저작권법에 따라 처벌을 받게 됩니다.

출판미디어기업 학지사

간호보건의학출판 **학지사메디컬** www.hakjisamd.co.kr
심리검사연구소 **인싸이트** www.inpsyt.co.kr
학술논문서비스 **뉴논문** www.newnonmun.com
교육연수원 **카운피아** www.counpia.com

MEMO

저자직강 동영상 강의
https://www.counpia.com

MEMO

저자직강 동영상 강의
https://www.counpia.com

MEMO

저자직강 동영상 강의
https://www.counpia.com